# Escritos de Direito Público

# Escritos de Direito Público

VOLUME I – DIREITO ADMINISTRATIVO (1)

2019

J. M. Sérvulo Correia

Organizadores
Francisco Paes Marques
José Duarte Coimbra
Tiago Fidalgo de Freitas

ALMEDINA

**ESCRITOS DE DIREITO PÚBLICO**

AUTOR
J. M. Sérvulo Correia

ORGANIZADORES
Francisco Paes Marques | José Duarte Coimbra | Tiago Fidalgo de Freitas

EDITOR
EDIÇÕES ALMEDINA, S.A.
Rua Fernandes Tomás, nºs 76, 78 e 80
3000-167 Coimbra
Tel.: 239 851 904 · Fax: 239 851 901
www.almedina.net · editora@almedina.net

DESIGN DE CAPA
DDLX

PRÉ-IMPRESSÃO
EDIÇÕES ALMEDINA, S.A.

IMPRESSÃO E ACABAMENTO

Setembro, 2019

DEPÓSITO LEGAL
....



ALMEDINA | GRUPOALMEDINA

BIBLIOTECA NACIONAL DE PORTUGAL – CATALOGAÇÃO NA PUBLICAÇÃO

CORREIA, J. M. Sérvulo, 1937-

Escritos de direito público. – 4 v.
1º v.: Direito administrativo (1). – p. -
ISBN 978-972-40-8095-6

CDU 342

# APRESENTAÇÃO

**I.** Não estranhará decerto aos que reconhecem no Professor Sérvulo Correia uma invulgar sobriedade científica a confissão de não ter partido de sua iniciativa a publicação compilada e sistematizada da (quase totalidade) da sua obra dispersa. Foram ao invés os aqui agora organizadores que o incitaram a tanto, tendo sido a ideia de pronto e generosamente acolhida pelo Mestre. Se se perguntar pelo porquê de tal iniciativa, não faltam evidentemente as razões.

Académica e profissionalmente ligados, por uma ou outra via e há já vários anos, ao Professor Sérvulo Correia, fizeram-no desde logo em tributo e como forma imperfeita de saldar ao menos parte de tudo quanto lhe devem humana e intelectualmente. Se apenas assim fundada, porém, a empresa dificilmente ultrapassaria as fronteiras imprecisas da subjetividade. Explicá-la apenas por conta da inevitável dispersão da produção científica do Autor em diversíssimas coletâneas e outros tantos periódicos, nacionais e estrangeiros, hoje mais ou menos acessíveis à generalidade da comunidade jurídica portuguesa, seria também seguramente insuficiente. Sobressai por isso o principal: a circunstância, absolutamente indisputável, de residir no conjunto dessa obra dispersa um irrenunciável capítulo do moderno Direito Público português e, simultânea e consequentemente, um dos esteios teórico-dogmáticos de aprofundamento dos alicerces do Estado de Direito em Portugal.

Referência ímpar no Direito Administrativo, no Contencioso Administrativo e na Arbitragem, a obra do Professor Sérvulo Correia percorre ainda, e sempre com indisfarçáveis timbres de rigor, excelência e profundidade, vastos domínios do Direito Constitucional, do Direito Europeu e do Direito Internacional Público. Cobrindo a quase totalidade desse percurso, firmado ao longo de mais de seis décadas de uma notabilíssima carreira académica e profissional, estes *Escritos de Direito Público* não representam por isso apenas um exercício de recolha de obra de um Mestre; nos seus quatro volumes, dão sobretudo corpo a um verdadeiro compêndio do Direito Público contemporâneo, de envergadura dificilmente suplantável no panorama da ciência jurídica portuguesa e europeia dos séculos XX e XXI.

**II.** Não passam os três organizadores, na melhor e mais honrada aceção do termo, de singelíssimos discípulos do Professor Sérvulo Correia. Falta-lhes por isso a autoridade e o engenho, e não lhes parece em todo o caso ser este o espaço próprio para demonstrar como é efetivamente insubstituível, porque original e revelador de um estruturadíssimo sistema valorativo e conceptual, o contributo de Sérvulo Correia no desenvolvimento dogmático e no magistério das várias disciplinas que cultivou[1]. À cabeça salta no entanto e imediatamente, e mesmo que só muito topicamente, um denso leque de traves-mestras que, em bloco, tornam possível identificar, no quadro da ciência do Direito Público, uma verdadeira «corrente *servuliana*» de pensamento. São talvez elas:

(i) A *profundidade analítica* – nunca inimiga, porém, da praticabilidade do discurso e das soluções;
(ii) A *perspetiva histórico-institucional* – indispensável para a compreensão do fenómeno jurídico como pedaço de cultura que é;
(iii) A *abertura comparativa e transnacional* – em medida, todavia, nunca absorvente da radical contextualidade nacional de tantos institutos;
(iv) A *visão holística* – sem a qual o Direito não é nunca sistema; e
(v) A *ambição constante de modernidade* – alavanca de progresso para qualquer ciência.

Não são, por outro lado, desconhecidos da comunidade jurídica os campos e os temas em que, nos diversos domínios do Direito Público, e em

[1] A esse propósito, por todos, M. Rebelo de Sousa, 'José Manuel Sérvulo Correia – uma vida, uma obra', in *Estudos em Homenagem ao Prof. Doutor Sérvulo Correia*, IV, Coimbra: Coimbra Editora, 2010, pp. 883-895.

especial do Direito Administrativo e do Contencioso Administrativo, a intervenção do Professor Sérvulo Correia se revelou substancialmente inovadora e propulsora de novos trilhos doutrinais, legislativos e jurisprudenciais:

(i) Na recompreensão integral do *princípio da legalidade administrativa* e das suas implicações no quadro de uma visão funcional e intrasistémica do princípio da separação de poderes, da qual extraiu uma relação diferenciada da lei com as várias formas de atividade administrativa e da qual recortou, perante o ordenamento jurídico português, a ampla autonomia regulamentar e contratual da Administração e a sujeição do ato administrativo a uma reserva integral de norma jurídica;

(ii) Na demanda analítica e minuciosa da *reserva de autonomia administrativa* perante o poder judicial, estruturada na sistematização das diferentes modalidades de margem de livre decisão administrativa, particularmente dos critérios suscetíveis de diferenciar a discricionariedade administrativa da margem de livre apreciação na interpretação de conceitos indeterminados, assim contribuindo para a atribuição de um sentido operativo ao princípio da separação de poderes;

(iii) Na verdadeiramente fundacional recomposição dogmática das bases conceptuais do *contrato administrativo*, mediante uma inovadora categorização dos diversos tipos contratuais administrativos e através da delimitação dos espaços de autonomia pública contratual da Administração, onde se destaca o traçar das fronteiras da fungibilidade entre ato e contrato e a utilização do Direito Privado pelos poderes públicos – exercício do qual a legislação portuguesa é credora direta, entre muito o mais, na assunção da forma contratual como modo típico, geral e transversal de exercício da função administrativa;

(iv) No pioneiro assinalar da ductilidade da *fronteira público/privado*, designada mas não exclusivamente no domínio da organização administrativa, área em que desde muito cedo desconstruiu a separação rígida entre formas jurídico-públicas e jurídico-privadas, evidenciando a pluralidade de pessoas coletivas incumbidas do desempenho da função administrativa e a crescente publicização de interesses inicialmente privados, e assumindo ainda um carácter premonitório em face da europeização do Direito Administrativo e das Administrações;

(v) Na assunção clara e consequente da *procedimentalização* e da *perspetiva relacional* do agir administrativo e das posições subjetivas a este associadas, hoje com diretas refrações em figuras e conceitos de ponta acolhidas no Código do Procedimento Administrativo (*v.g.*, relação jurídica procedimental, acordos endoprocedimentais, conferência procedimental);

(vi) No reposicionamento, mais recente, da *democraticidade* como valor aglutinador quer para a compreensão da pluralidade das fontes do Direito Administrativo e suas interconexões, quer para a construção de uma conceção fundacional da ordem jurídica, cujas manifestações diretas são a sujeição dos poderes públicos ao escrutínio dos cidadãos e a colaboração ativa dos mesmos no controlo do exercício das competências jurídico-públicas através da respectiva participação dialógica e co-constitutiva;

(vii) No indelével esforço de autonomização estrutural das *especificidades imanentes do Contencioso Administrativo* – sempre institucionalmente considerado na sua perspetiva orgânica (enquanto *ordem jurisdicional*), funcional-material (enquanto *jurisdição*) e formal (enquanto *processo*) –, o que permitiu uma depuração do seu travejamento dogmático próprio perante a progressiva aproximação do Processo Administrativo ao Processo Civil, identificando os contornos das vias processuais próprias daquele ramo de Direito Processual decorrentes da conformação substantiva das situações jurídico-administrativas através das formas típicas de atuação da Administração;

(viii) Na superação dos bloqueios à *arbitrabilidade das situações jurídico-administrativas*, desconstruindo o dogma da indisponibilidade do poder público, mas reequacionado, simultaneamente, os limites do objecto de arbitragem administrativa, sem deixar de apontar realisticamente as virtualidades desta forma de composição de litígios jurídico-administrativos;

(ix) Na sistematização em torno da *complexidade dos direitos fundamentais* e correspondentes refrações aplicativas, em particular no que concerne a normas organizatórias e procedimentais, partindo da teoria dos direitos fundamentais enquanto princípios, ancorado no princípio da unidade da Constituição e com particular ênfase nos deveres estaduais de proteção e na busca de um regime constitucional para as garantias institucionais;

(x) Enfim, no contributo para uma *compreensão pós-colonial do Direito Internacional Público*, reconfigurando o estatuto jurídico de potência administrante de um território não autónomo como incluindo o dever de defender os direitos do respetivo povo, aí se incluindo o direito à auto-determinação, e como fonte de legitimidade processual perante o Tribunal Internacional de Justiça, e ainda no lançamento das bases para uma reflexão nacional sobre a posição específica da República Portuguesa perante essa jurisdição.

**III.** De todas estas e de tantas outras facetas do pensamento jus-publicista de Sérvulo Correia passam a servir de testemunho os quatro volumes agora dados à estampa, sobre cujo conteúdo e método de ordenação importa destacar, apenas como guia de leitura, a seguinte meia dúzia de opções assumidas:

(i) Foi considerado apenas o universo da obra «bibliográfica» do Autor, com consequente exclusão:

*(a)* Dos seus escritos académicos inéditos ou apenas policopiados, com exceção dos *Sumários* de *Direitos Fundamentais* (2002), circulados em fascículos da Associação Académica da Faculdade de Direito de Lisboa, e do *Relatório* apresentado em provas de Agregação sobre o *Processo no Tribunal Internacional de Justiça* (2005), na versão revista pelo Autor em 2006, para publicação que acabaria por não se concretizar;

*(b)* Dos seus – valiosíssimos, como é bem sabido – escritos elaborados enquanto advogado, jurisconsulto ou árbitro, exceção feita às Alegações Orais perante o Tribunal Internacional de Justiça em defesa do Estado português no caso *Portugal c. Austrália* (1995) e da *Dissenting Opinion* exarada enquanto juiz *ad hoc* no caso *M/V "Virginia G" (Panamá/Guiné-Bissau)* do Tribunal Internacional do Direito do Mar (2014);

(ii) Ficaram igualmente de fora da presente compilação, ainda assim:

(*a*) Em função da sua autonomia intrínseca, as principais obras manualísticas e monográficas subscritas ou co-subscritas pelo Autor, com destaque para as *Noções de Direito Administrativo*, I (1982), para a *Legalidade e Autonomia Contratual nos Contratos Administrativos* (1987), para o *Direito do Contencioso Administrativo*, I (2005) e para as anotações nos *Comentários à revisão do Código do Procedimento Administrativo* (2016); incluídas foram, em contrapartida, a *Teoria da Relação Jurídica de Seguro Social* (1968) e o *Direito de Manifestação. Âmbito de Protecção e Restrições* (2006), por indispensáveis à perspetivação dos demais trabalhos do Autor nos domínios do Direito da Segurança Social e dos Direitos Fundamentais;
(*b*) Por escaparem ao domínio estrito do «Direito Público», os estudos do Autor sobre cooperativismo e Direito Cooperativo, apenas com exceção do 'Elementos de um regime jurídico da cooperação' (1966), artigo no qual é entre o mais teorizada, também sob uma ótica de teoria da organização administrativa, a questão das relações das cooperativas com o Estado;
(*c*) Por opção do Autor, a maioria dos artigos ou capítulos de obras coletivas escritos em co-autoria, assim como pequenos textos de divulgação ou intervenções de natureza universitária[2];

(iii) Os mais de cem textos reunidos nos quatro volumes estão agrupados, por ordem cronológica, em doze grandes capítulos temáticos; casos há no entanto em que, como é aliás natural, a multiplicidade dos temas neles versados e o cruzamento de abordagens permitiriam a sua inserção em diferentes capítulos – é o que sucede, para referir apenas um desses exemplos, com o artigo 'A efetivação processual da responsabilidade civil extra-contratual da Administração por actos de gestão pública' (1997), o qual, não obstante a sua clara incidência

[2] Incluindo-se neste último lote a «Última Aula» (2008), indispensável para a compreensão do cruzamento da vida com o percurso académico e com a obra de Sérvulo Correia. Este e todos os demais textos não incluídos nestes *Escritos* figuram, acompanhados de todas as referências, da Bibliografia Completa que se segue imediatamente neste vol. I.

contenciosa, acabou por ser integrado no capítulo da *Responsabilidade* e, por isso, no vol. I e não no III;

(iv) Em relação a algumas anotações jurisprudenciais, pareceres e textos de divulgação do sistema jurídico português em obras coletivas estrangeiras, procedeu-se à renomeação dos respetivos títulos, de modo a aproximá-los ao conteúdo substantivo de cada texto; quanto a prefácios/recensões, utilizou-se para esse efeito o título da obra em questão;

(v) A nível formal, optou-se pela republicação dos textos nos exatos termos em que os mesmos foram originariamente publicados, com consequentes variações ao nível da ortografia, formatação, regras de estilo e métodos de citação;

(vi) Finalmente, e em alinhamento com o consabido cosmopolitismo da vida e obra do Professor Sérvulo Correia, conservou-se o idioma de textos originariamente publicados em língua inglesa, francesa e alemã.

**IV.** Duas palavras finais. A primeira de agradecimento – à *Sérvulo & Associados*, cujo patrocínio institucional foi indispensável à presente publicação, merecendo ser ainda reconhecidamente assinalado o prestimoso auxílio da Ana Maria Abrantes na recolha das versões digitais dos textos mais recentes. A segunda e derradeira serve para dar conta da inevitável provisoriedade da presente edição dos *Escritos de Direito Público* – a qual, por não representar de modo algum qualquer «fecho de ciclo», se prenuncia já em ansioso aguardo pelas linhas que por certo continuarão a fluir da inconfundível pena do Professor Sérvulo Correia.

Francisco Paes Marques
José Duarte Coimbra
Tiago Fidalgo de Freitas

# BIBLIOGRAFIA COMPLETA DE J. M. SÉRVULO CORREIA[1]

## *a)* Monografias

**(1968)** *Teoria da Relação Jurídica de Seguro Social*[2]. *Estudos Sociais e Corporativos* VII/27, pp. 9-344 [número monográfico]. **

**(1982)** *Noções de Direito Administrativo*, I. Lisboa: Danúbio [há tradução em língua chinesa editada pela Law Press China, 2017].

**(1987)** *Legalidade e Autonomia Contratual nos Contratos Administrativos*[3]. Coimbra: Almedina [com reimpressões em 2003 e 2013].

**(2002)** *Estudos de Direito Processual Administrativo* (c/ B. Ayala e R. Medeiros). Lisboa: Lex.

**(2005)** *Direito do Contencioso Administrativo*, I. Lisboa: Lex.

**(2006)** *O Direito de Manifestação. Âmbito de Protecção e Restrições*[4]. Coimbra: Almedina. ****

**(2010)** *Direito da Concorrência e Ordens Profissionais* (c/ R. Medeiros, T. Fidalgo de Freitas e R. Tavares Lanceiro). Coimbra: Coimbra Editora.

[1] As referências assinaladas com *, **, *** e **** integram, respetivamente, os volumes I, II, III e IV dos presentes *Escritos de Direito Público*.

[2] Dissertação apresentada no Curso Complementar de Ciências Político-Económicas da Faculdade de Direito da Universidade de Lisboa.

[3] Dissertação de doutoramento em Ciências Jurídico-Políticas apresentada à Universidade de Lisboa.

[4] Lição de síntese apresentada em provas de Agregação.

**(2016)** *Comentários à revisão do Código do Procedimento Administrativo* (c/ Fausto de Quadros, R. Machete, J. C. Vieira de Andrade, M. G. Garcia, M. Aroso de Almeida, A. Políbio Henriques e J. M. Sardinha)[5]. Coimbra: Almedina.

## *b)* Lições/Elementos didáticos

**(1966)** *Teoria da Segurança Social.* Lisboa: Instituto de Estudos Sociais.
**(1978)** *Direito Administrativo.* Lisboa: AAFDL.
**(1979)** *Direito Administrativo.* Lisboa: AAFDL.
**(1990)** *Contencioso Administrativo.* Lisboa: AAFDL.
**(2002)** *Direitos Fundamentais. Sumários.* Lisboa: AAFDL. ****
**(2005)** *Elementos de estudo de Contencioso Administrativo. Exercícios práticos, testes, exames finais e jurisprudência administrativa* (c/ J. Martins Claro e A. Leitão). Lisboa: AAFDL.
**(2005)** *Elementos de estudo de Direito Administrativo. Exercícios práticos, testes, exames finais e jurisprudência administrativa* (c/ J. Martins Claro/A. Gouveia Martins e M. Bobela-Mota Kirkby). Lisboa: AAFDL.

## *c)* Relatórios académicos

**(1993)** *Direito Administrativo II (Contencioso Administrativo). Relatório sobre o Programa, Conteúdo e Métodos de Ensino*[6]. Lisboa: s/ed. [= *Revista da Faculdade de Direito da Universidade de Lisboa* XXXV/1 (1994), pp. 57-206]. ***
**(2005)** *Relatório sobre o programa, conteúdo e métodos da disciplina de Direito Internacional Público do curso de formação avançada do programa de Doutoramento na área de Ciências Jurídico-Políticas da Faculdade de Direito – Processo no Tribunal Internacional de Justiça*[7]. Lisboa: policopiado [revisto para publicação em 2006]. ****

[5] São da autoria de Sérvulo Correia os comentários aos artigos 20º a 52º (órgãos da Administração Pública), 55º (responsável pela direção do procedimento), 56º (princípio da adequação procedimental), 57º (acordos endoprocedimentais), 66º (auxílio administrativo), 67º (capacidade procedimental dos particulares), 68º (legitimidade procedimental), 77º a 81º (conferência procedimental) e 200º a 202º (contratos da Administração Pública).
[6] Relatório apresentado no concurso para Professor Associado.
[7] Relatório apresentado em provas de Agregação.

### *d)* Capítulos em obras coletivas

**(1972)** Contrato Administrativo. *Dicionário Jurídico da Administração Pública,* III. Lisboa: s/ ed, pp. 54-88. *

**(1973)** O controlo jurisdicional da Administração no Direito inglês. *Estudos de Direito Público em Honra do Professor Marcello Caetano.* Lisboa: Ática, pp. 107-138. **

**(1979)** Os princípios constitucionais da Administração Pública. *Estudos sobre a Constituição,* III. Lisboa: Petrony, pp. 661-688. *

**(1980)** Hondt (método de). *Verbo – Enciclopédia Luso-Brasileira de Cultura,* 20º (II suplemento). Lisboa: Verbo, pp. 52-53 [atualizado (c/ J. Bacelar Gouveia) em *Verbo – Enciclopédia Luso-Brasileira de Cultura (Edição Século XXI),* XIV. Lisboa: Verbo (2000), pp. 1369-1370].

**(1984)** A autonomia contratual da Administração no Direito inglês. *Estudos em Homenagem ao Prof. Doutor Afonso Rodrigues Queiró,* I. Coimbra: Universidade de Coimbra, pp. 343-375. **

**(1986)** Interpretação administrativa das lei. *A Feitura das Leis,* II. Oeiras: INA, pp. 331-346. *

**(1986)** Os contratos económicos perante a Constituição. *Nos dez anos da Constituição.* Lisboa: INCM, pp. 94-111. *

**(1990)** As freguesias perante os municípios: autonomia e complementaridade. *Papel das Freguesias na Administração Portuguesa.* Benedita: ANAFRE, pp. 21-27. *

**(1990)** Legalidade administrativa e moralidade administrativa. *Jornadas sobre o fenómeno da corrupção.* Lisboa: Alta Autoridade Contra a Corrupção, pp. 84-87. *

**(1991)** Introdução ao Direito da Saúde. *Direito da Saúde e Bioética.* Lisboa: Lex, pp. 39-54. **

**(1993)** Separation of powers and judicial review of administrative decisions in Portugal. *Control in Constitutional Law.* The Hague: Martinus Nijhoff, pp. 163-186. [= *Revista da Faculdade de Direito da Universidade de Lisboa* XXXIV (1993), pp. 87-110]. ***

**(1994)** Polícia. *Dicionário Jurídico da Administração Pública,* VI. Lisboa: s/ ed., pp. 3-18. **

**(1995)** A arbitragem voluntária no domínio dos contratos administrativos. *Estudos em Memória do Professor João de Castro Mendes.* Lisboa: Lex, pp. 227-263. ***

**(1996)** Procedimento de classificação de bens culturais. *Direito do Património Cultural.* Lisboa: INA, pp. 329-353. **

**(1996)** As relações jurídicas de prestação de cuidados pelas unidades de saúde do Serviço Nacional de Saúde. *Direito da Saúde e Bioética.* Lisboa: AAFDL, pp. 11-74.

**(1996)** Rapport portugais. *Les garanties de financement. Travaux de l'Association Henri Capitant – Journées Portugaises,* XLVII. Paris, LGDJ, pp. 827-841.

**(1997)** A efectivação processual da responsabilidade civil extra-contratual da Administração por actos de gestão pública. *La Responsabilidad Patrimonial de los Poderes Públicos.* Madrid: Marcial Pons, pp. 267-321. *

**(1998)** Parecer (c/ J. Bacelar Gouveia). *Direito do Ordenamento do Território e Constituição (A Inconstitucionalidade do Decreto-Lei nº 351/93, de 7 de outubro).* Coimbra: Coimbra Editora, pp. 63-155.

**(1998)** Parecer. *Direito do Ordenamento do Território e Constituição (A Inconstitucionalidade do Decreto-Lei nº 351/93, de 7 de outubro).* Coimbra: Coimbra Editora, pp. 157-189. **

**(1998)** Portugal (c/ B. Ayala). *Les Régimes Électoraux des Pays de l'Union Européenne.* London: Esperia Publications, pp. 455-491.

**(1999)** Governadores Civis (c/ J. Bacelar Gouveia). *Dicionário de História de Portugal,* VIII, suplemento F/O. Porto: Livraria Figueirinhas, pp. 118-120.

**(2000)** O estatuto de Portugal como potência administrante de Timor Leste: um debate no Tribunal Internacional de Justiça. *Timor e o Direito.* Lisboa: AAFDL, pp. 89-109 [= Uma comunidade das gentes – os ausentes presentes. A cadeira vazia de Timor-Leste. *Colóquio de Direito Internacional. Comunidade dos Países de Língua Portuguesa.* Coimbra: Almedina (2003), pp. 143--159]. ****

**(2000)** Portugal (c/ B. Ayala e R. Medeiros). *Towards a Unified Judicial Protection of Citizens in Europe(?).* London: Esperia Publications, pp. 527-645 [= *Estudos de Direito Processual Administrativo* (2002), pp. 9-122]. ***

**(2000)** Zonas de caça associativa e consentimento dos proprietários. *Estudos em Homenagem ao Professor Doutor Pedro Soares Martinez,* I. Coimbra: Almedina, pp. 753-783. ****

**(2000)** Portugal. *Droit Administratif et Subsidiarité.* Bruylant: Bruxelles, pp. 231--246. *

**(2001)** As fundações e associações públicas de Direito Privado. *Os Caminhos da Privatização da Administração Pública.* Coimbra: Coimbra Editora, pp. 301--303. *

**(2001)** Parecer (c/ B. Ayala). *Obras Públicas. Do Pagamento do Prémio pela Conclusão Antecipada da Empreitada.* Lisboa: Azeredo Perdigão e Pereira de Almeida Advogados, pp. 103-162.

**(2001)** Acto administrativo e âmbito da jurisdição administrativa. *Estudos em Homenagem ao Prof. Doutor Rogério Soares.* Coimbra: Coimbra Editora, pp. 1155-1187 [=*Estudos de Direito Processual Administrativo* (2002), pp. 211-241]. ***

**(2001)** A reforma do Contencioso Administrativo e as funções do Ministério Público. *Estudos em Homenagem a Cunha Rodrigues,* 1. Coimbra: Coimbra Editora, pp. 295-329. ***

**(2001)** Les limites au pouvoir d'injonction du juge administratif portugais. *Les droits individuels et le juge en Europe. Mélanges en l'honneur de Michel Fromont,* Strasbourg: Presses Universitaires, pp. 175-196 [= *Estudos de Direito Processual Administrativo* (2002), pp. 159-179]. ***

**(2002)** O novo regime da urbanização e da edificação: um primeiro balanço. *O Novo Regime Jurídico da Urbanização e da Edificação.* Lisboa: Lex, pp. 17-24. **

**(2003)** Intervenção do Professor Sérvulo Correia (2 de fevereiro de 2000). *Reforma do Contencioso Administrativo,* I. Coimbra: Coimbra Editora, pp. 61-66. ***

**(2003)** Defesa do domínio público. *Liber Amicorum Francisco Salgado Zenha.* Coimbra: Coimbra Editora, pp. 445-456. **

**(2004)** Interrelação entre os regimes constitucionais dos direitos, liberdades e garantias e dos direitos, económicos, sociais e culturais e o sistema constitucional de autonomia do legislador e de separação e interdependência de poderes: teses. *Estudos em Homenagem ao Prof. Doutor Armando Marques Guedes.* Coimbra: Coimbra Editora, pp. 969-970. ****

**(2006)** Judicial resolution of administrative disputes (Administrative Procedure in Portugal). *Direito Comparado: Perspectivas Luso-Americanas,* I. Coimbra: Almedina, pp. 323-336. ***

**(2006)** Inexistência e insuficiência de notificação do acto administrativo. *Estudos em Homenagem ao Professor Doutor Marcello Caetano. No centenário do seu nascimento,* I. Coimbra: Coimbra Editora, pp. 583-610. *

**(2006)** A execução das sentenças proferidas em recurso contencioso pelo Tribunal Administrativo de Moçambique. *Estudos em Homenagem ao Prof. Doutor André Gonçalves Pereira.* Coimbra: Coimbra Editora, pp. 449--461. ***

**(2008)** Efectividade e limitações do sistema português de aplicação impositiva do Direito da Concorrência através de meios processuais administrativos e civis. *Estudos em Honra do Professor Doutor José de Oliveira Ascensão*, II. Coimbra: Almedina, pp. 1747-1790 [= The effectiveness and limitations of the Portuguese system of competition law enforcement by administrative and civil procedural means. *Competition Law and Economics. Advances in Competition Policy Enforcement in the EU and North America*. Cheltenham: Edward Elgar (2010), pp. 85--124]. **

**(2008)** A resolução dos litígios sobre investimento estrangeiro em Direito Arbitral Comparado. *I Congresso do Centro de Arbitragem da Câmara de Comércio e Indústria Portuguesa*. Coimbra: Almedina, pp. 199-222 [= *Estudos em Homenagem ao Prof. Doutor Martim de Albuquerque*, II. Coimbra: Coimbra Editora/FDUL (2010), pp. 821-842]. ***

**(2009)** A jurisprudência constitucional portuguesa e o Direito Administrativo. *XXV Anos de Jurisprudência Constitucional Portuguesa*. Coimbra: Coimbra Editora, pp. 93-165. ****

**(2010)** Alteração de circunstâncias e modificação de propostas em procedimentos de contratação pública (c/ L. Torgal e P. Fernández Sánchez). *Estudos de Contratação Pública*, III. Coimbra: Coimbra Editora, pp. 149-200.

**(2010)** As relações jurídicas administrativas de prestação de cuidados de saúde. *Estudos em Homenagem ao Professor Doutor Paulo de Pitta e Cunha*, III. Coimbra: Almedina, pp. 529-585. **

**(2010)** Revisitando o estado de necessidade. *Em Homenagem ao Professor Doutor Diogo Freitas do Amaral*. Coimbra: Almedina, pp. 719-762. *

**(2011)** Administrative due or fair process: different paths in the evolutionary formation of a global principle and of a global right. *Values in Global Administrative Law*. Oxford/Portland: Hart Publishing, pp. 313--361. **

**(2011)** O futuro do regionalismo político. *Açores: Uma Reflexão Jurídica*. Coimbra: Coimbra Editora, pp. 45-65. ****

**(2012)** Procedimento equitativo e direito de participação procedimental. *Estudos em Homenagem ao Prof. Doutor Jorge Miranda*, IV. Coimbra: Coimbra Editora, pp. 411-430. *

**(2012)** Margem de livre decisão, equidade e preenchimento de lacunas: as afinidades e os seus limites. *Estudos em Homenagem a Miguel Galvão Teles*, I. Coimbra: Almedina, pp. 379-402. *

**(2012)** A desadaptação dos parâmetros do âmbito de jurisdição do Tribunal Internacional de Justiça ao sistema contemporâneo de relações internacionais e a posição de Portugal no caso relativo à licitude do uso da força. *Estudos em Homenagem ao Prof. Doutor José Joaquim Gomes Canotilho,* I. Coimbra: Coimbra Editora, pp. 239-250. ****

**(2014)** A arbitragem dos litígios entre particulares e a Administração Pública sobre situações regidas pelo Direito Administrativo. *Estudos em Memória do Conselheiro Artur Maurício.* Coimbra: Coimbra Editora, pp. 683--720. ***

**(2014)** Contencioso Administrativo e responsabilidade democrática da Administração. *Estudos em Memória do Prof. Doutor J. L. Saldanha Sanches,* I. Coimbra: Coimbra Editora, pp. 595-612. ***

**(2015)** A representação das pessoas colectivas públicas na arbitragem administrativa. *Estudos de Direito da Arbitragem em Homenagem a Mário Raposo.* Lisboa: Universidade Católica Editora, pp. 109-134. ***

**(2015)** O Direito Administrativo ao longo das últimas décadas. *Estudos em Homenagem a Rui Machete.* Coimbra: Almedina, pp. 483-497. *

**(2015)** Droit Constitutionnel des collectivités territoriales au Portugal. *Le droit constitutionnel des collectivités territoriales. Aspects de droit public comparé.* Boulogne-Billancourt: Berger-Levrault, pp. 155-174 [= O Direito Constitucional das coletividades territoriais em Portugal. *Cadernos Sérvulo de Direito Público* #01/2015; = O Direito Constitucional das autarquias locais em Portugal. *Questões Atuais de Direito Local* 11 (2016), pp. 7-30]. *

**(2016)** A conferência procedimental: fontes e opções. *Liber Amicorum Fausto de Quadros,* II. Coimbra: Almedina, pp. 17-43. *

**(2016)** Da conferência procedimental. *O Novo Código do Procedimento Administrativo.* Lisboa: CEJ (e-book), pp. 111-121.

**(2016)** O Direito Administrativo atual: traços identitários. *Estudos em Homenagem ao Conselheiro Presidente Rui Moura Ramos,* II. Coimbra: Almedina, pp. 881--902. *

**(2016)** A conversão das formas de proteção de bens culturais móveis. *O Livro dos Amigos de Luís Lignau da Silveira.* Coimbra: Almedina, pp. 155-180. **

**(2019)** Transversalidade estrutural e unidade funcional da Administração. *O Direito Administrativo nos 30 anos da Constituição Brasileira de 1988. Um Diálogo Luso-Brasileiro.* Lisboa: ICJP (e-book), pp. 11-29. *

**(2019)** Estoppel. *Enciclopédia Luso-Brasileira de Direito Internacional* (no prelo). ****

**(2019)** Esgotamento dos meios internos. *Enciclopédia Luso-Brasileira de Direito Internacional* (no prelo). ****

## *e)* Artigos em publicações periódicas

**(1963)** Natureza jurídica dos organismos corporativos. *Estudos Sociais e Corporativos* II/8, pp. 9-25. *

**(1964)** A liberdade de circulação dos trabalhadores europeus. *Estudos Sociais e Corporativos* III/11, pp. 11-69. ****

**(1965)** Cooperação, cooperativismo e doutrina cooperativa. *Estudos Sociais e Corporativos* IV/15, pp. 9-84.

**(1966)** Elementos de um regime jurídico da cooperação. *Estudos Sociais e Corporativos* V/17, pp. 110-175. *

**(1966)** Desenvolvimento e política cooperativa. *Estudos Sociais e Corporativos* V/19, pp. 48-79.

**(1967)** Reflexões sobre o abono de família. *Estudos Sociais e Corporativos* VI/21, pp. 94-120. **

**(1968)** Aspects du régime juridique des coopératives agricoles. *Mediterranea. Revue des problèmes agronomiques méditerranéens* 20, pp. 249-256.

**(1969)** Família e segurança social. *Informação Social* IV/XIV, pp. 65-80. *

**(1969)** O exercício da medicina no âmbito da Segurança Social. *Estudos Sociais e Corporativos* VIII/32, pp. 75-105. **

**(1970)** O sector cooperativo português. Ensaio de uma análise de conjunto. *Boletim do Ministério da Justiça* 196, pp. 31-150.

**(1973)** Sociedade em movimento e segurança social. *Estudos Sociais e Corporativos* IX/35, pp. 5-22. **

**(1973)** Reforma do trabalhador e caducidade do contrato (c/ B. Xavier). *Revista de Direito e de Estudos Sociais* XX/1, pp. 55-82.

**(1980)** Para uma perspectiva social-democrata da reforma administrativa em Portugal. *Democracia e Liberdade* 13, pp. 47-54. *

**(1990)** O prazo de alegação no recurso fundado em oposição de acórdãos no Supremo Tribunal Administrativo. Um caso paradigmático do problema da aplicação da lei de processo civil no Contencioso Administrativo. *Revista da Ordem dos Advogados* 50º/II, pp. 363-393 [= *Estudos de Direito Processual Administrativo* (2002), pp. 255-279]. ***

**(1990)** Droit Administratif = Administrative Law – Portugal (c/ F. Baptista). *Revue Européenne de Droit Public* 2/2, pp. 447-457.

**(1991)** Linhas de aperfeiçoamento da jurisdição administrativa. *Revista da Ordem dos Advogados* 51º/I, pp. 181-190. ***

**(1994)** O direito à informação e os direitos de participação dos particulares no procedimento e, em especial, na formação da decisão administrativa. *Legislação. Cadernos de Ciência da Legislação* 9/10, pp. 133-159. *

**(1994)** As forças de segurança no âmbito do Tratado de Maastricht e do Acordo de Schengen. *O Cidadão. Revista trimestral de Direitos Humanos* II/5, pp. 59-70. **

**(1995)** A responsabilidade civil da Administração. *Boletim da Faculdade de Direito de Bissau* 3, pp. 9-20. *

**(1995)** Contencioso Administrativo e Estado de Direito. *Revista da Faculdade de Direito da Universidade de Lisboa* XXXVI/2, pp. 445-455 [= *Contencioso Administrativo e Estado de Direito*. Maputo: s/ ed. (1993)]. ***

**(1996)** Portugals Stellung zur Frage der Staatenimmunität. *Archiv des Völkerrechts* 34/1, pp. 120-138. ****

**(1997)** O financiamento municipal das assembleias distritais e a Constituição (c/ J. Bacelar Gouveia). *Revista da Faculdade de Direito da Universidade de Lisboa* XXXVIII/1, pp. 233-263.

**(1999)** Vinte e cinco anos de mutação no Direito. *Forum Iustitiae* I/0, pp. 4-8.

**(1999)** Monisme(s) ou Dualisme(s). Conclusions générales. *Revista da Faculdade de Direito da Universidade de Lisboa* XL/1-2, pp. 7-21 [= *Revue Européenne de Droit Public* 12/2 (2000), pp. 831-850; = *La Revue Administrative* 53/2, núm. spécial 2 (2000), pp. 66-76]. **

**(1999)** Impugnação de actos administrativos. *Cadernos de Justiça Administrativa* 16, pp. 11-15. ***

**(2000)** O recurso contencioso no projecto da reforma: tópicos esparsos. *Cadernos de Justiça Administrativa* 20, pp. 12-17 [= *Estudos de Direito Processual Administrativo* (2002), pp. 181-189; = *Reforma do Contencioso Administrativo – O Debate Universitário (Trabalhos Preparatórios)*, I. Coimbra: Coimbra Editora (2003), pp. 125-133]. ***

**(2000)** Unidade ou pluralidade de meios processuais principais no Contencioso Administrativo. *Cadernos de Justiça Administrativa* 22, pp. 23-35 [= *Estudos de Direito Processual Administrativo* (2002), pp. 191-209; = *Reforma do Contencioso Administrativo – O Debate Universitário (Trabalhos Preparatórios)*, I. Coimbra: Coimbra Editora (2003), pp. 707-728]. ***

**(2000)** O poder das autarquias locais: novas perspectivas. *Forum Iustitiae* I/10, pp. 46-49. *

**(2000)** A reforma do Contencioso Administrativo e os conselhos superiores das magistraturas. *Forum Iustitiae* II/13, pp. 46-49. ***

**(2001)** Da sede do regime de responsabilidade objetiva por danos causados por normas emitidas no desempenho da função administrativa. *Revista da Ordem dos Advogados* 61º/ III, pp. 1313-1348. *

**(2001)** A reforma do Tribunal dos Conflitos. *Cadernos de Justiça Administrativa* 27, pp. 3-19. ***

**(2002)** A União Europeia e a "europeização" do Direito Constitucional dos Estados Membros. *Revista Esmafe. Escola de Magistratura Federal da 5.ª Região* 3, pp. 111-123. ****

**(2002)** Restrições aos poderes do Governo em matéria de reconhecimento e de alteração dos estatutos das fundações de Direito Privado (c/ R. Medeiros). *Revista da Ordem dos Advogados* 62º/II, pp. 347-382. *

**(2004)** Bases jurídicas do património bibliográfico: uma apresentação. *Leituras. Revista da Biblioteca Nacional* 14-15, pp. 11-16. **

**(2005)** O incumprimento do dever de decidir. *Cadernos de Justiça Administrativa* 54, pp. 6-32 [= *Estudos Jurídicos e Económicos em Homenagem ao Prof. Doutor António de Sousa Franco,* II. Coimbra: Coimbra Editora (2006), pp. 217-254]. *

**(2006)** Autoridade da Concorrência e Ordens Profissionais. *Boletim da Ordem dos Advogados* 43, pp. 12-15.

**(2006)** Modernização do Contencioso Administrativo. *Direito e Cidadania* 7/24, pp. 135-151. ***

**(2009)** O regime da responsabilidade por erros e omissões do projecto nas empreitadas de concepção/construção em face do Código dos Contratos Públicos (c/ A. Cadilha). *Revista da Ordem dos Advogados* 69º/3-4, pp. 869-896.

**(2011)** Le contentieux des contrats publics en Europe – Portugal. *Revue Français de Droit Administratif* 27/1, pp. 76-84. ***

**(2012)** Arbitragem internacional com Estados na nova Lei de Arbitragem Voluntária. *Revista Internacional de Arbitragem e Conciliação* 5, pp. 99-119. ***

**(2014)** Da ação administrativa especial à nova ação administrativa. *Cadernos de Justiça Administrativa* 106, pp. 49-60. ***

**(2014)** Cérémonie d'attribution du titre de docteur *honoris causa*[8]. *European Review of Public Law* 26/4, pp. 1413-1426 [= La formation d'une tradition juridique administrative commune aux États de l'Europe Démocratique:

[8] Discurso por ocasião do doutoramento *honoris causa* pela Universidade de Atenas.

L'Exemple Gréco-Portugais. *Lisbon Law Review/Revista da Faculdade de Direito da Universidade de Lisboa* XMVLLX, pp. 169-180]. **

**(2016)** Os grandes traços do Direito Administrativo no século XXI. *A & C – Revista de Direito Administrativo & Constitucional* 16/63, pp. 45-66.

**(2017)** A revisão das disposições gerais sobre o âmbito de aplicação do Código dos Contratos Públicos. *e-Pública* 4/2, pp. 5-20. *

## *f)* Anotações de jurisprudência

**(1973)** Homologação das decisões das comissões corporativas – Acórdão do Supremo Tribunal Administrativo (Tribunal Pleno), de 10.3.1972. *Estudos Sociais e Corporativos* IX/35, pp. 102-117. ***

**(1990)** Representação dos juízes dos Tribunais Administrativos de Círculo no Conselho Superior dos Tribunais Administrativos e Fiscais; princípio da igualdade; independência e inamovibilidade dos juízes – Acórdão do Supremo Tribunal Administrativo (Pleno da 1.ª Secção), de 9.1.1991. *O Direito* 122º/2, pp. 436-459. ****

**(1994)** Errada identificação do autor do acto recorrido; direcção do processo pelo juiz; efectividade da garantia constitucional de recurso contencioso; repressão da violação da legalidade – Acórdão do Tribunal Tributário (2.ª Instância), de 22.9.1992. *Revista da Ordem dos Advogados* 54º/III, pp. 851-870 [= *Estudos de Direito Processual Administrativo* (2002), pp. 243-253]. ***

**(1997)** Princípios constitucionais do acesso à justiça, da legalidade processual e do contraditório; junção de pareceres em processo civil; interpretação conforme à Constituição do artigo 525º do Código de Processo Civil – Acórdão do Tribunal Constitucional nº 934/96 (c/ J. Bacelar Gouveia). *Revista da Ordem dos Advogados* 57º/I, pp. 295-357.

**(1997)** O direito dos interessados à informação: *ubi ius, ibi remedium* – Acórdão do Supremo Tribunal Administrativo (1.ª Secção) de 2.5.1996, P. 40 120. *Cadernos de Justiça Administrativa* 5, pp. 3-12 [= *Estudos de Direito Processual Administrativo* (2002), pp. 313-321]. *

**(1998)** Inconstitucionalidade da norma que não permite o acesso aos tribunais superiores em via de recurso, em processo com valor superior à alçada do tribunal recorrido, para discussão de questão atinente à admissibilidade legal de avaliação fiscal extraordinária para efeito de fixação de rendas

– Acórdão nº 695/98 do Tribunal Constitucional (c/ T. Serra). *Revista da Ordem dos Advogados* 58º/II, pp. 992-1002. ****

**(2004)** O princípio *pro actione* no procedimento administrativo – Acórdão do Supremo Tribunal Administrativo (1.ª Secção) de 22.1.2004, P. 2064/03 (c/ M. Carmona). *Cadernos de Justiça Administrativa* 44, pp. 37-42. *

**(2004)** O princípio *pro actione* e o âmbito da cognição no recurso de revista – Acórdão do Supremo Tribunal Administrativo (1.ª Secção) de 24.11.2004, P. 1011/04. *Cadernos de Justiça Administrativa* 48, pp. 36-52. ***

**(2008)** Conceitos jurídicos indeterminados e âmbito do controlo jurisdicional – Acórdão do Supremo Tribunal Administrativo (1.ª Secção) de 17.1.2007, P. 1068/06. *Cadernos de Justiça Administrativa* 70, pp. 32-57. *

## *g)* Intervenções em tribunais internacionais

**(1995)** Oral Pleadings no caso Portugal c. Austrália. *I.C.J. Pleadings, Dispute regarding East Timor (Portugal* v. *Australia)*, Vol. 2, pp. 18-40, Vol. 3, pp. 28-57, Vol. 4, pp. 9-17, Vol. 6, pp. 41-56, Vol. 12, pp. 34-62. ****

**(2015)** Dissenting Opinion of Judge *ad hoc* Sérvulo Correia. *International Tribunal for the Law of the Sea – Reports of Judgements, Advisory Opinions and Orders* 14. Leiden: Brill-Nijhoff, pp. 359-399. ****

## *h)* Prefácios/Arguições/Recensões

**(1995)** Prefácio a R. Leite Pinto, *Intimação para um Comportamento. Contributo para o estudo dos Procedimentos Cautelares no Contencioso Administrativo*. Lisboa: Cosmos, pp. XI-XXV. ***

**(2001)** Prefácio a N. Costa Cabral, *O financiamento da Segurança Social e suas implicações redistributivas (Enquadramento e Regime Jurídico)*. Lisboa: Associação Portuguesa da Segurança Social, pp. 6-7.

**(2007)** Prefácio a E. Kafft Kosta, *Estado de Direito – O Paradigma Zero. Entre Lipoaspiração e Dispensabilidade*. Coimbra: Almedina, pp. 7-10.

**(2007)** Prefácio a F. Paes Marques, *A Efectividade da Tutela de Terceiros no Contencioso Administrativo*. Coimbra: Almedina, pp. 7-16. ***

**(2007)** Prefácio a M. A. Oliveira Crespo, *O Recurso de Revista no Contencioso Administrativo*. Coimbra: Almedina, pp. 7-9.

**(2008)** Arguição a J. Freitas da Rocha, *Constituição, Ordenamento e Conflitos Normativos. Esboço de uma Teoria Analítica da Ordenação Normativa.* Coimbra: Coimbra Editora, pp. 811-827. ****

**(2008)** Apreciação crítica da lição de síntese em provas de agregação prestadas pelo Doutor Bernardo da Gama Lobo Xavier na Universidade Católica portuguesa. *Revista da Faculdade de Direito da Universidade de Lisboa* XLIX/ /1-2, pp. 517-528.

**(2008)** Recensão de A. Paula Dourado, *O Princípio da Legalidade Fiscal. Tipicidade, conceitos jurídicos indeterminados e margem de livre apreciação. Revista de Finanças Públicas e Direito Fiscal* I/3, pp. 267-272.

**(2009)** Prefácio a L. Pinto e Netto, *Participação administrativa procedimental. Natureza jurídica, garantias, riscos e disciplina adequada.* Belo Horizonte: Editora Fórum, pp. 13-20. *

**(2009)** Prefácio a E. Bitencourt Neto, *Devido Procedimento Eqüitativo e Vinculação de Serviços Públicos Delegados no Brasil.* Belo Horizonte: Editora Fórum, pp. 11-17. *

**(2009)** Prefácio a I. C. Fonseca, *Processo Temporalmente Justo e Urgência. Contributo para a autonomização da categoria da tutela jurisdicional de urgência na Justiça administrativa.* Coimbra: Coimbra Editora, pp. 9-15. ***

**(2010)** Prefácio a A. Duarte Silva, *Invenção e Construção da Guiné-Bissau.* Coimbra: Almedina, pp. 7-14.

**(2010)** Prefácio a J. Gomes Miranda, *Teoria da Excepcionalidade Administrativa. A Juridicização do Estado de Necessidade.* Belo Horizonte: Editora Fórum, pp. 4-12. *

**(2011)** Prefácio a AA. VV., *Aquisição de Empresas.* Coimbra: Coimbra Editora, pp. 9-11.

**(2012)** Apresentação de A. Leitão, *Contratos Interadministrativos,* na ocasião do seu lançamento [disponível em https://www.servulo.com].

### *i)* Outros

**(1997)** Prorrogação do protocolo de cooperação jurídica entre Portugal e a Guiné--Bissau. *Revista da Faculdade de Direito da Universidade de Lisboa* XXXVII/1, pp. 347-348.

**(1997)** Oração de Sapiência. *Revista da Faculdade de Direito da Universidade de Lisboa* XXXVIII/2, pp. 605-611.

**(2000)** Projecto de proposta de lei de bases da saúde. *Legislação. Cadernos de Ciência de Legislação* 27, pp. 73-121.

**(2008)** «Última Aula» do Professor Doutor José Manuel Sérvulo Correia. *Revista da Faculdade de Direito da Universidade de Lisboa* XLIX/1-2, pp. 505-515.

**(2011)** Discurso de homenagem ao Conselheiro Mário Torres. *Revista do Ministério Público* 32/127, pp. 329-338.

# PLANO GERAL

I DIREITO ADMINISTRATIVO (1)
- A) Dogmática Geral
- B) Organização
- C) Procedimento
- D) Contratos
- E) Responsabilidade

II DIREITO ADMINISTRATIVO (2)
- F) Direitos Administrativos Especiais
  - F.1) Segurança Social
  - F.2) Saúde
  - F.3) Polícia
  - F.4) Ordenamento do Território e Urbanismo
  - F.5) Bens e Património
  - F.6) Concorrência
- G) Direito Administrativo Comparado, Europeu e Global

III CONTENCIOSO ADMINISTRATIVO E ARBITRAGEM
- H) Contencioso Administrativo
- I) Arbitragem

IV DIREITO CONSTITUCIONAL, DIREITO EUROPEU E DIREITO INTERNACIONAL PÚBLICO
- J) Direito Constitucional
- K) Direito Europeu
- L) Direito Internacional Público

A)

# DOGMÁTICA GERAL

# Os princípios constitucionais da Administração Pública (1979)*

## 1. Prossecução do Interesse Público[1-2]

No presente capítulo não iremos versar os princípios do Direito Administrativo em geral, a que fizemos já alusão a propósito das fontes deste ramo do Direito. Apenas queremos tratar aqui os princípios que, nos termos dos artigos 267º e 268º da Constituição, regem a Administração Pública, entendida em sentido orgânico. Como é compreensível, trata-se fundamentalmente de regras organizatórias e funcionais.

A primeira dessas regras, estatuída no nº 1 do antigo 267º da Constituição, diz que a Administração Pública visa a *prossecução do interesse público.*

O conceito de interesse público é daqueles cuja evidência intuitiva não facilita em muito a definição. Embora seja a ideia dominante de todas as normas jurídico-administrativas, ele não é, como observa RIVERO, aconselhável como elemento caracterizador do Direito Administrativo, visto que,

* In: *Estudos sobre a Constituição,* III. Lisboa: Petrony, pp. 661-688.

[1] Extracto das Lições de Direito Administrativo proferidas na Faculdade de Direito de Lisboa no ano-lectivo de 1978/79 e publicadas pela AAFDL. Nas Lições versa-se também o princípio da descentralização administrativa.

[2] Bibliografia – ALESSI, *Principi... cit.*, págs. 12 e 206-209; EHRHARDT SOARES, *Interesse Público, Legalidade e Mérito,* Coimbra, 1955, págs. 1-135; M. CAETANO, *Man.*, I, págs. 49, 202; RIVERO, *Droit Administratif, cit.*, págs. 10-33; WOLFF, *Verwaltungsrecht,* I, págs. 158-166.

quando a Administração Pública utiliza meios de Direito Privado, é ainda o interesse público a guiá-la.

Dizer que os interesses públicos são aqueles que respeitam à existência, conservação e desenvolvimento da sociedade política é utilizar um quadro formal, mas ficar ainda longe do cerne da questão.

Conceito mais substancioso é o de RIVERO, quando escreve que o interesse público representa a esfera das necessidades a que a iniciativa privada não pode responder e que são vitais para a comunidade na sua totalidade e para cada um dos seus membros.

Ideia semelhante é-nos transmitida por WOLFF, quando escreve que os interesses públicos assentam numa ordem social pacífica, na conservação da dignidade e honra do ser humano, na possibilidade de manutenção da posse, da propriedade e do trato jurídico, na possibilidade e promoção da educação e da cultura, em suma, na criação ou manutenção daquelas relações que respeitam a situações jurídicas materiais fundamentais.

Os interesses públicos ou colectivos são os mais variados. Certos sectores da doutrina operam a sua síntese na ideia de *interesse público primário*. Esta ideia não é aliás totalmente separada da multiplicidade dos interesses individuais coincidentes com os interesses colectivos. Mas o interesse colectivo primário, embora sendo a expressão unitária de múltiplos interesses colectivos ou individuais, distingue-se qualitativamente dos restantes, que se podem denominar interesses secundários ou subjectivos. Ao interesse colectivo primário corresponde a ideia de «bem público», através do qual o Estado vai julgar e hierarquizar os fins ou grupos de fins individuais ou colectivos.

A satisfação do interesse público primário obtém-se ou com uma tutela directa, independentemente dos interesses secundários, ou indirectamente mediante a realização de interesses secundários com aquele coincidentes.

Síntese qualitativa de todos os interesses merecedores de protecção, o interesse colectivo primário é objecto de tutela directa através, sobretudo, do exercício da função legislativa, competindo ao legislador assegurar a sua proeminência pela conjugação de finalidades abstractas com a definição de condutas necessárias face a conjunturas típicas da existência real.

Objecto da tutela directa da função administrativa são sobretudo interesses públicos secundários, enquanto interesses do aparelho administrativo, os quais são apenas uns entre outros interesses secundários existentes no contexto social. É por isso que a Constituição pode contrapor, no nº 1 do art. 267º, o interesse público aos direitos e interesses legalmente protegidos dos cidadãos.

Como observa ALESSI, a determinação do interesse público necessário para legitimar o exercício de poderes pela Administração pode ser precisa ou imprecisa.

É precisa, quando exclusivamente realizada mediante a indicação de pressupostos de facto sobre os quais haja apenas de se fazer um simples juízo de existência ou inexistência, excluindo-se qualquer avaliação de medida. Uma vez verificada tal existência, deve automaticamente considerar-se a subsistência de um interesse público idóneo para legitimar uma conduta da Administração.

A determinação imprecisa pode assumir várias formas. Assim sucede se à Administração é deixado o poder de, face à verificação de certos pressupostos de facto, determinar se é oportuna ou não certa conduta como meio de realização do interesse público. Ou ainda se se deixa à Administração o poder de, perante certos factos (pobreza, escassez de rendimentos, boa conduta, por ex.), avaliar se possuem um grau de intensidade que justifique, face ao interesse público, determinada actuação administrativa. A situação é idêntica quando o legislador enuncia interesses públicos secundários semi-abstractos (interesses sanitário, cultural, estético, de desenvolvimento económico-social, de satisfação das necessidades colectivas), deixando à Administração o poder de escolher as condutas adequadas à sua realização.

Nos casos de determinação imprecisa do interesse público, a Administração recebe um *poder discricionário*, que corresponde à liberdade de determinar a oportunidade duma conduta ou de fixar o seu conteúdo face a uma avaliação livre dos imperativos do interesse público.

Como nota WOLFF, a libertação da Administração dos restantes vínculos normativos não a dispensa nunca da sujeição ao interesse público. Esta conclusão de que a discricionariedade não é total pode fundamentar-se, no nosso ordenamento jurídico, no nº 1 do artigo 267º da Constituição.

O interesse público delimita a actuação de todas as pessoas colectivas de direito público que integram a Administração Pública. O *princípio da especialidade* aplicado a estas pessoas determina que os seus poderes só podem ser exercidos para alcançar os fins institucionais, isto é, interesses públicos.

## 2. Princípio da legalidade[3]

**2.1.** No Estado de polícia, que antecede historicamente o Estado Liberal de Direito, a Administração exercia um poder tendencialmente ilimitado. Com o advento do Estado liberal, a Administração passa a ficar sujeita, no desempenho da sua actividade, a critérios abstractos e genéricos de execução permanente que promanam de uma outra sede de poder: o Parlamento.

A subordinação ao Parlamento do Executivo, composto pelo Monarca e pelo Governo dele directamente dependente, representava para a burguesia, dominante nas assembleias legislativas, uma certeza de supremacia. A legalidade da Administração era pois, antes de tudo, a submissão da Administração à lei em sentido formal. Como escreve *Prosper Weil*, «ao formularem a noção de legalidade, os juristas do século XIX não pensavam tanto na limitação do executivo pelo direito, em sentido lato, como na sua subordinação à lei, isto é, ao parlamento. Em sua opinião, o Estado de direito devia ser, antes de tudo, um Estado legal»[4].

Neste sentido se usava a expressão «Administração, condicionada». A Administração devia mover-se apenas no interior de um quadro traçado pelo Poder Legislativo. Um entendimento irrealista do princípio da separação de poderes levou, até, de início, a que se pretendesse concentrar no Poder Legislativo toda a competência normativa. E quando a realidade dos factos impôs a necessidade da faculdade regulamentária da Administração, esta surgiu como meramente executiva, no sentido de continuação e desenvolvimento de leis formais pré-existentes.

Mais do que como um objectivo último, o princípio da separação de poderes aparecia como um valor instrumental, posto ao serviço dos direitos subjectivos e da sua eficaz garantia contra o arbítrio das autoridades. A legalidade materializada na subordinação do Executivo ao Legislativo, significava que a autoridade da Administração não podia penetrar na esfera jurídica dos indivíduos a não ser com base em normas estatuídas pelos

[3] Bibliografia – ALESSI, *Principi... cit.*, págs. 16-17; ANDRÉ DEMICHEL, *Le Droit Administratif*, Paris, 1978, págs. 86-93; EHRHARDT SOARES, *Interesse Público, Legalidade e Mérito*, Coimbra, 1955, págs. 66-98; JESCH, *Gesetz... cit.*, págs. 24-35, 171-234; MARCELLO CAETANO, *Man.*, I, págs. 28-31; 483; Tendências no Direito Administrativo Europeu, in *Estudos, cit.*, págs. 329 e segs.; P. WEIL, *O Direito Administrativo, cit.*, págs. 109-123; WOLFF, *Verwaltungsrecht, cit.*, I, págs. 166-176.

[4] *Ob. cit.*, pág. 116.

Parlamentos. Esfera jurídica construída sobretudo em termos de liberdades e de direito de propriedade.

Com a passagem do tempo, a ideia de legalidade vai-se, no entanto, objectivar. Como escreve ainda PROSPER WEIL, «com o uso, o termo legalidade recebeu, contudo, um significado mais lato e tornou-se sinónimo de regularidade jurídica, de jurisdicidade: o «bloco da legalidade» (Hauriou) compreende hoje o conjunto de regras jurídicas que limitam a actividade administrativa»[5].

Efectivamente, a subordinação da Administração às leis dimanadas dos Parlamentos encerrava um significado que inevitavelmente viria a abranger as normas jurídicas que a própria Administração passaria a ter poderes para elaborar. A generalidade das normas implica uma conduta idêntica em todas as situações semelhantes, estabelecendo uma barreira contra os arbítrios e os tratamentos discriminatórios e conferindo à vida em sociedade um clima de segurança resultante de cada indivíduo poder prever as condutas que em relação a ele a Administração irá adoptar.

Os elementos da legalidade não se restringem hoje porém às normas jurídicas escritas, de tipo legislativo e regulamentar. A jurisprudência do S. T. A., seguindo na esteira da do *Conseil d'État*, considera que a invalidade dos actos administrativos pode resultar da violação dos princípios gerais de direito. Isso mesmo é, aliás, expressamente reconhecido pelo art. 6º do Decreto-Lei nº 48 051, de 21 de Novembro de 1967, sobre a responsabilidade civil extracontratual do Estado no domínio dos actos de gestão pública.

E vai ainda mais longe a jurisprudência do S. T. A. No Ac. da 1ª Secção, de 30 de Junho de 1977, afirma-se que o Estado viola a legalidade, se desrespeita os direitos que para os particulares resultam de actos administrativos de que sejam destinatários ou de contratos administrativos. Através dos actos administrativos definitivos e executórios, a Administração define situações jurídicas entre ela e certos e determinados particulares. Enquanto tais actos não caducam ou não são revogados nos termos da lei, a Administração tem de respeitar os efeitos que para ela própria deles derivam. A este propósito pode ler-se no aludido acórdão:

«A obrigação de respeito, por parte da Administração, do conteúdo dos respectivos actos unilaterais, por via da *auto-vinculação* que os mesmos actos representam, incluindo os efeitos que a Administração escolheu e

[5] *Idem*, pág. 117.

determinou, no âmbito em que tal lhe é permitido, pode até filiar-se ou integrar-se no *princípio da legalidade*, que domina a actividade administrativa.

É que este princípio, que constitui um princípio fundamental da nossa ordem jurídica e emerge do próprio conceito de Estado-de-Direito parece abranger, para além do respeito das normas jurídicas, o das vinculações resultantes das manifestações de vontade destinadas à produção de efeitos em casos concretos, até porque as mesmas, precisamente por aquele primeiro aspecto, têm de se conformar com as normas jurídicas, daí, que a vinculação no citado segundo aspecto se possa basear, afinal na vinculação a que se refere o primeiro.

Repare-se, mesmo que a configuração do princípio da legalidade, na amplitude acima definida, parece confirmada pela possibilidade de impugnação contenciosa dos actos administrativos – que é sempre baseada em ilegalidade – com o fundamento na violação de contrato administrativo, uma vez que este não tem natureza normativa.»[6]

Os actos administrativos e os contratos administrativos são pois, para além da Constituição, das leis, convenções internacionais, regulamentos e princípios gerais de direito, elementos de legalidade.

**2.2.** A legalidade significa que a actividade administrativa está limitada pela obrigação de respeitar certos comandos jurídicos. Mas, entre esses comandos, ganham espaço crescente os provenientes da própria Administração, cujo órgão supremo – o Governo – adquiriu em numerosos Estados, entre os quais Portugal (Const., art. 201º), o poder de fazer leis em sentidos formal. Da «Administração condicionada» passou-se assim à «Administração condicionante». Em face deste novo conspecto pode perguntar-se qual o sentido último da legalidade, ou, por outras palavras, se ela representa ainda um valor, para além de uma pura técnica de ordenamento da acção interna do Estado. Que interessa que o Governo esteja submetido à lei quando o Governo possa fazer todas e quaisquer leis?

Para poder imprimir uma profunda marca qualitativa nas sociedades em que impera, a legalidade tem de assentar sobre uma estrutura institucional onde, pelo menos nas matérias essenciais, a elaboração das leis não caiba ao

[6] Ac. de S.T.A., 1ª, de 30 de Junho de 1977, in AD, nº 195, pág. 283. Ver também Ac. de 13 de Março de 1975, in AD, nº 163, pág. 919, e Ac. de 19 de Julho de 1973, in Colecção de Acórdãos, 1973, pág. 1073.

Governo e em que esteja assegurado o controlo dos actos deste órgão, para que os particulares não fiquem à mercê das condutas por ele tomadas fora do enquadramento legal.

Reportando-nos a este último ponto, diremos que a legalidade é indissociável do seu controlo jurisdicional, tal como assegurado pelo art. 269º, nº 2, da Constituição. Mas, embora necessário, tal factor não é suficiente. A Constituição de 1933 também garantia o controlo jurisdicional da legalidade administrativa, a partir da sua revisão de 1971.

Cremos que tenha sido a consciência da necessidade de apor um carácter substantivo à legalidade, por confronto com aquela legalidade formal de que se revestia o anterior regime, que levou a que na Constituição de 1976 se empregue repetidamente a expressão *legalidade democrática*.

O título IX da Parte III, dedicado à Administração Pública, principia por enunciar o princípio da legalidade em termos tradicionais, isto é, numa acepção subjectiva de defesa das esferas individuais.

Diz com efeito o art. 267º, nº 1, que «a Administração Pública visa a prossecução do interesse público, no respeito pelos direitos e interesses legalmente protegidos dos cidadãos». E o nº 2 do art. 269º complementa com a garantia de recurso contencioso, com fundamento em ilegalidade, contra quaisquer actos administrativos definitivos e executóríos.

Mas, em diversas outras passagens, a Constituição fala de *legalidade democrática*: é o caso dos arts. 3º, nº 4, 9º, *b*), 202º, *f*), 206º e 272º, nº 1. Pela análise comparativa dos contextos em que a expressão é utilizada e relativamente fácil, ao que cremos, entender o sentido que lhe atribui o legislador constituinte.

Para tal efeito interessam, em primeiro lugar, os arts. 3º e 9º, que conjugam a proclamação do princípio da legalidade democrática com a enunciação de vários outros aspectos fundamentais da organização política do Estado. Assim, o art. 3º, que, no nº 4, preceitua que o Estado está submetido à Constituição e se funda na legalidade democrática, afirma, no nº 1, que a soberania reside no povo que a exerce segundo a Constituição e, no nº 3, que os partidos políticos concorrem para a organização e a expressão da vontade popular, no respeito pelos princípios da independência nacional e da democracia política. A alínea *b*) do art. 9º considera tarefa fundamental do Estado assegurar a participação organizada do povo na resolução dos problemas nacionais, defender a democracia política e fazer respeitar a legalidade democrática.

Poderá assim concluir-se que, para o legislador constituinte, a legalidade democrática é aquela legalidade que delimita a actuação dos órgãos de um Estado cujo povo é o titular da soberania e a exerce segundo regras jurídicas, por forma organizada que inclui o concurso de partidos políticos e o respeito dos princípios da democracia política.

Cremos por outro lado que, como afirma JESCH, nos dias de hoje se mantém, embora em termos alterados em relação aos dos princípios do século XIX, uma relação entre o conteúdo do princípio da legalidade e as posições relativas do Parlamento e do Executivo. Referindo-se a elementos da estrutura constitucional definidos pela Lei Fundamental de Bonn, que não se diferenciam no essencial dos da nossa Constituição de 1976, aquele autor aponta o reforço da posição do Parlamento face ao Governo e a situação do Parlamento como o mais elevado órgão do Estado. É o Parlamento que legitima o governo. Como plataforma de equilíbrio dos diversos interesses pluralistas cabem ao Parlamento as decisões fundamentais, mesmo em áreas materialmente administrativas, através de «leis-medida», como as respeitantes ao plano e ao orçamento. Ao passo que há uma ampla reserva legislativa do Parlamento, não há uma «reserva executiva» do governo. Nestes termos, a «preferência da lei» tem um significado que ultrapassa os aspectos puramente jurídico-formais da hierarquia das fontes de direito para se entroncar numa realidade política que se insere no cerne da democracia: a prevalência da vontade popular manifestada através do órgão que directamente a representa. No Estado Parlamentar Democrático, as questões fundamentais sobre o princípio da legalidade têm de continuar a centrar-se na problemática das relações Parlamento-Governo[7].

No sistema constitucional português, a titularidade de poderes legislativos pelo Governo não afecta o raciocínio precedente devido aos termos como se equaciona o instituto da ratificação (Const., art. 172º).

Mesmo alguns autores marxistas, para quem a «legalidade burguesa» representa uma cobertura ideológica da dominação de uma classe minoritária, são sensíveis à diferença entre legalidade formal e legalidade democrática. Eis o que a este respeito escreve DEMICHEL, num livro que é um ensaio de inspiração marxista sobre as estruturas e o conteúdo do Direito Administrativo:

[7] JESCH, *ob. cit.*, págs. 171-176.

«Que a legalidade seja ideologia é um ponto seguro. Mas é ela apenas isso? Alguns, que se reclamam do marxismo, não hesitam em afirmá-lo. Trata-se porém de uma inexactidão radical. A legalidade, quando é minimamente constrangente para os governantes, torna-se em elemento objectivo da realidade estadual, e nomeadamente administrativa. E é aí em particular que se diferenciam, no seio dos regimes capitalistas, as democracias liberais e as ditaduras. Nestas, a realidade da legalidade esgota-se em um meio técnico de ordenamento do Estado. Nas relações dos governantes e dos governados, ela não passa de ideologia, de qualquer modo pouco eficaz. Porque a ideologia exige um mínimo de credibilidade. Um poder que, notoriamente, se não considera ligado pelo Direito, pode dificilmente suscitar uma ligação ideológica à ideia de legalidade. Nas democracias liberais, pelo contrário, a legalidade é uma ideologia eficaz, porque ela é, simultaneamente, uma realidade positiva»[8].

Na nossa opinião, este autor, condicionado pela sua própria visão ideológica, coloca o problema da legalidade em termos demasiado estritos: o do cumprimento das normas estabelecidas pelo poder constituído. Como vimos, o conceito de legalidade democrática vai mais além.

A findar este ponto vale a pena referir ainda que, nalguns preceitos da Constituição, parece usar-se a expressão «legalidade democrática» numa acepção diferente da descrita, mas com ela compatível desde que se não pretenda considerá-la como a única possível: a de legalidade objectiva, no sentido de dever de acatamento e de defesa do Direito objectivo, com independência da protecção de interesses privados. Assim, o art. 206º incumbe os tribunais, simultaneamente, de assegurar a defesa dos direitos e interesses legalmente protegidos dos cidadãos e de reprimir a violação da legalidade democrática. E, no art. 272º, nº 1, as defesas da legalidade democrática e dos direitos dos cidadãos também surgem autonomamente, se bem que de modo paralelo, como função da polícia[9].

**2.3.** A questão do conteúdo do princípio da legalidade não se esgota com a matéria versada na rubrica anterior.

[8] DEMICHEL, *ob. cit.*, pág. 94.

[9] Sobre o conceito de legalidade democrática ver também: GOMES CANOTILHO e VITAL MOREIRA, *Constituição da República Portuguesa Anotada*, Coimbra, 1978, págs. 37-38.

Significará a legalidade tão só que a Administração não deve contrariar as normas jurídicas vigentes? Ou irá além, implicando que toda a actuação da Administração se deve fundar em normas jurídicas? E poderá ou deverá fazer-se uma distinção no âmbito desta segunda alternativa, reconhecendo que nenhum órgão ou agente da Administração Pública tem a faculdade de praticar actos que possam contender com interesses alheios senão em virtude de uma norma geral anterior, mas deixando a Administração campo livre e independente de um prévio quadro normativo quando se não trate de restringir autoritariamente direitos ou interesses legítimos dos particulares?

Esta não é uma questão fácil e dir-se-ia que ela evolui também com o aprofundamento do modelo constitucional do Estado Social de Direito.

O dever de acatamento pela Administração das normas jurídicas e, até, dos efeitos jurídicos por ela provocados em situações concretas é indubitável e não merece aqui mais desenvolvido tratamento.

O carácter limitativo do princípio da legalidade é porém entendido tradicionalmente num sentido mais amplo, bem exemplificado pela seguinte passagem do Prof. MARCELLO CAETANO:

> «O objecto do acto administrativo deve ser legal e não apenas lícito. Como se disse já, a Administração pública, no nosso direito, actua nos termos previstos ou permitidos por lei: não lhe é possível tudo o que a lei não proíbe, como sucede com os particulares; a sua acção está positivamente regulada e por isso só pode querer o que a lei permitir que queira»[10].

Note-se no entanto que o Prof. MARCELLO CAETANO reconhece a existência de limites ao princípio da legalidade. Mas para ele, tais limites apenas surgem no plano dos actos políticos e técnicos, isto é, fora do âmbito dos actos que produzam efeitos jurídicos entre a Administração e os administrados[11].

O entendimento da legalidade no sentido de que a Administração só pode fazer aquilo que a lei consente é amplamente dominante em doutrinas como a francesa e a italiana. Ela é normalmente justificada pelo facto de, no Estado de Direito, não ser admissível uma invasão do campo da liberdade

[10] *Manual, cit.*, I, pág. 483.

[11] *Idem*, págs. 30.31.

individual fora dos casos permitidos pela lei[12]. No entanto, como já vimos[13], o desenvolvimento da «Administração de prestação», pela qual não se efectiva tanto um exercício de autoridade constrangente das esferas jurídicas dos particulares como uma satisfação de necessidades através da prestação de bens e serviços, suscita a necessidade de rever o enquadramento doutrinário tradicional.

Na Alemanha, provavelmente devido ao antecedente constituído pelas polémicas do princípio do século sobre a existência de uma faculdade regulamentária autónoma[14], encontra-se mais adiantado o estudo da questão.

A doutrina germânica distingue os conceitos de *Vorrang des Gesetzes* (precedência da lei) e de *Vorbehalt des Gesetzes* (reserva da lei). Significa este último que o direito não é apenas um limite externo à actividade da Administração, mas a única forma possível de manifestação dessa actividade[15]. À sua luz, entende-se necessário para cada acto da Administração um pressuposto normativo sempre redutível (pela articulação entre regulamento e lei) à lei em sentido formal.

O princípio da precedência da lei impede que a Administração actue *contra legem*. O da reserva de lei, que a Administração se conduza *praeter legem*.

O princípio da *Vorbehalt des Gesetzes* é aceite sem discrepância no que toca aos actos administrativos que importem ónus para particulares (*Eingriffsvorbehalt*)[16]. Ao que nos parece, este princípio encontra reflexos na nossa Constituição, designadamente no art. 82º, que sujeita à determinação por lei os meios e as formas de actos eminentemente restritivos do direito de propriedade individual: a intervenção, a nacionalização e a socialização dos meios de produção.

A questão está porém em saber se, na restante matéria, isto é, no âmbito da «Administração de prestação» (*Leistungsverwaltung*), também é necessária a «permissão legislativa» (*gesetzliche Ermächtigung*) para os diversos actos da Administração.

[12] Alessi, *ob. cit.*, pág. 17.

[13] Ehrhardt Soares, *ob. cit.*, págs. 71-76.

[14] *Idem, ibidm.*

[15] Ehrhardt Soares, *ob. cit.*, pág. 83.

[16] Discute-se no entanto qual a amplitude do conceito de lei, para este efeito (Ehrhardt Soares, *ob. cit.*, pág. 90).

Num magnífico ensaio sobre a legalidade da Administração, datado de 1960, JESCH sustenta que sim.

Em primeiro lugar, observa ele, a «Administração de prestação» também não é dissociável do exercício de autoridade com efeitos nas esferas jurídicas dos particulares (*Eingriffe*): têm de se considerar as recusas de prestações pretendidas pelos particulares, bem como o estabelecimento de cláusulas condicionais ou modais em relação a prestações concedidas.

Por outro lado, para JESCH, embora a lei do orçamento possa, não obstante a sua natureza de «lei-medida», produzir os necessários efeitos de «permissão legislativa» de realização de prestações pecuniárias não tipificadas noutras normas, ela não o faz automaticamente, isto é, não o faz se não tipificar ela própria condutas da Administração em correlação com pressupostos nela especificados. Este autor estende pois à lei do orçamento as suas reservas perante as «permissões legislativas globais» (*Globalermächtigungen*)[17].

Como JESCH reconhece, a jurisprudência e a doutrina dominantes na Alemanha vão noutro sentido, reconhecendo a «reserva de lei» no que toca aos actos que restringem direitos ou interesses dos particulares mas admitindo, quanto ao resto, um campo livre para a actividade administrativa enquanto não vá contra as regras estabelecidas[18]. Embora se confesse doutrinariamente influenciado pela *Stuffentheorie* da Escola de Viena, que consiste numa visão da produção de efeitos jurídicos genéricos e concretos por sucessivos escalões sem soluções de continuidade, JESCH admite que a solução tem de se basear estritamente no texto constitucional. Isto significa que, face a uma Constituição diferente, aquela pode ser diversa. E, embora a sua argumentação face ao texto da *Grundgesetz* nos convença, cremos que ela não é transponível para o nosso Direito, devido ao disposto no art. 202º, *g*), da Constituição, enquadrado no contexto dos arts. 185º e 200º. Não iremos repetir aqui o que já escrevemos sobre a interpretação conjugada destes preceitos[19]. Apenas acrescentaremos que as referências à lei, como base da actuação administrativa, contidas noutra alínea do art. 202º, a alínea *e*), e na alínea *d*) do art. 200º, não são do tipo de enquadramento por limitação das

[17] *Ob. cit.*, págs. 183-186.

[18] *Ob. cit.*, pág. 201.

[19] Vide lições, págs. 27-30.

actuações *contra legem*, mas claramente de natureza de «reserva de lei», isto é, no sentido da necessidade de um pressuposto normativo expresso. Mais avulta assim, em matéria de promoção do desenvolvimento económico social e de satisfação das necessidades colectivas, a dispensa de pressuposto legal, como regime especial para esse sector de actividade administrativa. Haverá, no entanto, sempre o enquadramento decorrente da própria cláusula finalística da alínea *g*) do art. 202º cujo conteúdo é susceptível de interpretação com base no ordenamento jurídico português. E o respeito do princípio de igualdade, estabelecido pelo art. 13º da Constituição, impedirá o arbítrio na determinação do montante e dos pressupostos das prestações, forçando a elaboração de normas regulamentares.

Poderia então dizer-se que se entrava em contradição com o carácter executivo (isto é, pressupondo norma legal prévia) dos regulamentos, resultante da letra da alínea *c*) do art. 202º. Mas, neste caso, a «lei» executada é a própria alínea *g*) do artigo 202º.

Na prática, só este entendimento poderá salvar a constitucionalidade orgânica de diversas resoluções do Conselho de Ministros, surgidas como regulamentos autónomos em matéria de política económica e social.

## 3. Princípio da legalidade (continuação): a polícia administrativa[20]

**3.1.** Na medida em que, historicamente, o Estado de Direito – baseado no princípio da legalidade – se substituiu ao Estado de Polícia, dir-se-ia à primeira vista não fazer sentido a permanência do instituto da polícia no âmbito do Direito Administrativo contemporâneo.

No Estado de Polícia, os poderes do soberano e dos seus agentes não careciam de prévia definição normativa. Em face de uma apreciação casuística do interesse público, a Administração determinava livremente as condutas dos particulares, limitando-lhes as opções ou sancionando-os por atitudes que, sem revestirem natureza criminal, eram consideradas inconvenientes.

[20] Bibliografia – ALESSI *Principi... cit.*, II, págs. 557-564; DEBBASCH, *Institutions... cit.*, II, págs. 58-713; EHRHARDT SOARES, *Interesse Público, Legalidade e Mérito, cit.*, págs. 48-69; MARCELLO CAETANO, *Man.*, II, págs. 1121-1175; SANDULLI, *Manuale... cit.*, págs. 675-683.

Tratava-se pois de um sistema discricionário na sua globalidade. Mas a introdução do princípio da legalidade não significa que a Administração não possa deter poderes discricionários. Sucede sim que estes só existem na medida em que sejam expressamente concedidos por lei através da fixação de competências e que o seu exercício tem de se inscrever na prossecução de fins também ele decorrentes de normas jurídicas.

Estes princípios encontram-se consignados, quanto à polícia, no art. 272º da Constituição. Os fins dos poderes de polícia estão definidos no respectivo nº 1: defender a legalidade democrática e os direitos dos cidadãos. O nº 2 acrescenta uma regra de correlação entre os meios e o fim: as medidas de polícia não devem ser utilizadas para além do estritamente necessário.

Ao que cremos, a primeira parte do nº 2 do art. 272º, segundo a qual «as medidas de polícia são as previstas na lei», deve ser entendida na acepção de que os órgãos e agentes que empregam tais medidas devem ter competência para o efeito nos termos da lei. Um outro entendimento seria o de que as medidas deveriam ser apenas as taxativamente enunciadas na lei. Mas tal sentido iria contra a realidade das coisas, visto que a pluralidade ilimitada de circunstâncias em que perigos para os interesses públicos exigem acções preventivas por parte da Administração não se compadece com a exigência de uma tipificação normativa de todas as possíveis condutas administrativas.

Os órgãos da Administração detêm poderes discricionários fora do âmbito da polícia administrativa. Mas é neste âmbito que tais poderes conhecem uma maior concentração devido precisamente a flexibilidade requerida para que as intervenções se façam no momento e pelo modo mais oportuno[21].

## 4. Justiça e imparcialidade no exercício de funções[22]

**4.1.** Segundo o artigo 267º, nº 2, da Constituição, os órgãos e agentes administrativos «devem actuar com justiça e imparcialidade no exercício das suas funções».

[21] A presente rubrica tem, nas lições transcritas, um tratamento mais desenvolvido, mas em pontos que não se prendem directamente com a Constituição.

[22] Bibliografia – GIANNINI, *Diritto Amministrativo*, I, págs. 84-86 e 486; GOMES CANOTILHO e VITAL MOREIRA, *Constituição da República Portuguesa Anotada*, Coimbra, 1978, págs. 461--462; PALADIN, *Il Principio Costituzionale d'Eguaglianza*, Milão, 1965; SANDULLI, *Manuale..., cit.*, págs. 397-398; VIEIRA DE ANDRADE, *A Imparcialidade da Administração como Princípio Constitucional*, Coimbra, 1975.

O tratamento dado na nossa lei fundamental ao princípio da imparcialidade parece-nos inspirado pela Constituição Italiana, cujo art. 97º determina que «os serviços públicos organizam-se de acordo com a lei, de modo a assegurar-se o bom andamento e a imparcialidade da administração». Para os tratadistas italianos, esta norma está indissociavelmente articulada com a do art. 98º da sua Constituição, segundo o qual «os empregados públicos estão ao serviço exclusivo da Nação». Ora, também este preceito encontra correspondência no art. 270º, nº 1, da Constituição da República Portuguesa, em cujos termos «os funcionários e agentes do Estado e das demais entidades públicas estão exclusivamente ao serviço do interesse público, tal como é definido, nos termos da lei, pelos órgãos competentes da Administração».

Este evidente paralelismo autoriza, a nosso ver, a utilização dos contributos prestados pela doutrina italiana para a determinação do conteúdo do princípio da imparcialidade.

**4.2.** A aferição do sentido do princípio da imparcialidade passa, em primeiro lugar, pelo estabelecimento de linhas de distinção entre ele e o princípio da igualdade, também reconhecido nos arts. 3º da Constituição italiana e 13º da Constituição portuguesa («todos os cidadãos têm a mesma dignidade social e são iguais perante a lei»).

Em Itália, depois de uma fase em que se admitiu que o princípio da igualdade seria uma realidade com duas faces, uma apontada à actividade de produção normativa e outra consistindo num critério a tomar em conta na aplicação administrativa da lei aos casos concretos, tende hoje a pensar-se que o princípio da igualdade se confina à função legislativa, no âmbito da qual a Constituição não permite que se introduzam discriminações. Mas, como observa PALADIN, «a pura e simples submissão à lei – não integrada por ulteriores vínculos de conteúdo – não constitui ainda uma total garantia de legalidade (isto é, de regularidade e de certeza) da função administrativa. De facto, a lei, devido às suas tradicionais características de norma niveladora e fixada em torno de «fattispecie» concretos, em virtude das quais se difunde no século XIX o mito da sua «natural» igualdade, não está concretamente em condições de excluir os artifícios implícitos na discricionaridade do aparelho executivo»[23].

[23] *Ob. cit.*, págs. 160-161.

Para este autor, o princípio da imparcialidade da Administração, estabelecido no art. 97º da Constituição italiana, não representa uma pura aplicação do princípio da igualdade na ordem administrativa. E isto porque a norma da igualdade não aspira à justiça enquanto tal, mas apenas à generalidade de tratamento de todos os cidadãos, ou melhor, de todas as classes homogéneas de relações. Por isso afasta todos os tratamentos diferenciados, mas desinteressa-se das iniquidades de outra natureza. A igualdade abrange apenas uma parte do conceito aristotélico de justiça, enquanto que o princípio da imparcialidade o compreende inteiramente e até o transcende, na medida em que não só veda os arbítrios objectivos da Administração Pública, mas os próprios arbítrios subjectivos.

Como observa Giannini, historicamente o princípio da imparcialidade afirmou-se no ordenamento jurídico inglês como regra de eliminação da politização da função administrativa. Foi neste sentido que o quis a Assembleia Constituinte italiana. Mas, ao passo que inicialmente o princípio teria um conteúdo sobretudo negativo, hoje teria um conteúdo positivo, no sentido de impor às autoridades administrativas, no exercício da sua actividade, uma ponderação objectiva dos vários interesses públicos e privados que é chamada a valorar relativamente.

Principiando por uma proibição de favoritismos, a regra veio a adquirir uma configuração, incidindo sobretudo no exercício dos poderes discricionários, segundo a qual eles não podem guiar-se por interesses políticos de parte, interesses particulares de grupos de pressão públicos ou privados, nem por «favores aut odia».

Claro que, como Giannini reconhece, nesta acepção a explicitação do princípio constitucional se limita a reconhecer ao juiz administrativo mais uma base normativa para fazer aquilo que já estava à sua mão: anular actos administrativos adoptados com base numa valoração de interesses desconforme com os interesses públicos em atenção aos quais a lei concede o poder (desvio de poder)[24].

Mas, ao que nos parece, mesmo sem ir mais além, encontramos nesta matéria um elemento novo e estranho à teoria do desvio de poder: um fundamento para a ilegalidade dos actos praticados sem que obviamente se tenha procedido a uma adequada ponderação dos diversos interesses em

[24] *Ob. cit.*, págs. 84-85.

causa. Esta ilacção é aliás extraída por um outro administrativista italiano: SANDULLI[25].

Ela não tem, ao que cremos, antecedentes na doutrina e na jurisprudência portuguesas, mas é agora legitimada pelo art. 267º, nº 2, da Constituição. Na maioria dos casos, aliás, a falta de uma adequada ponderação dos interesses em jogo será detectável pela inexistência ou insuficiência de fundamentação, concretizando-se em vício de forma por violação dos nºs 2 ou 3 do art. 1º do Decreto-Lei nº 256-A/77, de 17 de Junho.

O princípio da imparcialidade tem no entanto outros desenvolvimentos ou afloramentos possíveis, também assinalados por SANDULLI em relação com a passagem da Constituição italiana (art. 98º) que corresponde ao art. 270º, nº 1 da nossa Lei Fundamental (os funcionários e agentes do Estado e das demais entidades públicas estão exclusivamente ao serviço do interesse público...).

Trata-se, por exemplo, da obrigação dos titulares de órgãos da Administração de se abster nas deliberações em que estejam pessoalmente interessados (Lei nº 79/77, de 25 de Outubro, art. 102º, nº 1) ou da obrigação dos mesmos titulares de não tomarem parte ou interesse em contratos celebrados pelos órgãos que integram (idem, art. 102º, nº 2).

Aplicação do princípio da imparcialidade será também a obrigação dos serviços geridos por pessoas colectivas públicas de abrirem os seus benefícios à fruição de todos os que a eles disponham de idêntico título ou de repartir equilibradamente os benefícios que prestam.

**4.3.** Para finalizar quanto a este ponto, cumpre sublinhar que a imparcialidade da Administração, no sentido em que vimos utilizando o termo, não é incompatível com o critério que, para distinguir, no seio da função executiva, a função jurisdicional da administrativa, caracteriza esta última pela iniciativa da Administração na prossecução de interesses postos por lei a seu cargo. Como já vimos, tal prossecução faz-se dentro de parâmetros legais dos quais resulta a hierarquia e a valoração relativa dos interesses em jogo.

[25] *Ob. cit.*, pág. 398.

## 5. Participação dos interessados na gestão efectiva da Administração Pública[26]

**5.1.** Segundo o art. 268º, nº 1, da Constituição, a Administração Pública será estruturada de modo a assegurar a participação dos interessados na sua gestão efectiva, designadamente por intermédio das organizações populares de base ou de outras formas de representação democrática.

E o nº 3 do mesmo preceito acrescenta que o processamento da actividade administrativa será objecto de lei especial que assegurará a participação dos cidadãos na formação das decisões ou deliberações que lhes disserem respeito.

Por seu turno, o art. 269º, nº 1, estatui que os cidadãos têm o direito de ser informados pela Administração, sempre que o requeiram, sobre o andamento dos processos em que sejam directamente interessados, bem como o de conhecer as resoluções definitivas que sobre eles forem tomadas.

Através destes preceitos, a Constituição estabelece duas formas de participação: a colectiva e a individual.

**5.2.** A *participação colectiva é* aquela que se processa através de formas de representação democrática dos interessados, designadamente as organizações populares de base.

A estruturação e o funcionamento destas formas de representação é, segundo o art. 9º, alínea *b*), da Constituição, uma das tarefas fundamentais do Estado. Esta ideia basilar é também sublinhada pelo art. 48.º nº 1, em cujos termos todos os cidadãos têm o direito de tomar parte na direcção dos assuntos públicos do país, directamente ou por intermédio de representantes livremente eleitos.

Como sublinha Baptista Machado, «a participação tem o seu domínio predilecto de acção no campo do planeamento e no que se refere aos serviços públicos de prestação à comunidade» e surge fundamentalmente «como forma de assegurar a decisão democrática e a garantia dos administrados em domínios da acção administrativa que escapam aos controles tradicionais (controlo político, através do Parlamento, e controlo judicial, através dos tribunais)».

[26] Bibliografia – Baptista Machado, *Participação e Descentralização*, Coimbra, 1978; Gomes Canotilho e Vital Moreira, *Constituição Anotada, cit.*, págs. 463 e 464; Plantey, *Prospective de l'État*, Paris, 1975.

Concordamos igualmente com aquele autor quando escreve que «... esta participação institucionalizada das forças sociais, organizadas em associações de interesses, na formação da vontade do governo ou da Adminitração, em questões de política económica e social, vem afinal a traduzir uma como que espécie de interpenetração do Estado com a sociedade. Podemos assim ver o fenómeno da «concertação» como expressão já de uma participação dos poderes privados no exercício de funções públicas, já de uma maior «socialização» do Estado, isto é, de uma abertura das instâncias do poder de decisão estatal àqueles «poderes de facto» que se defrontam no seio da sociedade. Deste modo o Estado reforça as suas ligações com a sociedade – com uma certa base social de apoio – da qual pretende ser, a um tempo, representante e instrumento. Mas, ao mesmo tempo, o Estado não pode ser tributário dessa força em presença, pelo que carece de mostrar-se capaz de impor a sua arbitragem, fazendo apelo à sua autoridade própria, legitimada pelo sufrágio universal»[27].

A ideia da função arbitral do Estado, que pessoalmente aceitamos tendo no entanto presente o seu relativismo face à correlação de forças sociais em cada momento histórico, é evidentemente contestada pela teoria marxista, para a qual o Estado não é um redutor de conflitos sociais, mas apenas a sua projecção. Partindo de um pólo oposto, confluem no sentido empírico da nossa posição as prevenções feitas a este propósito por alguns juristas marxistas. Citamos a este propósito uma interessante passagem do livro «Le Droit Administratif», de ANDRÉ DEMICHEL:

> «(O Estado) é antes de tudo um produto da luta de classes. É no entanto necessário que nos entendamos sobre as consequências que podem ser extraídas desta tomada de posição no que respeita à análise da doutrina clássica do Estado. Esta doutrina repousa, segundo nós, sobre bases teóricas falsas. Mas nem por isso ela deixa de ser uma realidade sociológica e mesmo jurídica, a qual não é necessariamente negativa. Porque as classes dirigentes, querendo impor a imagem de um Estado árbitro, vão parcialmente ficar prisioneiras desta imagem, e devem suportar algumas das suas consequências bem reais inscritas no direito positivo».
>
> «Por outras palavras, a concepção clássica do Estado é um erro voluntário que impõe um certo número de constrangimentos àqueles que têm interesse

[27] *Ob. cit.*, pp. 38-39 e 52.

de o cometer. É preciso de resto notar desde já que, com a evolução contemporânea do capitalismo, as vantagens desta mistificação tendem a diminuir ao mesmo tempo que os seus inconvenientes aumentam para a classe dirigente. Do que resulta já hoje um apagamento muito nítido da ideia do Estado-árbitro na ideologia constitucional da direita»[28].

**5.3.** Fundamentalmente, os mecanismos de participação são a *consulta, a associação ao exercício do poder* e a *transferência de atribuições.*

Como nota PLANTEY, a Administração Pública contemporânea é integrada por uma grande quantidade de organismos consultivos cujos objectivos se aproximam sem se confundir: coordenação interna dos vários serviços administrativos, inquéritos técnicos, confronto de opiniões provenientes de pontos diversos, recolha de pareceres destinados a esclarecer a decisão, processos paritários e contraditórios rigorosamente regulamentados, nomeadamente em matéria disciplinar. Como observa aquele autor, a extensão actual da Administração Consultiva corresponde ela também à necessidade de participação mesmo se, como sucede na maioria dos casos, os pareceres não são vinculativos, ficando as autoridades livres de tomar a posição final que entenderam. Na prática porém, os próprios pareceres facultativos podem trazer limitações aos poderes da Administração, nomeadamente os poderes hierárquicos. Reportando-se à função pública francesa, escreve PLANTEY: «O estatuto geral dos funcionários multiplica as ocasiões de contactos entre as autoridades hierárquicas e os representantes dos agentes. Desde o princípio, tinha-se pretendido dar aos titulares um papel efectivo na gestão dos seus cargos: o princípio da consulta não se limitou às decisões individuais, tendo-se estendido à organização do serviço. A composição paritária das comissões e comités consultivos, que se multiplicaram por centenas, teve como efeito o reforço do carácter corporativo da função pública ao mesmo tempo que limitava seriamente o poder hierárquico, por a autoridade ter na prática a tendência de seguir os pareceres que lhe são dados»[29].

Etapa mais elaborada do processo consultivo é a *concertação*, que consiste na prática regular de reuniões de trabalho no quadro de conselhos consultivos entre representantes da Administração e dos diversos corpos económicos e sociais, no decurso das quais se trocam informações, confrontam previsões,

[28] *Ob. cit.*, p. 26.

[29] *Ob. cit.*, pp. 240-241.

formulam pareceres e se dirigem propostas à Administração[30]. Através deste trabalho conjunto procura-se a formação de um consenso sobre as medidas de política económica e social a adoptar que, uma vez alcançado, se presume será aplicado pelas diversas partes na medida em que lhes compete.

A participação consultiva pode até ser elevada ao plano da função legislativa, como sucede com o art. 56º, alínea *d*), da Constituição, que impõe a participação das comissões de trabalhadores na elaboração da legislação do trabalho. Integra-se já no nível de função administrativa a mesma participação, quando tem por objecto a elaboração dos planos económico-sociais.

Nos termos do art. 94º, nº 2, da Constituição, «a elaboração do Plano é coordenada por um Conselho Nacional do Plano e nela devem participar a população, através das autarquias e comunidades locais, as organizações das classes trabalhadoras e entidades representativas de actividades económicas».

A composição do Conselho Nacional do Plano veio a ser determinada pela Lei nº 31/77, de 23 de Maio.

A *associação ao exercício do poder* traduz-se na participação de pessoas físicas ou colectivas privadas na gestão de instituições públicas. É o caso da participação das associações sindicais na gestão das instituições de segurança social (Const., art. 58º, nº 2, alínea *b*).

A *transferência de atribuições* dá-se naqueles casos em que actividades cuja prossecução caberia em princípio ao Estado ou ao poder local são permitidas ou deixadas a pessoas colectivas de direito privado. É o que sucede com a competência disciplinar ou de concessão de títulos profissionais, reconhecida a Ordens como a dos médicos ou a dos advogados. Também neste tipo de participação se poderão enquadrar formas organizadas de iniciativa popular para a defesa do equilíbrio ecológico, previstas pelo art. 66º, nº 2, da Constituição, ou a actuação de colectividades de cultura e recreio na prossecução dos objectivos da política de juventude (Const., art. 70º, nº 3).

**5.4.** A participação tem objectivos múltiplos, que representam simultaneamente as suas vantagens. Através da multiplicação e diversificação das suas fórmulas procura-se, em primeiro lugar, compensar as insuficiências dos métodos de democracia representativa, promovendo a participação directa no exercício do poder do maior número possível de pessoas.

[30] BAPTISTA MACHADO, *cit.*, p. 49.

Simultaneamente, pretende assegurar-se o melhor conhecimento possível das realidades por parte de quem tem de decidir e facilitar a boa execução das decisões incrementando a necessidade das mesmas por parte dos destinatários.

Em contrapartida, assacam-se à participação alguns inconvenientes. A multiplicação das suas fórmulas acabaria por se defrontar com a indisponibilidade dos cidadãos já demasiado ocupados, tanto mais que é uma certa elite mais activista que na prática tende a assegurar tais funções. Por outro lado, ela tenderia a reduzir a eficiência dos serviços, complicando e alongando o processo de decisão, multiplicando os centros de decisão autónomos e diluindo as responsabilidades.

**5.5.** A par da participação colectiva, temos também a participação individual, tal como a delineiam os já citados arts. 268º, nº 3, e 269º, nº 1, da Constituição.

A nosso ver, o direito dos directamente interessados de serem informados pela Administração, sempre que o requeiram, sobre o andamento dos processos, faz sobretudo sentido em ligação com o direito da participação dos cidadãos nas decisões ou deliberações que lhes disserem directamente respeito. Este último direito, que a Constituição estabelece como directiva a ser concretizada em um ainda inexistente Código do Processo Administrativo gracioso, aproxima-se do princípio de *due process of law* do direito administrativo anglo-saxónico, segundo o qual nenhum acto administrativo definitivo e executório pode ser praticado sem que sobre ele tenha sido ouvido o respectivo destinatário.

O direito de ser informado sobre o andamento do processo tem como principal efeito positivo o de permitir ao interessado participar na formação da decisão ou deliberação exprimindo o seu ponto de vista no ou nos momentos oportunos.

Mas, ao passo que a Constituição não parece atribuir directamente o direito de participação na decisão ou deliberação, visto que o faz depender de lei especial, já pelo contrário o direito à informação resulta directamente do respectivo art. 269º, nº 1. Cumpre saber qual o efeito do seu incumprimento. Para além da responsabilidade disciplinar, cremos que este efeito será o do vício de forma do acto definitivo, por preterição de formalidade legal no decurso do processo gracioso que naquele culmina. Não vemos no entanto razões para afastar a este propósito aquele princípio doutrinário e jurisprudencial segundo o qual não se produzirá uma invalidade quando não obstante a preterição da formalidade, se tenham produzido os efeitos que a lei com aquela pretende acautelar. Será, por exemplo, o que sucede quando se demonstra que, por outras vias, o particular directamente interessado teve conhecimento do andamento do processo em termos que lhe possibilitaram vir defender neste os seus pontos de vista no momento oportuno.

Do que precede decorre que não consideramos que seja um acto definitivo, e portanto directamente impugnável por via contenciosa, aquele que denegue uma informação pedida sobre o andamento do processo. O acto de denegação é um acto instrumental, isto é, integrado num processo gracioso que tem por momento culminante uma outra decisão, invalidável pela denegação. E este acto de denegação nem sequer deverá ser considerado como «acto destacável», visto que ele nem põe termo ao processo em relação ao seu destinatário, nem condiciona absolutamente quanto a ele o sentido da decisão final.

# Para uma perspectiva social-democrata da reforma administrativa em Portugal (1980)*

**1.** A social-democracia representa a via para um socialismo personalista e em liberdade.

O programa do P.P.D., de Novembro de 1974, em cuja elaboração participei e com o qual me mantenho identificado, não a define em parte alguma, mas contém uma passagem que, a meus olhos, a retrata: «um pacto social equilibrado e cujo dinamismo planificado favoreça os interesses dos trabalhadores, um consenso fundamental sobre os valores e regras do processo democrático, o respeito rigoroso pelas posições assumidas pelos parceiros sociais dentro do conceito ajustado pelos órgãos políticos representativos»[1].

À luz destes critérios, procurarei expor o que se deve pedir de uma reforma administrativa em Portugal, correspondendo assim ao amável convite de *Democracia e Liberdade* para tratar do tema «projecto social-democrata de reforma administrativa» em número consagrado a um confronto de perspectivas sobre a Administração Pública em Portugal.

**2.** O consenso fundamental sobre os valores e regras do processo democrático significa que, nas suas linhas essenciais, o sistema político-

* In: *Democracia e Liberdade* 13, pp. 47-54.

[1] Página 25.

-administrativo deverá tanto quanto possível ser aceitável pela generalidade da população, constituindo um traço de união e identidade que estabeleça, na sociedade política, a correspondência com esse outro factor que congrega o povo português para além de todas as contradições de crença ou de classes: a comunhão numa mesma nacionalidade.

Simultaneamente valor e regra merecedora de consenso e dinamizadora do consenso é a legalidade democrática. Ela significa a ausência de arbítrio. Implica que todos os que se encontrarem na mesma situação serão tratados de igual forma. Garante que ninguém será coagido a não ser por comandos legítimos fundados em última instância na vontade popular. Assevera que os direitos constituídos só poderão ser alterados segundo fórmulas previamente estabelecidas e conformes com a sensibilidade amplamente dominante, traduzida na Constituição.

Em Portugal, temos um Estado de Direito assente no princípio da legalidade democrática. Mas todos sabemos que, na prática, muito há ainda a fazer para que este tenha plena execução.

Uma reforma administrativa social-democrata terá pois de guiar-se, em primeiro lugar, pela preocupação do aprofundamento dos meios de defesa da legalidade.

O actual sistema de tribunais administrativos deverá ser reformulado, tomando os processos muito mais rápidos e alargando os meios de produção de prova pelos recorrentes. Ao Governo não deverá ser consentido que possa fugir à fiscalização contenciosa dos seus actos administrativos conferindo-lhes artificiosamente forma legislativa. O Provedor de Justiça deverá ver aumentados os seus poderes face às estâncias administrativas que não lhe prestam a colaboração devida e o Parlamento deverá dar honras de debate político anual à apreciação do seu relatório.

**3.** A reforma administrativa deverá também passar pela racionalização das formas de actuação administrativa, das quais destacarei o planeamento e o processo administrativo.

**3.1.** Para os sociais-democratas, o Plano é um instrumento fundamenal, destinado a materializar uma concepção evolutiva das relações sociais e garantir que as modificações económicas e sociais se façam em sequência de uma vontade política de base popular. Para que seja na maior medida possível expressão da vontade do Povo, o Plano deverá não apenas ser votado pelo Parlamento mas também elaborado em fases anteriores através de esquemas amplamente participativos e descentralizados. O Plano deverá ser obrigatório para a Administração (incluindo nesta todo o sector público da economia), normativo para as actividades básicas, mediante a celebração de contratos-programa e amplamente incitativo para as restantes actividades privadas através de medidas de política fiscal e de crédito e de estipulações contratuais.

Em Portugal, como consequência do clima de instabilidade política, os planos anuais, elaborados em termos não participativos, têm sido rejeitados no Parlamento e não foi ainda possível pôr de pé o plano a médio prazo, sem o qual toda a política económico-social acaba por fazer-se sem uma visão que ultrapasse os problemas do dia a dia e os casos mais ou menos pontuais.

O Plano é também essencial a uma programação das actividades administrativas, por forma a que a clara prossecução de objectivos venha a sobrepor-se às práticas burocratizadas desinseridas de uma perspectiva transformadora da realidade social.

Entre as formas de programação da actividade administrativa avulta o ordenamento do território, processo de planeamento do desenvolvimento integrado de cada região conduzindo à utilização mais racional de recursos escassos para atenuar assimetrias e oferecer a todos os cidadãos, onde quer que vivam, um nível minimamente satisfatório de qualidade de vida. É esta uma das maneiras de lutar pela igualização de oportunidades, tão cara aos sociais-democratas, avessos a toda a desigualdade entre as pessoas que encontre a sua origem nos azares do nascimento ou na localização geográfica dentro de um mesmo país.

**3.2.** No âmbito do processo administrativo – isto é, do modo de articular ordenadamente as condutas da Administração que se sucedem no tempo para a concretização de objectivos específicos – a reforma administrativa deverá ter como principais manifestações a elaboração de um código do processo administrativo não contencioso, o desenvolvimento de esquemas de informação e participação, o incremento e a diversificação do recurso ao contrato administrativo, a generalização do uso de técnicas de gestão orçamental.

O código de processo administrativo não contencioso, já existente em diversos países, nomeadamente da Europa Ocidental, uniformizará a sequência de actos e formalidades através dos quais a Administração prepara e emite as suas decisões. Este diploma terá de prever a audiência dos interessados antes das decisões que os afectem e regulamentar as vias de acesso ao processo de que disporão para poderem conhecer do estado do respectivo andamento.

Mecanismos de participação terão também de ser criados de raiz, ou por via da transformação de mecanismos de consulta já existentes. É lidimamente social-democrata o preceito constitucional segundo o qual «a Administração Pública será estruturada de modo a aproximar os serviços das populações, a assegurar a participação dos interessados na sua gestão efectiva, designadamente por intermédio das organizações populares de base ou de outras formas de representação democrática, e a evitar a desburocratização» (art. 268º, nº 1). Entre os instrumentos de participação, avultam necessariamente os organismos sindicais e as comissões de trabalhadores. A concepção social-democrata de evolução social postula que esta se fará de modo a favorecer os interesses dos trabalhadores. A este propósito, um social-democrata não poderá rejeitar ou hostilizar a participação de certos sindicatos só pela circunstância de as respectivas direcções estarem imbuídas de uma ideologia adversa. Enquanto a lei for acatada, são condenáveis as discriminações de base ideológica, que contradizem as próprias bases do regime democrático. Por outro lado, poucos serão os homens que terão uma dimensão inteiramente unilateral. E a experiência, já longa em países europeus de democracia estabilizada, diz-nos que o confronto com as realidades, o empenhamento nas responsabilidades do dia a dia, a impossibilidade de refúgio puro e simples atrás de chavões ideológicos devido à necessidade de tomar posição inequívoca face a problemas concretos, acaba muitas vezes por tornar em parceiros colaborantes e até indispensáveis aqueles que inicialmente pareciam repudiar a via das reformas e do diálogo em homenagem às soluções revolucionárias.

A participação dos interessados na gestão efectiva da Administração passa também pela representação em estâncias consultivas e, por vezes, até decisórias, dos organismos representativos dos interesses económicos, aos quais se deverá no entanto exigir que não ultrapassem o âmbito da defesa dos seus interesses específicos, travando uma tendência, que hoje por vezes se nota, para a sua actuação como se de partidos políticos se tratasse. Essa é uma metodologia corporativista, não consentida pelo nosso sistema constitucional, no qual a representação política assenta no sufrágio universal.

Igualmente importantes são diversas outras formas de participação institucionalizada, através da presença de vogais eleitos pelos utentes nos órgãos gestores de serviços públicos, através do papel reconhecido às organizações de consumidores e ao movimento cooperativo.

Tal como configurada pela doutrina e pela prática novecentistas, a actuação administrativa é fundamentalmente autoritária e unilateral. A crescente intervenção do Estado na condução da economia obriga hoje a uma diversificação de métodos, com crescente recurso ao contrato administrativo, em vez da definição de situações jurídicas através da manifestação de autoridade que é o acto administrativo. Em Portugal, a Constituição abriu perspectivas nesse sentido, ao escolher os contratos-programa como forma típica de estender a obrigatoriedade do Plano a actividades do sector privado. Toma-se agora indispensável um trabalho de elaboração legislativa e de dinamização do recurso às fórmulas contratuais já criadas por lei mas escassamente utilizadas.

Por fim, cumpre ainda salientar, a propósito das inovações a introduzir nos processos de actuação administrativa, a urgência da adopção de novas técnicas de gestão orçamental (direcção por objectivos, orçamento-programa, R.C.B., P.P.B.S.) e a concomitante reforma do Tribunal de Contas, destinada a dar-lhe poderes não apenas de fiscal da legalidade das despesas, mas também de vigilante da racionalidade e da eficácia económica da gestão administrativa.

**4.** A racionalização organizativa da Administração não é menos importante do que a processual.

A necessidade de ser sintético leva-me a destacar a este propósito apenas três questões: as estruturas administrativas, o pessoal e os meios técnicos.

**4.1.** No que toca à estrutura da Administração Pública, o programa social-democrata resume-se na seguinte passagem do Programa de Novembro de 1974 «... desde já se considera fundamental a decisiva vitalização das autarquias locais e a racionalização das administrações institucionalmente autónomas, a desburocratização e a sujeição a critérios sociais das empresas públicas, a desconcentração geográfica e funcional das competências da Administração Central, a clarificação e simplificação de toda a orgânica dos serviços, a profunda racionalização dos quadros de pessoal»[2].

[2] Página 44.

No que toca às autarquias, foram já dados passos decisivos com a Lei das atribuições e competências e, sobretudo, com a Lei das Finanças Locais.

Impõe-se agora uma rápida regulamentação desta última e que ela seja completada por uma lei de delimitação das responsabilidades de investimento entre a Administração Central e Local. Será também necessário encontrar a difícil fórmula de reconversão de alguns serviços centrais em órgãos de apoio técnico (mas não de superintendência) às autarquias locais.

Para que esta séria experiência de descentralização administrativa, a primeira feita em Portugal no Século XX[3], não corra risco tão grande de sossobrar na irresponsabilidade financeira que pôs cobro a tentativas semelhantes no século passado, deveriam alargar-se rapidamente as atribuições e os meios humanos do Tribunal de Contas neste domínio, desconcentrando-o por seu turno em diversas delegações regionais.

Os sociais-democratas não confundem a problemática das regiões autónomas com a das autarquias locais ou mesmo com a das regiões administrativas.

As regiões autónomas, por cuja criação foram alguns sociais-democratas, entre os quais me incluo, os primeiros a bater-se após o 25 de Abril, significam uma descentralização política, embora sem prejuízo do carácter unitário do Estado.

Neste domínio haverá que – sem deixar intrometer considerações de baixa política nem paixões de momento que os ventos da História em breve desfarão – procurar a justa e equilibrada base de um consenso nacional sobre a amplitude das atribuições políticas e administrativas das regiões insulares, consagrando-a com carácter de permanência em estatutos político-administrativos aprovados pela Assembleia da República e conformes com os sentimentos da grande maioria das populações açoreana e madeirense.

Quanto às regiões administrativas, para que possam vir a representar uma realidade implantada na vida social e não num esquema formal imposto de cima, a sua criação deverá fazer-se paulatinamente, através da agregação voluntária (ainda que incentivada) dos municípios em unidades superiores de crescente amplitude destinadas ao desempenho conjunto de algumas das atribuições dos seus componentes.

Pelas regiões autónomas, pelas regiões e pelas autarquias locais deverá com o tempo vir a fazer-se uma ampla distribuição de meios e poderes

[3] Se considerarmos que a legislação da I República não teve consistência bastante para ser contada como tal...

actualmente atribuídos ao Estado e que, entregues àquelas outras entidades, serão utilizados com muito maior participação e vigilância das populações interessadas. Esta redistribuição deverá ser programada para um período vasto de tempo e as suas sucessivas fases deverão ser cuidadosamente estudadas e preparadas para que o prémio das boas intenções não venha a saldar-se no caos e no agravamento das assimetrias regionais.

**4.2.** Também no sector das empresas públicas e nacionalizadas e no da gestão das participações públicas no sector privado da economia, a reforma administrativa deverá fazer sentir os seus efeitos benéficos.

Aos verdadeiros sociais-democratas, os quais vêem no socialismo democrático o objectivo da evolução social, não impressiona desfavoravelmente a existência de um forte sector público da economia, embora não desejem que este cresça indefinidamente, visto que também consideram que a total colectivização dos meios de produção constituiria uma ameaça para as liberdades individuais. O sector público terá, no entanto, de possuir dimensão tal que assegure a independência do poder político face ao poder económico e o controle pelo Estado das grandes linhas da evolução económica e social. Após as nacionalizações de 1975, o sector público português tem vindo a desempenhar o primeiro mas não o segundo de tais papéis. Torna-se por isso imprescindível criar com rapidez os meios organizativos e técnicos que permitam ao Estado conduzir e utilizar o sector público da economia segundo uma estratégia global, decorrente do plano a médio prazo, de modo a que um claramente definido grau de autonomia de cada unidade do sector se articule com os imperativos globais e contribua para a realização das metas estabelecidas pelos órgãos de representação política.

**4.3.** Um dos sectores onde a reforma administrativa mais urge, mas é ao mesmo tempo mais difícil, é o da função pública. São muito insuficientes os passos já dados em tal domínio a propósito da reestruturação das carreiras e do estatuto disciplinar.

Os princípios sociais-democratas da igualização e da mobilidade social, da administração participativa, da co-gestão, inspiram as seguintes orientações: aceitação do diálogo com os sindicatos da função pública e do direito da greve dos trabalhadores da função pública; reconhecimento da gestão por equipas como método preferível, em muitos sectores, à direcção uninominal; aproximação gradual entre o direito da função pública e o direito do trabalho; progressiva uniformização dos estatutos profissionais e fusão, sempre que possível, dos pequenos quadros, assegurando maior mobilidade horizontal e vertical; abolição dos privilégios sectoriais; institucionalização de processos de formação permanente e valorização profissional; eliminação do nepotismo e da partidarização pela consagração do princípio do mérito e da publicidade das operações de recrutamento, selecção e promoção com generalização do concurso público para o preenchimento de lugares.

**4.4.** A modernização administrativa tem igualmente de passar pela utilização de novas técnicas de execução automatizada de tarefas. Num país com uma situação de desemprego endémico, esta orientação deverá prosseguir sobretudo fins de racionalização e de eficácia e não de eliminação de postos de trabalho.

Um dos sectores onde inovações deste tipo se fazem sentir com maior premência é o das estatísticas, cuja crónica insuficiência e imperfeição suscitam constantes limitações à eficácia da acção governativa.

A constituição de bancos de dados, a gestão do pessoal e do património, a contabilidade pública são algumas das muitas utilizações possíveis da informática na Administração Pública, as quais deverão ser inventariadas para que o recurso a estes métodos possa por seu turno ser objecto de medidas globais e coerentes, assentes numa definição clara de prioridades.

**5.** Para finalizar estas notas, necessariamente breves e superficiais, referirei ainda uma outra questão que não poderá ficar esquecida de quem venha, nos próximos tempos, a programar a reforma administrativa em Portugal: a preparação da nossa Administração Pública para a integração europeia, integração que figura entre os principais objectivos de uma política social-democrata.

Da fase de um tratamento quase exclusivamente diplomático, a integração europeia deverá passar rapidamente à da coordenação entre a Administração portuguesa, a burocracia de Bruxelas e as administrações dos Estados membros das comunidades europeias.

Face à paralisia e à falta de capacidade técnica dos nossos serviços Administrativos tradicionais, poderá surgir a tentação do recurso à criação de estruturas paralelas (administrações de missão) dotadas de maior dinamismo. Cremos que, no entanto, seria um erro que em breve se pagaria, pois que estes novos serviços ficariam isolados e não seriam bastantes por si sós para conseguir levar até às relações sociais e económicas as mudanças concretas indispensáveis. O caminho terá pois de ser antes o de identificar os serviços clássicos com maiores responsabilidades nas matérias directamente afectadas pelas relações comunitárias, planear conjugadamente a sua reestruturação e lançar com brevidade as acções de formação profissional necessárias à preparação do seu pessoal para a execução das novas tarefas que o esperam.

# Interpretação administrativa das leis (1986)*

## I. Introdução

### 1. Interpretação administrativa das lei e interpretação administrativa das leis administrativas

O tema que foi proposto é o da interpretação administrativa das leis. Por minha conta, atrevo-me a acrescentar a essa expressão novamente o adjectivo «administrativas». Tratarei pois da «interpretação administrativa das leis administrativas».

Do aditamento resulta uma limitação do tema. Creio que se jusficará, apesar de a Administração não aplicar apenas normas de Direito Administrativo. Sabe-se até que uma das características da evolução da Administração contemporânea reside numa certa fuga para o Direito Privado. Ao utilizar mecanismos jurídicos de direito privado – inclusivamente para através deles prosseguir directamente interesses públicos – a Administração interpreta e aplica normas de direito privado. Mas não é nesse plano que surgirão peculiaridades dignas de nota, excepto as respeitantes à inserção daquelas tarefas em procedimentos administrativos regidos por normas ou princípios funcionais de Direito Administrativo. Sob um prisma substantivo, as

* In: *A Feitura das Leis,* II. Oeiras: INA, pp. 331-346.

peculiaridades só aparecem no domínio da interpretação das normas de Direito Administrativo pela Administração.

Deve sublinhar-se desde já que a existência de peculiaridades não significa o afastamento dos princípios e dos critérios gerais de interpretação das normas jurídicas. Trata-se sobretudo de certos particularismos na aplicação de tais princípios e critérios. Particularismos derivados da natureza das normas interpretadas e do modo próprio de funcionamento e organização dos seus aplicadores.

Primeiro factor de peso no domínio de que nos ocupamos é o princípio do pré-ordenamento da acção administrativa à realização do interesse público, hoje com expressa consagração no texto constitucional (artigo 266º, nº 1). Quando a acção administrativa é totalmente vinculada, o fim da norma não releva directamente. Mas raros são os poderes da Administração que não contenham alguma margem de discricionaridade. Torna-se então indispensável extrair das normas que atribuem e regem tais poderes a individualização do fim específico a realizar através da livre margem de ponderação de interesses. É flagrante o contraste com o exercício da autonomia privada, em cujo âmbito o legislador não predetermina os fins a prosseguir pela actividade jurígena dos sujeitos de direito.

Um outro ponto em que pode detectar-se uma particularidade (mais difusa do que a anterior) no campo da interpretação das normas de Direito Administrativo é o da especial relevância do factor político nos elementos histórico e sistemático da interpretação.

Um terceiro plano em que se encontram aspectos específicos é o da aplicação pela Administração de normas de Direito Administrativo que contêm conceitos jurídicos indeterminados. Estes aparecem igualmente em normas de outros ramos de Direito. Mas têm um peso quantitativo e qualitativo particularmente assinalável no Direito Administrativo. A área da autonomia pública exercida através de actos administrativos é demarcada não só pela discricionaridade mas também pelos conceitos jurídicos indeterminados propriamente ditos. O preenchimento de um conceito jurídico verdadeiramente indeterminado não é uma tarefa interpretativa mas tem de ser precedido de uma interpretação da qual resulte que o conceito não possui natureza classificatória, isto é, que, deixando-o verdadeiramente indeterminado, o legislador empregou um meio técnico de atribuição de uma margem de livre apreciação ao aplicador do preceito.

## 2. Interpretação administrativa das lei e interpretação das lei pelos tribunais administrativos

A expressão «interpretação administrativa das leis» não abrange a interpretação feita pelos tribunais administrativos. Se, na vigência da Constituição de 1933, era ainda possível discutir a pertença destes tribunais à Administração Pública, em face da Constituição de 1976, as dúvidas já não são possíveis. O procedimento administrativo e o processo administrativo contencioso são realidades sem traço de continuidade. Os tribunais administrativos são órgãos de soberania totalmente separados da Administração Pública cuja legalidade de actuação controlam.

A separação institucional não significa porém que possa desprezar-se, no âmbito da interpretação administrativa das leis, a importância do papel interpretativo dos tribunais administrativos, e até de outros, ainda que com menor grau de relevância.

As decisões dos tribunais administrativos têm força de caso julgado sobre a Administração. Deste modo, nas controvérsias geradas em torno da interpretação de uma norma jurídica, acaba por prevalecer a interpretação que os tribunais lhe derem. No caso concreto, fica a Administração vinculada a seguir tal interpretação. E, gerada que esteja uma corrente jurisprudencial estável, não pode a Administração contrariá-la sistematicamente na sua actuação sem perigo de desprestígio e, até, de violação do imperativo constitucional da igualdade de tratamento.

É oportuno recordar que a nossa legislação tem evoluído no sentido do estabelecimento de mecanismos que, sem a rigidez do assento, e sem a criação de precedentes obrigatórios, assegurem uma certa uniformização da jurisprudência do Supremo Tribunal Administrativo. É o caso dos artigos 22º e 24º do Estatuto dos Tribunais Administrativos e Fiscais. No primeiro destes preceitos, estatui-se o recurso para o plenário do Supremo Tribunal Administrativo de acórdãos das secções que perfilhem soluções opostas às de acórdãos de diferentes secções ou do plenário. Abre-se assim, excepcionalmente, uma nova instância. O artigo 24º, alínea *b*), estabelece um mecanismo semelhante para efeito de recurso para o pleno da Secção de Contencioso Administrativo. Em qualquer dos casos, prevê-se a possibilidade de, a título excepcional, serem as decisões proferidas pela totalidade dos juízes que compõem o plenário ou a secção. Parece evidente a intenção do legislador de, embora em termos flexíveis, assegurar na medida do possível a uniformização da jurisprudência do Supremo Tribunal Administrativo, assim apertando o quadro para a interpretação das leis feita pela Administração Pública.

Existem no entanto mais duas razões, pelo menos, que podem ser invocadas para sublinhar a importância da interpretação jurisdicional das leis administrativas relativamente à interpretação feita pela Administração.

Por um lado, embora não tanto como o seu modelo francês, o nosso contencioso administrativo assume um papel significativo na apreensão e formulação dos princípios gerais de Direito Administrativo. E a nossa jurisprudência entende – e bem – que tais princípios prevalecem sobre as normas regulamentares que, portanto, são consideradas ilegais quando os contrariam. É certo que o mesmo não sucede relativamente aos actos com valor legislativo, que podem derrogar os princípios gerais que não tenham assento constitucional. Mas a verdade é que, na dúvida, a interpretação da lei tenderá a conformar-se com os princípios gerais formulados através da jurisprudência administrativa.

Ao que antecede, acresce a importância da jurisprudência administrativa no preenchimento dos conceitos indeterminados impróprios ou classificatórios, isto é, daqueles cuja imprecisão é superável através de métodos lógico-discursivos, não devendo ser entendidos no sentido de atribuírem à Administração uma margem de livre apreciação.

## II. Agentes de interpretação

### 3. Órgãos com competência regulamentária

Os primeiros agentes da interpretação administrativa são os órgãos competentes para a emissão de regulamentos que possam conter – dentro dos limites adiante apontados – normas interpretativas.

### 4. Órgãos dotados de poder de orientação

A doutrina administrativista italiana gerou nas últimas décadas a figura do *poder de orientação*, que se insere entre dois conceitos a que estamos mais habituados em Portugal: o poder de direcção, próprio da hierarquia administrativa, e o poder de tutela. O poder de orientação traduz-se na faculdade de emitir directivas sobre as linhas gerais de prossecução das atribuições das pessoas colectivas sobre que incide. Embora impropriamente chamado na nossa lei de tutela, é esse o poder exercido por certos Ministros sobre empresas públicas de definir as grandes linhas que devem presidir à actuação destas. Nas orientações transmitidas pode caber, eventualmente, a indicação do sentido a atribuir a normas jurídicas cuja aplicação respeite de perto a pontos relevantes do exercício das atribuições da pessoa colectiva pública orientada.

## 5. Superiores hierárquicos

Agentes da interpretação administrativa são, em terceiro lugar, os superiores hierárquicos, através do seu poder de emitir directrizes de acção futura para os seus subalternos e também do de dar ordens de aplicação da lei com um certo sentido em casos concretos.

## 6. Órgãos competentes para a prática dos actos concretos

Na definição das situações jurídico-administrativas concretas, faz-se sempre uma aplicação de normas jurídicas só possível com base no entendimento do sentido das imposições nelas contidas.

## 7. Orgãos consultivos

Os órgãos consultivos são aqueles cuja tarefa consiste em proferir pareceres, opiniões ou conselhos transmitidos aos órgãos deliberativos, para que estes os ponderem antes da decisão.

No nosso país, o único órgão consultivo central com competência genérica, limitada aos aspectos estritamente jurídicos, é o Conselho Consultivo da Procuradoria-Geral da República. Através da homologação dos respectivos pareceres, os membros do Governo emitem, ao fim e ao cabo, directivas destinadas aos serviços deles dependentes. Destes pareceres assim homologados não resulta uma vinculação externa. Os seus efeitos processam-se apenas no âmbito das relações hierárquicas e, eventualmente, na do poder de orientação.

## III. Formas da interpretação

### 8. Interpretação por regulamento

A interpretação autêntica das leis não tem lugar na interpretação administrativa, visto que se faz mediante a formulação de actos legislativos. Também não nos referiremos aqui à interpretação administrativa dos regulamentos pois que, sendo uma actividade administrativa, não o é de interpretação das leis.

Assim delimitado negativamente o campo da análise, cumpre que nos debrucemos primeiramente sobre a interpretação das leis através de regulamento.

Tradicionalmente, uma das funções dos regulamentos de execução consiste em interpretar as leis sobretudo quando, pela sua imprecisão ou ambiguidade, elas possam não ser aplicadas pelos serviços com a uniformidade conveniente. A boa execução das leis recomenda que, para tais fins, os órgãos competentes se socorram do poder regulamentar, como, aliás, dos poderes de orientação e de direcção, embora num âmbito e com uma eficácia distintos.

A revisão constitucional de 1982 veio suscitar problemas graças à redacção do novo nº 5 do artigo 115º da lei fundamental, em cujos termos «nenhuma lei pode ... conferir a actos de outra natureza o poder de, com eficácia externa, interpretar ... qualquer dos seus preceitos». Entendida à letra, esta norma proibiria a interpretação de preceitos de lei por regulamento. Como, porém, já foi sustentado em artigo do Professor Afonso Queiró, e pelo Dr. Cruz Vilaça na exposição que antecedeu a que agora tem lugar, deve fazer-se uma interpretação restritiva do nº 5 do art. 115º da Constituição. Com efeito, a não ser esta a interpretação, este preceito teria eliminado os regulamentos executivos, cujas tarefas próprias são a integração e a interpretação das leis. Limitada apenas à repetição das normas legislativas e ao estabelecimento de procedimentos para a sua execução, a Administração regulamentária ficaria impedida de providenciar pela boa execução das leis, apesar de ser essa uma directriz que recebe da própria

Constituição (artigo 202º, alínea c)). A vontade do legislador constituinte foi por certo outra: a de proibir a *deslegalização*, isto é, a de proibir que a lei confira a um acto com eficácia inferior, designadamente a um regulamento, a possibilidade de produzir efeitos de revogação, modificação ou suspensão de normas legislativas. A interpretação autêntica pode envolver a produção de efeitos revogatórios ou modificativos. Ainda que, em rigor, já não seja interpretação a proposição de um sentido que não caiba no texto primitivo, é esse sentido que prevalece quando apontado a pretexto de interpretação autêntica, sem que daí advenha inconstitucionalidade[1]. Em harmonia com o que se dispõe no preceito quanto à revogação e à modificação, é pois de concluir que a interpretação proibida no nº 5 do artigo 115º é a interpretação regulamentar autêntica de normas legislativas. A interpretação regulamentar não pode ser objecto de delegação legislativa, isto é, não pode receber da lei eficácia igual à desta. Assim sendo, os tribunais ficam livres de controlar a bondade da interpretação da lei feita em sede regulamentar e de considerar inválida a norma regulamentar quando a interpretação se mostre errónea.

## 9. Interpretação através de instruções

A interpretação através de instruções já foi referida a propósito dos agentes da interpretação administrativa.

Apenas caberá observar ainda que, quando as instruções são dirigidas por escrito a todos os subalternos por igual, se designam de circulares.

Em princípio, esta forma de interpretação tem uma eficácia meramente interna. Mas a aplicação do princípio constitucional da imparcialidade administrativa, sob a vertente da igualdade de tratamento, pode conferir-lhe relevo externo reflexo, como pouco adiante se refere.

[1] A menos que, com a alteração retroactiva da lei sob o pretexto da sua «interpretação» autêntica, se visse conferir *a posteriori* legalidade a actos administrativos praticados ao abrigo da norma ainda não «interpretada», quando tais actos tenham sido impugnados contenciosamente e, com a falsa «interpretação», o que o legislador pretenda seja eximir a Administração ao controlo jurisdicional dos actos praticados ao abrigo da versão inicial do preceito.

## 10. Interpretação da norma para efeito da sua aplicação a um caso concreto; «jurisprudência» administrativa

A aplicação da norma de direito administrativo ao caso concreto *(Anwendung)* envolve a subsunção da situação concreta na previsão ou hipótese da norma («*facti species*» ou «*Tatbestand*») e a determinação dos efeitos de direito que vão incidir sobre aquela situação. Mas tal operação implica sempre uma prévia determinação do sentido da norma *(Auslegung)*, quer na parte da previsão, quer na parte da estatuição *(Rechtsfolgeseite)*. Por isso, o aplicador da norma é sempre e por definição um intérprete.

Quando – como, aliás, é desejável – se reveste de uniformidade a aplicação pela Administração de uma norma a numerosos casos concretos, gera-se aquilo que impropriamente se costuma designar de «jurisprudência» administrativa: um mesmo entendimento de certa norma incorpora uma prática habitual da Administração.

## 11. Efeitos externos da interpretação por instruções e da existência de uma «jurisprudência» administrativa

Quando a prática habitual da Administração revela um entendimento constante de certa norma jurídica, geram-se efeitos sobre as subsequentes relações jurídico-administrativas.

É assim, desde logo, no que toca à fundamentação dos actos administrativos. Nos termos do artigo 1º, nº 1, alínea *e*), do Decreto-Lei nº 256-A/77, de 17 de Junho, existe dever de fundamentação do acto administrativo que, total ou parcialmente, decida de modo diferente da prática habitualmente seguida na interpretação e aplicação dos mesmos preceitos legais. A existência de instruções escritas constitui, evidentemente, elemento de maior relevo na comprovação da habitualidade da prática.

Quando uma certa norma constitui objecto de «jurisprudência» administrativa, forma-se ainda um pressuposto para a aplicação do princípio constitucional da imparcialidade administrativa sob a sua (não única) faceta da igualdade de tratamento. Só não enfermará de violação de tal princípio o acto administrativo que aplique a norma em sentido diverso do habitual quando elementos objectivos permitam verificar que não foi infringida a proibição do arbítrio. Assim sucederá, por exemplo, quando se comprovar que a mudança de orientação decorre de uma reapreciação pela Administração da sua conduta habitual para verificar se ela corresponde efectivamente ao entendimento mais adequado da lei.

## IV. Processos de interpretação

### 12. Interpretação literal

O artigo 9º do Código Civil enuncia princípios gerais de direito que valem no âmbito do Direito Administrativo.

Deste modo, a determinação do sentido de uma norma deste ramo de Direito não deve cingir-se à letra da lei mas reconstituir o pensamento legislativo. Simplesmente, tal reconstituição deve processar-se a partir dos textos. E não pode ser considerado pelo intérprete um pensamento legislativo que não tenha na lei um mínimo de correspondência verbal, ainda que imperfeitamente expresso. Sustenta o Professor AFONSO QUEIRÓ que o nº 2 do artigo 9º do Código Civil contém somente uma directriz para a normalidade dos casos. Não se vê porém que do preceito resultem critérios em que se possam basear excepções.

O elemento literal da interpretação assenta no sentido dos termos e na sua correlação ou, por outras palavras, no significado das palavras e na estrutura das frases que figuram no texto legislativo.

### 13. Interpretação lógica

#### 13.1. Elemento histórico

Através do elemento histórico, reconstitui-se a *occasio legis,* isto é, o complexo de factores que se conjugaram no aparecimento da norma como facto do devir social no tempo. A norma é fruto de circunstâncias políticas, económicas, sociais e culturais, em geral mais óbvias quando os preceitos foram concebidos para reger a actividade administrativa, isto é, quando surgiram como elemento de uma política de contornos mais nítidos do que os da simples política legislativa.

Com excepção dos relativamente poucos preceitos que são intemporais porque imprescindíveis à salvaguarda da dignidade humana em quaisquer circunstâncias, as normas jurídicas representam um elo finito na cadeia da História. A sua vigência tem princípio e fim. Elas significam habitualmente uma reacção evolutiva a um regime anterior e preparam outro que as substituirá. É por isso que o seu entendimento beneficia com a percepção do desenvolvimento histórico em que se inscrevem e dos regimes e institutos a que sucederam. Por seu turno, os trabalhos preparatórios lançam luz sobre as motivações dos autores materiais dos textos legislativos e sobre as causas próximas das soluções encontradas. Como a inspiração individual é normalmente o assomo de uma reflexão colectiva, interessam também os trabalhos doutrinários e os textos legais em que o legislador haja buscado sugestões.

O elemento histórico da interpretação desvaloriza-se com a passagem do tempo: a interpretação actualista da norma priva-o gradualmente da sua função.

### 13.2. Elemento sistemático

Manda o nº 1 do artigo 9º do Código Civil que, na reconstituição do pensamento legislativo, se leve sobretudo em conta a unidade do sistema jurídico, além das circunstâncias em que a lei tiver sido elaborada e das condições específicas do tempo em que é aplicada. A colocação da tónica na preservação da unidade do sistema jurídico acusa pressupostos ideológicos e doutrinários há muito em crise. Essa ideia presidiu às formulações positivistas dos fins do século passado, assentes na crença de que o uso da razão permite configurar o ordenamento jurídico como um sistema fechado e perfeito.

A crise da unidade do sistema jurídico reflecte e explica, até certo ponto, a ambiguidade do papel do jurista – e, portanto, a do intérprete da lei – na sociedade contemporânea. Por um lado, o jurista é considerado guardião da legalidade positiva, portador de conhecimentos técnicos suficientes para garantir que a solução dos problemas concretos advirá da simples subsunção dos factos nas normas vigentes. O jurista é assim olhado como um ente a quem a própria ética profissional obriga a que se limite ao papel de analista exegeta, de técnico operador acrítico de um acervo de normas, de autómato especializado na tarefa da subsunção. Ao mesmo tempo, espera-se porém do jurista que ele seja um garante da legitimação do inteiro ordenamento, isto é, da correspondência entre as normas com que lhe é dado trabalhar e a racionalidade jurídica. Ao jurista pede-se pois que seja também um cientista produtor de conhecimentos e de conceptualizações aptos ao desempenho de um papel integrativo dos conteúdos normativos. No fundo desta imagem ambivalente do papel do jurista, espreita a ambiguidade da relação entre positividade e legitimidade que atravessa a história do pensamento jurídico moderno.

A ideia positivista de legitimação assentava na firme crença numa relação imanente entre o carácter sistemático do Direito, o valor da justiça e o escopo da racionalidade jurídica. A função legitimante da ciência jurídica consistiria na própria reconstrução do sistema jurídico na sua unidade. Pressupunha-se um sistema jurídico privado de contradições, aporias e lacunas, sempre reconduzível à unidade. Ele seria presidido por uma lógica interna absoluta, traduzida na possibilidade de uma coordenação sem falhas entre os princípios normativos expressos nas normas e nos institutos. Não teria limites a compatibilidade substancial entre as normas positivas e a racionalidade jurídica, isto é, um conjunto harmónico de princípios metapositivos de racionalidade jurídica que, por definição, presidiriam ao ordenamento.

Toda esta concepção foi posta em crise pelos processos de transformação da época pós-liberal e pelos traumas colectivos da segunda guerra mundial e dos anos que a antecederam. A partir de então, parece inegável a verificação, no âmbito do pensamento jurídico, de uma ruptura entre a legalidade positiva e a racionalidade jurídica objectiva, entre o mundo das normas e o mundo dos valores. Surgem primeiramente as teorias do Direito desprovidas de valores ou limitadas aos valores consignados no formalismo, como o é a teoria de KELSEN. A racionalidade jurídica positivista é reduzida a uma teoria da validade assente em puras técnicas de validação, isto é, em nexos de derivação formal entre as normas de grau sucessivo.

Mas o formalismo niilista cede por seu turno o passo a outras concepções logo que a reflexão sobre os horrores do nazismo e do estalinismo leva à consciencialização das insuficiências das construções desprovidas de axiologia, dos perigos de uma teoria do Direito sem fundamento e sem valores. Abrem-se então diversos caminhos de busca de novas fontes de legitimação e de coerência do ordenamento jurídico. Uma busca que alguns levam a cabo através do neo-jusnaturalismo e outros, sem fronteiras absolutamente estanques relativamente aos primeiros, em torno de uma conexão orgânica entre um projecto constitucional e um programa político reformista. Projecto constitucional significa que a Constituição não é admitida como uma fórmula neutra e predominantemente organizatória, mas como a síntese dos valores fundamentais que presidem a uma sociedade e das metas principais da actividade política de realização de tais valores. Um programa político reformista pressupõe que a Constituição materialize um compromisso social sobre os limites de decisão da maioria e sobre as grandes linhas das tarefas de conformação social da administração constitutiva.

No âmbito do Direito Administrativo, as grandes correntes referidas tendem a particularizar-se em torno da acentuação do papel do Direito como tecnologia social dirigida a promover a racional utilização dos recursos públicos e, nessa medida, a prevenir os confitos sociais. Nessa orientação se inscreve a crescente importância atribuída à salvaguarda, através de técnicas jurídicas, dos escopos da justiça e da racionalidade da actividade administrativa. É esse o sentido da crescente utilização de princípios como os da igualdade, imparcialidade e da proporcionalidade e dos novos desenvolvimentos imprimidos à teoria da legalidade.

Em Itália, a ideia basilar da conhecida obra de MASSIMO SEVERO GIANNINI e da de alguns dos seus discípulos como CASSESE é a do uso do Direito Administrativo como tecnologia social dirigida à gestão eficiente e economicamente optimizadora dos recursos públicos.

Expoente também de uma corrente de pensamento utilitarista – porventura mais elaborada quanto aos fundamentos – centrada sobre a ideia de conveniência social é, na Alemanha Federal, a reflexão de NIKLAS LUHMANN. Não totalmente desligado ainda da influência de KELSEN, LUHMANN procura a autolegitimação do ordenamento nas ideias de conveniência social e de utilidade prática realizáveis através da diferenciação do sistema social numa série de subsistemas relativamente independentes, entre os quais o «sistema estadual», o «sistema administrativo», o «sistema judiciário» e o «sistema económico». A separação de poderes e divisão organizativa entre legislativo, executivo e judiciário oferece uma série de vantagens tácticas que nenhuns outros instrumentos podem assegurar. É a existência de um sistema decisório fortemente diversificado que permite uma sucessiva deslocação dos problemas até ser encontrada a sede em que beneficiem de melhores possibilidades de solução.

Seria no entanto vão pensar que, nestas concepções, que privilegiam a ideia do Direito – e, designadamente, do Direito Administrativo – como técnica social, não encontrasse limites a pretensão de pensar e analisar o sistema jurídico sem utilização de referências extra-normativas. Se a razão subjacente ao funcionamento do sistema jurídico é a produção de motivações adequadas para tornar aceitáveis as soluções individualizadas, a verdade parece ser a de que tais motivações não serão viáveis se não assentarem num conjunto de valores e regras de jogo inscritos numa lei fundamental entendida como pacto entre os vários estratos da sociedade.

Mas o que antecede, também não significa que o projecto constitucional seja o fecho da abóbada de um sistema completo, definitivo e de absoluta coerência. A valorização da perspectiva funcional do Direito parte da visão do mundo como uma realidade infinitamente aberta e extremamente complexa, onticamente indeterminada e contingente. Tal visão renuncia à pretensão de encontrar a expressão exaustiva de todas as virtualidades da condição humana em qualquer uma das formas por que se exprime e vive a organização social: a forma jurídica, como a forma política, como a forma económica.

Ao enfraquecimento da crença nas virtualidades da sistematização unificada do Direito corresponde a revalorização do pensamento prudencial e casuístico, que tem como formulação mais conhecida o método tópico, assente na procura de argumentos e pontos de vista relevantes no quadro limitado da solução isolada de cada problema. Ao enveredar por este caminho, não é o intérprete forçado a abandonar critérios básicos de interpretação sistemática horizontal e vertical. Num plano horizontal, continuará a conjugar a determinação do sentido de uma norma com as necessidades decorrentes da aplicação simultânea de outras normas contidas no mesmo diploma e em outros textos de idêntico valor hierárquico. Num plano vertical, procurará enquadrar o sentido da norma interpretada no de outros preceitos de eficácia superior, a começar pelas normas constitucionais. O intérprete não ignorará pois que a norma não é uma realidade isolada. Mas, em contrapartida, não acreditará cegamente na absoluta racionalidade do contexto e aceitará com humildade as limitações que o carácter aberto e contraditório da sociedade em que vive coloca às pretensões geometrizantes de unidade do sistema jurídico. Da invocação incantatória do nº 1 do artigo 9º, poderá, quando muito, colher o intérprete a orientação de procurar a unidade do sistema na medida do possível. Mas nunca a de que deverá sacrificar a realidade a um geometrismo teórico de impossível concretização[2].

[2] Na exposição desta rubrica, seguiu-se de perto a obra de PIETRO BARCELLONA, *I Soggetti e le Norme*, Milão, 1984.

### 13.3. Elemento teleológico

Como se referiu já, o elemento teleológico possui um relevo particular na interpretação das normas de Direito Administrativo devido à necessidade de apurar qual o interesse específico que, em cada caso, o legislador pretende ver prosseguido através do exercício da discricionariedade.

O elemento teleológico aumenta o peso relativo da interpretação actualista, já que a configuração dos interesses públicos muda com a passagem do tempo. É pois particularmente dinâmico o elemento teleológico da interpretação. Graças a ele, esta evolui à medida que as circunstâncias se modificam.

## V. Resultado da interpretação: interpretação declarativa, extensiva e restritiva

**14.** São estes conceitos bem conhecidos pelo que, dada a escassez de tempo, não interessa desenvolvê-los nesta ocasião. Importa quanto muito chamar a atenção para que se não trata de verdadeiros métodos de interpretação, mas de pseudo-métodos porque, no fundo, são fórmulas que constatam os resultados obtidos através dos verdadeiros processos (o literal, o histórico, o sistemático e o teleológico). É graças a estes últimos que se atinge um resultado que vai além, fica aquém ou coincide com o sentido extraído da utilização isolada do elemento literal.

Cumpre referir que, em tempos, se levantaram dúvidas, hoje ultrapassadas, sobre se, no âmbito do Direito Administrativo, haveria normas por natureza avessas à interpretação extensiva: as normas atributivas de competência e as normas limitativas dos direitos e garantias individuais. Trata-se efectivamente de preceitos insusceptíveis de aplicação analógica, mas esta não se confunde com a interpretação extensiva. A interpretação extensiva reconstitui a vontade da lei: cobre situações que o legislador previu e, portanto, quis abrangidas pela estatuição que faz corresponder a determinada «*facti species*». Não se põem portanto limites à interpretação extensiva de quaisquer preceitos de Direito Administrativo.

## VI. Integração das lacunas da lei administrativa

### 15. Conceito de lacuna

Ocorre uma verdadeira lacuna (adiante referiremos as que o não são) quando um texto não resolve uma questão que a sua aplicação inevitavelmente suscita.

A ausência da base legal requerida pelo princípio da reserva de lei nunca constitui uma verdadeira lacuna: não há «lacunas de competência», mas apenas lacunas no processo de agir. Ou a competência é atribuída por lei, ainda que se chegue ao sentido da norma através de uma interpretação extensiva, ou não existe. No Direito Administrativo, se o legislador não atribuiu uma competência, deve concluir-se que não quer que ela exista. Por isso se fala, perante o silêncio da lei, de «silêncio qualificado do legislador» ou de «norma negativa».

Não pode no entanto dizer-se que isso aconteça quando o legislador não atribua *expressamente* o poder. Com efeito, a competência pode ser atribuída de modo implícito: por uma questão de coerência lógica, há determinados poderes que compreendem necessariamente outros.

### 16. Métodos de preenchimento das lacunas

A metodologia empregada pela Administração para preenchimento das lacunas do Direito Administrativo será fundamentalmente a que decorre do artigo 10º do Código Civil.

Deverá portanto utilizar-se em primeiro lugar a analogia, baseada na identidade entre o caso omisso e o caso previsto, quando seja de molde a justificar a sujeição de ambos a um mesmo princípio. A analogia pode ser buscada numa norma de outro ramo do Direito, embora através de um afastamento sucessivo.

Na falta de caso análogo, apela o legislador para uma actividade criativa do intérprete, que deverá elaborar ele a norma adequada ao tratamento da situação, embora dentro do «espírito do sistema». Pelas razões atrás aduzidas, consideramos que o «espírito do sistema» é também aquele que se busca através do método tópico, não requerendo a descoberta de postulados integrados num sistema totalmente unificado.

A analogia não pode ser dissociada da aplicação dos princípios gerais: a identidade de razões na solução do caso omisso e do caso previsto traduz a existência de um princípio. Há assim um dever-ser de âmbito mais amplo do que o da norma que serve de polo ao raciocínio analógico. O Direito Administrativo é um dos ramos do Direito em que assumem maior importância os princípios gerais específicos, revelados através da jurisprudência. Estes desempenham um papel relevante no preenchimento das lacunas. Só na falta de um princípio geral de Direito Administrativo poderá passar-se à aplicação de um princípio geral de Direito Público e só na ausência de ambos será legítimo o emprego de um princípio geral de direito. É complexa a questão de saber se também poderão ser aplicados princípios gerais de Direito Privado. À primeira vista, quando um princípio geral que historicamente se afirmou no domínio do Direito Privado se revela adequado à solução de problemas concernentes a relações jurídico-administrativas (assim acontece por vezes no que toca ao contrato administrativo), dir-se-ia que esse princípio se elevou a princípio geral de direito, isto é, a princípio comum ao ordenamento jurídico e já não próprio apenas de uma sua parte.

## 17. Verdadeiras lacunas e lacunas *intra legem*

Com a expressão «lacuna *intra-legem*», um determinado sector da doutrina administrativista germânica significa que, através dos verdadeiros conceitos indeterminados (isto é, daqueles cuja imprecisão não pode ser vencida através da aplicação de métodos interpretativos), o legislador apela para uma actividade criativa do intérprete, não para efeito de preenchimento de um vazio de normação mas para o exercício de um juízo autodeterminado no âmbito da previsão de uma norma.

Entre a verdadeira lacuna e a «lacuna *intra-legem*» ou lacuna voluntária, existe uma diferença de tomo: a de que, no segundo caso, a actividade do aplicador não tem por objecto a formulação de uma norma jurídica geral. Ao surgir uma lacuna da lei, o intérprete tem de actuar como legislador, isto é, de pensar num princípio geral aplicável a todo um conjunto de situações concretas semelhantes. Ao preencher um conceito jurídico indeterminado, o aplicador da norma emite um irrepetível juízo subjectivo de prognose, isto é, valora ou qualifica um elemento da situação concreta para concluir sobre se as perspectivas da sua evolução são de molde a dever ou não subsumi-lo num elemento abstracto da hipótese legal. É, por exemplo, o que sucede quando, para efeito da adjudicação da exploração de uma sala de jogo do «bingo», a Administração tem de pronunciar-se sobre um índice imposto por lei que é o da «idoneidade dos concorrentes». O juízo a formular assenta numa previsão sobre qual iria ser o comportamento de cada um dos concorrentes na futura exploração. Aqui, a incerteza da valoração da situação concreta é suprida através da utilização de critérios subjectivos de ordem causal-teorética. O resultado de tal valoração nem é determinado por critérios normativos nem seria aplicável a qualquer outra situação que não a especificamente ponderada em função dos seus elementos próprios. Em vez de lacuna, existe uma margem de livre apreciação deliberadamente atribuída pela lei.

# Legalidade administrativa e moralidade administrativa (1990)*

**1.** O Estado emite regras às quais deve por seu turno obediência, sob pena de ver diluir-se o indispensável carácter normativo desses comandos. Mas a sua dimensão axiológica não se confina no âmbito das normas vigentes: no Estado se incarnam em cada momento histórico valores fundamentais que o tornam em si mesmo, na medida em que os reconhece, o centro por excelência de referências valorativas numa perspectiva não transcendente. É esta a ideia ínsita no conhecido aforismo segundo o qual «o Estado é pessoa de bem». Para além da feitura de leis justas, espera-se do Estado que, no exercício das suas funções, se comporte não apenas sob a preocupação de não infringir preceitos mas com a de constituir o elemento exponencial de materialização das ideias mais nobres: as de justiça e de solidariedade. Daí que da Administração se não exija apenas uma vivência de legalidade: à instituição mais presente no dia-a-dia dos cidadãos pede-se além disso que se comporte como modelo das virtudes próprias da vida em sociedade. Não basta a legalidade: é preciso que impere a moralidade administrativa.

**2.** O Direito Administrativo e a Moral Administrativa não se confundem, mas intersectam-se parcialmente. Certos comandos éticos que o bom pai de família deverá observar por auto-exigência na sua intervenção social

* In: *Jornadas sobre o fenómeno da corrupção*. Lisboa: Alta Autoridade Contra a Corrupção, pp. 84-87.

são desejáveis como quadro da conduta administrativa mas não encontram formulação através das fontes de direito; muitas normas de Direito Administrativo, eminentemente técnicas e circunstanciais, não apresentam relevo ético. Apesar disso, não será temerário afirmar que boa parte das normas de Direito Administrativo ou têm conteúdo ético ou desempenham uma função instrumental ou evidenciadora de observância de parâmetros éticos nas condutas administrativas.

Quando a norma jurídico-administrativa é portadora directa de um valor ético, sobrepõem-se a moralidade e a legalidade administrativa sem particularidades dignas de nota. Interessa por isso sobretudo pensar na contribuição instrumental do Direito Administrativo para a efectivação de uma moralidade administrativa que parcialmente o transcenda, isto é, como matriz funcional capaz de gerar ou facilitar comportamentos dos órgãos e agentes administrativos não só de conteúdo legal mas também regidos pelos ditames de uma moral pura, ou seja, por regras éticas que vão até onde o Direito não alcança.

Essa matriz tanto pode revestir-se de carácter organizatório como de carácter procedimental.

**3.** Um dos problemas mais difíceis e por isso mesmo mais aliciantes da filosofia organizatória da Administração contemporânea põe-se no domínio da estrutura do seu relacionamento institucional com o poder político.

O Estado de Direito Democrático, baseado na soberania popular, não é compatível com uma qualquer «despolitização da Administração». A despolitização pura e simples traz consigo a exclusão das tarefas administrativas do processo de integração política[1], uma autonomização da estrutura burocrática em face dos órgãos dotados de legitimidade representativa. Um corte radical nesse domínio equivaleria a entregar uma parcela do poder a um corpo desprovido de legitimidade autónoma para definir o interesse público e decidir sobre a forma de o realizar[2]. Em contrapartida, não constitui segredo que a relação entre política e instituições, entre partidos e Administração, é delicada. O Estado actual requer um vasto e diversificado corpo profissional titular de competência técnica, capaz de arquitectar decisões cuja correcção é ditada em muitos casos por parâmetros objectivos

[1] Cfr. Erichsen/Martens, *Allgemeines Verwaltungsrecht*, 7ª ed., Berlim, 1986, p. 55

[2] Cfr. Santamaría Pastor, *Fundamentos de Derecho Administrativo*, I, Madrid, 1988, p. 249.

que se não compadecem com a liberdade política de escolha. Na deontologia profissional desse corpo reside uma importante garantia da imparcialidade da Administração, tanto mais efectiva quanto o ingresso e o acesso nas carreiras se basear na aferição do saber técnico e na capacidade de observância dos deveres da função e não na fidelidade a formações partidárias. A «partidarização da função pública» poderá vir enfraquecer a liberdade de ponderação técnica sem contribuir decisivamente para a democratização efectiva da função: frequentemente, os partidos tendem a formar aparelhos fechados, assentes também eles numa «burocracia de partido» mais movida por uma estrita lógica de conservação ou conquista de poder do que da preparação das políticas requeridas pelo bem comum. A necessidade de satisfazer clientelas importantes para a máquina eleitoral ou como pólos de influência na sociedade pode impelir os partidos ao favor e à desigualdade de tratamento. A insuficiência dos fundos de origem pública para sustentar os encargos com o aparelho e as pugnas eleitorais tornam-nos vulneráveis ao jogo de influências dos poderes económicos.

Mas, entregue a si próprio, o corpo burocrático da Administração adquirirá modos de actuação autocráticos, segregados pela sua estruturação hierárquica, não havendo garantias suficientes de que não será, tanto ou mais do que os partidos, permeável à ingerência dos grupos de pressão feita em condições de opacidade facilitadas pela autarcia do sistema[3].

Em face destas contradições, conciliar o princípio democrático com o evitamento da partidarização indevida passa por uma série de receitas organizatórias, parcialmente assentes também elas na ideia dos «freios e contrapesos».

A primeira reside na opção constitucional por um sistema burocrático profissionalizado de perfil clássico (Constituição, arts. 47º, nº 2 e 269º, nºs 1 e 2) e de uma exigente limitação dos cargos susceptíveis de provimento por escolha.

A segunda, na colegialização dos órgãos com competência decisória, sobretudo no domínio da Administração indirecta, quanto possível com a participação de representantes eleitos dos interesses administrados[4].

[3] Cfr. SORDI, *Tra Weimar e Vienna – Amministrazione Pubblica e Teoria Giuridica nel Primo Dopoguerra*, Milão, 1987, pp. 313 e seguintes.

[4] Cfr. BACHELET, *L'Ammnistrazione in Camino*, Milão, 1984, p. 56.

A terceira, no recurso intensivo à desconcentração de poderes, sem prejuízo da manutenção de poderes de supervisão e superintendência a favor dos órgãos dotados de legitimidade directa. A desconcentração poderia e deveria fazer-se com reserva das decisões essenciais a favor destes órgãos, acompanhada de uma paralela reserva de preparação da decisão ao corpo burocrático, impedindo-se assim a transformação de certos gabinetes governamentais em estruturas administrativas paralelas.

A quarta, no reforço dos poderes e dos meios de órgãos do tipo Tribunal de Contas, vocacionados para um «controlo de rendimento» e não apenas de legalidade[5].

E outros tipos de providências poderiam por certo vir engrossar esta lista, que se não pretende exaustiva. Através delas, geram-se mecanismos de interacção, fomentadores da observância de imperativos de legalidade e de moralidade administrativa, quer por titulares de órgãos político-administrativos quer por agentes administrativos e por suportes de órgãos meramente administrativos.

**4.** No regime procedimental da actividade administrativa podem radicar algumas das principais garantias de que esta se não afastará da prossecução dos fins de interesse público visados pelas normas que concedem os poderes e, portanto, de que não será influenciada ou guiada por móbeis estranhos ao bem comum, por finalidades mal-intencionadas e anti-sociais.

No Estado Social de Direito, a realização do interesse público não significa a irrelevância dos interesses particulares ou a sua sistemática preterição em benefício das vantagens colectivas. O princípio da imparcialidade administrativa impõe que os poderes sejam exercidos com ponderação de todos os interesses merecedores de protecção legal e estes são também frequentemente de natureza privada.

Envolve um melindre que não carece de ser explicado a frequente necessidade – colocada pelo exercício de poderes discricionários – de valorar, para efeitos de graduação nas situações concretas, interesses em conflito, que uma norma jurídica ou diversas normas do mesmo nível hierárquico consideram susceptíveis de protecção, sem para o efeito estabelecerem qualquer

[5] Cfr. ALLEGRETTI, *Legge Generale sui Procedimenti e Moralizzazione Amministrativa*, in Scritti in Onore di Massimo Severo Giannini, vol. III, Milão, 1988, p. 4.

ordem de prioridades[6]. A moralidade pessoal dos titulares dos órgãos e dos agentes a quem tais decisões competem é protegida pela moralidade funcional da Administração, demonstrada pela observância de modelos de procedimento concebidos sob essa perspectiva. Esta é uma das razões pelas quais a teoria do procedimento administrativo se tem vindo a avantajar no âmbito da dogmática administrativa, disputando ao tratamento científico e político-legislativo do acto administrativo o seu lugar tradicionalmente dominante. Mencionaremos apenas algumas de entre as múltiplas soluções de ordem procedimental concebíveis para prevenir a «degeneração moral da actividade pública»[7].

Uma das linhas de melhoria que se impõem neste domínio consiste na responsabilização individualizada de um titular de um órgão ou de um agente administrativo pela condução de cada procedimento administrativo. Este é o modo de evitar a diluição das responsabilidades civis, penais, disciplinares e eventualmente políticas naqueles casos em que condutas espaçadas no tempo violem critérios essenciais de moralidade administrativa. O «responsável pela instrução» deverá estar juridicamente vinculado a conduzir até ao fim a preparação do acto decisório dentro de prazos prefixos ou razoáveis. Em muitos casos, o modo mais fácil e menos perigoso para o corrupto de promover a prestação de vantagens patrimoniais pelos interessados na decisão consiste em deixar o processo paralisado até que elas lhe sejam oferecidas. Em vez de constituir apenas requisito da formação do acto tácito negativo, o dever legal de decidir (instruir) representaria também, em caso de incumprimento doloso ou culposo, a fonte de efeitos sancionatórios sobre o responsável.

A já tocada vantagem da clarificação institucional do relacionamento entre órgãos político-administrativos e agentes ou órgãos puramente administrativos possui também uma vertente procedimental, que pode consistir na preparação obrigatória das decisões ao nível administrativo, assente na qualificação como essenciais de uma série de formalidades instrutórias através das quais o corpo burocrático balize tecnicamente a decisão político-administrativa.

[6] Sobre a essência da discricionariedade, centrada numa tal valoração, ver WALTER SCHMIDT, *Einführung in die Probleme des Verwaltungsrechts*, Munique, 1982, p. 41.

[7] A expressão é de ALLEGRETTI, *ob. cit.*, p. 1.

Importantíssima é também a concretização a nível da lei do procedimento administrativo dos direitos de participação individual e colectiva dos interessados na formação das decisões e deliberações que lhes disserem respeito (Constituição, art. 267º, nº 4). Se à Administração não é hoje já possível fechar-se completamente na torre de marfim de uma neutralidade de tipo jurisdicional, se se vê constrangida a crescentes e delicadas mediações de interesses para as quais o legislador lhe não deu critérios completos, cumpre-lhe «socializar» a própria decisão, abrindo o procedimento e, por vezes, a instância decisória à participação dos interesses conflituantes[8].

A participação tem como indispensável elemento paralelo o direito à informação e o direito de acesso dos cidadãos aos registos e arquivos administrativos, cumprindo ao legislador ordinário estabelecer com a precisão possível os limites impostos a este direito pelo nº 2 do art. 268º da Constituição. A consciência de que a criação dinâmica do Direito se não cinge apenas aos momentos de produção normativa impõe a aplicação directa do princípio democrático também no plano da conformação administrativa das situações concretas. Se, aí, é importante a legitimação democrática do autor do acto ou do órgão que sobre este exerce a supervisão ou a superintendência, não menos o é que, através da publicidade, a comunidade possa acompanhar a conduta administrativa, sobre a qual dispõe de instrumentos reactivos como a acção pública e a popular, a censura política e os mecanismos de efectivação dos diversos tipos de responsabilidade dos agentes. À luz do princípio democrático, só a publicidade pode compensar a impossibilidade da participação permanente da comunidade no exercício de todo o poder administrativo[9]. E, ao que dizem os biólogos, a luz forte do Sol é, ainda hoje, o melhor agente contra os miasmas...

[8] Cfr. SORDI, *ob. cit.*, p. 341.

[9] Cfr. SATTA, *Principio di Legalità e Pubblica Amministrazione nello Stato Democratico*, Pádua, 1969, p. 211.

# Conceitos jurídicos indeterminados e âmbito do controlo jurisdicional (2008)*

## I. Considerações iniciais

**1.** Concordamos com o sentido de decisão deste aresto. Mas não podemos acompanhá-lo naquela parte da fundamentação que lhe confere relevo como um possível marco de uma evolução jurisprudencial. Dos pontos de vista constitucional e dogmático, não se justifica, desde logo, a nosso ver, a afirmação de um princípio geral de sindicabilidade irrestrita dos conceitos jurídicos indeterminados, ou seja, dos juízos valorativos ou de prognose feitos pela Administração para preenchimento de tais conceitos no âmbito de decisões concretas. É certo que sindicabilidade de tais juízos terá sempre de a haver. Mas o Tribunal refere-se obviamente a uma substituição da Administração pelo juiz administrativo como última instância de formulação de tais juízos de densificação e não a um mero controlo «externo e negativo»[1], ou seja, controlo dos factores substanciais, finalísticos, competenciais e

* In: *Cadernos de Justiça Administrativa* 70, pp. 32-57 [anotação ao Acórdão do STA (1ª Secção) de 17.1.2007, Proc. nº 1068/06].

[1] Cfr. Maria Francisca Portocarrero, *Reflexões sobre os poderes de pronúncia do tribunal num novo meio contencioso – A acção para a determinação da prática de acto administrativo legalmente devido –, na sua configuração no art. 71º do Código de Processo Nos Tribunais Administrativo (CPTA)*, in: *Revista da Ordem dos Advogados*, Ano 67, I – Janeiro de 2007, p. 362.

procedimentais que enquadram com imposições de juridicidade negativas o âmago metajurídico do juízo da Administração.

**2.** Discordamos, por outro lado, do modo como no aresto se elencam a título exemplificativo situações de controlabilidade jurisdicional de conceitos jurídicos indeterminados, e isso por duas razões. A primeira é a de que a referência a «conceitos descritivos cujo critério de avaliação não exige conhecimentos técnicos especiais» assenta no postulado inaceitável de que o tribunal não controla quando não disponha da preparação técnica extra-jurídica requerida. Não é de facto assim. Se se tratar de juízos cognoscitivos, ou seja, sobre a existência de factos, que impliquem o recurso a técnicas extra-jurídicas, o tribunal terá de basear-se nos modos de produção de prova adequados sob pena de denegação de justiça. Se, pelo contrário, o propósito do legislador for o de remeter para um juízo de valor, de prognose ou de oportunidade, por parte da Administração, que implique conhecimentos extra-jurídicos cuja aplicação a cada caso não dite, porém, objectivamente, em termos susceptíveis de demonstração irrefutável, uma única solução correcta, então sim, o tribunal não poderá proceder a um controlo substitutivo. Mas isso por se encontrar perante o preenchimento de um verdadeiro conceito jurídico indeterminado e não graças à sua incapacidade, pela falta de conhecimentos técnicos, para acompanhar os raciocínios desenvolvidos[2].

A segunda razão da nosso discordância quanto ao modo como, no acórdão em análise, se procura elencar situações de sindicabilidade jurisdicional da aplicação de conceitos jurídicos indeterminados pela Administração é a de que as figuras (ii) e (iii) não correspondem a verdadeiros conceitos jurídicos indeterminados. No Direito Administrativo, os conceitos de fonte normativa designados (à falta de melhor e de acordo com uma velha tradição) como «vagos ou indeterminados», ou somente «indeterminados», apenas merecem em termos metodológicos ou dogmáticos essa qualificação quando o legislador lhes reserve um papel de abertura daquela parte da norma em que se inserem. A abertura localiza-se mais frequentemente na *previsão* da norma (*Tatbestand, facti species*). Em tal caso, trata-se de reservar à Administração

[2] Cfr. Sérvulo Correia, *Noções de Direito Administrativo*, I, Lisboa: Danúbio, 1982, p. 178 a 180; *Direito do Contencioso Administrativo*, I, Lisboa: Lex, 2005, p. 622 e 623.

um juízo de avaliação ou prognose a propósito de um dos pressupostos do acto administrativo ali elencado[3].

Ao conceder ao aplicador essa prerrogativa de avaliação valorativa ou de prognose, o legislador confia-lhe a «descoberta», sob responsabilidade institucional administrativa, do sentido de tal juízo; um sentido delimitado mas não determinado por parâmetros jurídicos. O que marca a natureza dos conceitos jurídicos indeterminados em sentido próprio é que a incerteza liminar quanto ao seu entendimento em face do caso concreto se não resolve por modo hermenêutico. Não traduzem um problema de *interpretação difícil*. Por muitas que sejam as dificuldades de interpretação com que o aplicador se defronte, elas terão sempre de se ultrapassar através de um raciocínio interpretativo (neste incluindo a metodologia legislativamente determinada de integração das lacunas). Ora, em sede de interpretação, não são simultaneamente admissíveis várias soluções discordantes para a mesma questão. Pode ler-se em certos quadrantes da «jurisprudência analítica» anglo-saxónica que, nos «*hard cases*», o encadear do raciocínio jurídico nunca garante

[3] Mas também se encontram normas em que o legislador implantou um conceito indeterminado na *estatuição*, ou *lado dos efeitos de direito*. Quando assim sucede, a função do conceito é a de caracterizar de algum modo o tipo de actuação administrativa sem com isso fechar de todo a liberdade conformativa do aplicador à luz das necessidades de composição dos interesses públicos e privados dignos de tutela tal como especificamente presentes no caso concreto. Nestas hipóteses, poderá falar-se com propriedade em *conceitos de discricionariedade* ou *conceitos discricionários* (*Ermessenbegriffe*): neles, a indeterminação da locução destina-se a conceder uma margem de liberdade na conformação do sentido da decisão administrativa. Mas a expressão «*conceito de discricionariedade*» foi, sobretudo usada (e ainda o é hoje por alguns autores) para sublinhar um ponto de vista que não partilhamos: o de que a indeterminação de conceitos na *previsão* ou na *estatuição* da norma jurídica administrativa é reconduzível a «um conceito unitário e abrangente de discricionariedade». Cfr. MARIA FRANCISCA PORTOCARRERO, *Notas sobre variações em matéria de discricionariedade. A propósito de algumas novidades terminológicas e da importação de construções dogmáticas pelas nossas doutrina e jurisprudência do Supremo Tribunal Administrativo*, in: MANUEL AFONSO VAZ/AZEREDO LOPES (Coord.), *Juris et de Jure – Nos Vinte Anos da Faculdade de Direito da Universidade Católica Portuguesa – Porto*, Porto: UCP, 1998, p. 671. Sobre o emprego do termo «*Ermessensbegriffe*» para caracterizar um tempo – findo em meados do Século XX – em que a discricionariedade não fora «banida para a estatuição ou lado dos efeitos de direito da norma» e em que, portanto, a indeterminação de conceitos na previsão também era assumida como fonte de discricionariedade, ver, entre muitos outros possíveis, BULLINGER, *Verwaltungsermessen im modernen Staat*, Baden-Baden: 1986, Nomos Verlag, p. 138 e 139. Expomos brevemente adiante qual é, a este propósito, a nossa posição matizada e relativista.

(ou justifica) a validade de um só resultado (*outcome*). Abrir-se-ia assim um inevitável recurso à «*judicial discretion*»[4]. Mas, independentemente agora de saber até que ponto, em tais sistemas, o juiz não é suposto procurar a única solução correcta, qual Hércules perante um colossal desafio[5], a verdade é que, na nossa ordem jurídica, a decisão do juiz é em princípio construída com base em uma metodologia e em determinantes jurídicas que, por definição, só podem apontar para um resultado unívoco. As próprias antinomias detectáveis na Ordem Jurídica são equacionáveis como problemas especiais de interpretação. E uma mesma Ordem Jurídica não consente, sob pena de perda de efectividade, que sobre a mesma situação incidam efeitos de direito entre si incompatíveis[6].

Vem isto a propósito de dizer que não faz sentido pretender caracterizar os conceitos jurídicos indeterminados como aqueles que consentem interpretações distintas. Se o exame hermenêutico de uma norma que contém um conceito de acepção difícil permite ainda assim concluir que, não obstante as incertezas da linguagem, ela se destina a formular uma estatuição directamente regulativa (e não a meramente conferir um espaço de autonomia para acções administrativas deônticas)[7], então as dificuldades resolvem-se através de uma argumentação moldada pela metodologia jurídica. Tratar-se-á de uma tarefa interpretativa e cabe naturalmente aos tribunais apurar sobre a correcção da aplicação da norma pela Administração. Estaremos – segundo a terminologia consagrada – perante a sindicância jurisdicional do vício de violação de lei ou do de desvio de poder.

Mas, nestes casos, não se poderá falar de sindicância de «conceitos indeterminados». Estes são apenas aqueles que, colocados na previsão ou *Tatbestand* da norma jurídica administrativa, apontam para a feitura de um juízo administrativo de avaliação e prognose de resultado não alcançável através de uma argumentação jurídica. O tribunal não poderá substituir-se

[4] Cfr. COLEMAN/LEITER, *Determinacy, Objectivity, and Authority*, in: MARMOR (ed.), *Law And Interpretation – Essays in Legal Philosophy*, Oxford: Clarendon, 1995, p. 215.

[5] Idem, ibidem; DWORKIN, *Taking Rights Seriously*, London: Duckworth, 1994 (7ª reimp.), p. 105 s; *Sovereign Virtue – The Theory And Practice Of Equality*, Cambridge, Massachussets/ London: Harvard University Press, 200, p. 454 s.

[6] Cfr. BYDLINSKI, *Juristiche Methodenlehre und Rechtsbegriff*, Wien/New York: Springer Verlag, 1982, p. 463.

[7] Cfr. DAVID DUARTE, *A Norma de Legalidade Procedimental Administrativa*, Coimbra: Almedina, 2006, p. 466.

à Administração no desenvolvimento do raciocínio causal-teorético em questão, apenas lhe cabendo um controlo pela negativa (designadamente de inadequação do critério da avaliação ou prognose, ou seja, erro grosseiro ou manifesto de apreciação, que consitui a violação da primeira das três vertentes do princípio da proporcionalidade)[8].

Compreende-se assim a razão da nossa discordância com o acórdão comentado quando dá como exemplos de «conceitos indeterminados» sindicáveis as «classes de conceitos indeterminados de valor, cujo critério de concretização resulta, por forma directa, ... da exegese dos textos legais» e «todos os conceitos de valor cuja concretização envolva juízos mais especificamente jurídicos e que, portanto, não permitem a afirmação de que o tribunal não possui os necessários conhecimentos técnicos». Para além da já criticada justificação, não só ultrapassada mas constitucionalmente inaceitável, de que os tribunais não controlam os pressupostos de facto cuja existência requeira o emprego de técnicas não-jurídicas, a verdade é que as duas categorias assim erigidas não correspondem aos conceitos jurídicos indeterminados propriamente ditos, ou seja, àqueles através dos quais o legislador confere *margem de livre apreciação* (margem de livre avaliação) ao aplicador administrativo. A concretização «através da exegese dos textos legais» é interpretativa. E o mesmo se diz daquela a que se procede através de «juízos jurídicos».

Perante situações destas, o tribunal não só pode mas deve sindicar a utilização do conceito normativo pelo aplicador administrativo. Só que não se está perante a sindicância do emprego de um *conceito jurídico indeterminado*, visto que se não enfrenta uma abertura da previsão normativa só ultrapassável mediante raciocínios não jurídicos na sua essência, ainda que negativamente delimitados por parâmetros jurídicos de *iter* (que não de conteúdo) como, por exemplo, a proporcionalidade e a imparcialidade.

**3.** Assim explicitada a principal razão da nossa discordância com a fundamentação do Acórdão de 17.01.2007 (P. 01068/06), passaremos em rápida revista as questões por ele suscitadas no tocante *(a)* ao efeito da separação de poderes sobre o âmbito funcional da jurisdição administrativa, *(b)* ao papel da margem de livre apreciação enquanto modalidade da margem de

[8] Cfr. Walter Schmidt, *Einführung in die Probleme des Verwaltungsrechts*, München: Beck, 1982, p. 61 s.

livre decisão administrativa, *(c)* à diferença entre indeterminação estrutural e mera dificuldade de interpretação, *(d)* à compatibilidade entre a margem de livre apreciação e a garantia constitucional de tutela jurisdicional e administrativa. Procuraremos mostrar por fim que, no caso decidido pelo acórdão anotado, se tratava tão só de rever a aplicação administrativa de um «conceito difícil» enquadrável por uma metodologia hermenêutica e, portanto, não estruturalmente indeterminado *(e)*.

## II. Separação de poderes e âmbito funcional da jurisdição administrativa

**4.** Refere-se no aresto em análise uma tomada de posição do Tribunal Central Administrativo Sul (o juiz *a quo* no caso vertente) segundo a qual «a admissão de que este Tribunal – ou qualquer outro da jurisdição administrativa e fiscal – estaria impedido de sindicar a valoração que em concreto a Administração fez de uma dada situação de facto, equivaleria, na prática, ao esvaziamento das competências dos tribunais das jurisdições administrativa e fiscal».

Tomada pelo seu valor facial, isto é, em termos gerais e abstractos, desligados do tipo de valoração que no caso concreto a Administração levou a cabo, esta asserção não seria compatível como *princípio constitucional da separação de poderes*. É certo que o acórdão do Supremo Tribunal Administrativo não a retoma formalmente como seu próprio ponto de vista. Mas certas passagens do aresto parecem denunciar alguma tendência para alinhar com aquela tese. Referindo aquilo que denomina «... conceito indeterminável, conceito de conteúdo incerto e indefinido, cuja apreciação [a recorrente pretende que está] vedada aos tribunais por se situar no coração da actividade administrativa do Estado», afirma o STA que o apelo a preceitos como os artigos 201º, nºs 1 e 2 do CRP (conteúdo da função jurisdicional) e 266º, nº 2 da CRP (princípio da legalidade administrativa) «conduz inexoravelmente à eliminação» da controvérsia quanto à sindicabilidade contenciosa de tais conceitos, ou, pelo menos, à aplicação dessa ideia de insindicabilidade «em termos restritivos, sob pena de se poder incorrer em manifesta denegação de justiça».

O acórdão cita desenvolvidamente como fundamento doutrinário o valioso estudo do Senhor Conselheiro Azevedo Moreira «*Conceitos*

*Indeterminados: sua sindicabilidade contenciosa»*, publicado na *Revista de Direito Público*, nº 1, de Novembro de 1985. Neste trabalho, inovador para Portugal na época, sustentou-se a transposição para o nosso universo juspublicístico da figura do *Beurteilungsspielraum*, tal como definida jurisprudencialmente na Alemanha de então.

Não caberia no espaço deste comentário uma história, ainda que resumida, da génese do *Beurteilungsspielraum*. Lembrar-se-á apenas que, na Alemanha de meados do Século XX, a maioria da doutrina se polarizou na posição – que cedo viria a ser de novo controvertida – de que a discricionariedade se localizaria apenas na estatuição ou «lado dos efeitos de direito» (*Rechtsfolgeseite*) da norma jurídica administrativa, não lhe competindo também um lugar no lado da previsão (*Tatbestand*). Não haveria assim mais lugar a uma pretensa *discricionariedade cognitiva* (*kognitives Ermessen*) mas tão só a uma *discricionariedade volitiva* (*volitives Ermessen*). A discricionariedade circunscrever-se-ia apenas ao plano imediato da «descoberta» do sentido da decisão, não cabendo também no dos juízos de avaliação da realidade. Assim sendo, o preenchimento aplicativo de conceitos rodeados de um halo de incerteza que, no *Tatbestand*, indicam pressupostos da conduta administrativa assumiria sempre a natureza de uma tarefa interpretativa, apontando necessariamente para uma única decisão correcta (*richtige Entscheidung*) enquanto aquela decisão juridicamente válida (*rechtmässige Entscheidung*). Esses juízos de preenchimento do *Tatbestand* seriam sempre, por tudo isto, inteiramente revisíveis (e, portanto, substituíveis) pelos tribunais.

A ideia – de cunho eminentemente formalista, já sustentada na Áustria do Século XIX por TEZNER em polémica com BERNATZIK – era a de que, desde que um conceito vago surja ordenado no âmbito de uma norma como conceito jurídico, a sua aplicação ao caso concreto pela Administração não pode escapar a um controlo jurisdicional total. Assim teria de acontecer mesmo que esse conceito envolvesse um juízo sobre as exigências do interesse público no caso concreto![9] [10]

Mas, como aqui e agora parece evidente, esta posição fundamentalista cedo teria de se mostrar insusceptível de integral aplicação prática. Nem

[9] Cfr. STOLLEIS, *Geschichte des öffentlichen Rechts in Deutschland*, II, 1800-1914, München: Beck, 1992, p. 415.

[10] PACHE, *Tatbeständliche Abwägung und Beurteilungsspielraum*, Tübingen: Mohr Siebeck, 2001, p. 53.

todos os juízos e decisões concretas da Administração podem ser na sua substância ditados por parâmetros normativos, embora todos tenham de se enquadrar em normas de competência e orientação finalística.

A extrema complexidade da vida social contemporânea estabelece limites de possibilidade, e até de desejabilidade, à capacidade de omniprevisão e omniestatuição do legislador. Os modelos abstractos de situações jurídicas administrativas e dos modos da sua regulação desenvolvem-se na vida real numa miríade de casos e de exigências de ajustamento da respectiva conformação aos critérios finalísticos e axiológicos assentes. Fala-se por isso de uma «crise do Direito regulador»[11], não porque o sistema não acabe por providenciar o enquadramento e a conformação das situações jurídicas administrativas, mas porque, para tal efeito, o papel da lei formal é com cada vez mais frequência o de fornecer a legitimação competencial a par de directrizes finalísticas, mas não assim os parâmetros substantivos de qualificação e conformação. Estes são remetidos para a autodeterminação do aplicador administrativo, assim se reservando uma *margem de livre decisão administrativa* (*Entscheidungsspielraum*)[12] [13].

Asseguram-se deste modo, designadamente, a flexibilidade e a capacidade de inovação essenciais à concepção e prossecução das políticas administrativas[14].

[11] Cfr. Hoffmann-Riem/Schmidt-Assmann/Vosskuhle, *Grundlagen des Verwaltungsrechts, I, Methoden. Massstäbe. Aufgaben. Organisation.* München: Beck, 2006, p. 179.

[12] Sobre este conceito, ver, mais desenvolvidamente: Sérvulo Correia, *Legalidade e Autonomia Contratual nos Contratos Administrativos*, Coimbra: Almedina, 1987, designadamente, p. 116 a 136; *Direito do Contencioso Administrativo*, cit., designadamente, p. 375 a 438. Sobre a correspondência entre *margem de livre decisão administrativa* e o conceito alemão de *Entscheidungsspielraum* e, também, sobre *margem de livre apreciação* com a acepção de «reserva administrativa parcial de liberdade de apreciação valorativa e de prognose», ver, nesta última obra, as considerações produzidas a p. 104 e 105 (nota 102).

[13] Sobre os limites postos pela complexidade social e técnica dos campos de disciplina à capacidade de determinação pelo legislador tanto das hipóteses de actuação administrativa quanto dos sentidos das decisões concretas, v. entre muitos outros possíveis, Ana Paula Dourado, *O Princípio da Legalidade Fiscal – Tipicidade, conceitos jurídicos indeterminados e margem de livre apreciação*, Coimbra: Almedina, 2007, designadamente p. 537 s.

[14] Cfr. Schmidt-Assmann, *Das Allgemeine Verwaltungsrecht als Ordnungsidee*, Berlin: Springer, 1998, p. 179 e 180; Sabino Cassese (Coord.), *Trattato di Diritto Amministrativo – Diritto Amministrativo Generale*, I, Milano: Giuffrè, 2000, p. 671.

Ora, como adiante melhor se verá, é ténue a barreira que, tanto no plano funcional como no metodológico, separa a *autonomia administrativa de conformação do sentido de decisão* e a *autonomia administrativa de valoração e prognose* (esta última, para o efeito de concluir, em termos que se não confundem com os da lógica subsuntiva, sobre o enquadramento numa previsão normativa imprecisa de um dado elemento de uma situação concreta). Em breve, pois, os tribunais alemães foram confrontados com a impossibilidade de resolver – através de uma interpretação substitutiva da apreciação pelo aplicador administrativo – todos os problemas colocados pela inclusão de elementos das situações a regular concretamente sob a incidência de conceitos situados no *Tatbestand* para designar um pressuposto do acto administrativo (ou pressuposto de outras forma típicas de conduta, como os contratos administrativos).

Foi aí que surgiu a técnica (seria favor excessivo qualificá-la como teoria) do *Beurteilungsspielraum*. Daremos dela uma definição expedita e corrente, que desde logo põe involuntariamente a nu a inconsistência inata da ideia: tratar-se-ia de áreas de actuação administrativa em que os tribunais exercem apenas um controlo limitado, por se revelarem correctas e legais diversas decisões de interpretação e aplicação de conceitos jurídicos indeterminados («...*Fälle ... das im Hinblick auf Anwendung und Auslegung des unbestimmten Rechtsbegriffs mehrere Entscheidungen richtig und rechtmässig sein Können*»). Dado que, na maioria dos casos, as normas não contêm qualquer explicitação manifesta da liberdade do aplicador para escolher entre várias soluções de avaliação todas elas admissíveis, o princípio é o da inexistência de *Beurteilungsspielraum*. As excepções são definidas casuisticamente pela jurisprudência que, nesses âmbitos, não controla a bondade das avaliações (qualificações valorativas ou de prognose) em si mesmas, mas apenas o respeito dos limites de juridicidade[15].

**5.** O insanável defeito desta construção consiste em se admitir, perante alguns «conceitos difíceis» de *Tatbestand*, uma mesma *self-restraint* judicial

[15] Cfr. DETTERBECK, *Allgemeines Verwaltungsrecht mit Verwaltungsprozessrecht*, 6ª ed., München: Beck, 2008, p. 118 e 119. Encontra-se nesta obra uma explanação da lista actualizada de matérias (*Fallgruppen*) de *Beurteilungsspielraum*, de págs. 120 a 124. Na página 125, figura um elenco de vícios de legalidade específicos do exercício de *Beurteilungsspielraum*, os quais substanciam o âmbito do controlo jurisdicional restrito.

independentemente de se estar perante problemas de interpretação jurídica ou de valoração e prognose metajurídica. O problema reside em, perante uma defeituosa imprecisão da figura de *conceito jurídico indeterminado*, confundir no seu âmago duas realidades funcional e metodologicamente distintas: por um lado, existem conceitos situados no *Tatbestand* de normas jurídicas administrativas cujo sentido liminar não é claro, mas cuja dificuldade de entendimento deve ser resolvida através de um raciocínio hermenêutico passível de refutação objectiva (raciocínio teorético-discursivo); por outro lado, há conceitos com aquele posicionamento estrutural e aquela abertura material cuja função não é a de apontar para uma densificação conduzida segundo metodologia jurídica, mas para um juízo de valor ou de prognose insusceptível de infirmação objectiva.

Os conceitos do primeiro tipo só impropriamente podem ser considerados «indeterminados» para daí extrair a ilação do controlo jurisdicional total e, portanto, substitutivo em face dos conceitos propriamente indeterminados: pode discutir-se sobre qual a interpretação correcta de um certo *Tatbestand* normativo passível de uma extracção hermenêutica de sentido. Mas é inquestionável que, de entre essas várias interpretações em confronto, só uma poderá revelar um sentido correcto da enunciação das condições pressupostas[16]. E, fazendo-se tal determinação de sentido através de uma argumentação jurídica, envolvendo designadamente normas sobre normas (preceitos sobre a metodologia de interpretação e integração), cabe ao juiz a última palavra sobre o sentido correcto e a respectiva aplicação legal.

Quanto aos conceitos do segundo tipo – os propriamente indeterminados –, ou seja, conceitos de prognose ou de avaliação metajurídica, esses permitem diferentes densificações todas elas conformes ao Direito. Isso significa que a opção assentará num raciocínio de desfecho independente de determinantes jurídicas. Esse raciocínio deverá respeitar condicionantes jurídicas (competência, procedimento, conhecimento correcto dos factos, fim, princípios fundamentais de conduta administrativa, direitos fundamentais) cuja violação implicará a ilegalidade do acto. Mas o seu sentido não é substantivamente parametrizado por normas jurídicas. Se o juiz discordar da conclusão por lhe não agradarem os parâmetros materiais meta-jurídicos (ou seja, de política administrativa), não deverá pretender corrigi-la porque, ao fazê-lo, se colocaria fora do âmbito funcional da actividade jurisdicional.

[16] Cfr. David Duarte, *A Norma de Legalidade Procedimental*..., cit., p. 873.

**6.** Em suma, o *Beurteilungsspielraum* não serve por duas ordens de razões: porque, sob a desculpa da dificuldade técnica da reconstituição de certos factos, dispensaria o juiz de proceder, como lhe compete, à subsunção da realidade em conceitos que não remetem para a livre avaliação ou prognose da Administração; e porque impeliria ao juiz a fazer aquilo que lhe não compete e para o qual não está legitimado, ou seja, a arrogar-se a «última decisão» na aplicação daquelas normas através das quais o legislador comete à Administração uma concretização baseada num juízo de prognose ou de valoração meta-jurídica.

Note-se que esta errónea orientação resulta de se misturarem sob uma única locução – a de *conceito jurídico indeterminado* (*unbestimmter Rechtsbegriff*) – duas realidades cuja distinta natureza impõe (imporia ...) diferentes regimes jurídicos. Entre nós, de há muito que a voz autorizada de ROGÉRIO SOARES registou esta dicotomia qualitativa[17].

E, portanto, duas soluções diferentes se impõem à luz da interpretação da norma cujo *Tatbestand* encerra o conceito em causa (com particular relevância dos elementos finalísticos e sistemáticos da interpretação). Ou o conceito é classificatório e remete para um âmbito de aplicação pré-determinado pela Ordem Jurídica e a sua univocidade dogmática, que só permite uma única

[17] ROGÉRIO SOARES distingue entre *conceitos classificatórios* e *conceitos imprecisos em sentido estrito* ou *conceitos indeterminados tipo*. Os conceitos imprecisos em sentido estrito (chamemos-lhes *conceitos jurídicos verdadeiramente indeterminados*) «não apontam para uma classe de situações individuais, mas invocam um *tipo* difuso de situações da vida, um domínio de factos ou valores em relação ao qual os acontecimentos concretos se projectam apenas como *manifestações* ou *expressões*. O conceito impreciso não pretende pois referir-se à totalidade do grupo de situações, mas dar uma imagem significativa». Têm uma imprecisão de diferente natureza os chamados *conceitos classificatórios*, isto é, conceitos que se referem a situações individualizáveis como constitutivas de uma classe ou soma de acontecimentos substancialmente idênticos. Estes são por seu turno agrupáveis em pelo menos três subcategorias. Em primeiro lugar, os *conceitos descritivos – empíricos* (*empirische Begriffe*), cujo conteúdo, muito embora se não apresente ao intérprete, é fixável objectivamente com recurso à experiência comum ou a conhecimentos científicos e técnicos de um certo ramo. Em segundo lugar, encontramos os conceitos indeterminados cuja imprecisão se traduz na *remissão para figuras jurídicas de limites elásticos*. Um terceiro grupo de *conceitos classificatórios* é formado por aqueles que se referem a *situações definíveis em consideração de circunstâncias de tempo e lugar*. Cfr. ROGÉRIO EHRHARDT SOARES, *Direito Administrativo*, Apontamentos policopiados das lições proferidas no Curso de Direito do Porto da Faculdade de Ciências Humanas da Universidade Católica Portuguesa, sem data; SÉRVULO CORREIA, *Legalidade e Autonomia Contratual nos Contratos Administrativos*, Coimbra: Almedina, 1987, p. 116 e 117.

solução correcta, justifica o pleno exame do juiz, que não decide sobre os sentidos, mas apenas os extrai das normas aplicáveis segundo uma metodologia objectivamente infirmável. Ou, pelo contrário, a interpretação da norma nos aponta para uma situação de verdadeira indeterminação, ou seja, aquela em que o sentido da decisão será objecto de uma volição auto-determinada do aplicador administrativo. O aplicador não se encontrará então vinculado ao estabelecimento de um paralelismo entre o sentido extraído do conceito normativo através da sua interpretação e o sentido da avaliação ou prognose concretas: o alinhamento do segundo com o primeiro depende de uma apreciação autónoma. Aquilo que o legislador espera do órgão administrativo a quem confere a competência é que ajuíze introduzindo inovatoriamente os critérios de avaliação ou prognose que se lhe afigurarem preferíveis. Para o efeito, serão determinantes parâmetros de política administrativa ou de experiência pessoal, desde que compatíveis com os limites postos pela Constituição e pelas leis e regulamentos.

**7.** E aqui retornamos ao comentado Acórdão quando, de um modo algo sibilino, fazendo uma citação de Marcelo Rebelo de Sousa, afirma que a interpretação e aplicação de um conceito indeterminado são juridicamente controláveis. Perante esta asserção algo descontextualizada, observamos, em primeiro lugar, que cumpre saber com rigor daquilo sobre que se fala: se de conceitos de difícil aplicação em geral, ou se apenas de conceitos jurídicos indeterminados em sentido próprio, com exclusão, portanto, dos conceitos passíveis de uma concretização plenamente hermenêutica (conceitos classificatórios). É certo, quanto a todos eles, que a sua interpretação pode ser levada a cabo pelo tribunal. Mesmo quanto aos conceitos indeterminados em sentido próprio, há sempre lugar a uma *operação interpretativa prévia*, destinada a confirmar que eles o são, isto é, que constituem, na norma em causa, objecto de *prerrogativa de avaliação* (*Einschätzungsprärogative*) ou *habilitação para prognose* (*Prognoseermächtigung*)[18]. Mas, a partir desta interpretação dedicada à detecção da verdadeira natureza do conceito, temos uma partilha das águas. Se o conceito não merece ser qualificado como indeterminado, a incerteza que rodeia a sua adequação para enquadrar a situação concreta terá de ser superada graças ao desenvolvimento de uma nova tarefa interpretativa a

[18] Cfr. Hoffmann-Riem/Schmidt-Assmann/Vosskuhle, *Grundlagen des Verwaltungsrechts*, I, cit., p. 604.

propósito da qual cabe ao tribunal a última palavra. Mas se, pelo contrário, o exame do preceito mostra que o legislador usou um conceito que figura no respectivo *Tatbestand* para responsabilizar o aplicador administrativo por uma prognose ou por uma avaliação subjectiva sobre propriedades não jurídicas de certo componente da situação a regular, então teremos de concluir que nos deparamos com uma zona de *reserva parcial de administração* e de correspondente controlo jurisdicional reduzido.

Como se sublinhou já, mesmo nestes casos há sempre controlo jurisdicional sobre todos os factores de juridicidade inafastáveis do exercício da margem de livre decisão administrativa: competência, procedimento, visão exacta dos factos, fim legal, princípios fundamentais de conduta administrativa, direitos fundamentais. Mas não há controlo jurisdicional, como também o não há no exercício da discricionariedade em sentido próprio, naquela medida em que tal controlo equivalesse à imposição pelo juiz de um sentido de avaliação ou prognose não ditado por parâmetros de juridicidade. A interpretação (um raciocínio regido por parâmetros jurídicos e destinado a apurar um sentido de dever ser oriundo do sistema normativo) é uma coisa e outra é o juízo aplicativo de valoração ou prognose, que se não confunde com a primeira, embora com ela sempre se articule dogmaticamente.

No tocante à dirimição de litígios emergentes do desempenho da função administrativa, o *âmbito funcional da jurisdição* é qualificado pela natureza jurídica da controvérsia. Em princípio, o tribunal não tem de (nem pode) decidir sobre discórdias quanto à bondade, conveniência ou mérito político-administrativos de soluções não recusadas pelo Direito. Só faz sentido recear o «esvaziamento das competências dos tribunais da jurisdição administrativa» quando esteja em causa tomar uma decisão graças à aplicação do Direito e, em particular, do Direito Administrativo. Mas não se confunda «esvaziamento» com a recusa do *excesso de jurisdição administrativa*. Tal excesso ocorrerá quando o tribunal queira tomar decisões desprovidas de parâmetros normativos substantivos ou materiais. É que, hoje, há a crescente consciência de que nem todas as normas que incumbem de tarefas a Administração (*Handlungsnormmen, Verhaltensaufträge*) são simultaneamente em plenitude parâmetros de controlo (*Kontrollnormen, Kontrollmasstäbe*). Quando as normas conferem margens de livre actuação administrativa (*administrativen Handlungsspielräume*), elas valem ainda como padrões de legitimação e de orientação finalística mas, por força da autonomia de concretização que deixam ao aplicador, não desempenham o papel de factores de orientação (*Steuerungsfaktoren*) quanto ao sentido material ou substantivo de juízos sobre aspectos da situação concreta ou de fórmulas ponderativas que presidirão à sua regulação[19]. Desprovido de um respaldo normativo, o juiz que queira sobrepor nessa parte os seus critérios aos da Administração pretende exercer uma função materialmente administrativa e não jurisdicional. Com isso viola, em suma, o princípio constitucional da separação de poderes e expõe-se a uma responsabilidade política que, até por não poder ser efectivada, só desgastará o clima de acatamento que deve rodear o seu múnus.

## III. A margem de livre apreciação enquanto modalidade da margem de livre decisão administrativa

**8.** Importa sublinhar a identidade de razões para o carácter reduzido do controlo jurisdicional tanto da discricionariedade administrativa como da *margem de livre apreciação administrativa* (*Einschätzungsspielraum*), entendendo-se esta última como preenchimento, sob responsabilidade própria da Administração, de conceitos jurídicos indeterminados (em sentido próprio) figurando no *Tatbestand* das normas jurídicas administrativas.

É ténue a fronteira entre discricionariedade administrativa e *margem de livre apreciação administrativa*. Dogmaticamente, elas incorporam, juntamente com a autonomia regulamentar e a autonomia contratual nos contratos administrativos, um superconceito que tanto se poderá denominar *autonomia pública*[20] como *margem de livre decisão administrativa* (*Entscheidungsspielraum*). Como género, esta abrange a permissão normativa da criação, no âmbito de formas de conduta típica da Administração (ou seja, pelo menos, no dos regulamentos, actos e contratos administrativos), de efeitos de direito de substância não predeterminada por normas jurídicas, bem como a titularidade e exercício do poder gerado por tal permissão[21].

[19] Hoffmann-Riem/Schmidt-Assmann/Vosskuhle, *Grundlagen des Verwaltungsrechts*, I, cit., p. 178 a 181.

[20] Com o risco de alguma confusão com o princípio organizatório da autonomia administrativa.

[21] Cfr. Sérvulo Correia, *Legalidade e Autonomia Contratual nos Contratos Administrativos*, cit., p. 469.

Tanto na *discricionariedade* como na *margem de livre apreciação*, aquilo com que deparamos é o emprego pelo legislador de uma *técnica de abertura* na formulação dos preceitos, tendente (quer se trate de um propósito subjectivo ou de uma virtualidade objectiva) a deixar ao aplicador administrativo um *espaço de concretização autodeterminada*. A infinidade das situações jurídicas administrativas e a imprevisibilidade de muitos contornos específicos impele com frequência o legislador a não fechar completamente a previsão e a estatuição, ou apenas a previsão, de normas jurídicas administrativas. Significa isto relegar para o aplicador administrativo a responsabilidade política e o poder-dever de concretização jurídica autónoma dessas aberturas na consideração e regulação dos casos individuais. Em vez do modelo convencional da completude da orientação normativa (*Steuerung*, *indirizzo*) através de padrões substantivos integrais, o legislador flexibiliza o embate do comando geral e abstracto com as multímodas realidades sociais, remetendo para a Administração a tarefa de ir acomodando sucessivamente no futuro as directrizes finalísticas legislativas ao modo como os interesses relevantes aflorarem nas situações concretas[22].

A proximidade entre as figuras da *discricionariedade* e da *margem de livre apreciação* passa desde logo pela circunstância – hoje irrefutavelmente demonstrada – de ambas envolverem abertura da previsão legal ou *Tatbestand*. Embora à discricionariedade também corresponda autonomia na conformação da decisão, a verdade é que a escolha do respectivo sentido depende logicamente de um raciocínio que extrai do caso concreto os motivos para um certo conteúdo da pronúncia. Ora esses motivos não correspondem apenas aos pressupostos que o legislador haja elencado na previsão. À face desses, a decisão tanto poderá ser uma ou outra, ou porventura, ainda outra, ou outra. A fixação de uma delas resulta de um elenco de motivos que o autor do acto vai colher da situação concreta por aí manifestarem interesses públicos e privados relevantes. O encontro do sentido discricionário da decisão passa deste modo por um completamento do *Tatbestand* normativo. Como escreve WALTER SCHMIDT, «a discricionariedade é sempre também discricionariedade de previsão» (*Ermessen ist immer auch «Tatbestandsermessen»*). O autor do acto vai ter de integrar

[22] Cfr. HOFFMANN-RIEM/SCHMIDT-ASSMANN/VOSSKUHLE, *Grundlagen des Verwaltungsrechts*, I, cit., p. 586; WISSMANN, *Generalklauseln-Verwaltungsbefugnisse zwischen Gesetzmässigkeit und offenen Normen*, Tübingen: Mohr Siebeck, 2008, p. 169 e 313.

no *Tatbestand* normativo o modo como equaciona o conflito de interesses carecido de regulação e a relação entre meio e fim que entende adequada à respectiva conformação[23]. Essa operação de preenchimento é relativamente livre: a lei não declara quais hajam de ser os novos e decisivos pressupostos. A liberdade é no entanto relativa por força dos diversos tipos de limites de juridicidade, que podem ir ao ponto de impor ou excluir certos elementos da situação como relevantes para a ponderação[24].

**9.** Em face da improcedência (e, pode dizer-se até, do abandono pela teoria mais actualizada e esclarecida) da tese que pretendia aprisionar a discricionariedade na estatuição ou lado dos efeitos de direito (*Rechtsfolgeseite*) da norma jurídica administrativa, poderá então perguntar-se-nos qual o motivo porque não aderimos à proposição (que tem vindo a ganhar adeptos) da insubsistência da diferenciação entre *discricionariedade* e *margem de livre apreciação*. Desse modo, seria reconduzido à discricionariedade o tipo de comportamento administrativo que se refere pela segunda locução.

Tranquilizamos as nossas benévolas leitoras e os nossos pacientes leitores: não olvidamos que estamos a proceder a um comentário ao Acórdão proferido pela Secção de Contencioso Administrativo do Supremo Tribunal Administrativo, em 17.01.2007, no processo 01068/06, e que não se trata de desenvolver aqui um ensaio sobre as múltiplas facetas dessa apaixonante realidade sedimentada no superconceito da *margem de livre decisão administrativa* ou *autonomia pública*. Mas a pergunta agora levantada, relativa a uma visão monista ou dualista das figuras contempladas, encontra-se inevitavelmente no cerne do risco de deriva que neste aresto detectamos. É que a autonomia conceptual do preenchimento valorativo ou prognóstico de conceitos jurídicos indeterminados em face do instituto da discricionariedade tem sido invocada como argumento favorável a uma radical diferenciação de regimes. Designadamente na Alemanha, e mais a nível da jurisprudência

[23] Cfr. WALTER SCHMIDT, *Einführung...*, cit., p. 69.

[24] Cfr. KOCH, *Umbestimmte Rechtsbegriffe und Ermessensermächtigungen im Verwaltungsrecht*, Frankfurt am Main: Alfred Metzner Verlag, 1979; MARIA FRANCISCA PORTOCARRERO, *Notas sobre variações em matéria de discricionariedade*, cit., p. 649 a 652; SÉRVULO CORREIA, *Legalidade e Autonomia Contratual nos Contratos Administrativos*, cit., p. 483 a 486; *Direito do Contencioso Administrativo*, cit., p. 392 a 396; WALTER SCHMIDT, *Einführung*, cit., p. 69.

do que da doutrina, tem havido muito quem considere que, não se tratando de discricionariedade, o preenchimento da indeterminação do *Tatbestand* se resume então a uma actividade hermenêutica plenamente reformável pelo julgador.

A este propósito, parece-nos fundamental que se compreenda que a razão de ser e as consequências da perspectiva dualista não podem ser as mesmas nos planos metodológico, dogmático e funcional: a comum textura aberta da norma e os diferentes processos lógicos de a concretizar.

**10.** No *plano metodológico*, coexistem um *traço comum* e um *traço distintivo* entre a discricionariedade e a margem de livre apreciação administrativa.

O *traço comum* – que justifica a incorporação das duas figuras num superconceito – reside na técnica legislativa de abertura da norma como modo de habilitar o aplicador a uma concretização autodeterminada. Ciente dos acentuados graus de imprevisibilidade e da necessidade de, perante as situações concretas, arriscar prognoses indemonstráveis (desde que também irrefutáveis), valorar e, ou, ponderar os aspectos específicos sem apoio em modelos substantivos previamente definidos, o legislador remete para uma aplicação dinâmica da lei sob o influxo de factores direccionais proporcionados pela natureza de cada caso[25]. É certo que, em todos os ramos do Direito, toda a aplicação das normas envolve, mesmo ao nível da interpretação, um aditamento de sentido constitutivamente ligado à particularidade da situação[26]. Mas, nas várias modalidades da margem de livre decisão administrativa, o preenchimento da incompletude não pode ser confiado a um discurso hermenêutico porque os pressupostos em falta (ou o seu sentido prognóstico ou valorativo para o caso concreto) não podem ser reconstituídos através de um simples raciocínio teorético-discursivo, ou seja, mediante um encadeamento lógico de outros conceitos descritivos, os quais, pura e simplesmente, não existem para esse efeito. A abertura da norma que confere margem de livre decisão não remete para uma operação intelectual explicativa e demonstrativa, mas para um acto de volição. Nestes casos, a abertura normativa não reflecte uma incerteza condicionada pela

[25] Cfr. Hoffmann-Riem/Schmidt-Assmann/Vosskuhle, *Grundlagen des Verwaltungsrechts*, I, cit., p. 188 e 586; Wissmann, *Generalklauseln*, cit., p. 20, 169, 313 e 316.

[26] Cfr. José Lamego, *Hermenêutica e Jurisprudência*, Lisboa: Fragmentos, 1990, p. 182 e 183.

linguagem, mas antes a habilitação para novas decisões parcelares relacionadas com o perfil da situação concreta[27].

A abertura decorrente da menção de um pressuposto através da inclusão de um conceito jurídico indeterminado no *Tatbestand* da norma jurídica administrativa habilita a uma *decisão isolada de prognose* (*Prognoseentscheidung*). Ainda quando um tal preenchimento se caracteriza mais nitidamente como uma valoração extra-jurídica, ou *decisão de apreciação* (*Einschätzungsentscheidung*), de um elemento da situação real para concluir sobre se o acto poderá tomá-lo como pressuposto, este juízo é habitualmente reconduzível a uma *decisão de prognose*. Aquilo que diferencia estes actos em face do preenchimento interpretativo é o facto de o conteúdo de tais decisões não ser materialmente determinado pela norma que habilita à sua enunciação, nem por qualquer outro parâmetro normativo substantivo. Parâmetros substantivos apenas podem estabelecer pela via negativa limites de admissibilidade de tais conteúdos[28].

A discricionariedade administrativa resulta também de uma abertura da norma: neste caso, aliás, de aberturas funcionalmente interligadas na previsão e na estatuição da norma. A abertura no *Tatbestand* propulsionará uma operação de selecção, hierarquização e ponderação de interesses relevantes para o sentido da decisão, feita com autonomia à luz das circunstâncias do caso concreto[29].

**11.** A esta comunhão, no plano metodológico, entre margem de livre apreciação e discricionariedade, junta-se um importantíssimo e muitas vezes esquecido *traço comum de natureza funcional*. Não é com efeito raro ver-se versar na doutrina a abertura normativa traduzida no emprego de conceitos jurídicos indeterminados em normas jurídicas administrativas como se se tratasse de um problema destinado a ser equacionado do

[27] Cfr. Koch, *Unbestimmte Rechtsbegriffe*..., cit., p. 71.

[28] Ditam os parâmetros substantivos negativos que os conteúdos das apreciações *não* poderão ser desproporcionados, *não* poderão impor tratamentos desiguais de situações iguais, *não* poderão assentar em motivos determinantes desconformes com o fim visado por lei, *não* poderão afectar direitos, liberdades e garantias em termos constitucionalmente não permitidos, etc. Sobre as decisões de prognose e de avaliação ou apreciação, v. Walter Schmidt, *Einführung*..., cit., p. 57 e 69.

[29] Cfr. Koch/Rubel/Heselhaus, *Allgemeines Verwaltungsrecht*, 3ª ed., Luchterhand, 2003, p. 216 e 217.

mesmo modo pelo qual o é em face de outros quaisquer ramos da Ordem Jurídica. Em consequência disso, examina-se a questão no âmbito do Direito Administrativo como se tratasse tão só, como por exemplo sucede no Direito Civil, de um problema de interpretação e, neste quadro, do da medida em que ao juiz é lícito aditar sentido numa interpretação para efeito da aplicação sem com isso relativizar a função normativa do ordenamento jurídico.

Ora, não poderá ser esquecido que, no quadro do Direito Administrativo, a problemática dos conceitos jurídicos indeterminados assume um cariz específico por força da intervenção do ***princípio da separação de poderes***. Como é bem sabido, o juiz encontra, no quadro das relações jurídicas administrativas sobre as quais é chamado a exercer a função jurisdicional do Estado, um outro titular de poder público, também dotado de competência constitutiva na respectiva conformação. Ora se, nos termos do artigo 205º, nº 2, da Constituição, as decisões dos tribunais prevalecem sobre as das entidades administrativas e são obrigatórias para estas, daí não se pode minimamente depreender que o juiz possa desconhecer e usurpar as competências da Administração. Se é certo que, também para a delimitação destas, a *Kompetenz-Kompetenz* cabe aos tribunais, essa é mais uma razão para que sejam particularmente prudentes e reflectidos no modo como a usam. O desvirtuamento do princípio da separação de poderes pelos tribunais não dignificaria a Magistratura judicial, até porque a opinião pública não deixaria de nela ver uma manifestação de luta corporativa em prol de uma desmesurada extensão do poder.

Parece-nos assim que carece de uma resposta qualificada a questão consistindo em saber: «... se nos outros ramos de Direito, os tribunais contribuem para a concretização de leis indeterminadas, por que razão não o haveriam de fazer no Direito Administrativo ?»[30]

Como resulta do que atrás vimos escrevendo, para responder a esta questão é preciso saber em primeiro lugar de que indeterminação legislativa se trata. Quando se trata apenas, em certas normas jurídicas administrativas, de imprecisão de conceitos condicionada pela linguagem, de uma incerteza de sentido que, por força da matéria regulada e do fim visado pela norma, é susceptível de ser resolvida pela via hermenêutica, então deverá o juiz administrativo, quando for esse o caso, proceder em plenitude à necessária

[30] Cfr. ANA PAULA DOURADO, *O Princípio da Legalidade Fiscal ...*, cit., p. 772.

concretização. Mas já não será assim quando se tratar de um conceito normativo de direito administrativo indeterminado em sentido próprio. Aí, não vale o exemplo dos outros ramos de Direito porque, desta feita, a indeterminação traduz uma objectiva abertura da norma, contendo uma habilitação para o exercício de juízos de avaliação, prognose e ponderação próprios do exercício da função administrativa.

Não podemos com efeito ignorar o modo como, nestes tempos pós-modernos, a lei giza uma triangulação entre três actores de primeiro plano na programação e conformação da vida social: o legislador, a Administração e o juiz.

O Direito Administrativo dirige-se de modo mais intenso e imediato do que outros subsistemas da Ordem Jurídica ao ordenamento da Sociedade pelo Estado através da conformação política democrática. Mas, confrontado com situações crescentemente multipolares, às quais uma infinita combinação de variáveis confere inenarrável complexidade, o *Estado legislador* renuncia à ambição prometeica de sobre tudo estatuir com imposição de parâmetros substantivos de conduta e confina-se, com cada vez maior frequência, à formulação de directrizes finalísticas e à distribuição de competências administrativas atinentes à respectiva realização. As normas de actuação administrativa assim concebidas só em termos muito parcelares ou indirectos orientam quanto à valoração e perspectivação de prognose das situações concretas ou de alguns dos seus elementos e quanto à composição ponderativa dos interesses atendíveis. A sua concretização é cometida a uma Administração em parte estadual e em parte autónoma, pelo que já não corresponde em rigor à expressão *Estado administrador.* E esta tarefa de densificação é levada a cabo através de um procedimento administrativo decisório estruturado para o diálogo com a comunidade e para a garantia de racionalidade na recolha e tratamento da informação. Por seu turno, o papel do *Estado julgador* na dirimição de conflitos emergentes de relações jurídicas administrativas é configurado diferentemente consoante o juiz se confronte com normas nas quais se manifeste uma pretensão de previsão e disciplina integral das situações ou em que, pelo contrário, o legislador remeta em maior ou menor medida a qualificação e o teor da conformação para futuras decisões administrativas substanciadas em função de elementos específicos de cada caso concreto. Nestes casos, não cabe ao juiz sindicar o respeito de parâmetros legislativos que não existem, ou substituir-se à Administração na tarefa administrativa de configurar para cada caso, à luz das respectivas circunstâncias, a substância das avaliações, prognoses e ponderações[31].

**12.** Há, no entanto, ainda uma outra pergunta a antecipar e a responder, sob pena de poder ficar obscuro um aspecto importante da nossa crítica ao aresto comentado: se, no plano funcional, se recomenda um igual respeito pelo juiz de uma reserva parcial de Administração e se o dualismo *margem de livre apreciação – discricionariedade* tem com alguma frequência contribuído para pôr em causa essa igualdade de limite à sindicância, qual a justificação para manter o dualismo em vez de tudo reduzir à unidade sob o manto da discricionariedade ?

Responderemos muito brevemente que se trata de uma questão de *consistência metodológica* e de *rigor dogmático.*

Em primeiro lugar, no plano metodológico, há que ter presente que, embora a discricionariedade também passe por uma abertura do *Tatbestand* da norma jurídica administrativa, são diferentes os processos de preenchimento na discricionariedade e na margem de livre apreciação. A decisão de avaliação ou de prognose para efeito do preenchimento valorativo, no caso concreto, de um conceito jurídico indeterminado utiliza uma permissão de *alargamento disjuntivo do Tatbestand,* ou seja, de uma permissão de ampliação do campo de aplicação de uma norma em conjugação com a averiguação do conteúdo semântico desta. Trata-se de verificar que tipos mais concretizados cabem num pressuposto que a norma enuncia de modo altamente abstractizante. Pelo contrário, a decisão discricionária encontra o seu sentido graças a um *alargamento conjuntivo do Tatbestand*: perante a insuficiência dos pressupostos já constantes da norma, há que aditar novo ou novos pressupostos, ou seja elementos da situação concreta que, nela manifestando interesses relevantes, pesem em favor de um certo sentido de decisão[32].

Desta diferença metodológica resulta, por seu turno, uma *diferença dogmática,* respeitante ao distinto grau de parametrização dos dois tipos de decisões pelo princípio da proporcionalidade. Com efeito, só o racionalizado

[31] Cfr. HOFFMANN-RIEM/SCHMIDT-ASSMANN/VOSSKUHLE, *Grundlagen des Verwaltungsrechts,* I, p. 181 e 185; WISSMANN, *Generalklauseln,* p. 11 e 313.

[32] Sobre este ponto, ver: SÉRVULO CORREIA, *Legalidade e Autonomia Contratual...,* cit., p. 483 a 486 e bibliografia aí citada, em particular as p. 126 a 148 e 177 a 181 de KOCH, *Unbestimmte Rechtsbegriffe...,* cit.

aditamento de novos pressupostos ao *Tatbestand* reflecte uma ponderação de interesses públicos e privados cuja juridicidade poderá ser medida cumulativamente através das três vertentes do princípio da proporcionalidade (idoneidade ou adequação, necessidade ou indispensabilidade e equilíbrio ou proporcionalidade em sentido estrito). Quando, ao invés, se preenche um conceito jurídico indeterminado da previsão legal através de uma valoração ou de uma prognose, faz-se uma estimativa em termos de sim ou não; neste momento aplicativo, apenas se julga uma realidade; não se conforma uma solução assente numa autodeterminada composição dos interesses em confronto no caso concreto.

Daqui resulta que a juridicidade de uma decisão de avaliação ou prognose própria da margem de livre apreciação não pode ser mensurada segundo o parâmetro da necessidade ou indispensabilidade e que dificilmente, o será segundo a máxima da proporcionalidade em sentido estrito. É, em contrapartida, eminentemente aplicável o parâmetro da adequação ou idoneidade, capaz de excluir a admissibilidade de certos critérios de avaliação ou prognose. Para usar a terminologia clássica da jurisprudência portuguesa, estaremos aqui perante *erro grosseiro ou manifesto de apreciação* quanto à correspondência entre a situação concreta e o pressuposto normativo conceptualmente indeterminado.

Parece óbvio que nada, nesta diferença entre margem de livre apreciação e discricionariedade, justifica que, a par do controlo jurisdicional restrito da discricionariedade, tenhamos sindicância total da margem de livre apreciação[33].

## IV. Indeterminação estrutural e mera dificuldade de interpretação

**13.** Já se observou que é matéria de interpretação a diferenciação entre um conceito jurídico indeterminado em sentido próprio e um mero conceito classificatório ou conceito de imprecisão hermeneuticamente resolúvel. Cabe assim aos tribunais o poder e a responsabilidade de demarcar o âmbito da margem de livre apreciação. Não se trata aqui, pois, de uma mera graduação quantitativa entre dificuldades de entendimento que, nos casos extremos, justificaria alguma auto-contenção judicial. O exercício

[33] Cfr. WALTER SCHMIDT, *Einführung*..., cit., p. 63, 67 e 69.

judicial de *self-restraint* perante a resolução jurídica de uma questão jurídica sempre envolverá denegação de justiça. Não poderá tratar-se de abrir – quanto a controvérsias sobre aplicação de parâmetros jurídicos – áreas materiais de excepção ao princípio geral do controlo jurisdicional de jurisdicidade.

No fundo, resulta de um equívoco de base a laboriosa edificação do *Beurteilingsspielraum* através da detecção de áreas de actividade administrativa em que o julgador não controla juízos administrativos de preenchimento valorativo de conceitos indeterminados, cujo sentido lhe competiria em princípio rever intervindo como «segundo intérprete»[34] após uma primeira aplicação interpretativa pela Administração. É desse género o elenco que o Acórdão refere, embora como *obiter dictum*. Não pretendemos que este rol não possa representar um arrimo vantajoso para a elaboração jurisprudencial. Mas isso sob a condição de ele ser apenas tomado como referência de subsectores do ordenamento jurídico administrativo onde a matéria disciplinada mais frequentemente concita o legislador a renunciar às qualificações substantivas directas e imediatas em benefício de uma solução flexibilizante: a remessa para a responsabilidade político-administrativa do preenchimento valorativo e, ou, prognóstico de pressupostos apenas esboçados na hipótese normativa. São áreas onde uma particular complexidade social ou técnica não permite antecipar certos componentes de situações entrevistas na globalidade como carecidas de regulação. O legislador não considera em consequência possível ou desejável empregar uma densidade descritiva que permita concluir desde logo de modo objectivo, nos casos concretos, sobre a correspondência entre a realidade e a hipótese normativa.

**14.** No entanto, não pode só por si o reconhecimento de um elenco de matérias mais atreitas à ocorrência de elementos relevantes para a decisão mas insusceptíveis de valoração uniforme legitimar a conclusão de que tanto bastará para que, no respectivo âmbito, seja sempre restrito o controlo jurisdicional da aplicação administrativa. O essencial será sempre uma interpretação da norma para concluir sobre se o sentido do *Tatbestand* envolve o desígnio de remeter para o aplicador administrativo um juízo de avaliação

[34] «*Zweitinterpret*»: WALTER SCHMIDT, *Einführung*..., p. 59.

e, ou, prognose fundado em standards metajurídicos (*Einschätzungs-* ou *Prognoseermächtigung*)[35].

Se, porém, na atribuição de poder discricionário, o legislador usa frequentemente (mas nem sempre) uma formulação de possibilidade («pode», «poderá») que ilumina o propósito da norma de competência[36], o mesmo não é linguisticamente possível aquando da atribuição da margem de livre apreciação, visto que o método disponível reside fundamentalmente na abertura semântica do termo ou expressão inseridos no *Tatbestand*. Terão de pesar, portanto, sobretudo os factores sistemático e teleológico da interpretação[37]. Não poderíamos pretender aprofundar esta questão na presente sede. Seguem-se pois algumas breves sugestões.

**15.** No plano da *interpretação sistemática*, haverá que atender desde logo ao *contexto próximo* da norma de cujo *Tatbestand* se trata. O preceito integrar-se-á normalmente num conjunto de normas funcionalmente relacionadas para efeito da disciplina de um certo aspecto da actividade administrativa e do posicionamento substantivo recíproco de sujeitos no quadro do Direito Administrativo. Essa rede de normas funcionalmente articuladas constituirá um bom contraponto para a reflexão sobre a univocidade ou plurivocidade do conceito. Em face de tal disciplina integrada, tornar-se-á mais fácil concluir se aquilo que *para elas* terá de resultar do *Tatbestand* questionado é uma situação objectiva, sempre determinável do mesmo modo, ou, pelo contrário, uma válvula de admissão de situações reguláveis capaz de modular o respectivo fluxo em função do modo como o órgão administrativo entender que o sim

[35] Cfr. HOFFMANN-RIEM/SCHMIDT-ASSMANN/VOSSKUHLE, *Grundlagen des Verwaltungsrechts*, I, p. 586 e 587; WALTER SCHMIDT, *Einführung...*, p. 58.

[36] Cfr. MARCELO REBELO DE SOUSA/SALGADO DE MATOS, *Direito Administrativo Geral*, I, Lisboa: Dom Quixote, 2004, p. 180 e 181.

[37] WOLFF/BACHOF/STOBER recordam-nos os limites dos «métodos clássicos» de interpretação, designadamente no Direito Administrativo. A interpretação sistemática é problemática visto não ser fechado o sistema jurídico e de inúmeras fontes de regulação não serem construídas sob uma perspectiva de articulação com as restantes. O factor teleológico suscita o risco de uma determinação arbitrária de sentido por efeito da pré-compreensão do intérprete. Daí a importância da interpretação tópica como factor correctivo. Interessará, pois, sempre, compilar os argumentos e pontos de vista emergentes da reflexão sobre a norma a partir da directriz deôntica dela decorrente e ponderar a credibilidade que poderão merecer no âmbito da comunidade jurídica. Cfr. *Verwaltungsrecht*, I, 11ª ed., München: Beck, 1999, p. 408 e 409.

ou não da subsunção avaliativa ou prognóstica corresponde a um melhor desempenho das suas responsabilidades político-administrativas próprias.

Uma segunda directriz sistemática é a que respeita à *interpretação conforme à Constituição* e, em particular, ao *princípio da separação e interdependência de poderes* consignado no artigo 111º, nº 1 da Lei Fundamental. Como órgãos de soberania, os tribunais devem «observar a separação». Ora esta pressupõe iniludivelmente um campo de actuação autodeterminada e sob responsabilidade própria da Administração (aquilo a que a doutrina germânica mais recente apelida de *Eigenständigkeit der Verwaltung*). Não se tratando de uma reserva absoluta e de âmbito rigidamente fixado pela Constituição, a reserva parcial de Administração depende das atribuições de competência pelo legislador e não subtrai por completo qualquer conduta administrativa à sindicância jurisdicional[38].

Observa-se a certa altura no Acórdão sob análise, a propósito da sindicabilidade contenciosa da aplicação administrativa dos conceitos indeterminados, que «Provavelmente, nos dias de hoje, com a reforma introduzida pelo CPTA, onde a preocupação de apreciar efectivamente a substância das coisas é mais marcante se deva avançar neste sentido de forma mais clara e determinada».

Esta afirmação é feita conjuntamente em relação a um «avanço» jurisprudencial rumo à «interpretação e aplicação» dos conceitos indeterminados. Mas, se por aplicação, contraposta a interpretação, se entender o exercício da margem de livre apreciação, e se se está a pensar na revisão do juízo valorativo e não apenas na sindicância do respeito dos seus limites externos, a asserção é, salvo o devido respeito, muitíssimo contestável.

Presumimos que a referência à «preocupação de apreciar efectivamente a substância das coisas» tenha a ver com a afirmação, no CPTA, do princípio da promoção do acesso à justiça (artigo 7º). Não vemos, porém, porque deveria a prevalência da justiça material sobre a justiça formal impelir os tribunais a usurpar o papel de última instância nas opções administrativas determinadas por parâmetros metajurídicos de política administrativa. Sabemos, isso sim, que o artigo 3º, nº 1, do Código lembra algo que sempre seria óbvio: «No respeito pelo princípio da separação e interdependência de poderes, os tribunais administrativos julgam do cumprimento pela Administração

[38] Cfr. Hoffmann-Riem/Schmidt-Assmann/Vosskuhle, *Grundlagen des Verwaltungsrechts*, I, p. 638; Sérvulo Correia, *Legalidade e Autonomia Contratual...*, cit., p. 487.

das normas e princípios jurídicos que a vinculam e não da conveniência ou oportunidade da sua actuação».

Lembramos, finalmente, como critério de interpretação sistemática, o *contraponto dos procedimentos administrativos especiais*. Quanto mais densos e minuciosos estes forem na recolha e tratamento da informação e na participação dos interessados e dos representantes dos interesses metaindividuais, mais fácil será de concluir que o legislador quis reforçar desse modo a protecção das posições individuais em face da impossibilidade da sindicância jurisdicional das valorações e prognoses meta-jurídicas a que habilita a Administração. É essa a maneira de assegurar o contraditório, a transparência e a racionalidade metodológica na aplicação de parâmetros de decisão excluídos do controlo jurisdicional[39].

**16.** No plano da *interpretação teleológica*, importa analisar a medida em que o juízo de preenchimento do *conceito de Tatbestand* se articula funcionalmente com o fim realizado pelo exercício do poder conferido pela norma. Se esse fim for melhor servido por uma conformação dependente, no seu conteúdo ou, pelo menos, na opção sobre se se efectiva ou não, de um direccionamento do comportamento administrativo a partir de elementos da situação real, haverá então razões para interpretar o *Tatbestand* em sentido favorável ao carácter verdadeiramente indeterminado do conceito.

Pensando primeiramente nos casos de poder vinculado, há que ter presente que uma valoração positiva ou negativa sobre a correspondência da situação real com o pressuposto conceptualmente indeterminado constante do *Tatbestand* equivale, ao menos mediatamente, a dispor sobre o sim ou não da tomada da decisão. Verifica-se assim como, do exercício da margem de livre apreciação, resulta um apuramento autodeterminado do sentido de decisão. E esta conclusão não se altera quando nos encontramos perante um *preceito acopulado* (*Koppelungsvorschrift*), em que a existência de conceito ou conceitos indeterminados na previsão da norma se conjuga com a inclusão na estatuição de um *operador permissivo* (*Erlaubnisoperator*) próprio de um preceito de possibilidade (*Kann-Vorschrift*) e, portanto, de atribuição de discricionariedade[40].

[39] Cfr. WISSMANN, *Generalklauseln*, cit., p. 322.

[40] Cfr. KOCH, *Umbestimmte Rechtsbegriffe...*, cit., p. 172. Como nota o mesmo Autor, nas normas que atribuem poder vinculado, o operador que impõe a produção dos efeitos de direito poderá

Note-se já agora – a título incidental – que a existência deste tipo de normas é mais um factor demonstrativo da impossibilidade de eliminar totalmente a distinção entre margem de livre apreciação e discricionariedade administrativa. Estas duas operações, espécies do género *margem de livre decisão* (*Entscheidungsspielraum*), não se confundem inteiramente, tanto assim que só após uma conclusão positiva do juízo de avaliação ou prognose abarcado pelo *conceito indeterminado de Tatbestand* e, portanto, depois da verificação da ocorrência do pressuposto legal, é que se torna possível a realização do juízo de ponderação de interesses próprio do exercício de discricionariedade. Se a resposta ao pressuposto for negativa, fica vedada toda a actuação administrativa.

Ora, à interpretação de um conceito empregue numa previsão legal para efeito de saber se merece ser qualificado como conceito jurídico indeterminado não é estranha a circunstância de ele surgir no contexto de uma *previsão mista* (*Mischtatbestand*)[41].

Por um lado – tal como quando o pressuposto indeterminado surge numa norma atributiva de poder vinculado – o sentido positivo ou negativo da avaliação ou prognose ditará o resultado da alternativa entre agir e não agir. Mais uma vez, pois, haverá uma indicação interpretativa apontando para a

ser injuntivo ou proibitivo (*Gebots_* ou *Verbotsoperator*). Sobre o papel do *operador deôntico* na determinação do sentido jurídico dos efeitos que constam da estatuição e no estabelecimento da sequencialidade entre previsão e estatuição, v. DAVID DUARTE, *A Norma de Legalidade Procedimental*, cit., p. 85.

[41] A expressão é usada por DETTERBECK que, no entanto, afirma (a nosso ver, erroneamente) que a figura do *Koppelungsvorschrift* ou *Mischtatbestand* corresponde à coexistência com a discricionariedade na estatuição de «conceitos jurídicos indeterminados sem *Beurteilungsraum*» (*Allgemeines Verwaltungsrecht*, cit., p. 125). Trata-se de uma visão exclusivamente centrada na questão da sindicabilidade jurisdicional em cujos termos, verificado um motivo de restrição do âmbito do controlo, está concretizado tudo aquilo que interessa considerar, sendo indiferente a coexistência dos dois. Ora não é assim, desde logo porque, como se observa no texto, só haverá lugar ao exercício da discricionariedade quando o *juízo de apreciação livre* for proferido num sentido positivo. E, por outro lado, é distinto o modo de realizar as duas operações. No caso de haver lugar a ambas, o *Tatbestand* será sucessivamente densificado e completado. *Densificado* através de um preenchimento disjuntivo (desmultiplicação do pressuposto de textura ténue, imaginando várias hipóteses alternativas de avaliação ou prognose); e *completado* através de um raciocínio conjuntivo que, por força de uma ponderação de interesses, extrai do caso concreto pressupostos suplementares graças aos quais se encontrará o sentido de decisão. Cfr. KOCH, *Unbestimmte Rechtsbegriffe ...*, cit., p. 186. Nestes casos, a preparação da decisão envolve dois planos. Cfr. WALTER SCHMIDT, *Einführung...*, cit., p. 71.

consideração do conceito como verdadeiramente indeterminado sempre que a consistência finalística do agir ou não agir dependa menos de critérios normativos abstractos e imutáveis e mais de motivos impulsionadores decorrentes das circunstâncias específicas de cada caso.

Mas, quanto aos *conceitos de Tatbestand* dos preceitos acopulados, há ainda outro factor que reforça a indiciação de um desígnio de indeterminação por parte do legislador. É que, havendo também concessão de discricionariedade, o preenchimento do conceito se integrará num *iter valorativo* global, em cujo âmbito se torna mais problemática a diferenciação, no seio de um mesmo *Tatbestand*, de campos de textura fechada e de textura aberta. A atribuição de discricionariedade denota a procura, à luz do tipo de situação da vida, de uma maior efectividade através da flexibilização da regulação normativa, tornando esta apenas num primeiro patamar da criação autónoma do Direito dos casos concretos pela administração[42]. Assim sendo, é natural que uma intenção paralela presida à identificação de um pressuposto através de um conceito susceptível de aplicação ajustada às realidades específicas.

**17.** Sem prejuízo dos critérios interpertativos que antecedem, continua a parecer-nos que aquele que proporciona uma conclusão mais rigorosa para efeito da distinção interpretativa entre *conceitos de Tatbestand indeterminados* e *classificatórios* é o critério metodológico-funcional proposto por Walter Schmidt, que desenvolve uma dogmática já trabalhada por Hans Wolff. Tomando em conta que se trata de proceder a uma repartição de competências de última decisão entre Tribunais Administrativos e Administração, o que interessa é o método que permita discernir entre decisões com sentido decorrente de parâmetros jurídicos substantivos e decisões decorrentes de parâmetros substantivos metajurídicos. Para isso, o Autor propõe um raciocínio hermenêutico segundo o qual o Tribunal deverá poder resolver em última instância as incertezas quanto ao sentido da decisão condicionadas pela linguagem (*sprachlich bedingten Ungewissheiten*) mas não as incertezas de avaliação (sobre aspectos não normativamente determinados) da situação concreta (*Ungewissheiten der Sachverhaltseinschätzung*). O âmbito de actuação da Administração é assim mais amplo que o dos Tribunais. A Administração posiciona-se em face de incertezas dos dois tipos. Mas, quando regulam

[42] Cfr. Hoffmann-Riem/Schmidt-Assmann/Vosskuhle, *Grundlagen des Verwaltungsrechts*, I, p. 586 e 685.

novamente as situações já conformadas pela Administração, os Tribunais fazem-no apenas na medida em que a regulação administrativa sindicada tenha tido a ver com parâmetros normativos.

Há, porém, que precisar melhor aquilo que consiste em decisão segundo parâmetros jurídicos e em decisão conforme parâmetros metajurídicos. Segundo a construção a que aludimos, tal diferenciação assentará em última análise na caracterização dos dois tipos de obstáculos constituídos por razões de incerteza quanto ao exercício de competências de regulação pública das situações individuais e concretas: *incertezas condicionadas pela linguagem*[43] e *incertezas que*, não podendo ser eliminadas, *terão de ser neutralizadas por um raciocínio prospectivo*, a fim de não impedirem a tomada das decisões necessárias à vida em comunidade. Para a ultrapassagem das incertezas condicionadas pela linguagem, são utilizáveis *métodos teorético-discursivos*, ou seja, uma argumentação destinada à fixação do sentido da norma e preparável e verificável segundo uma metodologia jurídica. Estamos aí no campo da interpretação, em que a última palavra cabe aos tribunais.

Pelo contrário, os outros tipos de incerteza quanto ao sentido preferível para uma decisão requerem uma *argumentação causal-teorética*. Tratar-se-á aqui de escolher uma entre várias hipóteses causais de desenvolvimento futuro da situação, ou seja de estabelecer uma prognose sobre quais poderão vir a ser as novas fases de uma situação regulável actual, designadamente em função dos diversos tipos de decisões. Serão admissíveis as hipóteses que não possam ser desde já infirmadas através de uma argumentação demonstrável que permita verificar erros nos pressupostos de facto ou a inidoneidade do critério. As avaliações valorativas de aspectos da situação presente, levadas a cabo segundo uma metodologia não teorético-discursiva para concluir sobre se justifica abranger uma situação real na previsão normativa, são normalmente reconduzíveis a uma prognose, por estar em causa uma estimativa da efectividade e mérito do tipo de decisão perante o tipo de situação.

Aos tribunais não é reconhecido um último poder de decisão só porque o poder exercido pela Administração é concedido por uma norma jurídica (o que sempre terá de suceder). Se o tipo de decisão normativamente configurado envolve a tomada de posição sobre incertezas causal-teoreticamente

[43] A norma jurídica é uma ordenação deôntica de um estado de coisas ideal com um sentido cognoscível a partir de um enunciado linguístico. V. DAVID DUARTE, *A Norma de Legalidade Procedimental...*, cit., p. 64 s.

condicionadas, o poder de controlo do tribunal não desaparece mas fica reduzido. Não desaparece porque sempre sindicará os chamados limites externos de juridicidade, mas não será total porque não cabe ao tribunal a tarefa não juridicamente determinada de escolher uma entre várias hipóteses causais de desenvolvimento futuro não infirmáveis como a mais credível. Trata-se aí de uma tarefa e de uma responsabilidade político-administrativa. Se o Tribunal quisesse assumi-la, agiria desligado da fonte de legitimação democrática que lhe assiste, que é a de se mover no quadro de um sistema normativo proveniente de órgãos dotados de legitimidade democrático-representativa[44].

Em suma, aquilo que, tanto no que toca à discricionariedade como no que respeita à margem de livre apreciação, o tribunal não tem de controlar (nem pode por não dispor de normas jurídicas como parâmetros de controlo) é tudo aquilo em que a decisão não é condicionada pelo Direito. O juiz move-se apenas dentro de programas normativos definidos e deve respeitar os espaços de opção não só decisória, mas avaliativa e prognóstica, que o legislador deixa em aberto quer em previsões quer em estatuições normativas[45].

## V. Margem de livre apreciação e garantia de tutela jurisdicional administrativa

**18.** No Acórdão, referencia-se um *cluster* de preceitos constitucionais cujo relevo «conduz inexoravelmente à eliminação» da impossibilidade de sindicância jurisdicional da apreciação administrativa de conceitos jurídicos indeterminados. Como se sublinhou já abundantemente, nunca se trata da eliminação de toda a sindicância, mas apenas da que conferiria ao Tribunal a última palavra na determinação do sentido de um juízo de prognose ou de avaliação não juridicamente parametrizado pela positiva. Mas o Acórdão não distingue entre controlo total e controlo reduzido. Aquela alusão traz, pois, consigo os ressaibos de uma argumentação que se encontra por vezes na bibliografia alemã: a de que a garantia constitucional de tutela jurisdicional

[44] Cfr. Walter Schmidt, *Einführung...*, cit., p. 58 a 65; Sérvulo Correia, *Legalidade e Autonomia Contratual...*, cit., p. 474 s; *Direito do Contencioso Administrativo*, I cit., p. 775 s.

[45] Cfr. Hoffmann-Riem/Schmidt-Assmann/Vosskuhle, *Grundlagen des Verwaltungsrechts*, I, p. 688.

administrativa implicaria uma revisibilidade jurisdicional sem limites da aplicação administrativa de qualquer passagem da lei. A ideia é a de que, desde que a actividade administrativa se desenvolva num quadro legal, todos os conflitos de pretensões daí emergentes são litígios jurídicos administrativos, pelo que os particulares têm o direito a uma última pronúncia sobre a aplicação da lei por parte de um tribunal.

Mas esta argumentação é falaciosa.

Em primeiro lugar, se fosse consistente, teria de ser aplicada também ao controlo do exercício da discricionariedade. O poder discricionário é expresso na estatuição de uma norma e passa igualmente por uma certa organização da previsão da mesma.

O que daqui resulta e é aplicável nos mesmos termos à *margem de livre apreciação* é que uma coisa é a necessidade de enquadramento normativo de qualquer conduta administrativa mas outra é o grau de parametrização exercido pela norma jurídica administrativa sobre o teor substantivo da conduta desenvolvida no respectivo quadro. Nas suas diversas modalidades (entre as quais a discricionariedade e a margem de livre apreciação), a margem de livre decisão administrativa (*Entscheidungsspielraum*) tem sempre por matriz a atribuição à Administração de um poder de encontrar, por si mesma e sob sua responsabilidade, sentidos substantivos de avaliação, prognose ou decisão que o legislador prefere não pré-estabelecer em termos gerais e abstractos.

Assim sendo, a opção administrativa por uma certa materialidade da conduta valorativa ou decisória só está abrangida pela garantia de tutela jurisdicional quanto aos seus limites de juridicidade, mas não assim quanto à sua essência substantiva. A defesa jurisdicional dos direitos e interesses legalmente protegidos dos cidadãos visa apenas a afectação *ilegal* (tutela reconstitutiva) ou, quando muito, o direito ao ressarcimento em caso de afectação legal especial e anormal (tutela indemnizatória).

Mas não se pode falar em ilegalidade material do preenchimento valorativo ou prognóstico de um *conceito de Tatbestand* quando esse conceito não formula uma directriz substantiva, antes se destinando a remeter para a Administração a tarefa de a encontrar por si própria.

**19.** Tendo sido na Alemanha que nasceu a infeliz confusão entre conceitos indeterminados (por o seu sentido não ser densificável no caso concreto a partir do *indirizzo* normativo) e conceitos classificatórios (conceitos de sentido apreensível com dificuldade, mas ainda assim encontrável através da metodologia hermenêutica) e também a tese da plena revisibilidade jurisdicional de todos eles (como ilação errónea da sua pretensa uniformidade), não deixa de ter interesse a circunstância de se poder ir notando uma evolução da doutrina germânica a tal propósito. Reconhece-se o peso crescente de uma posição autónoma da Administração (*Eigenständigkeit der Verwaltung*) em face dos limites da capacidade directiva da lei (*Steuerungsleistungsfähigkeit des Gesetzes*). Isto não significa uma Administração livre de lei, mas a existência de muitas normas jurídicas administrativas que, como autorizações de conformação (*Gestaltungsermächtigungen*) finalisticamente propulsivas, servem mais como normas geradoras de actuação administrativa (*Verhaltensauftrag*) do que como parâmetros de controlo substantivo (*Kontrollmassstab*)[46]. Assume-se como um novo instrumento metódico do Direito Administrativo o da *situatividade* (*Situativität*) das decisões administrativas. A proximidade temporal entre a ocorrência da situação real (*Sachverhalt*) e a pronúncia da decisão administrativa permite uma interacção próxima entre as facetas da situação existencial e o modo como a Administração reage. Ao permitir que esta vantagem estratégica seja usada para um maior ajustamento da decisão à realidade, a textura aberta da norma contribuirá normalmente para mais-valias de racionalidade. Aquilo que o legislador então espera da Administração não é uma certa decisão pré-determinada, mas a organização de uma decisão proporcionada à situação (*eine situationsangemessene Rechtfertigung der Entscheidung*)[47].

Uma tal evolução da programação normativa, explicável pelas condições da pós-modernidade, tem também os seus reflexos na evolução da relação administrador – juiz. O centro da sindicância jurisdicional vai-se transferindo gradualmente do controlo do vício de violação de lei no teor substantivo da decisão ou do juízo de apreciação para os controlos da consistência finalística, dos princípios fundamentais de conduta, do respeito dos direitos fundamentais e dos limites organizatórios (competência) e procedimentais. O destinatário da decisão fica assim protegido em tudo aquilo que tenha a ver com a respectiva juridicidade. Quanto à simples bondade político-administrativa das decisões ou das prognoses e valorações,

[46] Cfr. HOFFMANN-RIEM/SCHMIDT-ASSMANN/VOSSKUHLE, *Grundlagen des Verwaltungsrechts*, I, p. 178 s.
[47] *Idem*, p. 145.

são outros os *fora* de discussão, correspondentes à efectivação da responsabilidade política do decisor[48].

## VI. Natureza determinada do conceito cuja aplicação o acórdão sindica

**20.** Sem que haja aí qualquer contradição com tudo aquilo que anteriormente se escreve, o Acórdão comentado merece a nossa concordância quanto ao sentido da decisão. Aquilo que merece a nossa profunda discordância é a parte da fundamentação relativa à sindicabilidade jurisdicional de *conceitos indeterminados de Tatbestand*. Mas, para além de criticável, essa parte da fundamentação mostra-se redundante à face da natureza do caso dirimido. É que, nele, a interpretação sistemática e teleológica das previsões normativas em que se usa como pressuposto o conceito de «necessidades permanentes dos serviços» mostra que o legislador não o emprega em termos de verdadeira indeterminação.

**21.** A natureza da locução «necessidades permanentes dos serviços» enquanto conceito jurídico indeterminado ou não depende obviamente do contexto sistemático e do fim visado pelas normas que o incluam no respectivo *Tatbestand*. Se esses factores interpretativos do propósito do emprego da expressão pelo legislador apontassem para a feitura de uma estimativa de antecipação do futuro, seria então clara a habilitação para um juízo de prognose insusceptível de controlo jurídico quanto à sua essência substantiva. Não caberia manifestamente ao juiz substituir-se à Administração na programação de recursos humanos com base numa conjectura sobre o ritmo da evolução de certas necessidades de regulação administrativa.

Mas o STA tem razão na análise a que procede dos Decretos-Lei nº 81-A//96, de 21 de Junho, e nº 195/97, de 31 de Julho. Não se tratou aí de estabelecer quadros normativos de habilitação para decisões administrativas de preparação do futuro sob responsabilidade própria e sob uma orientação legislativa predominantemente finalística. Pelo contrário, aquilo de que

[48] Pode ver-se uma lista de vícios de juridicidade correspondentes ao exercício indevido da margem de livre apreciação de conceitos de *Tatbestand* em Detterbeck, *Allgemeines Verwaltungsrecht*, cit., p. 125. Sobre o paralelismo estrutural entre estes vícios e os vícios de discricionariedade: Walter Schmidt, *Einführung...*, cit., p. 68.

se curava era da correcção de uma disfunção e reparação de uma injustiça consistindo em ter mantido ao longo de muitos anos sob um regime de trabalho precário trabalhadores com os quais a Administração sabia que tinha de contar permanentemente. Havia, portanto, um critério material ou substantivo normativamente pré-definido quanto à delimitação da «situação alvo». E o carácter *permanente* das necessidades funcionais asseguradas pelo contributo das pessoas injustiçadas[49] era algo que se podia confirmar factualmente através da análise da durabilidade das situações do passado, não requerendo em princípio uma estimativa valorativa autodeterminada em função do modo como o órgão administrativa encara as suas responsabilidades na condução da coisa pública à luz das particulares circunstâncias do caso concreto.

Como, aliás, a interpretação sistemática do STA bem demonstra, tratava-se de um conceito cujas dificuldades de apreensão tinham de ser resolvidas pela via hermenêutica, não se revelando necessário nem apropriado o emprego de um raciocínio causal-teorético.

Em suma, o controlo jurisdicional do seu emprego pela Administração justificou-se. Mas não se diga que se sindicou o preenchimento de um verdadeiro conceito jurídico indeterminado. E, sobretudo, que não se invoque este aresto como precedente para uma ingerência sobre um exercício verdadeiro e próprio de margem de livre apreciação.

[49] Injustiça que não desaparece pelo facto de as pessoas haverem sido recrutadas sem concurso público, como cumpriria se se houvesse assumido não se tratar verdadeiramente de trabalho temporário. Digamos que a forma atabalhoada ou «trapalhona» do agir administrativo conduziu à cumulação de injustiças: para com os que se viram privados do exercício de um direito de vir aos concursos e para com aqueles que, mal recrutados, se viram imersos num limbo de permanente indefinição das suas perspectivas laborais. No caso concreto, o retrato perde esta nitidez por se verificar que o impugnante teve a oportunidade, que recusou, de se apresentar a um concurso.

# Teoria da excepcionalidade administrativa (2010)*

A estrutura desta obra desde logo evidencia que a sua Autora se não propôs proceder a um exame de Direito Comparado. Diferentemente disso, aquilo que, com a utilização simultânea de matéria prima colhida dos Direitos brasileiro e português, JULIANA MIRANDA procurou alcançar foi uma visão mais aprofundada do fenómeno da excepcionalidade administrativa. Se se tivesse movimentado apenas no campo de um dos dois ordenamentos, ter-lhe-ia sido mais difícil relativizar o peso de pormenores sem relevância para a construção teórica. Em contrapartida, a perspectiva dilatada pela interposição do Atlântico não gera o risco de distorções da análise, já que se não erguem entre os dois sistemas nacionais quaisquer diferenças culturais irredutíveis.

Um primeiro contributo interessante e de relevo do presente livro é a demonstração que nele se faz de que a circunstância de, ao contrário da Ordem Jurídica portuguesa, a brasileira não conter uma norma expressa de alcance geral dedicada à figura do estado de necessidade administrativa não trazer consigo consequências relevantes de regime. Ainda que sem essa matriz formal, não difere no essencial o alcance do princípio no Direito Administrativo brasileiro, tal como ali detectado pela jurisprudência a partir de afloramentos dispersos no direito legislado.

* Prefácio a J. GOMES MIRANDA, *Teoria da Excepcionalidade Administrativa. A Juridicização do Estado de Necessidade*. Belo Horizonte: Editora Fórum, pp. 4-12.

Aliás, é de todos os tempos e ultrapassa em muito o âmbito daquilo a que hoje chamamos Direito Administrativo o reconhecimento de que as disciplinas estabelecidas pelo legislador a pensar em situações típicas têm de poder ser validamente afastadas de modo pontual perante alterações inopinadas e passageiras que tornam as regras estabelecidas materialmente inaplicáveis ou de execução contraproducente. É esse o imperativo expresso no milenar aforismo *salus populi suprema lex est.* O acolhimento da ideia do estado de necessidade implica, porém, a construção de um regime mínimo em seu redor, que clarifique tanto os pressupostos quanto os termos da supremacia da justiça material sobre o legalismo formalista. A prevalência de um Direito mais justo e funcional para as circunstâncias excepcionais em detrimento do ditame da lei geral e abstracta desmente, no âmbito do Direito Administrativo, a velha máxima *dura lex, sed lex.* Mas, para que não nos quedemos sob o arbítrio decisório, necessário se torna dispor de parâmetros normativos para determinar em que condições a lei geral se torna insuportavelmente "dura" e até onde se pode caminhar, quando assim suceda, ao encontro de parâmetros alternativos de juridicidade para a conformação da situação anormal.

Tenha ou não sede em preceito escrito, o *princípio da necessidade administrativa* é uma norma jurídica caracterizado pela ampla abertura quer da *previsão* quer da *estatuição.*

A expressão *estado de necessidade* corresponde a uma cláusula geral em que, para efeito de condicionar a actuação administrativa, se espelha uma situação da vida caracterizada pela anormalidade. Na destrinça dogmática dos seus elementos essenciais, a jurisprudência desempenha um papel imprescindível. Mas, a essa ponderação, por essência casuística, da relevância normativa de componentes que se manifestam na dimensão material, segue-se o esforço doutrinário dos "fazedores de sistemas". Da teorização justificativa de uma *legalidade excepcional* resulta a identificação de *pressupostos,* que constituem categorias abstractas às quais se haverão de reconduzir os factores da situação real da vida. Não sendo as formulações todas coincidentes, preferimos ater-nos à *fattispecie* seguinte: perigo iminente e actual, que ameace interesses colectivos essenciais tutelados pelo Direito e cuja neutralização só se torne possível mediante a adopção de condutas diferentes das impostas ou permitidas pelas regras jurídicas em princípio aplicáveis.

Nesta *previsão,* a qualificação do interesse ameaçado como *interesse dotado de tutela jurídica* representa um raciocínio passível de controlo jurídico objectivo. Já, porém, o juízo sobre a respectiva *essencialidade,* apesar de não dever deixar de ancorar-se dogmaticamente na proveniência constitucional da tutela, pressupõe ainda uma ponderação, feita à luz das circunstâncias concretas, entre os efeitos negativos da frustração do interesse em causa graças ao apego à legalidade primária e os inconvenientes resultantes da postergação desta última. Quanto ao *perigo*, embora a actualidade e a iminência possam ser objectiváveis à face das circunstâncias, ele envolve um juízo de prognose, ou seja, de probabilidade de lesão de um bem jurídico caso não seja adoptada uma medida preventiva. Há que reconhecer que, na maioria dos casos, esta previsão de um desenvolvimento futuro não é completamente objectivável, deixando ao aplicador uma margem de avaliação que ele terá de levar a cabo de modo não totalmente determinável segundo critérios normativos.

Mas, no âmbito do instituto do estado de necessidade, o preenchimento valorativo ou estimativo de espaços de abertura na previsão desta situação não tem o sentido dogmático habitual que assume a concretização de conceitos indeterminados constitutivos do *Tatbestand* das normas jurídicas administrativas, ou seja, o de reservar ao aplicador administrativo uma opção autónoma quanto aos critérios de tal juízo. Como figura geral do Direito Administrativo, a *margem de livre avaliação* significa que o juiz reverá os limites de juridicidade (nomeadamente proporcionalidade, Direitos Fundamentais), mas não anteporá os seus próprios critérios aplicativos aos do órgão administrativo. Ora, como adiante melhor se verá, não é assim no tocante à qualificação de uma situação concreta como estado de necessidade, visto que, tratando-se de determinar, por razões de ordem jurídica, a incidência (ou não incidência) de normas jurídicas, o raciocínio é totalmente revisível pelo julgador, que pode impor o seu a final.

Mas, ainda mais vasto que a soma dos espaços de abertura existentes na *previsão*, *Tatbestand* ou *fattispecie* da norma da necessidade administrativa parecerá, à primeira vista, o grau de abertura da respectiva *estatuição* (o "lado dos efeitos de direito" da norma jurídica administrativa). No Direito português, a sede legislada da figura é o nº 2 do artigo 3º do Código do Procedimento Administrativo[1]. Trata-se de uma habilitação do tipo "cheque

[1] "2 – Os actos administrativos praticados em estado de necessidade, com preterição das regras estabelecidas neste Código, são válidos, desde que os seus resultados não pudessem ter sido alcançados de outro modo, mas os lesados terão o direito de ser indemnizados nos termos gerais da responsabilidade da Administração". A redacção não é feliz, visto que, em

em branco": o preceito não formula qualquer determinação explícita das espécies de efeitos de direito que darão conteúdo aos actos administrativos praticados em estado de necessidade. A única indicação é negativa: serão "actos praticados com preterição das regras estabelecidas". A doutrina e a jurisprudência mostram-nos por seu turno que tal afastamento do regime em princípio aplicável poderá respeitar não apenas a normas sobre o conteúdo do acto administrativo, mas também a normas de competência, normas sobre o procedimento ou normas sobre execução de sentenças contra a Administração caso ocorra causa legítima de inexecução.

A compatibilidade entre o afastamento da aplicação de normas jurídicas por motivo de necessidade e os imperativos do Estado de Direito é assegurada graças àquilo que tem vindo a ser construído como regime geral da actuação administrativa em estado de necessidade. As suas ideias estruturantes são a transitoriedade da situação, a boa fé, a proporcionalidade na actuação e a responsabilidade administrativa pelos danos decorrentes do afastamento das regras habitualmente aplicáveis.

Em primeiro lugar, a legalidade da conduta administrativa desviante é *excepcional*. A necessidade não faz caducar as normas afastadas porque o afastamento apenas se encontra justificado perante circunstâncias anormais e, como tal, transitórias.

Em segundo lugar, rege o princípio da *boa fé*, o que significa que não é lícito à Administração inobservar preceitos jurídicos normalmente aplicáveis quando para tanto se escude em perigo iminente e actual que lhe seja imputável.

Em terceiro lugar, a ausência de directivas normativas quanto ao conteúdo dos poderes de necessidade é compensada pela força estruturante do princípio da *proporcionalidade*. Este enquadra através das suas três vertentes a conduta administrativa sob invocação de necessidade. Isso significa desde logo que o comportamento adoptado se não pode mostrar funcionalmente inadequado à preservação e promoção dos interesses públicos que deixaram

rigor, a justificação para agir não reside em que os resultados de um acto praticado em estado de necessidade (seja aquele qual for) não pudessem ter sido alcançados de outro modo. Por certo, aquilo que o legislador tem em mente ao empregar aquela expressão são os fins visados por normas cuja aplicação no caso concreto não fosse idónea para os atingir. Perante as circunstâncias concretas, são esses fins aquilo que não poderia ter sido alcançado de outro modo que não seja a prática do acto *prima facie* ilegal.

transitoriamente de poder ser servidos pela conduta decorrente das normas permanentes. Acresce – como aliás resulta da própria denominação do instituto – que o comportamento adoptado tem de ser o necessário em face da inoperância dos poderes ditados pelas normas vigentes. A necessidade como imperativo de proporcionalidade manifesta-se segundo duas vertentes conexas mas distintas. Os poderes excepcionais só surgem porque, sem a alternativa que representam, os interesses públicos visados pelas normas de incidência habitual quedariam desprotegidos. E esses poderes só poderão ir até ao ponto em que tais interesses passem a estar salvaguardados. Por outro lado ainda, os poderes de necessidade terão de ser razoáveis ou proporcionais em sentido estrito: os novos inconvenientes que da sua execução devam resultar não poderão ter uma amplitude susceptível de neutralizar os benefícios esperados.

Em quarto lugar, se os afectados pelo exercício dos poderes de necessidade não poderão, devido à licitude deste, contar com a tutela jurisdicional anulatória ou injuntiva contra ofensa ilegal de posições subjectivas, deverão poder contar com a *tutela indemnizatória*. Para que assim seja, será naturalmente necessário que a intervenção de poderes de necessidade (em lugar dos poderes comuns) seja especificamente causadora de encargos ou danos especiais ou anormais para certos particulares. Em tais hipóteses, a igualdade dos cidadãos perante os encargos públicos imporá a indemnização dos sacrificados em prol da preservação da *salus publica*. Trata-se, no fundo, de mais uma situação em que tem lugar a *indemnização pelo sacrifício*, ou seja, a compensação pela ocorrência de danos eventualmente resultante da prática de actos administrativos legais ou de operações materiais lícitas da administração que sacrifiquem, de acordo com parâmetros de juridicidade, interesses particulares ao interesse público.

Estas são, pois, as quatro exigências de juridicidade do conteúdo dos actos praticados no exercício de poderes de necessidade que, adicionadas à efectiva ocorrência dos já referidos pressupostos configuradores do estado de necessidade, ditam a validade dos comportamentos administrativos desenvolvidos sob tal invocação. Mas o elenco dos parâmetros de conteúdo quedaria incompleto se lhe não juntássemos ainda o respeito pelos Direitos Fundamentais. Como, aliás, sublinha JULIANA MIRANDA, neste domínio haverá que ter primeiramente em conta os regimes constitucionais dos estados de sítio ou de emergência. Por maioria de razão, não poderão ser afectados por motivo de estado de necessidade administrativa aqueles Direitos

Fundamentais que as Constituições proclamem imunes à declaração dos estados de sítio ou de emergência. Isto significa que nenhum de tais direitos poderá ser levado à ponderação com interesses públicos alegadamente preservados pelo exercício de poderes de necessidade. Ainda que parcialmente, não poderão ser aqueles direitos sacrificados para efeito da enunciação de fórmulas de concordância prática. Quanto aos outros, serão passíveis de restrição, mas a observância a tal propósito dos requisitos do regime geral dos Direitos Fundamentais terá ela também a natureza de parâmetro de juridicidade do conteúdo dos poderes de necessidade.

A compatibilidade da figura e do regime do estado de necessidade com o princípio do Estado de Direito depende ainda essencialmente da manutenção dos mecanismos de *accountability*, importando sublinhar o papel do controlo jurisdicional. Este exerce-se sobretudo segundo dois vectores: a verificação dos pressupostos e a da juridicidade da solução alternativa pela Administração adoptada sob o signo da necessidade.

Os *pressupostos* do estado de necessidade são os que se compreendem numa cláusula geral que atrás referimos, mostrando que ela assenta parcialmente em conceitos indeterminados preenchíveis através de juízos de valor (*essencialidade* do interesse público a preservar) ou de prognose (*perigo*). Habitualmente, quando o legislador tipifica com emprego de conceitos jurídicos indeterminados os pressupostos de uma certa conduta administrativa – designadamente sob a forma de acto administrativo – ele reserva por esse meio à Administração uma *margem de livre apreciação*, em cujo exercício não deve o juiz substituir-se, cabendo-lhe tão só controlar a "legalidade externa" (competência, procedimento e ausência de erro de facto) e a legalidade substantiva decorrente dos princípios fundamentais da conduta administrativa (em particular, a idoneidade ou adequação enquanto máxima de proporcionalidade no juízo de avaliação).

Quanto à *estatuição* da norma sobre o estado de necessidade, ela caracteriza-se por uma abertura praticamente total, quando se trata de ignorar uma norma de *legalidade ordinária* que dite o sentido material de uma conduta administrativa. A *legalidade alternativa* passa apenas pela permissão abstracta de uma conduta diferente da legalmente estabelecida sem a tipificar. Em geral, nas normas jurídicas administrativas, a abertura da estatuição (ou "lado dos efeitos de direito" – *Rechtsfolgenseite*, em alemão) é considerada como fonte de discricionariedade. Isso significa mais uma vez a natureza limitada do controlo jurisdicional, que incide sobre as "zonas de legalidade" do acto administrativo mas não envolve um poder de substituição no exercício das opções em que a discricionariedade se traduz.

Ora, o paralelismo estrutural entre o estado de necessidade e a margem de livre apreciação e a discricionariedade administrativas é patente. No caso da discricionariedade, a proximidade aumenta ainda se tomarmos em conta uma nova modalidade detectada em anos recentes pela jurisprudência germânica em algumas soluções arquitectadas pelo legislador. Referimo-nos à *intendiertes Ermessen* ("poder discricionário orientado" na tradução para francês de MICHEL FROMONT). Trata-se da concessão pelo legislador de uma discricionariedade parcial ou "meia discricionariedade", visto que o preceito esquematiza qual seja o sentido em geral pretendido para a conduta administrativa, mas admite que, excepcionalmente, o aplicador decida de outro modo à luz da incongruência entre o sentido normativo da decisão e as circunstâncias do caso[2].

Estas situações de fronteira, em que a Administração deve normalmente fazer algo que o legislador lhe prescreve mas se encontra ao mesmo tempo habilitada por este para agir diferentemente em casos excepcionais, ficando então ao seu critério a determinação do sentido da conduta, chamam a atenção para a proximidade das figuras do estado de necessidade e da discricionariedade em Direito Administrativo. Polarizando-as em conformidade com as suas características mais comuns, a diferença entre elas consiste em que, na discricionariedade, o legislador prescinde em regra de programar o conteúdo da conduta administrativa correspondente a certa situação que tipifica, ao passo que, no estado de necessidade, se trata apenas de permitir que uma conduta legislativamente determinada para certo tipo de situação possa, em razão da excepcional mas intolerável disfuncionalidade do regime legal, ser substituída por outra não determinada.

Dir-se-ia que a afinidade estrutural que a abertura da estatuição gera entre estado de necessidade e discricionariedade administrativa ganha vigor acrescido graças à modalidade de discricionariedade consistindo na *intendiertes Ermessen* (que, numa tradição não literal, preferíamos traduzir

[2] Sobre esta "nova figura jurídica" e a perplexidade por ela causada em certos sectores da doutrina, v., a título de exemplo: KOCH/RUBEL/HESELHAUS, *Allgemeines Verwaltungsrecht*, 3ª ed., München: Luchterhand, 2003, p. 215; MAURER, *Allgemeines Verwaltungsrecht*, 16ª ed., München: Beck, 2006, p. 137 e a tradução para francês, por MICHEL FROMONT, de uma edição anterior da mesma obra: *Droit Administratif Allemand*, Paris: L.G.D.J., 1994, pp. 129 e 130.

por *discricionariedade excepcional*). Esta nova figura dogmática aproxima-se muitíssimo do estado de necessidade, visto que em ambos os institutos, se trata de substituir casuisticamente o regime geral por uma solução *ad hoc* devido à excepcional inadequação finalística daquele em face das características peculiares de uma situação concreta (ou de um feixe de situações concretas).

Mas, não obstante a abertura que caracteriza a norma de necessidade administrativa na previsão e, ainda mais, na estatuição, não cremos que esta possa ser considerada como uma modalidade da margem de livre avaliação e de livre decisão administrativa. A diferença reside desde logo na natureza dos juízos que presidem à avaliação da situação como sendo de estado de necessidade e, em consequência disso, à determinação do sentido da conduta administrativa.

A razão de ser do princípio do estado de necessidade administrativa não é o deixar ao critério da Administração a opção entre a aplicação do Direito legislado e a passagem para um plano de legalidade excepcional. O estado de necessidade concebe-se como um evento que se impõe como inelutável e força a agir de modo diferente do estabelecido sob pena de lesão grave dos interesses essenciais visados pelas regras que normalmente se aplicariam. Trata-se de uma válvula de segurança graças à qual o sistema jurídico salvaguarda a sua unidade teleológica e axiológica. Instrumentos de flexibilização do ajustamento do tratamento jurídico à realidade própria de cada situação concreta da vida, tal como os conceitos de *essencialidade* do interesse a proteger graças à opção por uma legalidade alternativa e do *perigo* que o ameaça, terão, para efeito de passagem ao estatuto do estado de necessidade, de ser concretizados não através de um raciocínio causal-teorético, mas sim de um raciocínio teorético-discursivo, ou seja, com emprego de uma metodologia conducente ao apuramento da única solução juridicamente correcta. Não haverá, pois, aqui, lugar, para opções entre várias hipóteses causais de desenvolvimento futuro, das quais nenhuma objectivamente infirmável e todas elas juridicamente aceitáveis. O *perigo* não constituirá, a este propósito, o objecto de uma prognose fática, mas de uma densificação tipológica enunciada segundo uma metodologia interpretativa.

O mesmo se diga no tocante à operação de fixação do sentido da decisão a tomar quando se tenha concluído que a situação configura estado de necessidade. Também a este propósito não seria correcto entender que a norma-princípio do estado de necessidade remete o sentido da decisão para o critério autodeterminado do aplicador administrativo. Em muitos casos, a invocação do estado de necessidade vem legitimar a preterição de regras de competência ou de procedimento. Nessas hipóteses, a alternativa surgirá quase sempre circunscrita pela natureza das coisas a uma só conduta: preterir, omitindo-o, um procedimento que normalmente deveria ter sido observado; ser o órgão ou agente que, à luz das circunstâncias, tem capacidade de actuar imediatamente, a fazê-lo em lugar do titular da competência legal, que as circunstâncias factuais impedem de agir com a brevidade que se impõe. Em tais hipóteses, é patente que o estado de necessidade não abre um leque de alternativas ao dispor da entidade actuante. Já as coisas se não porão com a mesma nitidez quando se esteja perante a necessidade de adoptar um conteúdo de decisão administrativa diferente daquele que a lei prevê. Mas, também a este propósito, a conclusão que se impõe é de não haver, por parte da norma de necessidade, a atribuição ao agente do poder de proceder segundo os seus critérios político-administrativos e de experiência a uma ponderação de interesses de cuja hierarquização dependerá o resultado. A norma de necessidade é uma daquelas em que a barreira lógica entre previsão e estatuição se atenua fortemente devido à necessidade de extrair o sentido da decisão dos pressupostos que integram *ab initio* o *Tatbestand*. O quadro de pressupostos cuja junção forma uma situação de estado de necessidade é todo ele normativo: não cabe à Administração completá-lo segundo o seu critério com a junção de outros aspectos da realidade concreta por ela livremente escolhidos. A conclusão quanto ao sim ou não de um certo estado de necessidade resultará de, na situação em causa, se reunirem os pressupostos normativos da figura. Daqui resulta que o conteúdo do acto administrativo que o estado de necessidade impõe resulte objectivamente do modo como, no caso, estão preenchidos os pressupostos normativos. Ao contrário do que sucede no âmbito da discricionariedade administrativa, não caberá ao aplicador qualquer liberdade de extrair da realidade outros factores alheios a um elenco incompleto de pressupostos normativos para, graças à sua inclusão numa operação de ponderação de interesses, encontrar de modo não arbitrário um sentido da decisão. No estado de necessidade, os pressupostos são apenas aqueles que resultam do sistema normativo. Uma vez verificado que se encontram preenchidos, o modo como isso sucede ditará logicamente qual a conduta que se impõe em alternativa à traçada pela lei. A razão da impossibilidade (material ou axiológico-finalística) de uma actuação segundo o modelo legalmente estabelecido aponta de per si qual o sentido de decisão que em seu lugar se impõe como modo de preservar os interesses essenciais visados pelo legislador e cujo perigo de frustração o cumprimento formal da lei apenas viria concretizar.

Ora, tratando-se de um sentido de decisão a extrair do sistema jurídico segundo uma metodologia jurídica, ele é totalmente revisível e infirmável. Neste domínio, a última palavra cabe, portanto, na totalidade ao juiz. Ao contrário do que sucede com a discricionariedade, não existe no estado de necessidade uma zona de autodeterminação decisória que o juiz apenas possa controlar na medida em que se não trate de rever critérios metajurídicos de decisão.

Esta, em suma, a nossa análise sintética do instituto do estado de necessidade administrativa, que JULIANA GOMES MIRANDA elegeu para objecto da sua dissertação de mestrado na Faculdade de Direito da Universidade de Lisboa. Trata-se de uma escolha feliz. Se o tema não é de génese recente, mantém-se indiscutível a sua actualidade no seio da edificação teórica de um "novo Direito Administrativo", caracterizado, entre outras realidades, pelas crescentes limitações do papel da lei formal como fonte directa dos parâmetros substantivos de qualificação e conformação das relações administrativas, passando ela a assumir em muitos casos o papel menos ambicioso de mera legitimação competencial e de simples enunciação das directrizes finalísticas. A par de outros fenómenos e metodologias, o estado de necessidade reflecte os limites de possibilidade (e, por vezes, de desejabilidade) da capacidade de omniprevisão e omniestatuição do legislador contemporâneo e o imperativo de compensar esse "enfraquecimento" da lei graças a outras soluções jurídicas capazes de corresponder aos imperativos do Estado de Direito[3].

Acresce que, sendo uma figura incontornável, o estado de necessidade administrativa carece de uma atenção cuidadosa: trata-se, por certo, de uma das poucas áreas do Direito em que os fins justificam os meios. A partir daqui, o essencial é uma dogmática que permita ainda assim distinguir entre meios legitimados e os restantes e reconduza os primeiros às duas grandes coordenadas de sempre do Direito Administrativo: a tutela dos direitos dos

[3] Cfr. SÉRVULO CORREIA, *A Jurisprudência Constitucional Portuguesa e o Direito Administrativo*, in: Tribunal Constitucional, *XXV Anos de Jurisprudência Constitucional Portuguesa*, Coimbra: Coimbra Editora, 2009, p. 132.

particulares em face do exercício do poder e a promoção das condições de eficiente realização dos interesses públicos.

A obra que tivemos a honra de prefaciar representa um contributo sério para o aprofundamento destas questões e revela uma jurista arguta e prevenida contra a tentação da superficialidade.

# Revisitando o estado de necessidade (2010)*

## § 1. O princípio geral de direito

**1.** O instituto da *necessidade administrativa* não é daqueles que dão lugar a uma jurisprudência abundante: o mais recente acórdão do Supremo Tribunal Administrativo referido pelo descritor "estado de necessidade" na respectiva base de dados informática data já de 2004. E esse aresto pouco discorre sobre a figura, visto que, no caso, ela nem sequer era invocada e se evidenciava liminarmente a sua não configuração. Interessa, apesar de tudo, esse acórdão, por definir *estado de necessidade*: "*actuação sob o domínio de um perigo iminente e actual para cuja produção não haja concorrido a vontade do agente*". Sobre a escassa presença da figura na nossa jurisprudência, parece sintomática a circunstância de, para reportar a definição à sua produção jurisprudencial, o STA ter ido buscar um outro aresto proferido cinco anos antes[1].

**2.** É de todos os tempos, e ultrapassa em muito o âmbito daquilo a que hoje chamamos Direito Administrativo, o reconhecimento de que as disciplinas estabelecidas pelo legislador a pensar em situações típicas têm de poder ser validamente afastadas, de modo pontual, perante situações inopinadas e

* In: *Em Homenagem ao Professor Doutor Diogo Freitas do Amaral*. Coimbra: Almedina, pp. 719-762.

[1] Acórdão do STA, 1ª S., de 4.03.2004, Proc. 01353/03; Acórdão do STA, 1ª Secção, de 11.02.1999, Rec. 36.231.

passageiras que tornam as regras estabelecidas materialmente inaplicáveis ou de execução contraproducente. É esse o imperativo expresso no milenar aforismo *salus populi suprema lex est.*

Como tantos outros princípios gerais de direito, o *estado de necessidade* é um princípio prévio à formulação legislativa. Assim, por exemplo, no Direito Administrativo brasileiro – em tantos pontos semelhante ao nosso –, apesar de não existir uma norma escrita enunciando com âmbito geral o princípio do estado de necessidade, a consolidação deste faz-se através de uma construção jurisprudencial que o extrai, dedutivamente, de outros princípios gerais de direito e, indutivamente, de institutos ou preceitos avulsos[2].

Ao longo dos séculos, a doutrina foi detectando o *estado de necessidade* como *princípio*, que se manifesta enquanto incorporado numa prática que ele, ao mesmo tempo, explica através da evidenciação do significado normativo de certos elementos dessa realidade factual[3]. Desse modo, a realidade social surge impregnada pelo imperativo de preservar a licitude de condutas que, à partida, seriam desconformes com as directrizes deônticas provenientes do sistema jurídico. Assim sucede quando, por força de circunstâncias casuísticas, a observância das regras estatuídas provocaria um mal muito maior do que aquele gerado por (ou consistindo em) comportamentos abnormes. Como figura que transcende em muito o campo do Direito Administrativo, o estado de necessidade dá corpo ao artigo 339º do Código Civil. Trata-se aí da permissão de destruir ou danificar coisa alheia quando com isso se remova o perigo actual de um dano manifestamente superior, quer do agente, quer de terceiro[4]. No Direito Administrativo, a lesão directa não recai sobre coisa alheia, mas sobre o interesse público de que a Administração observe

[2] Entre os preceitos avulsos nos quais se considera aflorar a ideia normativa do estado de necessidade, contam-se aqueles que permitem a contratação de advogados sem licitação pela Administração Pública e a contratação por tempo determinado para atender necessidades temporárias de excepcional interesse público. Cfr. GOMES MIRANDA, Juliana, *Indícios de uma Teoria da Excepcionalidade Administrativa: A Juridicização do Estado de Necessidade*, pp. 50, 51, 158. Trata-se de uma obra no prelo. As citações aqui feitas reportam-se à versão copiografada da dissertação de mestrado sustentada em provas na Faculdade de Direito da Universidade de Lisboa.

[3] Cfr. COLEMAN, Jules, *The Practice of Principle: In Defence of a Pragmatist Approach to Legal Theory*, Oxford: University Press, 2003, pp. 6 e 8.

[4] Cfr. FREITAS DO AMARAL/MARIA DA GLÓRIA GARCIA, *O Estado de Necessidade e a Urgência em Direito Administrativo*, in: Revista da Ordem dos Advogados, 1999, Abril, pp. 457 e 458.

as regras estabelecidas. Da conduta administrativa desconforme, resultarão, eventualmente, também, prejuízos em esferas morais ou patrimoniais individualizadas. Mas é fácil surpreender um desígnio comum entre o artigo 339º do Código Civil e o artigo 3º, nº 2, do Código do Procedimento Administrativo (CPA): o de validar comportamentos que se desviam das normas em princípio aplicáveis para com isso evitar males manifestamente superiores àqueles em que consiste o formal incumprimento e que, eventualmente, forem causados por tal incumprimento.

A comum orientação teleológica dos artigos 339º do Código Civil e 3º, nº 2, do CPA articula-se com um traço manifesto do Direito da pós-modernidade: o das crescentes limitações – postas pela complexidade das estruturas e das relações sociais – ao papel da lei formal como modelo dos comportamentos devidos ou proibidos. Em particular no âmbito do Direito Administrativo, este circunstancialismo motiva o legislador a, cada vez com maior frequência, conferir às normas o papel menos ambicioso de mera legitimação competencial e de simples enunciação de directrizes finalísticas, em vez do de fonte directa dos parâmetros substantivos de qualificação e de conformação das relações administrativas. A par de outros fenómenos e metodologias, o *estado de necessidade* reflecte os limites de possibilidade (e, por vezes, de desejabilidade) da capacidade de omniprevisão e omniestatuição do legislador contemporâneo e o imperativo de compensar esse "enfraquecimento" da lei graças a outras soluções jurídicas capazes de corresponder aos requisitos do Estado de Direito[5].

**3.** Todos os sistemas jurídicos compreendem necessariamente normas estruturadas como princípios (e, portanto, não como regras). No tempo presente (sobretudo a partir do momento em que muitas Constituições assumiram um tecido material com peso equivalente ou superior ao das suas passagens organizatórias), a tendência é para a incorporação desses princípios no Direito escrito[6]. A positivação não faz com que o princípio deixe de o ser, mas raramente o acolhe na sua dimensão plena.

[5] Cfr. Sérvulo Correia, *A Jurisprudência Constitucional Portuguesa e o Direito Administrativo*, in: Tribunal Constitucional, *XXV Anos de Jurisprudência Constitucional Portuguesa*, Coimbra: Coimbra Editora, 2009, p. 132.

[6] Cfr. Alexy, Robert, *The Argument from Injustice. A Reply to Legal Positivism*, Oxford: Clarendon Press, 2002, pp. 68-74.

A positivação com maior latitude de abrangência faz-se, hoje, no nº 2 do artigo 3º do CPA. Este preceito possui um alcance mais vasto do que a formulação que se podia encontrar anteriormente no campo do Direito Administrativo geral: a do artigo 9º, nº 2, do Decreto-Lei nº 48.051, de 21.11.1967[7]. Sendo certo que, subjacente, estava em causa a actuação administrativa em estado de necessidade, o preceito visava apenas a indemnizabilidade dos danos causados a particulares. Implicitamente, resultava que se tratava de conduta lícita, mas a definição dos pressupostos incorria em tautologia (o implícito estado de necessidade consistia em sacrifício justificado pelo "caso de necessidade"). Por outro lado, a norma focava apenas os danos causados a particulares, mas não a preterição de regras jurídico-administrativas, da qual tais danos constituiriam o reflexo. Em consequência de tudo isto, só muito implicitamente se poderia encontrar no preceito uma habilitação de comportamento administrativo desconforme. E, no entanto, à falta de melhor, era ele, no Direito Administrativo escrito, a base mais evidente para uma teoria do estado de necessidade administrativa[8].

A formulação do nº 2 do artigo 3º do CPA aproxima-se mais do conteúdo e do âmbito do estado de necessidade enquanto princípio geral de direito administrativo. A essência da figura desloca-se do ocasionamento de danos a particulares (uma consequência eventual) para o aspecto central da preterição, sem efeito invalidante, de normas em princípio aplicáveis. O âmbito não é agora apenas o da responsabilidade administrativa, mas antes o da preterição de qualquer regra estabelecida no CPA. Trata-se de um espectro de matérias muito mais vasto, dado que, para além do regime do

[7] O texto do nº 2 do artigo 9º do Decreto-Lei nº 48.051 era o seguinte: "Quando o Estado ou as demais pessoas colectivas públicas tenham, em caso de necessidade e por motivo de imperioso interesse público, de sacrificar especialmente, no todo ou em parte, coisa ou direito de terceiro, deverão indemnizá-lo".

[8] Marcello Caetano reconhece esse papel ao artigo 9º, nº 2, do Decreto-Lei nº 48.051, embora sem deixar de sublinhar que se trata de uma intersecção entre as teorias do estado de necessidade administrativa e da responsabilidade administrativa por actos lícitos. Cfr. *Manual de Direito Administrativo*, II, Coimbra: Almedina, reimpr. de 1980, pp. 1305-1309. Por seu turno, observam Freitas do Amaral/Maria da Glória Garcia que, ao paralelizar a obrigação de indemnizar por actos danosos praticados em estado de necessidade com a obrigação de indemnizar por actos lícitos legalmente previstos, o legislador reconhecia a possibilidade de a Administração agir desvinculada de uma estrita obediência à lei. Cfr. *O Estado de Necessidade* ..., cit., p. 462.

procedimento, ficam abrangidos os princípios gerais, o regime dos órgãos e os do regulamento, acto e contrato administrativo. E não apenas estes, visto que o estado de necessidade surge, correctamente, na sistemática do CPA, como uma vertente do princípio da legalidade, aplicando-se portanto, nos termos do artigo 2º, nº 5, "a toda e qualquer actuação da Administração Pública ...".

**4.** O estado de necessidade é, pois, um princípio geral de direito administrativo, como vertente, ou subprincípio, do princípio da legalidade administrativa.

Esta ligação umbilical à legalidade administrativa não resulta apenas da inserção do preceito sobre o estado de necessidade no artigo dedicado pelo CPA àquele princípio fundamental. O ponto é que, por força da permissão normativa (escrita ou ínsita no sistema), a actuação em estado de necessidade não implica a rejeição da legalidade, mas sim, como escreve André Gonçalves Pereira, a adopção de uma *legalidade excepcional*[9]. Verificados os pressupostos, a competência, ou o procedimento, ou a forma ou o conteúdo da conduta administrativa ou, simultaneamente, alguns destes elementos, passam a ser disciplinados pelo regime jurídico do estado de necessidade, em vez de pelo regime geral, como meio necessário à salvaguarda de interesses essenciais tutelados pelo Direito. O princípio do estado de necessidade faz, como os restantes princípios gerais de direito administrativo, parte do *bloco de juridicidade*. Desempenhando um efeito de habilitação de conduta, o princípio valida as condutas permitidas que, nessa medida, não são ilegais. Não faria sentido a afirmação de que, através do estado de necessidade, o sistema jurídico permitiria a prática de um acto ilegal, ou seja, uma excepção à legalidade. Aquilo que normas jurídicas válidas permitam é automaticamente válido também. Agindo enquadrado na hierarquia de fontes, o legislador está para a validade dos comportamentos que permite (e para a invalidade daqueles que proíbe) como o Rei Midas para o ouro: o seu toque, traduzido na incidência da norma sobre a situação concreta, exerce o efeito validante (ou invalidante).

**5.** À primeira vista, poderia gerar-se a dúvida sobre a qualificação do estado de necessidade como princípio ou como regra jurídica. Dir-se-ia, a

[9] Cfr. *Erro e Ilegalidade do Acto Administrativo*, Lisboa: Ática, 1962, p. 75.

favor desta segunda qualificação, que, verificados os pressupostos, não haveria lugar para um comando de optimização, mas para uma simples aplicação subsuntiva traduzida no efeito de inaplicação do regime geral.

Não é, no entanto, assim. O que caracteriza o princípio enquanto norma é a exigência de que um valor ou interesse seja realizado na mais extensa medida possível à luz das possibilidades jurídicas e fácticas. Dado que os princípios são comandos de optimização, podem variar os respectivos graus de aplicação, ao passo que as regras ou são cumpridas ou não. E, havendo concorrência ou colisão de princípios, os quais têm em geral o mesmo estatuto em abstracto, há que verificar qual o peso que cada um assume à luz das circunstâncias do caso concreto, estabelecer em função disso qual terá precedência e qual a medida em que o outro possa eventualmente ter alguma aplicação graças a uma relativa cedência do princípio prevalecente[10].

Às operações de ponderação (*balancing*, em inglês; *Abwägung*, em alemão) podem ser convocados mais de dois princípios de cada vez. E alguns destes, em vez de substantivos ou materiais, poderão ser formais ou instrumentais, por servirem de *standards* à ponderação entre os restantes. É, por exemplo, o caso daquele princípio que nos diz que se não deve pôr de lado uma praxis consolidada de exercício de um poder discricionário sem boas razões[11]. Os princípios são formais quando não têm um conteúdo substantivo para regulação final das situações concretas, consistindo o seu papel na determinação do modo como o respectivo conteúdo haverá de ser determinado[12]. Ora, parece-nos ser esse o caso do princípio do estado de necessidade. Ele não aponta directamente a solução a contrapor à que é ditada pela norma preterida. A sua função consiste antes em estabelecer um padrão normativo oposto ao da prevalência absoluta da legalidade administrativa na vertente da preferência de lei e em apontar os pressupostos de uma ocasional inaplicação.

Alguns de tais pressupostos estabelecem, por seu turno, a moldura para uma operação de ponderação: quando se diz que, para evitar a produção de um mal maior, o agente terá de sacrificar um outro valor jurídico[13], pressupõe-se uma comparação do peso, à luz das circunstâncias do caso

[10] Cfr. ALEXY, Robert, *A Theory of Constitutional Rights*, Oxford: University Press, 2002, pp. 47-56.

[11] *Idem*, p. 58.

[12] *Idem*, p. 416.

[13] Cfr. MARCELLO CAETANO, *Manual de Direito Administrativo*, II, cit., p. 1306.

concreto, do interesse público tutelado pelo Direito e submetido a um perigo iminente e actual que a aplicação da norma ordinária não arreda e, até, eventualmente, agrava, por um lado, e dos interesses de segurança e certeza jurídica e de efectividade do *indirizzo* democrático respaldados pela preferência de lei, além dos interesses específicos eventualmente servidos pela norma a preterir, por outro lado.

Como princípio formal ou instrumental, o estado de necessidade concentra em si, em cada ponderação feita à luz de um caso concreto, o peso dos interesses que serve, o qual se contrapõe ao peso próprio e instrumental de outros interesses opostos aos primeiros, concentrados na moldura oferecida pelo princípio da preferência de lei.

**6.** Enquanto princípio geral de direito administrativo, o estado de necessidade constitui um ponto em que se cruzam *coordenadas sistémicas* conducentes a outros institutos ou segmentos de regime cruciais para a consistência do Direito Administrativo geral, nos planos organizatório, da responsabilidade administrativa e da execução dos actos, dos contratos e das sentenças administrativas. Não queremos com isto excluir que possam existir outros, mas estes chegam para mostrar desde logo que o Direito Administrativo geral tende a ser conformado por uma ideia de limitação da rigidez gerada pela preferência de lei e é sensível à imprescindibilidade de fórmulas de flexibilização, conciliadoras entre a generalidade e abstracção dos comandos jurídicos e a ajustabilidade destes perante situações em que a sua observância se torna nociva à colectividade.

Fazemos seguidamente referência às principais intersecções entre a ideia normativa de estado de necessidade e outros planos do Direito Administrativo Geral.

a) No plano do *Direito Administrativo organizatório*, sobressai a solução configurada no artigo 68º, nº 3, da Lei nº 169/99, de 18 de Setembro, sobre competências e regime jurídicos dos órgãos dos municípios e das freguesias (LAL). Nos seus termos, "Sempre que o exijam circunstâncias excepcionais e urgentes e não seja possível reunir extraordinariamente a câmara, o presidente pode praticar quaisquer actos da competência desta ...". Trata-se, pois, da permissão da preterição de quaisquer *normas sobre competências* da câmara municipal a fim de poder responder, com urgência não compatível com a convocação extraordinária, a ameaças, suscitadas por circunstâncias excepcionais, a quaisquer interesses públicos a cuja realização se destinam os poderes do órgão colegial. O estado de necessidade constitui a fonte de um poder de substituição pontual e de brevissíma duração[14].

b) Ao contrário do que sucedia com o Decreto-lei nº 48.051, de 21.11.1967, o actual Regime de Responsabilidade Civil Extracontratual do Estado e Demais Entidades Públicas (RRCEE), aprovado pela Lei nº 67/2007, de 31 de Dezembro, já não arvora autonomamente o dano causado pelo exercício de *poderes de necessidade*[15] em fonte específica de *responsabilidade administrativa*. A ausência de uma referência expressa justifica-se. Em primeiro lugar, não é um diploma sobre o regime da responsabilidade administrativa o assento próprio, em termos sistemáticos, para habilitar em geral a Administração a preterir, em estado de necessidade, os comandos legais normalmente aplicáveis. Em segundo lugar, nem sempre tal actuação causa danos a particulares. E, em terceiro lugar, porque o estado de necessidade é apenas um contexto entre outros para indemnização pelo sacrifício causado por acto lícito. A licitude do exercício de poderes de necessidade tem por fonte um princípio geral que se positiva no CPA. O interesse do artigo 16º do RRCEE para a estruturação do estado de necessidade enquanto instituto do Direito Administrativo é o de deixar claro que os danos decorrentes para particulares do exercício de poderes de necessidade são indemnizáveis. A qualificação, no mesmo artigo, dos danos indemnizáveis como *especiais e anormais* coaduna-se perfeitamente com a essência da necessidade administrativa, porque esta é um meio de resposta a situações anormais e, traduzindo-se na inaplicação casuística da norma geral, quando gerar danos, não poderão estes deixar de ser especiais[16].

c) O CPA não enuncia um regime autónomo dos *actos e operações materiais* da Administração enquanto forma típica de conduta administrativa que, na realidade, são. Compreende-se por isso que seja no âmbito de um preceito

[14] Cfr. PAULO OTERO, *O Poder de Substituição em Direito Administrativo – Enquadramento Dogmático-Constitucional*, II, Lisboa: Lex, 1995, p. 392-399.

[15] A expressão, feliz pelo seu sintetismo, é de JULIANA MIRANDA; *ob. cit.*, p. 7, entre outras.

[16] Sobre a aplicação aos danos causados em estado de necessidade do artigo 16º do RRCEE sobre a indemnização pelo sacrifício, cfr. CARLOS CADILHA, *Regime da Responsabilidade Civil Extracontratual do Estado e Demais Entidades Públicas, Anotado*, Coimbra: Coimbra Editora, 2008, pp. 305 s.

dedicado à execução dos actos administrativos – o artigo 151º - que, no respectivo nº 1, se situe uma proibição geral da prática de actos ou operações materiais, de que resulte limitação de direitos subjectivos ou interesses legalmente protegidos, sem a moldura prévia de um acto administrativo. E entende-se igualmente que se abra uma excepção a tal proibição para o caso de estado de necessidade.

Existe um certo paralelismo entre a estatuição do artigo 3º, nº 2, e a do artigo 151º, nº 1, do CPA, se bem que o primeiro regule a prática de actos administrativos e o segundo a de operações materiais. Na verdade, ambos libertam a conduta administrativa de um vínculo que, em princípio, a emolduraria: o acto administrativo praticado em estado de necessidade não depende de norma ou normas jurídicas que em princípio se aplicariam; a operação material restritiva justificada pelo estado de necessidade poderá encontrar em si mesma os fundamentos da sua validade, visto que não terá de os haurir em acto administrativo antecedente. Em rigor, não estamos, porém, perante normas integralmente paralelas: esgotado o efeito próprio do artigo 151º, nº 1, que é o de dispensar a sequência procedimental entre acto administrativo habilitante e operação material, poderá o teor desta última ter de, ao abrigo da permissão do artigo 3º, nº 2, divergir de uma configuração normativa de aspectos materiais da operação por força da anormalidade da situação. Teremos, então, uma aplicação sucessiva ou em cascata do princípio do estado de necessidade[17].

d) Não é usual considerar sob a perspectiva da necessidade administrativa os poderes do contraente público de *modificação unilateral de cláusulas do contrato administrativo* por razões de interesse público decorrentes de necessidades novas ou de uma nova ponderação das circunstâncias existentes (*Código dos Contratos Públicos* – CCP -, artigos 302º, c), e 312º, b)). E o mesmo se diga quanto ao paralelo *poder de resolução* do contrato por razões fundamentadas de interesse público (CCP, artigos 302º, e), e 334º, nº 1)).

[17] Esteves de Oliveira/Pedro Gonçalves/Pacheco de Amorim observam, por seu turno, que, mesmo sem a possibilidade de organização de um procedimento, a prática de um acto administrativo antecedendo a operação material não se deverá considerar dispensada desde que ele possa ser emitido ao abrigo do regime próprio do estado de necessidade. Cfr. *Código do Procedimento Administrativo*, 2ª ed., Coimbra: Almedina, 1997, p. 721. Ver, também, Carla Amado Gomes, *Contributo para o Estudo das Operações Materiais da Administração Pública e do seu Controlo Jurisdicional*, Coimbra: Coimbra Editora, 1999, pp. 188 - 193.

Na verdade, porém, pelo menos naqueles casos em que divirjam, quanto à modificação ou à resolução, o interesse público de que é portadora a entidade administrativa contraente e os interesses do co-contratante e, ou, de terceiros em cujas situações se repercuta a execução do contrato, não parecerá totalmente descabida a análise da decisão de modificação ou resolução com o contributo da teoria geral do estado de necessidade. O exercício destes poderes envolve a preterição da velha máxima *pacta sunt servanda*, reproduzida em termos adaptados no artigo 286º do CCP. E, porque vinculativas também para o contratente público, as cláusulas do contrato administrativo surgem englobadas no "bloco de juridicidade"[18]. O motor e a justificação da decisão terão de residir na superioridade do peso do específico interesse público incompatível com a continuidade do contrato (ou a sua continuidade no molde originário) em face do peso dos interesses na estabilidade do pactuado, também eles dotados de tutela jurídica. Dir-se-á haver aqui uma diferença básica em relação ao estado de necessidade porque, em vez de normas de habilitação em um tal quadro, os artigos 302º, c) e e), 312º, b), e 334º, nº 1, do CCP são, quando muito, normas excepcionais em face do dever de cumprir o contrato, sublinhado pelo artigo 286º. Mas trata-se, no mínimo, de situações próximas, visto que, para poder prevalecer sobre o dever de cumprir (ou seja, de executar o contrato tal como estatuído), o interesse público subjacente à decisão de modificação ou de resolução não poderá ser um qualquer, mas terá de surgir nimbado da *essencialidade* requerida para que se confirme a necessidade de preterir aquilo que foi pactuado. E a situação em que se perfila o interesse público servido pelo *ius variandi* terá de se revestir também de *anormalidade*: a legítima expectativa do co-contratante e dos terceiros beneficiados pela execução do contrato é a de que este se mantenha estável até ao termo final pactuado. A decisão unilateral de o modificar ou extinguir prematuramente não poderá, por isso, ser algo com que se conte desde o início em cada contrato concreto. Só a verificação de circunstâncias que não sejam as comuns ao longo da execução daquele tipo de contrato administrativo constituirá pressuposto admissível.

No regime geral do estado de necessidade, a exigência de *boa fé* significa a irrelevância do perigo iminente e actual quando este seja imputável à Administração. Trata-se de um limite compreensível dos poderes em causa

[18] Cfr. FREITAS DO AMARAL (c. colaboração de LINO TORGAL), *Curso de Direito Administrativo*, II, Coimbra: Almedina, 2001, p. 48.

do contraente público. É certo que este contraente pode estar na origem de uma nova visão da essencialidade do interesse público relevante para efeito da modificação ou resolução: basta pensar nas situações de nova ponderação das circunstâncias existentes (CCP, artigo 312º, b)). Mas, mesmo aí, não se desvanece o requisito da boa fé: ele significará, em face das particularidades da situação em causa, uma exigência de objectividade, na acepção de que a nova ponderação deva ser genuína e prévia à decisão de modificação, em vez de mera cobertura de uma decisão motivada pela vontade de afastar a incomodidade causada pela vinculação a estipulações contratuais[19].

e) Cremos ainda que também a figura da *causa legítima de inexecução de sentença administrativa*, quando constituída por excepcional ou grave prejuízo para o interesse público, representa uma ramificação do instituto do estado de necessidade. A Administração encontra-se vinculada ao cumprimento dos deveres que as sentenças lhe imponham, desde logo por imperativo constitucional (CRP, artigo 205º, nº 2). Mas uma velha experiência, primeiramente explicitada na jurisprudência do Conselho de Estado francês[20], mostra que, perante circunstâncias excepcionais, o mal causado pela execução a interesses dignos de tutela pode ser claramente superior ao benefício colhido com a materialização da injunção jurisdicional. Em vista disso, admite-se a legitimidade da imposição à parte vencedora do sacrifício da não execução,

[19] Sobre a ponderação entre o princípio da prossecução do interesse público e o da protecção da confiança perspectivada já a propósito de um momento logicamente subsequente ao da decisão de modificar, que é o do dever de indemnizar sob a modalidade específica da reposição do equilíbrio financeiro inicial, cfr. Vieira de Andrade, *A Propósito do Regime do Contrato Administrativo no "Código dos Contratos Públicos"*, in: Pedro Gonçalves (org.), *Estudos de Contratação Pública*, II, Coimbra: Coimbra Editora, 2010, p. 34.

[20] O *"grand arrêt"* do *Conseil d'État* que encabeça esta jurisprudência é o Acórdao *Couitéas*, de 1923. Em face das perturbações graves que suscitaria a expulsão de norte-africanos de terras de que se consideravam legítimos detentores desde tempos imemoriais, para demarcação de uma concessão a favor de um colono, e da consequente recusa de assegurar o concurso das forças armadas para executar uma decisão judicial de expulsão, o C.E. observou que, perante tais circunstâncias, o governo se tinha limitado a exercer os seus poderes de preservação da ordem e da segurança públicas. No entanto, desde que esta recusa perdurasse, o particular deveria ser indemnizado, cabendo ao juíz determinar a medida em que o encargo decorrente daqueles factos deveria incumbir à colectividade e não ao imediatamente afectado. Cfr. Long/Weil/Braibant/Delvolvé/Genevois, *Les grands arrêts de la jurisprudence administrative*, 10ª ed., Paris : Sirey, 1993, pp. 238 s.

sob condição da substituição da tutela reconstitutiva pela tutela ressarcitória (Código de Processo nos Tribunais Administrativos – CPTA – artigos 45º, 163º e 178º). Na letra dos dois primeiros preceitos, a terminologia difere: "excepcional prejuízo", no artigo 45º, nº 1, e "grave prejuízo" no artigo 163º, nº 1. Dado que o legislador se refere a um só e mesmo requisito, teria sido preferível a uniformidade terminológica. E o adjectivo "excepcional" parece mais indicado do que o de "grave", precisamente por nos encontrarmos perante uma modalidade de estado de necessidade: não se trata, aqui, de preterir as leis estatuídas para as condições normais (entre as quais a que impõe a execução das sentenças pela Administração) sempre que da sua execução resultem consequências negativas, mas de reservar a adopção de soluções inspiradas pelas circunstâncias do momento às hipóteses em que, da aplicação das primeiras, resultaria ferido um interesse público *essencial*. Retomando a qualificação usada no artigo 45º, nº 1, do CPTA, o prejuízo para o interesse público surge como "excepcional" quando o interesse em causa se destaque pela sua essencialidade. Isto significa, por outras palavras, que só em situações anormais, e não em situações correntes, se poderá enveredar pela inexecução[21]. A anormalidade revela-se no facto de a aplicação do regime legal estatuído para o tipo de situação causar, no caso concreto, a lesão de um interesse público essencial. A habitualidade de uma tal consequência só será possível em casos de refinada inconstitucionalidade do preceito legal. Mas estes resolvem-se por outra via. Num sistema jurídico estruturado segundo parâmetros de racionalidade, a ofensa de um interesse público essencial graças à aplicação da lei será *anormal*. Significa isto que uma tal ocorrência só será concebível em circunstâncias de contornos assaz raros, ou seja, em circunstâncias *excepcionais*.

[21] Como escrevem Aroso de Almeida/Carlos Cadilha, colocando-se claramente sob a perspectiva do estado de necessidade (embora o não mencionem), "O afastamento dos deveres a cujo cumprimento a Administração estaria, à partida, adstrita, só é, naturalmente, admissível ... em *situações-limite*". Os Autores referem-se à modalidade de causa legítima de inexecução do *grave* prejuízo para o interesse público na execução da sentença, no artigo 163º, nº 1, do CPTA. Cfr. *Comentário ao Código de Processo nos Tribunais Administrativos*, 2ª ed., Coimbra: Almedina, 2007, p. 933. A permissão normativa da inexecução da sentença administrativa é referida como afloramento do princípio do estado de necessidade em: Sérvulo Correia, *Legalidade e Autonomia Contratual nos Contratos Administrativos*, Coimbra: Almedina, 1987, p. 283.

**7.** A conclusão (provisória) que se pode extrair das páginas antecedentes é a de que, no Direito Administrativo contemporâneo, o estado de necessidade não é um meio de intervenção jurídica circunscrito a situações sociais extremas – como o estado de guerra ou as calamidades naturais – com as quais anda frequentemente associado. A ideia que lhe preside é a da justiça da preterição das normas em geral aplicáveis, quando, perante circunstâncias excepcionais, a respectiva observância provoque danos a interesses públicos essenciais, com isso gerando inconvenientes de dimensão francamente superior aos benefícios que resultariam da aplicação. A essência do estado de necessidade reside, pois, num comando jurídico, com natureza de princípio, ele também uma vertente do princípio da legalidade. Esse comando tem por objecto a permissão, ou mesmo o dever, de ponderar, com emprego das máximas de proporcionalidade, entre a adesão ao princípio da preferência de lei e a admissão de excepções, a fim de evitar decisões totalmente desrazoáveis, lesivas de interesses essenciais da colectividade e, portanto, contrárias à ideia de Direito que preside ao bloco de juridicidade administrativa. O *princípio do estado de necessidade* aflora em todos os grandes planos do Direito Administrativo geral: do Direito organizatório, ao Direito das formas típicas de conduta administrativa (acto administrativo, contrato administrativo, operações materiais), do Direito do procedimento administrativo ao Direito do processo administrativo. Ele enquadra-se, também, como uma entre várias manifestações, na tendência contemporânea para, em número crescente de situações, o sistema jurídico se auto-conter a um papel de habilitador de condutas delineadas em função de directivas finalísticas e *standards*, como o da proporcionalidade, deixando ao aplicador administrativo ou judiciário a densificação concretizadora.

O breve exame levado a cabo até este momento evidencia a adequação do princípio do estado de necessidade às ideias estruturantes dos grandes sectores do Direito Administrativo geral. Como factor de interdependência, serve à reflexão prospectiva e à construção sistémica deste ramo de Direito. O nosso exame mostra também que o princípio preside à inaplicabilidade ocasional de normas administrativas de todo o tipo: organizatórias, de procedimento, de regulação substantiva e de processo administrativo[22]. Nas páginas seguintes, veremos como a teoria geral da necessidade administrativa

[22] No mesmo sentido: Freitas do Amaral/Maria da Glória Garcia, *O Estado de Necessidade...*, cit., p. 474.

permite compreender melhor alguns aspectos de institutos conexos, do mesmo passo que a reflexão sistémica nestes baseada projecta alguma luz sobre perfis mais obscuros do regime do estado de necessidade.

## § 2. O regime

**8.** O acolhimento do valor normativo da ideia de estado de necessidade implica em seu redor a arquitectura de um regime mínimo, que clarifique tanto os pressupostos de aplicabilidade quanto os efeitos de direito, ou seja, os termos em que se traduzirá a supremacia da justiça material sobre o legalismo formalista. A prevalência de um Direito mais justo e funcional para as circunstâncias excepcionais em detrimento do ditame da lei geral e abstracta desmente, designadamente no âmbito do Direito Administrativo, a velha máxima *dura lex, sed lex*. Mas, para que não nos quedemos sob o arbítrio do decisor, necessário se torna dispor de parâmetros normativos para determinar em que condições a lei geral se torna insuportavelmente "dura" e até onde se pode caminhar, quando assim suceda, ao encontro de parâmetros alternativos de juridicidade para a conformação da situação anormal. Sendo uma figura incontornável, o estado de necessidade administrativa carece de um tratamento dogmático cuidadoso: trata-se, por certo, de uma das poucas áreas do Direito em que os fins justificam os meios. Assim sendo, o essencial será uma elaboração jurisprudencial e doutrinária que permita distinguir entre meios legitimados e os restantes e reconduza os primeiros às duas coordenadas de sempre no Direito Administrativo: a tutela dos direitos dos particulares em face do exercício do poder e a promoção das condições de eficiente realização dos interesses públicos.

**9.** Constituindo o estado de necessidade um dos paradigmas de um sistema de direito administrativo aberto, que não pretende encerrar nas suas normas toda a visão da realidade a conformar e todo o sentido dessa conformação, também o preenchimento, em cada caso concreto, da *norma de necessidade* requererá do aplicador uma série de exercícios de apreciação valorativa, prognose e ponderação. Deste modo, o regime mínimo não pode assentar nem no elencamento de pressupostos tipificando situações de facto, nem na estatuição de efeitos de direito específicos. Pelo contrário, tanto no plano da previsão (*factispecie* ou *Tatbestand*), como no da determinação dos efeitos de direito a produzir, o elemento nuclear reside em *ponderações* levadas a cabo segundo as máximas (ou algumas delas) em que se desdobra o princípio da proporcionalidade.

Os pressupostos abstractos que formam a estrutura da *previsão* confluem para uma pesagem entre dois males. De um lado, perfila-se o mal resultante de se aplicar a uma situação anormal a regra que sobre esta tendencialmente continua a incidir, não obstante o preceito haver sido concebido em função de situações normais. Do outro lado, avulta o mal da inobservância dessa vertente do princípio da legalidade administrativa que é a *preferência de lei*, ou sejam, os inconvenientes que sempre decorrem de uma actuação administrativa *prima facie contra legem*.

No lado da *estatuição*, ou determinação dos efeitos de direito da *norma de necessidade*, haverá que proceder também a uma ponderação visando a escolha do conteúdo do *poder de necessidade* a exercer. Assim será, pelo menos, naqueles casos em que a alternativa se não coloque em termos simples de sim ou não (cumprir ou não um certo requisito procedimental, por exemplo).

É, no entanto, manifesta a indissolubilidade das ponderações a levar a cabo nos planos da previsão e da estatuição: a comparação entre os custos ou inconvenientes de cumprir rigidamente a legalidade ordinária ou de enveredar para uma actuação de necessidade depende também de uma avaliação da essência e dos efeitos da medida que irá dar corpo ao poder de necessidade.

## § 3. Os pressupostos

**10.** A expressão *estado de necessidade* corresponde a uma *cláusula geral* em que, para efeito de condicionar uma actuação administrativa, se espelha uma situação da vida caracterizada pela anormalidade. Na destrinça dogmática dos seus elementos essenciais, a jurisprudência desempenha um papel imprescindível. Mas, a essa avaliação, por essência casuística, da relevância normativa de componentes que se manifestam na dimensão material, segue-se o esforço doutrinário dos "fazedores de sistemas". Da teorização justificativa de uma *legalidade excepcional* resulta a identificação de *pressupostos*, que constituem categorias abstractas às quais se haverão de reconduzir os factores da situação real da vida. No artigo 3º, nº 2, do CPA, o legislador preferiu não definir *estado de necessidade*, deixando assim uma cláusula totalmente aberta à densificação jurisprudencial e doutrinária. Parafraseando MARCELLO CAETANO[23], o já referido Acórdão do STA de 4.03.2004 (a última pronúncia deste Tribunal que nos foi dado encontrar sobre a figura) define-o como *actuação sob o domínio de um perigo iminente e actual para cuja produção não haja concorrido a vontade do agente.*

Convém atentar em que se justificam *dois conceitos concêntricos de estado de necessidade.* Com o mais amplo, proceder-se-á a uma síntese do próprio instituto, estruturado em termos de *factispecie* (previsão de uma situação tipificada) e de efeitos de direito a produzir em face dela. Embora imperfeitamente, a definição transcrita fá-lo, porque abre a porta a uma actuação, não se cingindo à descrição da situação em consideração da qual se permite um comportamento. Mas, em sentido mais restrito, o *estado de necessidade* é precisamente essa situação típica. E é desta que, por ora, nos ocuparemos, procurando elencar os pressupostos da habilitação para a inaplicação de uma norma jurídica administrativa injuntiva.

**11.** À nossa posição metodológica anticonceptualista, repugna tomar as definições como ponto de partida da destrinça dos filões dogmáticos: a definição deve representar a síntese de um instituto jurídico, ou de alguma sua parcela, e não a respectiva pré-compreensão desinserida do tecido normativo. Há, no entanto, que reconhecer o problema colocado pela escassez de material normativo, um problema comum aos princípios gerais de direito que o legislador menciona mais do que densifica. É, por isso, da análise da razão de ser da figura, apoiada, aqui ou ali, em aspectos dos seus afloramentos normativos positivos e da sua praxis aplicativa, que se extrairão os componentes da situação, isto é, daquele estado (no sentido de estado de coisas) de interesses e valores capaz de tornar imperativa, à luz da ideia de direito, a preterição, na conduta administrativa, das regras jurídicas estabelecidas.

Esses *pressupostos*, cuja reunião forma o *estado de necessidade* enquanto situação típica, são os seguintes:

- perigo iminente e actual,
- para um interesse público essencial,
- causado por circunstância excepcional,
- não provocada pelo agente,

[23] *Manual de Direito Administrativo*, II, cit., p. 1305.

- só contornável ou atenuável pela inaplicação, pela Administração, de regra estabelecida.

**12.** *"Perigo iminente e actual"* era, como vimos, uma ideia utilizada pela doutrina clássica (Marcello Caetano) e da qual continua a socorrer-se o STA.

O *perigo* consiste num risco objectivo de lesão ou ofensa, ou seja, na probabilidade razoável de que o evoluir de uma situação presente conduza ao resultado lesivo.

A qualificação do perigo como *iminente* introduz a noção de *urgência* no estado de necessidade. A urgência significa que, tratando-se de situação de evolução rápida, só uma intervenção célere poderá ser eficaz na prevenção dos efeitos danosos. É, por outras palavras, indispensável que não haja tempo para tentar com probabilidade de êxito uma solução que não implique a preterição de norma vigente no caso concreto: na ponderação entre princípio da preferência de lei e princípio da legalidade excepcional, o primeiro prevalecerá, a menos que não haja qualquer possibilidade de conciliar a sua observância com a salvaguarda do interesse público essencial. A urgência significa a "exigência do imediatamente" e a recusa da realização diferida[24]. No estado de necessidade, a urgência não vale como estado de espírito do agente, mas como situação determinável através de um raciocínio de prognose repetível e infirmável. Não é assim por acaso que, no nº 3 do artigo 68º da LAL, o legislador circunscreve a preterição das competências da câmara municipal pelo respectivo presidente à verificação de "circunstâncias ... urgentes".

Mas, além de iminente, o perigo deverá ser *actual*. As duas qualidades são conexas, mas não se confundem. Na teoria do estado de necessidade, a actualidade do perigo vale sobretudo como transitoriedade ou ocasionalidade. Não se trata de uma situação permanente, que ao legislador caberá enfrentar com medidas gerais e abstractas, mas de algo que se cristaliza no presente de uma situação concreta. Por outro lado, também não releva o perigo que se estima que só possa vir a colocar-se mais tarde, porque um tal juízo de probabilidade não tem peso para justificar a inaplicação da lei

[24] Cfr. Fonseca, Isabel Celeste, *Processo Temporalmente Justo e Urgência*, Coimbra: Coimbra Editora, 2009, p. 124. Sobre a urgência da actuação como condição do estado de necessidade: Freitas do Amaral/Maria da Glória Garcia, *O Estado de Necessidade*..., cit., p. 485.

no momento presente. Só a existência concretizada das circunstâncias que poderão conduzir à ofensa justifica a decisão de inaplicar a lei.

**13.** *Perigo para um interesse público essencial* significa a necessidade de qualificar o interesse público em risco.

A essencialidade do interesse público a preservar pressupõe logicamente, que se trate de interesse juridicamente tutelado. Mas não será a preservação de qualquer interesse juridicamente tutelado da colectividade que justificará que, em nome da sua preservação contra uma lesão previsível, se postergue o Direito estatuído. Esse interesse deverá ter um peso tal que possa, à luz das circunstâncias do caso, prevalecer sobre o interesse à legalidade na vertente da preferência de lei, a qual proíbe as decisões administrativas *contra legem*. Este último prende-se, nomeadamente, com valores como os da certeza e segurança jurídicas e o princípio democrático, que implica a sujeição da actividade administrativa ao *indirizzo* do legislador democraticamente legitimado. Para poder prevalecer, ainda que ocasional e pontualmente, contra uma tal carga jurídico-constitucional, o interesse público em causa deverá reportar-se a aspectos essenciais da vida colectiva. A jurisprudência francesa começou por identificar como bens tuteláveis a tal propósito a ordem pública e o funcionamento dos serviços públicos[25]. Mas a tipologia de origem jurisprudencial nunca poderá proporcionar um elenco exaustivo. O que será necessário é que, para além de ancorar dogmaticamente a sua essencialidade na proveniência constitucional da tutela, o interesse público em causa mereça, à luz das circunstâncias, a conclusão de que a interferência contra ele resultante da aplicação das regras estatuídas seria mais séria ou forte do que o efeito negativo que se produziria sobre os valores e bens protegidos pela legalidade ordinária em caso de não-aplicação[26].

**14.** *Perigo causado por circunstância excepcional*, significa que a permissão dada à Administração para ignorar na sua conduta o comando de regras estatuídas não pode resultar de uma simples avaliação positiva quanto à instrumentalidade da conduta abnorme relativamente à preservação

[25] Cfr. LAUBADÈRE/VENEZIA/GAUDEMET, *Traité de Droit Administratif*, I, 13ª ed., Paris: L.G.D.J., 1994, p. 608.

[26] Sobre esta metodologia da ponderação, v. ALEXY, *A Theory of Constitutional Rights*, cit., p. 405s.

do interesse público em causa. É, ainda, indispensável que a situação se enquadre num condicionalismo social que não corresponda ao habitual. A *excepcionalidade* significa para este efeito também *anormalidade*: o Estado de direito democrático não se compaginaria com a normalidade do incumprimento da lei estatuída, porque ela contenderia com a separação de poderes, o imperativo de respeito dos direitos dos cidadãos e a certeza e segurança no tráfego jurídico. Mas, ao contrário do que ainda se faz em França (o berço da "teoria das circunstâncias excepcionais"), a excepcionalidade das situações não deverá ser tomada como sinónimo apenas de conjunturas cataclísmicas, como a guerra, as catástrofes naturais ou as sérias perturbações sociais[27]. Aquilo que importa é que a exegese das normas preteridas revele com segurança que elas terão sido concebidas para regular situações habituais da vida social, e não outras que, cabendo formalmente no seu âmbito de incidência, se revistam também de características cuja raridade não tenha permitido a sua previsão para efeito de, através de uma regra excepcional, prevenir os graves inconvenientes da sujeição à regra geral.

Isto mesmo se aplica também à previsão, no artigo 68º, nº 3, da LAL, do exercício, pelo presidente, de competências da câmara municipal, quando circunstâncias *excepcionais* o exijam. São, afinal, circunstâncias perante as quais não teria feito sentido continuar a reservar a competência ao órgão colegial, quando não existem condições para o fazer funcionar.

**15.** O *princípio da boa fé*, a que a Constituição hoje expressamente sujeita a Administração, não é consentâneo com a aplicação do regime do estado de necessidade a situações provocadas pelo próprio ente ou órgão administrativo, que, assim, delas se pudesse servir para voluntariamente se eximir à lei geral. O princípio do estado de necessidade é, a par do princípio da boa fé, um fruto, ou instrumento, do *valor da materialidade subjacente*[28]. Mas a permissão de outra conduta que não a formalmente prescrita deixaria de se coadunar com uma exigência de verdade material quando pudesse resultar de uma manipulação das circunstâncias pelo agente. Com o atentado à verdade material, distorcer-se-ia a necessidade e violar-se-ia paralelamente a boa fé.

[27] Cfr. TRUCHET, Didier, *Droit Administratif*, 2ª ed., Paris : PUF, 2009, p. 213.

[28] Cfr. FREITAS DO AMARAL, *Curso de Direito Administrativo*, II, cit., p. 138.

**16.** Um último pressuposto do estado de necessidade reside na *adequação* da inaplicação da regra estabelecida. A invocação da adequação, como máxima de proporcionalidade, significa um juízo sobre a funcionalidade ou instrumentalidade da não-aplicação das regras estatuídas quanto ao preenchimento do objectivo do afastamento ou, ao menos, da atenuação, do perigo iminente e actual para um interesse público essencial. Sem essa funcionalidade, a preterição da legalidade ordinária perderia justificação.

## § 4. Os parâmetros de actuação

**17.** Dificilmente se encontrará uma estatuição com maior abertura do que a do princípio – norma do estado de necessidade. Se abstrairmos de afloramentos específicos, o *efeito de direito* em causa consiste tão só na permissão da preterição de regra estabelecida. O texto do nº 2 do artigo 3º do CPA é a esse respeito bem elucidativo. Abstraindo por agora da referência ao dever de indemnizar nos termos gerais da responsabilidade administrativa, a letra do preceito apenas acrescenta, como requisito de validade do acto administrativo praticado em estado de necessidade, que "os seus resultados não pudessem ter sido alcançados de outro modo". Esta passagem é obscura. Uma análise crítica logo mostra que se não pode tratar de todos e quaisquer resultados visados pelo acto concreto. Dada a razão de ser do instituto, há que entender "os seus resultados" como a concretização de fins visados pelas normas preteridas. Esta adstrição finalística do poder de necessidade à norma preterida constitui uma delimitação do âmbito admissível para o sentido da decisão. Mas não o define por si só.

Numa parte significativa dos casos, o sentido da decisão resultará da natureza da norma preterida. Assim sucederá quase sempre quando se trate de preterir normas de competência, de procedimento ou de forma. Tratar-se-á então de assunção a título excepcional da competência pelo agente (caso da substituição da câmara municipal pelo respectivo presidente, nos termos do artigo 68º, nº 3, da LAL), ou de agir de modo informal (caso do artigo 151º, nº 1, do CPA). Noutras hipóteses, a preterição traduzir-se-á pura e simplesmente em conduta omissiva, como sucede com a inexecução da sentença administrativa (artigos 45º, 163º e 175º do CPTA), sem prejuízo, naturalmente, do dever de indemnizar.

A complexidade aumenta quando se trata do afastamento de uma norma sobre o conteúdo do acto, havendo então que encontrar um outro conteúdo, adequado em termos de legalidade excepcional[29]. Na jurisprudência do Conselho de Estado francês, podem recensear-se a este propósito decisões como as de requisição, ordem de abandono de um local, actos de polícia e outras restrições de liberdades individuais[30].

A ausência de directivas normativas quanto ao conteúdo dos poderes de necessidade é compensada pela força estruturante do *princípio da proporcionalidade*. Este enquadra através das suas três vertentes a conduta administrativa sob invocação de necessidade. Isso significa desde logo que o comportamento adoptado se não pode mostrar funcionalmente inadequado à preservação e promoção dos interesses públicos que deixaram transitoriamente de poder ser servidos pela conduta decorrente das normas permanentes. Acresce – como aliás resulta da própria denominação do instituto – que o comportamento adoptado tem de ser o necessário em face da inoperância dos poderes ditados pelas normas vigentes. Como imperativo de proporcionalidade, a necessidade manifesta-se segundo duas vertentes, conexas mas distintas. Os poderes excepcionais só surgem porque, sem a alternativa que representam, os interesses públicos visados pelas normas de incidência habitual quedariam desprotegidos. E esses poderes só poderão ir até ao ponto em que tais interesses passem a estar salvaguardados. Por outro lado ainda, os poderes de necessidade terão de ser razoáveis ou proporcionais em sentido estrito: os novos inconvenientes que da sua execução devam resultar não poderão ter uma amplitude susceptível de neutralizar os benefícios esperados.

Perante as circunstâncias da necessidade, a metodologia assente no princípio da proporcionalidade estabelece uma *ponte obrigatória entre previsão e estatuição*, ou seja, entre o juízo sobre a existência do estado de necessidade e a escolha do sentido da decisão excepcional. Em rigor, a decisão de agir com preterição da norma estatuída não pode ser tomada por si só: o balanceamento entre custos e benefícios da preterição da norma estatuída passa necessariamente pelo exame das virtualidades da solução alternativa quanto à salvaguarda do interesse público essencial em risco.

[29] Cfr. Sérvulo Correia, *Legalidade e Autonomia Contratual nos Contratos Administrativos*, cit., p. 283.

[30] Cfr. Laubadère/Venezia/Gaudemet, *Traité de Droit Administratif*, I, cit., p. 610; Chapus, *Droit administratif*, I, 15ª ed., Paris : Montchrestien, 2001, p. 1088.

**18.** Como parâmetros da actuação em estado de necessidade, valem, a par da proporcionalidade, a *transitoriedade da actuação* e a *indemnização pelo sacrifício.*

O estado de necessidade não se confunde com a caducidade da norma preterida, ou seja, a cessação da sua vigência por terem desaparecido os pressupostos da sua aplicação. Não há (aqui) extinção da norma pelo desaparecimento do seu objecto mas, tão só, a absoluta inconveniência da sua aplicação a um caso concreto ou a um feixe de casos temporalmente delimitados[31]. Em caso de caducidade de uma norma jurídica administrativa, haverá, então, que procurar no sistema a norma ou normas que passam a abranger, com generalidade e abstracção, o tipo de situação na sua incidência.

**19.** Se os afectados pelo exercício dos poderes de necessidade não poderão, devido à licitude deste, contar com a tutela jurisdicional anulatória ou injuntiva contra ofensa ilegal de posições subjectivas, deverão poder contar com a *tutela indemnizatória.* Para que assim seja, será naturalmente necessário que a intervenção de poderes de necessidade (em lugar dos poderes comuns) seja especificamente causadora de encargos ou danos especiais ou anormais para certos particulares. Em tais hipóteses, a igualdade dos cidadãos perante os encargos públicos imporá a indemnização dos sacrificados em prol da preservação da *salus publica.* Trata-se, no fundo, de mais uma situação em que tem lugar a *indemnização pelo sacrifício,* ou seja, a compensação pela ocorrência de danos eventualmente resultante da prática de actos administrativos legais ou de operações materiais lícitas da administração, que sacrifiquem, de acordo com parâmetros de juridicidade, interesses particulares ao interesse público.

## § 5. Os limites

**20.** Pela negativa, conta ainda como parâmetro do conteúdo dos poderes de necessidade a *proibição de afectação dos Direitos Fundamentais que, nos termos do artigo 19º, nº 6, da CRP, não possam ser constrangidos mesmo em caso*

[31] Cfr. Juliana Miranda, *Indícios de uma Teoria de Excepcionalidade Administrativa,* cit., pp. 128 e 129.

*de declaração do estado de sítio ou de estado de emergência.* Trata-se de limites absolutos de suspensão, mesmo em casos de *necessidade constitucional,* ou seja, de agressão efectiva ou iminente por forças estrangeiras, de grave ameaça ou perturbação da ordem constitucional democrática ou de calamidade pública. Estas situações provocarão também, quase inevitavelmente, necessidade administrativa, não se vendo que interesses públicos a prosseguir através da actividade administrativa possam justificar restrições ainda mais severas do que as que se destinem a restabelecer a normalidade constitucional[32].

Isto significa que nenhum de tais direitos poderá ser levado à ponderação com interesses públicos alegadamente preservados pelo exercício de poderes de necessidade. Ainda que parcialmente, não poderão ser aqueles direitos sacrificados para efeito da enunciação de fórmulas de concordância prática. Quanto aos outros, serão passíveis de restrição, mas a observância a tal propósito dos requisitos do regime geral dos Direitos Fundamentais terá, ela também, a natureza de parâmetro de juridicidade do conteúdo dos poderes de necessidade.

## § 6. O controlo

**21.** A compatibilidade da figura e do regime do estado de necessidade com o princípio do Estado de Direito depende também essencialmente da sua sujeição a mecanismos de *accountability.*

Em primeiro lugar, merece uma curta menção o *controlo político.* A decisão administrativa de agir com preterição das normas estatuídas contende formalmente com o *indirizzo* democrático. É, pois, necessário que os órgãos competentes analisem as razões materiais da decisão e a real instrumentalidade desta em relação com o interesse público essencial que se pretende proteger. Um bom exemplo dá-no-lo, mais uma vez, o artigo 68º, nº 3, da LAL, quando subordina a validade das decisões do presidente no exercício excepcional de competências da câmara municipal a uma ratificação do órgão colegial.

[32] Cfr. Jorge Miranda/Rui Medeiros, *Constituição Portuguesa Anotada,* I, Coimbra: Coimbra Editora, 2005, pp. 164 a 169.

**22.** Essencial à compatibilidade da necessidade administrativa com o Estado de Direito é, por seu turno, o *controlo jurisdicional.*

É certo que os *pressupostos* do estado de necessidade se traduzem em conceitos indeterminados, preenchíveis através de juízos de valor (*essencialidade* do interesse público a preservar) ou de prognose (*perigo*). Habitualmente, quando o legislador tipifica com emprego de conceitos jurídicos indeterminados os pressupostos de uma certa conduta administrativa – designadamente sob a forma de acto administrativo – ele reserva por esse meio à Administração uma *margem de livre apreciação,* em cujo exercício não deve o juiz substituir-se, cabendo-lhe tão só controlar a "legalidade externa" (competência, procedimento e ausência de erro de facto) e a legalidade substantiva decorrente dos princípios fundamentais da conduta administrativa (em particular, a idoneidade ou adequação enquanto máxima de proporcionalidade no juízo de avaliação).

Quanto à *estatuição* da norma sobre o estado de necessidade, ela caracteriza-se por uma abertura praticamente total, quando se trata de ignorar uma norma de *legalidade ordinária* que dite o sentido material de uma conduta administrativa. A *legalidade alternativa* passa apenas pela permissão abstracta de uma conduta diferente da legalmente estabelecida sem a tipificar. Em geral, nas normas jurídicas administrativas, a abertura da estatuição (ou "lado dos efeitos de direito" – *Rechtsfolgenseite,* em alemão) é considerada como fonte de discricionariedade. Isso significa mais uma vez a natureza limitada do controlo jurisdicional, que incide sobre as "zonas de legalidade" do acto administrativo, mas não envolve um poder de substituição no exercício das opções em que a discricionariedade se traduz.

Ora, o *paralelismo estrutural* entre o *estado de necessidade,* a *margem de livre apreciação* e a *discricionariedade administrativa* é patente. No caso da discricionariedade, a proximidade aumenta ainda se tomarmos em conta uma nova modalidade, detectada em anos recentes pela jurisprudência germânica em algumas soluções arquitectadas pelo legislador. Referimo-nos à *intendiertes Ermessen* ("poder discricionário orientado" na tradução para francês de MICHEL FROMONT). Trata-se da concessão, pelo legislador, de uma discricionariedade parcial ou "meia discricionariedade", visto que o preceito esquematiza qual seja o sentido em geral pretendido para a conduta administrativa, mas admite que, excepcionalmente, o aplicador decida de outro modo à luz da incongruência entre o sentido normativo da decisão e as circunstâncias do caso[33].

Estas situações de fronteira, em que a Administração deve normalmente fazer algo que o legislador lhe prescreve, mas se encontra ao mesmo tempo habilitada por este para agir diferentemente em casos excepcionais, ficando então ao seu critério a determinação do sentido da conduta, chamam a atenção para a proximidade das figuras do estado de necessidade e da discricionariedade em Direito Administrativo. Polarizando-as em conformidade com as suas características mais comuns, a diferença entre elas consiste em que, na discricionariedade, o legislador prescinde em regra de programar o conteúdo da conduta administrativa correspondente a certa situação que tipifica, ao passo que, no estado de necessidade, se trata apenas de permitir que uma conduta legislativamente determinada para certo tipo de situação possa, em razão da excepcional mas intolerável disfuncionalidade do regime legal, ser substituída por outra não determinada.

Dir-se-ia que a afinidade estrutural que a abertura da estatuição gera entre estado de necessidade e discricionariedade administrativa ganha vigor acrescido graças à modalidade de discricionariedade consistindo na *intendiertes Ermessen* (que, numa tradição não literal, preferiríamos traduzir por *discricionariedade excepcional*). Esta nova figura dogmática aproxima-se muitíssimo do estado de necessidade, visto que, em ambos os institutos, se trata de substituir casuisticamente o regime geral por uma solução *ad hoc*, devido à excepcional inadequação finalística daquele em face das características peculiares de uma situação concreta (ou de um feixe de situações concretas).

Mas, não obstante a abertura que caracteriza a norma de necessidade administrativa na previsão e, ainda mais, na estatuição, não cremos que esta possa ser considerada como uma modalidade da margem de livre avaliação e de livre decisão administrativa. A *diferença* reside, desde logo, na *natureza dos juízos que presidem à avaliação da situação como sendo de estado de necessidade* e, em consequência disso, à *determinação do sentido da conduta administrativa conteúdo do poder de necessidade.*

[33] Sobre esta "nova figura jurídica" e a perplexidade por ela causada em certos sectores da doutrina, v., a título de exemplo: KOCH/RUBEL/HESELHAUS, *Allgemeines Verwaltungsrecht*, 3ª ed., München: Luchterhand, 2003, p. 215; MAURER, *Allgemeines Verwaltungsrecht*, 16ª ed., München: Beck, 2006, p. 137 e a tradução para francês, por MICHEL FROMONT, de uma edição anterior da mesma obra: *Droit Administratif Allemand*, Paris: L.G.D.J., 1994, pp. 129 e 130.

A razão de ser do princípio do estado de necessidade administrativa não é o deixar ao critério da Administração a opção entre a aplicação do Direito legislado e a passagem para um plano de legalidade excepcional. O estado de necessidade concebe-se como um evento que se impõe como inelutável e força a agir de modo diferente do estabelecido, sob pena de lesão grave dos interesses essenciais visados pelas regras que normalmente se aplicariam. Trata-se de uma válvula de segurança, graças à qual o sistema jurídico salvaguarda a sua unidade teleológica e axiológica. Instrumentos de flexibilização do ajustamento do tratamento jurídico à realidade própria de cada situação concreta da vida, tal como os conceitos de *essencialidade* do interesse a proteger graças à opção por uma legalidade alternativa e do *perigo* que o ameaça, terão, para efeito de passagem ao estatuto do estado de necessidade, de ser concretizados não através de um raciocínio causal-teorético, mas sim de um raciocínio teorético-discursivo, ou seja, com emprego de uma metodologia conducente ao apuramento da única solução juridicamente correcta. Não haverá, pois, aqui, lugar, para opções entre várias hipóteses causais de desenvolvimento futuro, das quais nenhuma objectivamente infirmável e todas elas juridicamente aceitáveis. O *perigo* não constituirá, a este propósito, o objecto de uma prognose fáctica, mas de uma densificação tipológica enunciada segundo uma metodologia interpretativa.

O mesmo se diga no tocante à operação de fixação do sentido da decisão a tomar quando se tenha concluído que a situação configura estado de necessidade. Também a este propósito, não seria correcto entender que a norma-princípio do estado de necessidade remete o sentido da decisão para o critério autodeterminado do aplicador administrativo. Em muitos casos, a invocação do estado de necessidade vem legitimar a preterição de regras de competência ou de procedimento. Nessas hipóteses, a alternativa surgirá quase sempre circunscrita pela natureza das coisas a uma só conduta: preterir, omitindo-o, um procedimento que normalmente deveria ter sido observado; ser o órgão ou agente que, à luz das circunstâncias, tem capacidade de actuar imediatamente, a fazê-lo em lugar do titular da competência legal, que as circunstâncias factuais impedem de agir com a brevidade que se impõe. Em tais hipóteses, é patente que o estado de necessidade não abre um leque de alternativas ao dispor da entidade actuante. Já as coisas se não porão com a mesma nitidez quando se esteja perante a necessidade de adoptar um conteúdo de decisão administrativa diferente daquele que a lei prevê. Mas, também a este propósito, a conclusão que se impõe é de não haver, por parte da norma de necessidade, a atribuição ao agente do poder de proceder, segundo os seus critérios político-administrativos e de experiência, a uma ponderação de interesses de cuja hierarquização dependerá o resultado. A norma de necessidade é uma daquelas em que a barreira lógica entre previsão e estatuição se atenua fortemente devido à necessidade de extrair o sentido da decisão dos pressupostos que integram *ab initio* o *Tatbestand*. O quadro de pressupostos cuja junção forma uma situação de estado de necessidade é todo ele normativo: não cabe à Administração completá-lo segundo o seu critério com a junção de outros aspectos da realidade concreta por ela livremente escolhidos. A conclusão quanto ao sim ou não de um certo estado de necessidade resultará de, na situação em causa, se reunirem os pressupostos normativos da figura. Daqui resulta que o conteúdo do acto administrativo que o estado de necessidade impõe decorra objectivamente do modo como, no caso, estão preenchidos os pressupostos normativos. Ao contrário do que sucede no âmbito da discricionariedade administrativa, não caberá ao aplicador qualquer liberdade de extrair da realidade outros factores alheios a um elenco incompleto de pressupostos normativos para, graças à sua inclusão numa operação de ponderação de interesses, encontrar de modo não arbitrário um sentido da decisão. A razão da impossibilidade (material ou axiológico-finalística) de uma actuação segundo o modelo legalmente estabelecido aponta de per si qual o sentido de decisão que em seu lugar se impõe como modo de preservar os interesses essenciais visados pelo legislador e cujo perigo de frustração o cumprimento formal da lei apenas viria concretizar.

Ora, tratando-se de um sentido de decisão a extrair do sistema jurídico segundo uma metodologia jurídica, ele é totalmente revisível e infirmável. Neste domínio, a última palavra cabe, portanto, na totalidade ao juiz. Ao contrário do que sucede com a discricionariedade, não existe, no estado de necessidade, uma zona de autodeterminação decisória que o juiz apenas possa controlar na medida em que se não trate de rever critérios metajurídicos de decisão.

## § 7. O conceito

**23.** Em face da análise do estado de necessidade tal como ele emerge do nosso sistema jurídico, estamos, finalmente, em condições de proceder a uma definição: *estado de necessidade* é *a permissão normativa de actuação administrativa discrepante das regras estatuídas, como modo de contornar ou atenuar um perigo iminente e actual para um interesse público essencial, causado por circunstância excepcional não provocada pelo agente, dependendo a juridicidade excepcional de tal conduta da observância de parâmetros de proporcionalidade e brevidade e da indemnização dos sacrifícios por essa via infligidos a particulares.*

# Margem de livre decisão, equidade e preenchimento de lacunas: as afinidades e os seus limites (2012)*

## I. O tema

**1.** Hesitava quanto à escolha de um tema que, situado no meu habitual campo de estudo, proporcionasse uma frescura de análise idónea para homenagear um jurista como Miguel Galvão Teles, que de há muito admiro pela sua inventiva profundidade. E foi um acaso da vida profissional que, subitamente, me despertou para uma realidade à qual até agora me mantivera desatento, talvez por ser ela tão óbvia. Refiro-me à proximidade entre as figuras da discricionariedade administrativa e do preenchimento de lacunas do sistema normativo.

Configurava-se, numa situação da vida real, um caso de formalidade impossível por se conjugarem acidentalmente num mesmo órgão a competência decisória e a competência para emitir um parecer legalmente requerido. E o enquadramento jurídico não permitia uma ultrapassagem do obstáculo pelo recurso às vias da substituição ou da delegação de poderes. Cumpria então apurar se se revertia para o âmbito da cláusula geral de

* In: *Estudos em Homenagem a Miguel Galvão Teles*, I. Coimbra: Almedina, pp. 379-402.

discricionariedade procedimental[1], cabendo na condução do procedimento um juízo de oportunidade sobre a eventual solicitação de parecer a outra instância consultiva cuja intervenção não requerida por lei coubesse ainda assim na respetiva competência em razão da matéria.

Despontou no entanto nessa altura uma interrogação alternativa sobre se não seria de encarar a jacência de uma *lacuna oculta*[2] sob a exigência legal do parecer naquela eventualidade impossível. Assim seria se a lógica do sistema impusesse, em caso de impossibilidade do parecer explicitamente requerido, a solicitação de pronúncia consultiva ao órgão da entidade cujas atribuições correspondessem mais de perto àquelas que ditavam a escolha expressa de uma instância consultiva pelo legislador.

A ser correta esta interpretação da norma, já nos não encontraríamos perante discricionariedade procedimental, mas, pelo contrário, perante uma vinculação: a de obter um parecer. Até aqui, poderia dizer-se que tal conclusão proviria de uma interpretação extensiva e não do preenchimento de uma lacuna[3]. Mas, a concluir-se pela manutenção da necessidade de obter um parecer, surgiria uma verdadeira lacuna no tocante à determinação da entidade a quem o mesmo deveria ser solicitado. Nesta segunda hipótese, o aplicador defrontar-se-ia com uma diferente abertura do sistema (mas, ainda assim, uma abertura!) respeitante à identificação da instância consultiva subsidiária, a colmatar com emprego de metodologia de preenchimento de lacunas estatuída pelo artigo 10º do Código Civil.

Este caso da vida real denota a proximidade que, pelo menos em dadas circunstâncias, pode verificar-se entre a discricionariedade e o preenchimento

[1] Cfr. David Duarte, *A Norma de Legalidade Procedimental Administrativa*, Coimbra: Almedina, 2006, p. 413, 414, 657 a 660; Sandulli, *Il Procedimento Amministrativo*, Milano: Giuffrè, reimp. de 1964, p. 93 a 95; Stelkens, *Verwaltungsverfahren*, München: Beck, 1991, p. 63 e 152.

[2] Sobre o sentido de *lacuna oculta*, cfr. Oliveira Ascensão, *O Direito – Introdução e Teoria Geral*, 9ª ed., Coimbra: Almedina, 1995; p. 429 e 430.

[3] Veja-se, no entanto, a relativa indiferenciação, em diversos setores da doutrina, entre as figuras da interpretação extensiva e do preenchimento de lacunas através da analogia: Esser, *Grundsatz und Norm*, 4ª ed., Tübingen: Mohr, 1990, p. 255; Pawlowski, *Methodenlehre für Juristen*, 2ª ed., Heidelberg: Müller, 1991, p. 221. Este segundo Autor sublinha contudo que, no âmbito de certos ramos de Direito, como o Direito Administrativo (ou o Penal, ou o Fiscal), onde é mais frequente a restrição de direitos através do exercício do poder público, a distinção entre as figuras se impõe em consequência dos limites constitucionais à analogia (p. 222).

de lacuna enquanto instrumentos metodológicos de completamento de espaços de abertura existentes no sistema normativo[4].

No quadro do Direito Administrativo, justificar-se-á por certo com frequência o cuidado na qualificação da tessitura aberta do sistema normativo a fim de concluir sobre se ela remete para a decisão autodeterminada segundo critérios de conveniência ou, diferentemente, para a procura de uma aplicação analógica enquanto instrumento de igualdade. A imponderável leveza da interpretação qualificativa poderá ressaltar também da comprovação de que, à luz das circunstâncias, o correto emprego de qualquer das metodologias conduz eventualmente ao mesmo resultado.

**2.** A proximidade entre as figuras da *margem de livre decisão* e do *preenchimento de lacunas* do sistema normativo – e entre elas e a *equidade* (por força de também esta poder servir de instrumento de densificação de aberturas normativas[5]) – suscita a questão de saber se se trata de metodologias de concretização jurídica apenas diferenciáveis em termos gradualistas[6]. Em contraste com esta hipótese explicativa, justifica-se que se procure analisar com maior rigor aquilo que distingue qualitativamente os três métodos de descobrimento do Direito aplicável (*Rechtsfindungsmethoden*).

Além disso, não poderia ignorar-se a este propósito o incremento da *feição orientadora* no âmbito das funções do Direito Administrativo. Embora o caráter ordenador e constitutivo deste ramo do Direito não tenha desaparecido mas, apenas, se haja enfraquecido[7], a crescente preferência do legislador por um papel elasticamente orientador de condutas e decisões

[4] Nomeadamente por respeito dos limites de extensão de um estudo com a finalidade do presente, só trataremos aqui do *exercício individual e concreto da margem de livre decisão administrativa*. Convém no entanto não esquecer que existe, para o exercício deste tipo de poder, a modalidade alternativa do *exercício genérico* mediante a emissão de regulamentos. Através das normas habilitantes, a Administração vê constituída a seu favor uma *margem de livre decisão para o desenvolvimento de programas de decisões concretas*. No seu exercício, não se orienta pelas circunstâncias específicas de cada caso, mas por tipos de casos concretos. V. MAURER, *Allgemeines Verwaltungsrecht*, 18ª ed., München: Beck, 2011, p. 147.

[5] Cfr. MENEZES CORDEIRO, *A equidade como fonte de direito*, in: «O Direito», Ano 144º - 2012, I, p. 19.

[6] Cfr. BYDLINSKI, *Juristische Methodenlehre und Rechtsbegriff*, Wien: Springer, 1982, p. 364 e 365.

[7] Cfr. VOSSKUHLE, *Neue Verwaltungsrechtswissenschaft*, in: HOFFMANN-RIEM/SCHMIDT-ASSMANN/VOSSKUHLE, *Grundlagen des Verwaltungsrechts*, I, München: Beck, 2006, p. 20 a 26.

vem conduzindo a técnicas de gradualização descendente da intensidade da vinculação normativa. Correlativamente, multiplicam-se os espaços de concretização construtiva das normas jurídicas (*Rechtserzeugungsräume*), que se não limitam aos modelos clássicos da *margem de livre decisão administrativa* (doravante, MLD), podendo também situar-se noutros utensílios metodológicos cuja origem e âmbito se não confinam sob esta perspetiva[8].

Vale a pena considerar por momentos estas duas coordenadas, que encontraremos disseminadas ao longo das secções seguintes.

**3.** Com o presente estudo, tenta-se situar reciprocamente as figuras da MLD, do preenchimento das lacunas e da equidade, sob uma perspetiva eminentemente metodológica. Observa-se no entanto que a fronteira entre a metodologia e a dogmática jurídicas não é objeto de consenso ou de delimitação fácil[9]. E também as tarefas da dogmática, na vertente da descrição do Direito em vigor e, sobretudo, na do tratamento concetual-sistemático e na da organização prático-normativa das soluções[10], se tornam mais complexas em consequência da diafaneidade das barreiras entre aplicação subsuntiva, realização criativa e desenvolvimento do Direito. Não perfilhamos a ideia de que o juízo decisório se cumpra na mera aplicação lógico-subsuntiva de uma norma auto-suficiente. Mas a sua rejeição irrestrita obriga a pôr em causa de um modo radical a diferença entre *aplicação hetero-determinada* e *densificação auto-determinada* da norma, bem como outras distinções axiais, como as que separam a interpretação da livre avaliação ou a interpretação da integração de lacunas através da analogia[11].

**4.** Ainda que sob uma perspetiva liminar e quase empírica, há que reconhecer que as figuras da MLD (ou, ao menos, da discricionariedade),

[8] Cfr. APPEL, *Das Verwaltungsrecht zwischen Klassischem dogmatischen Verständnis und steuerungswissenschaftlichen Anspruch*, in: VVDStRL 67, Berlin: De Gruyter, 2008, p. 255 a 271 e, em particular, 262 e 263.

[9] V. , a título de exemplo, FRIEDRICH MÜLLER, *Strukturierende Rechtslehre*, 2ª ed., Berlin: Duncker & Humblot, 1994, p. 280, 296 e 431; PAWLOWSKI, *Methodenlehre ...*, cit., p. 4s.

[10] Sobre as referidas três tarefas da dogmática jurídica e as suas consequentes dimensões descritiva-empírica, lógico-analítica e prático-normativa, v. ROBERT ALEXY, *Theorie der juristischen Argumentation*, Frankfurt am Main: Suhrkamp, 1983, p. 308.

[11] Sobre o *continuum* da realização do Direito e a interpretação jurídica como momento dessa realização, v. CASTANHEIRA NEVES, *Digesta*, II, Coimbra: Coimbra Editora, 1995, p. 370 s.

da equidade e do preenchimento de lacunas possuem algo em comum, para além daquilo que as distingue. Parece claro que, na discricionariedade, na equidade para a qual remeta disposição legal e no preenchimento de lacunas (certamente quando se trate de resolver a situação segundo a norma que o próprio aplicador criaria e quase certamente no domínio da analogia *juris*), o decisor é chamado a configurar juridicamente uma solução que poderá variar em consonância com os elementos que, com margem de liberdade, selecionar para, com base neles, encontrar uma *ratio decidendi* lógica.

A liberdade de apreciação do decisor no tocante à configuração do sentido da decisão não constitui, porém, nos nossos dias, um critério metodológico só por si bastante para distinguir as três figuras de que nos ocupamos da aplicação simplesmente subsuntiva das normas. O aprofundamento da análise teórica do exercício do poder público de transposição dos programas normativos para os casos permite compreender a inevitável existência de um elemento decisionista, mesmo no que tange à aplicação daquelas normas de previsão e estatuição formalmente cerradas. Não se torna mais possível isolar metodologicamente aquelas realidades a que convencionalmente se chamou «interpretação» e «aplicação» porque a interpretação jurídica-normativa não pode ser despida de uma índole constitutivamente concretizadora[12].

O decisor tem desde logo de escolher, de entre uma multiplicidade de normas candidatas, aquela que parece corresponder à situação vista no seu todo para, em seguida, proceder à seleção dos elementos dessa situação que se afigurem relevantes no quadro de uma indissolúvel ligação entre programa normativo e estrutura fáctica[13]. Esta dependência do objeto da decisão em relação aos métodos de determinação do respetivo sentido, mas também dos métodos em relação ao objeto, ou seja, a dialética ou correlação entre programa normativo e âmbito da norma, traduz-se num espaço de decisão (*Spielraum*) concretizador da norma. O sentido da decisão é progressivamente definido ao longo de um «círculo hermenêutico» pontuado por idas e vindas entre a norma e os factos sobre os quais se apura a sua incidência[14].

[12] Cfr. *Digesta*, II, cit., p. 368 s e, em especial, 369.

[13] Cfr. FRIEDRICH MÜLLER, *Strukturierende Rechtslehre*, cit., p. 280.

[14] FRIEDRICH MÜLLER previne no entanto contra o perigo de a metáfora do «círculo hermenêutico» poder reduzir a interpretação ao problema da compreensão de um texto em detrimento da atenção devida à determinação material da normatividade. *Idem*, p. 196.

Em suma, a «subsunção» não é nem um momento isolado de pura recondução cognitiva dos elementos da situação real às componentes da previsão da norma (*Tatbestand*), nem a simples dedução de uma conclusão lógica. Muitos elementos da previsão normativa são teleológica ou valorativamente significantes[15]. A estrutura circular da compreensão pressupõe uma decisão inicial de antecipação, ditada pela pré-compreensão, que se revela fundamental para a conexão entre a particularidade da situação e a norma[16].

Assim sendo, a diferença entre MLD, equidade e preenchimento de lacunas, de um lado, e a simples aplicação interpretativa, do outro, não reside numa contraposição entre atitudes criativa e mecanicista do aplicador, mas numa autodeterminação do sentido de decisão que, nas três primeiras (ainda que em diferentes moldes), vai qualitativamente além dos campos de autonomia necessariamente implicados no geral procedimento aplicativo. É o que adiante melhor se verá.

**5.** A vertente construtivista da própria interpretação ajuda a entender e aceitar o protagonismo que a MLD, a equidade e o preenchimento de lacunas proporcionam hoje em dia no domínio da realização e do desenvolvimento do Direito a um nível infra-legislativo.

Mas, a par desse, outro fator de alargamento do papel autónomo do aplicador se avantaja, sobretudo quando franqueamos os umbrais do Direito Administrativo. É que, no âmbito deste, ressalta em particular a crescente tendência do legislador para configurar as normas de competência e as normas de conduta[17] como instrumentos de políticas públicas em cujo quadro se reserva à lei um papel mais orientador do que de matriz imediata das soluções concretas. Intervindo na constituição e no desenvolvimento das relações jurídicas administrativas, os órgãos da Administração dialogam procedimentalmente com os interessados e encontram-se, por força da proximidade, em melhores condições para se aperceberem dos infinitos prismas sob os quais se desmultiplica a realidade. É assim natural que – até

[15] Cfr. RÜTHERS, *Rechtstheorie*, München: Beck, 1999, p. 77, 78, 391 e 444.

[16] Cfr. JOSÉ LAMEGO, *Hermenêutica e Jurisprudência*, Lisboa: Fragmentos, 1990, p. 134, 135 e 181 a 183.

[17] Sobre o papel das normas de competência e das normas de conduta como atributivas de discricionariedade, v. DAVID DUARTE, *A Norma de Legalidade Procedimental Administrativa*, cit., p. 469, entre outras.

por fidelidade aos valores constitucionais da proximidade e da participação (CRP, artigo 267º, nº 1) – sejam muitas as situações cuja conformação o legislador prefira deixar ao critério do decisor concreto quanto aos termos mais ajustados à problemática específica.

Perante a impossibilidade (ou a indesejabilidade) de enquadrar numerosos aspetos da vida social em normas que tudo prevejam e integralmente adiantem as soluções, o legislador não desiste de intervir, não remetendo tais situações para o campo do «silêncio eloquente», ou seja, o do vazio desejado em virtude de se entender que a matéria se deverá manter alheia à disciplina jurídica[18]. Mas, em vez de «dar» a solução, o legislador orienta o seu achamento, atribuindo a órgãos da Administração (e, por vezes, diretamente ao juiz) a competência de concretização normativa à luz de um programa finalístico cuja enunciação se continua a reservar à lei[19].

Os destinatários diretos da *ação orientadora* do legislador são, neste quadro, outros órgãos do Estado, de natureza administrativa ou jurisdicional. A norma legal orienta as respetivas decisões em vez de as predeterminar. Trata-se de uma orientação desde logo teleológica e, também, de uma orientação graças aos princípios e valores inerentes ao procedimento de livre decisão concreta, que completam o regime material. Mas, nem a norma, nem esses parâmetros do *iter* formativo matriciam antecipadamente o sentido das decisões concretas, visto que não apagam a margem de liberdade deixada ao aplicador. Por seu turno, as situações e condutas dos particulares vão receber o impacto da orientação na medida em que ela é refletida pelos atos concretos de autoridade praticados sob a égide da lei administrativa orientadora e também habilitante. Os atos administrativos e as decisões jurisdicionais não desempenham apenas uma *função orientadora*, pois que conformam o conteúdo das situações que lhes servem de objeto. Mas basta a utilização do método de concretização da norma à luz das circunstâncias do caso para que se atenue consideravelmente a medida do efeito compressivo do exercício do poder público. Ao completar a tessitura aberta das normas que atribuem poder discricionário ou prerrogativa de avaliação com base em conceito indeterminado, o órgão competente para a decisão

[18] É a figura a que LARENZ/CANARIS chamam «*beredtes Schweigen*». Cfr. *Methodenlehre der Rechtswissenschaft*, 3ª ed., Berlin: Springer, 1995, p. 191.

[19] Cfr. RÜTHERS, *Rechtstheorie*, cit., p. 76 e 77; SCHMIDT-ASSMANN, *Das Allgemeine Verwaltungsrecht als Ordnungsidee*, Berlin: Springer, 1998, p. 181.

concreta afasta-se do modelo típico de execução subsuntiva de um programa «externo»[20]. A participação dos interessados eleva-se, nos procedimentos de exercício de margem de livre decisão, ao estatuto de formalidade essencial por, em princípio, se não poder demonstrar que a sua preterição não tenha afetado o sentido de decisão. O encontro deste sentido fica assim subtraído ao círculo da conformação exclusivamente pública. A participação dialógica dos interessados atenua materialmente não apenas a extensão da pré-determinabilidade por parte do legislador, mas também o monopólio público de formação unilateral do sentido de decisão.

Acresce que, com a discricionariedade, o modo ponderativo de concretização da norma à luz do caso, impondo como elementos relevantes tanto os fins do Estado como os direitos fundamentais, impossibilita a consideração exclusiva e a sobreposição desmesurada do interesse público. Os interesses privados dignos de tutela poderão figurar em qualquer dos pratos da balança[21].

Estas são razões que consubstanciam a sintonia da MDL com o lugar crescente da *função orientadora* no espetro normativo do Direito Administrativo. Tal sintonia robustece a atualidade deste velho mas sempre renovado instituto do Direito Público na sua dupla qualidade de tema metodológico e instrumento dogmático. Ganha assim interesse investigar qual a medida em que idênticas razões poderão fazer infletir as luzes da ribalta sobre outros modos jurídicos que têm merecido escassa atenção no âmbito do Direito Administrativo mas que também se caracterizam pela atribuição ao decisor de responsabilidade autónoma pelo achamento do sentido da decisão.

[20] Cfr. FRANZIUS, *Modalitäten und Wirkungsfaktoren der Steuerung durch Recht*, in: HOFFMANN-RIEM/SCHMIDT-ASSMANN/VOSSKUHLE, *Grundlagen des Verwaltungsrechts*, I, cit., p. 187.

[21] Cfr. KADELBACH, *Allgemeines Verwaltungsrecht unter europäischem Einfluss*, Tübingen: Mohr, 1999, p. 443. Esta parece-nos ser, aliás, a conclusão a extraír do artigo 266º, nº 1, da Constituição. Perante a diretriz ali enunciada para a jurisprudência de interesses da função administrativa, não parece lícito sustentar hoje que a Administração se deva determinar exclusivamente pelo interesse público. Aquilo que lhe não é permitido é mover-se apenas para a promoção de interesses privados.

## II. A margem de livre decisão administrativa

**6.** Ao longo dos anos, temos escrito por diversas vezes sobre aquilo que, em Portugal, se tem denominado tradicionalmente como *discricionariedade*, empregando este termo em sentido amplo. Em 1987, passámos a referir esta realidade pela expressão *margem de livre decisão* (MLD), por forma a poder abarcar num superconceito assim denominado duas figuras que – tendo muito em comum na sua essência metodológica e no seu regime – apesar de tudo se não confundem totalmente sob qualquer dessas perspetivas: a *discricionariedade* e o *preenchimento valorativo de conceitos jurídicos indeterminados figurando na previsão (Tatbestand) de normas jurídicas*[22].

Não se trata agora de reproduzir esses nossos textos anteriores, acrescentando-os e atualizando-os como cumpriria se essa fosse a tarefa. O objetivo é, porém, outro: proceder à comparação da MLD, nas suas duas vertentes, com outras duas figuras: a *equidade* e o *preenchimento de lacunas*. Para tanto, aquilo que se impõe num estudo da presente dimensão é identificar os traços essenciais da MLD, procurando prestar particular atenção àqueles relativamente aos quais mais óbvias se apresentarão as convergências e as dissemelhanças com as restantes categorias.

**7.** Por *discricionariedade*, entendemos *o poder concedido por lei a um órgão do poder – bem como o modo de atividade através da qual ele é exercido – de definir – no respeito do fim visado pela norma e, também, dos direitos fundamentais e de outros princípios básicos – o sentido de decisões concretas através da ponderação autónoma dos interesses públicos e privados relevantes.*

Repare-se em que não qualificamos como «administrativa» nem a discricionariedade nem a área material dos princípios básicos que ela deverá observar e em que referimos muito genericamente como «órgão do poder» os seus titulares por força de normas atributivas. Assim é porquanto a comparação com as figuras da equidade e do preenchimento de lacunas recomenda

[22] Cfr. Sérvulo Correia, *Legalidade e Autonomia Contratual nos Contratos Administrativos*, Coimbra: Almedina, 1987, p. 816. Ver também, do mesmo autor: *Separation of Powers and Judicial Review of Administrative Decisions in Portugal*, in: Zoethout/ Van Der Tang/Piet Akkermans (ed.), *Control in Constitutional Law*, Dordrecht: Nijhoff, 1993, p. 170 s.; *Direito do Contencioso Administrativo*, I, Lisboa: Lex, 2005, p. 829; *Conceitos Jurídicos Indeterminados e Âmbito do Controlo Jurisdicional*, in: Cadernos de Justiça Administrativa, nº 70, p. 38 s.

que se convoque à análise não apenas a *discricionariedade administrativa* mas também a *discricionariedade jurisdicional*, uma figura raramente encontrável nas obras de teoria geral do direito administrativo.

Em contrapartida, ficarão de fora outras manifestações de discricionariedade. Desde logo, a discricionariedade ou liberdade de conformação do legislador no quadro da Constituição[23]. Por outro lado, embora ela se situe no quadro da atividade administrativa, deixaremos de lado a discricionariedade normativa de Administração (ou discricionariedade regulamentar)[24]. Para a presente análise, interessa-nos com efeito apenas a margem de autodeterminação do agente na conformação imperativa de situações concretas.

Começaremos pela discricionariedade administrativa, passando a seguir ao preenchimento administrativo de conceitos jurídicos indeterminados, para terminar esta secção na discricionariedade jurisdicional.

**8.** Para definir *discricionariedade administrativa,* bastará acrescentar à definição de *discricionariedade* na rubrica anterior as qualificações que ali intencionalmente omitimos. É um *poder* concedido por lei a um órgão da Administração e, paralelamente, um modo de *atividade* administrativa. Os princípios básicos que enquadram o respetivo exercício são os *princípios fundamentais da administração pública* enunciados no artigo 266º da Constituição. As decisões concretas preparadas através da ponderação dos interesses públicos e privados relevantes revestem a forma de *ato administrativo.*

Em face de uma permanente tensão, própria do Direito, entre as tendências generalizadora e individualizadora na solução do caso, a Metodologia Jurídica vê na discricionariedade (a par do recurso a conceitos indeterminados ou a cláusulas gerais) uma manifestação da tendência contemporânea para a individualização na aplicação da norma para efeito da solução de casos singulares[25].

Mas será que, no exercício da discricionariedade, a margem de autodeterminação de que goza o sujeito agente em relação com a concreta

[23] Cfr. Hesse, *Grundzüge des Verfassungsrechts der Bundesrepublik,* 20ª ed., Heidelberg: Müller, p. 28, 29, 324 e 326.

[24] Cfr. Maurer, *Allgemeines Verwaltungsrecht,* 18ª ed., München: Beck, 2011, p. 365.

[25] Cfr. Larenz/Canaris, *Methodenlehre ...*, cit., p. 104 e 116; Oliveira Ascensão, *O Direito...*, cit., p. 228 a 232. Este último A. pronuncia-se criticamente sobre a crescente atribuição da decisão dos casos aos órgãos judiciais ou administrativos, considerando que a maior justiça relativa só é obtida à custa de uma degradação da certeza do direito.

*fattispecie*[26] se distingue metodologicamente daquela que, no quadro geral da aplicação do direito, corresponde à visão hodierna do papel do intérprete-aplicador? Este não é, longe disso, o de um «autómato subsuntivo», mas o de alguém cuja pré-compreensão determina a base normativa de um «círculo hermenêutico» feito de aproximações sucessivas da configuração da situação-objeto e do raciocínio jurídico regulativos até que o perfeito ajustamento entre ambos justifique a enunciação de um regime para o caso.

Para KELSEN, a aplicação das normas jurídicas, pelos órgãos da Administração ou pelos tribunais, pressupõe sempre uma margem (mais ampla ou mais reduzida) de poder discricionário. Assim é porquanto a norma genérica que serve de quadro à edição de uma «norma individual» não pode antecipar todos os elementos que surgirão no caso concreto com relevância para a decisão[27]. E embora refletindo já os grandes avanços da metodologia jurídica nas décadas posteriores à teorização de KELSEN, corresponde no fundo à mesma linha de pensamento a afirmação de CASTANHEIRA NEVES de que, porquanto, no domínio das decisões vinculadas de «aplicação do direito», é cada vez mais evidente e reconhecida uma intencionalidade jurídica-material concreta, aquelas decisões se revelam irredutíveis ao lógico esquema subsuntivo. Acaba assim por diluir-se a linha metódica de diferenciação entre aplicação e discricionariedade[28].

Pelo nosso lado, não duvidamos das debilidades da tradicional conceção subsuntiva na solução dos problemas da concreta aplicação do Direito. Mas, se as debilidades se não ultrapassam considerando discricionária toda a aplicação não puramente subsuntiva de uma norma, também não encontram remédio na recusa da autonomia metodológica da discricionariedade e, em particular, da discricionariedade administrativa.

A análise comparativa de inúmeras normas que conferem discricionariedade e calibram a autonomia assim atribuída através de uma padronização mínima de pressupostos e efeitos de direito[29] revela dois substratos essenciais à compreensão desta figura. Em primeiro lugar, avulta a *estrutura dual* da

[26] Cfr. BARILE, *Instituzioni di Diritto Pubblico*, 6ª ed., Padova: CEDAM, 1991, p. 48.

[27] Cfr. *Théorie Pure du Droit*, trad. por CHARLES EISENMANN da 2ª ed. em língua alemã, Paris: Dalloz, 1962, p. 328, 454 e 455, entre outras.

[28] Cfr. *O Problema da Discricionariedade*, in: Digesta, I, Coimbra: Coimbra Editora, 1995, p. 549, 550 e 595, entre outras.

[29] Cfr. DAVID DUARTE, *A Norma de Legalidade Procedimental Administrativa*, cit., p 465; SÉRVULO CORREIA, *Legalidade e Autonomia Contratual...*, cit., p. 590 e p. 787.

norma atributiva, composta por uma previsão (*Tatbestand*) e uma estatuição (*Rechtsfolgeseite*). Em segundo lugar, impõe-se a indissociabilidade do poder de definição autodeterminada do conteúdo de uma situação jurídico – administrativa concreta e do seu exercício mediante uma atividade de *ponderação autónoma* dos interesses públicos e privados relevantes.

A visão tradicional quanto ao jogo recíproco de previsão e estatuição para efeito do apuramento do sentido da decisão é a de que a atribuição da discricionariedade resulta somente da formulação da estatuição. Isso tanto pode suceder através da enunciação de um *preceito de possibilidade* (*Kann – Vorschrift*)[30], como da explicitação de condutas alternativas, como até do emprego de cláusulas gerais, designadamente finalísticas, das quais é possível deduzir diferentes modos de conduta administrativa[31].

A verdade, porém, é que importantes contributos de setores da doutrina administrativa (sobretudo a germânica) ao longo das últimas décadas vieram demonstrar que a discricionariedade não é metodologicamente explicável nem dogmaticamente trabalhável se não se tiver em conta que ela resulta de uma simultânea abertura ou incompletude da previsão e da estatuição da norma. Assim é porquanto a liberdade ou autonomia na enunciação do sentido da decisão não pode confundir-se com arbítrio, já que o Estado de Direito é totalmente incompatível com o exercício do poder desligado de um vínculo de racionalidade[32]. E a proibição do arbítrio significa que qualquer

[30] Os quais, normalmente, fundam uma *discricionariedade de decisão* ( *Entschliessungsermessen*), ou seja, a possibilidade e agir ou não agir nos termos que a própria norma enuncia sem os impor. V. Sérvulo Correia, *Legalidade e Autonomia Contratual*... cit., p. 479.

[31] Wolff/Bachof/Stober referem mesmo a enunciação de efeitos de direito através de conceitos jurídicos indeterminados, mas com a ressalva de que a incerteza jurídica dos efeitos de direito não deverá ser confundida com a incerteza jurídica de elementos do *Tatbestand* (cfr. *Verwaltungsrecht*, I, 11ª ed., München: Beck, 1999, p. 455. Preferimos no entanto denominar esta realidade de *cláusulas gerais*, preservando para a ideia de *conceito jurídico indeterminado* o significado habitual na elaboração metodológica da margem de livre decisão administrativa: o da indicação no *Tatbestand* de um pressuposto da decisão cuja presença na situação concreta só poderá ser apurada através de um juízo autodeterminado de valoração ou prognose. Cumpre apesar disso reconhecer que já nos referimos a este propósito a *conceitos jurídicos indeterminados*, V. *Legalidade e Autonomia Contratual*..., cit., p. 485.

[32] Cfr. Reis Novais, *Contributo Para uma Teoria do Estado de Direito*, Coimbra: Almedina, 2006, p. 44; Hans – Joachim Koch/Rubel/Heselhaus, *Allgemeines Verwaltungsrecht*, 3ª ed., München: Luchterhand, 2003, p. 216; Walter Schmidt, *Einführung in die Probleme des Verwaltungsrechts*, München: Beck, 1982, p. 68.

ato de autoridade não dispensa um suficiente fundamento materialmente sustentável[33].

Ora, a sustentabilidade material da decisão discricionária depende do completamento - feito à luz do fim legal do poder – dos espaços em aberto no *Tatbestand*, acrescentando aos elementos já constantes do texto da norma outros pressupostos da decisão colhidos da análise da situação concreta. É da conjunção dos pressupostos escolhidos com os pressupostos legais que irá resultar logicamente o preenchimento da textura aberta da estatuição: o raciocínio de oportunidade ou conveniência que dita o teor da solução decisória consiste numa análise da situação a conformar. Procurar-se-á concluir desse modo sobre a melhor forma de atingir o fim legal do poder discricionário atentas as peculiaridades do caso. Impõe-se para tanto selecionar os elementos relevantes, pondo de lado os que o não sejam, e submeter os primeiros a uma ponderação.

A razão de ser da indefinição (normalmente, apenas parcial) da estatuição da norma reside na impossibilidade em que o legislador se vê de prever na íntegra as cambiantes no caso – tipo cuja regulação por interposto órgão administrativo pretende programar e de, em consequência, modular as variantes que o sentido da decisão deverá conhecer para melhor se ajustar à realização do fim visado. Por isso, a textura aberta da estatuição será necessariamente antecedida de uma abertura explícita ou implícita da previsão. Só densificando esta com a inclusão de elementos relevantes peculiares se tornará possível organizar uma decisão adequada ao caso visto na sua globalidade.

A verificação, na situação real da vida, dos pressupostos explicitados no *Tatbestand* revela que, consoante a configuração legislativa da discricionariedade, a Administração deverá ou poderá agir no quadro da norma[34]. Mas, mesmo quando se trata de um dever de decidir quanto ao fundo, aquilo que não existe é, na estatuição da norma (*Rechtsfolgeseite*), a determinação injuntiva dos efeitos de direito a constituir através da decisão concreta. O aplicador, partindo provavelmente de uma pré-compreensão das soluções alternativas com que se defronta, terá de preferir uma delas através de um

[33] Cfr. Sobota, *Das Prinzip Rechtsstaat*, Tübingen: Mohr, 1997, p. 483.

[34] Cfr. Sérvulo Correia, *O Incumprimento do Dever de Decidir*, in: *Estudos Jurídicos e Económicos em Homenagem ao Professor Doutor António de Sousa Franco*, II, Lisboa: Coimbra Editora, 2006, p. 221 e 222.

exercício de *completamento conjuntivo* da previsão. Completamento conjuntivo, visto que o tecido normativo da previsão é alargado mediante a junção de novos pressupostos aos formalmente legislados. O exercício poderá passar pelo aditamento de diferentes elementos da situação. Assim:

> (Hip. 1) Se aos pressupostos P1 e P2 (identificados no *Tatbestand*) se juntarem P3 e P4 (retidos como mais relevantes a partir da decomposição e valorização dos elementos do caso), deverá ser produzido o efeito E1.
>
> (Hip. 2) Se aos pressupostos P1 e P2 se juntarem P4 e P5, deverá ser produzido o efeito E2,
>
> E assim sucessivamente[35].

Mas põe-se ainda a questão de saber qual o modo como o aplicador se inclina, no exercício da sua margem de livre decisão, por certo pressuposto ou conjunto de pressupostos que, extraídos da situação real para alargamento da hipótese normativa, ditarão por derivação lógica o sentido da decisão. É a este propósito que assume um papel fundamental em todo o exercício de discricionariedade a *ponderação* dos interesses relevantes.

É possível traçar uma estrutura tendencial da operação ponderativa, cujo primeiro momento consiste na identificação dos interesses públicos e privados cuja presença se manifesta em alguns dos elementos da situação real da vida. Dois vícios opostos poderão afetar a ponderação nesta sua primeira fase. Um deles consiste no *défice de ponderação,* por não haverem sido abrangidos interesses cuja consideração é imposta pela lei ou pela realização do fim legal do poder discricionário. O vício oposto, ao qual, à falta de melhor, chamamos *ponderação indevida,* resultará da tomada em consideração de elementos irrelevantes à luz da natureza da decisão que se prepara[36].

Uma vez identificados os interesses relevantes, segue-se o apuramento do seu peso relativo em face do fim visado pela norma de discricionariedade

[35] Cfr. Hans-Joachim Koch, *Unbestimmte Rechtsbegriffe und Ermessensermächtigungen im Verwaltungsrecht,* Frankfurt am Main: Metzner Verlag, 1997, p. 136 a 141, 160, 162 e 171; Hans - Joachim Koch/Rubel/Heselhaus, *Allgemeines Verwaltungsrecht,* cit., p. 216 e 217; Sérvulo Correia, *Legalidade e Autonomia Contratual...* , cit., p. 482 e 486.

[36] Cfr. Hoffmann-Riem, *Eigenständigkeit der Verwaltung,* in: Hoffmann-Riem/Schmidt-Assmann/Vosskuhle, *Grundlagen des Verwaltungsrechts,* I, cit., p. 686 e 687; Koch/Rubel/Heselhaus, *Allgemeines Verwaltungsrecht,* cit., p. 225 e 362.

e das circunstâncias do caso. Na seleção de interesses presentes na situação mas não correspondentes aos pressupostos explícitos na previsão da norma, bem como na determinação da respetiva relevância relativa e no consequente estabelecimento de uma escala de precedências, é que reside o fulcro da liberdade de decisão. Não se trata de arbítrio, o que significa que o juízo ponderativo, para além de teleologicamente vinculado[37], se há-de guiar por imperativos de racionalidade – desde logo o principio da proporcionalidade – e outros princípios fundamentais, como os da igualdade e da boa-fé, acautelará a observância dos direitos fundamentais envolvidos.

A confirmação da relevância de elementos com cuja junção se dilatou o *Tatbestand* e a hierarquização dos interesses neles presentes à luz das circunstâncias do caso serão racionalizadas através da enunciação pelo aplicador de diretrizes decisórias. Induzidas das circunstâncias do caso, terão a natureza de uma *ratio decidendi* abstrata, pensada para poder ser utilizada também noutros casos cuja semelhança os agrupe num tipo. Deste modo se reunirão as melhores condições para observar o princípio da igualdade tanto relativamente a casos passados como futuros.

Em regra, os interesses identificados no caso corresponderão a princípios, cuja arbitragem se fará segundo uma concordância prática que assegure a otimização de cada um deles na medida em que, em graus diversos, o perfil do caso o permita. A pesagem relativa obedecerá à conhecida fórmula de Alexy, segundo a qual, em face de uma prévia atribuição de «pesos» ou graus de importância, quanto maior o grau de não realização ou de restrição de um princípio, maior deverá ser a importância da correspondente satisfação do princípio colidente[38].

Em suma, o exercício da discricionariedade administrativa através do alargamento conjuntivo da previsão (*Tatbestand*) da norma e do correspetivo

[37] Setores da doutrina contemporânea sublinham a frequência – sobretudo na «discricionariedade de planeamento» - da prossecução de uma pluralidade de fins pelas normas atributivas de discricionariedade. Em tal caso, os fins serão parcialmente colidentes, bem como quando, sob um fim *prima facie* único, se entretece uma pluralidade de objetivos, o que significa que os interesses públicos assim finalisticamente inculcados deverão ser levados à ponderação.

[38] Cfr. Alexy, *A Theory of Constitutional Rights* (trad. do alemão por Julian Rivers), Oxford University Press, 2002, p. 401; Koch, *Die Normtheoretische Basis der Abwägung*, in Erbguth e outros (org.), *Abwägung im Recht, Symposium und Verabschiedung von Werner Hoppe*, Köln: Carl Heymanns Verlag, 1996, p.19, 20 e 23; Koch/Rubel/Heselhaus, *Allgemeines Verwaltungsrecht*, cit., p. 225, 363 e 364.

preenchimento da estatuição mediante a inclusão do conteúdo da decisão concreta não se confunde com a interpretação. A interpretação é, aliás, necessária e deve preceder o exercício da discricionariedade, já que dela depende o apuramento dos efetivos graus de abertura da norma e do fim ou fins que prossegue, bem como o entendimento dos pressupostos explicitados na previsão e das indicações porventura constantes da estatuição quanto à natureza da decisão ali parcialmente programada. Mas, ainda que sem esquecer o construtivismo do intérprete, o que é certo é que o papel deste se não confunda com a autonomia de que goza o exercente da discricionariedade. Uma autonomia não arbitrária, não é incompatível nem com a escolha dos elementos adicionais que, no *Tatbestand*, fazem presentes interesses sobre os quais a norma não dispõe, nem com a hierarquização à luz do caso de todos os interesses considerados relevantes (uns pelo legislador, outros pelo aplicador), por forma a proferir em concordância uma decisão cujo sentido não é imposto pela norma.

E, desde que a preparação da decisão discricionária tenha decorrido sem violação dos direitos fundamentais e de outros princípios que dirigem o *iter* formativo sem lhe fixar o desfecho, não interessa discutir se haveria outra solução ainda melhor para nessa base invalidar a decisão efetivamente tomada. Sem dúvida que o trabalho de complementação é *jurídico* e que não é irrestrita a liberdade de decisão. E o aplicador deve organizar a ponderação por modo a procurar a melhor solução. Mas daí não se deverá concluir que só exista à partida uma solução válida[39]. Desde que cumpra o (complexo e profuso) enquadramento jurídico, quem tem competência para determinar a melhor solução é o órgão aplicador.

Como escreve Walter Schmidt, a partir do momento em que uma decisão discricionária não tachada de vícios foi proferida, essa será para o tribunal administrativo a única válida. Todas as outras hipóteses de decisão se tornaram *ipso facto* irrelevantes[40].

[39] Cfr. Maria Francisca Portocarrero, *Notas sobre variações em matéria de discricionariedade. A propósito de algumas novidades terminológicas e da importação de construções dogmáticas pelas nossas doutrina e jurisprudência do Supremo Tribunal Administrativo„* in: Manuel Afonso Vaz/Azeredo Lopes (Coord.), *Juris et de Jure*, Universidade Católica: Porto, 1998, p. 656 a 659.

[40] Cfr. Walter Schmidt, *Einführung...*, cit., p. 72.

**9.** No que concerne ao *preenchimento de conceitos jurídicos indeterminados no Tatbestand*, indagaremos primeiramente dos aspetos que o unem à discricionariedade e daqueles que dela o distinguem. E, após isso, procuraremos concluir sobre se a forma em causa de completamento do *Tatbestand* possui autonomia metodológica em face da interpretação, vendo nesta última o apuramento do sentido de dever ser estabelecido numa norma a fim de determinar o sentido da estatuição sobre um caso concreto[41].

A perceção de que *«Ermessen ist immer auch «Tatbestandsermessen»»*[42] explica (embora, a nosso ver, não justifique) o acolhimento que, designadamente em Portugal, tem merecido a tese da indiferenciação entre discricionariedade e margem de liberdade de valoração na aplicação de conceitos jurídicos indeterminados colocados pelo legislador no *Tatbestand* a fim de aí referenciarem pressupostos da decisão[43].

Estruturalmente, o preenchimento, positivo ou negativo, do conceito juridicamente indeterminado não produz efeitos distintos do da verificação da ocorrência ou ausência, na situação real da vida, de elementos que correspondam a qualquer pressuposto enunciado na previsão da norma de uma maneira não vaga. Uma valoração ou prognose negativa significa que a norma não incide sobre a situação em causa. Trata-se, pois, de concluir sobre se a norma é ou não aplicável e não de determinar um sentido de decisão. No caso de o ser, tudo dependerá de, na estatuição, os efeitos de direito se encontrarem definidos ou de, pelo contrário, aquela possuir por seu turno uma textura aberta. No primeiro caso, o poder será vinculado. No segundo, estar-se-á perante um preceito acopulado (*Koppelungsvorschrift*) e, aí sim, uma dinâmica interativa entre previsão e estatuição trará consigo a absorção do juízo de valoração ou de prognose numa ponderação através da qual se preenchem outros espaços vazios no *Tatbestand* por forma a deste extrair uma diretriz de conformação do caso concreto[44].

Para concluir se o pressuposto se verifica, o órgão competente terá de avaliar a suficiência de uma qualidade numa pessoa ou numa coisa ou estimar

[41] Cfr. DAVID DUARTE, *A Norma de Legalidade Procedimental Administrativa*, cit., p. 173 e 190.

[42] «A discricionariedade é sempre também discricionariedade localizada na previsão normativa». A frase é de WALTER SCHMIDT: *Einführung...*, cit., p. 69.

[43] V. MARIA FRANCISCA PORTOCARRERO, *Notas sobre variações em matéria de discricionariedade...*, cit., p. 662 s. e autores aí citados.

[44] Cfr. PACHE, *Tatbestandliche Abwägung und Beurteilungsspielraum*, Tübingen: Mohr, 2001, p. 50.

uma evolução futura de um processo social em termos de sim ou não. Não se trata, pois, de ponderar interesses concorrentes para, desenhando uma bissetriz de concordância prática, definir uma solução concreta. Aquilo de que se cura é tão só responder a um «questionário legal» sobre a presença na situação real de um elemento sem o qual não estarão reunidos os pressupostos de exercício do poder de decidir.

O exame analítico - estrutural do juízo de livre avaliação ou prognose mostra uma diferença com o raciocínio subjacente ao exercício de discricionariedade. Se bem que a densificação casuística do conceito indeterminado também envolva um completamento do *Tatbestand*, o alargamento é desta feita disjuntivo, em vez de conjuntivo. Por outras palavras, não se trata de acrescentar novos pressupostos àqueles que figuram no *Tatbestand* normativo para os levar a uma ponderação global, mas de desdobrar um pressuposto em diversas vertentes típicas da sua concretização, assim alargando o âmbito de aplicação da norma à luz do respetivo fim[45]. Neste juízo de cabimento de um aspeto da situação real da vida num dos «subpressupostos», não se encontra envolvida qualquer ponderação de interesses conflituantes para encontrar a bissetriz da sua concordância prática, mas tão só uma conceção do teor parcial de uma situação tal como ela se põe num certo momento. E como se não desenvolve uma ponderação de interesses conflituantes, não há possibilidade técnico-jurídica de aplicação de dois parâmetros de proporcionalidade: a indispensabilidade ou necessidade e a proporcionalidade em sentido estrito. Só sob a vertente da idoneidade ou adequação do critério poderá medir-se a proporcionalidade do juízo de avaliação ou prognose.

Tudo isto parece denotar a contradição em que caiem aqueles que, como, por exemplo, WALTER SCHMIDT, depois de admitirem que a densificação dos conceitos indeterminados do *Tatbestand* implica uma decisão de prognose em vez da decisão de um conflito de interesses (próprio do exercício de discricionariedade) e que, por isso, o seu controlo de proporcionalidade se limita à aptidão (*Eignungs – Prüfung*), concluem que a diferença conceptual entre as duas figuras não comporta situações qualitativamente distintas, mas apenas situações de maior ou menos amplitude numa estrutura de decisão quanto ao resto comparável[46].

[45] Cfr. KOCH, *Unbestimmte Rechtsbegriffe* ..., cit., p. 99, 100 e 177.

[46] Cfr. *Einführung*..., cit., p. 69.

Isso não exclui – é claro – que as duas figuras tenham muito em comum e por isso as agrupamos no superconceito da *margem de livre decisão.* Ambas refletem uma metodologia baseada na estrutura dualista da norma e na interdependência da previsão e da estatuição. Ambas resultam da abertura da textura normativa, programada pelo legislador a fim de reservar à Administração uma decisão auto-determinada segundo critérios de política administrativa (tradicionalmente denominadas de oportunidade ou conveniência). Ambas têm como momento prevalecente o preenchimento da previsão. Ambas se sintonizam com a tendencial preferência contemporânea pelo papel orientador do Direito Administrativo graças à transferência, da normação abstrata para o nível da decisão concreta, da descoberta do ponto de equilíbrio entre igualdade e eficiência.

Embora não esquecendo que toda a interpretação de conceitos normativos comporta «um espaço residual de aquisição pessoal do justo»[47], não consideramos ato interpretativo o preenchimento valorativo daqueles conceitos jurídicos indeterminados que, no *Tatbestand*, indicam pressupostos da decisão concreta

Importa para este efeito não confundir qualquer vagueza com a verdadeira indeterminação, entendida como programação normativa de um juízo de avaliação ou prognose autonomamente formado pelo aplicador segundo a sua própria visão de qualidades de pessoas ou coisas ou de probabilidades de desenvolvimentos sociais futuros. A qualificação de um conceito como indeterminado passa desde logo pela *interpretação* da norma em que se contém. Em nossa opinião, está para descobrir critério melhor do que o desenvolvido por WALTER SCHMIDT a partir da elaboração de HANS WOLFF: não é verdadeiramente indeterminado aquele conceito cuja dificuldade de entendimento se resume a uma incerteza condicionada pela linguagem, resolúvel graças ao apuramento do resultado segundo uma argumentação jurídica teorético-discursiva; é verdadeiramente indeterminado aquele conceito normativo cuja aplicação requer a adoção de um raciocínio causal-teorético que, optando por uma entre várias hipóteses de causa-efeito, ultrapassa no presente uma incerteza fáctica quanto ao futuro[48].

[47] Cfr. KARL ENGISCH, *Introdução ao Pensamento Jurídico*, trad. de BAPTISTA MACHADO, 6ª ed., Lisboa: Fundação Calouste Gulbenkian, 1988, p. 225.

[48] Cfr. WOLFF/BACHOF/STOBER, *Verwaltungsrecht*, I, cit., p. 448; WALTER SCHMIDT, *Einführung...*, cit., p. 62; SÉRVULO CORREIA, *Conceitos jurídicos indeterminados e âmbito de controlo jurisdicional*, cit., p.40.

Mas, à interpretação qualificativa, segue-se uma metodologia de aplicação da norma que já não merece ser considerada essencialmente hermenêutica, pois que o sim ou não da correspondência do elemento do caso concreto com o pressuposto indeterminadamente enunciado no *Tatbestand* resulta de um juízo auto-determinado e não de um *iter* demarcado pelo legislador. Pelo menos quando nos encontramos no «halo de incerteza» do conceito e, portanto, nem no «cerne da certeza positiva» nem num segundo halo de «certeza negativa», o aplicador exerce uma «liberdade de subsunção»[49]. Interpretada a norma no sentido da atribuição de uma «liberdade de apreciação», o juízo sobre o cabimento do caso na hipótese normativa não se processa através de uma dedução, mas de uma argumentação tópica[50].

Sem prejuízo da relativa liberdade, que decorre da necessidade de aplicar simultaneamente diversos parâmetros[51], qualquer intérprete se encontra metodologicamente vinculado a procurar o único sentido objetivamente correto da norma, que os mecanismos de uniformização da jurisprudência procuram consolidar. Pelo contrário, ao exercer a margem de livre avaliação, o órgão aplicador ajuíza sob responsabilidade própria.

No âmbito da *função administrativa*, quer a discricionariedade quer a liberdade de avaliação e prognose avultam no quadro do princípio da *separação de poderes*, integrando uma *reserva parcial de administração* de fonte legislativa, a qual, por seu turno, coloca limites ao poder dos tribunais de se substituírem na última prolação de tal tipo de pronúncias. A verdade, no entanto, é que também noutros ramos do Direito se descobrem fenómenos de abertura das texturas normativas, quer no tocante à seleção e hierarquização ponderativas de elementos do caso concreto para com isso equacionar o sentido da decisão em termos autodeterminados, quer ainda no completamento da previsão normativa através de autonomia de valoração e prognose. Mas esses outros fenómenos, metodologicamente paralelos aos do Direito Administrativo, não contam com a separação de poderes como eixo estruturante, visto se desenvolverem em regra no puro âmbito da função jurisdicional. É essa a matéria da rubrica seguinte.

[49] Cfr. WOLFF/BACHOF/STOBER, *Verwaltungsrecht*, I, cit., p. 446.

[50] Cfr. PIERRE MOOR, *Droit Administratif*, I, Berne: Staempfli, 1994, p. 372 a 382.

[51] *Idem*, p. 149.

## III. A discricionariedade jurisdicional

**10.** As razões já adiantadas para considerar como espécies distintas a discricionariedade e o preenchimento de conceitos indeterminados no *Tatbestand* mas, posto isto, as agrupar num super-conceito valem igualmente para o campo da função jurisdicional. Seria, pois, apropriado falar em *margem de livre decisão jurisdicional*. Devido, porém, à relativização da diferença entre interpretação e livre avaliação jurisdicional, que quebra o peso desta última figura em face do da discricionariedade propriamente dita, o usual é falar-se apenas de *discricionariedade jurisdicional*. Conformar-nos-emos com esse uso linguístico sem esquecer que a expressão não cobre uma realidade totalmente unitária.

O princípio da *legalidade jurisdicional* (CRP art. 203º) significa que os tribunais só exercerão discricionariedade nos casos em que a lei a conceder. Esta atribuição será veiculada pela abertura do tecido normativo, e não apenas do lado sobre os efeitos de direito (*Rechtsfolgeseite*) mas, sempre, também do *Tatbestand*. Como é sabido, por exemplo, a aplicação de um preceito de possibilidade (*Kannvorschrift*) impõe o aditamento à previsão normativa de um ou mais pressupostos livremente selecionados a partir dos elementos do caso para se poder concluir sobre se se age, ou não, nos termos permitidos na estatuição. E a discricionariedade jurisdicional resulta frequentemente deste tipo de preceito[52].

O objeto e o teor dos poderes discricionários concedidos ao julgador refletirão em princípio o facto de eles se inscreverem no exercício da função jurisdicional. Finalisticamente, esta carateriza-se pela prossecução neutral da paz jurídica através da composição de litígios de pretensão insatisfeita. O encargo da realização direta ou imediata de outros interesses públicos incumbe à Administração.

No domínio do Contencioso Administrativo, cumpre fazer a este propósito uma prevenção quanto à necessidade de distinguir entre dois planos que urge manter separados: o dos poderes discricionários concedidos pela lei ao juiz administrativo enquanto tal e o do controlo (que não

[52] Cfr. ENGISCH, *Introdução...*, cit., p. 223 a 228.

pode ser substitutivo) pelo juiz de exercício de discricionariedade pela Administração[53]. É apenas o primeiro aquele que aqui interessa.

No Estado de Direito, nenhuma discricionariedade é «livre» no sentido pleno da palavra porque a margem auto - determinada do poder de decidir sempre coexiste com zonas de vinculação, a primeira das quais é a finalística.

Ao exercer a discricionariedade jurisdicional, o juiz tem, pois, de não perder de vista o fim em atenção ao qual uma norma o habilita a encontrar um sentido de decisão através da ponderação de interesses à luz do caso concreto ou a avaliar por si próprio da concretização de um elemento da relação jurídica convertida imprecisamente descrita na lei. A maneira de conduzir esta operação será forçosamente distinta da que caracteriza a margem de livre decisão administrativa. No âmbito desta, a Administração age como portadora e promotora oficiosa do interesse público em causa, ainda que deva sopesá-lo com interesses privados merecedores de tutela. Pelo contrário, a atuação do juiz processa-se de fora e acima do conflito de interesses decidendo.

No exercício da MLD, as fórmulas de seleção e hierarquização dos interesses ou de escolha dos critérios de avaliação ou prognose haverão em muitos casos de diferenciar-se consoante o fim último prosseguido seja um interesse coletivo geralmente sentido como legitimador da ação estatual[54] ou a consumação da justiça na composição de lides de pretensão insatisfeita.

São duas sobretudo as áreas de ponderação e avaliação e prognose sobre as quais se exerce a MLD jurisdicional: as da realização do direito substantivo e do direito processual. No primeiro caso, são as normas materiais a aplicar que remetem o julgador para uma ponderação ou uma avaliação de situações materiais. No segundo, inúmeras regras das várias áreas do processo, desde o civil, ao penal e ao administrativo entre outros, conferem ao juiz poderes de condução cujo exercício depende da ponderação de interesses das partes e também de interesses respeitantes à administração da justiça, como os da justa composição dos litígios e da economia processual. No processo civil,

[53] Cfr. PAWLOWSKI, *Methodenlehre...*, cit., p. 316 e 317. Ver uma relação de enunciados normativos do CPTA atributivos de discricionariedade em MARIANA MELO EGÍDIO, *Discricionariedade Judicial no Contencioso Administrativo e Princípio da Separação de Poderes*, trabalho policopiado inédito apresentado como relatório de mestrado na menção de Ciências Jurídico-Políticas, na Faculdade de Direito da Universidade de Lisboa, 2011, p. 74 a 76

[54] É a definição de *interesse público* apresentada por PIERRE MOOR. V. *Droit Administratif*, I, cit., p. 16

por exemplo, as normas atributivas de *discricionariedade jurisdicional processual* esmaltam os regimes dos processos especiais e do processo comum declaratório e executivo, assumindo particular relevância no domínio dos procedimentos cautelares[55].

A diferenciação funcional das atividades de administração e jurisdição repercute-se no âmbito mais restrito dos elementos que os tribunais podem trazer à ponderação no exercício de discricionariedade. Não se trata apenas, nem principalmente, de a jurisdição incidir sobretudo sobre situações formadas no passado enquanto a administração se dirige à conformação do futuro[56]. A nosso ver, o fulcro da distinção reside na diferenciação qualitativa da *oportunidade* ou *conveniência* que dita a escolha dos elementos da situação real aos quais se recorre para o tapamento dos intervalos lógicos na tessitura do *Tatbestand*.

Na discricionariedade administrativa, os novos pressupostos mediante os quais se encontra o sentido da decisão poderão, graças, por exemplo, ao recurso a programas políticos ou à especialização em técnicas extra-juridicas do decisor, ser procurados no lado extra-normativo de um esquema binário «ínsito ao Direito» / «exterior ao Direito»[57]. Mas a exclusividade do Direito como parâmetro da decisão dos tribunais (CRP, artigo 203º) obriga-os a restringir a substanciação do raciocínio ponderativo aos fatores de natureza jurídica. Ainda que se não trate de deduzir a solução de uma lei específica, a discricionariedade jurisdicional não pode afastar-se do âmbito do «decidir jurídico»[58], isto é, de elementos integráveis na configuração das situações jurídicas das partes em litígio.

Também, ao contrário do que sucede com a discricionariedade administrativa, nada impede que a impugnação da decisão jurisdicional discricionária tenha efeito devolutivo. Ao substituir-se ao tribunal *a quo*, o tribunal superior mantem-se no exercício da mesma função do Estado. Não há neste domínio lugar para os limites postos à renovação da decisão pelo princípio da separação de poderes. Embora sem a eliminar, esta

[55] Cfr. Schilken, *Abwägung im Verfahrensrecht, insbesondere im Zivilprozessrecht*, in: Erbguth e outros (org.), *Abwägung im Recht*, cit., p. 55 s.

[56] Cfr. Pawlowski, *Methodenlehre ...*, cit., p. 316 e 317.

[57] Cfr. Appel, *Das Verwaltungsrecht zwischen Klassischem Dogmatischen Verständnis und steuerungswissenschaftlichem Anspruch*, cit., P. 525

[58] Cfr. Castanheira Neves, *O problema da discricionariedade*, cit., p. 569.

circunstância reduz as consequências dogmáticas da diferenciação entre interpretação e juízo de avaliação ou prognose para preenchimento de um conceito jurídico indeterminado.

## IV. Discricionariedade e equidade

**11.** Não nos propomos analisar a equidade enquanto instituto *a se*. Remetemos a esse propósito para o tratamento que lhe tem dado a doutrina portuguesa[59]. Pretendemos, isso sim, confrontar a equidade e a discricionariedade como métodos de apuramento do sentido de decisões jurídicas individuais à luz das concretas circunstâncias de cada caso.

Quanto à discricionariedade, não há dúvida de que é um método e só isso, que ela representa. A equidade consiste por seu turno num modo de encontrar com autonomia do decisor uma solução para conflitos de interesse individualizados. Já se tem no entanto perguntado se, para além disso, ela não é também um princípio material densificável. Mas não parece que tenha determinabilidade substancial bastante para o seu desdobramento em «preceitos de equidade». Ela não é um princípio de decisão *ex aequo et bono*. O valor material a que serve de veículo é o da justiça. O seu significado próprio consiste em promover a reunião dos elementos do caso pela forma mais adequada a neles se ver refletida a exigência de uma justa ordenação de interesses conflituantes. A equidade vale assim como ideia diretiva no plano funcional, mas não como ideia ordenadora no plano material[60].

Há, porém, uma importante diferença na posição sistémica da discricionariedade e da equidade. A discricionariedade não é um método alternativo: não cabe ao titular do correspondente poder optar pela sua natureza discricionária ou vinculada. O exercício de um poder discricionário como se fosse vinculado, ou vice-versa, constitui violação de lei. Em contrapartida, as partes podem remeter para a solução segundo a equidade litígios sobre

[59] V., designadamente: OLIVEIRA ASCENSÃO, *O Direito...*, cit., p. 223 e 228 e 240 a 242; MENEZES CORDEIRO, *A equidade como fonte de Direito*, cit., SUSANA BRASIL DE BRITO, *A Justiça do Caso Concreto é a Equidade*, in: AUGUSTO SILVA DIAS e outros (org.), *Liber Amicorum de José de Sousa Brito*, Coimbra: Almedina.

[60] Cfr. ESSER, *Grundsatz und Norm*, cit., p. 151 a 153.

relações jurídicas disponíveis que, de outro modo, cairiam sob a aplicação de normas gerais e abstratas (Código Civil, artigo 4º, alínea b)).

Um aspeto comum dos dois institutos é o da fórmula delegatória através da textura aberta da norma. Tanto na discricionariedade como na equidade, haverá em cada norma que atribui tal poder de decidir uma descrição mínima da situação em que poderá ser exercido. Só que essa descrição não contém todos os elementos de que o decisor carecerá para encontrar por si mesmo um conteúdo para a decisão. Quanto à estatuição, nas normas de discricionariedade – e especialmente da discricionariedade administrativa –, sempre terá de haver uma tipificação mínima dos efeitos constituídos. As «competências em branco» não são compatíveis com o princípio da legalidade administrativa[61]. Dir-se-ia à primeira vista que as normas que conferem ao juiz ou ao árbitro o poder de decidir segundo a equidade são ainda mais vazias no que toca ao tipo de decisão. Mas não é bem assim, como resulta dos exemplos proporcionados pelo Código Civil. Assim, o artigo 281º, mostra tratar-se de uma decisão de modificação de um negócio usurário de modo a corrigir esse vício. Também a decisão a proferir no âmbito do artigo 437º, nº 1, terá por conteúdo a modificação de um contrato corrigindo um desequilíbrio provocado pela alteração das circunstâncias. Por outro lado, o nº 3 do artigo 566º configura uma decisão de fixação de danos indemnizáveis.

Aquilo que ocorre, quer nas «normas de discricionariedade» quer nas «normas de equidade», é que, embora forneçam os contornos da situação e da decisão, não carreiam os elementos que proporcionariam ao aplicador a dedução do conteúdo concreto da decisão. Mas como, em ambos os casos, a liberdade decisória assim conferida ao aplicador não poderia transformar-se nessa «negação pura e simples da Ideia de Direito» que é o arbítrio[62], o *iter* cognoscitivo e valorativo conducente à descoberta do sentido da decisão haverá de processar-se segundo imperativos de racionalidade. É a *metodologia ponderativa* que satisfaz tal exigência. Uma inventariação acrítica das circunstâncias concretas de modo a procurar extrair intuitivamente delas uma ordem específica de precedência de interesses, sem um raciocínio abstratizante conducente a critérios de solução de colisões típicas, corresponderia à «justiça de cádi», escreve KOCH, porventura injustamente[63].

[61] Cfr. SÉRVULO CORREIA, *Legalidade e Autonomia Contratual...*, cit., p. 311 a 321.

[62] Cfr. CASTANHEIRA NEVES, *O problema da discricionariedade*, cit., p. 539.

[63] Cfr. *Die normtheoretische Basis der Abwägung*, cit., p. 19.

MENEZES CORDEIRO diz o mesmo quando escreve que a natureza extra-sistemática da decisão pela equidade não pode converter-se em mero arbítrio pela ignorância das proposições jurídicas materiais[64].

Posto isto, parece-nos que são identificáveis algumas dissemelhanças nos mecanismos ponderativos da discricionariedade e da equidade.

A primeira delas suscita-se no plano teleológico. Ao conceder o poder discricionário, o legislador visa um interesse público (ou, mais complexamente, um feixe de interesses públicos) que o decisor deverá ter presente ao organizar o sentido da decisão. Mas, pelo menos em certos casos, será mais problemático encontrar uma diretriz teleológica subjacente à outorga do poder de decidir segundo a equidade. A vinculação finalística é omnipresente na atividade administrativa mas só ocasionalmente surge como freio à autonomia privada.

O aspeto finalístico liga-se necessariamente com a questão da matriz jurídica basilar da racionalidade da operação ponderativa. Não parece que, no plano da equidade (como, aliás, no da discricionariedade jurisdicional), o grande princípio estruturante possa ser o da *proporcionalidade*. Este respeita fundamentalmente ao exercício do poder público de regulação da vida em sociedade e às compressões que daí direta ou indiretamente resultam para os titulares de direitos fundamentais e os sujeitos das relações jurídicas administrativas[65].

No domínio das relações jurídico-privadas, a cuja regulação o juízo de equidade essencialmente se destina, o valor paramétrico é o da *justiça*. É, pois, esta que deve presidir à ponderação dos elementos presentes na situação concreta através da qual se encontrará de um modo lógico o sentido da decisão de equidade. Se bem que, hoje e sempre, o imperativo central da justiça resida no *suum cuique tribuere*, é a noção do *suum*, daquilo que a cada um é devido, que evolui segundo as culturas em cada tempo e espaço dominantes. Para concretizar, o decisor segundo a equidade haverá que determinar que feixe de valores de justiça[66] se refrata nas circunstâncias do caso e enunciar uma fórmula de ultrapassagem das colisões que ali se

[64] Cfr. *A equidade como fonte de Direito*, cit., p. 22.

[65] Cfr. BADURA, *Staatsrecht*, München: Beck, 1986, p. 84 e 85; RASCHAUER, *Allgemeines Verwaltungsrecht*, Wien: Springer, 1998, p. 323

[66] V. COING, *Grundzüge der Rechtsphilosophie* , 4ª ed., Berlin: de Gruyter, 1985, p. 192 a 202; KAUFMANN, *Theorie der Gerechtigkeit*, Frankfurt am Main: Alfred Metzner Verlag, 1984, p. 38.

verificam. Como por exemplo se explicita no nº 2 do artigo 72º do Código Civil, a justiça realizar-se-á pela determinação da posição de equilíbrio entre interesses conflituantes e tendencialmente merecedores de tutela. O *modo* de equilibrar alcança-se através de um discurso jurídico com recurso aos «subvalores» do valor da justiça. O quanto do equilíbrio pressupõe uma pesagem através de um juízo comparativo da relevância de interesses tal como se manifestam através das circunstâncias do caso.

## V. Discricionariedade e preenchimento de lacunas

**12.** Ao contrário da discricionariedade e da equidade, a *integração ou preenchimento de lacunas* não constitui um método de individualização e concretização da decisão. Os dois primeiros institutos desenvolvem-se, para descoberta da solução de cada caso concreto, no quadro de normas atributivas do poder decisório, as quais – como vimos – enquadram, ainda que em termos incompletos, os tipos de situação e de decisão. Para usar a terminologia de Oliveira Ascensão, quando se decide discricionariamente ou pela equidade, «trabalha-se sobre a fonte». Pelo contrário, para haver integração tem de se partir da verificação de não haver regra[67]. No âmbito da integração, não se trata, pois, de concretizar uma decisão, mas apenas o pressuposto de direito de uma decisão. Ao passo que a discricionariedade e a equidade são métodos de *realização do Direito* – ou seja, de criação parcialmente autodeterminada de efeitos jurídicos em situações concretas –, o preenchimento de lacunas é um método de *desenvolvimento do Direito* (*Rechtsfortbildung*), visto tratar-se de estender o alcance do tecido normativo enquanto tal[68].

Assim sendo, ao passo que a discricionariedade (sempre) e a equidade (quando disposição legal remete para esse método) correspondem a uma abertura normativamente programada, a lacuna é uma incompleição que contraria o plano do sistema normativo[69]. E, ao passo que as duas primeiras figuras correspondem a uma abertura intra-normativa (na previsão e na estatuição de certas normas), a lacuna revela uma abertura anti-sistémica.

[67] Cfr. *O Direito*, cit., p. 430.

[68] Cfr. Larenz/Canaris, *Methodenlehre*..., cit., p. 191 s.

[69] Cfr. Oliveira Ascensão, *O Direito*..., cit., p. 427; Pawlowski, *Methodenlehre*, cit., p. 210.

A abertura poderá no entanto conjugar excecionalmente as duas naturezas quando se trata de uma norma não programadamente incompleta que só se tornará aplicável mediante a junção de um segmento normativo que lhe falta[70]. Se se tratar de uma norma de direito administrativo ou sobre o exercício da função jurisdicional, para saber se a abertura de norma corresponde à atribuição de discricionariedade ou a uma lacuna intra-normativa, haverá que concluir, através da interpretação, se a norma visa ou não dessa maneira conferir autodeterminação decisória.

Uma outra diferença muito significativa entre os processos analisados é a de que o preenchimento de lacunas não passa por uma apreciação ponderativa. Não se trata de encontrar um sentido de decisão através do confronto dos interesses presentes no caso concreto, jurificados no âmbito de princípios que os protejam. Aquilo que se procura é, antes, encontrar uma norma, real ou hipotética, adequada para abranger a situação concreta na sua previsão e a conformar pela sua estatuição. Eventualmente, a aplicação da norma encontrada virá, por seu turno, a requerer uma ponderação. Mas essa será já uma operação subsequente. Mesmo quando o aplicador seja chamado, devido à falta de caso análogo, a imaginar a norma que criaria, ele terá de o fazer «dentro do espírito do sistema» (Código Civil, artigo 10º, nº 3). Neste processo, as convicções do aplicador não terão «força independente» porque elas não deverão reproduzir as suas preferências subjetivas de política legislativa mas um seu juízo objetivo sobre aquela opção legislativa que mais conforme se mostraria com os parâmetros valorativos e sistémicos proporcionados pela Ordem Jurídica da atualidade[71]. Em vez de ponderação dos interesses num caso concreto, temos, pois, um processo intra-sistemático de integração normativa.

Ainda outra diferença relevante consiste em se não admitirem, no Direito Administrativo, lacunas de normas de competência. Todos os subsistemas normativos são lacunosos e o Direito Administrativo não escapa a essa condição. Mas as lacunas só existem por via da regra na regulação do processo de agir[72]. Não podem, portanto, despontar do processo de integração normas atributivas de poder discricionário.

[70] Cfr. LARENZ/CANARIS, *Methodenlehre...*, cit., p. 220.

[71] Cfr. DWORKIN, *Taking Rights Seriously*, London: Duckworth, reimp. de 1994, p. 118.

[72] Cfr. MARCELLO CAETANO, *Manual de Direito Administrativo*, I, 10ª. ed., I, Lisboa: Coimbra Editora, 1973, p. 134.

Tratando-se de uma tarefa totalmente enquadrada por parâmetros de juridicidade, a integração de lacunas efetuadas pelo aplicador administrativo é passível de controlo jurisdicional pleno. Não há aqui lugar a qualquer reserva, ainda que parcial, da Administração. O preenchimento faz-se através de um raciocínio teorético-discursivo o qual se encontra, por definição, ao alcance do julgador.

# O Direito Administrativo ao longo das últimas décadas (2015)*

**1.** Em risco de falhar o prazo já prorrogado pelos organizadores dos Estudos em Homenagem a Rui Machete e não querendo de forma alguma deixar de neles registar o meu testemunho de admiração por um dos mais importantes cultores portugueses do Direito Administrativo dos nossos tempos e um velho amigo, ocorreu-me juntar as páginas que se seguem e que carecem de uma explicação, à qual desde já procedo.

As presentes considerações provêm, com pequenas alterações impostas pelo contexto e pelo emprego de uma língua diferente, de um discurso que recentemente redigi *a posteriori* para publicação na "Revista Europeia de Direito Público", na língua francesa em que efetivamente fora proferido. Não deixará de soar estranha esta redação de um discurso alguns meses após ter sido pronunciado, mas foi isso o que sucedeu. Em setembro passado, fui laureado pelo Grupo Europeu de Direito Público, reunido em Spetses para a sua sessão anual. O Grupo fá-lo habitualmente no decurso destas sessões, homenageando membros que tenham ultrapassado a barra dos 75 anos e que ao longo do tempo lhe tenham prestado colaboração fiel. Em 2014, calhou-me a vez, na prestigiosa companhia de Eberhard Schmidt-Assmann e de Gérard Timsit. Sucedeu, porém, que, não tendo tido a oportunidade de escrever com antecedência o habitual discurso de agradecimento, tive

* In: *Estudos em Homenagem a Rui Machete*. Coimbra: Almedina, pp. 483-497.

de falar com base em tópicos anotados na véspera à noite. E como, agora, a "Revista Europeia de Direito Público" me solicita o texto para efeito de publicação, só me restou proceder neste momento à sua escrita, procurando manter-me absolutamente fiel aos tópicos cujo apontamento conservara e à respetiva sequência. Não resisti no entanto a dar àqueles tópicos um desenvolvimento um pouco mais extenso do que aquele que terão tido na minha alocução. Passada a escrito, a expressão das ideias acaba quase inevitavelmente por ganhar uma textura mais completa.

Falta no entanto explicar qual a razão pela qual me pareceu não totalmente desrazoável transpor, com pequenas adaptações, para uma coletânea de estudos reunidos em honra de Rui Machete, um texto nascido de uma homenagem com que fui distinguido. Prende-se tal razão com o objeto do meu texto e o paralelismo das nossas vivências como estudiosos do Direito Administrativo interessadamente atentos às coordenadas da respetiva transformação. É um paralelismo batizado pela reduzida diferença entre as nossas idades. Numa fase da vida em que todo o tempo conta, diga-se, de todo o modo, que sou eu o mais velho. Sucede que, como, em Spetses, falava para uma audiência de juspublicistas, resolvi dedicar o meu discurso à perceção que, ao longo da existência, fui tendo da cambiante essência do Direito Administrativo.

Não podia naturalmente ter sido eu o único a trilhar esse caminho que, à medida que fomos amadurecendo e, depois, pouco a pouco envelhecendo, Machete e eu percorremos, a par de outros. Cada um de nós o fez de *per si* e à sua maneira. Mas são, como inevitavelmente teriam de ser, numerosas as convergências e os pontos de encontro que uma análise comparativa dos nossos textos permitirá detetar. Sem prejuízo da identidade discursiva de cada um, manifesta-se nesses textos a voz de uma geração de administrativistas que foi e é a nossa.

Sem excesso de auto-elogio uma vez que se trata de um elogio compartido, permito-me dizer que, refletindo as coordenadas de cada período, as nossas vozes apontaram persistentemente para as evoluções que já se iam desenhando ou que as circunstâncias reclamavam. Resguardámo-nos, porém, de uma alacridade pouco propícia à profundidade do discurso científico. No meu caso – mas penso que terá sido esse também o de Rui Machete – a opção decidida pelo progresso não se confundiu com o gosto pela rutura, marcada antes que foi pela preferência pelas vias evolutivas capazes de salvaguardar instituições e institutos cuja renovação é preferível à substituição eliminatória, inimiga da preservação da identidade do Direito pátrio.

**2.** Uma vez que, na parte seguinte do presente texto, se trata da reconstituição de um discurso, não se introduziu qualquer aparelho erudito. As referências a Autores e a alguns dos seus ditos correspondem a tropos doutrinais assaz conhecidos.

**3.** Foi em 1955 que, ao iniciar (com a idade de 17 anos) a frequência do segundo ano do curso de licenciatura da Faculdade de Direito da Universidade de Lisboa, me encontrei inscrito como aluno da disciplina anual de Direito Administrativo. O titular da cadeira era o Professor Marcello Caetano, verdadeiramente o autor de uma primeira construção teórica integral do Direito Administrativo no nosso País. Apesar de não ter sido ele quem, naquele ano letivo de 1955/56, regeu a matéria, estudávamos pelo seu Manual, uma obra extensa, que aliava o rigor conceptual a uma grande clareza de exposição e conjugava a atenção às fontes históricas e à jurisprudência dos tribunais portugueses com uma teorização não desprovida de originalidade mas interligada com a produção doutrinal estrangeira, sobretudo a francesa e a italiana. Foi assim, através deste Manual atualizado ao longo de décadas em sucessivas edições, que os juristas da minha geração formados pela Faculdade de Direito de Lisboa nos iniciámos na teoria geral do direito administrativo. E foram as janelas que esta obra nos abria sobre certos setores da doutrina estrangeira que nos guiaram nos primeiros contactos com ela.

Eu diria que, naquele início da segunda metade da década de 50 do Século passado, o Direito Administrativo que nos foi ensinado correspondia a uma ideia basilar de "*Estado legal*" ou "*Estado administrativo de legalidade*". "*Estado legal*" e não "*Estado de Direito*", porque, ao princípio, em geral efetivamente acatado, de que os atos administrativos ilegais seriam declarados nulos ou anulados pelos tribunais perante os quais fossem impugnados, não correspondiam os pressupostos da origem democrática da lei e da necessária conformidade da lei com valores essenciais dotados de força supra-legislativa.

Tal como, relativamente à França, o *Doyen* Vedel observaria, alguns anos mais tarde, num célebre ensaio intitulado "*Bases constitutionnelles du droit administratif*", no Portugal daquela época, evidenciava-se uma solução de continuidade entre as normas constitucionais e o Direito Administrativo.

Mas, em comparação com a França, essa característica agravava-se em Portugal devido à liberdade deixada ao legislador pela natureza não democrática do regime para efeito da restrição das liberdade públicas. De todo o modo, o positivismo lógico-formal imperante conduzia, em ambas as culturas jurídicas nacionais, à secundarização da função das normas do direito público enquanto padrão material de situações subjetivas em face da Administração, para valorar quase exclusivamente o papel daquelas na validação formal dos comandos jurídicos emitidos sob a respetiva égide. Por essa razão, o contencioso administrativo "por natureza" não era construído como um contencioso de direitos assistido pela plenitude dos poderes decisórios do juiz, mas como contencioso de anulação, em cujo âmbito cabia ao juiz o poder de anulação ou declaração de nulidade dos atos administrativos mas não o de condenação da Administração nos atos e prestações necessários à recomposição de situações jurídicas subjetivas afetadas.

A forte influência da "*Reine Rechtslehre*" de Kelsen, aliava-se assim, insensivelmente, à visão objetivista do Direito Administrativo já antes recebida do Direito francês. O Direito era visto como uma pirâmide de normas sucessivamente concretizadas à medida que se descia de escalão. As decisões dos tribunais administrativos tinham, na base da pirâmide, por missão repor a harmonia do sistema perturbada por condutas ilegais da Administração. A causa de pedir no contencioso de anulação era sempre a ilegalidade externa ou interna do ato administrativo contra o qual a ação era movida, e nunca a ofensa de um direito subjetivo.

Em Portugal, o princípio da competência afirmara-se já no Século XIX. Não se reconhecia ao Executivo a titularidade de poderes originários desde que não contrariados por lei, ou seja, da "*Freier Ermessen*" à maneira alemã do Século XIX. A influência de Kelsen não fez senão reforçar essa característica do nosso Direito Público. Mas, porque a necessidade de uma base normativa de toda a atividade administrativa, ainda que quanto à titularidade de poderes discricionários, era já um dado adquirido entre nós, a polémica travada entre Kelsen e Otto Mayer a tal respeito não teve eco em Portugal. Tal facto talvez ajude a explicar a razão pela qual o impacto da teorização de Kelsen não tenha afetado a forte influência de Otto Mayer (conhecido através de traduções), quer no tocante à construção do Direito Administrativo em torno da teoria do ato administrativo visto quase que como uma categoria ontológica quer, também, quanto ao insulamento do Direito Administrativo relativamente ao Direito Constitucional ("*Verfassungsrecht vergeht, Verwaltungsrecht besteht*"). Não tendo que (metaforicamente) tomar partido entre Kelsen e Otto Mayer, os juspublicistas portugueses não foram levados, até ao último quartel do Século XX, a rever criticamente as teses deste último quanto à centralidade única da figura do ato administrativo no Direito Administrativo geral e quanto à quase total independência deste Direito em face do Direito Constitucional.

A mentalidade dominante na segunda metade da década de 50 do Século XX era, pois, em Portugal como também aparentemente em França, a de que o sistema do Direito Administrativo atingira um estádio em que, sem prejuízo de alguns reflexos da evolução legislativa e da construção jurisprudencial, o essencial se encontrava adquirido. Em face da sucessão histórica de modelos constitucionais (a história das Constituições portuguesas e francesas era-nos ensinada com grande pormenor), afirmava-se a inelutável fixidez do regime geral do direito administrativo assente numa teoria de formas jurídicas permanentes.

Se os da minha geração que se destinavam ao curso de direito na universidade já tínhamos estudado a língua alemã (a par do latim) nos dois últimos anos do liceu, eram raros os nossos professores com esse conhecimento. Autores como Otto Mayer, Fleiner, Kelsen e Merkl conheciam assinalável difusão, mas isso graças às traduções para línguas mais acessíveis. Os administrativistas estrangeiros mais estudados eram no entanto Hauriou e Jèze, Santi Romano e Zanobini, dada a compreensível preferência pela leitura de obras estrangeiras na língua original. Tudo isto sem prejuízo do impacto de certas monografias de qualidade sobressaliente, como o "*Traité Des Actes Administratifs*" de Michel Stassinopoulos. Publicada em 1954, o ano em que, com a idade de 16 anos, entrei como aluno na Faculdade de Direito de Lisboa, esta obra cedo se tornou leitura recomendada nas nossas aulas de Direito Administrativo.

**4.** Na transição para os anos 60, avulta uma diferenciação na orientação metodológica prevalente na construção e na aplicação do Direito Administrativo entre as Faculdades de Direito de Lisboa e de Coimbra (as únicas à data existentes em Portugal). Em Coimbra, o Professor Afonso Queiró, que estudara na Alemanha, introduzia a "jurisprudência dos interesses", assente numa visão das normas jurídicas (incluindo as jurídico-administrativas) como valorações de interesses colidentes tornadas imperativas relativamente a situações da vida carecidas de regulação.

Na interpretação, importaria sobretudo o fim da norma concebido como a composição de interesses pretendida pelo legislador. Marcello Caetano, professor titular de direito administrativo em Lisboa, objetava que "Enquanto ... a jurisprudência de interesses se limite a chamar a atenção do intérprete para o espírito da lei, bem está – e nenhuma novidade constitui; mas quando pretenda que os conceitos jurídicos devem ser postos de parte e toda a hermenêutica tradicional preterida pela simples consideração do fim da lei, é uma doutrina falsa e socialmente perigosa". O método da "jurisprudência dos conceitos" resistia, pois, no seguimento de uma tradição lógico-positivista. Apesar da vigência em Portugal de sucessivos Códigos Administrativos, era insuficiente o nível de definição normativa do regime geral dos regulamentos e dos atos e contratos administrativos. A preferência por uma metodologia próxima da "jurisprudência dos conceitos" (*Begriffsjurisprudenz*) correspondia assim a uma necessidade sentida de construir através da doutrina e da jurisprudência uma pirâmide de conceitos e princípios que assegurasse as soluções não providenciadas pela lei. Perante um considerável vazio legislativo, parecia prematuro prescindir da definição e sistematização lógico-formal reveladas pela dedução científica a fim de que servissem de padrões da atividade administrativa e da sua validade.

**5.** Tem sempre alguma coisa de artificial a demarcação de períodos bem definidos no seio do permanente fluxo evolutivo do Direito. No entanto, se não quisermos exagerar a função separadora das balizas escolhidas (com exceção, porventura, das ruturas constitucionais), podemos ainda assim distinguir características que conferem um perfil próprio a fases que se destacam uma das outras. Sob uma perspetiva portuguesa – extensível em maior ou menor medida a outras culturas jurídicas nacionais, entre as quais a espanhola, a italiana ou mesmo a alemã – atrever-me-ia a qualificar um período demarcado entre 1960 e 1974 como *os anos de mudança subterrânea do Direito Administrativo.*

Chamo "subterrânea" a essa mudança porque, ao longo daqueles anos, a multiplicidade dos contributos jurisprudenciais, doutrinários e legislativos para a evolução de paradigmas do Direito Administrativo não era imediatamente suscetível de articulação em uma visão crítica de conjunto. Novos problemas são resolvidos pela dogmática jurídica antes que uma teorização meta-dogmática extraia desses dados uma inovadora conceção da essência, das coordenadas e do papel do Direito Administrativo. À revisão crítica de conceitos e soluções cristalizados ao longo de décadas anteriores, nem sempre desde logo se sucede uma nítida conceção global. À insatisfação com as insuficiências percecionadas (da qual constitui genial arquétipo o ensaio de Jean Rivero, aparecido em 1962, "*Le Huron au Palais-Royal ou réflexions naïves sur le recours pour excès de pouvoir*"), nem sempre corresponde desde logo uma identificação clara das novas maneiras de equacionar poder público com garantias, interesse público com direitos subjetivos públicos.

Na Alemanha e na Itália, o Direito Administrativo vai adquirindo gradualmente, ao longo daqueles anos entre 1960 e 1974, o carácter de "direito constitucional concretizado". Esta síntese lapidar, enunciada por Fritz Werner em 1959, bem resumia e anunciava o sentido dos desenvolvimentos nas décadas seguintes. A sujeição da Administração Pública não apenas à lei mas ao Direito como um todo permitia ultrapassar a visão clássica da legalidade tão só assente na obediência à lei parlamentar. A legalidade – que alguns preferem passar a designar por "juridicidade" – alarga-se por forma a abranger os princípios constitucionais, entre os quais os próprios direitos fundamentais, também revestidos de tal natureza. Novos padrões se erguem assim, com diversas aplicações imediatas, nomeadamente no reforço do enquadramento jurídico do exercício do poder discricionário. Ainda sem fundamento constitucional expresso em Portugal ou em Espanha, a proporcionalidade e a proteção da confiança (*Vertrauensschutz, legitimate expectations*) ganham terreno como princípios gerais de direito. Pelo seu lado, o princípio da igualdade vai conhecendo novas feições aplicativas, por exemplo a propósito da redução da discricionariedade a zero.

E, ainda sem a capa englobante do princípio do devido procedimento equitativo, a jurisprudência passa a impor certas das suas manifestações mais óbvias, como o dever de fundamentar os atos administrativos desfavoráveis e o direito de audiência dos arguidos nos procedimentos administrativos de caráter sancionatório.

Assiste-se, por outro lado, a uma renovação do tratamento dogmático das formas jurídicas típicas da conduta administrativa. A teoria geral dos atos administrativos é aprofundada em aspetos como o do âmbito do conceito para efeito da sujeição ao recurso contencioso de anulação e o dos regimes de ineficácia e invalidade. Os contratos administrativos emergem progressivamente de um estatuto de relativa obscuridade. Desenvolve-se a busca dos critérios de administratividade dos contratos da administração desprovidos de natureza civil. Passa a ser contestada a tese tradicional do caráter taxativo do elenco legislativo dos contratos administrativos. Fica deste modo aberto o caminho para que, na fase seguinte, se venham aditar a esta categoria basilar novos tipos de contratos, designadamente de contratos não tipificáveis em torno da ideia da colaboração subordinada por parte do co-contratante.

Gradualmente, é posta em causa a conceção objetivista pura do Direito Administrativo enquanto mero sistema jurídico da titularidade e do exercício do poder público não legislativo e não jurisdicional. O desenvolvimento do "Estado social" prestador de bens e serviços, conduz à renovação do estudo da figura dos direitos subjetivos públicos, quase posta de lado depois da morte, nos anos 40, do Professor de direito público Rocha Saraiva, familiar com a construção do *status* de G. Jellinek. Mas a aceitação dos direitos subjetivos públicos como uma das figuras centrais do sistema de direito administrativo punha em causa a natureza meramente cassatória dos poderes do juíz administrativo (complementada com o poder de determinar a suspensão da eficácia dos atos administrativos submetidos a recurso contencioso). Na verdade, a pretensão jurídica individualizada respeitante a uma conduta do Estado para com o indivíduo não podia circunscrever-se à reparação da ofensa à legalidade objetiva. Pelo contrário, envolvia o poder do indivíduo de exigir através dos tribunais a efetivação de uma posição de vantagem juridicamente protegida. Desenvolvem-se assim em Portugal, neste período entre 1960 e 1974, teses e estudos não apenas sobre a necessidade de conferir aos tribunais administrativos o poder de superintender na execução das suas sentenças cassatórias (o objeto da tese de doutoramento de Diogo Freitas do Amaral), mas também sobre o imperativo de, à semelhança do modelo de justiça administrativa em vigor desde 1960 na Alemanha, estabelecer um leque de meios processuais capaz de estender a proteção jurisdicional a todos os tipos de lides de pretensão insatisfeita entre os particulares e a Administração. Esta matéria constituiu objeto de um seminal artigo de Rui Machete sobre "Contencioso Administrativo", saído antes de 1974, na primeira edição do "Dicionário Jurídico da Administração Pública". Nele, a par de um exame comparativo dos principais sistemas de justiça administrativa na Europa, chamava-se a atenção para a repercussão sobre alguns deles das modificações na estrutura constitucional dos Estados. O retomar da teorização dos direitos subjetivos públicos e da relação jurídica administrativa e o crescente reconhecimento de um papel central ao procedimento administrativo iluminavam as deficiências da tutela jurisdicional administrativa clássica.

Ao longo destes anos, também não depereceu, e antes se foi intensificando, a tradição de recorrer às doutrinas estrangeiras, não apenas por uma questão de curiosidade científica, mas também como modo de suprir a escassez quantitativa de uma produção teórica confinada às duas únicas faculdades de direito então existentes. Por razões idênticas, o mesmo sucedia na Grécia. Também em países de maior dimensão mas culturalmente mais abertos às influências externas, a intercomunicação doutrinal ia ganhando corpo. Dê-se como exemplo Zanobini, o grande administrativista italiano da primeira geração do pós-guerra, que, em 1958, sublinhava os "úteis serviços" que a doutrina estrangeira pode prestar ao estudo do direito administrativo nacional, em especial no que concerne à identificação dos princípios gerais (cuja natureza comum assim implicitamente afirmava).

A intercomunicação doutrinal, à qual se somaria mais tarde a promoção da convergência através do Direito da União Europeia, constitui o primeiro passo de uma certa homogeneização de princípios, conceitos e institutos dos diversos direitos administrativos nacionais. E esta tornar-se-ia por seu turno num fator decisivo daquilo a que viria a chamar-se a *globalização do direito*. Não equivalendo à uniformização dos ordenamentos jurídicos nacionais, a globalização implica ainda assim uma proximidade de postulados que confere um alcance meta-nacional a grandes planos da elaboração teórica.

Na década de 60 e primeira metade da década de 70, emergem novos grandes nomes com marcada audiência na doutrina e na jurisprudência portuguesas. Correndo o risco da arbitrariedade da escolha, refiro, entre outros autores conhecidos e influentes, em França, Rivero, Vedel e de Laubadère e, na Itália, Giannini e Sandulli. O acesso direto às fontes em língua alemã por um setor significativo dos novos ensinantes de direito administrativo nas universidades portuguesas permite um diálogo doutrinário mais aprofundado com nomes como os de Bachof, Ipsen e Jesch e o professor de Zurique, Giacometti, que sistematiza inovatoriamente o Direito Administrativo sobre a base do princípio do Estado de Direito, desenvolvendo uma visão relacional das situações subjetivas fundamentais do indivíduo em face do Estado administrador.

Sem deixar de lado uma posição, herdada das gerações anteriores, de exigência quanto ao rigor dos conceitos e à necessidade da sua compatibilização harmónica, os novos juspublicistas da Escola de Lisboa procuram agora afeiçoar a dogmática do Direito Administrativo aos parâmetros da jurisprudência dos interesses (*Interessenjurisprudenz*). Na Faculdade de Direito de Coimbra (com os Professores Queiró e Ehrhard Soares), esse rumo fora adotado mais cedo. As situações jurídicas administrativas requerem do legislador e do aplicador fórmulas de ajustamento entre os interesses públicos visados pelas normas do Direito Administrativo e os interesses dos particulares merecedores de tutela jurídica. O exercício do poder administrativo é visto como objeto de direitos subjetivos ou, pelo menos, de interesses legítimos dos sujeitos não-administrativos das relações jurídicas administrativas. O peso das realidades vitais dita, aqui e ali, correções ao raciocínio lógico-formal.

Alguns dos trabalhos que publiquei entre 1963 e 1974 refletem manifestamente o ambiente descrito.

Em 1963, no meu primeiro estudo aparecido numa revista jurídica, procurei evidenciar a fragilidade da classificação conceptual das pessoas coletivas em pessoas coletivas de direito público e de direito privado. A circunstância de a capacidade jurídica das pessoas coletivas abranger sempre situações jurídicas subjetivas ativas e passivas de direito público e de direito privado representava uma das diversas manifestações da debilidade da pretensão de edificar o Direito Administrativo contemporâneo no pressuposto da intransponibilidade da barreira entre direito público e direito privado.

Em 1968, numa monografia intitulada "*Teoria da Relação Jurídica de Seguro Social*", tentei – beneficiando de uma base mais densa, proporcionada por um direito administrativo especial – ultrapassar os habituais enquadramentos naturalistas e normativistas para adotar a relação jurídica como instrumento fundamental da dogmática do Direito Administrativo. A relação jurídica de direito administrativo especial articulava-se estreitamente, nesta construção, com direitos subjetivos públicos. No caso, tratava-se, como é óbvio, dos direitos às prestações de seguro social. Era de maneiras como essa que, naquela época, em Portugal, se iam abrindo os caminhos que, após a entrada em vigor da Constituição democrática de 1976, desembocariam na adoção de uma conceção parcialmente subjetivista e relacional do Direito Administrativo geral.

Por fim, em 1972, num estudo sobre o papel dos contratos administrativos no direito português, publicado no "*Dicionário Jurídico da Administração Pública*", procurei demonstrar a idoneidade deste instituto jurídico para o desempenho de uma função paralela à do ato administrativo. Entre outras implicações, esta posição obrigava a aceitar a ideia de contrato administrativo por natureza (e não apenas por definição legal) e, portanto, a admissibilidade dos contratos administrativos atípicos.

Em 1969, Rui Machete publicara um trabalho intitulado *"Contribuição para o Estudo das Relações entre o Processo Administrativo Gracioso e o Contencioso"* que, a cerca de vinte anos de distância da publicação do Código do Procedimento Administrativo, representava um dos primeiros passos dados para o advento daquela que viria a ser, no plano do Direito ordinário, a fulcral matriz normativa do Direito Administrativo português.

**6.** Com o início da vigência, na segunda metade da década de setenta, das Constituições democráticas de Portugal, da Espanha e da Grécia, acentua-se em toda a Europa ocidental uma fase evolutiva que se caracteriza pela *constitucionalização do Direito Administrativo.* Juntamente com a Constituição italiana e a Lei Fundamental alemã, aqueles novos textos encerravam um número apreciável de preceitos que serviram de alicerces à reconstrução do Direito Administrativo em diversos planos. Assim sucedeu em Portugal, designadamente, no tocante aos princípios fundamentais da atividade e da organização administrativas, aos direitos fundamentais dos particulares em face da Administração, às tarefas da Administração, ao asseguramento da autonomia política e administrativa das regiões insulares e da autonomia administrativa das autarquias locais, ao procedimento administrativo e ao processo nos tribunais administrativos.

Os desenvolvimentos a propósito destes diversos items seriam necessariamente extensos e por isso há que ficar por aqui. Bastará dizer que a face do Direito Administrativo foi gradualmente adquirindo novas feições através da legislação, da jurisprudência e da produção doutrinária e graças ao aparecimento de novos institutos, à renovação dos institutos tradicionais e à multiplicação e aprofundamento dos direitos administrativos especiais. O número das faculdades de direito e a composição dos seus corpos ensinantes alargou-se. Cresceu exponencialmente o número de provas de doutoramento em direito público. São múltiplas as publicações periódicas e as coletâneas de estudos apenas dedicadas ao Direito Público ou contendo material de direito público. Pode, pois, afirmar-se que, ao contrário das épocas anteriores, se encontram hoje em Portugal monografias e outros estudos cobrindo praticamente todas as matérias relevantes do Direito Administrativo. Sem que o interesse pela doutrina estrangeira tenha esmorecido, tendem hoje a equilibrar-se com ela as citações de obras portuguesas feitas nos textos científicos.

**7.** A adoção, no Brasil, em 1988, de uma Constituição baseada no princípio do Estado de Direito e próxima em muitos aspetos da Constituição portuguesa de 1976 proporcionou a intensificação da intercomunicação entre as doutrinas e as jurisprudências dos dois países. O "arco euro-atlântico de Estados constitucionais" de que fala Häberle ganhou assim uma nova dimensão. Uma língua comum e as raízes histórico-jurídicas partilhadas incrementam o diálogo, hoje estimulado também pela adesão pelos dois direitos nacionais aos mesmos princípios gerais de direito constitucional e de direito administrativo e à adoção de instrumentos dogmáticos cujas semelhanças excedem as diferenças.

**8.** Um outro fator importante de dinamização do Direito Administrativo português reside na orientação de "amizade" e abertura da nossa Constituição relativamente ao Direito Internacional e ao Direito da União Europeia. No quadro do artigo 8º da Constituição, a Ordem Jurídica portuguesa recebe as normas do Direito Internacional Público, nela vigorando também as normas emanadas das organizações internacionais nos termos dos respetivos tratados constitutivos e as normas de direito europeu originárias e derivadas. O ordenamento jurídico administrativo português integra hoje, portanto, um vultoso complexo normativo de origem externa e comum à maioria dos direitos administrativos europeus. Isso é particularmente visível em domínios como os da contratação pública e das regulações setoriais.

No seu atual estádio de desenvolvimento, a União Europeia acrescenta, aliás, uma nova dimensão ao Direito Administrativo tal como o conhecíamos há poucas décadas atrás. Refiro-me à emergência de um *Direito Administrativo Europeu*. Como opinam Jean-Bernard Auby e Jacqueline Dutheil de la Rochère, avultam neste, por seu turno, dois planos, integráveis por força de princípios e instrumentos dogmáticos comuns. Trata-se, de um lado, daquela parte do Direito da União Europeia correspondente às características essenciais do Direito Administrativo enquanto ramo dos direitos nacionais, sobretudo naquilo que respeita às formas típicas da atividade administrativa. E trata-se ainda, por outro lado, dos efeitos jurídicos de constrição e de orientação exercidos pelo Direito da União Europeia sobre os direitos administrativos nacionais, tendo como dimensões primordiais a concorrência e a liberalização das trocas.

Uma crescente sintonia transnacional do objeto dos estudos doutrinários na área do Direito Administrativo e das propostas explicativas e dogmáticas neles formulados evidencia a importância do sincretismo entre os efeitos dos fenómenos aludidos. E essa sintonia encontra uma origem suplementar na crescente aproximação entre os direitos administrativos continentais e o da Inglaterra. Já detetado em meados da década de oitenta num livro precursor de Spyridon Flogaïtis, esse movimento acelerou-se graças à participação do Reino Unido na União Europeia. Contra o que poderia ter sucedido, não tem ocorrido, no seio do Direito Inglês, a consolidação de dois subsistemas consoante se devam aplicar às situações em causa normas de direito europeu ou dele provenientes ou, pelo contrário, normas alheias a tal origem. O risco de fratura tem sido contrariado por um fator de homogeneização analisado por Gordon Anthony: a tendência para o "*spill-over*", com efeito de generalidade, das decisões pelas quais os tribunais ingleses aplicam princípios originários do Direito Europeu às situações sobre as quais este incide.

Entre os académicos portugueses na área do Direito Administrativo, não passou despercebido o momento em que, superadas as dificuldades na distinção entre atividade jurisdicional e atividade administrativa, os tribunais lançaram os fundamentos do direito administrativo inglês contemporâneo em decisões seminais, como a proferida, em 1963, no caso *Ridge v. Baldwin*. Para efeitos da dogmática administrativa portuguesa, revela-se hoje, por exemplo, iluminante a leitura de páginas como aquelas que Paul Craig dedica às compressões decorrentes da *Common Law* sobre o exercício do poder discricionário ("*improper purposes*", "*relevancy*", "*bad faith*") ou aos pressupostos e meios da proteção da confiança ("*legitimate expectations*").

**9.** Com as considerações que antecedem, procurei, pois, sumariar uma jornada durante a qual, ao longo de 60 anos, a minha vivência profissional se desenrolou em paralelo com a constante evolução de um Direito Administrativo para mim simultaneamente objeto de indagação e de ensino e repositório dos instrumentos dogmáticos da praxis como jurisconsulto e advogado. Ainda que continue a estudar e a escrever como dantes, encontro-me agora próximo do fim deste percurso individual. Isso não me impede, porém, e antes me impele, a perguntar – entre curioso e perplexo – se não teremos entrado novamente numa fase de mudança subterrânea do Direito

Administrativo como aquela que Rui Machete, eu e diversos outros vivemos nas décadas de 50 e 60 do Século passado. A realidade move-se e na sua mudança segue um rumo que, visto retrospetivamente daqui a alguns anos, irá parecer claro. Mas, nestes dias marcados pela indefinição e, até, pelas aparentes contradições, não serei eu quem vestirá a túnica de profeta para anunciar os desfechos que no futuro se escondem. Poderei, isso sim, respigar, apressadamente e com inevitável subjetividade, alguns fatores que se vão destacando como prováveis causadores de mudança. Não pretendo, porém, com isso antecipar as coordenadas das quais resultará a consistência de um novo modelo de Direito Administrativo geral, que se haverá de consolidar no dia em que de novo estiverem criadas condições para uma relativa estabilização do sistema no seu conjunto.

Enquanto campo material de um ramo do direito, a administração sempre tem sido encarada sob uma dupla vertente organizatória e funcional. O Direito Administrativo é, simultaneamente, o direito estatutário de um conjunto de entidades que se convenciona formarem organicamente a Administração Pública e o direito que rege uma atividade que se qualifica como administrativa pela natureza pública das tarefas e a especialidade das formas jurídicas de atuação. A partir do momento em que a administração é concebida não só como um modo de realização dos interesses públicos através do exercício de autoridade mas também como relação jurídica com pessoas que, perante ela, têm direitos e deveres configurados por normas de direito público, o Direito Administrativo já não é apenas o direito da administração, mas também o direito dos sujeitos das situações jurídicas individuais em face da administração.

Todas estas realidades delimitadoras do âmbito do Direito Administrativo ganharam, porém, nos nossos dias um perfil mais impreciso. Escrevia Forsthoff, em meados do Século passado, que a administração "permite que a descrevam mas não que a definam". Mas, hoje, também a descrição da administração está longe de ser fácil. Perante a "fuga para o direito privado" e a atribuição de poderes públicos a pessoas de direito privado, a Administração Pública já não pode ser sempre identificada segundo o critério da personalidade de direito público dos seus entes. E a nova mas poderosa realidade do "serviço de interesse económico geral" articula atividades consideradas vitais para os cidadãos e para a sociedade como um todo com a substituição de um setor público empresarial pela iniciativa privada submetida a regulação pública. Atenua-se o papel da Administração como prestadora de serviços e de bens no quadro das políticas sociais, ao passo que se amplia a sua intervenção tendo por referência o conceito de *regulação*, de origem anglo-saxónica. Da regulação, espera-se que, em vez da relação direta com os indivíduos em geral a título de lhes assegurar a satisfação das necessidades básicas, o Estado se limite a criar as infraestruturas normativas de enquadramento e a orientar os operadores de mercado e as entidades privadas movidas por fins não lucrativos de solidariedade social. Em vez de providenciar ele próprio pelo preenchimento de certos fins de utilidade pública, em áreas como os transportes, o serviço postal, a energia ou as telecomunicações, o Estado dedicar-se-á sobretudo à garantia da respetiva efetivação por terceiras entidades, movidas pelo objetivo do lucro ou guiadas por valores altruístas.

Note-se, no entanto, que falo em perda de peso relativo da administração prestadora e não do seu desaparecimento perante a privatização e a atividade administrativa meramente regulatória. Há bens e serviços indispensáveis à preservação da dignidade da pessoa humana e que o mercado não tem aptidão para providenciar à generalidade dos cidadãos. Nos moldes de funcionamento da sociedade que conhecemos, assim sucede, nomeadamente, com as prestações substitutivas de perda de rendimento por velhice, invalidez, doença e desemprego, com as prestações de cuidados de saúde e com as prestações de ensino acessíveis a todos independentemente da capacidade económica dos agregados familiares. Como observa Jorge Miranda, a *solidariedade*, inscrita no artigo 1º da Constituição como um dos valores básicos da sociedade, constitui uma noção jurídica que exige serviços e prestações sociais e só ela assegura plenamente a dignidade em todas as circunstâncias da vida. E, como ele também sublinha, uma das características dos direitos sociais é a sua universalidade: são direitos de todos os membros da comunidade e não apenas direitos dos membros da classe operária (pensamento marxista) ou apenas direitos dos pobres e necessitados (visão neoliberal). Por isso – e também como imperativo do modo de vida das sociedades urbanizadas – a segurança social, a saúde e o ensino terão de ser objeto de prestação de bens e serviços de âmbito universal, sem prejuízo do gradualismo da comparticipação nos encargos exigidos aos utentes em função dos rendimentos individuais e da abertura às iniciativas da sociedade e dos próprios interessados.

Parece, pois, demonstrável que a administração prestadora não desaparecerá do leque das modalidades básicas de atividade administrativa.

Não obstante estas ressalvas, há que admitir que as linhas evolutivas confluem para a menor nitidez da confrontação entre Estado e sociedade, entre Administração e "administrados", entre atividade administrativa e meras iniciativas particulares.

Mas a ênfase nas virtualidades da regulação enquanto modalidade da atividade administrativa e na previsível subsistência de uma administração de prestação não obnubila o interesse prestado pela doutrina contemporânea a um outro fenómeno que, na Alemanha, tem sido apelidado de *Steuerung*. Uma tradução literal do termo para as línguas latinas não parece suficientemente esclarecedora daquilo que se pretende descrever. Por isso, parece preferível usar com o mesmo sentido – como em Espanha faz José Esteve Pardo – os termos *função diretiva* ou *capacidade diretiva da administração*. Perante a complexidade da sociedade atual – marcada pelo seu caráter crescentemente pluralista e pela muitas vezes imprevisível e rápida evolução dos contextos tecnológico e económico-financeiro –, avultam os limites à previsão legislativa de todas as situações carecidas de conformação pública, bem como os défices de execução das estatuições normativas. O número crescente de áreas da vida social confiadas à auto-regulação decorre da consciência da necessidade da desconcentração de pólos de decisão, a fim de que a proximidade com os problemas e a participação dos interessados permitam certos afinamentos das políticas administrativas fora do alcance do legislador. O mesmo objetivo é também servido pela atribuição legislativa à administração de margens de livre apreciação e de livre decisão quando estas se revelam como instrumentos preferíveis para tomar na devida conta as conexões e interações entre os instrumentos jurídicos de atuação e a realidade social sobre a qual se projetam.

Assiste-se, por outro lado, à transferência para o "espaço global" de uma parte das metas e dos meios de ação que tradicionalmente cabiam ao Estado administrador. Os processos de desnacionalização de mecanismos decisórios não constituem a única causa do enfraquecimento do significado e da efetividade dos modelos constitucionais de representação democrática no exercício das funções legislativa e administrativa, mas contribuem para acelerá-lo. Embora sem totalmente o conseguir, procura-se compensar os efeitos negativos de tais fenómenos através de novos instrumentos de transparência, participação e "*accountability*". Sem ignorar a importância de soluções de caráter institucional, avulta crescentemente o relevo das medidas de natureza procedimental. Assim sucede não apenas quanto à formação dos atos e dos contratos administrativos, mas também a respeito do procedimento de formação dos regulamentos administrativos. Numerosos regulamentos contêm disposições que afetam de modo direto e imediato direitos ou interesses legalmente protegidos. O imperativo de audiência dos interessados coloca-se em tais circunstâncias em termos idênticos aos respeitantes à necessidade de tal diligência antes da emissão de atos administrativos desfavoráveis. Mas, mesmo quando a incidência dos preceitos contidos nos regulamentos pareça apenas de natureza geral e abstrata, o papel destes na acomodação de interesses públicos e particulares justifica – designadamente sob inspiração da praxis norte-americana – um maior grau de fundamentação e de escrutínio sobre a ponderação levada a cabo para efeito da determinação das soluções e sobre a consonância destas com os fins visados pelas leis regulamentadas.

A propósito destes, como de muitos outros capítulos da teoria geral do direito administrativo, avulta nos nossos dias o papel essencial da comunidade transnacional dos juristas na formação de um *jus commune administrativo*. O diálogo entre as doutrinas nacionais e entre a jurisprudência, tanto dos tribunais internacionais como dos nacionais, constitui hoje o berço do novo Direito Administrativo, cujos traços essenciais se encontrarão talvez consolidados nos meados do Século XXI. Em boa medida, ter-se-á por certo alterado nessa altura aquela visão do Direito Administrativo que progressivamente se vai esfumando perante os nossos olhos. Será parcialmente outra a graduação entre bens fundamentais. Terão evoluído o entendimento de valores-chave, a densificação de princípios estruturantes, o elenco de conceitos basilares e os critérios da sua sistematização. A desmaterialização dos procedimentos criará novas condições de participação e transparência.

Mas, em qualquer caso, tratar-se-á sempre da concretização e da aplicação de uma fórmula que tem marcado em permanência o Direito Administrativo e deverá continuar a constituir a chave da sua identidade. Essa fórmula nuclear permanente sempre residiu, reside hoje e continuará a residir, como consequência da natureza da sociedade humana, na procura de uma ponderação equitativa entre a proteção dos direitos individuais em face dos poderes públicos e a eficiência de uma atividade que, visando a satisfação das necessidades coletivas, permaneça sujeita a uma pluralidade de meios de "*accountability*", ou seja, de responsabilidade democrática.

# O Direito Administrativo atual: traços identitários (2016)*

**1.** Dos alvores do Século XIX até aos nossos dias, o Direito Administrativo evoluiu constantemente e em larga escala. O conhecimento desse já longo percurso desde logo nos traz a certeza do caráter efémero da modernidade do Direito Administrativo visto à luz das suas coordenadas atuais. Mas não significa isso, porém, que uma qualquer arbitrária fronteira nos autorize a contrapor um "velho Direito Administrativo" a um "novo Direito Administrativo" como realidades distintas e irredutíveis. Sendo certo que a filtragem operada em ordens jurídicas como a nossa pelas Constituições do Estado de Direito democrático desde logo implicou a eliminação de institutos e normas incompatíveis com os novos padrões, o efeito mais significativo dessas Leis Fundamentais sobre o Direito Administrativo consistiu num impulso modernizador, progressivamente concretizado ao longo das décadas seguintes.

**2.** Se, nos nossos dias, o Direito Administrativo é ainda o mesmo ramo do Direito que foi ganhando autonomia científica e nome próprio ao longo da primeira metade do Século XIX, isso se deve à indubitável permanência do mais estruturante de entre os seus traços identitários. As soluções legislativas parcelares poderão ter conhecido múltiplas inovações e, até por vezes,

* In: *Estudos em Homenagem ao Conselheiro Presidente Rui Moura Ramos*, II. Coimbra: Almedina, pp. 881-902.

processos de involução. Mas sempre se vem mantendo a marca nuclear do Direito Administrativo como sendo aquele ramo do Direito através do qual se visa a consecução da compatibilidade entre, por um lado, a efetivação do interesse público por órgãos legitimados e habilitados por lei e, pelo outro, o respeito pelos direitos e interesses legalmente protegidos dos afetados individual e concretamente por atos de poder.

Para a prossecução do interesse público – ou seja do conjunto de fins normativamente assumidos pelas comunidades políticas de base territorial para a atividade a desenvolver pelos seus órgãos e pelos de outros entes sob sua influência dominante – impõe-se a adoção de soluções de tipo organizatório e funcional. Tais fórmulas distinguem-se daquelas que modelam juridicamente o inter-relacionamento de particulares nos quadros da família, da propriedade e do mercado. Em ambos os planos organizatório e funcional, subsistemas de normas jurídicas administrativas regem o poder-dever de prosseguir o interesse público sob legitimação, habilitação competencial e escrutínio democrático no quadro de relações jurídicas com os destinatários dessa atuação. Mas o respeito dos direitos e interesses legalmente protegidos dos particulares molda, por seu turno, a materialidade dos efeitos jurídicos constituídos no exercício do poder público de conformação de situações individuais e concretas e influencia as soluções de concordância prática para as colisões entre interesses públicos e interesses privados merecedores de proteção. Além disso, os direitos e interesses legalmente protegidos beneficiam de garantias procedimentais e processuais aptas a proporcionar-lhes efetividade. É este o âmbito próprio do Direito Administrativo, mais fácil de descrever do que de sinteticamente definir.

**3.** De todo o modo, é a compatibilização entre a necessária consecução do interesse público e o respeito dos direitos e interesses legalmente protegidos aquilo que singulariza a essência do Direito Administrativo. Tal essência consolidou-se logo a partir das primeiras décadas do Século XIX, como súmula explicativa do exercício jurídico de poderes públicos não legislativos e não jurisdicionais no conjunto dos Estados Constitucionais.

Os institutos do Direito Administrativo, as suas fórmulas de composição de interesses, os seus conceitos, a sua terminologia, o seu afinamento dogmático variam no espaço e no tempo. O elenco e, sobretudo, a graduação prioritária das tarefas administrativas evoluem, permitindo que, em relação a períodos mais ou menos longos, se distingam modelos como os da administração restritiva e da administração prestadora. No entanto, o Direito Administrativo de cada fase traz no seu bojo toda uma série de elementos provenientes de estádios anteriores. Novos enquadramentos sistémicos, aprofundamentos teóricos e utilizações antes não imaginadas para figuras pré-existentes proporcionarão alcance revigorado a contributos de fases pretéritas. Mas a sua continuidade reflete sem dúvida a permanência do traço identitário essencial do Direito Administrativo, do mesmo passo que desmente a ocorrência de ruturas drásticas entre épocas totalmente distintas.

**4.** Ao dissertar sobre traços identitários do Direito Administrativo atual, importa que a respetiva escolha se processe de acordo com critérios objetivos. Afigurou-se razoável atender para tal qualificação a três parâmetros:

1 – Contributo do traço em questão para a coerência sistémica do Direito Administrativo;
2 – Sua presença na maioria – quando não na totalidade – dos capítulos do Direito Administrativo Geral e dos Direitos Administrativos especiais;
3 – Testemunho prestado por esse traço quanto ao trajeto evolutivo do Direito Administrativo.

Com base na presença destes parâmetros, parece defensável a seguinte lista de traços identitários do Direito Administrativo atual:

a) Constitucionalização;
b) Papel matricial do princípio do Estado de Direito democrático;
c) Asseguramento da coerência por uma rede de princípios;
d) Recomposição dos perfis da função administrativa;
e) Incremento da transversalidade da estrutura organizatória;
f) Renovação da dogmática das formas jurídicas típicas;
g) Perspetiva relacional;
h) Perspetiva procedimental;
i) Reforço da efetividade da tutela jurisdicional;
j) Cosmopolitização.

Os limites quanto à extensão do presente estudo impõem que nos circunscrevamos a alguns de entre esses marcos identitários.

**5.** O primeiro dos traços identitários do Direito Administrativo atual – e um seu traço central e irradiante – é o da *constitucionalização do Direito Administrativo.*

Durante longos períodos através do Século XX, o Direito Administrativo foi teorizado e aplicado quase sem interação com o Direito Constitucional. Sob regimes autoritários, essa caraterística ganhou compreensivelmente nova força, devido ao arbítrio deixado ao legislador ordinário para organizar o relacionamento entre os poderes públicos e os cidadãos. Isso não sucedeu, porém, apenas sob a égide de regimes não democráticos. Permanece gravada na memória dos administrativistas a máxima de Otto Mayer, após a queda do regime monárquico na Alemanha: "O Direito Constitucional passa e o Direito Administrativo permanece". Fundador da teoria geral alemã do Direito Administrativo, Otto Mayer construiu-a em torno do conceito de ato administrativo. A utilização do método da jurisprudência dos conceitos permitia edificar um regime geral através de nexos lógico-formais próprios deste instituto, que representavam, sem necessidade de outro fundamento, um modo de auto-limitação do poder estatal. E o papel da Constituição circunscrevia-se a submeter a Administração às normas do Direito legislado[1]. Algumas décadas mais tarde, em França, Georges Vedel, afirmando embora a natureza da Constituição como "base necessária das regras cujo conjunto compõe o Direito Administrativo", reconhecia criticamente a solução de continuidade que a teoria clássica do seu país, alicerçada numa conceção auto-suficiente de "serviço público", criara entre os princípios constitucionais e o Direito Administrativo[2].

Este panorama alterou-se radicalmente graças ao impacto de constituições de forte conotação axiológica e orientadora, surgidas ao longo da segunda metade do Século XX. Foi, ainda nos finais dos anos 40, primeiramente o caso dos textos constitucionais italiano e alemão e, mais tarde, por ordem cronológica, do português, do grego, do espanhol e do

[1] Cfr. *Deutsches Verwaltungsrecht*, I, 3ª ed., Munique: Duncker & Humblot, 1924, prefácio e pp. 55s.

[2] Cfr. *Les bases constitutionnelles du droit administratif*, in : Laubadère/Mathiot/Rivero/Vedel, *Pages de Doctrine*, II, Paris : L.G.D.J., 1980, p. 129.

brasileiro, entre outros. No âmbito de Constituições como estas, o Direito Administrativo transforma-se, de acordo com a frase lapidar de Fritz Werner, em 1959, em "Direito Constitucional concretizado". Essas Constituições enunciam direitos fundamentais dos cidadãos perante a atividade e a organização administrativas, elencam tarefas administrativas nos mais diversos planos da vida social, desenham linhas básicas da estrutura organizatória (compreendendo os direitos de autonomia das comunidades territoriais infra-estaduais), estabelecem garantias no procedimento e no processo administrativo. A constitucionalização age como fator de transparência, racionalidade e coerência do Direito Administrativo enquanto sistema normativo[3]. E, a esse propósito, o papel eminentemente determinante cabe a princípios aos quais a Constituição empresta fundamentalidade. Nas últimas décadas, os textos constitucionais surgidos no "arco euro-atlântico de Estados constitucionais" caraterizam-se pelo pendor marcadamente principialista[4]. E o filtro administrativista permite destacar, de entre uma complexa rede de valores, bens e princípios constitucionais, aqueles que, por seu turno, constituem hoje a ossatura do Direito Administrativo. É, desde logo, o caso dos princípios estruturantes da atividade administrativa: a legalidade ou juridicidade, a prossecução do interesse público, a igualdade, a imparcialidade, a boa fé e a publicidade. Como seria natural em face da multiplicidade dos princípios da "Constituição Administrativa", nota-se a tendência para englobar diversos de entre eles, revestidos de maior afinidade, em princípios nucleares, encarados como resposta sincrética a necessidades de reforma e propostas de mudança. Não se trata de princípios hierarquicamente superiores a outros, mas, antes, de asserções axiológicas suscetíveis de decomposição em diversas outras que, correspondendo à

[3] Cfr. Luís Roberto Barroso, *Curso de Direito Constitucional Contemporâneo*, 2ª ed., São Paulo: Saraiva, 2010, pp. 374 e 375; Walter Schmidt, *Einführung in die Probleme des Verwaltungsrechts*, Munique: C.H. Beck, 1982, pp. 6 e 7; Schmidt-Assmann, *Verfassungsprinzipien für den Europäischen Verwaltungsverbund*, in : Hoffmann-Riem/Schmidt-Assmann/Vosskuhle, *Grundlagen des Verwaltungsrechts*, I, Munique: C.H. Beck, 2006, p. 243 e 244 ; Marcelo Rebelo de Sousa/Salgado de Matos, *Direito Administrativo Geral*, I, Lisboa : Dom Quixote, 2004, pp. 68 e 69 ; Paulo Bonavides, *Curso de Direito Constitucional*, 25ª ed., São Paulo: Malheiros, 2010, p. 45; Paulo Otero, *Manual de Direito Administrativo*, I, Coimbra: Almedina, 2013, pp. 334 e 335.

[4] Cfr. Rui Medeiros, *A Constituição Portuguesa num Contexto Global*, Lisboa: Universidade Católica Editora, 2015, p. 101.

mesma ideia retora, a direcionam sobre diferentes situações típicas da atividade administrativa. É o caso do princípio da boa administração, ainda hoje em diferentes estádios de sedimentação consoante as ordens jurídicas[5]. No artigo 41 da Carta dos Direitos Fundamentais da União Europeia, sob o valor constituído pela boa administração, são agrupados, ainda que a título apenas exemplificativo, três direitos que relevam do devido procedimento administrativo equitativo: os direitos de audiência, de acesso à informação procedimental e à fundamentação das decisões. Adivinha-se, desta forma, o atingimento, nos ordenamentos jurídicos da Europa continental, de uma nova fase em que exigências ou garantias, atomisticamente antes enunciadas em diferentes momentos pelo legislador ou pelo juiz, passarão a ser assumidas como concretizações de um princípio irradiante, dinamizado por um mesmo imperativo de tratamento justo dos particulares participantes no procedimento administrativo[6].

**6.** A par, porém, da consolidação, na atualidade, de novos princípios nucleares do Direito Constitucional Administrativo, mantem-se o papel estruturante de um outro princípio, bem mais antigo. Refiro-me a um segundo traço identitário do Direito Administrativo contemporâneo, que consiste no *papel matricial do princípio do Estado de Direito Democrático*. Convém no entanto notar desde já que, se o Estado de Direito é um conceito axiológico proveniente do Século XIX, ele nos surge hoje muito remoçado, não apenas graças ao aditamento e aos desenvolvimentos da componente democrática, mas também à modernização da ideia de Direito que a ele desde o início presidiu[7].

[5] Cfr. Efstratiou, *Der Grundsatz der guten Verwaltung als Herausforderung an die Dogmatik des nationalen und europäischen Verwaltungsrechts*, in: Trute/Gross/Röhl/Möllers, *Algemeines Verwaltungsrecht- zur Tragfähigkeit eines Konzepts*, Tübingen: Mohr Siebeck, 2008, pp. 281 s, em particular, 301 a 305.

[6] Cfr. Sérvulo Correia, *Administrative Due or Fair Process: Different Paths in the Evolutionary Formation of a Global Principle and of a Global Right*, in: Anthony/Auby/Morison/Zwart, *Values In Global Administrative Law*, Oxford and Portland, Oregon: Hart, 2011, pp. 343 a 351.

[7] Cfr. Jorge Reis Novais, *Os Princípios Constitucionais Estruturantes da República Portuguesa*, Coimbra: Coimbra Editora, 2004, pp. 32 a 42.

Assumindo implicitamente a visão Kelseniana da essência do Estado como fenómeno jurídico[8], a Constituição Portuguesa proclama a natureza da República como "Estado de direito democrático" (artigo 2º). Não podemos curar aqui da complexa história deste conceito normativo central[9], nem da maneira como o preceito constitucional em causa lhe preenche o conteúdo, sempre, aliás, em termos incompletos, visto que a força irradiante e o contexto sistémico o enriquecem em termos que a letra do preceito-chave por si mesma não revela. A tal propósito, aquilo que interessa é aderir à conclusão de um autor brasileiro, quando escreve que o conceito de Estado Democrático de Direito constitui "um núcleo básico geral-universal que comporta elementos que poderiam confortar uma teoria (geral) da Constituição e do constitucionalismo do Ocidente"[10]. E é nessa medida que – declarada ou implicitamente – este "conceito-chave"[11] do constitucionalismo desempenha hoje um papel matricial do Direito Administrativo.

Os dois núcleos deste princípio dualista são indissociáveis. Sem a legitimação democrática do legislador, o Estado poderá ser Estado de legalidade, mas não será Estado de Direito. Mas, sem estruturação jurídica adequada do procedimento de escolha dos agentes políticos e dos meios da sua atuação, ficará em causa a genuidade de uma alegada representação do povo no exercício dos poderes públicos[12]. Ora, tanto o núcleo dos direitos subjetivos e do Direito objetivo como o núcleo da Democracia se desdobram em vertentes identitárias do Direito Administrativo. Porque o Estado é de direito, os órgãos da Administração Pública devem respeitar e promover na parte que lhes cumpre os direitos fundamentais e outros direitos e interesses legalmente protegidos dos cidadãos, não podem agir *contra legem* e carecem,

[8] Cfr. Hans Kelsen, *Théorie Pure du Droit*, (trad. por Charles Eisenmann da 2ª ed. da *Reine Rechtslehre*), Paris : Dalloz, 1962, pp. 378 s.

[9] Cfr. Marie-Joële Redor, *De L'État Légal à L'État De Droit*, Paris : Economica, 1992 ; Jorge Reis Novais, *Contributo Para Uma Teoria Do Estado De Direito*, Coimbra: Almedina, 2006; Sobota, *Das Prinzip Rechtsstaat*, Tübingen: Mohr Siebeck, 1997, pp. 263 a 396.

[10] Cfr. Marcos Augusto Maliska, *Comentário ao Art. 1º*, I, in: Gomes Canotilho/Gilmar Ferreira Mendes/Ingo Wolfgang Sarlet/Lénio Streck, *Comentários à Constituição Brasileira*, São Paulo: Saraiva, 2013, p. 116.

[11] Cfr. Gomes Canotilho/Vital Moreira, *Constituição da República Portuguesa Anotada*, I, 4ª ed., Coimbra: Coimbra Editora, 2007, p. 204.

[12] Cfr. Habermas, *Faktizität und Geltung*, 3ª ed., Frankfurt am Main: Suhrkamp, 1993, pp. 168 e 169, entre outras.

para atuar, de competência de fonte normativa. Por outro lado, a organização administrativa há-de ser arquitetada pela via normativa. Mas porque o Estado se não contenta com uma legalidade formal, antes se assumindo como democrático, a administração tem de apoiar-se em mecanismos de legitimação democrática, ao passo que, ao alcance dos cidadãos, existam meios de participação administrativa institucional e procedimental. Acresce que a Administração se encontra sujeita a múltiplas formas de *responsabilidade democrática*, conceito este através do qual se pretende o impossível, ou seja, proceder a uma tradução fiel do termo "*accountability*"[13]. Cumpre sublinhar que, nos nossos tempos, o controlo da opinião pública sobre o exercício da função administrativa constitui uma vertente fundamental do *princípio democrático*, princípio estruturante do Direito Constitucional e, por osmose, também do Direito Administrativo. A responsabilização democrática traduz-se na exigência de uma dupla postura por parte da Administração: sujeição, através da transparência e da participação, ao escrutínio dos cidadãos e colaboração ativa com tal escrutínio, fazendo o razoavelmente exigível para do seu lado o possibilitar. A *responsabilidade democrática* ou "*accountability*", transversal ao Direito Constitucional e ao Direito Administrativo, vem constituindo, no seio deste último, um instituto delineável através de uma rede de situações jurídicas substantivas, organizatórias, procedimentais e processuais. Perante a dificuldade de delimitar hoje em dia o âmbito organizatório da Administração Pública enquanto elemento definitório da área própria do Direito Administrativo, a sujeição à responsabilidade democrática constitui, segundo tudo indica, uma nova base do conceito institucional de Administração Pública[14].

**7.** Sem prejuízo do papel dominante do princípio do Estado de Direito Democrático na geometria das coordenadas do Direito Administrativo da atualidade, sobra ainda espaço para um seu autónomo traço identitário

[13] Cfr. MULGAN, *"Accountability": An Ever-Expanding Concept?"*, in: Public Administration, Vol. 78, No. 3, 2000, p. 555.

[14] Cfr. SÉRVULO CORREIA, *Contencioso Administrativo E Responsabilidade Democrática Da Administração*, in: PAULO OTERO/FERNANDO ARAÚJO / JOÃO TABORDA DA GAMA, (Org.), *Estudos em Memória do Prof. Doutor J. L. Saldanha Sanches*, I, Coimbra: Coimbra Editora, 2011, pp. 596 e 605.

assente na *especificidade do papel dos princípios como cimento de coesão sistémica e padrão decisório.*

Não nos referimos apenas ou principalmente à figura, velha mas ainda pertinente, dos princípios gerais de direito ideados pela jurisprudência administrativa para, com eficácia infra-legislativa mas supra-regulamentar, preencher vazios do Direito escrito através de orientações comuns surpreendidas na base de preceitos com forma escrita[15].

Sob uma visão analítica, aquilo que caracteriza o princípio como norma distinta da regra é uma diferença qualitativa na forma de aplicação: os princípios constituem imperativos de otimização, ou seja, de observância do seu sentido deôntico na máxima medida permitida pelas realidades jurídicas e fácticas. Ao passo que, quando aplicáveis, as regras o devem ser integralmente, os princípios sê-lo-ão apenas, designadamente, enquanto outros princípios com eles colidentes ou regras que mereçam a primazia a isso se não opuserem. A colisão entre princípios é solucionada através de um raciocínio de ponderação entre os interesses por eles cobertos no caso concreto através da identificação de uma relação de precedência. A precedência meramente parcial de um dos interesses em jogo conduz à construção de uma fórmula de concordância prática[16].

A especificidade do papel dos princípios no campo do Direito Administrativo prende-se, em primeiro lugar, com o modo próprio da sua aplicação pelos órgãos da Administração no exercício da discricionariedade e da margem de livre avaliação. Mas tal especificidade salienta-se também graças à adequação de muitos princípios para refletir a essência dualista do Direito Administrativo enquanto instrumento de eficiência na concretização da utilidade pública e de simultânea garantia dos direitos e interesses legalmente protegidos.

[15] Sobre a menor relevância, nos nossos dias, de uma conceção de princípio exclusivamente baseada numa teoria das fontes, v.: MATTHIAS RUFFERT, *Rechtsquellen und Rechtsschichten des Verwaltungsrechts,* in: HOFFMANN-RIEM/SCHMIDT-ASSMANN/VOSSKUHLE, *Grundlagen des Verwaltungsrechts,* P. 1135; RÜTHERS/FISCHER/BIRK, *Rechtstheorie mit Juristischer Methodenlehre,* 6ª ed., Munique: Beck, 2011, p. 446.

[16] Cfr. ROBERT ALEXY, *Theorie der Grundrechte,* 3ª ed., Frankfurt am Main: Suhrkamp, 1996, pp. 75 a 90; DAVID DUARTE, *A Norma de Legalidade Procedimental Administrativa,* Coimbra: Almedina, 2006, pp. 129 ss.

**8.** A essência própria da aplicação dos princípios pela Administração explica-se pelo modo como muitos deles conferem natureza normativa ao interesse público ou, melhor, aos múltiplos interesses nos quais se desmultiplica o interesse público que, por imperativo constitucional, a Administração deve considerar a meta de toda a sua atividade.

A visão funcional da atuação administrativa resulta precisamente da sua indissociável conexão com fins de interesse público[17]. A deverosidade da prossecução administrativa do interesse público converte-o em princípio estruturante do Direito Administrativo. E, como cada um dos interesses públicos em que se desdobra o são por força de uma enunciação constitucional ou legislativa, também eles se revestem da natureza de princípios, já que também aí a presença de um mandado de otimização é incontestável. Mandado, nem que não seja por força do imperativo constitucional de prossecução do interesse público em geral. Otimização, visto que, por definição, o fim abstrato se não satisfaz definitivamente graças às suas sucessivas consecuções casuísticas e que a sua plena realização, quando vista apenas à luz das coordenadas de cada momento, se mostra praticamente impossível devido à necessidade de a compaginar com a observância de outros fins, desde logo os respeitantes ao equilíbrio das finanças públicas.

Sob a sua natureza de princípios, os interesses públicos vão estar presentes na ponderação que dita o sentido do exercício da discricionariedade administrativa e vão parametrizar exigências de adequação dos juízos de avaliação e prognose pelos quais a Administração preenche previsões formuladas pelas normas através de conceitos jurídicos indeterminados. Uma vez que se trata da configuração principiológica de interesses públicos levados à formulação de valorações próprias do exercício da função administrativa, a sua densificação compete à Administração e não ao juiz, ao contrário do que sucede em outros ramos do direito perante situações de colisão entre princípios ou de necessidade de os prosseguir através de juízos de avaliação ou prognose. Só assim não sucederá em Direito Administrativo quando se tratar de princípios com a natureza de direito fundamental. A restrição destes é prerrogativa do legislador, não podendo constituir, no domínio da

[17] Observam Wolff/Bachof/Stober que a prossecução do interesse público constitui um princípio estrutural não escrito de todas as modalidades de atividade administrativa (Cfr. *Verwaltungsrecht*, I, 11ª ed., Munique: Beck, p. 416). Mas, no Direito português, ele tem expressão escrita no artigo 266º, nº 1, da Constituição.

programação e execução das tarefas administrativas, matéria de escolhas e avaliações cujo sentido não seja determinado por lei.

**9.** Avulta no entanto também uma segunda particularidade do impacto dos princípios no âmbito do Direito Administrativo, a qual consiste no caráter reforçado da sua função sistematizadora.

Trata-se desde logo de uma consequência da constitucionalização, porquanto um considerável número de princípios de Direito Administrativo tem hoje dignidade constitucional. A unidade da Constituição confere a esses princípios o papel de fator de coerência como pólos de um sistema axiológico.

Mas não é apenas por essa razão que se diferencia qualitativamente, entre o Direito Administrativo e outros ramos do Direito, a operacionalidade dos princípios enquanto ferramentas sistémicas de interpretação, preenchimento das lacunas e berço da criação de novas regras. No Direito Administrativo, a incoerência facilmente brotaria da dialética entre função eficientista na gestão da coisa pública e função garantista de direitos e interesses, ambas elas ínsitas na identidade deste ramo do direito. Mas é aí que intervém um papel equilibrante dos princípios. Assim sucede, em primeiro lugar, no quadro da formulação de valorações próprias do exercício da função administrativa, graças à ponderação entre aqueles princípios que dão moldura a interesses públicos. Por essa forma, não se acomodam, porém, apenas interesses públicos colidentes no caso concreto, pois que se gizam também as fórmulas de reposição equitativa das situação subjetivas submetidas à imposição de sacrifício.

Mas o contributo dos princípios para a coerência do ordenamento jurídico administrativo afirma-se por vezes ainda com maior nitidez. É aquilo que sucede quando, no próprio princípio, se conjugam as duas lógicas finalísticas. Pense-se, por exemplo, no princípio da participação do interessado no procedimento administrativo, que, simultaneamente, serve a eficácia da tutela do particular e a qualidade objetiva da decisão. Ainda um exemplo, a par de muitos outros possíveis, nos é dado pelo princípio da proteção do co-contratante pelo contraente público: quando, se resguarda o co-contratante contra a violação por terceiros de vínculos jurídico-administrativos, salvaguarda-se igualmente o interesse público na boa execução do contrato.

Por outro lado ainda, a seriação analítica dos princípios do Direito Administrativo geral e de cada Direito Administrativo especial permite delimitar com maior precisão a substância incompressível dos tecidos axiológicos do núcleo normativo comum e dos subramos e impede que a especialidade destes últimos se transforme em causa de rutura do traçado sistémico de conjunto.

Também importa não esquecer o relevo dos princípios centrados em interesses públicos no desenho das tarefas administrativas. As tarefas constituem uma categoria conceptual da teoria geral do direito administrativo que merece ser construída a partir das alíneas d) a h) do artigo 9º da Constituição. *Tarefas* não se confundem com *atribuições*, nem com *interesses públicos*. O conceito de atribuições tem um alcance principalmente organizatório. E, por si só, o fim de interesse público, muito embora estabeleça uma meta, não dispõe quanto ao modo de a alcançar. É o desempenho da tarefa que obriga à programação de políticas administrativas a nível nacional, regional ou local.

As alíneas d) a h) do artigo 9º da Constituição não esgotam o elenco das tarefas administrativas, limitando-se a salientar aquelas que, pela sua essencialidade, merecem ser consideradas como valores constitucionais. A par delas, outras são delineadas a nível da legislação ordinária ou da programação administrativa. O que caracteriza a tarefa é o dever de prosseguir certo ou certos fins de interesse público através da organização de meios adequados.

Os princípios respeitantes ao dever de prosseguir determinados interesses públicos ganham assim, no quadro do Direito Administrativo, um relevo reforçado como diretrizes de ordenação dos meios à luz do imperativo da sua adequação finalística.

**10.** Um quarto traço identitário do Direito Administrativo dos nossos dias consiste na *recomposição dos perfis da função administrativa*.

Ao longo da segunda metade do Século XX, a doutrina alemã, logo seguida pela de muitos outros países, trabalhou sobre dois perfis: o da "administração restritiva" (*Eingriffsverwaltung*) e o da "administração de prestação" (*Leistungsverwaltung*). O primeiro perfil abarca o conjunto dos atos administrativos e atos materiais através dos quais se restringem quaisquer situações jurídicas subjetivas ativas de particulares, a começar, naturalmente, pelos direitos e garantias fundamentais. Sob a ideia de administração de prestação, incluem-se pelo seu lado todas as atividades jurídicas e materiais através das quais são garantidas e melhoradas as condições de vida dos cidadãos, quer num plano de relação individualizada, quer mediante iniciativas e organizações empresariais, de natureza pública ou mista, dirigidas à produção de bens e serviços de interesse geral[18].

Através destas fórmulas intencionalmente sincréticas, cobrem-se realidades complexas, que, em grande medida, se interpenetram. Importa referi-las aqui por via daquilo que se convencionou chamar "crise do Estado social" ou do "Estado-Providência" e dos seus reflexos nos perfis da função administrativa. Esta crise foi-se tornando virulenta já ao longo do último quartel do Século XX, em particular na Europa ocidental e central. As suas causas são múltiplas, podendo salientar-se o acentuado envelhecimento da população, o encerramento ou deslocalização de muitas empresas tradicionais incapazes de suportar a concorrência num mercado globalizado, a contradição entre a renitência ao pagamento de impostos e a apetência pela obtenção de benefícios suportados pelo erário público, o alargamento contínuo do emprego público como processo de luta contra o desemprego e meio de satisfazer clientelas partidárias.

A esta situação foi-se procurando responder – no meio de muitas incertezas e de acirrada controvérsia política – por medidas de contenção dos encargos sociais, redução dos quadros de servidores públicos, privatização e desregulação.

As incertezas quanto à essência de um novo perfil da função administrativa refletem-se na pluralidade das suas designações doutrinais: administração orientadora, infraestruturante, garante, reguladora ou incentivadora entre outras[19]. Nalgumas destas vertentes de um novo perfil de função administrativa, são patentes as flutuações. Ao desmantelamento do aparelho empresarial da Administração correspondeu inicialmente um incremento da *regulação*, entendida como nova modalidade de atuação administrativa, simultaneamente caraterizada pela intervenção de agências ou autoridades administrativas independentes e pela estatuição de regras para a atividade económica, destinadas a garantir o seu funcionamento

[18] A título de exemplo, cfr.: KOCH/RUBEL/HESELHAUS, *Allgemeines Verwaltungsrecht*, 3ª ed., Munique: Luchterhand, 2003, p. 5; MAURER, *Allgemeines Verwaltungsrecht*, 18ª ed., Munique: C.H. Beck, 2011, pp. 6-10.

[19] Cfr. HEIKO FABER, *Verwaltungsrecht*, 4ª ed., Tübingen: Mohr Siebeck, 1995, pp. 168-170; VIEIRA DE ANDRADE, *Os poderes de cognição e de decisão do juiz no quadro do atual processo administrativo de plena jurisdição*, in: Cadernos de Justiça Administrativa, nº 101 (Setembro-Outubro de 2013), p. 40; WOLFF/BACHOF/STOBER, *Verwaltungsrecht*, I, cit., 1999, pp. 54-60.

equilibrado, de acordo com determinados objetivos públicos[20]. Mas, se o âmbito da regulação se alargou por virtude da sua extensão às atividades privatizadas, interveio em contraciclo, inicialmente nos Estados Unidos da América e no Reino Unido, um movimento a favor da desregulação, visando minimizar a interferência do Estado no funcionamento dos mercados.

A crise global, iniciada no sistema financeiro norte-americano em 2008 e que ainda hoje não chegou ao seu termo, veio porém fazer redescobrir as insuficiências da "*invisible hand*"[21]. Em países como a Irlanda, Grécia ou Portugal, a Administração Pública foi convocada a uma atividade intensa na execução dos programas de "*bail-out*", negociados com a União Europeia, o Fundo Monetário Internacional e o Banco Central Europeu, e na recapitalização de instituições financeiras cuja insolvência poderia desencadear efeitos sistémicos devastadores.

Sem prejuízo de sobreposições parciais, não se identifica com a figura da *regulação* um outro enfoque da função administrativa na atualidade que, desenvolvido por um setor muito operante da doutrina germânica, é olhado com atenção a partir de outros quadrantes da "comunidade aberta dos administrativistas". Refiro-me ao conceito de "*Steuerung*", mais uma vez uma ideia-força para a qual se não encontra facilmente uma tradução para uma língua românica que não traga consigo alguma perda da vitalidade inicial.

[20] Cfr. Ruffert, *Begriff*, in: Fehling/Ruffert (eds.), *Regulierungsrecht*, Tübingen: Mohr Siebeck, 2010, p. 346; Vital Moreira, *Auto-Regulação Profissional e Administração Pública*, Coimbra: Almedina, 1997, p. 34. Altamente reveladora do elevado grau de indefinição que ainda rodeia a introdução da figura da *regulação* como instituto específico no Direito Administrativo de matriz francesa é a obra de Laurence Calandri, *Recherche sur la Notion de Régulation en Droit Administratif Français*, Paris: L.G.D.J., 2008. Baseando-se no seu Direito nacional, a Autora define *regulação* como uma função exercida por órgãos aos quais a lei confere competência especializada, através de atos inominados de conteúdo exortatório (de convite à adoção de certas condutas), gerados em procedimentos informais e revestidos de efetividade graças à aceitação dos destinatários, facilitada pela participação destes nos procedimentos (pp. 354-382, nomeadamente). Mas a circunstância de, em muitos casos em diversas ordens jurídicas (a começar pela francesa), os órgãos de regulação possuírem competência para a emissão de verdadeiros regulamentos e de atos administrativos justifica que se duvide quanto à justeza do estabelecimento de um âmbito tão estreito para a regulação como instituto jurídico-administrativo.

[21] Cfr. Giulio Napolitano, *The role of the State in (and after) the financial crisis: new challenges for administrative law*, in: Rose-Ackerman/Lindseth, *Comparative Administrative Law*, cit., pp. 579, 588 e 589.

Adotamos, à falta de melhor, as equivalentes expressões de *função diretiva*, ou *capacidade diretiva da administração*, propostas pelo Professor de Barcelona, José Esteve Pardo[22]. Aquilo que se pretende significar é que, perante a complexidade da sociedade atual – marcada pelo seu caráter crescentemente pluralista e pela muitas vezes imprevisível e rápida evolução dos contextos tecnológico e económico-financeiro –, avultam os limites à previsão legislativa de todas as situações carecidas de conformação pública, bem como se multiplicam os défices de execução das estatuições normativas. O número crescente de áreas da vida social confiadas à auto-regulação decorre da consciência da necessidade da desconcentração de pólos de decisão, a fim de que a proximidade com os problemas e a participação dos interessados permitam certos afinamentos das políticas administrativas fora do alcance do legislador.

Como conceito analítico, a "*Steuerung*", ou seja, o real exercício de uma função diretiva ou orientadora pela administração, requer um exame científico dos efeitos recíprocos entre sujeitos, objetos, meios e instrumentos do enquadramento jurídico da sociedade pela administração. Significa-se com isto a necessidade de uma metódica para a determinação dos efeitos das normas jurídicas-administrativas, legislativas e regulamentares, e dos atos e contratos através dos quais se lhes dá aplicação. Para evitar aquilo que se teme esteja a ser um crescente desligamento entre o Direito formalizado nas normas jurídicas e nos atos que as concretizam e o modo como os interesses são satisfeitos ou ignorados na prática, torna-se necessária uma metodologia jurídica particularmente atenta aos efeitos conexos e interdependências das medidas e àquilo que, em prol da respetiva efetividade, se deve pedir aos sujeitos da função orientadora da administração em relação aos meios postos à sua disposição[23]. Sublinha-se a este propósito a necessidade de uma maior interpenetração dos estudos do Direito Administrativo e da Ciência da Administração.

**11.** Um quinto traço identitário do Direito Administrativo contemporâneo consiste na *assunção de uma perspetiva relacional.*

[22] Cfr. *La nueva relación entre Estado y sociedad – Aproximación al transfondo de la crisis*, Madrid: Marcial Pons, 2013, pp. 165s.

[23] Cfr. Schmidt-Assmann, *Das Allgemeine Verwaltungsrecht als Ordnungsidee*, Berlim: Springen, 1998, pp. 18 ss; Vosskuhle, *Neue Verwaltungsrechtswissenschaft*, in: Hoffmann-Riem/Schmidt-Asmann/Vosskuhle, *Grundlagen des Verwaltungsrechts*, I, cit., pp. 20 s.

Na visão clássica, herdada do Século XIX e que, em muitas ordens jurídicas nacionais, perduraria até à segunda metade do Século XX, o Direito Administrativo era entendido como sendo apenas o Direito da administração, na aceção de direito do exercício do poder administrativo.

O cenário altera-se no entanto com as primeiras constituições democráticas no pós-Segunda Guerra Mundial. O regime dos direitos fundamentais em textos constitucionais como os da Itália e da Alemanha torna claro que estes direitos já não correspondem apenas a meras esperanças, aspirações, ideias, impulsos ou, até, a mera retórica política[24], que já se não trata, enfim, de asserções constantes de "Preâmbulos" de natureza jurídica mal definida[25], pois que, pelo contrário, se afirmam agora como direitos subjetivos justiciáveis. Ora, ainda que os direitos fundamentais se não resumam a meras posições jurídicas subjetivas, visto possuírem simultaneamente a natureza de normas jurídicas objetivas colocadas no plano cimeiro da Ordem Jurídica[26], a sua natureza dual exclui uma visão meramente normativista do ordenamento jurídico administrativo e impõe uma reconstituição do estatuto jurídico do administrado no quadro do Direito Administrativo[27].

Tudo isto não significa que a vertente relacional expulse a vertente normativista, afaste a prossecução do interesse público como característica identitária do Direito Administrativo, ou conduza ao absurdo de retirar ao Direito Administrativo a feição de Direito da Administração Pública. A relação é jurídica por ser conformada por normas, ou seja, por fazer parte de uma *ordo ordinata* pelo Direito[28]. Por outro lado, se o Direito Administrativo não é apenas o Direito da realização do interesse público, também não é um Direito votado tão só aos interesses privados. Ele é, sim, um Direito cujos mecanismos visam e permitem equilibrar a realização do interesse público com o respeito pelos legítimos interesses individuais[29]. Por fim, a

[24] Cfr. Gomes Canotilho, *Direito Constitucional e Teoria da Constituição*, 6ª ed., Coimbra: Almedina, 2002, p. 377.

[25] Cfr. Rivero/Moutouh, *Libertés Publiques*, I, 9ª ed., Paris : Thémis, 2003, p. 75.

[26] Robert Alexy, *Theorie der Grundrechte*, 3ª ed., Frankfurt am Main, 1996, pp. 55, 473 e 474.

[27] Cfr. Masing, *Der Rechtsstatus des Einzelnen im Verwaltungsrecht*, in: Hoffmann-Riem/Schmidt-Assmann/Vosskuhle, *Grundlagen des Verwaltungsrechts*, I, cit., pp. 1-30.

[28] Cfr. Achterberg, *Die Rechtsordnung als Rechtsverhältnisordnung – Grundlegung der Rechtsverhältnistheorie*, Berlim: Duncker & Humblot, 1982, pp. 31, 102 e 117.

[29] É aquilo que, por exemplo, preceitua a Constituição da República Portuguesa, no nº 1 do artigo 266º: "A Administração Pública visa a prossecução do interesse público, no respeito

natureza jurídica-administrativa das relações ordenadas por este ramo do Direito significa sempre que elas se prendem com o exercício da atividade administrativa e que, na grande maioria dos casos, um dos seus sujeitos pertence à Administração Pública em sentido orgânico. Isso não impede, porém, a existência de relações jurídicas administrativas entre particulares, sobretudo em áreas dos Direitos Administrativos especiais sujeitas a regulação de atividades económicas envolvendo múltiplos interessados[30].

Outras modalidades de relações jurídicas administrativas importantes para a dogmática administrativa contemporânea são as *relações jurídicas multipolares ou poligonais* e as *relações jurídicas inter e intra-administrativas*. O respetivo estudo permite projetar luz sobre realidades administrativas até há pouco quase desconhecidas, equacionar de forma mais esclarecida os interesses aí em confronto e aperfeiçoar e desenvolver os regimes normativos, bem como extrair novas utilidades das práticas a seu propósito desenvolvidas[31].

A par de outras, duas razões avultam para sublinhar o préstimo da relação jurídica administrativa como instrumento de programação e aplicação do Direito.

Por um lado, ao contrário da decisão ou do contrato administrativo, que constituem um ato jurídico cristalizado no momento da sua prática, a

pelos direitos e interesses legalmente protegidos dos cidadãos". Não parece, pois, que, nos nossos dias, o conteúdo do regime jurídico-administrativo se possa caracterizar pela sistemática e absoluta supremacia do interesse público sobre o privado. Não se pode, em primeiro lugar, inferir que exista uma constante colisão entre os dois tipos de interesses. No âmbito de uma aproximação entre Estado e sociedade, avulta a ideia do "*Kooperative Staat*", o Estado que estabelece fórmulas de colaboração com os destinatários das normas jurídicas e que "doseia" o Direito Administrativo substantivo por forma a deixar aos particulares espaços de autodeterminação (Franzius, *Modalitäten und Wirkungsfaktoren der Steuerung durch Recht*, in: Hoffmann-Riem/Schmidt-Assmann/Vosskuhle, *Grundlagen des Verwaltungsrechts*, I, cit., p. 204; Susanne Baer, *"Der Bürger" im Verwaltungsrecht*, Tübingen: Mohr Siebeck, 2006, pp. 231 s.). Mas, em situações de colisão entre interesse público e interesses privados não resolvidas por soluções normativas injuntivas, a margem de livre decisão deixada ao aplicador administrativo pela textura aberta da norma requer, por força de comando constitucional, a feitura de ponderação dos interesses públicos e privados colidentes, com observância, nomeadamente, dos princípios da proporcionalidade e da proteção da confiança.

[30] Cfr. Bernhard Raschauer, *Allgemeines Verwaltungsrecht*, Viena-Nova Iorque: Springer, 1998, p. 587.

[31] Sobre o "programa normativo multipolar" e o "mandato de conformação multipolar", v.: Paes Marques, *As Relações Jurídicas Administrativas Multipolares*, Coimbra: Almedina, 2011, pp. 287s.

relação jurídica por aqueles constituída ou modificada tem natureza diacrónica, prolongando-se pelo tempo subsequente e sendo analisável quanto ao seu histórico. Ela cola-se muito mais eficazmente às realidades mutáveis, permitindo uma sua visão integrada.

Por outro lado, a conformação administrativa de situações da vida envolve o plano material e o plano procedimental, que, sobrepondo-se e entrecruzando-se por vezes, se não confundem, permitindo uma análise relacional dualista, mais precisa e eficiente. Esta dualidade pode converter-se em trilogia quando a situação passa a ser debatida em tribunal, pois que, com as relações jurídicas administrativas substantiva e procedimental, se vem conjugar uma relação jurídica processual.

**12.** Um sexto traço a merecer especial destaque na caracterização do Direito Administrativo contemporâneo consiste na *centralidade da perspetiva procedimental*.

Pode afirmar-se sem hesitar que o *procedimento administrativo* constitui hoje um instituto jurídico que merece ser considerado como eixo fulcral do Direito Administrativo na medida em que interage com praticamente todos os outros elementos estruturais deste ramo do Direito. É, pois, central, o papel que desempenha na moderna dogmática do Direito Administrativo[32]. Ele é, por outras palavras, a forma do exercício da função administrativa[33].

Não é assim por acaso que, em ordens jurídicas como a alemã, a espanhola, a italiana ou a portuguesa, os códigos ou leis gerais do procedimento administrativo abrangem na sua incidência todo o funcionamento dos órgãos da Administração Pública sempre que se lhes não sobreponham leis de procedimentos administrativos especiais. Mas, ainda nesta última hipótese, o procedimento geral se aplica subsidiariamente. No dizer expressivo de Javier Barnes, as leis do procedimento geral são, nas suas sucessivas formulações ao longo do tempo, como que uma "pedra de Rosetta", visto

[32] Cfr. Mário Aroso de Almeida, *Teoria Geral do Direito Administrativo – O Novo Regime do Código do Procedimento Administrativo*, 2ª ed., Coimbra: Almedina, 2015, p. 73; Javier Barnes, *Towards a third generation of administrative procedure*, in: Rose-Ackerman/Lindseth, *Comparative Administrative Law*, cit., p. 336.

[33] Cfr. Rogério Ehrhardt Soares, *Direito Administrativo*, Coimbra: João Abrantes, 1978, p. 150; João Gonçalves Loureiro, *O Procedimento Administrativo entre a Eficiência e a Garantia dos Particulares*, Coimbra: Coimbra Editora, 1995, p. 51.

revelarem as principais caraterísticas de um direito administrativo num dado momento histórico, permitindo a decifração dos seus princípios e valores básicos[34].

Cumpre acentuar que, ainda que, em alguns países, o procedimento administrativo possa ter estado ligado na sua génese ao processo judicial, por resultar de uma cisão a partir daquele, ou por o ter inicialmente tomado como modelo de referência, hoje, como escreve MÁRIO AROSO DE ALMEIDA, "... o procedimento administrativo não corresponde a uma das formas que pode assumir o processo, entendido como um conceito moldado a partir do modelo que fornece o processo judicial, mas antes consubstancia o modo específico pelo qual é levado a cabo o exercício da função administrativa"[35].

Particularmente significativo a este propósito é o caso do Direito inglês. Com efeito, tendo os tribunais passado a distinguir entre atuação jurisdicional e atuação administrativa a partir dos anos 60 do Século XX, eles desenvolveriam de então para cá uma doutrina do procedimento administrativo equitativo (*fairness* ou *duty to act fairly*). Esta jurisprudência enuncia requisitos adaptados às caraterísticas da atividade administrativa no domínio do direito de audiência e das salvaguardas de imparcialidade. Tais exigências estendem-se a todas as decisões suscetíveis de produzir efeitos lesivos sobre os direitos ou interesses dos destinatários. Não se limitam, pois, aos casos de restrição da liberdade ou da propriedade, como era próprio do âmbito do velho princípio da *natural justice*, do qual brotou o *due process* norte americano, que influenciaria o princípio constitucional brasileiro do devido processo legal na privação de liberdade ou de bens[36]. As imensas virtualidades do procedimento administrativo não se confinam daquele modo, abarcando pelo contrário todos os casos em que a conformação administrativa de uma situação envolva a compaginação do interesse público com os interesses de particulares individualizáveis.

[34] Cfr. *Towards a third generation ...*, cit., p. 339.

[35] Cfr. *Teoria Geral do Direito Administrativo*, cit., pp. 78 e 79.

[36] Cfr. PAUL CRAIG, *Administrative Law*, 6.ª ed., Londres: Sweet & Maxwell, 2008, pp. 376--416; GALLIGAN, *Due Process And Fair Procedures – A Study of Administrative Procedures*, Oxford: Clarendon Press, 1996, pp. 327-447; LEYLAND/ANTHONY, *Administrative Law*, 6ª ed., Oxford: University Press, 2009, pp. 342-391; SÉRVULO CORREIA, *Administrative Due or Fair Process*, cit., pp. 337-343.

São múltiplos os papéis do procedimento administrativo que lhe conferem uma posição nuclear na estática e na dinâmica do Direito Administrativo contemporâneo:

- O procedimento assegura, de modo pré-ordenado, racional e sequenciado, a recolha e o processamento de informação pela Administração, a fim de preparar, tomar e (se necessário) executar as decisões administrativas sob forma de regulamento, ato administrativo ou contrato administrativo;
- O procedimento serve de "*interface*" pré-estabelecido para a colaboração e a comparticipação de várias entidades públicas, órgãos ou serviços na preparação de decisões complexas;
- O procedimento constitui um instrumento de participação democrática, de "*accountability*" e de legitimação das decisões, graças ao modo como assegura a argumentação a favor das suas pretensões pelos interessados e o acesso destes à informação relevante;
- O procedimento forma a matriz ideal para a realização das operações de ponderação no exercício da discricionariedade administrativa, assegurando os meios e as ocasiões ritualizadas para a deteção dos fatores relevantes presentes na situação concreta e para a sua análise de acordo com princípios fundamentais, como os da igualdade de tratamento, proporcionalidade, proteção da confiança e imparcialidade.

**13.** Sétimo traço identitário do Direito Administrativo contemporâneo reside na *renovação dogmática das formas jurídicas típicas de conduta administrativa: o regulamento, o ato administrativo e o contrato administrativo.* Sobre este ponto, tanto haveria que dizer que nos vemos forçados a um apontamento quase telegráfico.

Quanto aos *regulamentos*, aquilo que, muito sumariamente, se pode observar é que, embora certas culturas constitucionais se caraterizem por uma forte prevenção contra eles, a sociedade contemporânea não os dispensa. O papel da lei não é o de tudo prever e tudo disciplinar. A complexidade do tecido social, as rápidas e imprevisíveis mutações económicas e tecnológicas, o grau de especialização extra-jurídica requerido em muitas áreas de normação não são compatíveis com a composição dos parlamentos e o modo pautado do seu funcionamento. Por outro lado, são muitas as pessoas coletivas de base territorial desprovidas de poder legislativo e negar-lhes competência regulamentar equivaleria a privá-las de autonomia. Por fim, o poder de concretização da lei que hoje se reconhece à Administração não passa apenas pela prática de atos administrativos no exercício de discricionariedade ou de livre avaliação para preenchimento de conceitos jurídicos indeterminados. A emissão administrativa de normas jurídicas é, também ela, um modo de responder à textura aberta das normas legislativas[37] em maior conformidade com o princípio da igualdade por força da generalidade dos comandos regulamentares.

À amplitude do poder regulamentar da Administração, contrapõe o legislador a pormenorização dos procedimentos de elaboração, com imposição de formas de participação dos diretamente interessados e de consulta pública. Por outro lado, estende-se com frequência aos regulamentos o dever de motivar através de notas justificativas juntas aos respetivos projetos, e o dever de ponderar, próprio do exercício de discricionariedade, com explicitação dos custos e benefícios das medidas projetadas.

Quanto ao *ato administrativo*, sobre o qual LAFERRIÈRE e OTTO MAYER fundaram, no Século XIX, a teoria geral do direito administrativo[38], é talvez a figura que, pela relativa estabilidade do seu regime geral ao longo de um século, mais corresponde à quimérica previsão de MAYER sobre a imutabilidade do Direito Administrativo. Mas a sua teorização teve de se adaptar à colocação do ato na dinâmica da relação jurídica administrativa no quadro da constitucionalização do Direito Administrativo e isto sem que, apesar de todo um esforço de reconstrução, se possa concluir pelo completo desaparecimento de défices dogmáticos[39]. Assim, por exemplo, o desenvolvimento do estudo das relações jurídicas administrativas multipolares conduziu à análise do ato administrativo ambivalente (*Verwaltungsakt mit Doppelwirkung*), ou seja, ato de efeitos favoráveis para certo ou certos destinatários e desfavoráveis para outros[40].

[37] Cfr. SCHMIDT-ASSMANN, *Verwaltungsrechtliche Dogmatik*, Tübingen: Mohr Siebeck, 2013, p. 61.

[38] Cfr. EDOUARD LAFERRIÈRE, *Traité de la juridiction administrative et des recours contentieux*, vols. I e II, Paris: Berger-Levrault, 1887; OTTO MAYER, *Deutsches Verwaltungsrecht*, I e II, cit.

[39] Cfr. SCHMIDT-DE CALUWE, *Der Verwaltungsakt in der Lehre Otto Mayers*, Tübingen: Mohr Siebeck, 1999, pp. 14 e 286s.; VASCO PEREIRA DA SILVA, *Em Busca do Ato Administrativo Perdido*, Coimbra: Almedina, 1996, pp. 445 s.

[40] V., a título de exemplo: IPSEN, *Allgemeines Verwaltungsrecht*, 5ª ed., Colónia: Carl Heymanns Verlag, 2007, p. 125.

Por outro lado, o fenómeno geral da crescente porosidade entre Direito Público e Direito Privado reflete-se na complexa figura do *ato administrativo conformador de relações jurídicas de direito privado*[41].

Também a articulação com a essência diacrónica do procedimento conduz à tipificação, no âmbito do Direito Administrativo geral ou de Direitos Administrativos especiais, de *atos promessa de ato administrativo* e de *atos administrativos provisórios, prévios* ou *parcelares*[42].

O avanço da globalização reflete-se por seu turno no papel crescente dos atos *administrativos transnacionais*, praticados por órgãos de uma Administração Pública nacional mas produzindo os seus efeitos no espaço de organizações regionais, como a União Europeia, ou por força de tratados cujas partes se obrigam mutuamente a reconhecer tais efeitos[43].

Observe-se, por fim, que as políticas de desregulação e desburocratização conduzem com crescente frequência à substituição de atos administrativos autorizativos pela obtenção e tratamento de informação pela Administração, graças à comunicação prévia das iniciativas por parte dos interessados[44].

No tocante ao *contrato* enquanto forma jurídica típica de conduta administrativa, é manifesto à escala global o crescente recurso que dele se faz para a conformação de relações jurídicas administrativas. Emprega-se deste modo um instrumento de democratização da administração, graças à participação dos interessados, de estatuição mais ajustada aos contornos da situação concreta e de mais fácil aceitação daquilo que, de outro modo, teria lugar através de uma imposição administrativa unilateral. No caso de relações jurídicas administrativas continuadas, o regime geral da execução

[41] Cfr. MAFALDA CARMONA, *O Ato Administrativo Conformador de Relações de Vizinhança*, Coimbra: Almedina, 2011; GUIDO GRECO, *Provvedimenti Amministrativi Costitutivi di Rapporti Giuridici Tra Privati*, Milão: Giuffrè, 1977; MANSEN, *Privatrechtsgestaltung durch Hoheitsakt*, Tübingen: Mohr Siebeck, 1994.

[42] Cfr. FILIPA URBANO CALVÃO, *Os Atos Precários e os Atos Provisórios no Direito Administrativo*, Porto: Universidade Católica Portuguesa, 1998; JOÃO TABORDA DA GAMA, *Promessas Administrativas – Da Decisão de Autovinculação ao Ato Devido*, Coimbra: Coimbra Editora, 2008; MAURER, *Allgemeines Verwaltungsrecht*, cit., pp. 234s; VASCO PEREIRA DA SILVA, *Em Busca do Ato Administrativo Perdido*, cit., pp. 461s.

[43] Cfr. SCHMIDT-ASSMANN, *Verwaltungsrechtliche Dogmatik*, cit., pp. 88-90.

[44] Cfr. BARNES, *Towards a third generation ...*, cit., pp. 350-351.

dos contratos clarifica e facilita a atuação coordenada da Administração e dos particulares[45].

Nos sistemas nacionais de direito civil, mantem-se a dicotomia entre contratos administrativos e contratos de direito privado da Administração. Como já previamos em 1987, os contratos de direito privado da Administração, além de cercados de um regime administrativo externo (que passa, designadamente, pela competência, pela disciplina financeira e pelo procedimento administrativo concorrencial quando haja matéria para licitação) tenderiam a evoluir com o tempo no sentido de um regime substantivo comum a toda a contratação pública. Mas acrescentávamos que tal sedimentação seria lenta, de modo a que fosse a experiência a demonstrar em cada momento a medida do desejável[46]. É o que tem acontecido desde então, com a paulatina passagem à categoria de contrato administrativo, graças à submissão ao correspondente regime substantivo, de contratos que, há algumas décadas, ainda não tinham dado esse salto qualitativo. É isso o que, por exemplo, hoje sucede em Portugal com a aquisição de bens e serviços.

Por outro lado, e embora em graus distintos nos Direitos nacionais, é facilmente detetável a multiplicação acelerada de modalidades de contrato administrativo, graças à criação legislativa e à porta aberta deixada pela permissão do legislador quanto à celebração de contratos atípicos. A admissão do exercício das competências administrativas com emprego de contratos sempre que outra coisa não resultar da lei ou da natureza das relações a estabelecer, gerou a prática dos "contratos substitutivos" de ato administrativo. O Código português da Contratação Pública tipifica os *contratos sobre o exercício de poderes públicos* e, sem excluir outras modalidades, dispõe nesse quadro sobre *contratos com objeto passível de ato administrativo* e sobre *contratos pelos quais o contraente público se vincula a praticar, ou não praticar, um ato administrativo com certo conteúdo* (artigos 336º e 337º, nº 2)[47].

[45] Cfr. Guettier, *Droit des contrats administratifs*, 3ª ed., Paris : Thémis, p. 3.

[46] Cfr. Sérvulo Correia, *Legalidade e Autonomia Contratual nos Contratos Administrativos*, Coimbra: Almedina, 1987, pp. 392-393.

[47] Cfr. Mark Kirkby, *Contratos Sobre o Exercício de Poderes Públicos – O Exercício Contratualizado do Poder Administrativo de Decisão Unilateral*, Coimbra: Coimbra Editora, 2011.

São, hoje, também em grande número as modalidades de *contratos interadministrativos*, através dos quais se dá forma jurídica a relações de colaboração e de cooperação entre entidades administrativas[48].

Refiram-se por fim as PPPs, fórmulas qualificadas derivando de velhos modelos concessórios. Envolvendo na realidade esquemas tripartidos, tendo por pólos o parceiro público, o privado e o consórcio bancário financiador deste último, esta modalidade de contrato público permite aos Estados fazer construir e pôr ao serviço infraestruturas de grande dimensão sem necessidade de realização de um investimento inicial. Em Portugal, sucessivos governos usaram também este instrumento para a concretização de objetivos keynesianos de sustentação do emprego e lançamento de poder de compra na economia. Não houve, porém, por tempo considerável, a noção da complexidade do *project finance* subjacente e da necessidade de acautelamento de impactos orçamentais futuros. Uma parte considerável das PPPs foi lançada antes da existência de um regime legal específico. E a primeira legislação ocupou-se sobretudo dos esquemas procedimentais de lançamento, modificação e acompanhamento, mas não também dos requisitos de comportabilidade orçamental. Não terá havido, outrossim, uma clara visão do papel meramente instrumental das PPPs em relação com investimentos, que têm de vir munidos de uma prévia justificação racional que contemple, relativamente aos que se justifiquem, a hipótese comparativa da sua realização direta pelo Estado[49].

Este exemplo mostra a importância, salientada pelos adeptos alemães da escola da "*Steuerung*", relativamente a áreas de ponta na evolução do ordenamento jurídico, de uma crescente interdisciplinariedade entre a ciência

[48] Cfr. Alexandra Leitão, *Contratos Interadministrativos*, Coimbra: Almedina, 2011.

[49] Cfr. Leite Alves, *Reflexões sobre o Regime Legal das PPP*, in: Revista de Contratos Públicos, 2012, nº 6, pp. 5s. Como exemplo de reservas quanto às vantagens das PPP's para o Estado v., no Brasil: Maria Sylvia Zanella di Pietro, *Parcerias na Administração Pública*, 5ª ed., São Paulo: Editora Atlas, 2005, p. 159. Sustentando, pelo seu lado, o caráter dispensável do instituto, ao qual nega caráter autenticamente inovatório: Roberto Caldas, *Parcerias Público-Privadas e suas Garantias Inovadoras nos Contratos Administrativos e Concessões de Serviços Públicos*, Belo Horizonte: Editora Fórum, 2011, pp. 264s. Para um circunstanciado exame do instituto da PPP no Direito brasileiro, v. também: Vernalha Guimarães, *PPP-Parceria Público-Privada*, São Paulo: Editora Saraiva, 2012.

jurídica e outras ciências cujos conhecimentos se revelam fundamentais para a eficiência dos regimes jurídicos[50].

**14.** A par dos tópicos aqui versados, outros mereceriam atenção. De inegável relevância na identificação dos contornos do Direito Administrativo da atualidade, são, por exemplo, as novas facetas da estrutura organizatória da Administração, os parâmetros de efetividade da tutela jurisdicional, a autonomização relativa de múltiplos Direitos Administrativos especiais ou o impacto da globalização sobre os direitos administrativos nacionais. E, também, sobre os temas aflorados, quantos não foram os aspetos relevantes aos quais nem sequer foi possível fazer menção!

O Direito Administrativo chegou aos nossos dias enriquecido por uma diversidade e uma profundidade de princípios, conceitos, institutos e teorias explicativas que, há poucas décadas atrás, se não suspeitavam. Manter a atualização é uma dura mas apaixonante tarefa para cada administrativista.

[50] Cfr. SCHMIDT-ASSMANN, *Verwaltungsrechtliche Dogmatik*, cit., pp. 21-22.

B)

# ORGANIZAÇÃO

# Natureza jurídica dos organismos corporativos (1963)*

*Depois de manifestar dúvidas quanto à existência de uma diferença de natureza intrínseca que legitime a classificação das pessoas em públicas e privadas, o A. afirma que os organismos corporativos não são ordenáveis em função destas categorias, devendo apenas prestar-se atenção à capacidade de direito público de cada um deles.*

**1.** Tem-se posto entre nós com frequência o problema de saber se os organismos corporativos são pessoas colectivas de direito público ou de direito privado. Talvez porém que, na maioria dos casos, não se tenham as pessoas apercebido, ao tropeçar nesta questão, de quão relativa é a sua importância na determinação dos regimes jurídicos a atribuir àqueles organismos e de que, seja qual for a posição que quanto a ela se adopte, se poderão atingir sempre os mesmos resultados na configuração dos referidos regimes.

Mesmo partindo do princípio de que a Ordem Jurídica deve assentar no respeito e na manutenção do dualismo Estado-indivíduo, não pode contestar-se que as modernas necessidades levam a uma certa diluição de fronteiras entre o Direito Público e o Direito Privado e não só à diluição, como também à incerteza, em muitos casos, do ponto exacto em que tais fronteiras se levantam.

* In: *Estudos Sociais e Corporativos* II/8, pp. 9-25.

Por um lado, não há entre o Direito Público e o Privado nenhuma oposição irredutível, nenhuma contradição de fundo que separe completamente uma da outra estas duas disciplinas. «Qualquer que seja a qualificação que se lhes atribua, o Direito encontra a sua unidade necessária nas exigências da consciência jurídica de uma época determinada: os seus diferentes ramos reflectem, cada um com as características que lhe são próprias, este elemento comum»[1].

Por outro lado, chegou-se nos nossos dias à conclusão de que a ampla autonomia concedida ao indivíduo no âmbito do pensamento liberal do século XIX, não lhe bastava para poder cuidar dos seus interesses por forma satisfatória, uma vez que estes acabavam na maioria dos casos por ser sacrificados aos interesses dos mais fortes. Esta situação fazia perigar a paz social, factor indispensável à conservação e desenvolvimento da sociedade política, e assim se descobriu que muitos interesses privados eram simultaneamente factores de efectivação de um interesse público primário e que, para defesa deste último, era necessário que as instituições políticas assumissem também a protecção daqueles.

Eis as razões da osmose entre Direito Público e Direito Privado, osmose que, como veremos, veio dificultar grandemente o problema da diferenciação entre pessoas colectivas de Direito Público e de Direito Privado, levantando em muitos espíritos dúvidas fundadas sobre a sua razão de existir e privando-a, em grande escala, de relevância prática.

**2.** Como afirma Recasens Siches[2], no estudo estrutural da personalidade jurídica, embrulham-se frequentemente problemas heterogéneos que, para evitar confusões, deveriam ser tratados separadamente e que se podem traduzir nas seguintes perguntas:

1º – Para o Direito, o que significa ser pessoa?
2º – Quais as entidades a quem o Direito outorga personalidade?
3º – Em que consiste o substrato dessas entidades?
4º – A quem deve o Direito conceder personalidade?

[1] Odent – Citado em Ruzié, *Les agents des personnes publiques et les salariés en droit français*, p. 299.

[2] *Filosofía del Derecho*, p. 260.

A primeira questão é tema da Teoria Geral do Direito, a segunda, de Direito positivo, a terceira, de antropologia filosófica ou de sociologia e a última de Filosofia do Direito. É óbvio que para o nosso estudo interessam a primeira e a terceira questões. Para sabermos se os organismos corporativos são pessoas colectivas de Direito Público ou Privado, teremos de conhecer a diferença entre umas e outras e, para tal fim, somos forçados a partir de um conceito de personalidade jurídica. E, ainda, se crermos, e é esse o caso, que estas qualificações terão de assentar sobre uma determinada realidade, uma vez que ela será pré-jurídica, só a sociologia nos permitirá identificá-la.

Devemos a Savigny a intuição de que, possuindo na maioria das vezes uma realidade social subjacente, a personalidade jurídica colectiva a supera, é algo construído pelo Direito. Esta orientação foi desenvolvida, sofrendo algumas variantes, através de todo o século XIX. A pessoa colectiva foi sucessivamente explicada como uma equiparação, como um conjunto de direitos sem sujeito, como um instrumento técnico, como um conjunto de relações sociais privilegiadas ou sujeitas a um regime especial. Todas estas construções salientavam já que, nas pessoas colectivas, o que funcionava como sujeito das relações jurídicas não era a realidade subjacente, mas uma construção elaborada pelo Direito[3].

Só nos nossos dias, contudo, é que este entendimento foi alargado à personalidade jurídica dos homens, deste modo se unificando a substância jurídica da pessoa.

Segundo cremos, foi Ferrara[4] o primeiro a afirmar com toda a clareza ser a personalidade jurídica uma forma técnica que se adapta aos fins mais diversos, uma categoria jurídica independente das condições de corporalidade do investido.

Chegou-se pois à conclusão de ser a personalidade um produto da Ordem Jurídica. O processo da personificação não é senão um modo abreviado de recolher um complexo de relações jurídicas sob um ponto comum de referência, um ponto terminal de imputação subjectiva das relações.

Deste modo as diferenças entre o sujeito individual e as pessoas colectivas não são de índole jurídica. Estes entes distinguem-se por aspectos meta-jurídicos; tal distinção corresponde às diferentes realidades a que o Direito autorga qualificação de personalidade. «O que funciona como pessoa física

[3] Recasens, *Ob. cit.*, p. 263.

[4] Ferrara, *Le personne giuridiche*, pp. 32 e segs.

na área do Direito não é a plenitude do sujeito individual com a sua própria e intransferível existência, mas apenas certas dimensões genéricas e comuns, objectivadas e unificadas pela Ordem Jurídica»[5].

**3.** Mas se personalidade é a susceptibilidade de imputação normativa de factos e, portanto, de ser sujeito de direitos e obrigações, isto significa apenas que não há qualquer pessoa que não seja sujeito de relações jurídicas e não que todas as pessoas sejam sujeitos do mesmo número de relações.

A medida da personalidade jurídica reconhecida a cada ente, isto é, a medida da participação da pessoa na Ordem Jurídica, constitui a capacidade jurídica.

Como afirma o Doutor Marques Guedes, personalidade e capacidade são «conotações da mesma realidade». Pessoa significa, em abstracto, uma qualidade referida a uma pura forma: a susceptibilidade de poderes e deveres jurídicos; e em concreto, uma quantidade referida a um conteúdo: a medida dos poderes e dos deveres efectivamente reconhecidos ou atribuídos[6].

E convém ainda acrescentar que a questão da capacidade não depende de pressupostos teóricos e imutáveis; reduz-se sempre a uma questão de Direito positivo.

Nestes termos, e considerando ultrapassadas posições, como as de Ducrocq, Berthélemy e Burckardt[7], que restringem a personalidade ao campo do Direito Orivado, seremos forçados a concluir que o carácter público ou privado das pessoas colectivas é uma questão de capacidade, de medida de direitos e deveres, uma vez que a susceptibilidade de os possuírem em ambos os sectores da Ordem Jurídica está fora de discussão. É no entanto evidente que a capacidade de Direito Privado e a capacidade de Direito Público não são duas coisas absolutamente distintas e separadas. A primeira pode existir sem a segunda, mas a segunda não pode existir sem a primeira. A capacidade de Direito Público constitui pois, uma extensão da de Direito Privado e são hoje muito numerosas as pessoas colectivas que a possuem.

[5] Recasens, *Ob. cit.*, p. 262.

[6] A. Marques Guedes, *A Concessão*, p. 138.

[7] Karadjé-Iskrow, *La personne juridique publique*, «Revue de Droit Public», 1934, pp. 414 e segs.

**4.** Tudo seria muito simples se fosse defensável a tese de serem pessoas colectivas de Direito Público todas as que possuem capacidade de Direito Público. Porém, uma tal amplitude levaria a englobar no mesmo conceito entes intrínseca e teleologicamente tão diversos como o Estado e algumas sociedades comerciais e roubaria à classificação aquele mínimo de relevância que os seus defensores lhe atribuem ainda. Estes vêem-se assim obrigados a basear a divisão das pessoas colectivas na sua «estrutura» ou no «regime jurídico» que lhes é aplicável.

É, por exemplo, o caso do Professor MARCELLO CAETANO[8] que afirma poderem ter todas as pessoas colectivas capacidade de Direito Público e de Direito Privado, mas não significar isso que todas tenham de obedecer ao mesmo regime jurídico.

Será contudo possível conceber uma estrutura e um regime jurídico de uma pessoa colectiva que não assentem na respectiva medida de poderes e deveres? Aqui começam verdadeiramente as dificuldades dos que advogam a validade da classificação e as suas reacções são as mais dispares, empíricas e discricionárias.

Não nos propomos enumerá-las. Outros com muito mais autoridade o fizeram já[9] e estaríamos a fugir ao âmbito modesto deste trabalho. Limitar-nos-emos a comentar aqueles critérios que, com mais verosimilhança, poderiam ser propostos para determinação da natureza jurídica dos organismos corporativos e a tentar demonstrar a sua fragilidade e ineficácia.

Estes são fundamentalmente os do fim da pessoa colectiva, o da titularidade por esta de poderes de autoridade e o da tutela sobre ela exercida pelo Estado. Há depois inúmeras posições ecléticas que combinam entre si estes dados fundamentais e lhes juntam outros múltiplos factores não obrigatórios que funcionariam como índices nos casos em que se verifica a sua existência. Neste campo reina a confusão e não será exagero afirmar-se que a cada autor que do assunto se ocupa corresponde uma diversa combinação de todos esses elementos.

Salientam os defensores do fim da pessoa colectiva como critério fundamental para a respectiva classificação que a intrínseca natureza destas

[8] MARCELLO CAETANO, *Manual de Direito Administrativo*, 6ª ed., p.130.

[9] Consultar entre outros: FERRARA, *Ob. cit.*, pp. 133 e segs.; MARQUES GUEDES, *Ob. cit.*, pp. 137 e segs.; RANELLETTI, *Concetto delle persone giuridiche publiche amministrative*, «Rivista di Diritto Pubblico», 1916, pp. 337 e segs.

pessoas, a sua razão de ser, provém do facto de na vida social, além dos escopos individuais, que nascem e se esgotam com a vida dos próprios indivíduos e para cuja realização é suficiente a personalidade individual, haver outros que permanecem no tempo e para o preenchimento dos quais é necessária a existência e a personalidade jurídica de organizações duráveis e permanentes. Daqui o estarem os fins amalgamados na íntima essência das pessoas colectivas e serem pois os mais indicados para elemento determinante da natureza daquelas.

Para aqueles autores, seriam públicas as pessoas colectivas destinadas a satisfazer interesses públicos, isto é, interesses que se compreendem entre os fins do Estado, porque fundamentais para a existência, conservação e desenvolvimento da sociedade política. Nestes casos, o Estado obteria a realização dos seus fins, não por meio dos seus órgãos, mas através de outros sujeitos de direito.

Desta efectivação dos fins do Estado por outras pessoas colectivas, nasceria entre eles uma relação que se traduziria para as pessoas colectivas na obrigação, face ao Estado, de realizar os seus fins e, até, na obrigação de existir, dado que tal existência implicaria só por si aquela realização. Há mesmo quem afirme que se pode chamar «orgânica» à relação em causa pois que, agindo pelo Estado para a obtenção de uma finalidade que é de ambos, as pessoas colectivas se coordenam e subordinam àquele na sua existência e actividade[10-11].

Esta posição tem muito de verdadeiro. Não há dúvida de que certas pessoas colectivas prosseguem concomitantemente com o Estado fins públicos, isto é, satisfazem com a sua actuação interesses fundamentais da colectividade. E a separarmos as pessoas colectivas em públicas e privadas, seriam fundamentalmente aquelas a ocupar a primeira destas categorias. Mas, o pior é que são os próprios defensores de tal separação que vêm demonstrar a insuficiência do critério do fim, pois, para a maioria, há pessoas colectivas que prosseguem fins públicos e deverão, apesar disso, ser consideradas como privadas.

Voltando à posição do Professor Marcello Caetano, verificamos que, para o ilustre Mestre, o que caracteriza essencialmente a pessoa colectiva de Direito Público é a missão de realizar interesses públicos e que é devido

10 Ranelletti, *Ob. cit.*, p. 343.

11 Mauro, *Sul concetto di ente parastatale*, «Rivista di Diritto Publico», 1928, I, p. 215.

a esta missão que a lei lhe atribui poderes de autoridade[12]. E, em nota ao fundo da mesma página em que se contêm estas afirmações, escreve-se ainda que, «se todas as pessoas colectivas podem ter direitos públicos, só algumas são sujeitas activas de poderes de autoridade, gozam de prerrogativas como faculdades próprias que as colocam em posição de superioridade relativamente ao comum das pessoas e se situam no âmbito do direito público».

Daqui seria o leitor tentado a concluir que efectivamente pessoas colectivas de Direito Público seriam todas as que prosseguissem fins públicos através do exercício de poderes de autoridade, os quais são concedidos exclusivamente em vista de tais fins. Mas logo na página seguinte, se lhe observa que «em face da tendência moderna para conferir poderes de autoridade a pessoas colectivas de direito privado, é preciso sempre conjugar esses poderes com outros elementos: material, a prossecução necessária de um interesse público e formal, a criação pela lei».

E aqui está como o fim de realização de interesses públicos é só por si insuficiente e se lhe tem de juntar outros dados para distinguir os dois tipos de pessoas colectivas. Para o ilustre administrativista, esses dados são os indicados mas se consultarmos outros autores adeptos do fim como elemento principal da classificação, veremos que, quanto aos «acréscimos», as opiniões divergem bastante. Por exemplo, o Professor RODRIGUES QUEIRÓ[13] contenta-se com a obrigação, em face da comunidade representada pelo Estado, de prosseguir o seu fim ou os seus fins e salienta dentro desta obrigação o particular «dever de existir». Isso aliás não o impede de considerar pessoas colectivas de Direito Público os organismos corporativos facultativos, que se podem dissolver livremente[14].

Quanto a esta obrigação de prosseguir o seu fim, critério inicialmente proposto por ROSIN, parece-nos fundada a crítica de KARADJÉ-ISKROW[15] de que também muitas companhias concessionárias de serviços públicos estão constituídas na obrigação de realizar os fins a que esses serviços se destinam, sem que por isso deixem de ser consideradas pessoas privadas. Mas trata-se de pormenor de somenos importância.

[12] *Manual...*, p. 131.

[13] *Lições de Direito Administrativo*, pp. 266 e segs.

[14] *Ob. cit.*, p. 275.

[15] *Ob. cit.*, p. 424.

O que realmente interessa sublinhar é a fatal indeterminação na delimitação dos campos do público e do privado. Tem de haver sempre muito de impreciso e de subjectivo na apreciação dos supremos interesses da comunidade. De resto, como já salientamos, há hoje em dia muitos interesses originariamente privados mas aos quais se reconhece uma instrumentalidade na consecução de outros interesses de âmbito mais lato e que tendem pois a ser mais ou menos cobertos de um verniz de publicidade. Esta é historicamente relativa e variável e encontramo-nos num período de evolução e, portanto, de certa fluidez de fronteiras entre os domínios da sociedade e do indivíduo.

Poder-se-ia sugerir que se deixasse ao legislador a missão de traçar em cada caso concreto a linha de demarcação. Mas, como nota o Professor Rodrigues Queiró[16], o legislador não é positivamente a autoridade mais qualificada para resolver problemas de índole científica, como é o problema da natureza jurídica pública ou privada de um certo sujeito de direito. E é certamente também essa a opinião do Professor Marcello Caetano, que não hesita em não acatar a expressão «entidade de direito público» com que o Decreto-Lei nº 23 050 se refere aos sindicatos nacionais[17].

Temos pois, e em resumo, que é muito contingente e subjectiva a apreciação do que é um fim público e um fim particular; por outro lado, a prossecução de um fim público não chega para qualificar como pública uma pessoa colectiva e os outros elementos, que porventura se juntem para possibilitar uma separação, dependem do arbítrio de cada um e, na realidade, verifica-se que a sua enunciação varia habitualmente de autor para autor.

**5.** Quanto à titularidade de poderes de autoridade e ao grau de tutela exercido pelo Estado, pode afirmar-se que não são estes elementos que nos levam mais longe do que o da natureza do fim prosseguido, antes pelo contrário.

Os poderes de autoridade são, como já vimos, consequências da importância dos fins realizados pelas pessoas; precisamente há-as habitualmente tidas como privadas e que prosseguem fins públicos através de poderes de autoridade. Não parece pois que se possa defender a eficácia destes como carácter distintivo. De resto, os poderes são elemento essencial da

[16] *Ob. cit.*, p. 266.

[17] *Ob. cit.*, p. 140.

capacidade e, recorrendo a eles, estaríamos a retroceder àquela posição que consistia em proclamar pessoas de Direito Público todas as que possuíssem capacidade de Direito Público. E já afirmamos que uma classificação nesta base não teria qualquer valor, porque desprovida de funcionalidade.

Também, a haver realmente pessoas colectivas públicas e privadas, a tutela apertada por parte do Estado seria, quando muito, um elemento exterior característico da natureza pública da pessoa colectiva e não a razão dessa natureza. A tutela é a consequência do interesse do Estado na realização da finalidade da pessoa colectiva e portanto, tal como os poderes de autoridade, um mero reflexo da índole dessa finalidade. Por isso mesmo, os que consideram a tutela como um índice válido de publicidade se apressam a esclarecer que nem todos os controlos exercidos pelo Estado denotam a natureza pública da pessoa sobre quem incidem, mas apenas aqueles que pretendem assegurar a realização pela pessoa de uma sua finalidade compartilhada com o Estado, sendo irrelevantes para a natureza pública ou privada das pessoas jurídicas os controlos exercidos pelo Estado, apenas com um fim de polícia[18].

**6.** Falhadas as tentativas de classificação das pessoas colectivas em públicas e privadas a partir dos elementos básicos mencionados, restam as posições ecléticas que pecam todas elas por se remeterem a meras enunciações de índices exteriores de publicidade, sem se preocuparem em encontrar a verdadeira razão dessa publicidade. Sai-se do campo da fundamentação científica para se penetrar no do puro arbítrio e, ao chegar a este ponto, o estudioso desprevenido fica com a impressão de que os autores se esqueceram de que pode ser, ao fim e ao cabo, que não haja verdadeiramente pessoas públicas e privadas e de que, perante a dúvida, se tornava necessária uma demonstração, que não apresentam.

Porque é que a criação pelo Estado, o estatuto de Direito Público dos agentes, a autonomia financeira, a jurisdição administrativa, o privilégio da execução prévia, a cobertura das despesas pelo Estado, etc., etc., que nuns casos existem e noutros não, que também se verificam por vezes em relação a pessoas a que chamam privadas, porque é que tais meios de actuação hão-de caracterizar as chamadas pessoas colectivas públicas? O que têm de fundamental para as constituir nessa qualidade?

[18] RANELLETTI, *Ob. cit.*, p. 351.

Por um lado, nem sequer se verificam necessariamente. Por outro, existem por vezes nas assim ditas pessoas privadas. E ainda que assim não fosse, como simples meios de actuação que são, não teriam valor nem significado em si mesmos, mas apenas em referência ao fim para cuja consecução foram atribuídos. E o fim não nos leva neste campo a parte alguma...

**7.** Tínhamos chegado à conclusão de que a capacidade só por si não bastava como raiz de uma distinção entre pessoas colectivas de Direito Público e de Direito Privado. Não conseguimos depois encontrar qualquer outro elemento suficiente para colmatar aquela carência da capacidade.

Seria agora a altura de nos perguntarmos se tal distinção tem na verdade uma razão de existir. Somos em crer que não. Ela só se justificaria se lhe correspondessem dois regimes jurídicos gerais das pessoas colectivas.

Onde estão tais regimes? Não são os fins das pessoas colectivas nem os seus meios de realização que permitem diferenciá-los. A que recorrer então?

Não ousamos porém rejeitar definitivamente uma classificação tão generalizada, sem proceder a um estudo de mais amplo fôlego que o do presente e sem tentar oferecer em sua substituição uma outra qualquer, que possibilite um conhecimento científico – e portanto metódico – das pessoas colectivas.

É um facto inegável que as há dotadas de capacidade predominantemente de Direito Público, enquanto que outros a têm meramente de Direito Privado. Será que nalgumas hipóteses tal predominância legitima uma denominação de «pessoa colectiva de Direito Público»? E a ser assim, a partir de que ponto prevalece essa qualidade?

De qualquer modo, e é isso que interessa em relação ao tema que nos propusemos tratar, ainda que a justeza da classificação das pessoas colectivas em públicas e privadas não suscitasse dúvidas, uma realidade permaneceria: a da existência entre aqueles dois termos de uma vasta zona cinzenta, composta de pessoas de natureza muito dificilmente destrinçável, por prosseguirem interesses de natureza simultaneamente pública e privada.

Os problemas levantados pela determinação do regime dessas pessoas, terão de ser resolvidos sem se partir do postulado de que são de Direito Público ou Privado e sim, tendo em atenção a natureza dos fins que prosseguem, natureza que determinará, em cada caso concreto, a índole dos meios de actuação de que necessitam para realizar tais objectivos. Esses meios constituem o cerne da capacidade dos respectivos titulares e não nos deveremos esquecer de que a separação entre capacidade de Direito Público e de Direito Privado nada tem de perene e de fundamentação substancial. Depende apenas de razões de oportunidade legislativa, uma vez que a Ordem Jurídica pode medir e dosear a capacidade pública ou privada como melhor entende, atribuindo-a no todo ou em parte a este ou aquele ente, sem limitações *a priori*[19].

Portanto: não se lobriga uma dualidade de regimes jurídicos entre muitas das pessoas que os defensores da classificação bipartida colocam num e noutro dos respectivos polos; a vastidão do próprio conceito jurídico de personalidade, que se adapta a um enorme e variado número de realidades, torna muito difícil classificar as respectivas espécies; a linguagem legislativa é falha de clareza e de precisão científica; o critério de publicidade varia com o tempo, as condições sociais, o lugar e a apreciação subjectiva de quem classifica[20].

É certo que apesar de todas estas dificuldades, ainda há muito quem se abalance à classificação mas a consequência é, pelo menos, a de uma radical disparidade de opiniões e de resultados. Quanto a nós, embora a legitimidade da classificação das pessoas colectivas em públicas e privadas nos desperte fortes dúvidas, não nos sentimos suficientemente habilitados a negá-la em termos categóricos. Podemos sim afirmar que, ainda que ela se mantenha, os organismos corporativos constituem uma espécie de pessoas colectivas intermédias, de contornos algo fluidos quanto à sua publicidade e privaticidade, insusceptíveis de arrumação definitiva num dos seus ramos.

**8.** Em vista de tudo o que atrás se expõe, parece-nos inadequada a qualificação dos organismos corporativos em públicos e privados. Estes não se aglutinam em dois ramos sujeitos a regimes jurídicos distintos e definidos, só porque uns são criados pelo Estado e os outros não, ou porque uns se podem dissolver por livre determinação das respectivas assembleias gerais e os outros apenas por um acto do Governo.

O que verdadeiramente interessa salientar a respeito da natureza jurídica dos organismos corporativos, é que se trata de pessoas colectivas que prosseguem, todas elas, fins mais ou menos públicos e que, para os poderem realizar plenamente, são munidas de meios especiais que as constituem na posse de uma capacidade de Direito Público. Esta capacidade varia de

[19] Ferrara, *Ob. cit.*, p. 43.

[20] Mauro, *Ob. cit.*, p. 209.

classe para classe de organismos e, até, dentro de cada uma, na medida em que os estatutos possam ser variáveis, mas o certo é que existe sempre e que o legislador a poderá estender ou restringir em cada caso concreto, em função das finalidades que pretenda atribuir ao organismos de que se trate.

O que caracteriza genuinamente todos os organismos corporativos, é o facto de serem os interesses por eles prosseguidos simultaneamente públicos e privados. Assistimos nos nossos dias a uma profunda interpenetração entre Estado e sociedade. A fronteira entre interesses públicos e privados dissolveu-se consideravelmente e um fenómeno de osmose entre estes dois campos leva ao aparecimento de grande número de interesses mistos, que até certo ponto estão na disponibilidade dos seus sujeitos iniciais, mas, a partir daí, se tornam indisponíveis por tomar o Estado a sua conta a respectiva realização, ou a impor através de uma forma específica[21].

Estes interesses, que são simultaneamente públicos e privados, têm um processo típico de realização que consiste na atribuição aos seus sujeitos de meios de acção, que se traduzem numa capacidade de Direito Público, para, através deles, prosseguirem tais interesses mistos sob o controlo ao Estado[22].

E quem são os referidos sujeitos? Já atrás afirmamos ser a personalidade uma mera categoria jurídica. No entanto, há que não perder de vista que o homem é sempre o ponto central do Direito e que é apenas para ordenar relações humanas que este existe. Todos os institutos da Ordem Jurídica têm pois sempre como causa imediata ou remota os interesses dos homens. A personalidade jurídica é uma forma técnica de realizar interesses humanos e terá normalmente por substrato os homens, individuais ou agregados, sujeitos ou destinatários desses interesses.

Os organismos corporativos representam os interesses de categorias económicas, isto é, de conjuntos de indivíduos com solidariedade de interesses dentro dum certo sector do agregado nacional[23]. Descoberta a categoria em que se verifique uma autêntica solidariedade, o Estado outorga-lhe personalidade, transformando-a numa categoria jurídica. E como os interesses particulares dos indivíduos que a integram são portadores de uma

[21] EHRARDT SOARES, *Lições de Direito Corporativo*, pp. 206 e segs.

[22] O Doutor EHRARDT SOARES fala (*ob. cit.*, p. 209),de uma *elevação de sujeitos privados à categoria de sujeitos públicos*. Pela nossa parte, e pelos motivos já expostos, preferimos dizer atribuição de capacidade de Direito Público a entes que a não possuíam ou a possuíam em grau menor.

[23] EHRARDT SOARES, *Ob. cit.*, p. 271.

instrumentalidade para a realização dos interesses do grupo e, através destes, dos da comunidade política, passam a ser também interesses públicos, e o organismo jurisdicionalizado recebe uma capacidade de Direito Público, através da qual os possa prosseguir com eficiência.

Como já salientámos, estes organismos desempenham aproximadamente as mesmas funções, quer a iniciativa da sua constituição jurídica parta do Estado quer dos particulares, e não vemos que a uns e a outros caibam regimes jurídicos diversos. O próprio Professor MARCELLO CAETANO[24], que afirma que os organismos corporativos facultativos permanecem no campo do Direito Privado quanto ao interesse que prosseguem, escreve, na mesma página em que se contém aquela asserção, que tais organismos estão submetidos a um regime jurídico especial de Direito Público, são titulares de direitos políticos fundamentais na estruturação do Estado e devem ser considerados pessoas colectivas sujeitas a regime administrativo.

Organismos corporativos obrigatórios e facultativos realizam pois ambos os mesmos fins, utilizando para tal meios de Direito Público; pode dizer-se que estão ambos sujeitos a um regime jurídico especial de Direito Público, que gozam de ampla capacidade de Direito Público.

**9.** Não vale a pena descrever com muito pormenor em que dados se cristaliza aquela capacidade de Direito Público. Eles são bastante conhecidos de todos[25]. Bastará dizer que os organismos corporativos desempenham funções constitucionais; representam por força de lei as categorias económicas e profissionais a que respeitam; as suas deliberações obrigam os indivíduos ou empresas que trabalham no ramo que representam; as suas quotas são obrigatórias; a inscrição em certos casos é forçada; dispõem de poderes regulamentares; detêm poderes disciplinares, podendo aplicar multas e outras penalidades; a fiscalização dos seus actos cabe aos Tribunais de Trabalho, funcionando, neste caso, como tribunais administrativos especiais; podem ajustar contratos colectivos de trabalho; podem desempenhar fins de previdência, assistência e instrução.

Parece-nos ser esta enumeração assaz elucidativa e com ela poderíamos encerrar o presente estudo, se não se nos afigurasse de interesse tecer

[24] *Ob. cit.*, p. 140.

[25] Ver, sobre este assunto: ADRIANO MOREIRA, *Direito Corporativo*, pp. 108 e segs., e RODRIGUES QUEIRÓ, *Ob. cit.*, pp. 274 e 275.

umas derradeiras considerações sobre o regime jurídico dos agentes dos organismos corporativos, uma vez que aquele regime deve ser função dos fins prosseguidos pelos organismos, que um regime de Direito Público dos respectivos agentes é um dos elementos da capacidade pública da pessoa colectiva e que a natureza jurídica da relação de trabalho dos agentes dos organismos corporativos se presta a muita perplexidade por parte dos que não têm ideias bem firmes quanto a qualificação daqueles organismos em face da dúbia classificação das pessoas colectivas em públicas e privadas. Evidentemente, trata-se de reflexões *de jure condendo*, dado que até hoje o legislador não tomou partido nesta questão.

Já atrás afirmámos que na base da feição contemporânea dos organismos corporativos se encontra o fenómeno da compenetração de interesses de que fala o Professor EHRARDT SOARES, publicização dos interesses privados resultante da aproximação que, no plano sociológico, se verificou no nosso século entre o Estado e a Sociedade. Como não podia deixar de ser, esta aproximação reflectiu-se na Ordem Jurídica através de uma redução das barreiras entre o Direito Público e o Privado que, entre muitas outras consequências, levou, por sua vez, a uma aproximação entre o Direito da Função Pública e o Direito do Trabalho.

Deste modo, é absolutamente compreensível que seja mista a situação dos agentes dos organismos corporativos e que, além de certas cláusulas contratuais, estes se rejam por um estatuto jurídico de emprego público, ao qual fiquem automaticamente submetidos ao celebrar o contrato de provimento.

Será o legislador a determinar, caso a caso, quais as hipóteses em que a salvaguarda dos interesses públicos prosseguidos pelos organismos exigem que as relações entre estes e os seus agentes sejam regidas por formas diferentes das do direito do trabalho, reservando a disciplina do Direito Público apenas para os aspectos que, sem ela, pusessem em perigo a perfeita prossecução dos fins do organismo.

Se levarmos em conta a natureza inicialmente privada dos interesses prosseguidos pelos organismos corporativos, não será difícil de admitir que no estatuto dos respectivos agentes, se abandonem partes importantes das relações entre estes e os organismos a regulamentação do Direito do Trabalho, reservando a disciplina do Direito Público aqueles deveres dos agentes perante os organismos que sejam também, de forma mediata, deveres perante a colectividade, por se relacionarem intimamente com o exercício de funções públicas.

# Elementos de um regime jurídico da cooperação (1966)*

## Introdução

Têm já uma longa história os movimentos cooperativos de numerosos países europeus, que não cessaram de expandir-se até ao fim da primeira metade do nosso século. A solidez das suas raízes explica porventura em parte a sua taxa de crescimento, que foi notável: de 1910 para 1937, o número de cooperativas aumentou de 120 238 para toda a Europa, incluindo a Rússia Czarista, para 300 000 na Europa excluindo deste último cômputo a U. R. S. S.[1].

Não tem pelo contrário firmes tradições o movimento cooperativo português. A sua história até ao fim do primeiro quartel do século XX é mais a de tentativas isoladas e fracassadas, perdidas no seio de equilíbrios instáveis entre os vários agrupamentos políticos que pretendiam representar as classes trabalhadoras, do que a de uma corrente de pensamento estruturado e autónomo. Talvez por isso, foi lenta a medrança das sociedades cooperativas que, em 1930, eram apenas em número de 365 no Portugal metropolitano, agrupando cerca de 100 000 sócios e com transacções anuais avaliadas em 90 000 contos[2].

* In: *Estudos Sociais e Corporativos* V/17, pp. 110-175.

1 *OIT, Co-operation*, «A Workers Education Manual», Genebra, 1956, p. 27.

2 *Dicionário de Economia*, «Livros Horizonte», p. 375.

Mais de trinta anos decorridos, em 1962, era apenas de 420 o número total de cooperativas no território metropolitano. Da «Estatística das Sociedades» não consta qual o número de sócios por elas totalizado. Fica-se em contrapartida a saber que naquela data o seu capital social ascendia a 293 096 contos e que as suas receitas foram de 1 365 411 contos. Um exame descuidado dos factos poderia fazer crer erradamente dever-se um tão estiolado crescimento à falta de uma doutrina cooperativa portuguesa. Ora, se bem que com uma audiência limitada, tal doutrina acabou por surgir, pecando aliás por uma fé infundamentada nas virtudes do cooperativismo como sistema económico-social autónomo. De resto, a história prova que para o desenvolvimento de um movimento cooperativo não é indispensável a prévia elaboração de uma doutrina cooperativa: foi precisamente o contrário que se passou com a cooperação de consumo inglesa, em que a construção doutrinal sobreveio a acção[3]. E hoje doutrina cooperativa não significa em grande parte dos casos esperança na vinda de uma república cooperativa, mas sim defesa das fórmulas cooperativas para solucionar numerosos problemas da vida social, fórmulas que se justificam por si enquanto dão lugar a promoção social e económica de seres humanos.

Uma explicação que se nos afigura mais razoável para o estádio ainda incipiente da cooperação em Portugal é a da inexistência de um estatuto legislativo que ampare as cooperativas, facilitando o seu desenvolvimento através da dilucidação dos princípios gerais que se lhes aplicam, interpretados em função das realidades nacionais em que teriam de operar.

Ninguém de boa fé se atreveria a asseverar ser a ordem jurídica portuguesa avessa à cooperação. Não só a Constituição Política inclui um preceito programático segundo o qual o Estado promove e favorece as instituições de cooperação, mas também toda a restante legislação que a esta se refere o faz com um espírito favorável.

Isso não chega, porém. São vários os requisitos essenciais a uma legislação cooperativa dos nossos dias, que a portuguesa não apresenta. Em primeiro lugar, ela deve, tomando em conta as necessidades do país em que vai aplicar-se, ter por fim a promoção de um movimento cooperativo profícuo. Em segundo lugar, dever ser simples e até de fácil compreensão

[3] SÉRVULO CORREIA, *Cooperação, Cooperativismo e Doutrina Cooperativa*, «Estudos Sociais e Corporativos», nº 15, p. 19.

para os indivíduos desprovidos de cultura jurídica, uma vez que irão ser em grande parte os elementos economicamente mais débeis da população a utilizá-la. Em terceiro lugar, tal legislação deve fornecer meios rápidos, simples e pouco onerosos para criar e, se necessário, dissolver uma cooperativa. Por outro lado ainda, ela deve impedir que se utilize abusivamente o termo «cooperativa»[4].

A legislação cooperativa portuguesa não corresponde à nossa estrutura económico-social. Os seus preceitos fundamentais são quase centenários: os da lei de 2 de Julho de 1867 e os do Código Comercial de 1888, que revogou algumas das disposições daquela e reproduziu várias outras. Num período de estreme individualismo, possibilitou-se a existência legal das associações cooperativas, disfarçando-as sob os atributos das sociedades comerciais. Elas não receberam tal qualificação, é certo, mas ficaram a reger-se obrigatoriamente pelas disposições próprias das sociedades comerciais, com poucas excepções que se limitam a garantir, sob a fórmula societária, o carácter pessoal do ente colectivo e a igualdade dos seus membros. Hoje, num Estado Corporativo, continua a desconhecer-se o valor associativo das cooperativas e o significado social da sua actividade económica, a qual não se limita a uma soma desagregada de actos caracterizáveis ou não como de comércio, mas representa uma forma de intervenção personalizada do ser humano numa produção e num consumo de massa e uma defesa que através da associação se lhe oferece contra forças desumanizantes e dissociativas de uma sã convivência social.

Também não é fácil ou de simples apreensão a nossa legislação aplicável às cooperativas. Não porque sejam complexos os seus preceitos, ou demasiadamente numerosos e prolixos, mas antes pelo contrário, isto é... por não existirem os suficientes. A todos os aspectos da vida das cooperativas que não cabem na previsão do exíguo número de artigos que no Código Comercial lhes respeitam, aplicam-se a título subsidiário os restantes preceitos do mesmo diploma. Isto significa que, na prática, toda a regulamentação jurídica das cooperativas decorre da aplicação do Direito Comercial, o que, além de equivaler em muitos casos a uma distorção das realidades, torna pouco acessível à grande maioria dos cooperadores a mecânica dos organismos a

[4] W. Cheesman, *Problèmes actuels de la législation coopérative*, «Revue des Études Coopératives», nº 138, p. 326.

que pertencem e em cuja orientação os princípios lhes reservam um papel importante e inalienável[5].

Destas considerações resulta igualmente que não é fácil e pouco onerosa a criação e a liquidação das cooperativas, pois tais actos obedecem ao mesmo formalismo que preside à constituição e dissolução das sociedades comerciais.

Pode também afirmar-se que a lei portuguesa não protege o termo «cooperativa» contra a utilização abusiva por empresas privadas que o queiram empregar com intenções fraudulentas. Tal protecção é um dos aspectos fundamentais de grande parte das legislações cooperativas estrangeiras, havendo ainda algumas ordens jurídicas que englobam a previsão do uso indevido do termo na sua lei sobre a concorrência desleal[6]. Entre nós seriam inexequíveis medidas de tal natureza, já que a definição legal de cooperativa, ainda hoje feita com base em dois elementos meramente formais – a variabilidade do capital social e a do número de sócios – nunca permitiria uma discriminação correcta entre verdadeiras e falsas cooperativas, discriminação aliás sobremaneira difícil, mesmo a partir de conceitos básicos muito mais perfeitos.

Este é também um problema cuja resolução, ainda que incompleta, urge. Cremos que as verdadeiras cooperativas portuguesas têm sofrido com esta impossibilidade de as distinguir de outros entes que, embora usando a mesma roupagem jurídica, não têm verdadeiros fins de mutualidade. E não se pense que se trata apenas de prejuízos de ordem moral ou de pruridos

[5] Não ignoramos que, além dos preceitos do Código Comercial, bastantes outras disposições existem no Direito português, respeitantes às cooperativas. Elas encontram-se porém integradas na maioria dos casos em diplomas legais que não regulamentam exclusivamente aquele tipo de pessoas colectivas, antes consideram problemas muitos diversos. É por exemplo o caso das isenções tributárias consignadas em diversos códigos de contribuições e dos preceitos concernentes às cooperativas e integrados na legislação que regulamenta as instituições de crédito. Existem também alguns diplomas legais respeitantes exclusivamente às cooperativas. É o caso do Decreto-Lei nº 45 933 de 19 de Setembro de 1964, que regulamenta o voto por correspondência nas assembleias gerais e a constituição destas por delegados de secções eleitas em assembleias parciais, e ainda o do Decreto-Lei nº 43 856 de 11 de Agosto de 1961, que contém algumas normas sobre a constituição das cooperativas agrícolas e a sua tutela pelo Estado. O carácter esparso e fragmentário destas e doutras disposições reforça ainda as afirmações feitas acima.

[6] B. I. T., *Le rôle des coopératives dans le développement économique et social des pays en voie de développement*, «Rapport VII» (1), Genebra, 1964, p. 50.

doutrinários exacerbados: muitas vezes não têm as cooperativas contado com o auxílio aberto e generoso do Estado, a que tinham jus, por recear este favorecer sem razão operações especulativas disfarçadas sob a capa cooperativa[7].

Por todos estes motivos não hesitamos em aventar como uma das causas do pouco desenvolvimento das cooperativas em Portugal a falta de um estatuto jurídico da cooperação. Ela não será a única. São bem conhecidos casos como o da Dinamarca, que não possui uma legislação cooperativa e que no entanto dispõe de um movimento cooperativo florescente. Em face deste exemplo poderia até alguém lembrar-se de invocar um velho princípio de política jurídica: o da vantagem da falta ou do uso moderado de leis. É bem conhecida a afirmação de que um dos motivos da perfeição do Direito Romano era a falta de leis, já que estas só intervinham, em matéria de Direito Civil, quando havia necessidade de abolir inconvenientes de ordem social, quando se tratava de regras de tal natureza que só o Estado poderia promulgá-las, ou ainda quando estavam em causa regras de Direito Civil necessariamente entrelaçadas com disposições administrativas[8].

Admitimos que haja outras causas, de natureza sociológica e económica, para o insignificante aumento do número e da dimensão das cooperativas no

[7] Pense-se, a título de exemplo, nas cooperativas de habitação ou de crédito para a construção de habitações. Na generalidade dos países europeus, para não ir mais longe, tais entidades são objecto de uma aberta política de auxílio e até de fomento da parte do Estado que, através delas, vê parcialmente resolvido um dos problemas que lhe cabe solucionar: o do alojamento. Assim, além de isenções fiscais quase absolutas, aquelas cooperativas beneficiam de subsídios por área construída, de créditos a longo prazo, sem juro ou a baixo juro, de terrenos vendidos pelo mesmo Estado ou pelas autarquias locais a baixo preço... Entre nós, salvo alguma destas facilidades esporádica e isoladamente concedida, não gozam as cooperativas de habitação ou construção destes modos de apoio. E até a lei fiscal lhes é, embora sem que talvez tivesse sido essa a intenção do legislador, adversa. Elas são, por exemplo, vítimas de uma dupla tributação quanto à sisa, pois que a pagam pelo terreno que adquirem para construção e novamente pela habitação que transmitem para o sócio e na qual vai, é claro, incluído o valor do terreno (o Código da Sisa prevê uma isenção para as cooperativas de habitação, mas rodeada de tais condições que a tornam impossível de obter, pelo menos nos centros urbanos). Ora bem pode afirmar-se que tudo isto é causado por uma desconfiança do legislador fiscal, motivada pelo facto de não existir regulamentação jurídica destas cooperativas que impeça os sócios de delas se servirem com fins especulativos.

[8] Marin Pérez, *La Política del Derecho*, Barcelona, 1963, p. 78.

nosso país durante as últimas décadas. Mas não renunciamos à importância atribuída a um estatuto jurídico actualizado e tão unitário quanto possível da cooperação. É que, se outros e poderosos argumentos não houvesse, este é hoje um dos pontos em que matérias próprias das relações individuais privadas necessariamente se entrelaçam com a actuação da Administração Pública. Numa economia intervencionista, em que o Estado maneja o circuito económico tendo como principal mira o maior nivelamento das condições individuais e a melhoria da situação dos mais débeis, não poderia deixar de haver uma estreita ligação entre o Estado e as cooperativas, que prosseguem aqueles mesmos fins. E os aspectos internos da vida das cooperativas e os das suas relações com terceiros não podem deixar de reflectir tal condicionalismo de base, condicionalismo que por essência chama a regulamentação jurídica. Sem ela atrofiar-se-ão as relações privadas por falta de delimitação do campo que resta ao seu arbítrio; e porventura não se esboçará uma necessária actividade administrativa, por não sentirem os órgãos da administração um termo firme sobre o qual possam acarretar o peso das suas responsabilidades.

Por outro lado, por ser a cooperação um instrumento de emancipação económica e de promoção cultural e social, deverá também a legislação cooperativa poder desempenhar um papel didático e estimulante da acção cooperativa. Para que assim seja, deverá o legislador ao concebê-la ter em vista tal objectivo, facilitando a criação e o funcionamento das cooperativas e integrando no texto, por forma simples e concisa, tudo o que de mais perto possa respeitar as relações sociais dos seus membros e as relações das cooperativas com terceiros, salientando dentro destas últimas as relações com o Estado, com a organização corporativa e com outros organismos cooperativos. A própria lei terá de exercer a missão de aliciante e inteligível guia prático da cooperação.

De tudo o que até este momento escrevemos facilmente se deduzirá que somos por uma reforma da legislação cooperativa em Portugal, ou melhor, pela criação de uma verdadeira legislação cooperativa, homogénea e estruturada, adaptada às exigências da nossa conjuntura económica e social. Essa legislação não poderá surgir de um dia para o outro. Para que venha dotada de bases sólidas é indispensável que previamente se obtenha um conhecimento profundo e objectivo das possibilidades e do sentido da cooperação em relação ao nosso caso e também dos princípios gerais da cooperação e dos problemas técnicos que suscita a sua execução.

A tal respeito seria necessário ouvir as cooperativas portuguesas e os seus organismos federativos. Mas para tal, indispensável seria que estas se fizessem ouvir, definindo em estudos tornados públicos quais as medidas que consideram convenientes para o bom prosseguimento da sua missão, as dificuldades com que lutam e os meios de as ultrapassar. E a verdade é que as nossas cooperativas e seus organismos representativos se têm até agora preocupado predominantemente em dar à estampa trabalhos de divulgação da história do cooperativismo e monografias sobre as realizações de movimentos cooperativos estrangeiros. Estes estudos são importantes para a formação cultural e mentalização dos cooperadores, mas não são suficientes. Mais do que isso importa apontar caminhos concretos aos cooperadores portugueses, ou aqueles que poderiam vir a sê-lo, para a solução colectiva dos problemas que lhes servem de factor de união.

Neste trabalho apenas um desígnio anima o A.: o de abrir um debate. Não no sentido litigioso do termo, mas no de ponderada troca de impressões e de estudos, que a pouco e pouco fossem amadurecendo, dando configuração definida a um projecto de estatuto jurídico da cooperação em Portugal. Para esse efeito aqui se vão especificar alguns dos áporos, a nosso ver os de maior relevo, que se levantam ao legislador em matéria de regulamentação jurídica da cooperação. O espírito é mais o de enunciá-los que o de resolvê-los, pois que estultícia seria pretender esclarecer de uma assentada matéria tão melindrosa e que, noutros países neste ponto mais adiantados do que o nosso, tanta discussão suscita ainda.

## I. Conceito e características da cooperativa

### 1. Dificuldade da definição

Em trabalho anterior foi-nos dado salientar o carácter extraordinariamente amplo do conceito de cooperação como actividade económica exercida por um tipo de organização económica e humana que desenvolve uma força actuante, coesora de forças menores e menos dotadas, titulares de aspirações comuns[9]. Da natureza forçosamente lata desta ideia resulta a dificuldade na delimitação do tipo de organismo em que seres humanos

[9] Sérvulo Correia, *ob. cit.*, p. 11.

exercem colectivamente funções económicas de que necessitam para vantagem e por conta própria. Tais organismos são, como é óbvio, as cooperativas.

Não significa isto que não abundem as definições de cooperativa, e até mesmo as definições legais. É um arremedo de uma o texto do artigo 207º de nosso Código Comercial segundo o qual «as sociedades cooperativas são especializadas pela variabilidade do capital social e pela ilimitação do número de sócios». Optou o legislador liberal, seguindo aliás os critérios então acolhidos na lei francesa, italiana e espanhola, por um critério meramente formal que consistia em aproximar as cooperativas o mais possível das sociedades comerciais (das quais se distinguem apenas nalguns aspectos da estrutura jurídica), e em ignorar a sua natureza associativa e os fins mutualistas por elas prosseguidos.

Os autores de textos legais mais recentes compreenderam que a variabilidade do capital social não poderia fornecer só por si um adequado critério qualificador, por permitir que a etiqueta cooperativa sirva em muitos casos de cobertura para a constituição de empresas de nítida feição capitalista. Assim o Código Civil italiano de 1941, fugindo aliás a uma definição propriamente dita, buscou um critério que fosse predominantemente teleológico e menos formal. Segundo os seus artigos 2511º e 2515º, só poderão denominar-se sociedades cooperativas as empresas com escopo mutualista. No entanto, como adiante veremos, a lei não diz o que entender por mutualidade e esta indeterminação tem levado a interpretações desencontradas e a deficiências na sua aplicação.

Talvez para fugir a tais inconvenientes, a lei espanhola da cooperação (2 de Janeiro de 1942) utilizou, ao definir a cooperativa no seu artigo 1º, um critério misto teleológico-formal: «Sociedade cooperativa é a reunião de pessoas individuais ou colectivas que se obrigam a juntar os seus esforços, com capital variável e sem ânimo de lucro, com o objectivo de alcançar fins comuns de ordem económico-social». Também este conceito legal não escapou a numerosas críticas por ter arbitrariamente recorrido a algumas facetas típicas da cooperação e ter prescindido de outras que o seriam tanto como as primeiras[10].

[10] Vide POLO, *Misión y Sentido de la Nueva Ley de Cooperación*, «Revista de Derecho Privado», 1942, p. 228. Segundo este autor ficaram por enunciar na definição da lei espanhola outras características da cooperativa, como:

De cunho ainda mais teleológico e menos formalista é a definição contida no artigo 1º da Lei francesa nº 47-1775 de 10 de Setembro de 1947, também conhecida pelo nome de estatuto da cooperação. Eis o texto integral daquele preceito:

> «As cooperativas são sociedades cujos objectivos essenciais são:
>
> 1º - Reduzir, em benefício dos seus membros e pelo esforço comum destes, o custo e, se necessário, o preço de venda de certos produtos ou de certos serviços, assumindo as funções dos empresários ou intermediários, cuja remuneração agravaria o custo;
> 2º - Melhorar a qualidade comercial dos produtos fornecidos aos seus membros ou dos produzidos por estes e destinados aos consumidores.
>
> As cooperativas exercem a sua acção em todos os ramos da actividade humana».

Não ficou igualmente este conceito isento de censuras.

Apesar da sua amplitude, houve quem o acusasse de demasiado restrito por se ligar ao conceito de sociedade, o qual é apenas uma fórmula jurídica, e nunca a única possível para uma associação de pessoas, e por reduzir a cooperação à sua função económica, desprezando as funções educativa e social.

A verdade é que, quer utilizando critérios jurídico-formais, como o da estrutura societária com variabilidade do capital e do número de sócios,

1. A forma de participação nas vantagens não em função do capital, mas proporcionalmente à participação de cada associado nas operações próprias da sociedade;
2. Ter como objecto social o de realizar operações com os próprios sócios, os quais cooperam para a consecução do fim social não só prestando bens ou serviços às sociedades – o que é comum a outras formas sociais – mas contratando com ela como terceiros;
3. A melhoria social e económica dos associados mediante a sua acção em conjunto numa obra colectiva.

Adiante exporemos a nossa posição quanto à qualificação destes aspectos como caracterizadores das cooperativas. Por agora, e independentemente de saber se o são ou não, apenas queríamos afirmar que eles nos parecem inclusos na muito lata noção do artigo 1º da lei espanhola. O primeiro e o segundo integram e esclarecem a expressão «sem ânimo de lucro» cujo entendimento literal nos parece impraticável, pois as cooperativas têm de procurar uma certa forma de lucro. E o terceiro cabe nos «fins comuns de ordem económico-social».

quer critérios teleológicos como o da prossecução de um fim mutualista ou o da ausência de um ânimo de lucro, quer ainda critérios de natureza funcional como o da transferência de funções económicas para uma empresa comum cuja direcção os associados assumem, e que lhes presta serviços em cujo custo se abate a remuneração de um empresário eliminado, sempre se acaba por concluir que a definição escolhida é incompleta e insatisfatória. Ainda que combinando ecleticamente vários daqueles critérios, obter uma definição omnicompreensiva de cooperativa é, como alguém já disse, tão difícil como resolver o problema da quadratura do círculo[11].

Apercebendo-se desta dificuldade, os autores de alguns textos jurídicos sobre cooperação têm procurado contorná-la, substituindo a definição de cooperativa pela enunciação das suas categorias e determinando que a essas se aplicará o texto em causa. Foi, por exemplo, esse o critério adoptado para a elaboração em primeira leitura na 49ª Sessão de Conferência Internacional do Trabalho, do texto de um projecto de recomendação sobre o papel das cooperativas no desenvolvimento económico e social dos países em desenvolvimento[12].

Só aparentemente tal caminho constitui um remédio. Em primeiro lugar, torna-se impraticável a enumeração exaustiva de todas as classes de cooperativas. Isto leva a que (é o que se passa com o referido texto da O. I. T.) aquela seja feita a título exemplificativo e não taxativo, pelo que as lacunas se mantêm. Mas ainda que assim não fosse, seria depois necessário definir em relação a cada espécie de cooperativa aquilo que nela marca o carácter cooperativo. A solução enunciativa mais não consegue do que adiar o problema, com a agravante de pôr em causa a unidade da cooperação ao prescindir de um critério comum que sirva de traço de união entre todas as cooperativas.

Tal critério geral parece-nos pois imprescindível, se bem que pela força das circunstâncias tenha que ser assaz lato o que, por sua vez, implica inevitáveis lacunas e imprecisões na respectiva aplicação prática.

Mas estas dificuldades atenuar-se-ão em grande parte se na própria lei se referirem explícita ou implicitamente os princípios gerais que se consideram como próprios e denominadores da cooperação. Estes princípios

[11] Vide Armando Cândido, *Em Defesa do Movimento Cooperativo*, Lisboa, 1958, p. 30.

[12] B. I. T., *Le rôle des coopératives dans le développement économique et social des pays en voie de développement*, «Rapport IV» (1), Genebra, 1965, p. 8 a 36.

encontrar-se-ão explícitos ou implícitos na lei, consoante aquela os enunciar como tal, ou dela eles decorrerem em função da estrutura sobre a qual delineia as relações internas e externas da cooperativa. A segunda hipótese será certamente a mais ordinária e a mais fácil. Num trabalho teórico como este começaremos porém por estudar os princípios gerais cujo acatamento deverá permitir reconhecer uma cooperativa. Só a seguir, porque logicamente se trata de um segundo aspecto, nos deteremos sobre os reflexos dessas características na organização jurídica das cooperativas. Esses serão sucessivamente os objectos das alíneas que se seguem.

## 2. Os princípios de Rochdale

A cooperação é uma forma de organização, uma prática exercida por seres humanos associados. As coperativas são pois organismos que têm a cooperação como forma de actividade e como fim e que na sua estrutura e na sua função hão-de ser marcados por ela. Mas uma vez que a cooperação é uma ideia em extremo ampla, tão ampla que inclusivamente se discute qual a sua base axiológica[13], difícil se torna determinar em que moldes cunha ela os organismos que a praticam.

A resposta a esta questão foi encontrada de uma forma simplista por milhares de cooperativas que em todo o Mundo se consideram seguidoras de Rochdale e dos princípios *rochdalianos,* fazendo deles o critério da sua autenticidade e da sua especificidade cooperativa[14]. Não podem eles pois deixar de interessar ao jurista que pretenda criar um estatuto jurídico para a cooperação, um estatuto composto de preceitos próprios e adequados e não desajeitadamente transferidos da regulamentação das sociedades comerciais.

Mas aqui duas dificuldades de tomo se levantam. Por um lado está longe de ser unânime a nomenclatura conferida a esses princípios, a definição do seu conteúdo e o reconhecimento do seu valor normativo. Por outro lado, quem analisa com olhos de jurista os chamados princípios de Rochdale, depressa conclui não poderem eles ser considerados como princípios gerais de Direito norteadores da instituição cooperativa.

[13] SÉRVULO CORREIRA, *ob. cit.*, p. 21.

[14] DESROCHE, *Principes Rochdaliens? Lesquels?*, «Archives Internationales de Sociologie de la Coopération», 1961, nº 10, p. 3.

Os princípios rochdalianos têm na sua origem os preceitos estatutários da célebre cooperativa de consumo de Rochdale. Mas eles não reproduzem todos esses preceitos imaginados pelos probos pioneiros para levar a bom fim os seus desígnios e, por outro lado, integram normas que não foram as daqueles. A tal respeito tem-se falado já de um «costume cooperativo», que a pouco e pouco se vem a formar e a consolidar. A esse desenvolvimento não é estranha a Aliança Cooperativa Internacional. Foi com efeito nos congressos desta organização que o problema da fixação e interpretação dos princípios de Rochdale se levantou com resultados práticos. Foi no Congresso de Viena, em 1930, que se resolveu afastar o tabu que até então tinham constituído aqueles princípios, cuja invocação muitas vezes levava a limitar com estreiteza o campo da cooperação ortodoxa. Determinou-se ainda na resolução votada por aquela assembleia que se realizasse um estudo destinado a estabelecer, o que nunca tinha sido feito até então, uma lista exacta dos referidos princípios, a sua interpretação e a aplicação pelos diversos movimentos cooperativos nacionais e, eventualmente, proceder à sua reconsideração, «porque os problemas que se levantam à cooperação são múltiplos, variados e complexos e seria vão querer eliminar todas as dificuldades com um estatuto quase centenário»[15].

O relatório que deu contas de tais estudos, «A aplicação actual dos princípios rochdalianos da Cooperação», foi aprovado, não sem dificuldade, pelo Congresso de Paris de 1937. Nesse texto firmaram-se sete princípios:

- Livre adesão (princípio da porta aberta);
- Administração democrática;
- Reembolso dos excedentes proporcional às transacções de cada membro;
- Juro limitado ao capital;
- Neutralidade política e religiosa;
- Compra e venda a pronto pagamento;
- Educação dos membros.

Destes, só os primeiros quatro princípios foram reconhecidos como obrigatórios e portanto como critérios formais de cooperatividade. Os restantes três, se bem que reconhecidos como «fazendo parte do sistema rochdaliano»

[15] Desroche, *ob. cit.*, p. 6.

e tendo sido cumpridos com sucesso pelos movimentos cooperativos de diversos países, foram apenas «recomendados sem obrigação», não ficando a constituir condição de adesão à Aliança Cooperativa Internacional. Outros preceitos de largo alcance, entre eles a aspiração a cooperação global e o comércio exclusivo com os membros, foram considerados «controversos ou supérfluos», e não foram incluídos.

Ao afastar algumas das regras que tinham figurado nos estatutos da cooperativa de Rochdale e ao incluir pelo menos uma que deles não constava (a da neutralidade política e religiosa), a Aliança Cooperativa Internacional foi a primeira a reconhecer que «um pequeno número de slogans cristalizados, deformados e esvaziados do seu sentido à força de tanto passar de boca em boca, directamente e sem análise, não constituem já uma doutrina», quando na verdade o movimento cooperativo precisa de uma doutrina viva e não ressequida[16].

Estas considerações aplicam-se plenamente aos próprios princípios ainda reconhecidos como obrigatórios pela Aliança Cooperativa Internacional. Uma vez que tal como nos são hoje apresentados, eles resultam de uma resolução aprovada pelo seu congresso, é legítimo duvidar que o respectivo significado vá muito além do de uma condição de admissão naquele organismo internacional. Não parece pois que o legislador se deva considerar em absoluto vinculado a incluí-los num estatuto jurídico da cooperação. Não é também pelo facto de alguns deles terem feito parte dos estatutos da cooperativa de Rochdale que forçosamente deverão ser considerados elementos caracterizadores da qualidade cooperativa. A este respeito são assaz convincentes as palavras que reproduzimos:

> «Em primeiro lugar salta aos olhos o seguinte: qualquer que seja o carácter multiforme e ambicioso dos objectivos que os Pioneiros de Rochdale se propuseram, o que criaram e fizeram funcionar com sucesso, foi uma cooperativa de consumo, e as regras que os conduziram a esse sucesso são as que convinham então a uma cooperativa de consumo.
>
> «Será evidente que estas regras, formuladas numa época em que acabava de nascer o tear mecânico, correspondem exactamente às necessidades e às condições de sucesso das cooperativas que vivem na época da cibernética, da

[16] Colombain, *Des règles de Rochdale aux principes de la Coopération*, «Coopération», Outubro, 1965, p. 14.

exploração do cosmos e das grandes concentrações capitalistas? Concebidas para uma categoria bem determinada de cooperativas, serão elas válidas para todas as cooperativas que se criaram depois de 1844 e cujos objectivos particulares são de tal maneira diversos que a Lei francesa de 10 de Setembro de 1947, por exemplo, pode afirmar – um pouco temerariamente – que elas exercem a sua acção em todos os ramos da actividade humana? Porque elas exprimiram as intenções de vinte e oito tecelões de uma pequena cooperativa no Lancashire, pode concluir-se que devem aplicar-se a todas as cooperativas, pequenas ou grandes, que se espalharam e continuam a espalhar em redor do Mundo, em mais de cem países e nas condições históricas, climatéricas, económicas, sociais, culturais, técnicas e políticas mais diversas?»[17].

Colocada no que nos parece ser a sua verdadeira perspectiva a normatividade dos célebres princípios de Rochdale, não desejaríamos abandoná-los sem alguns comentários tecidos à roda de cada um deles. São dois os motivos que nos guiam em tal propósito. O primeiro, é o de que não pode negar-se que tais princípios, embora controvertidos e sujeitos na sua aplicação a numerosas excepções, constituem o núcleo de uma certa tradição que o legislador deverá respeitar na medida do possível. O segundo motivo é o de que, como adiante nos será dado observar, se bem que os princípios de Rochdale não sejam na verdade princípios gerais, mas antes regras empíricas ditadas pelo sólido bom senso dos tecelões de Rochdale, eles são em parte índices, degraus, que nos permitem atingir os princípios gerais da instituição cooperativa. Nos casos em que puderam cumprir esta função acessória, eles serão válidos e dignos de interesse.

### a) Princípio da livre adesão

Esta regra que, como veremos, é uma aplicação limitada de um verdadeiro princípio geral, não é exequível dentro da sua estreiteza a todos os tipos de cooperativas. Ela é manifestamente impensável em todas as cooperativas que devido às exigências do seu objectivo ou às necessidades do seu funcionamento, têm um efectivo necessário ou preferivelmente limitado, caso das cooperativas de habitação, das cooperativas de utilização em comum de

[17] Colombain, *ob. cit.*, p. 8.

material agrícola, das cooperativas operárias de produção, das cooperativas de responsabilidade ilimitada[18]. Até mesmo nas cooperativas de consumo podemos encontrar algumas limitações ao princípio da porta aberta. É o que, por exemplo, se passa com um tipo de cooperativas constituídas no seio de grupos profissionais[19].

Este princípio tem por sua vez sido decomposto pela doutrina em três princípios mais restritos: liberdade de constituição, liberdade da admissão e liberdade de exoneração. Não faltam as excepções e as limitações a qualquer deles.

Numerosas legislações prevêm a constituição de cooperativas pelo Estado ou por outras autarquias e a intervenção fiscalizadora do Estado na constituição das cooperativas. Quanto às limitações ao ingresso, além das já mencionadas decorrentes da própria natureza das cooperativas, são numerosos os estatutos que introduzem outras necessidades de apresentação por outros sócios, do pagamento de jóias, de inscrição num partido político ou da pertença a um credo religioso. As legislações novecentistas coincidiam quase todas na firme tutela da liberdade de exoneração[20]. Hoje entende-se que tal homenagem aos princípios liberais e individualistas não se justificava e por isso a tendência é a de pôr em primeiro lugar a função social da cooperação, enfraquecida pela livre exoneração dos cooperadores que assim se procura limitar aos casos indispensáveis[21] [22].

O que na realidade o princípio da livre adesão pretende garantir é que a cooperativa seja uma associação de categoria, não fechada a favor de um grupo restrito que dela retiraria todas as vantagens, mas beneficiando com

[18] Colombain, *ob. cit.*, p. 9.

[19] Valko, *Recenti Sviluppi Della Scienza Cooperativa Internazionale*, «La Rivista della Cooperazione», Maio, 1961, p. 243.

[20] Nesse ponto é o nosso Código Comercial moderado, pois que permite (artigo 220º) que os estatutos contenham limitações ao direito de exoneração. Em contrapartida, o § único do artigo 222º parece impedir que a sociedade retenha a parte do património social que cabia ao exonerando, quase único processo prático de impedir a exoneração contra a vontade da cooperativa.

[21] Maselli, *Corso Di Legislazione Cooperativa*, Roma, 1952, p. 41-45.

[22] Pelo contrário, nos célebres Kibutzim e Mochavim Ovedim, em Israel, a saída é inteiramente livre, mas a entrada é condicionada a um estágio mais ou menos longo, findo o qual a comunidade reunida decidirá se o candidato e a sua família são dignos de nela ingressar. Nem de outra forma as coisas se poderiam processar numa cooperativa comunitária (vide Klatzmann, *Les Enseignements de l'Expérience Israélienne*, Paris, 1963, p. 78, 85 e 173).

a sua actividade todos aqueles que estejam em condições de receber tal benefício, isto é, que pertençam à categoria a quem se dirigem os serviços específicos da cooperativa. Aquela regra não é mais do que a aplicação de princípios mais gerais de que adiante falaremos, como o da igualdade e o da solidariedade.

**b) Princípio da administração democrática**

Esta regra do ideário cooperativo é muitas vezes apresentada sob a forma «um homem, um voto» que, apesar da mais generalizada aplicação, é também hoje alvo de controvérsias, sobretudo a propósito das grandes cooperativas e dos organismos cooperativos de segundo e terceiro grau.

Não estão aliás de acordo os cooperativistas quanto à sua importância. Para LAVERGNE, por exemplo, o princípio da administração democrática está longe de ser uma das regras orgânicas da cooperação distributiva. E para reforçar a sua afirmação, invoca o facto de sempre terem os armazéns cooperativos por grosso instituído direitos de voto desiguais para as cooperativas de consumo suas associadas. Este autor coloca pois o acento sobre o princípio distributivo – o reembolso dos excedentes na proporção das transacções – e não sobre o princípio democrático[23].

Radicalmente oposta é a atitude de LAMBERT, segundo o qual é impossível encontrar no princípio distributivo o critério da cooperatividade, sob pena de se resumir a cooperação à cooperação de consumo. Para ele, o princípio fundamental da cooperação é a democracia, o único que se encontra em todas as verdadeiras cooperativas e sem o qual um organismo não poderá receber essa qualificação[24].

Parece-nos incontestável que a regra «um homem, um voto», aplicação de um princípio que a transcende, o princípio da igualdade, é inseparável da verdadeira cooperativa. O fim da cooperação é o de humanizar as relações económicas. O acréscimo do sentido de responsabilidade que da associação cooperativa resulta em relação aos factos económicos só será verdadeiro se as decisões económicas forem tomadas por todos os interessados em regime de liberdade e de igualdade.

[23] LAVERGNE, *Le Socialisme Coopératif*, Paris, 1955, p. 26.

[24] LAMBERT, *Cent Ans de Doctrine Coopérative*, «Revue de l'Institut de Sociologie», 1958-3, p. 596.

Isto não significa que a administração democrática não levante problemas. Os cooperadores devem contentar-se em definir as linhas gerais de uma política cuja aplicação será confiada a um grupo restrito de administradores, cujo número máximo é até fixado em muitas legislações. Por sua vez estes não podem constituir-se em órgão de gestão cotidiana, uma vez que não são funcionários da cooperativa. A direcção técnica desta é muitas vezes confiada a um funcionário que desempenha as funções de secretário-geral ou equivalentes.

A repartição e a hierarquização das competências entre estas entidades terão de ser objecto de uma delicada regulamentação legal que procure evitar dois tipos extremos de gestão: gestão de «tipo presidencial» e a gestão «em regime de assembleia». A primeira consiste em limitar a intervenção da Assembleia Geral a uma aprovação rotineira de um balanço comercial, dando todos os poderes de facto aos administradores ou, o que é muito vulgar, ao funcionário superior em quem estes delegam a gestão da cooperativa. A segunda apresenta também o perigo de imobilizar a cooperativa, que por essência é uma sociedade de massa, devido à intrusão exagerada dos seus inúmeros sócios na gestão ordinária.

Este último não é aliás o maior perigo, pois a tendência bem conhecida, tanto mais forte quanto maior a dimensão das cooperativas, é o desinteresse da esmagadora maioria dos associados pela gestão dos negócios sociais.

Para preservar o valor moral e social da cooperativa, que reside no seu carácter associativo, o legislador terá pois de elaborar uma armação jurídica que não só permita mas fomente a intervenção dos membros na respectiva gestão, sem que contudo ela se torne num obstáculo ao seu bom funcionamento[25].

### c) Princípio do reembolso dos excedentes proporcional às transacções de cada membro

Trata-se de uma regra própria das cooperativas de consumo e que reflecte nestas uma característica específica de todas as cooperativas: a de serem empresas que prestam serviços aos seus membros pelo preço do custo. Esta

[25] Vide, Lacroix, *La Démocratie Coopérative: Pour quoi faire?*, «Coopération», Julho-Agosto, 1965, p. 7-15.

regra implica *a contrario sensu* uma outra: a de que os excedentes de exercício não podem ser distribuídos sob a forma de dividendos ao capital.

Muitos autores confundem estes aspectos da cooperação com a eliminação do lucro. A nosso ver não têm razão: há apenas uma nova forma de distribuição dos lucros, que são repartidos não em função da propriedade dos factores da produção, mas na medida em que os indivíduos utilizaram os serviços da empresa[26].

### d) Princípio do juro limitado ao capital

Este princípio está estreitamente ligado ao anterior. Existem hoje legislações que proíbem o pagamento de quaisquer juros ao capital (especialmente nos países socialistas) e outras que excluem em princípio tal pagamento mas que admitem que os estatutos o prevejam. É o caso da lei alemã e o do decreto francês de 4 de Fevereiro de 1959, que contém o estatuto jurídico da cooperação agrícola e que determina no seu artigo 10º que a Assembleia Geral decidirá se há lugar a atribuir ou não um juro ao capital.

Nesta regra de Rochdale predomina o aspecto negativo. Ela deve ser entendida mais como uma interdição da distribuição dos excedentes proporcionalmente ao capital de cada associado, do que como a imposição do pagamento de um juro ao capital[27].

Não nos parece porém que o movimento cooperativo tenha muito a beneficiar com a proibição do pagamento de qualquer juro ao capital das cooperativas. Estas necessitam sempre dele e numerosas vezes têm vantagem em poder aumentá-lo continuamente. Como poderiam consegui-lo se aos seus detentores não fosse oferecida uma qualquer compensação? Seria estar a basear as possibilidades de funcionamento da cooperativa na caridade dos seus membros, com a agravante de que os menos generosos beneficiariam do desinteresse dos mais dadivosos... Simplesmente, nas cooperativas, a remuneração do capital terá que se fazer como de um serviço se tratando, serviço cujo pagamento entra nos custos de produção. Por isso algumas legislações fixam uma taxa de juro máxima, ao passo que outras se limitam

[26] SÉRVULO CORREIA, *ob. cit.*, p. 52.

[27] COLOMBAIN, *ob. cit.*, p. 9.

a prescrever que esta taxa não poderá ultrapassar a taxa de juro habitual para os empréstimos a prazo concedidos sem garantia especial[28].

### e) Princípio da neutralidade política e religiosa

Esta regra, que não ficou sequer a constituir condição de adesão à Aliança Cooperativa Internacional, nunca figurou nos estatutos de Rochdale. Ela é susceptível de duas interpretações. A primeira, que não é a mais vulgar, é a de que o sistema cooperativo não tem uma dimensão política. Esta crença deve ser afastada, por irracional, pois se baseia no mito de que a economia e a política são cindíveis[29]. Em contrapartida, é exequível e até benéfica a ideia de deixar aos membros das cooperativas a liberdade de professar qualquer religião ou qualquer opinião política. Esta regra nada tem contudo de especificamente cooperativo; é apenas um instrumento de paz no seio da cooperativa e uma garantia de que ela não será desviada dos seus verdadeiros fins.

Vem a propósito observar que em certos países, como por exemplo a Bélgica, é pelo contrário predominante a cooperação organizada no seio de movimentos religiosos e de partidos políticos. Há outros países em que a lei procura evitar esse mesmo estado de coisas, cujos inconvenientes muitas vezes têm sido salientados. Surridge e Digby, insuspeitos autores britânicos, escrevem a este respeito: «O segundo perigo é o de que o movimento cooperativo se deixe identificar com um ou outro partido político de tal maneira que a política do partido se transforme na política do movimento. Se tal acontece, perde-se a liberdade de plena realização do movimento e a comunidade pode ver-se privada de benefícios que só a cooperação pode prestar. E pode até acontecer que o movimento se divida como na Itália, onde nasceram duas organizações cooperativas separadas devido à subserviência a dois dogmas políticos opostos»[30]. Também a este respeito não ficaria mal transcrever, se considerações de espaço não no lo impedissem, as palavras de um grande jurista italiano, Rocco, que se queixa do facto de no seu país se terem apoderado da cooperação (refere-se ao que se passou no primeiro

[28] Boson, *La Pensée Sociale et Coopérative de Léon Walras*, Paris, 1963, p. 148.

[29] Sérvulo Correia, *ob. cit.*, p. 65.

[30] Surridge e Digby, *A Manual of Co-Operative Law and Practice*, Cambridge, 1958, p. 86.

quartel do nosso século) «os politicantes, os socialistas e os populares», que não tardaram a arrastá-la à falência, devorando centenas de milhões de liras e criando na Itália um ambiente injusto de desconfiança e ressentimento para com o movimento cooperativo[31].

Para enfrentar estes inconvenientes nada obsta, antes pelo contrário, a que o legislador deixe previsto na lei um método de evitar o desvio das cooperativas dos seus verdadeiros fins, impondo que elas não possam negar a admissão seja a quem for com base na sua religião ou crença política e impedindo que se transformem em capa para a prossecução de actividades política alheias ao seu objecto social, que será forçosamente a prestação de um serviço de natureza económica ou cultural.

## f) Princípio da compra e venda a pronto pagamento

Esta regra, imaginada e seguida à risca pelos Pioneiros de Rochdale, denotava que tinham aprendido a lição dada pelo desmoronamento de outras cooperativas anteriores à sua, que tendo optado por um regime de facilidades concedidas aos sócios, em breve se tinham visto numa situação de insolvência. Aliás, ela visava proteger a cooperativa não só contra a deserção de numerosos devedores, mas também contra o domínio de fornecedores-credores, que implicaria o fim da sua liberdade de acção.

Trata-se de uma regra de aplicação circunstancial. Nos nossos dias muitas espécies de cooperativas, como por exemplo os de construção, têm de basear os seus programas de acção numa política de crédito.

## g) Educação dos membros

A estrutura da cooperativa é, como vimos, uma estrutura democrática. Mas «o que é uma democracia cujos membros não sabem o que dizem»?.

A cooperativa é um tipo de associação com funções de integração económica e social, isto é, que tem por missão criar para todos os indivíduos a possibilidade de intervir activamente no esquema económico e social da produção e do consumo. Ora não pode esperar-se que este «abrir de portas» exerça uma influência eficaz sobre a situação económica e a promoção social

[31] Rocco, *Studi di Diritto Commerciale ed Altri Scriti Giuridici*, vol. II, p. 423.

dos indivíduos e dos países, sobretudo os países em desenvolvimento, se simultaneamente os cooperadores – desde os dirigentes cooperativos aos mais humildes membros das associações cooperativas – não forem instruídos e informados sobre a cooperação, os seus princípios, os seus métodos, os seus problemas, as suas possibilidades e os seus limites[32]. Uma das manifestações do génio dos tecelões de Rochdale foi precisamente o terem compreendido este facto, quando em 1844 e numa pequena cidade do Lancashire resolveram criar uma loja cooperativa.

Ao elaborar um estatuto da Cooperação, o legislador não deverá ignorar este seu aspecto fundamental, sobretudo ao prever a missão dos organismos cooperativos federativos e dos organismos estaduais encarregados da tutela e do fomento da cooperação.

Após a breve análise dos princípios de Rochdale a que acabamos de proceder, parece-nos reforçada uma das afirmações produzidas no início da presente alínea: a de que tais princípios são na generalidade regras empíricas e práticas, marcadas pela época e pelas circunstâncias em que foram elaboradas, incapazes de constituir por si só o núcleo conceitual dos entes cooperativos. Com a redacção que lhes fora dada em Rochdale, não são hoje todos aplicáveis aos variadíssimos tipos de cooperativas que surgiram desde então. Por outro lado, não se mostram suficientes para explicitar tudo o que caracteriza a acção cooperativa.

O facto de ser relativo o valor que nos nossos dias se lhes atribui não significa contudo que devam ser pura e simplesmente abandonados e isso mesmo expressamente resulta das considerações que sobre eles tecemos. São de outra ordem as conclusões que entendemos deverem tirar-se. Sem dúvida que, ao elaborar o estatuto jurídico da cooperação, o legislador terá de construir a imagem jurídica da cooperativa. Para tal terá de indicar quais são os elementos específicos desse conceito. As regras de Rochdale não são idóneas para desempenhar esse papel. Mas são um elemento preciso para auxiliar a busca de princípios mais gerais, que as transcendem, mas de que elas seriam a aplicação a determinadas circunstâncias concretas que já não são forçosamente as mesmas com que se defrontam os cooperadores da segunda metade do século XX. Assim, segundo as belas palavras de COLOMBAIN, «as intenções profundas que guiaram os Pioneiros na redacção

[32] B.I.T., *Rapport VII* ([1]), Genebra, 1964, p. 52.

dos seus estatutos surgirão por si próprias à luz do dia, o permanente aparecerá sob o efémero, pronto a receber as formas do presente. Deste modo, é afastando-nos das regras incompletas ou contingentes na sua formulação que poderemos continuar sem dificuldade fiéis aos princípios, tal como é caminhando para o mar que o rio permanece fiel à sua nascente»[33].

## 3. Princípios gerais da cooperação

Chegou pois o momento de nos abalançarmos à tarefa de encontrar os elementos específicos da cooperatividade, tarefa cuja delicadeza e importância nunca será demais salientar, já que dependerá da configuração de tais elementos toda a estrutura jurídica das cooperativas. Ao fazê-lo, terão de se levar em conta inúmeros factores, reelaborados pela teoria e pela doutrina cooperativa, e que vão desde o conhecimento das regras estabelecidas pelo costume cooperativo, ao da organização e objectivos das instituições cooperativas dos nossos dias, desde a meditação das características dos vários sistemas sócio-económicas em que a cooperação se desenvolve, à das finalidades comuns que ela desse modo prossegue.

A nossa exposição dos elementos caracterizadores das cooperativas vai assentar numa distinção, já clássica, de Georges Fauquet, que nas cooperativas via dois aspectos distintos, embora paralelos: o de associação e o de empresa. Nem todos concordam com tal diferenciação. Lambert, por exemplo, afirma que ela em vez de esclarecer, obscurece a essência da cooperação e, salientando que é a associação que determina o objecto social da empresa e que a gere, pergunta se pode existir uma empresa, ou mesmo ser concebida, independentemente do seu objecto social e dos seus órgãos de gestão[34].

Evidentemente que não há empresa sem empresário, respondemos nós. Mas Lambert parte de uma compreensão errada do entendimento que se deve dar a expressão empresa na dilucidação de Fauquet, que é, se bem interpretamos, o de actividade ou empreendimento produtivo que o empresário se propõe realizar. Um único empresário, quer se trate de uma pessoa singular, quer duma pessoa colectiva, pode não prosseguir apenas determinada actividade económica, mas várias perfeitamente diferenciadas.

[33] Colombain, *ob. cit.*, p. 10.

[34] Lambert, *ob. cit.*, p. 583.

Uma cooperativa, dotada, é claro, de uma única personalidade jurídica, pode simultaneamente exercer as modalidades da cooperação de consumo e da cooperação de habitação. Nesse caso falar-se-á de duas empresas distintas na titularidade de uma mesma pessoa jurídica. E a cooperativa pode até em certa altura terminar um destes empreendimentos e iniciar um terceiro e, se bem que tais alterações se reflictam nela com mais vigor do que o fariam em relação a uma sociedade comercial, não pode dizer-se que tenham sido transformados na sua essência os seus aspectos associativos.

Aliás, da crítica de LAMBERT parece poder concluir-se que para FAUQUET os aspectos associação e empresa seriam dissociáveis. Na realidade é precisamente na sua necessária complementaridade que aquele autor e os que pensam como ele (é o nosso caso) vêem a originalidade da cooperativa «Em consequência tem de fazer-se na instituição cooperativa, uma distinção entre dois elementos conjuntos, um social e outro económico. Existe uma associação de pessoas que reconheceram e continuam a reconhecer a similitude de certas das suas necessidades e a possibilidade de melhor as satisfazer através de uma empresa comum do que dos seus recursos individuais, e uma empresa comum com um objectivo especial correspondendo exactamente às necessidades a satisfazer»[35].

É pois nos aspectos característicos desta associação e desta empresa e na forma como eles se articulam que vamos procurar os factores específicos das cooperativas, os quais, normativizados num estatuto jurídico, deverão assumir o carácter de princípios gerais de direito em matéria de cooperação.

### a) Princípio da solidariedade associativa

O conceito de valor básico da doutrina cooperativa é, como em trabalho anterior nos foi dado salientar, o associacionismo. É neste que reside a verdade universal e humana dos princípios e dos motivos da cooperação, ele é o seu princípio maior. A cooperação, que sob formas mais ou menos incompletas é de todos os tempos e de todos os lugares, não é o fruto de abstrusas teorias ou de esquematismos ideológicos, mas um fenómeno espontâneo, nascido da necessidade insuprimível de afirmação da pessoa humana e do instinto natural de associação. Ela ergue-se contra concepções

[35] In O.I.T., *Co-Operation*, cit., p. 15.

atomísticas da vida que negam uma tendência íntima e natural por parte de todos os homens para a vida de relação e afirma como ideia a necessidade da sociabilidade no âmbito das relações económicas, procurando fórmulas que melhor permitam aos indivíduos a realização em comum da sua capacidade de iniciativa[36].

A opção pelo associacionismo como valor imanente fundamental da doutrina cooperativa não seria porém muito significativa se se entendesse que cada um dos associados da cooperativa (ou a sua maioria) poderiam preocupar-se apenas em dela tirar o máximo de benefícios, oferecendo-lhe em contrapartida o menos possível de si próprios. «Não é um cooperador mas um oportunista aquele que repousa sobre o esforço dos outros sem lhe juntar o seu». Todos os cooperadores têm de se comprometer para com todos os outros a conformar a sua conduta no seio da associação a certos princípios aceites em comum. É pois sobre um laço moral de solidariedade e sobre um compromisso recíproco que se levanta o conjunto de convenções que os cooperadores estipulam entre si e que constituem os estatutos da sua associação[37].

É ainda hoje frequente ver intitular as cooperativas como uma forma de associações de classe. É por exemplo o caso de uma publicação do *Bureau International du Travail*, já por várias vezes citada neste trabalho, em que se afirma que a instituição cooperativa é uma forma de associação da classe operária, embora não a única. A seu lado, segundo se lê naquele estudo, existem associações da classe operária formados para prosseguir actividades políticas e outras para proteger os interesses profissionais dos trabalhadores: os partidos políticos e as instituições sindicais. Mas a instituição cooperativa prossegue um rumo que, longe de inconciliável com as actividades das outras formas de associação, «pode pelo contrário ser coordenada com elas, quer ocasionalmente, quer nos termos de uma política»[38].

Compreende-se em parte esta posição doutrinária assumida pelo B.I.T., já que ela lhe confere fundamento para intervir em matéria de cooperação, o que precisamente agora se verifica, constando da agenda da 50ª Conferência Internacional do Trabalho a segunda votação de uma recomendação sobre política cooperativa. Tal atitude está porém longe de ser isolada. O conhecido

[36] Sérvulo Correia, *ob. cit.*, p. 21-25.

[37] Colombain, *ob. cit.*, p. 11.

[38] O.I.T., *Co-Operation*, cit., p. 13.

BRUNETTI não hesita, por exemplo, em afirmar que a mutualidade, a cooperação e a resistência sindical são aplicações da associação destinadas a reforçar a posição económica da classe operária[39].

Não concordamos com estas opiniões: elas correspondem a uma fase histórica ultrapassada, a do desenvolvimento da cooperação como forma de reacção dos economicamente débeis ao capitalismo liberal. No século passado as cooperativas desempenharam com efeito uma função de organização da classe operária na tutela e na defesa dos seus direitos oprimidos. Mas, asseguradas aos trabalhadores mais amplas possibilidades de manobra através da organização sindical e da contratação colectiva, a cooperação abandonou aquele seu papel, que assim se revelou contingente, e transformou-se num meio, aberto a todos indistintamente, de através da associação humanizar as relações económicas, impedindo o isolamento do homem como produtor e como consumidor (ainda que tal isolamento se viesse a verificar no seio da multidão)[40].

Mas se a cooperativa não é uma associação de classe, ela é, em contrapartida, uma associação de categorias, pois representa a organização de uma comunhão de interesses preexistentes (pelo contrário, nas sociedades comerciais a comunhão de interesses pode nascer apenas do pacto social).

A cooperativa é pois uma associação de indivíduos com problemas económicos e sociais comuns, que procuram resolver com um espírito de solidariedade.

### b) Princípo da igualdade

A cooperação é por essência uma luta pela igualdade, as cooperativas são um meio de a obter. Através delas o homem, quer seja um trabalhador, quer um empresário (e nem dizemos pequeno empresário, pois em face das grandes concentrações capitalistas quais não o são?) elimina jugos a que a sua inferioridade económica o submetera, liberta-se, ganha independência e portanto iguala-se em relação a outros que antes o dominavam ou poderiam dominar.

[39] BRUNETTI, *Trattato del Diritto delle Società*, 1950, vol. III, p. 324.

[40] BATTISTELLA, *Validità della Cooperazione*, «La Rivista della Cooperazione», Fevereiro, 1958, p. 81-82.

A associação é o meio utilizado para obter este fim: seria ilógico que no seu interior as relações entre os indivíduos não se processassem sobre a base de igualdade que dela se pretende fazer irradiar. O fim institucional de igualdade, para o qual a cooperativa especialmente existe, implica um ajustamento funcional dos seus processos de actuação. A igualdade não poderia brotar da cooperativa se não começasse por reinar no seu seio.

Deste modo, dentro da associação cooperativa terá de existir uma absoluta igualdade de poderes e deveres por parte de todos os membros. É neste princípio que se podem inserir algumas regras de Rochdale: a da livre adesão, a do «um homem, um voto», a da neutralidade política e religiosa.

A «porta aberta» significa direitos iguais para todos de entrar livremente na associação e de utilizar os serviços da empresa quaisquer que sejam a raça, a crença religiosa, a opinião política do indivíduo, o seu status social, o montante da sua contribuição para o capital social, o volume das suas operações com a empresa comum[41].

No plano das decisões, esta igualdade de pessoas tem de manifestar-se no mesmo poder de voto. A tolerância para com as convicções políticas e religiosas dos membros, só parece verdadeiramente compatível com o não eufeudamento a um partido político ou a uma confissão religiosa[42].

### c) Princípio da empresa de serviços mútuos

É muito debatido o conceito de empresa ou, por outras palavras, são inúmeros os sentidos que com maior ou menor justeza se atribuem a tal expressão. Seria fugir ao objecto do nosso estudo metermo-nos neste momento a fazer investigações por conta própria a tal respeito. O que se impõe, para que o nosso leitor nos possa acompanhar, é que esclareçamos o que entendemos por empresa, ao afirmarmos que a cooperativa é uma associação que realiza os seus objectivos institucionais através de uma empresa.

Ao fazê-lo, não estamos a empregar o termo nem como sinónimo de empresário, nem como significando um complexo de pessoas (empresário e seus colaboradores) e bens organizado para a prossecução de determinado fim económico ou técnico laboral, isto é, a realidade social da empresa.

[41] Colombain, *ob. cit.*, p. 12.

[42] *Idem.*

A primeira destas acepções, através da qual se pode aliás querer referir diferentemente ou o dirigente da organização ou o seu proprietário, releva de uma concepção individualista ultrapassada que dissolvia artificialmente uma comunidade real fazendo incidir todas as atenções apenas sobre um dos seus factores[43].

Em contrapartida, somos de parecer que se poderá aplicar correctamente o segundo conceito à realidade social da cooperativa. Tal como definido, ele corresponde à ideia institucional da empresa e não restam dúvidas de que tanto na empresa capitalista como na cooperativa coexistem os mesmos elementos que, juntos, caracterizam a instituição: em ambas se verifica a mesma unidade profunda, desprezada pelos legisladores individualistas que consiste numa ideia de obra que, lançada pelo fundador, perdura, e à volta da qual se agregam colaboradores entre os quais se estabelece uma hierarquia.

Mas, precisamente porque este esquema institucionalista é geral, desenhando um conceito tão amplo (se bem que válido) de empresa, que nos seus limites igualmente cabem a capitalista e a cooperativa, não é ele que neste momento nos interessa, já que buscamos os factores distintivos da cooperativa e não aqueles que a aproximam de outras realidades sociais.

Quando, pois, com tal objectivo falamos de empresa cooperativa, estamos a empregar o termo num sentido mais restrito o de actividade económico-produtiva, ou melhor, o de actividade regularmente exercida e dispondo de organização em ordem à realização de fins de produção ou troca de bens e serviços. Esta noção jurídica de empresa, baseada num critério funcional, é ainda hoje a mais seguida e pode acolher-se ao texto do nosso Código Comercial, cujo artigo 230º caracteriza a empresa como uma actividade exercida pelo empresário[44].

É no aspecto funcional que a empresa cooperativa é distinta das outras empresas. Há até quem, em face das diferenças, afirme que à cooperativa falta o escopo de empresa, o que manifestamente é confundir escopo de empresa com escopo lucrativo do empresário[45]. A cooperativa é uma empresa, mas

[43] José Ascensão, *Evolução do Conceito de Empresa*, «Empresa», nº 5/6, p. 28; Maria da Conceição Tavares da Silva, *Direito do Trabalho*, «Lições proferidas no Instituto de Estudos Sociais», 1964-65, p. 101-104.

[44] Fernando Olavo, *Manual de Direito Comercial*, Lisboa, 1964, vol. I, p. 162.

[45] Miccio, *La Cooperativa come Società Apparente*, «La Rivista Della Cooperazione, Junho, 1961, p. 332.

uma empresa diferente, porque a actividade exercida em ordem à produção ou troca de bens ou serviços não tem como destinatários terceiros, mas sim os próprios membros da cooperativa. São estes os destinatários das operações sociais da actividade empresarial, e esta faceta confere uma contextura nova à empresa. A actividade empresarial destina-se a satisfazer directamente certas necessidades dos membros da cooperativa, isto é, dos empresários, e não, como na empresa capitalista, a atribuir a estes ganhos com os quais depois procurarão os bens ou serviços de que necessitam. Uma sociedade comercial que tem por objecto a venda de artigos de mercearia não se destina a aprovisionar os sócios com tais bens, mas antes a retirar da respectiva venda a terceiros um rendimento que, depois de repartido entre os sócios, estes utilizarão como melhor lhes aprover na procura de bens e serviços. Pelo contrário, uma mercearia cooperativa serve para vender os seus artigos aos próprios sócios. Por isso certos autores, na esteira de FAUQUET, qualificam a empresa cooperativa de «empresa de serviço», pois que a prestar serviços aos empresários se destina, contrapondo-a deste modo à empresa capitalista, «empresa de lucro», isto é, que se consagra à obtenção de um lucro a repartir pelos empresários.

Este é sem dúvida um aspecto próprio das cooperativas que, como escreveu SOMBART, restabelecem no seu seio princípios económicos pré-capitalistas, ao eliminar o princípio do ganho partindo da ideia, que é de uma evidência natural, de que a economia existe para os homens, isto é, para cobrir as suas necessidades de bens[46].

Note-se que, ao configurar-se desta forma, a actividade empresarial cooperativa não suprime forçosamente o lucro, como muitos pretendem, mas transforma o mecanismo da sua repartição[47]. O que de qualquer forma é inegável, é que as vantagens patrimoniais (termo ambíguo que por vezes pode englobar o lucro) que resultam da actividade empresarial são directamente adquiridas pela economia própria do cooperador à medida que este se serve da empresa. Essas vantagens patrimoniais não necessitam de ser previamente adquiridas pelo ente e depois distribuídas: a empresa, isto é a actividade de produção exercida pelo empresário colectivo, fá-las penetrar directamente no património dos seus componentes[48].

[46] In LAMBERT, *ob. cit.*, p. 584.

[47] SÉRVULO CORREIA, *ob. cit.*, p. 54.

[48] ASCARELLI, *Cooperativa e Società*, in «Problemi Giuridici», vol. II, p. 384 e 403.

Desta coincidência das funções de empresário e de utente da empresa resulta automaticamente como corolário que o cooperador recebe os serviços que lhe são prestados pela cooperativa ao preço do custo. Era fatal que assim fosse, uma vez que a empresa cooperativa não se propõe remunerar com a taxa mais alta possível um capital, mas prestar serviços aos próprios empresários, substituindo-se para tal efeito às empresas que incluiriam nos preços dos seus serviços aquela remuneração.

No entanto, se bem que característico, o facto de ser uma empresa destinada a prestar serviços aos empresários ao preço do custo não seria suficiente para qualificar a cooperativa se o não integrássemos no seio de uma associação solidária entre cujos membros reine a igualdade. É perfeitamente pensável que uma empresa capitalista crie uma outra empresa exclusivamente destinada a servi-la e a maximizar os seus próprios lucros (suponhamos por exemplo que uma empresa siderúrgica cria uma empresa de extracção de minério, fazendo com que esta segunda lhe venda o minério pelo custo da extracção para que os seus próprios lucros aumentem).

Nem por isso essa segunda empresa seria uma cooperativa... A empresa cooperativa é uma função económica exercida colectivamente por aqueles que dela necessitam em vantagem mútua.

Do facto de haver uma pluralidade de empresários beneficiando dos serviços da empresa e de serem estes prestados ao preço do custo resulta também logicamente um outro aspecto que, incarnado num dos princípios de Rochdale, tem sido apresentado como qualificador da cooperação, sem que no entanto possua autonomia conceitual: o do reembolso dos excedentes na proporção das transacções realizadas por cada cooperador.

O mesmo se pode dizer da eliminação dos intermediários, que representa a vantagem social da empresa de serviços mútuos.

### d) Princípios da acção educativa

Este princípio é, por assim dizer, uma condicionante da sã aplicação dos restantes três. Se as cooperativas não quiserem degenerar em fórmulas simples e banais de organização comercial, para que da sua actividade se desprenda, como valor fundamental, a associação – meio de humanizar a economia e preservar a vida de relação numa sociedade de massa –, elas deverão aderir firmemente a valores morais e culturais e ministrá-los ao seus aderentes.

## 4. A cooperativa e a fórmula societária

Uma vez que se pretendem indicar neste trabalho pontos a estudar e a debater com o intento de preparar a vinda de um estatuto jurídico da cooperação, não parecerá descabido mencionar o problema da inclusão das pessoas colectivas de tipo cooperativo no grande ramo das sociedades. Alguns autores defendem que essa inserção, que de facto se verifica em quase todas as ordens jurídicas dos nossos dias, se deve mais a razões de circunstancialismo histórico do que de construção dogmática.

É um facto que o reinvindicamento da classificação das cooperativas entre as sociedades se revestiu, no período da sua afirmação, do significado de um expediente para o ingresso do movimento cooperativo no mundo jurídico[49].

Para iludir o horror liberal aos corpos intermédios, deixa-se então na sombra o carácter de organização de categoria, isto é, de organização de uma comunhão de interesses preexistentes pelas cooperativas, e estas surgem nos direitos positivos como formas híbridas de sociedade caracterizadas pelo capital variável, normalmente como subprodutos das sociedades por acções. Como sequela destes compromissos, teriam as cooperativas, no dizer dos mais apaixonados, ficado «institutos bastardos por contaminação capitalista»[50].

À face do nosso sistema de direito, não parece que tenha interesse de maior a questão, tão controvertida noutros países, de saber se as cooperativas devem ser consideradas associações ou sociedades. Na Itália, por exemplo, este ponto tem sido debatido com veemência. O Código Civil Italiano chama-lhes no seu artigo 2511º, «sociedades cooperativas» e define-as pelo seu escopo mutualista. Mas, apesar da palavra sociedade ser expressamente incluída no texto do código, houve quem, como o ilustre comercialista ASCARELLI, viesse defender que as cooperativas e as sociedades não são integráveis no mesmo *fattispecie*, pois que, embora

[49] ASCARELLI, *ob. cit.*, p. 414.

[50] BRUNETTI, *ob. cit.*, p. 318.

a lei pretendesse reuni-las numa única categoria qualificada através de um escopo «egoísta», a verdade é que sendo também nos termos da lei a mutualidade a característica fundamental das cooperativas, estas teriam de ser consideradas como associações. Para ASCARELLI, não tem apenas um significado económico, mas também jurídico o facto de as pessoas colectivas de raiz mutualista se apresentarem como organizações de categoria, isto é como organizações de comunhões de interesses preexistentes, enquanto que na sociedade a comunhão de interesses pode nascer apenas em face do contrato. Segundo aquele autor, tem de ser diferente a disciplina normativa de um contrato que se limita a organizar uma comunhão de interesses já existentes (contrato de mutualidade) da de um outro que constitui uma comunhão de interesses até aí inexistentes (contrato de sociedade). É que esses contratos têm causas diferentes: num lado a realização pelos sócios, directamente nas próprias economias, de uma vantagem patrimonial derivada dos serviços da pessoa colectiva; do outro, a participação na distribuição de um lucro conseguido pela pessoa colectiva numa actividade para com terceiros[51].

O próprio ASCARELLI é o primeiro a reconhecer que todas as pessoas colectivas de tipo corporacional (no sentido de não fundacional) têm uma base estrutural comum, que abrange no seu amplexo todas aquelas cujos membros, reunidos para a prossecução de um fim comum, conservam o poder de as dirigir. No entanto, segundo ele, seria injustificado pretender basear nesta analogia estrutural a identidade das sociedades e das associações cujos membros prosseguem escopos económicos. Segundo ele, as cooperativas pertenceriam ao segundo e não as primeiro destes tipos. E salienta aquilo que para si constitui o alcance prático desta qualificação: a impossibilidade de aplicar por analogia às sociedades normas ditadas para as cooperativas e vice-versa, além de possibilidade duma melhor compreensão da problemática jurídica das cooperativas[52].

Evidentemente que não viria também a ser desprovida de relevância no sistema jurídico português uma hipotética futura qualificação das cooperativas como associações, as quais terão no futuro Código Civil uma regulamentação relativamente desenvolvida e dificilmente aplicável às

[51] ASCARELLI, *ob. cit.*, p. 405-406.

[52] *Ob. cit.*, p. 425 e 400.

sociedades comerciais[53-54]. Dois factores fazem porém com que esta questão perca aos nossos olhos muita da sua aparente importância.

Em primeiro lugar, se viesse a ser publicado um estatuto da cooperação, as cooperativas teriam nele os princípios gerais de direito a partir dos quais integrar as lacunas da sua regulamentação, interessando menos o problema de saber se a título subsidiário se aplicariam as normas jurídicas próprias das associações ou das sociedades.

Por outro lado, a questão põe-se no sistema jurídico português de uma maneira mais fácil de resolver do que no italiano. Como se sabe, neste último, cessou no seio do Direito Privado a distinção formal entre o Direito Civil e o Direito Comercial, com a reunião das normas destes dois ramos num único Código Civil. Neste diploma assumiu uma importância fundamental o conceito de empresa, actividade organizada para a produção ou troca de bens e serviços. É à volta da relacionação deste conceito chave com os de sociedade e associação que se levanta o problema da qualificação das cooperativas. Com efeito, segundo uns, a empresa pode exercer-se quer sob a fórmula associativa, quer sob a societária (é essa a opinião de ASCARELLI), segundo outros, empresa colectiva é sinónimo de sociedade (o que leva a qualificar como tal as cooperativas).

No futuro Código Civil Português, nem o conceito de empresa tomará aquele vulto, nem os conceitos de associação e sociedade se contraporão do modo que entende grande parte da doutrina italiana. Embora se trate apenas de uma presunção baseada nos trabalhos preparatórios já conhecidos, parece com efeito que se continuará a linha tradicional da dogmática portuguesa, que divide as pessoas colectivas em pessoas colectivas de tipo associativo e pessoas colectivas de tipo fundacional, incluindo nas primeiras todas as que resultam do agrupamento de várias pessoas para a prossecução de um fim ou interesse comum, pessoas essas que delas conservam o poder supremo de direcção[55].

53 No momento em que redigimos este trabalho não se encontra ainda publicado o projecto do Código Civil, pelo que tomamos como base o anteprojecto das pessoas colectivas publicado no *Boletim do Ministério da Justiça*, nº 67, p. 247 e segs.

54 Repare-se que o Código Comercial Português não considera comerciais as sociedades cooperativas mas, em compensação, rege-as com poucas modificações pelas disposições próprias dessas sociedades.

55 PESSOA JORGE e JOSÉ ASCENSÃO, *Direito das Instituições Privadas*, «Lições Proferidas no Instituto de Estudos Sociais», 1964-65, p. 224.

Será pois dentro do próprio conceito de associação que continuará a caber o de sociedade[56].

Assim o problema poderia quando muito pôr-se de maneira um tanto diversa: determinar se as cooperativas cabem na definição legal de sociedade ou se, pelo contrário, se deverão considerar como um tipo a parte de pessoas colectivas associativas.

Não sabemos se persistirá no futuro Código Civil a definição proposta no estudo legislativo do Professor FERRER CORREIA e do Dr. LOBO XAVIER:

> «Contrato de sociedade é aquele pelo qual duas ou mais pessoas se obrigam a contribuir com bens ou serviços para o exercício em comum de uma actividade económica, que não seja de mera fruição, a fim de repartir os lucros resultantes dessa actividade»[57].

Neste conceito só um elemento poderia levantar dúvidas: o escopo de repartição dos lucros. Não somos daqueles que crêm, já o salientámos, ser o lucro eliminado na empresa cooperativa. Para nós, ela representa apenas uma forma diversa de o repartir. Mas não restam dúvidas de que, tomando em conta as posições dos que pensam de outra maneira, a compreensividade da definição seria alargada se se substituísse a expressão «lucros» pela de «proveito económico», ou outra semelhante. Se tal não acontecer, nada impedirá que se faça uma interpretação extensiva do termo «lucros» desde que, pela análise do restante texto, se chegue à conclusão de que o legislador não pretende deixar as cooperativas fora do conceito de sociedade.

A colocação das cooperativas dentro do conceito de sociedade não equivale porém a uma completa elaboração jurídica da ideia cooperativa, pois que será ainda necessário arrumar aquelas pessoas colectivas no interior da vasta fórmula societária.

Seria a nosso ver neste sentido que mais se deveriam aprofundar os estudos teóricos preparatórios de um estatuto jurídico da cooperação, por se tornar necessário decidir sobre a continuação ou o afastamento do paralelismo entre o regime das cooperativas e o das sociedades comerciais. Ao fazê-lo, não se poderá esquecer a latitude que a noção de comércio atinge no nosso Código Comercial que, partindo da ideia económica de comércio

[56] *Anteprojecto de pessoas colectivas*, «Boletim do Ministério da Justiça», nº 67, art. 1º.
[57] *Boletim do Ministério da Justiça*, nº 104, p. 5.

como uma função intermediária na troca de mercadorias, títulos de crédito e imóveis, a alarga progressivamente considerando como comerciais todas as empresas (em sentido subjectivo) que exercem uma função intermediária não só nestas trocas, mas também na organização do trabalho para fins produtivos (empresas manufactureiras, de espectáculos, editoras, tipográficas, de construção e de transporte), na distribuição do crédito e na organização dos seguros[58].

Como salienta Rocco a propósito da estrutura semelhante do antigo Código Comercial italiano, não há dúvida de que o fenómeno da cooperação se desenvolveu num perfeito paralelismo com o da produção comercial no sentido amplo exposto, e que portanto corresponde à noção que a lei comercial dá de comércio e de acto de comércio. A certa altura os destinatários dos serviços que a função intermediária comercial, nas suas várias manifestações, se propõe prestar, resolveram substituir-se ao intermediário para exercer em conjunto tal tarefa, o que significava na prática apropriar-se dos lucros do intermediário e obter o serviço a um menor custo, ou com uma maior vantagem. Deste modo aos quatro tipos de empresas comerciais em sentido amplo vieram a corresponder quatro categorias típicas de empresas cooperativas. A empresa comercial em sentido estrito deu a cooperativa de consumo; a empresa industrial, a cooperativa de produção ou a cooperativa de trabalho; a empresa bancária, a cooperativa de crédito; e as empresas de seguros foram substituídas por cooperativas de seguros, que mais não são as sociedades mútuas de seguros. Sublinha ainda Rocco que estas quatro formas não esgotam o campo da cooperação, mas que os outros tipos de cooperativas se podem sempre reconduzir a uma destas categorias fundamentais[59].

Não há dúvida de que o jurista italiano tem razão quanto a coincidência das funções económicas, isto é, das formas de produção, entre as cooperativas e as sociedades comerciais. Tudo está porém em saber se esta inserção nos mesmos ramos da produção deve ser mais forte ao condicionar uma

[58] Nesta qualificação a economia do Código Comercial desenha-se segundo duas técnicas distintas: ou se consideram directamente determinadas actividades como mercantis (artigo 230º), ou a coloração comercial das explorações resulta da prática profissional de actos definidos como de comércio (artigos 2º e 13º e, por exemplo, 362º e 425º). Vide, a este respeito, Fernando Olavo, *ob. cit.*, p. 162.

[59] Rocco, *ob. cit.*, p. 425.

aproximação das regulamentações jurídicas, do que a diferença entre escopo de divisão de lucros e escopo mutualista e entre o perfil privatístico e o perfil social das sociedades comerciais e das cooperativas, que poderiam aconselhar uma maior discriminação no tratamento jurídico.

As respostas a estas interrogações só poderão ser dadas simultaneamente com a elaboração de um anteprojecto do estatuto da cooperação, pois que dependem do desenvolvimento e da pormenorização que se quiser dar a esse texto.

Se neste o legislador se limitasse a incluir regras muito genéricas, sem dúvida que teria de remeter a solução das questões de pormenor para as regras aplicáveis às sociedades comerciais, pois não seriam suficientes as normas que no Código Civil respeitassem às sociedades em geral. Se, como seria para desejar, o texto do estatuto da cooperação fosse mais desenvolvido, prevendo e regulamentando sistematicamente os principais aspectos internos e externos da vida das cooperativas, a regulamentação destas poderia ficar completamente autonomizada da das sociedades comerciais, como por exemplo se fez na Lei francesa de 1947.

A recomendar esta segunda solução, avulta o facto, que não deve ficar esquecido, de serem as cooperativas corpos sociais intermédios, organizadores de preexistentes interesses comuns. Este seu papel, que as configura como células da estrutura social da Nação, chama uma regulamentação em parte de cunho publicístico, que nesse plano terá forçosamente de diferir da das sociedades comerciais. E isto tanto mais quanto é verdade serem predominantemente os titulares dos interesses representados pelas cooperativas os elementos economicamente mais débeis da população, cujo amparo é um dever do Estado.

## 5. Classificação das sociedades cooperativas

Ao referir as classificações das cooperativas poder-se-ão ter em mente vários critérios possíveis.

Na maioria das legislações, que expressamente as reconhecem como sociedades, elas têm por exemplo sido repartidas em sociedade civis e sociedades comerciais, conforme não exercem ou exercem uma actividade reputada pela lei como comercial. E podem também ser divididas quanto à responsabilidade dos seus sócios em sociedade de responsabilidade limitada ou ilimitada ou ainda, quanto à forma de representação do capital social, em sociedades por acções ou por quotas[60].

Ao falar-se na classificação das cooperativas, o mais frequente é contudo que por ela se entenda a sua arrumação por tipos em função do ramo da produção em que desenvolvem a sua actividade. As espécies de cooperativas acabam sempre por reconduzir-se, como notava Rocco nas linhas por nós já citadas, a quatro ramos fundamentais: comércio (em sentido estrito), indústria, crédito e seguros. Mas a complexidade dos circuitos económicos contemporâneos diversifica de tal forma estes ramos básicos, entrelaça-os tão estreitamente, ligando tipos diversos através de formas mistas e de transição, confere-lhes fisionomias tão específicas conforme o terreno em que florescem, que difícil se torna optar por classificações puramente conceituais. Estes tipos variam consoante a antiguidade do movimento cooperativo, a estrutura económica e social de cada país e os planos em que nela se situam.

Ao pretender dilucidar o género de actividade em que se traduz a empresa cooperativa, uma distinção se impõe, a nosso ver, imediatamente: a que se fundamenta no maior ou menor grau em que através dela se recorre à cooperação. Como afirma Infield, existem dois tipos diversos de prática cooperativa: a prática fragmentária e a omnicompreensiva. Estas duas fórmulas marcam os polos de uma escala profusamente graduada que se refere à unidade ou à multiplicidade de propósitos que a empresa cooperativa traduz. Esta pode estender-se de uma simples cooperativa de consumo de artigos farmacêuticos a um Kibutz israelita, comunidade plenamente cooperativa ao qual está confiado o processamento de todas as relações culturais e económicas dos seus membros, e que deste modo é ao mesmo tempo cooperativa de consumo, de produção, de seguro, de habitação, cultural, escolar, e assim por diante quase indefinidamente[61].

A hipótese de uma plurifuncionalidade mais ou menos desenvolvida, que alguns, sob o nome de «integração cooperativa», pretendem indicar como a base de um verdadeiro e novo programa cooperativo[62] não representa porém mais do que a acumulação de várias funções, em cada uma das quais se especializa ainda hoje a esmagadora maioria das cooperativas.

[60] Maselli, *ob. cit.*, p. 92-93.

[61] Infield, *Observations on the nature of cooperative theory*, «Archives Internationales de Sociologie dela Coopération», 1957, nº 2, p. 22.

[62] Vienney, *Ricerche Sociologiche*, «La Rivista Della Cooperazeone», Fevereiro, 1957, p. 77.

Para as arrumar com base nessas funções, os mais diversos critérios têm sido apontados, podendo afirmar-se sem exagero que cada autor que se debruça sobre o problema tende a oferecer um diferente. Não pretendemos agravar as disparidades já existentes até porque, uma vez que se trata de presenciar a aplicação prática dos princípios gerais da cooperação nos mais diversos sectores da actividade económica e social, a tarefa deverá ser mais descritiva do que conceptualizante. Neste sentido tem evidente justificação a dicotomia apontada por FAUQUET entre cooperativas dos meios urbanos e industriais e cooperativas dos meios rurais e agrícolas, a qual, apresentada em 1939 num estudo que ficou clássico, tem permanecido na base das sistematizações efectuadas em publicações do B.I.T.[63].

Como o próprio FAUQUET reconhecia, esta classificação não é isenta de defeitos, mas tem, entre outras, a vantagem de ligar os diferentes tipos de cooperativas as suas origens históricas: num caso a revolução industrial inglesa, e noutro simultaneamente um longínquo passado de comunidades aldeãs e a reacção das economias rurais a um crescente predomínio das indústrias, mais capitalizadas.

Nas cooperativas dos meios urbanos e industriais, FAUQUET distingue por sua vez, utilizando um critério que, se não estamos em erro, já fora sugerido por LAVERGNE, as cooperativas que satisfazem necessidades genéricas de alimentação, vestuário, aquecimento e outras da vida cotidiana (cooperativas de consumo) e as necessidades de alojamento (cooperativas de habitação) das cooperativas que satisfazem necessidades profissionais. Nestas últimas, separa por sua vez (em função da condição económica e social dos seus membros) as cooperativas artesanais e as cooperativas de pequenos comerciantes das cooperativas operárias de produção, através das quais alguns operários recuperam a sua independência pela organização do trabalho em comum[64].

No meio rural, FAUQUET começa por salientar as cooperativas rurais e as cooperativas rurais de crédito. Nos meios rurais pouco diversificados, onde a generalidade dos habitantes têm as mesmas necessidades e os mesmos meios de existência, as cooperativas tendem a desempenhar funções múltiplas. Segundo aquele autor, que durante longos anos chefiou o departamento do

[63] GEORGES FAUQUET, *Diversité et Classification des Institutions Coopératives*, reeditado in «Archives Internationales de Sociologie de la Coopération», 1965, p. 309 e segs.

[64] FAUQUET, *ob. cit.*, p. 317-325.

B. I. T. encarregado do estudo e do fomento da cooperação, estas cooperativas aldeãs, que de certo modo dobram a comunidade rural tradicional com a qual sustentam laços apertados, representam pelo seu número mais de metade das instituições cooperativas que se podem recensear em todo o Mundo. Na maioria das vezes elas são denominadas cooperativas de crédito, por ser o crédito que aparece aos olhos dos membros como função principal em relação a outras (aprovisonamento e venda).

No entanto, se as condições da vida rural tornam possível o desenvolvimento de cooperativas de funções múltiplas, não levantam obstáculo a criação de cooperativas especializadas. Dentro destas contam-se as cooperativas de aprovisionamento agrícola, as cooperativas de venda, as de transformação dos produtos agrícolas, as cooperativas de cultura em comum, as cooperativas de parcelamento, as cooperativas artesanais rurais e as cooperativas de seguros mútuos.

Evidentemente, a referida classificação em cooperativas dos meios rurais e dos meios urbanos não exclui a existência de formas intermédias, semi-urbanas e semi-rurais. Mas se se pretende classificar as próprias cooperativas, este critério básico, completado pela análise das funções por elas exercidas, parece preferível a outro que partisse imediatamente de tais funções. Com efeito, como observa FAUQUET, o maior número de instituições cooperativas existentes escaparia a tal classificação, pois o mais frequente, em especial nos meios rurais, é que duas ou mais operações típicas sejam exercidas pela mesma cooperativa. Esta segunda classificação distingue pois mais os tipos das operações cooperativas do que os tipos das instituições[65].

Qual a importância das classificações das cooperativas nos estudos que deverão anteceder a redacção de um estatuto jurídico da cooperação? Não nos parece recomendável que neste se abalance o legislador a apresentar a sua própria seriação. O seu papel não é o de fazer construção dogmática e uma classificação legal podia espartilhar sem vantagens as modalidades da cooperação. O legislador francês foi para a solução radicalmente oposta: afirma no artigo 1º do estatuto da cooperação que «as cooperativas exercem a sua acção em todos os ramos da actividade humana», prevê no artigo 2º que a cada categoria de cooperativas se poderão aplicar leis especiais que poderão derrogar os princípios gerais do estatuto e refere expressamente a possibilidade de tal derrogação em várias das restantes regras do mesmo.

[65] FAUQUET, *ob. cit.*, p. 317-325.

Diferente foi o critério adoptado na lei espanhola da cooperação, onde o legislador aponta taxativamente os grandes tipos de cooperativas, baseando-se simultaneamente no meio em que se radicam e nos vários sectores da produção: cooperativas do campo, cooperativas do mar, cooperativas da indústria, cooperativas artesanais, cooperativas de habitação, cooperativas de consumo, cooperativas de crédito e cooperativas escolares (cooperativas das «Frentes de Juventude»). Através da grande latitude destes tipos procurou-se certamente evitar o perigo de impedir a criação de cooperativas em sectores da actividade social onde pudessem prestar serviços úteis, por tais sectores não estarem previstos na lei. Dentro de cada um dos tipos mencionados indicam-se por vezes vários subtipos, mas então a título exemplificativo, utilizando-se o critério funcional e prevendo-se desde logo a possibilidade da cumulação de funções na mesma instituição[66].

Outros textos efectuam uma enumeração a título declaradamente exemplificativo. É o caso do já citado projecto de recomendação da O.I.T. sobre o papel das cooperativas no desenvolvimento económico e social dos países em desenvolvimento, cuja secção I, na qual se indica o campo de aplicação daquele instrumento, reza:

> «A presente recomendação aplica-se a todas as categorias de cooperativas e, nomeadamente, às cooperativas de consumo, às cooperativas para o melhoramento do solo, às cooperativas agrícolas de produção e transformação, às cooperativas rurais de aprovisionamento, as cooperativas agrícolas de escomento dos produtos, às cooperativas de pescadores, às cooperativas de

[66] Nos termos da referida lei, as cooperativas do campo podem prosseguir algumas das funções seguintes:

1. Aquisição de apetrechos e máquinas agrícolas e de exemplares reprodutores;
2. Aquisição de adubos, sementes, animais e demais elementos da produção e do fomento agrícola e pecuário;
3. Venda, exportação, conservação, elaboração, transporte e melhoria de produtos agrícolas e pecuários;
4. Preparação, exploração e saneamento de terrenos incultos;
5. Construção ou exploração de obras aplicáveis à agricultura e à pecuária;
6. Emprego de remédios contra as pragas;
7. Criação e fomento de institutos ou entidades de previdência de todas as classes e formas de crédito agrícola (pessoal, pignoratício ou hipotecário), dentro da própria cooperativa, ou através de Caixas, Bancos ou depósitos, sendo a cooperativa intermediária. (Vide Polo, *ob. cit.*, p. 290).

serviços, às cooperativas artesanais, às cooperativas operárias de produção, às cooperativas de mão-de-obra, às cooperativas de poupança e de crédito mútuo e aos bancos cooperativos, às cooperativas de habitação, às cooperativas de transporte, às cooperativas de seguro mútuo, às cooperativas sanitárias»[67].

No texto do B.I.T., esta longa enumeração justifica-se por, assim pelo menos foi afirmado, constituir um processo de lembrar aos vários governos os tipos de cooperativas que poderiam utilmente ser implantadas nos respectivos países. No entanto, no seio de cada ordem jurídica interna, parece que o elemento legislativo principal, que por sistema deve restringir-se aos princípios gerais e evitar os pormenores, tudo teria a ganhar, evitando embrenhar-se na elaboração daquela espécie de rol e limitando-se a manifestar a possibilidade de se lavrarem normas regulamentares próprias de tipos específicos de cooperação. De cooperação salientamos, mais do que de cooperativas, porque às leis especiais interessa mais estruturar a propósito de cada tipo a forma como se vai processar a empresa cooperativa, do que a configuração da instituição que a exerce. Não poderá, por exemplo, haver normas jurídicas próprias das instituições cooperativas que, no meio rural, o sejam simultaneamente de aprovisionamento e de habitação. A esta espécie de cooperativas aplicar-se-ão se os houver, dois regulamentos diversos: o próprio das cooperativas de habitação e das de aprovisionamento.

É em face do conhecimento da estrutura e da conjuntura e das particularidades dos vários sectores da vida nacional que o legislador poderá estudar as vantagens de lhes aplicar os princípios gerais consignados no estatuto da cooperação com derrogações e inovações que o meio social, as necessidades da produção e do consumo e o quadro institucional aconselharem. A lei da cooperação deverá pois respeitar em geral a todas as sociedades que sejam instituídas para promover os interesses económicos e culturais dos seus membros de acordo com os princípios cooperativos.

Se se concluir, como é natural, que certas modalidades de empresa cooperativa (empregamos o termo no seu sentido funcional) reclamam uma disciplina particular, novos diplomas o farão, derrogando na medida do estritamente necessário a lei geral.

[67] B. I. T., *Rapport IV* (2), 1966, p. 39.

## II. Aspectos da regulamentação jurídica das sociedades cooperativas

Comentados, embora ligeiramente, alguns problemas de fundo que se levantam a respeito da preparação de um estatuto coperativo, vamos passar agora a examinar as ilacções que das respostas então dadas se poderão tirar quanto aos aspectos concretos da estruturação e funcionamento das sociedades cooperativas. Muito desses aspectos poderiam sem dúvida constituir o objecto isolado de uma monografia. Mas fiéis ao propósito que desde o início manifestámos – o de estabelecer uma relação, necessariamente provisória, dos assuntos a aprofundar e debater, como tarefa preparatória da publicação daquele indispensável estatuto – procuraremos harmonizar o desenvolvimento dado a cada um dos pontos focados, já que nesta fase interessa mais chamar a atenção sobre eles do que resolvê-los.

### 6. Constituição das sociedades cooperativas

A cooperação é em grande parte o fruto do trabalho incansável de juristas que, como SCHULZE-DELITZCH, devotaram as suas energias a prover as práticas e as estruturas cooperativas com uma base legislativa adaptada à sua natureza particular. A doutrina e a realidade cooperativa tinham em parte precedido este esforço de construção jurídica da ideia cooperativa. Mas a verdade é que hoje se torna difícil continuar sem ele.

Um dos pontos em que a legislação cooperativa mais se pode destacar no fomento da prática cooperativa é, precisamente, o que contém o processo de constituição das cooperativas. Este deverá ser ao mesmo tempo simples e barato. Além disso, e porque as cooperativas protegem em grande parte os interesses dos elementos economicamente mais débeis e culturalmente menos preparados da população, haverá que ter a certeza, antes de lhes atribuir personalidade jurídica, de que elas se encontram bem organizadas, que os seus associados e os seus corpos gerentes se encontram preparados para as responsabilidades que pretendem assumir e que elas têm possibilidades de funcionamento[68].

[68] CHEESMAN, *Problèmes actuels de la législation coopérative*, «Revue des Études Coopératives», nº 138, p. 331.

São diversas as formalidades impostas nas legislações para lograr tais objectivos. Tentando sistematizar, poderemos encontrar nos vários textos ao nosso dispor os seguintes momentos na formação das cooperativas: o acto constitutivo, a elaboração dos estatutos, a aprovação destes e o registo das cooperativas.

Certamente para facilitar e tornar menos onerosa a constiuição, a lei espanhola não exige que o acto constitutivo se revista da formalidade da escritura pública: basta um requerimento ao Ministério do Trabalho acompanhado de três cópias dos estatutos elaborados pelos sócios fundadores e de uma lista destes. Pelo contrário, a lei italiana exige que o acto constitutivo seja praticado perante um notário.

No que todas as leis são conformes, é ao preceituar que nos estatutos – que embora conceitualmente autónomos fazem parte integrante do acto constitutivo da cooperativa – deverão constar obrigatoriamente determinados elementos. Parece-nos que numa lei portuguesa da cooperação se deveria também fazer tal exigência, nomeadamente quanto à indicação da denominação e da sede da cooperativa, do seu prazo de duração (que poderia ser indeterminado), do objecto social, da responsabilidade dos sócios, do regime de gestão e representação da sociedade, indicando as decisões reservadas à Assembleia Geral, os poderes dos administradores, as modalidades de controle a exercer sobre os seus actos pelos associados, as formas a observar em caso de modificação dos estatutos ou de dissolução da sociedade e as condições de adesão, de exoneração e de exclusão dos associados[69-70].

Salvo mais aprofundado exame do problema parece-nos dispensável a formalidade da escritura pública para a constituição destas sociedades. A necessidade da sua realização antes da aprovação dos estatutos pela entidade competente pode levar a despesas desnecessárias, desde que tal aprovação não venha a ser conseguida. A efectivação da escritura depois de aprovados os estatutos seria inútil, desde que se previsse, além do respectivo registo, a sua publicação na folha oficial.

Na indicação da entidade competente para a aprovação dos estatutos, variam, como é natural, as diversas legislações. A lei espanhola

[69] Cheesman, *ob. cit.*, p. 333.

[70] Em tal ponto é aliás muito completo o Código Comercial Português (vide artigos 209º e 114º).

exige, como já dissemos, a aprovação dos estatutos pelo Ministério do Trabalho, que só a dará perante uma informação da «Obra Sindical de Coopéración», organismo da Delegação Nacional dos Sindicatos. São menos complexas as formalidades impostas pela lei italiana. Segundo esta, a aprovação dos estatutos da cooperativa será feita pelo Presidente do Tribual da área da sede, aprovação essa condicionada pelas prévias autorizações administrativas.

A nosso ver, o importante papel económico e social desempenhado pelas cooperativas torna preferível que a sua aprovação seja feita por um órgão do Estado com competência para avaliar não só da conformidade dos preceitos estatutários com os da lei da cooperação mas, para além disso, da viabilidade económica da cooperativa e das garantias dadas àqueles que lhes vão confiar parte dos seus reduzidos patrimónios e até aos terceiros que com as cooperativas irão transaccionar. Para revestir este acto de todas as garantias de imparciabilidade dever-se-ia prever simultaneamente um processo de impugnação contenciosa das denegações de aprovação.

Temos finalmente a formalidade do registo, indispensável para a publicidade do acto constitutivo e dos preceitos estatutários e que, como é de uso quanto às sociedades comerciais, deveria ser considerado condição essencial para a existência jurídica da cooperativa.

Em grande parte dos países europeus existe, normalmente junto do organismo a quem compete aprovar os estatutos das cooperativas, um registo geral da cooperação no qual se efectua a inscrição da constituição, alteração e extinção das cooperativas. A existência deste registo parece-nos de extrema utilidade, por constituir ele o único processo de ter uma visão conjunta do movimento cooperativo de um país num dado momento.

Simultaneamente, a fim de garantir ao público em geral o conhecimento da constituição das cooperativas, seus preceitos estatutários e sua organização e a fim de possibilitar às próprias cooperativas o registo de actos de comércio sujeitos a registos comercial, estas teriam de continuar a ser matriculadas nas conservatórias de registo comercial ou desempenhando tais funções.

Poder-se-ia prever a gratuitidade ou uma redução nos encargos destes registos.

## 7. O elemento pessoal das sociedades cooperativas

Topa-se muito frequentemente com a afirmação de que a cooperativa é uma «sociedade de pessoas». Tal asserção deveria no entanto ser feita com mais cautela. Na linguagem comum são sociedades de pessoas as sociedades em nome colectivo e as em comandita, que assim se contrapõem às sociedades anónimas, sociedades de capital. Nas primeiras desempenham um papel de grande relevância a pessoa e o património dos sócios, nas segundas tais factores quase que não contam, interessando fundamentalmente a dimensão do património próprio da pessoa colectiva.

Ora, ao contrário das sociedades de pessoas propriamente ditas, nas quais os sócios são em número muito limitado, dispondo cada um deles de poderes de intervenção na gestão da sociedade, as cooperativas são por natureza «sociedades de massa» (característica também própria das sociedades de capital). Por isso mesmo se foge nas legislações cooperativas à personalização excessiva destas sociedades, ao preceituar que nenhuma função directiva ou de gestão fique vinculada com carácter permanente em pessoas ou entidades determinadas.

O carácter pessoal das cooperativas, que nada tem a ver com a configuração das sociedades de pessoas, reside na sua qualidade associativa de organização de categorias preexistentes. Daí por exemplo, os limites à admissão de sócios e à transmissão da posição social e o carácter nominativo dos títulos representativos do capital. Não faria sentido que pudesse ser admitido como sócio de uma cooperativa para a exploração em comum da terra um não agricultor ou de uma cooperativa operária de produção um indivíduo que não fosse operário da empresa cooperativa.

Também ao contrário das sociedades comerciais, onde não seria lógico determinar que a cessação de certas qualificações implicaria a interrupção da qualidade de sócio, nas cooperativas o escopo mutualista implica que assim se faça.

Ao contrário da empresa capitalista, que tem como base um capital ou uma combinação de capitais que se trata de fazer reproduzir, procurando-lhes um máximo de remuneração, a empresa cooperativa tem como estrutura um conjunto de homens que, necessitando dos respectivos serviços para fortificar a sua posição económica de compradores, trabalhadores, devedores, etc., se associaram para a fundar. Este tipo de empresa encontra-se informado por alguns valores morais, um dos quais, como já vimos, é o da igualdade. Deste decorre por sua vez a célebre regra de Rochdale «um homem um voto». «Esta corresponde simultaneamente ao sentido do valor da pessoa, fundamento do poder, e da igualdade profunda dos homens, a exigência de justiça, pois que confere a cada um o mesmo meio de promover os seus interesses, a solidariedade, já que se trata de descortinar com clareza o interesse colectivo e que cada um tem o dever de contribuir para esta procura»[71].

Aquela regra tem genérico acolhimento nas legislações cooperativas, mas não sem derrogações. O artigo 9º do estatuto francês da cooperação, por exemplo, acrescentado pela Lei nº 56 745 de 30 de Julho de 1956, determina que cada associado dispõe de um voto na Assembleia Geral, a menos que as leis especiais para a categoria de cooperativas em causa «*não disponham de outro modo*». Nas cooperativas de produção francesas é frequente a atribuição de votos suplementares proporcionais à antiguidade na cooperativa e em certas cooperativas israelitas e sul-africanas o voto proporcional ao volume de operações efectuadas com a cooperativa. Também por vezes o número de votos varia em função da capacidade de produção (número de vacas nas cooperativas de lacticínios dinamarquesas)[72].

Tais exemplos são citados apenas para sugerir que por vezes a natureza da cooperativa e das suas transacções, poderá implicar, sob pena de ineficiência, uma certa desigualdade de votos. Mas essa solução deve ser encarada pelo legislador com extrema cautela, a traduzir-se num cerceamento efectivo da possibilidade de a ela recorrer.

O respeito pela igualdade implica também a proibição das posições preferenciais, dadas por exemplo aos sócios fundadores (situação muito frequente nas cooperativas de construção portuguesas).

Tal proibição consta, por exemplo, das leis espanholas e francesa sobre cooperação, embora, pelo menos nesta última, ela seja feita sob reserva de autorizações contidas nas leis especiais (artigo 4º).

Na sua qualidade de organização de categorias, a cooperativa não pode fechar as portas aos que pertencem a essas mesmas categorias. Daí a variabilidade do número de sócios, que por sua vez implica a do capital social. Se a solidariedade cooperativa não fosse aberta, tenderia a transformar-se

[71] Lasserre, *Signification économique et morale des règles de Rochdale*, «Revue des Études Coopératives», nº 142, p. 419.

[72] Lasserre, *ob. cit.*, p. 419-420.

em privilégio. Aliás, neste ponto, as exigências da moral cooperativa correspondem ao interesse económico pois, normalmente, quanto mais numerosos os sócios, maior o volume de transacções, o que permite obter uma melhor produtividade e adquirir força no mercado[73] [74].

É também tomando em atenção a natureza associativa da cooperativa e o seu escopo mutualista (consistindo numa troca de prestações ou de serviços entre a empresa e os seus participantes) que se lhe deve sempre estipular um número mínimo de sócios, sem o qual haveria o risco de que ela fosse na verdade apenas uma capa para actividades especulativas. Tal número mínimo será mais conforme às realidades se constar de cada lei especial para os diversos tipos de cooperativas. No entanto a lei geral deverá conter um, embora baixo, que os outros deverão respeitar.

Devido ao carácter pessoal da participação dos sócios, as cooperativas terão de ter um livro de registo dos seus aderentes, consultável por estes e por terceiros.

Também se compreende que a participação na sociedade não poderá ser livremente transmissível. Tal transmissão terá, pelo menos, de depender de uma autorização dos directores, mas a lei deve permitir que os estatutos a proíbam. Para controlar as transmissões, os títulos representativos do capital terão sempre de ser nominativos.

Como se salientou já neste trabalho, não poderá igualmente (em muitos casos) ser livre a saída dos sócios. Neste campo a lei deve conceder expressamente a faculdade de nos estatutos se condicionar tal saída, o que poderá inclusivamente representar para o sócio que se retira sem um motivo considerado bastante a perda da sua parte no capital social.

Para evitar prepotências, a lei deverá igualmente dispor que a exclusão do sócio (afastamento deste decidido pela própria cooperativa) só poderá ser deliberada pela Assembleia Geral com base em fundamento legal ou estatutário, reservando-se ao sócio a possibilidade de impugnar judicialmente tal decisão.

[73] LASSERRE, *ob. cit.*, p. 409.

[74] Em geral abre-se uma excepção para as cooperativas de habitação e construção, que não poderiam desempenhar cabalmente as suas funções com um número ilimitado de sócios.

## 8. O elemento patrimonial das sociedades cooperativas

A qualidade de empresa de serviços mútuos distingue, como vimos, a cooperativa da empresa capitalista, que tem por objectivo a maximização dos lucros.

Dado que as cooperativas proporcionam aos seus membros vantagens que aqueles adquirem directamente nas suas economias, isso verifica-se numa medida que geralmente não poderá ser pré-determinada. Sendo assim, a medida das vantagens auferidas pelos membros da cooperativa tem de ser independente da a sua participação no capital social.

Deste modo o capital é subalternizado, é considerado não como o proprietário da empresa, mas apenas como um indispensável factor de produção e as parcelas do capital social detidas pelos sócios são olhadas como quotizações que os utentes da empresa não podem deixar de lhe conferir, se querem que aquela lhes possa prestar os serviços que dela esperam.

Destes postulados resulta, em primeiro lugar, que a constituição do capital da sociedade cooperativa deve ser encarada de forma diversa da que prevalece nas sociedades comerciais. Não só há que calcular um montante suficiente para garantir a prestação dos serviços que inicialmente serão requeridos, mas também que levar em conta serem de uma maneira geral os sócios pessoas de meios limitados.

Nesta matéria deve desempenhar um papel primacial o organismo a quem a aprovação dos estatutos seja solicitada o qual, contando com técnicos experientes, estará em melhores condições para aconselhar os máximos e mínimos que não deveriam ser ultrapassados e, em caso de necessidade, impedir que quanto a eles se cometam erros, graves pela relevância social que poderiam assumir.

Por outro lado, haverá que facilitar aos interessados a subscrição do capital social. A esse respeito mostrou-se bastante adiantado para o seu tempo o nosso Código Comercial, que permite que o pagamento das acções se faça por quotas semanais, mensais ou anuais[75]. A acrescentar a esta facilidade dever-se-ia franquear, sempre que possível, a contribuição para o fundo social com o própiro trabalho ou utensílios, em vez de prestações monetárias[76].

[75] Artigo 211º.

[76] B. I. T., *Co-operation*, p. 46.

O capital constituído não é também património jurídica e contabilisticamente fixo como nos outros tipos de sociedade, pois que varia com as entradas e saídas dos sócios.

Em consequência da variabilidade, o acto constitutivo não deverá conter indicação do capital subscrito e realizado, mas apenas a quota subscrita para cada sócio, as prestações a que estes porventura ficam ainda obrigados, e o valor nominal das acções, se a sociedade é de acções. Frente à estabilidade e vinculação do capital social das sociedades comerciais, a cooperativa não limita pois nem fixa *a priori* o montante do seu capital, porque isso equivaleria a limitar o número de sócios. Como é variável o número de pessoas que podem ter necessidade dos bens e serviços prestados pela cooperativa, terá também de ser variável o seu capital. As alterações de capital não exigirão, ao contrário das sociedades comerciais, modificações do pacto social.

Dado o seu papel subalterno de um factor de produção como os outros, o capital também apenas poderá receber uma remuneração fixa. E essa remuneração deve ser delimitada pela lei. É o que faz, por exemplo, a lei francesa, determinando que a taxa de juro não ultrapassará seis por cento, salvo disposição contrária de leis especiais.

Este sistema é o único compatível com a prestação dos serviços ao preço do custo. Neste custo terá de entrar, evidentemente, o da utilização do capital necessário. Mas esse capital nunca poderá ser a base da distribuição das vantagens patrimoniais obtidas através do funcionamento da cooperativa.

Uma vez que a cooperativa não tem por objecto a distribuição de lucros em função do capital, os excedentes de exercício, quando os houver, deverão ser devolvidos àqueles que deram lugar à sua formação pelas suas operações com a empresa. Por isso mesmo os reembolsos terão de ser, para cada cooperador proporcionais às suas operações. Formula este princípio de uma maneira muito clara o artigo 15º da lei francesa ao determinar, na sua primeira parte:

> «Não pode operar-se entre os associados qualquer repartição que não seja proporcional às operações realizadas por cada um deles ou ao trabalho prestado por cada um deles».

Também a lei espanhola preceitua (com alcance mais limitado) no seu artigo 20º que as cooperativas de consumo, quando vendam a preços correntes no mercado, destinarão o excedente a constituição de fundos de reserva e a obras sociais, podendo distribuir o restante entre os sócios na proporção do consumo.

A este propósito levanta-se também o problema do destino dos lucros obtidos em operações com terceiros, isto é, transacções semelhantes àquelas que a cooperativa celebra com os seus sócios, mas realizadas com não sócios. A lei francesa de 1947 resolve esta questão de uma forma radical. Eis o que preceitua o seu artigo 3º:

> «As cooperativas não podem admitir terceiros não sócios a beneficiar dos seus serviços, a menos que as leis especiais que as regem a isso as autorizem.
>
> Se fazem uso dessa faculdade, são obrigadas a receber como sócios aqueles que admitem a beneficiar da sua actividade ou cujo trabalho utilizam e que satisfaçam as condições fixadas pelos seus estatutos. Esta admissão fica contudo subordinada a um voto favorável da Assembleia Geral, emitido pela maioria requerida para as modificacões estatutárias».

As leis gerais sobre cooperação nem sempre põem o problema com tanta nitidez. Interpretando a italiana, que não é muito clara a tal propósito, são numerosos os autores que concluem poderem as cooperativas, especialmente as de consumo e de crédito, alargar a sua acção a terceiros, de modo a aumentar os meios de que dispõem, admitindo até que as vantagens que daí resultam sejam repartidas pelos sócios.

Segundo SALANDRA, por exemplo, ao «escopo puramente mutualista» pode juntar-se um «escopo de ganho limitado», desde que este sirva para indirectamente incrementar o primeiro. A especulação poderá subsistir como instrumento que facilite a mútua vantagem entre os membros...[77]. Também BRUNETTI afirma que à essência da cooperativa não é indispensável uma mutualidade rigorosa, isto é, que toda a actividade social se desenvolva com os sócios, mas apenas que seja predominante a exercida para estes, pois que a possibilidade de ceder bens ou serviços a terceiros pode ser vantajosa para a sociedade que obtém assim a possibilidade de adquirir um maior volume de mercadorias e de reduzir as despesas gerais. Segundo ele, enquanto este aspecto conserva um carácter secundário não altera a fisionomia da cooperativa, pois que «o que importa é que o sócio consiga uma

[77] SALANDRA, *Manuale di Diritto Comerciale*, vol. I, 3ª edição, p. 414.

poupança de despesa e não as modalidades através das quais se realiza tal resultado»[78].

A nosso ver, a lei deve autorizar as operações com não membros, pois essa faculdade pode reflectir-se de um modo favorável na solidez financeira da cooperativa.

Mas seria esquecer o princípio da solidariedade associativa permitir que os sócios se apropriassem dos lucros obtidos na prestação de serviços a pessoas em condições idênticas às suas, isto é que deles também carecem. A cooperativa destina-se a libertar os pertencentes a uma determinada categoria económica ou social do lucro de um intermediário. Seria um contrasenso que ela servisse para colocar os seus próprios sócios nessa posição de intermediário em relação a outros indivíduos da mesma categoria, mas não aderentes à sociedade.

Em contrapartida também não seria de inteira equidade atribuir a estes precisamente as mesmas vantagens que aos sócios da cooperativa, que para ela tiveram de realizar um esforço cuja contraprestação são os serviços realizados ao preço do custo. Deste modo parece-nos que a solução mais razoável seria a de destinar os lucros das operações com terceiros aos fundos de reserva ou ao auto-investimento da própria cooperativa, ou ainda a obras sociais ou culturais desta, proibindo em princípio a sua distribuição pelos sócios.

Assumida esta posição ter-se-á logicamente de impedir que, em caso de dissolução, o património social (à excepção do capital por eles subscrito) possa ser repartido pelos sócios. Neste ponto são coincidentes quase todas as legislações cooperativas contemporâneas. Umas contêm aquela regra como preceito de fundo. Outras apresentam-na como norma cuja inclusão nos estatutos condiciona as isenções fiscais e outras facilidades. Segundo tais regras, o património social deverá reverter, em caso de dissolução, a favor de outras cooperativas, de pessoas morais ou do próprio Estado.

Uma outra matéria que deveria ser versada num estatuto legal da cooperação, seria a da classificação das cooperativas quanto à espécie de responsabilidade dos seus membros. A este respeito não se mostram inteiramente satisfatórias as fórmulas próprias das sociedades comerciais. O Código Civil italiano criou fórmulas específicas, permitindo também formas atípicas em que alguns ou todos os sócios, para além da responsabilidade quanto à

[78] BRUNETTI, *ob. cit.*, p. 328.

realização do capital subscrito, sejam responsáveis por uma determinada soma que pode ser múltipla das somas por eles subscritas (chamaram-lhe os juristas italianos «responsabilidade suplementada»). Esta questão afigura-se-nos de grande importância e a pedir um estudo cuidadoso feito em face das exigências actuais da estrutura sócio-económica portuguesa. Todos sabemos que na base do grande incremento e do êxito das cooperativas rurais alemãs se encontra a responsabilidade ilimitada dos seus sócios. Em que medida seria possível e vantajoso que a lei pressionasse nesse sentido em Portugal? Eis uma matéria delicada cujo estudo se encontra totalmente por fazer.

## 9. Os órgãos das cooperativas

Neste capítulo o nosso Código Comercial remete, como aliás várias disposições estrangeiras, para os preceitos sobre os corpos gerentes das sociedades anónimas. Tal solução afigura-se-nos em extremo discutível. A este propósito terá de procurar-se uma estrutura jurídica que permita e fomente a intervenção directa dos sócios na gestão da cooperativa sem que isso, por se tratar de uma «sociedade de massa», se torne em empecilho para o seu eficaz funcionamento.

Nesta matéria deu entre nós os primeiros passos o Decreto-Lei nº 45 933 de 19 de Setembro de 1964 que, a par doutras medidas, veio permitir a constituição da Assembleia Geral por secções e a votação por correspondência. Para além destas inovações, outras se poderiam introduzir de modo a garantir a maior representatividade possível dos sócios na elaboração da política social. Eis outro capítulo a estudar em vista da redacção da futura lei das cooperativas.

## 10. Organizações secundárias

Como salienta Lambert, o federalismo cooperativo deve ser encarado de dois pontos de vista diversos: como processo de concentração que substitui a concorrência entre as cooperativas do mesmo ramo e como método que permite conciliar as iniciativas locais com a planificação central.

Sem a concentração federalista as cooperativas têm poucas possibilidades de resistência perante as empresas capitalistas de grande dimensão.

E a concentração cooperativa tem a vantagem de poder não despersonalizar: na estrutura federalista as cooperativas locais e regionais não perdem a sua autonomia[79].

As cooperativas secundárias são, na realidade, «cooperativas de cooperativas». Federando-se, as cooperativas asseguram aos consumidores ou aos produtores que representam benefícios que, isoladas, não poderiam oferecer.

Adoptando um critério funcional, as organizações secundárias podem classificar-se em económicas, não económicas e mistas[80]. Não existe uma terminologia fixa para distinguir estes tipos de organismos (tal lacuna poderia em cada país ser suprimida precisamente pelo estatuto jurídico da cooperação): por vezes, seguindo o modelo inglês, o termo «união cooperativa» aparece utilizado para designar organismos com fins de tutela e assistência às cooperativas e o de «federação cooperativa» para indicar organismos de crédito às cooperativas, de compra por grosso ou de produção em conjunto. Autores há que utilizam «federação» como sinónimo de organismo que por sua vez agrupa uniões. Para outros, estes dois termos podem usar-se indiscriminadamente[81].

Embora sem espartilhar em demasiado a livre iniciativa das cooperativas na criação dos seus organismos secundários, um estatuto jurídico da cooperação deve ocupar-se também destas organizações, contendo algumas regras gerais quanto ao exercício das respectivas funções e quanto à sua estrutura e seu funcionamento interno.

Quanto ao exercício das funções, parece-nos lógico que a lei da cooperação se debruce em especial sobre as de natureza não económica. Destas, as principais são a representação das cooperativas federadas, a inspecção exercida sobre as respectivas contabilidades, a distribuição dos auxílios concedidos pelo Estado, a assistência técnica e a educação e propaganda cooperativas. Trata-se de actividades que muitas vezes são também exercidas pelo Estado e por isso tem grande interesse uma delimitação de competências, que apresentará a vantagem de reforçar a autonomia das cooperativas – corpos intermédios – perante o Estado e de libertar este de responsabilidades que tendem a tornar-se pesadas.

[79] Lambert, *ob. cit.*, p. 562-563.

[80] B. I. T., *Co-operation*, cit., p. 70.

[81] Vide Totomianz, *Manual do Cooperativista*, Porto, 1938, p. 127; B. I. T., *Co-operation*, p. 70; B. I. T., *Initiation à la, Pratique de la Coopération*, p. 50.

No texto do projecto de recomendação sobre o papel das cooperativas no desenvolvimento económico e social dos países em desenvolvimento, o auxílio financeiro fornecido às cooperativas através de fundos públicos ou semi-públicos deveria chegar a estas por intermédio de uma instituição cooperativa central e o controlo a que todas as cooperativas devem ser submetidas, de modo a garantir que a sua actuação se conforma com o seu objecto e com a lei, deveria ser assegurado por um organismo cooperativo federativo e, só enquanto estes não fossem criados, tais tarefas deveriam incumbir a autoridade estadual.

O funcionamento de organizações que podem vir a ser muito poderosas acaba contudo por levantar conflitos de interesses entre os seus próprios e numerosos aderentes. Por outro lado, ele poderá pôr em causa também legítimos interesses de terceiros. E acima de interesses de muitos existe sempre o interesse nacional. Ao Estado cabe manter a hierarquização dos interesses, de modo a que os mais gerais prevaleçam sobre os mais limitados e o nacional sobre todos. Por este motivo ele não poderá prescindir por completo de uma tutela dos organismos cooperativos. À lei competirá dividir os campos de acção, reservando ao Estado o estritamente indispensável a garantia da preponderância do interesse nacional.

Um outro problema que também não deverá ficar esquecido na lei da cooperação é o da estrutura interna e funcionamento das organizações secundárias. Pelo menos, e uma vez que estas são também cooperativas, haverá que derrogar ou alterar algumas das normas gerais a elas respeitantes. É o caso do processo de votação.

A lei francesa, depois de no seu artigo 5º determinar que «as cooperativas podem constituir entre elas para a gestão dos seus interesses comuns, sob o nome de uniões de cooperativas, sociedades cooperativas regidas pela presente lei», tem a cautela de determinar no artigo 9º que «os estatutos das uniões de cooperativas podem atribuir a cada uma das cooperativas aderentes um número de votos determinado quer em função do efectivo dos seus membros, quer da importância das operações realizadas com a união, sem que ultrapassem a referida proporção»[82]. Na prática o primeiro sistema é o mais seguido para as federações sem finalidades económicas e o segundo para as que intervêm no circuito económico[83].

[82] Acrescentado ao texto original pela Lei nº 56-745 de 30 de Julho de 1956.

[83] B. I. T., *Co-operation*, p. 72-73.

## 11. Relações entre as cooperativas e o Estado

Após ter ignorado durante muito tempo, e mais tarde subestimado, as instituições cooperativas e depois de as olhar por vezes com uma suspeição, que aliás era mútua, os Estados dos nossos dias parecem ir-se apercebendo a pouco e pouco do papel que estas podem desempenhar como veículos do desenvolvimento económico, social e técnico.

Esta evolução, que tem acompanhado o alargamento de âmbito das políticas económicas e sociais desenvolvidas pelos estados contemporâneos, coloca em novas bases a questão das relações entre o Estado e as instituições cooperativas.

Presentemente pede-se ao Estado que prepare e exerça uma política cooperativa, incluindo a criação de legislação adequada, medidas de educação e formação cooperativa, auxílio financeiro, assistência administrativa e colaboração internacional[84]. Tal política pressupõe uma institucionalização em bases claras das relações do Estado com as cooperativas e não haverá melhor meio de a ela proceder do que delineá-la no estatuto jurídico da cooperação. Ou, se se preferir, e para não sobrecarregar aquele texto, que se deseja estável, com disposições que a evolução conjuntural e a própria actualização do aparelho estadual poderão forçar a alterar com certa frequência, o legislador poderia limitar-se a reconhecer no estatuto o princípio da tutela e regulamentá-lo noutro diploma, por exemplo o diploma orgânico do ministério encarregado de coordenar a política cooperativa.

É este o critério seguido pelo legislador francês que, no estatuto da cooperação, se limita a afirmar no artigo 23º:

> «As cooperativas são obrigadas a fornecer, aos controladores ou agentes designados pelos ministros de que dependem segundo a sua natureza, todas as justificações permitindo verificar que funcionam nos termos da lei. Devem, nomeadamente, comunicar-lhes para esse efeito a sua contabilidade apoiada por todas as peças justificativas úteis.
>
> Qualquer entrave ao exercício deste controlo é punido pelas penas previstas nos artigos 479º e 480º do Código Penal».

[84] Vide o texto do Projecto de Recomendação sobre o papel das cooperativas no desenvolvimento económico e social dos países em desenvolvimento, preparado em primeira leitura por uma comissão técnica da 49ª Conferência Internacional do Trabalho (1965), junto da qual o A. teve a honra de representar o governo português.

O artigo 2542º do Código Civil italiano contém também uma norma de carácter geral nos termos da qual as sociedades cooperativas estão submetidas às autorizações, vigilância e outros controlos estabelecidos sobre a sua gestão pelas leis especiais.

Mas qual a relevância prática desta vigilância que a generalidade das legislações confere ao Estado? É bastante explícito o código italiano. Segundo o seu artigo 2543º, no caso de funcionamento irregular das cooperativas, o governo poderá privar dos seus poderes os órgãos sociais, confiando a respectiva gestão a um comissário governamental. E vai ainda mais longe o artigo 2544º: se a cooperativa não estiver, no entender do governo, em condições de prosseguir os fins para que foi criada ou se durante dois anos consecutivos não tiver apresentado o seu balanço anual, poderá ser dissolvida, sendo encarregado da liquidação um comissário governamental.

Uma lei especial de 1947 veio regulamentar a aplicação destes preceitos. Segundo ela, a vigilância que sobre as cooperativas cabe ao governo nos termos do Código Civil é atribuída por razões de competência ao Ministério do Trabalho e Previdência Social e é exercida por meio de inspecções ordinárias e extraordinárias.

O espírito da legislação italiana é o de que a vigilância do governo traduza um carácter eminentemente orientador e não repressivo. O fim típico da sua actuação não é o de aplicar sanções que dificultem a vida das cooperativas, mas o de reconduzir estas a processos de gestão regulares. Por outro lado, ela denota a preocupação de uma elasticidade na vigilância, de modo a que as sanções correspondam apenas a infracções graves e a que não se traduzam na maioria dos casos em impedir a vida normal da cooperativa, mas apenas em retirar-lhe benefícios especiais[85].

Aqui temos pois uma série de orientações sensatas e baseadas numa larga experiência, que certamente poderiam ser levadas em conta na elaboração de uma lei portuguesa sobre as cooperativas.

Embora sem regulamentar, nesta poder-se-ia também indicar qual o ministério encarregado de centralizar através de um departamento específico o estudo dos problemas cooperativos, a aprovação e registo das cooperativas, a sua tutela e a sua colaboração na elaboração e execução da política económica e social do país e, dentro desta, a própria política

[85] MICCIO, *La Vigilanza dello Stato Sulle Cooperative*, «La Rivista della Cooperazione», Janeiro--Fevereiro, 1960, p. 5 e segs..

cooperativa. Na grande maioria dos países europeus estas funções são atribuídas ao Ministério do Trabalho, por ser este o que tradicionalmente é incumbido das questões sociais.

No diploma fundamental dever-se-ia ainda prever a constituição de uma comissão cooperativa central ou conselho cooperativo consultivo, composta por elementos dos departamentos estaduais interessados e representantes do movimento cooperativo, a qual seria obrigatoriamente ouvida a propósito de questões taxativamente enunciadas como, por exemplo, a elaboração de textos legais sobre cooperativas, a constituição e dissolução das organizações secundárias de âmbito regional e nacional, o destino dos patrimónios das cooperativas dissolvidas, a elaboração da política cooperativa e a integração da acção cooperativa no planeamento económico nacional.

# As freguesias perante os municípios: autonomia e complementaridade (1990)*

**1.** Neste encontro de autarcas, isto é, de cidadãos investidos na condição quotidiana dos assuntos das suas comunidades, pretendeu-se fazer ouvir a voz de alguns académicos, ou seja, de pessoas que têm por obrigação reflectir sobre problemas por cuja resolução imediata não são responsáveis.

A minha exposição terá, pois, de ser teórica, e provinda de um professor de Direito, baseada no nosso Ordenamento Jurídico.

**2.** As premissas básicas que ditam o relacionamento entre freguesias e municípios decorrem da Constituição e são a autonomia de umas autarquias perante as outras e a sua complementariedade recíproca.

No artigo 237º, nº 2, a Constituição define as autarquias locais (e portanto, simultaneamente, os municípios e as freguesias) em função da necessidade imperativa de deixar a prossecução de interesses próprios das colectividades territoriais menores a órgãos destas, representativos das populações. A nossa Lei Fundamental reconhece, pois, que os órgãos autárquicos constituem uma emanação das populações locais e não do Estado, do qual se encontram completamente separados. A declaração constitucional da existência de um «Poder Local», significa que os municípios não recebem orientação

* In: *Papel das Freguesias na Administração Portuguesa*. Benedita: ANAFRE, pp. 21-27.

político-administrativa do Estado e que as freguesias a não recebem nem do Estado nem do município em que se integram. Por outras palavras – no âmbito dos quadros genericamente definidos por lei – a determinação das soluções concretas correspondentes às atribuições de cada autarquia, tem de ser extraída da vontade democraticamente manifestada pelos próprios munícipes ou fregueses.

A autonomia das autarquias locais é um dos modos de concretizar o pluralismo de organização política democrática que a Constituição inclui entre os elementos integrantes da ideia de Estado de Direito Democrático. Ao organizar-se em Estado através do exercício do poder constituinte, a comunidade nacional não se arroga o exclusivo da estruturação das relações sociais e nem sequer o monopólio da formação da vontade política. No momento mais solene da definição da sua arquitectura institucional, o Estado sofreia-se perante outras entidades políticas de base territorial cuja existência se não deve apenas ao acto constituinte, até porque, em muitos casos, a sedimentou uma História bem mais antiga que a das Constituições portuguesas.

**3.** À luz do constitucionalismo contemporâneo, o respeito do papel próprio das autarquias locais não representa apenas um corolário do reconhecimento dos direitos políticos das sociedades menores. A reserva de uma área de decisão às populações localizadas impõe-se hoje também como técnica de separação de poderes.

A consciência dos povos adquiriu desde o século XVIII a noção de que a liberdade individual apenas sobrevive aquém dos limites aceitáveis da concentração do poder político. É certo que, inicialmente, se concebeu a separação de poderes apenas em termos horizontais no âmbito do próprio Estado, isto é, como separação entre os poderes legislativo, executivo e judicial. Em períodos mais recentes, tomou-se porém claro que não importa menos uma separação vertical, entendida como demarcação dos poderes do Estado graças à reserva de áreas de decisão político-administrativa a favor de populações geograficamente delimitadas, para efeito de prossecução de interesses colectivos que lhes são inerentes a uma escala infra-nacional. Porque a vida política não finda com os limites institucionais do Estado, a divisão de poderes não pode traçar-se apenas dentro de tal perímetro mas no quadro de um espaço alargado em que aos poderes concentrados na área estadual outros, a ela exteriores, haverão de se contrapor.

**4.** A súmula da primeira parte desta breve reflexão, é, pois, a de que o sistema constitucional português garante às autarquias locais em geral – e portanto também às freguesias – um domínio institucional incomprimível, isto é, uma margem mínima de capacidade de decisão própria. Deverá esta garantir a emanação a partir das populações locais de uma orientação político-administrativa que não possa ser imposta de fora. A imunização em face de ingerências externas fortalece as autarquias perante o Estado e perante as autarquias de grau superior. Por outras palavras, a autonomia constitucionalmente garantida às freguesias constitui um parâmetro do seu relacionamento não apenas com o Estado mas também com o município a cuja área se sobrepõem.

Contudo, a autonomia não exclui uma articulação entre as pessoas colectivas territoriais de grau sucessivo. Pelo contrário, essa articulação é necessária devido à justaposição dos elementos humano e territorial de tais entidades. O freguês é, simultaneamente, munícipe e cidadão. O território da freguesia constitui uma parcela dos territórios do município e do Estado. Dado que – ao contrário do que sucede com os institutos públicos – as pessoas colectivas de população e território se caracterizam pela natureza geral dos seus fins, por muito que se esmere o legislador na delimitação das respectivas atribuições, a sobreposição destas é, em certa medida, inevitável: os interesses possuem muitas vezes uma identidade material que nenhum seccionamento geográfico pode extinguir por completo. Tendencialmente, a especificidade de um interesse público urbanístico, sanitário ou cultural nascerá da possibilidade da sua satisfação, relativamente à população de uma autarquia, mediante a acção organizada dos respectivos membros. À luz de uma ideia de subsidiaridade, ficarão a cargo de pessoa colectiva pública de população e território de grau mais elevado os interesses públicos cuja prossecução em termos satisfatórios não seria viável à escala fraccionada das entidades territoriais que se agregam na área daquela. Mas, mesmo na medida em que possa o legislador traduzir com fidelidade na repartição de atribuições e competências os esquemas orgânico-funcionais dos diversos ramos da política administrativa, sempre a identidade material das necessidades colectivas e a incidência simultânea de providências oriundas do Estado, do município e da freguesia sobre os habitantes desta autarquia mais pequena, imporão que as funções e poderes do município e da freguesia não sejam reciprocamente estranhos. A par da ideia de autonomia, o posicionamento da freguesia em face do município (e o deste último perante aquela) tem, pois, de assentar num conceito de complementaridade. É esse o tema que a seguir se analisa.

**5.** A inevitável tensão entre os parâmetros da autonomia e da complementaridade não facilita ao legislador a repartição clara e equilibrada de atribuições entre municípios e freguesias e de competências entre os respectivos órgãos.

No tocante à definição das atribuições – isto é, dos interesses públicos postos a cargo de cada um dos tipos de autarquia local –, poderá dizer-se que o legislador se refugiou até agora, na solução mais cómoda: a de nada dividir quando, no art. 2º da Lei das Autarquias Locais (Decreto-Lei nº 100/84, de 29 de Março) – LAL –, confere de um modo indiscriminado as mesmas atribuições às autarquias em geral. Poderá considerar-se que, mais do que fruto de desatenção ou da celeridade com que a norma teve de ser elaborada em momento peculiar da fase de consolidação do nosso sistema democrático, a solução encontrada constitui, ainda no momento presente, indício da falta de uma consciencialização suficiente cristalizada do modo preferível de repartir atribuições entre municípios e freguesias. O facto é que não é só na Lei das Autarquias Locais (já por uma vez revista com alguma profundidade) mas também em toda a legislação complementar subsequente que se não encontra qualquer tentativa aprofundada de especificar os termos da separação entre municípios e freguesias das actividades tendentes a satisfazer os interesses públicos, que, como por exemplo o desenvolvimento, o abastecimento público, a salubridade pública, a educação e ensino, a protecção à infância, o citado art. 2º daquela Lei confia indiscriminadamente às autarquias de todo o tipo.

Isto não significa que se não depare com preceitos dispersos pela LAL e por outros diplomas legais, que claramente reservam certas matérias à decisão de órgãos próprios das freguesias e, em especial, às Juntas. É, por exemplo, o que sucede com o art. 27º da LAL, quando confere às Juntas de Freguesia a competência de atestar a residência e situação económica dos membros da freguesia, ou a de conceder terrenos nos cemitérios, ou ainda de proceder às operações de recenseamento eleitoral. O mesmo sucede quando a Lei das Finanças Locais (Lei nº 1/87, de 6 de Janeiro) – LFL – admite o exercício de jurisdição das juntas sobre mercados e feiras e a administração por elas de bens do domínio público confiados às freguesias (art. 19º).

Em preceitos assim dispersos ao longo dos diplomas que versam a organização e a actividade do Poder Local, não se surpreende qualquer pensamento sistemático sobre o papel específico das freguesias e, consequentemente, da área de livre decisão que por princípio lhes deva ser reservada em face das autarquias de grau mais elevado e, naturalmente, em especial perante os municípios.

**6.** Embora não proceda a uma repartição sistematizada e clara de tarefas entre os municípios e as freguesias, o legislador mostra ter pensado num esquema de complementaridade entre o funcionamento do município e das freguesias existentes na sua área. A lei estrutura, com efeito, um relacionamento de perfil circular: as freguesias participam na Assembleia Municipal, a qual exerce, por seu turno, competências que incidem sobre interesses vitais das freguesias. A Assembleia Municipal é constituída pelos presidentes das Juntas de Freguesia e por membros eleitos pelo colégio eleitoral do município, em número igual ao daqueles e mais um (LAL, art. 31º, nº 1). Estabelece-se, assim, uma participação institucionalizada das freguesias na condução dos assuntos do município. Mas, para além do exercício de poderes que só indirectamente respeitam ao desempenho das atribuições das freguesias (como, por exemplo, a aprovação de posturas e regulamentos municipais ou a autorização da Câmara para aquisição ou alienação de bens imóveis), a Assembleia Municipal toma deliberações que imediatamente ditam a medida dos recursos financeiros das freguesias e pode tomar outras que tenham por efeito o alargamento das suas áreas de actuação. Refiro-me à fixação do montante da participação das freguesias nas receitas do município e à autorização da prática, por parte das Juntas de Freguesia, de actos da competência da Câmara Municipal.

**7.** A quantificação das receitas da freguesia e o delineamento dos seus espaços de decisão própria, são modos de actuar que só formalmente se distinguem. O Dr. Gonçalves Sapinho já sublinhou hoje, aqui, que não passa de exercício de retórica utopia a atribuição de competências destinadas ao não exercício por insuficiência de verbas.

Como se depreende do art. 18º da LFL, por norma a principal receita da freguesia será a participação desta nas receitas do município. O legislador cingiu-se ao estabelecimento de um limite mínimo (de dez por cento das verbas provenientes para o município do Fundo de Equilíbrio Financeiro, isto é, do montante transferido do Orçamento do Estado) para a verba que o município deve distribuir anualmente pelas freguesias (art. 20º, nº 2, da LFL). Portanto, a Assembleia Municipal (cuja metade menos um dos respectivos membros é constituída pelos presidentes das Juntas de Freguesia) pode ir na distribuição além do que a lei impõe. Uma determinação racional do montante distribuído acima do imperativo legal passa necessariamente pelo perfilhamento de uma filosofia sobre a efectiva repartição de tarefas entre município e freguesias.

Este postulado óbvio transparece da lei no que respeita à repartição de atribuições entre o município e o Estado. Diz-se, por exemplo, no art. 3º, nº 1, da LFL, que, quando por lei for conferida qualquer nova atribuição ou competência aos municípios, o Orçamento do Estado deve prever a verba necessária para o seu exercício. E a única tentativa de concretização da vaga enunciação das atribuições das autarquias locais foi levada a cabo pelo Decreto-Lei nº 77/84, de 8 de Março, precisamente na base da delimitação e coordenação das actuações da Administração Central e Local em matéria de investimentos públicos. O art. 11º deste diploma permite que a freguesia realize, por delegação do município, investimentos da competência deste, nos domínios do equipamento rural e urbano, saneamento básico, energia, transportes e comunicações, educação e ensino, cultura, tempos livres e desporto e saúde. Nos termos daquele preceito, caberá, em tais casos, ao município assegurar o financiamento e o apoio técnico necessários.

Em suma, o natural e desejável é que o município alargue a fatia das suas próprias receitas, retransmitidas para as freguesias à medida que transfira, por delegação, para estas, parte das competências municipais.

**8.** O esquema descrito tem algumas vantagens sobre a solução alternativa, que consistiria numa enunciação pormenorizada e taxativa pelo legislador de atribuições distintas do município e das freguesias. As situações variam muito consoante se trate de zonas urbanas ou rurais, industriais ou agrícolas, de povoamento concentrado ou disperso: não será razoável esperar que devam coincidir totalmente as tarefas atribuídas a uma freguesia das avenidas novas lisboetas e a uma freguesia do Alto Minho. E mesmo em casos em que as condições geográficas não difiram substancialmente, podem os usos instituídos, a maior ou menor tradição de intervenção da população na condução das questões locais, a diversa existência de pessoas preparadas e disponíveis para a assunção de tarefas administrativas recomendar, ou pelo menos explicar, diversos graus de responsabilização das freguesias na condução efectiva das políticas locais. Por outro lado ainda, não seria realista, pelas razões atrás apontadas, pretender separar totalmente os tipos de questões entregues aos municípios e às freguesias: na maioria dos casos, a repartição de competências dirá respeito a tarefas inseridas na prossecução das mesmas atribuições genéricas, sejam estas a viação rural ou a criação de espaços verdes. Por tudo isto, a solução flexível encontrada pelo legislador parece a preferível, ao deixar a cada Assembleia Municipal e, portanto, em parte, às Juntas de Freguesia naquela representadas, a ponderação da medida em que deve o município despojar-se de poderes e recursos em prol das freguesias.

Seria muito interessante poder fazer-se uma ideia global do grau em que estes mecanismos legais têm conhecido uso efectivo. Uma das lacunas graves no domínio da actividade legislativa em Portugal cifra-se na quase total inexistência de estruturas e métodos de acompanhamento da execução das leis. E, assim, as tão frequentes alterações à legislação que nos rege, obedecem muito mais à intuição – nem sempre certeira – dos governantes ou dos deputados, do que ao conhecimento objectivo do grau de aplicação das normas substituídas e da distância que mediava entre os resultados alcançados através da sua vigência e os objectivos que com elas inicialmente se pretendera alcançar.

Um dos serviços importantes que uma Associação Nacional de Freguesias poderá prestar ao aperfeiçoamento da Administração Autárquica reside precisamente no suprimento da passividade governamental no domínio da recolha extensiva de dados sobre o modo como se processa o relacionamento entre freguesias e municípios, o que de certo modo equivale a dizer, sobre o modo como as freguesias intervêm no desempenho efectivo de tarefas nos planos do equipamento, abastecimento público, saneamento básico, energia, transportes e comunicações, educação e ensino, cultura, tempos livres e desporto, saúde e salubridade pública, defesa e protecção do meio ambiente e da qualidade de vida. Na falta de seguras ideias apriorísticas sobre uma repartição horizontal ou vertical de tarefas entre os dois graus de autarquias, creio que se impõe colher da vida real uma noção daquilo que com realismo se pode esperar que as freguesias estejam em melhores condições de fazer que os municípios e das implicações financeiras dessa maior definição institucional. E desde logo interessaria conhecer o modo como, por esse país além, os municípios têm repartido os recursos financeiros e delegado (ou não) competências das Câmaras em benefício das Juntas de Freguesia.

**9.** Um ponto em que creio que a legislação actual mereceria desde já ser repensada, é o poder de iniciativa no tocante às competências da Assembleia Municipal de aprovação da medida da participação das freguesias nas receitas dos municípios e de autorização da prática, por parte das Juntas de Freguesia, de actos da competência da Câmara Municipal. Dado o teor do art. 39º, nº 2, alíneas *b)* e *s)*, e nº 4, da LAL, apenas a Câmara e não os membros da Assembleia Municipal podem propor a aprovação e a autorização referidas. E, inclusivamente, não pode a Assembleia Municipal alterar (mas apenas aprovar ou rejeitar) a percentagem das verbas provenientes do Fundo de Equilíbrio Financeiro transferíveis para as freguesias. Por outras palavras, fica dependente do inicial juízo de oportunidade da Câmara Municipal, o alargamento dos fundos distribuídos para além do mínimo legal e a delegação de competências da Câmara nas Juntas de Freguesia.

Estou em crer que, neste ponto transcendente de política autárquica, os poderes do órgão deliberativo e institucionalmente mais representativo que é a Assembleia Municipal, não deveriam ser cerceados, graças ao monopólio de iniciativa da Câmara Municipal. Designadamente, deveria a iniciativa poder caber também às próprias freguesias, através da sua participação na Assembleia Municipal. Esta seria a forma de combater um possível reflexo defensivo das Câmaras, no sentido de manter concentrados no maior grau possível os poderes e os recursos instrumentais da sua actividade. É da força das coisas que a descentralização se torne altamente problemática quando fique dependente da iniciativa do órgão que por via dela se verá parcialmente despojado de meio e poderes.

Entendo também que a reformulação do poder de iniciativa no sentido indicado deveria ser acompanhada do estabelecimento legislativo de parâmetros limitativos, isto é, da definição de uma gama de poderes indelegáveis e de tectos máximos para a transferência de recursos. A equação entre a autonomia das freguesias e a sua complementaridade relativamente aos municípios, é matéria cuja dignidade impõe um âmbito alargado de reflexão, debate e decisão pelos órgãos representativos das populações locais. O princípio da autonomia autárquica recomenda, sem dúvida, uma margem de auto-organização variável de autarquia para autarquia e de período para período, em função da opinião pública municipal prevalecente sobre o grau de descentralização desejável no âmbito do município. Mas, simultaneamente, não pode o legislador permitir que paixões momentâneas possam conduzir a formas irrealistas de distribuição de recursos e de transferência de competências que esvaziem o município de um mínimo incomprimível de capacidades de actuação sem o qual se frustraria a garantia da autonomia municipal que a Constituição consagra. O membro da freguesia, que também é munícipe, seria aliás, mais prejudicado do que beneficiado sempre que se viesse a assistir a uma redistribuição irrealista de recursos a favor de estruturas desprovidas, no caso concreto, de condições humanas e técnicas ou de dimensão que permitissem rentabilizá-los.

**10.** Direi, em conclusão, que a autonomia das freguesias, garantida pela Constituição, pressupõe a titularidade por estas de um mínimo incomprimível de atribuições nas quais se institucionalize com certeza jurídica uma margem de livre decisão das populações dos territórios mais restritos sobre interesses que lhes respeitam. A definição legislativa desse «núcleo duro» de tarefas inafastáveis é ainda hoje muito imperfeita e importaria colher da prática uma noção objectiva do seu perfil desejável e possível. A imprescindível complementaridade das freguesias e do município requer, por outro lado, o funcionamento de mecanismos flexíveis que – dentro dos limites fixados pelo legislador – permitam às Assembleias Municipais, por iniciativa dos seus membros, repartir responsavelmente tarefas entre o município e as freguesias e distribuir em correspondência os recursos financeiros provenientes do Orçamento do Estado.

# O poder das autarquias locais: novas perspectivas (2000)*

**1.** Com início na revisão constitucional de 1997, o período que se estende até 1999 ficou marcado por uma significativa evolução na definição normativa do estatuto do poder local. Nas linhas subsequentes, propomo-nos analisar em especial as novidades trazidas pela Lei nº 159/99, de 14 de Setembro, que estabelece o quadro de transferência de atribuições e competências para as autarquias locais. O assunto não perdeu actualidade visto que se prevê ali uma execução faseada e que, no decurso do presente ano, já poderemos ir formando uma ideia sobre se há uma transformação efectiva em marcha ou se, como por vezes sucede, a reforma se ficou pela articulação de algumas ideias gerais nas páginas do *Diário da República*.

**2.** A nosso ver, a reformulação do quadro de titularidade e exercício das atribuições e competências do poder local caracteriza-se por cinco traços essenciais:

a) Acentuação da dimensão co-regulativa;
b) Programação da descentralização;
c) Diversificação da descentralização;

* In: *Forum Iustitiae* I/10, pp. 46-49.

d) Escalonamento da descentralização;
e) Estruturação de uma administração local indirecta.

São estas as linhas mestras que, a seguir, brevemente comentaremos.

**3.** Com a referência à *acentuação de uma dimensão co-regulativa* queremos significar a maior visibilidade de uma nova concepção do âmbito da autonomia local. Dada a complexidade técnica e organizatória da sociedade contemporânea, já não é possível alicerçar tal autonomia em um acervo de assuntos considerados locais por natureza e, mais do que isso, exclusivamente locais. Assim, a garantia institucional de autonomia local estabelecida no artigo 6º, nº 1, da Constituição não pressupõe um conteúdo «natural» de competências materiais exclusivas; ela respeita, isso sim, ao reconhecimento às comunidades locais de poderes de intervenção autodeterminada através de órgãos representativos em todos aqueles assuntos em que se vejam comprometidas ou afectadas as necessidades do agregado populacional. Isto significa que, em vez de duas séries, estanques e totalmente separadas, de atribuições e competências – a estadual e as autárquicas –, se assiste crescentemente à sobreposição dessas atribuições e competências nos mesmos domínios materiais.

A sobreposição de atribuições e competências devida à impossibilidade de delinear um ordenamento autárquico claramente demarcado quanto à matéria em face do do Estado (ou do das regiões autónomas) gera a proliferação de instrumentos jurídicos tendentes à racionalização da multiplicidade de intervenções regulativas. A Lei nº 159/99 introduz toda uma série. É o caso das formas (designadamente contratuais) de parceria, através das quais a administração central e a administração local coordenam a sua intervenção no exercício de competências próprias de modo a assegurar a unidade na prossecução de políticas públicas e a evitar a sobreposição de actuações (artigos 2º, nº 3, e 8º). Um outro modo que o diploma nomeia sem no entanto o estruturar é o da «intervenção complementar dos serviços e organismos da administração central» (artigo 3º, nº 4). Carecem igualmente de uma pormenorização do seu perfil as figuras do «programa de acção nacional» e dos «programas de acção regional» que enquadrarão, domínios nos quais ocorrerão transferências de competências para os municípios.

A admissibilidade de transferências de atribuições e competências não universais, ou seja, de transferências que operarão apenas em favor de algum ou alguns municípios mediante contratualização, evidencia que pertencerá cada vez mais ao passado a ideia de um ordenamento autárquico globalmente gizado sobre uma área material claramente delimitada da do Estado. Do rigor e da funcionalidade dos previstos métodos de ajustamento muito dependerá no futuro a conjugabilidade entre autonomia autárquica e coregulação pelo Estado e pelas autarquias.

**4.** O segundo traço que apontámos relativamente ao novo quadro de transferência de atribuições e competências é o da *programação da descentralização.* Com efeito, nos termos do seu artigo 4º, nº 1, o amplo leque de atribuições e competências que a Lei nº 159/99 reconhece (em especial aos órgãos municipais) será objecto de uma transferência progressiva ao longo de quatro anos. Durante este período, diplomas específicos – em conjugação com o orçamento do Estado – concretizarão anualmente as transferências e os recursos afectados às tarefas delas objecto.

O modelo previsto respeita pois a transferências programadas no tempo na sua dupla feição organizatória e financeira.

**5.** O terceiro dos traços essenciais que vimos examinando consiste na *diversificação da descentralização.* Trata-se de uma dupla diversificação, uma vez que ela tanto se verificará *quanto à substância* como *quanto aos destinatários.*

Quando mencionamos a *diversificação da substância* da descentralização, queremos sublinhar que ela vai para além das matérias tradicionalmente cobertas pelas atribuições autárquicas: política urbanística, grandes equipamentos urbanos e gestão de serviços públicos essenciais à vida em centros urbanos. Com efeito, ao contemplar-se a gama de atribuições enunciadas pela Lei nº 159/99, não pode deixar de se notar o deslizamento progressivo para o campo sociocultural, crescentemente considerado como vector determinante de integração na comunidade. Veja-se, por exemplo, tudo o que respeita à realização de investimentos e à participação no planeamento e na gestão de equipamentos educativos, à acção social escolar, às actividades complementares de acção educativa, aos património, cultura e ciência, tempos livres e desporto, à saúde, à acção social, à defesa do consumidor e a alguns aspectos de cariz directamente social da promoção do desenvolvimento.

Mas, a par do que ocorre com o âmbito objectivo da descentralização, também o seu *âmbito subjectivo* é significativamente diversificado. Com efeito, a transferência de atribuições e competências não deverá atingir uniformemente todas as entidades em abstracto capazes de as receber.

Assim sucederá desde logo graças à verificação de transferência de competências relativas a domínios integrados em programas de acção regional, a exercer pelos municípios de acordo com as prioridades definidas pelos conselhos da região das comissões de coordenação regional (artigo 5º, alínea b)). Outra fonte de diversificação subjectiva reside na admissão de transferências não universais mediante contratualização (artigo 6º). E o mesmo sucederá graças aos contratos relativos ao exercício de competências em regime de parceria entre a administração central e certas autarquias locais (artigo 8º). Para a diversificação subjectiva contribuirão também os programas operacionais de apoio ao desenvolvimento regional e local, designadamente destinados à execução do Quadro Comunitário de Apoio, geridos por «unidades de gestão» com representação maioritária dos municípios da área de intervenção (artigo 9º). Por fim, os protocolos de delegação de competências municipais na freguesias não deixarão de contribuir para a multiplicidade de graus de descentralização ao longo do território nacional (artigo 13º, nº 2).

**6.** Um quarto traço do modelo de transferência de atribuições e competências estatuído pela Lei nº 159/99 consiste em ali se prever uma *descentralização escalonada.*

O escalonamento consiste em algumas das tarefas inicialmente transferidas para o município poderem sê-lo de novo, agora por este a favor da freguesia. O nº 1 do artigo 15º prevê com efeito a figura do protocolo de delegação de competências entre autarquias destes dois tipos por força do qual a freguesia poderá realizar investimentos cometidos ao município ou gerir equipamentos e serviços municipais.

Só um substancial esforço interpretativo permitirá no entanto concluir com alguma segurança se a «via escalonada» constitui o único método para a canalização de novas atribuições e competências para as freguesias ou se, pelo contrário, a transferência se poderá operar em certos casos directamente do Estado para elas. Dir-se-ia que é a transferência directa que o nº 1 do artigo 3º contempla quando prescreve que a transferência se efectua «para a autarquia local que, de acordo com a sua natureza, se mostre mais adequada ao exercício da competência em causa». Se o critério é o da natureza da autarquia e não o da prioridade geográfica, então a opção parece processar-se entre município e as ou algumas das respectivas freguesias. Em contrapartida, o nº 1 do artigo 4º da Lei apenas refere os municípios enquanto destinatários das transferências a concretizar anualmente através de diploma a esse efeito destinado.

Incertezas que o legislador tece...

**7.** O quinto e último traço essencial que apontamos ao novo quadro legal das atribuições e competências autárquicas respeita à *estruturação de uma administração local indirecta.*

Esta feição do novo modelo depreende-se não do diploma a que temos dedicado a nossa atenção ao longo das linhas anteriores mas sim da Lei nº 169/99, de 18 de Setembro, que estabelece o quadro das competências e o regime de funcionamento dos órgãos dos municípios e das freguesias. Justifica-se no entanto a menção a esta outra lei visto que a consolidação jurídica da administração local indirecta respeita também, afinal, à distribuição de atribuições e competências das autarquias locais: a devolução de algumas de tais tarefas a outros entes jurídicos incumbidos de as prosseguir sob superintendência dos órgãos autárquicos adita novas componentes à diversificação das actividades e dos sujeitos que as levam a cabo.

Assim sucede desde logo com a previsão da criação de empresas públicas municipais e da participação dos municípios em empresas de capitais exclusiva ou maioritariamente públicos (matéria também disciplinada pela Lei nº 58/98, de 18 de Agosto). A Lei nº 169/99 refere expressamente, por outro lado, a participação dos municípios em outras empresas, cooperativas e fundações (artigo 64º, nº 1, alínea i)) bem como a criação por eles de (ou a sua mera participação em) associações de desenvolvimento regional e de desenvolvimento do meio rural (artigo 64º, nº 2, alínea j)). Também as freguesias poderão participar em empresas de capitais públicos de âmbito municipal para a prossecução de actividades de interesse público ou de desenvolvimento local cujo objecto se contenha nas respectivas atribuições (artigo 17º, nº 2, alínea e)).

Assiste-se assim à possibilitação pelo legislador de uma diversificação dos centros de decisão em matéria de interesses autárquicos (sem prejuízo da sua interconexão) com a provável consequência, a prazo, da medrança de um novo tipo de quadros parapolíticos e executivos ligados ao poder local mas exteriores à função pública autárquica.

**8.** A reformulação legislativa assim sumariada franqueia as portas para mudanças de algum tomo no terreno da vida autárquica. Uma prognose sobre o respectivo sentido há-de, a nosso ver, gizar-se sobre as seguintes interrogações: redução ou aumento da complexidade do sistema administrativo?; recuo ou avanço do Estado?; correcção ou agravamento das assimetrias regionais?

A modulação no tempo e no espaço do grau de transferência das atribuições e competências vem por certo contribuir para a complexidade do sistema da administração local. O tempo dirá se o conjunto bastante diversificado de instrumentos jurídicos de programação e coordenação destinados a contrabalançar esse fenómeno se revelará efectivo na prevenção dos riscos de desagregação e amorfização.

Resta também saber se o avanço do Estado permitido pelo esfumar, numa sociedade urbanizada e infraestruturada, do conceito dos «assuntos locais» será sustado e até compensado em sentido inverso pela transferência de atribuições e competências e pela dos inerentes recursos. Certo é que a crescente complexidade dificulta a identificação de hipotéticas estratégias de recentralização que possam subjazer ao *Welfare State* territorial e às (imprescindíveis) formas de coordenação da Administração Central e da Administração Local.

Finalmente, há que não esquecer que a descentralização poderá tender ao incremento das desigualdades entre populações locais e assim tanto mais quanto mais efectiva for. A médio prazo, a preservação (ou a reconquista) de alguma homogeneidade irá depender da capacidade de retenção de quadros pelas zonas mais desfavorecidas. Seria muito importante que estas pudessem vir a contar com novas faixas etárias de notáveis locais, cultural e tecnicamente preparados para conduzir *in loco* o processo de modernização e empreender com relativa à vontade a concertação com os representantes do Estado e com os agentes económicos.

# Le principe de subsidiarité au Portugal (2000)*

**1.** Sauf erreur de notre part, la première reconnaissance du principe en droit public portugais date de l'entrée en vigueur, dans l'ordre juridique interne, de la Charte européenne de l'autonomie locale. Approuvée par l'Assemblée de la République par la résolution nº 28/90, du 23 octobre 1990, la Charte a été ratifiée par le décret du Président de la République nº 58/90, du 23 octobre 1990. Aux termes de l'article 8, § 2, de la Constitution de la République du Portugal, les normes figurant dans les conventions internationales régulièrement ratifiées entrent en vigueur, dans l'ordre interne, dès leur publication officielle et le restent aussi longtemps qu'elles engagent l'État portugais au niveau international. En vertu de cette clause générale de réception du droit conventionnel énoncée par la Constitution[1], la définition des relations entre l'État et les collectivités locales date de l'entrée en vigueur du principe énoncé à l'article 4, § 3, de la Charte, selon lequel l'exercice des responsabilités publiques doit incomber, de préférence, aux autorités les plus proches des citoyens, l' attribution d'une responsabilité

* In: *Droit Administratif et Subsidiarité*. Bruylant: Bruxelles, pp. 231-246 [título original: 'Portugal'].

[1] Voy. A. Gonçalves Pereira/Quadros, *Manual de Direito Internacional Público*, Coimbra, Almedina, p. 110; J. Miranda, *Direito Internacional Público*, t. Ier, Lisbonne, Pedro Ferreira Editor, 1995, p. 181.

à une autre autorité devant tenir compte de l'ampleur et de la nature de la tâche ainsi que des exigences d'efficacité et d'économie[2].

**2.** Peu de temps après, la loi-cadre de la planification – loi nº 43/91, du 27 juillet 1991 – est venue stipuler, à son article 4, f), que l'élaboration des plans est régie, entre autres, par le principe de la *« supplétivité»* de l'intervention de l'État face au libre fonctionnement de l'initiative privée ainsi que des marchés ouverts concurrentiels. De la sorte, l'on a assisté à l'élargissement de la portée du principe de subsidiarité – quoique que sous un autre nom – du domaine restreint, des relations de l'État avec les collectivités locales à un autre secteur, à savoir celui de la conjugaison des initiatives économiques publiques et privées. Cette deuxième étape de l'histoire de la consécration du principe de subsidiarité n'a cependant pas eu une grande influence. Car les plans dont traite la loi-cadre en question ne sont pas les plans-instruments de gestion territoriale – dont l'importance pratique n'a cessé de s'accroître – mais les plans de développement économique et social visés aux articles 90 à 92 de la Constitution. Or, l'effet de ce dernier type de plans s'est avéré quasiment nul dans la pratique, ce qui conduit une certaine doctrine à parler de la a «crise de la planification économique et sociale dans l'ordre juridique portugais»[3].

**3.** Le principe de subsidiarité est énoncé pour la première fois dans le texte de la Constitution à la suite de la révision extraordinaire de 1992, qui visait l'adaptation de la Loi fondamentale portugaise au Traité sur l'Union européenne, dont le nouvel article 3B consacre le principe de subsidiarité comme idée structurante de l'exercice de compétences concurrentes entre la Communauté et les États membres. Le nouveau texte de la Constitution stipule, en effet, à son article 7, § 6, que a «dans des conditions de réciprocité, dans le respect du principe de subsidiarité et en vue de la réalisation de la

[2] Personne ne conteste au Portugal que le droit international conventionnel postérieur doit prévaloir sur le droit ordinaire portugais antérieur. La plupart de la doctrine se prononce également en faveur de la suprématie du droit international conventionnel antérieur sur le droit ordinaire portugais postérieur. Cette position est d'ailleurs corroborée par la jurisprudence de la Cour constitutionnelle. A ce sujet, voy. E. Batista, *Direito Internacional Público, t.* Ier, Lisbonne, Lex, 1998, p. 440; J. Miranda, *op. cit.*, t. Ier, p. 197.

[3] Voy. M. Rebelo de Sousa/J. Melo Alexandrino, *Constituição da República Portuguesa Comentada*, Lisbonne, Lex, 2000, p. 203.

cohésion économique et sociale, le Portugal peut passer des conventions sur l'exercice en commun des pouvoirs nécessaires à la construction de l'Union européenne».

Le texte constitutionnel ne définit pas la subsidiarité. Le libellé est tellement vague que certains auteurs de doctrine dénoncent le risque d'un «critère de compétence en blanc». En raison de son ambivalence, la disposition admet des lectures opposées pour chaque problème concret. L'attribution de l'exercice des compétences aux États membros ou à la Communauté exige un jugement sur l'aptitude de leurs titulaires à s'acquitter correctement de la tâche en question. Une lecture systématiquement «centraliste» des institutions communautaires, en particulier de la Cour de Justice des Communautés européennes, pourrait par conséquent transformer le concept de subsidiarité en une «vanne de vidange» des souverainetés nationales. Il semble donc important de retenir l'idée selon laquelle le concept, tel qu'il est inscrit dans la Constitution portugaise, est autonome et susceptible d'une interprétation spécifique par la Cour constitutionnelle, basée sur une lecture systématique de la Constitution[4]. Consacré par l'article 7, § 6, de celle-ci, le principe revêt un sens national spécifique, susceptible d'une interprétation autonome par rapport à celle donnée dans le cadre du Traité sur l'Union européenne. Le principe diffère dès lors de la simple transposition d'un principe communautaire en droit interne[5].

**4.** La révision constitutionnelle ordinaire de 1997 a modifié le paragraphe premier de l'article 6 de la Constitution, lequel est désormais rédigé comme il suit: «l'État est unitaire et respecte dans son organisation et son fonctionnement, le régime de l'autonomie insulaire et les principes de subsidiarité, de l'autonomie des collectivités locales et de la décentralisation démocratique de l'administration publique». Cette mention expresse

[4] Voy. BLANCO DE MORAIS, «A Dimensão Interna do Princípio da Subsidiariedade no Ordenamento Protuguês», *Revista da Ordem dos Advogados*, 1998, pp. 786-787 et 819-820.

[5] M. D'OLIVEIRA MARTINS, «O Princípio da Subsidiariedade na Constituição de 1976: Os Trabalhos Preparatórios da Terceira Revisão Constitucional», in J. MIRANDA (édit,), *Perspectivas Constitucionais: Nos 20 Anos da Constituição de 1976*, t. II, Coimbra, Coimbra Editora. 1997, p. 875. Sur la position dominante au sein de la doctrine portugaise en faveur de la suprématie de la Constitution sur le droit communautaire, voy. J. J. GOMES CANOTILHO, *Direito Constitucional e Teoria da Constituição*, Coimbra, Almedina, 1998, p. 726; J. MIRANDA, *Direito Internacional Público*, t. Ier *op. cit.*

et innovatrice du principe de la subsidiarité, dans une disposition où se conjuguent la proclamation du caractère unitaire de l'État et celle de la nature pluraliste de son organisation de base territoriale, affirme clairement l'existence d'un lien direct et nécessaire entre les principes de décentralisation et de subsidiarité. En effet, il s'agit non seulement de garantir l'existence de pouvoirs publics «mineurs» au sein de l'État mais également de stimuler l'élargissement de leur champ d'action au détriment de l'administration centrale[6].

**5.** Après la révision constitutionnelle de 1997, cette nouvelle dimension constitutionnelle du principe de subsidiarité a connu deux concrétisations importantes par la législation ordinaire.

La première concrétisation a trouvé sa place dans la nouvelle loi de base de la politique d'aménagement du territoire et de l'urbanisme – loi nº 48/98, du 11 août 1998 –, qui régule notamment, dans ce domaine, les relations entre les différents niveaux de l'administration publique. L'alinéa d) de l'article 5 de cette loi énonce le principe de subsidiarité en tant que critère de coordination des procédures qui se déroulent aux différents niveaux de l'administration publique de manière à privilégier le niveau de décision le plus proche du citoyen.

La seconde concrétisation est la loi nº 159/99, du 14 septembre 1999. Celle-ci établit un cadre ambitieux de transfert progressif d'attributions et de compétences aux collectivités locales sur une période de quatre ans[7] et déclare au deuxième paragraphe de son article 2, que «la décentralisation administrative assure la concrétisation du principe de subsidiarité, les attributions et les compétences devant être exercées par le niveau de l'administration le mieux placé pour les poursuivre avec rationalité, efficacité et à proximité dos citoyens».

En somme, le principe de subsidiarité abordé en sa qualité de critère de répartition des pouvoirs entre l'État et les autres institutions territoriales et entre celles-ci entre elles a tôt fait de déborder du texte constitutionnel

[6] Voy. V. Moreira, *Administração Autónoma e Associações Públicas*, Coimbra, Coimbra Editora, 1997, p. 251.

[7] Au sujet de la loi nº 159/99 du 14 septembre 1999, voy. égal. Sérvulo Correia, «O Poder das Autarquias Locais – Novas Perspectivas», in *Forum Justitiae – Direito de Sociedade*, nº 10, avril 2000, pp. 46 et s.

qui l'avait accueilli expressément, lors de la révision constitutionnelle de 1997, pour donner lieu à deux lois amenées à jouer un rôle important dans la réalisation effective de cette répartition.

## 1. La subsidiarité fonctionnelle: le rôle subsidiaire de l'État en droit plublic économique

**6.** La Constitution de la République du Portugal ne contient aucune disposition consacrant le principe de la subsidiarité de l'intervention économique de l'État.

Certains auteurs de doctrine, vraisemblablement minoritaires, soutiennent cependant qu'il est possible d'extraire du texte constitutionnel une affirmation implicite du principe de subsidiarité économique de l'État. Les principaux arguments avancés en faveur de cette thèse ne paraissent guère convaincants. Le premier argument tient au principe du respect de la dignité de la personne humaine, consacré par l'article 1er de la Constitution, qui impose à l'État de respecter le principe général de la liberté au niveau de la société civile et de soumettre l'action des pouvoirs publics au principe de l'attribution des compétences. Ce postulat indiscutable n'empêche cependant pas, à notre avis, que, dans le cadre de l'habilitation légale, l'État puisse développer des initiatives économiques publiques sur le marché dès lors qu'il respecte les règles de la concurrence. Un deuxième argument soutient l'idée selon laquelle le principe général de liberté de la société civile fait de l'intervention publique une exception et que la justification la plus logique de l'intervention publique est celle de l'application du principe de subsidiarité. Au contraire, dès lors que sont respectées les règles de la concurrence, l'on n'aperçoit pas les raisons pour lesquelles une initiative économique publique, non renfermée dans un régime d'exception, constituerait une atteinte à la liberté de la société civile. Un troisième argument défend le fait que la consécration constitutionnelle du principe de subsidiarité au niveau de l'organisation administrative impose *a fortiori* que l'État respecte ce même principe dans ses relations avec la société civile. Face à cette opinion, il convient de constater que ce ne sont pas les mêmes raisons qui motivent la détermination des pouvoirs et des devoirs des autorités publiques pour la satisfaction des intérêts collectifs que dans le domaine de l'activité économique. Le critère de la plus grande proximité des administrés n'est pas, en principe, applicable à l'activité économique. Par ailleurs, la rationalité et l'efficacité des agents économiques sont mises à l'épreuve par le marché: il paraît compliqué de pouvoir les utiliser comme conditions préalables de légitimation exceptionnelle d'une initiative publique économique[8].

En somme, notre opinion – qui rejoint apparemment celle de la majorité des auteurs de doctrine portugais – consiste à penser que la Constitution ne fournit aucun fondement à un principe général de limitation de la sphère d'activité publique économique au nom de la réserve – aux individus ou aux organisations privées – de tout ce que ceux-ci sont en mesure de réaliser[9].

**7.** En ce qui concerne l'intervention de l'État, entendu au sens large du terme comme agent économique et non comme simple régulateur de l'économie, la position constitutionnelle est qu'elle est non seulement permise mais qu'elle est même due. L'article 82 de la Constitution consacre, en effet, outre la garantie constitutionnelle de l'existence d'un secteur privé et d'un secteur coopératif et social des moyens de production, la garantie institutionnelle de l'existence d'un secteur public. La Constitution configure donc un modèle d'économie sociale de marché ou d'économie mixte qui a pour composante obligatoire le secteur public de propriété des moyens de production.

Cette caractéristique oblige par conséquent l'État à ne pas se retirer entièrement du marché. La Constitution ne détermine pas les secteurs dans lesquels l'État doit intervenir. Elle habilite simplement le législateur ordinaire à «définir les secteurs de base où l'activité est interdite aux entreprises privées et autres entités de même nature» (article 86, § 3). Ces secteurs ne doivent pas forcément exister. Il s'agit d'une simple faculté dont le législateur ordinaire use, à l'heure actuelle, avec une grande modération, compte tenu d'une politique législative globalement favorable à la privatisation[10].

[8] L'argumentation que nous contestions dans le teme est développée par P. Otero, *Vinculação e Liberdade de Confrontação do Sector Empresarial do Estado*, Coimbra, Coimbra Editora, 1998, pp. 33 et s.

[9] Dans le même sens, voy. V. Moreira, *Administração Autónoma e Associações Públicas*, *op. cit.*, p. 250.

[10] La loi nº 88-A/97, du 25 juillet, interdit aux entreprises privées ou autres entités de méme nature d'exercer les activités économiques suivantes:

*a*) Captation, traitement et distribution d'eau pour la consommation publique, collecte, traitement et rejet des eaux usées ménagèeres, dans les deux cas eu moyen de réseaux fixes, et

L'initiative économique publique n'est toutefois pas limitée aux secteurs fermés à l'initiative privée. La Constitution reconnaît également à l'État une initiative publique générale dans les autres secteurs, même si les moyens et les formes de son exercice doivent obéir au principe de légalité[11]. Cette initiative connaît cependant trois types de limites: les limites qui résultent de la nécessité de poursuivre l'intérêt public; les limites qui sont imposées par les garanties institutionnelles entourant le secteur économique privé et le secteur coopératif et social ainsi que la limite posée par le principe du statut unitaire des agents économiques.

**8.** Selon l'article 266, § 1er, de la Constitution, l'administration publique vise la poursuite de l'intérêt public. L'intérêt public est l'objectif de toute activité administrative. Tous les aspects de l'exercice de la fonction administrative doivent viser un intérêt de la collectivité, individualisé par la Constitution ou par la loi. Le pouvoir de rechercher cet intérêt doit résulter d'une adéquation fonctionnelle. Il en est ainsi même lorsqu'il s'agit de l'exercice d'un pouvoir discrétionnaire, en ce compris le pouvoir discrétionnaire de gestion économique[12].

Deux conséquences en découlent. D'une part, il faut considérer comme invalides les décisions administratives consistant à prendre des initiatives économiques visant la simple obtention d'un profit, c'est-à-dire sans aucune justification relevant de la poursuite de l'intérêt public. D'autre part, doit également être considérée comme invalide la constitution d'une entreprise publique dont l'activité ne s'avère pas être d'intérêt public[13].

collecte et traitement des ordures ménagéres, dans les cas de systèmes multimunicipaux et municipaux;

*b*) Communications par voie postale qui constituent le service public de la poste;

*c*) Transports ferroviaires exploités en régime de service public;

*d*) Exploitation des porte maritimes.

Cependant, la loi stipule aussi que ces activités peuvent être données en concession.

[11] Voy. P. OTERO, *Vinculação e Liberdade de Conformação Jurídica... op. cit.*, p. 125.

[12] Voy. V. GOMES CANOTILHO/MOREIRA, *Constituição da República Portuguesa Anotada 3*, Coimbra, Coimbra Editora, 1993, pp. 922 et e. Sur le concept du pouvoir discrétionnaire de gestion éeonomique en tant que partie d'un pouvoir discrétionnaire plus large, de gestion (*Managementermessen*), voy. M. BULLINGER, *Verwaltungsernessen modern Staat*, Baden-Baden, Nomes, 1986, pp. 154-156.

[13] Voy. P. OTERO, *Vinculação e Liberdade de Confromação Juridica.... op. cit.*, p. 129.

**9.** La deuxième limite à l'initiative économique publique résulte de la garantie institutionnelle d'un secteur économique privé, établie à l'article 82, § 1er, de la Constitution. L'État ne pourrait pas, au regard de celle-ci, développer son initiative économique d'une manière telle qu'il entamerait l'autonomie du secteur privé de l'économie[14].

Cette limite semble être non seulement quantitative mais aussi «sectoriellement» qualitative: l'État ne pourrait pas s'emparer de secteurs stratégiques comme, par exemple, le secteur bancaire, de telle sorte qu'il serait en mesure de conditionner, de manière systématique, l'autonomie des décisions économiques des particuliers.

**10.** Enfin, l'initiative économique publique est également limitée par le principe du statut unitaire des agents économiques. Ce principe représente l'un des vecteurs du principe constitutionnel de l'égalité de traitement. Il constitue aussi le cadre juridique pour une application équitable, aux agents économiques publics et privés, des régimes du droit communautaire, comme celui de la libre concurrence, en ce compris l'interdiction de l'abus de position dominante et celui des aides publiques aux entreprises[15].

**11.** En somme, le système constitutionnel et légal portugais n'empêche pas l'initiative économique publique mais il la limite. Ces limitations semblent cependant conceptuellement distinctes et autonomes du principe de subsidiarité. Dans le cadre d'un marché concurrentiel, l'État ne doit pas faire dépendre ses initiatives économiques d'un jugement sur l'aptitude ou non dos particuliers à mener ces mêmes initiatives à bien, avee efficacité. Il y a des raisons d'intérêt public qui dépassent ce type de considérations et qui justifient, malgré cela, la validité de ces initiatives. Cela ne veut pas dire pour autant que ces initiatives n'aient pas de limites mais celles-ci sont d'un autre ordre. Par ailleurs, l'impératif constitutionnel de l'existence d'un secteur public de l'économie pourrait, en théorie, se heurter aux directives de subsidiarité s'il s'avérait que, dans toutes les situations, l'initiative économique privée était la plus efficace. Cependant, l'impératif constitutionnel devrait quand même prévaloir parce que, selon la vision constitutionnelle, au-delà des raisons d'efficacité de gestion, il en est d'autres relevant de la

[14] Voy. V. Moreira. *Administração Autónoma e Associações Públicas, op. cit.*, p. 250.

[15] Voy. P. Otero, *Vinculação e Liberdade de Confromação Juridica.... op. cit.*, pp. 49-50 et 140-148.

politique économique, sociale et de la sécurité, qui peuvent justifier, voire imposer, l'intervention de l'État en tant qu'agent économique.

## II. La subsidiarité territoriale

**12.** Dans la première partie de ce rapport, il a été question de la base constitutionnelle du principe de subsidiarité territoriale ainsi que de ses principales concrétisations par la législation et par le droit international conventionnel accueilli dans l'ordre juridique portugais. Telle qu'elle apparaît, au paragraphe premier de l'article 6 de la Constitution, comme principe de l'organisation de l'État, la subsidiarité s'applique aussi bien dans le domaine des relations entre l'État et les collectivités locales *(autarquias locais)* du Continent que dans le domaine des relations entre les régions autonomes et les collectivités locales de leurs territoires. La subsidiarité est également applicable dans le domaine des relations entre les collectivités locales de degré supérieur et les collectivités locales de degré inférieur, à savoir entre les municipalités *(municípios)* et les paroisses civiles *(freguesias)*.

**13.** Le Portugal comprend un territoire historiquement défini sur le continent européen ainsi que les archipels des Açores et de Madère. Ces archipels sont des régions autonomes dotées d'un statut politico-administratif et d'organes gouvernementaux propres: des assemblées législatives, d'une part, dotées du pouvoir de légiférer à condition de respecter les principes fondamentaux consacrés par les lois générales de la République et ce, dans les matières présentant un intérêt spécifique pour les régions dès lors qu'elles ne relèvent pas de la compétence dos organes de souveraineté, et des gouvernements régionaux politiquement responsables devant les assemblées législatives, d'autre part (articles 5, § 1er, 6, § 2, 227, § 1er, a) et 231, §§ 1 à 3, de la Constitution). Ces dernières peuvent également développer les lois de base adoptées par les organes de souveraineté et légiférer moyennant une délégation législative de l'Assemblée de la République (article 227, § 1er, e) et b) de la Constitution). Dans le domaine de la compétence réglementaire, les assemblées législatives peuvent adopter des règlements d'application des lois régionales ainsi que des lois générales émanant des organes de souveraineté et dont le pouvoir réglementaire n'est pas réservé à ces derniers (article 227, § 1er, d), de la Constitution).

La répartition des compétences normatives entre les organes de l'État et ceux des régions autonomes no semble pas reposer directement sur le principe de subsidiarité[16]. Les compétences législatives des assemblées régionales soit concernent des matières relevant de l'intérêt spécifique des régions, soit sont exercées en fonction de cet intérêt spécifique (article 227, § 1er, a), b) et c), de la Constitution). L'intérêt spécifique – illustré par des exemples énoncés dans la Constitution et dans les statuts politico-administratifs des régions insulaires – est défini, à l'aliéna o) de l'article 228 de la Constitution, comme correspondant aux «matières qui concernent exclusivement la région en question ou qui y revêtent une configuration particulière ». Il ne s'agit donc pas de comparer les aptitudes de l'État et des régions autonomes à satisfaire les besoins collectifs qui se font sentir sur les territoires insulaires, en distribuant les compétences à la collectivité qui sera en mesure de les poursuivre avec la plus grande efficacité. Il s'agit plutôt de définir un ensemble de besoins spécifiques aux régions autonomes ou qui y revêtent un profil particulier, afin d'en faire le fondement des compétences législatives régionales[17]. Le nombre de listes d'exemples d'intérêts spécifiques figurant dans les statuts politico-administratifs dos régions autonomes dos Açores et de Madère semble confirmer l'idée selon laquelle le critère de l'intérêt spécifique assure une plus grande sphère de compétences que celui de la subsidiarité. Au demeurant, il apparaît à la lumière de la ligne directrice constituée par le principe de l'autonomie politico-administrative, que les régions assument aussi des tâches que l'État serait probablement en mesure de poursuivre avec plus d'efficacité et d'économie.

**14.** Quel est, dès lors, le rôle du principe de subsidiarité dans les relations entre l'État et les régions autonomes? Il joue forcément un rôle. Dans le cas contraire, le paragraphe premier de l'article 6 de la Constitution, dans la partie qui régit également ce type de relations, serait vidé de son contenu.

[16] Voy. F. DE QUADROS, *O Princípio da Subsidariedade no Direito Comunitário após o Tratado da União Europeia*, Coimbra, Almedina, 1995, p. 19.

[17] Avec des exceptions découlant de la réserve de compétence législative des organes de souveraineté et une limite imposée par les principes fondamentaux des lois générales de la République. Sur le concept d'intérêt spécifique, voy. J. MIRANDA, «O Interesse Específico das Regiões Autónomas», in J. MIRANDA/PEREIRA DA SILVA (édit.), *Estudos de Direito Regional*, Lisbonne, Lex, 1997, p. 37.

Il peut toutefois s'agir d'un rôle supplétif de la subsidiarité par rapport à d'autres principes structurant les compétences normatives des régions autonomes[18].

**15.** Le principe de subsidiarité s'applique, par contre, pleinement dans le domaine des relations entre l'État et les collectivités locales du continent et entre les régions autonomes et leurs collectivités locales.

Puisque le texte constitutionnel affirme le principe de subsidiarité sans le définir, il faut chercher les contours de ce concept dans les normes inférieures à la Constitution. Bien que leurs rédactions no coïncident pas tout à fait, la loi nº 48/98 – loi de base de la politique d'aménagement du territoire et de l'urbanisme – et la loi nº 159/99 – qui établit le cadre du transfert d'attributions et de compétences aux collectivités locales – ne s'écartent pas du critère établi à l'article 4, § 3, de la Charte européenne de l'autonomie locale. L'article 5. d), de la loi nº 48/98 réaffirme l'idée de privilégier le niveau de décision le plus proche du citoyen en ce qui concerne la compétence décisionnelle en matière d'aménagement du territoire et d'urbanisme. À son tour, le deuxième paragraphe de l'article 2 de la loi nº 159/99 stipule que les attributions et les compétences doivent être exercées par le niveau de l'administration le mieux placé pour les poursuivre avec rationalité, efficacité et à proximité des citoyens. En somme, malgré l'insuffisance ou l'imperfection de la rédaction, le législateur interprète le principe constitutionnel en s'inspirant de l'article 4, § 3, de la Charte européenne: il peut être dérogé à la règle générale selon laquelle la répartition des attributions et des compétences doit répondre à la règle de la plus grande proximité et ce, compte tenu des exigences d'efficacité et d'économie, lesquelles dépendent naturellement de l'ampleur et de la nature de la tâche.

**16.** À notre avis, le principe de la subsidiarité territoriale dans les relations entre, d'une part, l'État et les régions autonomes et, d'autre part, les collectivités locales s'applique sur deux plans.

[18] Par exemple, Blanco de Morais suggère que le principe de la subsidiarité puisse être invoqué pour écarter l'application de disciplines étatiques de détail ayant un lien objectif avec des principes fondamentaux de lois générales de la République (*Dimensão Interna do Princípio da Subsidariedade no Ordenamento Português, op. cit.* pp. 796-798).

Comme principe constitutionnel, il lie le législateur lors de la répartition des attributions et des compétences. Son respect est, à ce niveau, susceptible d'un contrôle par la Cour constitutionnelle, même si cela ne s'est jamais produit jusqu'à présent.

Par ailleurs, la subsidiarité peut également entrer en ligue de compte non plus comme critère d'attribution des compétences mais comme critère d'exercice des compétences existantes. L'on observe, en effet, dans les sociétés contemporaines, caractérisées par une grande complexité technique, une modification qualitative de la conception de l'autonomie locale. Dans bon nombre de situations, il n'est plus possible de fonder cette autonomie sur un ensemble de matières considérées locales par nature, voire exclusivement locales. Ainsi, la consécration constitutionnelle de l'autonomie locale par l'article 6, § 1er, de la Constitution ne présuppose plus, à l'heure actuelle, des compétences matérielles naturellement attribuées, en exclusivité, aux collectivités locales: elle concerne plutôt la reconnaissance, au profit de ces communautés locales, de pouvoirs d'intervention déterminés par les organes représentatifs dans toutes les matières susceptibles de compromettre ou d'affecter les besoins de leur population. Ce qui signifie que, au lieu de deux séries d'attributions et de compétences étanches et entièrement séparées – celles de l'État et celles dos collectivités locales –, l'on assiste à une superposition croissante des attributions et des compétences de l'État et des collectivités locales portant sur les mêmes domaines matériels et se traduisant par des pouvoirs ayant un contenu semblable.

La superposition des attributions et des compétences dues à l'impossibilité de tracer un ordre juridique local clairement démarqué des attributions et des compétences de l'ordre juridique de l'État ou des régions autonomes nécessite une multitude d'instruments juridiques destinés à rationaliser les interventions régulatrices de l'État et des autorités locales. C'est, par exemple, le cas des contrats «interadministratifs», des accords de partenariat et dos programmes d'action conjointe. Il existe toutefois une technique juridique concurrente à celles-ci: celle de l'utilisation du principe de subsidiarité dans le but de déterminer, dans les situations où l'État aussi bien que les collectivités locales ont des pouvoirs d'intervention sur les mêmes aspects de la vie sociale, quelles sont les attributions et les compétences qui doivent revenir à l'un ou aux autres[19].

[19] Voy. Sérvulo Correia, *O poder das autarquias locais, op. cit.*, pp. 46 et 47.

**17.** Comme il a déjà été précisé, le principe de subsidiarité s'applique également au sein dos collectivités locales puisque celles-ci comportent deux degrés: la municipalité *(município)* et la paroisse civile *(freguesia)*. Tandis que les organes de la municipalité sont *l'assembleia municipal* et un organe collégial exécutif appelé *câmara municipal*, le territoire de chaque municipalité est divisé en paroisses civiles, qui bénéficient chacune d'une assemblée élue au suffrage universal direct *(assembleia de freguesia)*. Cette assemblée élit un organe collégial exécutif dénommé *junta de freguesia*, présidé par le premier citoyen de la liste qui aura gagné les élections à l'assemblée de la paroisse civile. En 1991, le territoire portugais était divisé en 305 municipalités – occupant une surface moyenne de 301 $km^2$ – et 4.208 paroisses civiles – occupant une surface moyenne de 22 $km^2$.

Les paroisses civiles disposent d'attributions dans des domaines qui relèvent également des municipalités: équipement rural et urbain; approvisionnement public; éducation; culture; sports et loisirs; soins primaires de santé; action sociale; protection civile; environnement et salubrité; développement; aménagement urbain et rural et protection de la communauté. Ces attributions des paroisses civiles et la compétence de leurs organes respectifs couvrent la planification, la gestion et la réalisation d'investissement dans les cas et dans les conditions prévues par la loi (article 14 de la loi nº 159/99, du 14 septembre 1999).

II n'y a donc pas, entre les municipalités et les paroisses civiles, une répartition des attributions et des compétences par blocs étanches mais une intervention clairement «co-régulatrice». La loi prévoit la délégation de compétences des *câmaras municipais* aux *juntas de freguesia*, dans le cadre de protocoles (article 66 de la loi nº 169/99, du 18 septembre 1999). Ceci ne veut pas dire pour autant, à tout le moins en théorie, que les paroisses civiles ne puissent pas poursuivre l'ensemble de leurs attributions et exercer toutes leurs compétences indépendamment de ces délégations des lorsqu'elles possèdent – ce qui n'est pas le cas pour la plupart – les moyens financiers et humains nécessaires à cet effet. À ce propos, des conflits de prétentions peuvent également survenir entre les municipalités et les paroisses civiles. Ceux-ci devront être tranchés par les tribunaux administratifs en appliquant le principe de subsidiarité.

**18.** En somme, le caractère récent de l'introduction du principe de subsidiarité dans le texte constitutionnel et dans la législation-cadre relative à la matière de l'aménagement du territoire et de l'urbanisme ainsi que dans le domaine des attributions et des compétences des colleetivités locales ne permet pas encore de traiter ce thème sous une perspective autre que spéculative. Dans quelques années, nous disposerons probablement d'une jurisprudence de la Cour constitutionnelle et de la Cour suprême administrative qui fournira une vision, plus proche des réalités concrètes, sur la manière dont sont exercées les virtualités impératives de la subsidiarité en tant que principe juridique[20].

[20] Ces dernières années, la Cour suprême administrative s'est prononcée en faveur de la constitutionnalité de textos législatifs qui reconnaissent à l'État des attributions et des compétences dans des domaines où les municipalités les exercent également (régulation urbaine comprenant la démolition d'édifices ou d'ouvrages, interruption de travaux, défense du patrimoine culturel, défense de la nature et de l'environnement, etc.). La Cour s'est limitée à juger que rien n'empêchait lo cumul des attributions et des compétences sous la perspective de leurs différentes dimensions territoriales et que l'exercice de ses compétences par l'État no correspond pas à l'exercice d'une tutelle de mérite sur les collectivités territoriales, que la Constitution ne consentirait pas. Voy, not. les arrêts du 4 juillet 1991, af. nº 26889; du 15 décembre 1992, af. nº 27816; du 1º juin 1994, af. nº 33357 et du 17 février 1999. af. nº 35338. Il faut se demander si, à l'avenir, au lieu de la simple acceptation de l'exercice cumulatif de ces attributions et de ses compétences par l'État et par les collectivités locales, il n'y aurait pas lieu de distinguer, dans leur cadre respectif et à la lumière de l'idée de subsidiarité, les parcelles qui doivent revenir à chacune des personnes morales de droit public en situation de «co-régulation».

# As fundações e associações públicas de Direito Privado (2001)*

**1.** Na segunda metade do Século XX, o Direito conheceu – a par das outras ciências e realidades da vida em sociedade – os efeitos da aceleração da História. Não obstante a profunda revolução ocorrida ao longo do Século XIX, dir-se-ia que, ao longo dele, excepto no decurso dos relativamente breves períodos revolucionários e dos tempos de reformulação institucional que se lhes seguiram, o horizonte intelectual de cada jurista evoluiu de forma pausada, quase imperceptível para o próprio. Assim não tem sucedido, porém, com os da minha geração e por certo não irá suceder com as gerações posteriormente lançadas nas tarefas do estudo e da aplicação do Direito.

O tema que agora nos ocupa serve de exemplo. Por coincidência, o primeiro artigo que publiquei numa revista jurídica, no longínquo ano de 1963, versava um problema de qualificação de pessoas colectivas: a natureza pública ou privada dos organismos corporativos de então. Em termos de número de páginas, as conclusões quanto à pertença destes entes ao Direito Público ou ao Direito Privado foram curtas. O exórdio, esse, é que foi proporcionalmente longo e nele, um pouco surpreendido com o meu achado, cheguei à conclusão de que nenhum dos critérios de classificação

* In: *Os Caminhos da Privatização da Administração Pública*. Coimbra: Coimbra Editora, pp. 301-303.

propostos pela doutrina, ou mesmo fórmulas de combinação de vários de entre eles, asseguravam uma base sólida e consistente para arrumar as pessoas colectivas em públicas e privadas.

Tinha já então a consciência de que esta circunstância reflectia uma realidade subjacente mais ampla: a da força da unidade do ordenamento jurídico e do carácter voluntarista e tentativo do esforço da sua seriação em torno dos pólos do público e do privado.

Quase vinte anos mais tarde, porém, ao reflectir, a propósito da redacção das minhas *Noções de Direito Administrativo*, sobre as empresas públicas disciplinadas por um diploma de 1976 e ao concluir pela necessidade de as separar em empresas públicas de direito público e empresas públicas de direito privado, assumiria consciência de que a interpenetração entre Direito Público e Direito Privado não se limitava a dificultar a arrumação num ou noutro dos diversos tipos e subtipos de pessoas colectivas: mais além do que isso, essa interpenetração estendia-se ao interior do estatuto de muitas dessas entidades, nele combinando os afloramentos dos dois magnos sectores do Ordenamento jurídico.

Mas agora, decorridos mais quase outros vinte anos sobre esse novo momento da minha peregrinação no tempo pelo Direito Público, naturalmente que a consciência se me aprofundou outra vez. Hoje, tendo a saber melhor do que em 1982 que a privatização do Direito Público e a publicização do Direito Privado reflectem um cair de barreiras entre Estado e sociedade, um aumento da complexidade intra-sistémica próprio de uma pós-modernidade feita de proliferação de centros de poder e de produção de normas, de co-responsabilização do Estado e dos grupos na determinação das condições de realização dos interesses públicos.

**2.** No entanto, se o Estado de Direito democrático não é incompatível com uma certa desconstrução do aparelho administrativo relativamente homogéneo que a primeira metade do Século XX nos legou, ele não permite por certo que a desconstrução se transforme em arbítrio.

O valor da sociedade plural aponta sem dúvida para um princípio dialógico, que permite articular várias realidades sem as reduzir à unidade. Mas a diversificação institucional tem de processar-se dentro de quadros tendentes a impedir as patologias institucionais. O sistema não deve permitir a formação de estruturas que gerem disfunções à luz dos valores constitucionais e que induzam sistematicamente resultados político-administrativos não optimizados.

A autonomia, presumida fonte de eficiência e criatividade, não pode significar cessação do controlo que garante a efectivação das responsabilidades políticas e jurídicas.

A fuga ao juiz administrativo (juiz não apenas de direitos subjectivos mas também de interesses legítimos) e a fuga ao juiz de contas não podem, pelo seu volume, pôr em causa as garantias institucionais que se encontram na base destas jurisdições.

As válvulas de escape capazes de assegurar soluções institucionais excepcionais para pressupostos atípicos não podem transformar-se em factores de amorfização do sistema organizatório da Administração, sob pena de ficar em causa uma racionalidade mínima sem a qual não pode existir a igualdade.

Estas são preocupações que, não devendo impedir cegamente o recurso às técnicas associativa e fundacional de direito privado na institucionalização de certas actividades de prossecução do interesse público, impõem no entanto a elaboração de um quadro axiológico em cujo âmbito essas soluções inovatórias possam avançar.

# Restrições aos poderes do Governo em matéria de reconhecimento e de alteração dos estatutos de fundações de Direito Privado (2002)*

## § 1º Considerações preliminares

É sabido que, historicamente, a transformação de avultados patrimónios em *bens de mão morta*, isto é, bens retirados do comércio jurídico e insusceptíveis de alienação em virtude de estarem perpetuamente afectos à esfera jurídica de uma pessoa moral, nem sempre foi bem vista pelo poder político. A situação actual é no entanto bem diversa. Ainda assim, os interesses em jogo e, em particular, o facto de os particulares, através das fundações, imobilizarem bens patrimoniais, retirando-os do tráfego jurídico e colocando à disposição do interesse da colectividade, colaborando com a Administração, explicam uma aderência reguladora anómala do direito público[1]. Daí que, como bem sublinha FERRER CORREIA, a fundação seja «o resultado da

* In: *Revista da Ordem dos Advogados* 62º/II, pp. 347-382. Co-autor: RUI MEDEIROS.

[1] V. CARLOS BLANCO DE MORAIS, *Da relevância do Direito Público no regime jurídico das fundações privadas*, in *Estudos em memória do Professor Doutor Castro Mendes*, Lisboa, 1995, pág. 554.

conjunção de duas vontades, a do instituidor e a da autoridade pública»[2], cabendo à Administração Pública importantes poderes.

Em particular, nos termos do nº 2 do artigo 158º do Código Civil, as fundações só «adquirem personalidade jurídica pelo reconhecimento, o qual é individual e da competência da autoridade administrativa». E, de acordo com o disposto no artigo 189º do Código Civil, «os estatutos da fundação podem ser a todo o tempo modificados pela autoridade competente para o reconhecimento, sob proposta da respectiva administração, contanto que não haja alteração essencial do fim da instituição e se não contrarie a vontade do legislador», impondo-se, por conseguinte, uma intervenção determinante do Governo no procedimento de alteração estatutária.

O presente estudo tem, justamente, por objecto a determinação do alcance, em face do regime *geral* aplicável às fundações de direito privado e interesse social reguladas no Código Civil, do poder governamental de reconhecimento e de modificação dos estatutos das fundações. É certo que, no ordenamento jurídico português, legislação especial enquadra alguns tipos de fundações – designadamente, as fundações de utilidade pública administrativa, as fundações de mera utilidade pública e as fundações de solidariedade social. Nestes casos, estando em causa fundações de interesse público, o espaço mínimo e bem delimitado de intervenção do Governo nas fundações de interesse social em geral dá, em larga medida, lugar ao reforço dos poderes de intervenção da Administração[3]. Contudo, no presente estudo, o problema vai ser analisado à luz da normação geral sobre fundações de direito privado e interesse social constante do Código Civil.

## § 2º Limites ao poder administrativo de *reconhecimento* das fundações

**2.1.** O artigo 158º do Código Civil, sobre *aquisição da personalidade*, dispõe que, enquanto «as associações constituídas por escritura pública, com as especificações referidas no nº 1 do artigo 167º, gozam de personalidade jurídica» (nº 1), «as fundações adquirem personalidade jurídica pelo reconhecimento, o qual é individual e da competência da autoridade administrativa» (nº 2).

[2] V. Ferrer Correia, *Le Regime Juridique des Fondations Privées, Culturelles et Scientifiques en Droit Portugais*, in Estudos vários de Direito, 1983, pág. 497.

[3] V. Carlos Blanco de Morais, *Da relevância...*, cit., págs. 577 e segs.

O artigo 188º, por seu turno, concretiza este poder de reconhecimento das fundações, estabelecendo, designadamente, que «não será reconhecida a fundação cujo fim não for considerado de interesse social pela entidade competente» (nº 1). O mesmo artigo acrescenta que «será igualmente negado o reconhecimento, quando os bens afectados à fundação se mostrem insuficientes para a prossecução do fim visado e não haja fundadas expectativas de suprimento da insuficiência» (nº 2).

Em face destas disposições, a primeira questão que cumpre esclarecer é a de saber qual o âmbito da discricionariedade de que beneficia o Governo no acto administrativo de reconhecimento de uma fundação. A resposta deve, antes de mais, ser procurada numa interpretação exegética e imanente ao Código Civil. Mas, para que uma resolução cabal do problema possa ser obtida, é também preciso atender às coordenadas constitucionais neste domínio.

**2.2.** A exigência legal de um acto administrativo de reconhecimento das fundações não surge com o Código Civil de 1966. Pelo contrário, a imposição do reconhecimento da fundação pelo poder público tem uma história antiga – que aqui vai ser sintetizada em termos telegráficos[4] – e, sobretudo, um significado que varia ao longo dos tempos, sendo visível que, no contexto actual, a exigência do reconhecimento das fundações se integra numa matriz neoliberal, bem longe do modelo estatista francês[5]. O que, naturalmente, como se perceberá melhor na exposição subsequente, assume relevância fundamental em sede de limites ao poder de reconhecimento.

**2.2.1.** A afectação de determinados bens a uma finalidade de utilidade social constitui uma prática milenar de uma relação de colaboração entre os indivíduos e as colectividades em que se integram. Mas, mesmo no período pré-liberal, a transformação de avultados patrimónios em *bens de mão morta* nem sempre foi bem vista pelo poder político.

[4] V., para maiores desenvolvimentos, Rafael de Lorenzo Garcia; *El nuevo Derecho de Fundaciones*, Madrid, 1993, 17 e segs.; M. Eugénia Serrano Chamorro, *Las fundaciones: dotación y patrimonio*, Madrid, 2000, págs. 27 e segs..

[5] V. Carlos Blanco de Morais, *Da relevância...*, cit., pág. 570. V., sobre os diversos modelos, por último, *ibidem*, págs. 555 e segs..

Basta recordar que, na fase de construção do absolutismo, o poder real via com maus olhos a multiplicação dos *bens de mão morta*, pois este fenómeno – considerado um instrumento mais ao serviço da vaidade dos seus fundadores do que do interesse público –, não só causava perda das receitas fiscais advenientes do imposto sucessório, como contribuía para a formação de grandes patrimónios com o consequente poder – especialmente nas mãos da Igreja. A figura do *reconhecimento* surge assim como um instrumento nas mãos do Rei de que dependia a existência, a capacidade jurídica e os poderes dos gestores dos bens de mão morta[6].

Os ventos iluministas e revolucionários também não «foram favoráveis a estas instituições, tradicionalmente conotadas com a Igreja»[7].

Desde logo, nesse contexto, assistiu-se à tendência para considerar que entre o indivíduo «e a sociedade política criada pelo contrato social não deviam existir (...), nem corpos intermédios, nem vontades menos particulares do que as individuais, que pudessem perturbar ou corromper a formação da vontade geral»[8].

Por outro lado, as pessoas colectivas, em grande parte eclesiásticas, apareciam como *rivais* perigosos do poder estadual»[9]. De resto, aos olhos dos liberais, as fundações eram «ainda mais perniciosas do que as associações e corporações, precisamente por lhes faltar o elemento pessoal, reduzindo-se a simples afectação permanente de um património aos fins predeterminados pelo seu instituidor»[10].

Enfim, a própria ideia – na altura muito em voga – de que todos os seres que não fossem o indivíduo-humano eram fictícios e de que a personalidade que lhes fosse concedida era um artifício favorecia, outrossim, a concepção de que a personalidade colectiva consubstanciava um favor do poder público que este tinha a faculdade de outorgar ou de recusar como lhe aprouvesse[11].

Foi, pois, sem surpresa que se assistiu na época revolucionária à proibição, emblematicamente marcada pela célebre *Loi Le Chapelier* de 1791, das

[6] V. Carla Amado Gomes, *Nótula sobre o regime de constituição das fundações particulares de solidariedade social em Portugal*, in *RFDUL*, 1999, págs. 158 e segs..

[7] V. Carla Amado Gomes, *Nótula...*, cit., pág. 160.

[8] V. Rui Chancerelle de Machete, *Sobre as fundações e Azeredo Perdigão*, FLAD, 1993, págs. 11 e 12.

[9] V. Marcello Caetano, *Das fundações*, Lisboa, 1961, pág. 50.

[10] V. Rui Chancerelle de Machete, *Sobre as fundações...*, cit., págs. 11 e 12.

[11] V. Marcello Caetano, *Das fundações...*, cit., pág. 52.

congregações religiosas, das corporações de mesteres e das associações operárias. Mas, mesmo superado o período da Revolução, o Direito Continental Europeu do século XIX e, em especial, o Direito francês começou por atribuir a personalidade colectiva «avaramente, e apenas àquelas associações ou fundações constituídas para um fim de utilidade pública. A concessão da personalidade dependia, pois, da verificação, pelas autoridades do Estado, de que o fim prosseguido pela associação ou fundação era de utilidade pública e desse reconhecimento estava dependente»[12].

Da mesma forma, também não surpreende, num contexto em que se olhava com desconfiança para a personalidade colectiva e, de modo especial, para as fundações, a reacção *portuguesa* contra os bens de mão morta concretizada nas leis de desamortização de 1866, 1869 e 1871 e na primitiva redacção do artigo 35º do Código Civil de 1867[13].

**2.2.2.** Seja como for, aquando dos trabalhos preparatórios da elaboração do Código Civil de 1966, uma tal intenção restritiva já não se fez sentir. Pelo contrário, ao menos quanto às fundações, foi visível a preocupação em consagrar um quadro que não obstasse excessivamente à sua criação.

O artigo 15º do Anteprojecto de FERRER CORREIA dispunha, quanto às associações, que, «salvo preceito de lei em contrário, o reconhecimento das associações será individual e da competência do Governo (...)» (nº 1), mas acrescentando, logo a seguir, que «o reconhecimento só deixará de ser concedido quando o fim da associação for contrário à ordem pública»[14]. O artigo 56º estabelecia, por seu turno, que «é aplicável ao reconhecimento das fundações o que vai no disposto no nº 1 do artigo 15º» (nº 1), esclarecendo também que «o reconhecimento só deixará de ser concedido quando o fim da instituição for contrário à ordem pública, ou quando os meios para o atingir forem manifestamente insuficientes» (nº 2)[15].

Mais tarde, o texto saído da 1ª Revisão Ministerial dispunha, no artigo 119º, que «as associações, as fundações e as demais pessoas colectivas

[12] V. MARCELLO CAETANO, *Das fundações...*, cit., pág. 50.

[13] V. RUI CHANCERELLE DE MACHETE, *Sobre as fundações...*, cit., pág. 14. V. ainda MARCELLO CAETANO, *Das fundações...*, cit., pág. 165.

[14] V. FERRER CORREIA, *Pessoas Colectivas – Anteprojecto de um capítulo do novo Código Civil*, in *BMJ*, nº 67, pág. 252.

[15] V. FERRER CORREIA, *Pessoas Colectivas – Anteprojecto...*, cit., pág. 269.

adquirem a personalidade jurídica mediante o acto do reconhecimento, nos termos adiante estabelecidos». O mesmo texto, enquanto em relação às associações se limitava a estabelecer, no nº 1 do artigo 125º, que «*o reconhecimento das associações é individual e da competência do Governo*», determinava, no artigo 147º, não apenas que a mesma regra «*é aplicável ao reconhecimento das fundações...*» (nº 1), mas também, na esteira do Anteprojecto, que «*o reconhecimento só deixará de ser concedido quando o fim da instituição for contrário à ordem pública ou quando os meios para o atingir forem manifestamente insuficientes*» (nº 2). Por aqui se vê que, ao menos quanto às fundações, o princípio geral afirmado era o do reconhecimento e os dois únicos fundamentos para o recusar constituíam, por um lado, a ilegalidade do fim ou sua oposição aos princípios fundamentais da ordem social e, por outro, a insuficiência dos meios da dotação de uma instituição para fim lícito e louvável»[16].

Também MARCELLO CAETANO, na proposta de alteração que apresentou, mantinha o princípio de que a recusa do reconhecimento era excepcional e, nos termos dos nº 2 e 3 do artigo L, só podia ter dois fundamentos. Assim, nos termos do nº 2 do referido artigo, «não poderá ser reconhecida a instituição cujo fim seja ilegal ou contrário ao bem público, à segurança do Estado, à moral ou aos bons costumes». Por outro lado, segundo o nº 3 do artigo L, «quando os bens afectados sejam insuficientes para a prossecução do fim visado e não houver fundados motivos para prever o oportuno suprimento dessa insuficiência, será negado o reconhecimento»[17]. Ou seja, nas próprias palavras do Autor da proposta, se no primeiro caso devia evidentemente ser proibido o reconhecimento, já no segundo devia «deixar-se à autoridade administrativa certa liberdade de apreciação e decisão, pois (...) pode o Estado dispor-se a subsidiar a fundação ou ter elementos que lhe permitam crer que, pela subscrição de sócios ou por outro meio legítimo, a insuficiência será suprida»[18].

**2.2.3.** Assim se chegou ao texto primitivo do Código Civil de 1966. Como é sabido, segundo a solução plasmada na versão originária do artigo 158º do Código Civil, «as associações e fundações adquirem personalidade

[16] V. MARCELLO CAETANO, *Das fundações...*, cit., págs. 176 e 177.

[17] V. MARCELLO CAETANO, *Das fundações...*, cit., pág. 202.

[18] V. MARCELLO CAETANO, *Das fundações...*, cit., págs. 176 e 177.

jurídica pelo reconhecimento, salvo disposição especial da lei» (nº 1), sendo «o reconhecimento (...) individual e da competência do Governo (...)» (nº 2).

O legislador, em vez de optar por um sistema de reconhecimento normativo, consagrou assim, na esteira dos projectos a que se fez referência, um sistema de reconhecimento específico por via administrativa. E, se em relação às fundações, o artigo 188º do texto primitivo incluía já uma referência expressa aos fundamentos para a recusa de reconhecimento, tal não acontecia em relação às associações. Pretendia-se, por esta via, assegurar um controlo administrativo eficaz e extenso das associações. «O Estado podia assim controlar, através de um acto discricionário, a constituição de qualquer associação, a qual ficava dependente, em cada caso, do juízo favorável da autoridade administrativa»[19].

**2.2.4.** A Revolução do 25 de Abril de 1974 modifica radicalmente o estatuto legal das associações. Já vimos, com efeito, que, «na versão primitiva do nº 1 do artigo 158º do Código Civil, num período em que dominavam *algumas* restrições ao direito de associação, o reconhecimento deste tipo de pessoas colectivas era por *concessão*, dependendo de acto de uma autoridade administrativa. Alterado este clima, em Abril de 1974, o Decreto-Lei nº 594/74, de 7 de Novembro, invocando justamente, no seu Preâmbulo, o direito à livre associação como «uma garantia básica de realização pessoal dos indivíduos na vida em sociedade», alterando nessa matéria o Código Civil, consagrou no artigo 4º o reconhecimento normativo das associações»[20].

Em contrapartida, relativamente às fundações, o texto do Código Civil permaneceu inalterado. O próprio artigo 188º do Código Civil, sobre reconhecimento das fundações, não foi objecto de quaisquer modificações.

Assim, e aparentemente, dir-se-ia que a revisão do Código Civil levada a cabo após a Revolução do 25 de Abril de 1974 tinha respeitado unicamente ao reconhecimento das associações, o qual, de harmonia com a liberdade de associação a partir dessa altura plenamente consagrada, deixava de assentar num acto administrativo individual e passava a ser conferido *ope legis*. Pelo contrário, no que toca às fundações, dever-se-ia continuar a reconhecer, com Pires de Lima e Antunes Varela, que se mantinha «o princípio anterior do reconhecimento por concessão individual, cabendo a competência para o

[19] V. Carlos Mota Pinto, *Teoria Geral do Direito Civil*, Coimbra, 1993 (reimp.), pág. 307.

[20] V. Luís Carvalho Fernandes, *Teoria Geral do Direito Civil*, I, Lisboa, 2001, pág. 438.

efeito à autoridade administrativa»[21], pelo que coexistia, com o novo regime de liberdade individual para a constituição de associações, «um regime de fiscalização governativa apertada para a formação das fundações»[22]. Ou seja, como mais recentemente afirmou Rui Machete, tudo apontaria no sentido de que a disciplina das fundações que consta do Código Civil constituiria uma herdeira fiel do cunho liberal hostil às fundações. Isto mesmo seria revelado no método escolhido pelo artigo 188º ainda em vigor «para o reconhecimento de personalidade jurídica, sempre por concessão através de actos administrativos de elevado grau de discricionariedade»[23].

Pela nossa parte, e embora admitamos a conveniência em reformar a legislação em vigor, desde logo no que toca ao modo de atribuição da personalidade jurídica às fundações, recusamos uma tal leitura do Código Civil. Efectivamente, além de o actual regime legal de reconhecimento das fundações não poder ser compreendido à margem da ordem jurídico-constitucional de 1976 (cfr. *infra* 2.3.), são vários os elementos hermenêuticos que, mesmo no plano de uma interpretação exegética imanente à lei, revelam que a exigência do reconhecimento das fundações que se extrai do nº 2 do artigo 158º e do artigo 188º do Código Civil se integra numa matriz neoliberal, bem longe do modelo estatista francês.

**a)** A primeira nota que cumpre reter é a de que, nos termos do Código Civil, o princípio claramente assumido é o da concessão do reconhecimento.

A conclusão transparece já claramente dos trabalhos preparatórios, pois, não só o artigo 56º, nº 2, do Anteprojecto de Ferrer Correia e o artigo 147º, nº 2, do Projecto saído da 1ª Revisão Ministerial estabeleciam expressamente que o reconhecimento só deixaria de ser concedido quando o fim da fundação fosse contrário à ordem pública, ou quando os meios para o atingir se mostrassem manifestamente insuficientes, como também Marcello Caetano, na proposta de alteração que apresentou, mantinha o princípio de que a recusa do reconhecimento era excepcional.

O artigo 188º do Código Civil, ao indicar expressamente os fundamentos para a recusa de reconhecimento das fundações, em flagrante contraste com o silêncio comprometido que, em matéria de reconhecimento de associações,

[21] V. F. Pires de Lima/Antunes Varela, *Código Civil anotado*, I, Coimbra, 1987, pág. 163.

[22] V. F. Pires de Lima/Antunes Varela, *Código Civil anotado*..., I, cit., pág. 164.

[23] V. Rui Chancerelle de Machete, *Sobre as fundações*..., cit., pág. 20.

era adoptado pela versão originária do Código Civil, confirma que o princípio adoptado é o do reconhecimento das fundações, a menos que falte o interesse social ou os bens afectados se mostrem insuficientes. Ou seja, do artigo 188º do Código Civil resulta que o reconhecimento só deve à partida ser negado «no caso de *o fim da fundação não ser considerado de interesse social*, bem como no caso de *insuficiência do património* afectado à fundação»[24].

**b)** É significativo, por outro lado, o modo muito restritivo como o artigo 188º do Código Civil recorta os fundamentos de recusa do reconhecimento da fundação.

A conclusão é, desde logo, evidente no que toca à *insuficiência patrimonial*. Sem dúvida que «não convém ao *interesse público* que se personalize uma fundação quando lhe faltem, e não haja probabilidades seguras de vir a obtê-los, meios bastantes para esta surgir como viável. A intervenção da autoridade administrativa – tratando-se, como se trata, neste caso, de um reconhecimento *individual* ou por *concessão* – servirá precisamente para garantir a existência de um mínimo de viabilidade económica, sem o qual a nova organização técnica e autónoma de interesses apenas irá constituir um *factor de perturbação* no tráfego jurídico»[25]. O Código Civil delimita, porém, em termos muito restritivos este limite ao reconhecimento. É que, desde logo, mesmo nos casos de insuficiência do património, a lei estatui que o reconhecimento só pode ser negado quando «não haja fundadas expectativas de suprimento da insuficiência». Deste modo, havendo tais expectativas, a *insuficiência actual* (no momento do pedido de reconhecimento) não impede o reconhecimento»[26]. De resto, «pode o Estado dispor-se a subsidiar a fundação ou ter elementos que lhe permitam crer que, pela subscrição de sócios ou por outro meio legítimo, a insuficiência será suprida»[27]. Além disso, como lembra MARCELLO CAETANO, no juízo acerca da suficiência do património afectado, está em rigor em causa uma *verificação* e não, propriamente, uma decisão[28].

[24] V. CARLOS MOTA PINTO, *Teoria...*, cit., págs. 311 e 312.

[25] V. A. FERRER CORREIA/ALMENO DE SÁ, *Algumas notas sobre as Fundações*, in *RDE*, ano XV, 1989, pág. 332.

[26] V. LUÍS CARVALHO FERNANDES, *Teoria...*, I, cit., pág. 567.

[27] V. MARCELLO CAETANO, *Das fundações...*, cit., págs. 176 e 177.

[28] V. MARCELLO CAETANO, *Das fundações...*, cit., pág. 74.

Idêntica conclusão afigura-se igualmente inquestionável quando está em causa o juízo sobre o interesse social da fundação. Repare-se que «o regime geral de constituição de uma fundação de direito privado não impõe que, ao escopo do ente, seja necessariamente reconhecido pelas autoridades administrativas um interesse público, mas apenas uma finalidade social. Ora um objectivo de interesse social conforma-se como uma finalidade relativamente indeterminada que, sem prejuízo de dever excluir a instituição de entes fundacionais de fins egoístas ou que beneficiem – a título principal – o fundador ou administradores, admite uma pluralidade de domínios reguláveis. Interesse público e interesse social são pois realidades distintas e a lei civil admite a constituição de entes alicerçados exclusivamente no segundo tipo de interesse»[29]. É visível, aliás, que o legislador português, ao exigir apenas o interesse social da fundação, optou por uma solução bem diferente daquela que chegou a ser admitida nos trabalhos preparatórios de elaboração do Código Civil. É certo que não basta a não contrariedade à *ordem pública*. Mas, ao contrário do que chegou a sugerir MARCELLO CAETANO, o Código Civil também não acolheu a exigência de que o fim da fundação *não seja ilegal ou contrário ao bem público, à segurança do Estado, à moral ou aos bons costumes* – conceitos que, nas próprias palavras desse Autor, implicavam maior latitude de apreciação e permitiam certa margem de discricionariedade de quem decida[30]. Naturalmente, as coisas mudam de figura quando estejam em causa fundações de utilidade pública administrativa, fundações de mera utilidade pública ou fundações de solidariedade social. Nestes casos, as regalias e benefícios fiscais que decorrem da outorga pela administração do referido estatuto deverão ser acompanhadas de um diâmetro mais apertado de controlo e de tutela por parte do Estado. Em contrapartida, tratando-se de fundações privadas de interesse social, a densidade reguladora por parte do direito público é, como se viu, e compreensivelmente, bastante menor[31], contentando-se o legislador civil em proibir o reconhecimento de «substratos patrimoniais que visem apenas realizar o interesse particular de uma ou mesmo de várias determinadas pessoas»[32]. Numa palavra: «a

[29] V. CARLOS BLANCO DE MORAIS, *Da relevância...*, cit., pág. 570.

[30] V. MARCELLO CAETANO, *Das fundações...*, cit., págs. 72 e 73.

[31] V. CARLOS BLANCO DE MORAIS, *Da relevância...*, cit., pág. 570.

[32] V. RABINDRANATH CAPELO DE SOUSA, *O direito geral de personalidade*, Coimbra, 1995, pág. 373, em nota.

expressão *interesse social* não implica que o fim do ente, cujo reconhecimento se requer, seja de *interesse geral* ou de relevância pública, mas tão-só que seja *desinteressado* e que dele emane a título principal uma certa utilidade para a colectividade, estabelecendo-se necessariamente um nexo causal entre esta e os objectivos permanentes da fundação»[33]. Assim, como ensina FERRER CORREIA, o interesse social que justifica o reconhecimento da fundação pode ter um alcance muito diverso, cobrindo desde os fins de caridade aos fins culturais, passando por fins científicos ou artísticos. O Código Civil, sob este aspecto, não faz qualquer distinção nem assinala qualquer preferência[34].

**c)** Como se acaba de verificar, no que diz respeito às *fundações de direito privado e utilidade social*, a ductilidade do escopo obrigatório imposto por lei comporta uma das variantes mais flexíveis do modelo Europeu Continental. Cumpre agora acrescentar que a matriz neoliberal do quadro legal consagrado foi satisfatoriamente reforçada quando a reforma do Código Civil levada a cabo em 1977 operou a revogação do artigo 161º.

Recorde-se que este preceito impunha, sob pena de nulidade, a autorização prévia do Governo para a aquisição, alienação ou oneração de móveis a título oneroso por parte da fundação ou da associação.

A revogação da referida disposição operada pelo Decreto-Lei nº 496/77, de 25 de Novembro, teve justamente «por fim subsidiarizar a intervenção do Estado, suprimindo indesejáveis manifestações tutelares preventivas e conferindo um voto de confiança aos entes fundacionais para a materialização de uma gestão autónoma e emancipada do seu património»[35].

**d)** A delimitação restritiva dos poderes do Governo sobre as fundações privadas de interesse social é corroborada quando, ainda numa leitura sistemática imanente à própria lei civil, se traz à colação, designadamente, a norma que prevê as causas de extinção da fundação.

Não significa isto, naturalmente, que se possa sem mais ignorar as «diferenças existentes entre a idoneidade originária e superveniente do fim, nomeadamente quanto aos interesses e expectativas de terceiros e mesmo aos interesses gerais, da colectividade, de um lado, e das pessoas com direito

[33] V. CARLOS BLANCO DE MORAIS, *Da relevância...*, cit., pág. 573.

[34] V. A. FERRER CORREIA, *Le régime...*, cit., pág. 486.

[35] V. CARLOS BLANCO DE MORAIS, *Da relevância...*, cit., pág. 592.

a receber os bens da dotação, no caso de nulidade, por outro. A extinção da fundação por inidoneidade superveniente do fim tem (...) *custos sociais* que se não verificam no seu não reconhecimento inicial»[36].

Do que se trata é tão-somente de reconhecer que, não só não se deve permitir o reconhecimento da fundação «quando haja, de início, fundamento para a sua extinção»[37], como também os termos restritivos em que o artigo 192º, nº 2, do Código Civil recorta as causas de extinção das fundações por iniciativa da entidade competente para o seu reconhecimento confirma a matriz liberal do sistema em vigor. Na realidade, para além das hipóteses de esgotamento, impossibilidade ou desvio do fim estatutário ou da sua prossecução por meios ilícitos ou imorais, a extinção da fundação só pode ter por fundamento a contrariedade da existência da fundação à ordem pública, isto é, a violação de uma exigência cujo respeito constitui, nos termos do artigo 280º do Código Civil, um requisito geral dos negócios jurídicos.

**e)** Numa palavra, por aqui se vê que, mesmo em face do Código Civil, «o regime jurídico geral atinente ao processo constitutivo das fundações de direito privado em Portugal, se integra de entre os modelos dominantes de direito europeu, numa matriz neoliberal»[38].

A própria expressão legal utilizada pelo legislador civil – *reconhecimento* da fundação – é significativa do alcance limitado dos poderes do Governo neste domínio. É certo que, em rigor, a intervenção administrativa, na personalidade colectiva, «é constitutiva e não meramente declarativa de uma qualidade anterior que se imponha ao Direito»[39]. Mas, como é sabido, «ao reconhecimento anda ligada a ideia de *verificação, ou declaração* de certo facto ou direito anterior»[40].

Logo, «e em síntese, seja o não condicionamento do acto de reconhecimento por parte da administração à natureza ou relevância pública do interesse prosseguido pela fundação de direito privado, seja a essencialidade lógica dos dois pressupostos de reconhecimento (o fim de relevância social e a adequação do património afectado ao escopo prescrito), afastam

[36] V. Luís Carvalho Fernandes, *Teoria...*, I, cit., pág. 569.

[37] V. F. Pires de Lima/Antunes Varela, *Código Civil anotado...*, I, cit., pág. 183.

[38] V. Carlos Blanco de Morais, *Da relevância...*, cit., pág. 570.

[39] V. Luís Carvalho Fernandes, *Teoria...*, I, cit., pág. 436.

[40] V. Marcello Caetano, *Das fundações...*, cit., pág. 49.

a fundação comum de direito privado português do modelo estatista francês. Tal facto aproxima da matriz neoliberal, onde predomina a liberdade relativa de fins e a contenção circunscrita do direito público aplicável»[41].

**2.3.** As considerações anteriores demonstram que, mesmo em face de uma leitura exegética e imanente à lei ordinária das disposições do Código Civil de 1966 respeitantes ao reconhecimento das fundações, a exigência legal do reconhecimento se integra numa matriz neoliberal.

Todavia, mesmo que assim não se entendesse, nunca se poderia aceitar que a simples circunstância de os preceitos legais sobre reconhecimento das fundações permanecerem formalmente inalterados no período subsequente à Revolução do 25 de Abril e à entrada em vigor de uma nova ordem constitucional justificasse a afirmação de que se mantinha o «regime de fiscalização governativa apertada para a formação das fundações»[42]. A razão é simples: o actual regime de reconhecimento das fundações não pode ser compreendido à margem da ordem jurídico-constitucional de 1976.

**2.3.1.** É sabido, com efeito, que a fórmula *Direito Constitucional concretizado* – que não pode obviamente ser absolutizada – não se aplica apenas ao Direito Administrativo. Pelo contrário, o próprio Direito Privado não pode hoje ser lido à margem da Constituição[43]. A conclusão impõe-se, sobretudo, quando, em virtude das cláusulas gerais ou conceitos indeterminados, o legislador civil utiliza normas particularmente abertas[44].

Por outro lado, e uma vez que no âmbito do reconhecimento das fundações propriamente dito está em causa uma actuação administrativa, e já não privada, não oferece qualquer contestação a ideia de que a liberdade de que dispõe o Governo ao controlar, designadamente, o interesse social da fundação não pode ser delimitada à margem das coordenadas constitucionais aplicáveis à Administração.

[41] V. Carlos Blanco de Morais, *Da relevância...*, cit., pág. 570.

[42] V. F. Pires de Lima/Antunes Varela, *Código Civil Anotado...*, I, cit., pág. 164.

[43] V., por todos, Detlef Christoph Göldner, *Verfassunsgsprinzip und Privatrechtsnorm in der verfassungskonformen Auslegung und Rechtsfortbildung*, Berlin, 1969, *passim*.

[44] V., sublinhando justamente o impacto da ordem constitucional sobre o regime das fundações, Rafael de Lorenzo Garcia, *El nuevo Derecho de Fundaciones...*, cit., págs. 127 e segs..

De facto, e em tese geral, ninguém ignora que a desvinculação discricionária «não exprime uma desvinculação perante o direito»[45] e, mais concretamente, que a Administração deve tomar em consideração os preceitos constitucionais no âmbito da actividade não vinculada à lei. Esta «*dependência constitucional da actividade administrativa* – que significa que qualquer decisão administrativa constitui potencialmente uma decisão constitucional»[46] – não se esgota no âmbito da actividade discricionária da Administração em sentido estrito. A própria concretização dos conceitos indeterminados constitui, igualmente, «um *Eldorado*» para a invocação das normas constitucionais[47].

A conclusão toma-se ainda mais clara quando se equaciona o problema na perspectiva específica do acto administrativo de reconhecimento das fundações. Não se esqueça que, quando se discute o alcance do poder de reconhecimento, está também em jogo «o grau de relevância social atribuída ao fenómeno subjacente à personificação colectiva e, também, a maior ou menor medida de intervenção que o Estado entende dever reservar-se na matéria»[48]. Um exemplo flagrante desta afirmação pode encontrar-se na recente – e já referida – «evolução legislativa do reconhecimento das associações, verificada no sistema jurídico português»[49]. Não pode, pois, ser indiferente, para efeitos de determinação do alcance do poder de reconhecimento das fundações conferido ao Governo, a atitude geral adoptada pela Constituição em relação ao fenómeno fundacional.

**2.3.2.** As fundações, como refere Rui Machete, constituem, «a um tempo, veículo precioso para a concretização do espírito criativo da sociedade civil e pedra de toque da importância e respeito tributados pelo

[45] V. A. Castanheira Neves, *O problema da discricionariedade*, in *Digesta*, I, Coimbra, 1995, pág. 540.

[46] V. Hans J. Wolff/Otto Bachof/Rolf Stober, *Verwaltungsrecht*, I, München, 1994, pág. 140.

[47] V. Harald Bogs, *Die verfassungskonforme Auslegung von Gesetzen*, Stuttgart – Berlin – Kōln – Mainz, 1966, págs. 122 e 123.

[48] V. Luís Carvalho Fernandes, *Teoria...*, I, cit., pág. 438.

[49] V. Luís Carvalho Fernandes, *Teoria...*, I, cit., pág. 438.

ordenamento jurídico-político à pessoa humana e à sua autonomia»[50]. A Constituição de 1976 reconhece-as, justamente, nesse duplo plano[51].

**a)** Antes de mais, além de poderem «ajudar a recriar as condições para que um público crítico possa ressurgir e desempenhar, *mutatis mutandis*, as funções sociais de fiscalização e de impulsionador da vida cultural e política por forma similar à desenvolvida pelos *salons* literário-políticos do século XVIII»[52], as fundações são agentes de solidariedade social ao possibilitar que o Estado, no âmbito das actividades de natureza cultural, educativa, científica, artística e social, se remeta à função subsidiária. Efectivamente, «no seu papel de promotores de investigação, de apoiantes da acção educativa, ou de agentes de solidariedade social, no campo da saúde e da assistência, são também importantes veículos de redistribuição de riqueza e do reequilíbrio das desigualdades»[53].

Isto mesmo é expressamente reconhecido pela Constituição a propósito de um dos terrenos privilegiados de actuação das fundações. O nº 3 do artigo 73º da Constituição estabelece, com efeito, que «o Estado promove a democratização da cultura, incentivando e assegurando o acesso de todos os cidadãos à fruição e criação cultural, em colaboração com os órgãos de comunicação social, as associações *e fundações de fins culturais*, as colectividades de cultura e recreio, as associações de defesa do património cultural, as organizações de moradores e outros agentes culturais».

Da mesma forma, no campo da segurança social, o artigo 63º, nº 5, da Constituição dá expressa cobertura às *instituições particulares de solidariedade social e*, nessa medida, às fundações privadas que exercem a sua actividade no campo da segurança social[54]. E repare-se que, com bem assinala JORGE MIRANDA, é duvidoso que se justifique falar aqui em exercício privado de funções administrativas, porquanto «a prossecução de actividades de solidariedade social – segurança social e apoio à família, à infância, aos jovens, aos deficientes ou aos idosos – não é uma função exclusiva do Estado

[50] V. RUI CHANCERELLE DE MACHETE, *Sobre as fundações...*, cit., pág. 5.

[51] V., para uma primeira abordagem ao Direito Constitucional Comparado, M. EUGÉNIA SERRANO CHAMORRO, *Las fundaciones...*, cit., págs., 41 e segs..

[52] V. RUI CHANCERELLE DE MACHETE, *Sobre as fundações...*, cit., pág. 6.

[53] V. RUI CHANCERELLE DE MACHETE, *Sobre as fundações...*, cit., págs. 7 e 17.

[54] V. CARLA AMADO GOMES, *Nótula...*, cit., págs. 161 e segs..

que ele possa ou não descentralizar; é ou pode ser também uma função da sociedade civil»[55].

O projecto não estatista acolhido pela Constituição não se esgota nos dois domínios assinalados. Diversos preceitos da Constituição sobre direitos sociais reforçam a mesma conclusão. Isto já para não falar do princípio da subsidiariedade proclamado no nº 1 do artigo 6º da Constituição[56].

Numa palavra, desde que constituídas e existindo *bona fide*, as fundações são vistas constitucionalmente como entidades que contribuem para a ampliação das liberdades de escolha, para a diminuição do peso do Estado, para a justiça social e para a elevação espiritual das motivações dos comportamentos em sociedade, pelo que são valoradas positivamente pelo legislador constitucional[57].

*b*) A relevância das fundações no plano jurídico-constitucional não se esgota na dimensão objectiva a que se acaba de fazer referência. Pelo contrário, "o estatuto de que gozam as fundações constitui cada vez mais uma nota aferidora do respeito que os ordenamentos jurídicos têm pela personalidade do homem e pelas manifestações da sua autonomia"[58]. E, assim sendo, a temática das fundações transporta-nos directamente para o terreno dos direitos fundamentais.

Desde logo, as fundações, enquanto pessoas colectivas, podem ser titulares, não apenas de direitos de personalidade[59], mas inclusivamente, por força de expressa determinação constitucional (nº 2 do artigo 12º da

[55] V. JORGE MIRANDA, *As associações públicas no direito português*, in *RFDL*, 1986, pág. 64.

[56] V. JORGE MIRANDA, *As associações públicas...*, cit., pág. 64.

[57] V. RUI CHANCERELLE DE MACHETE, *Sobre as fundações...*, cit., pág. 17.

[58] V. RUI CHANCERELLE DE MACHETE, *Sobre as fundações...*, cit., pág. 11.

[59] Como ensina RABINDRANATH CAPELO DE SOUSA (*O direito geral de personalidade...*, cit., págs. 596 e segs.), "há seguramente que reconhecer às pessoas colectivas, porquanto, *v.g.*, titulares de valores e motivações pessoais, alguns dos direitos especiais de personalidade, que se ajustem à particular natureza e às especificidades características de cada uma de tais pessoas jurídicas, ao seu círculo de actividades, às suas relações e aos seus interesses dignos de tutela jurídica". É o que sucede, nomeadamente, com a titularidade pelas pessoas colectivas do "direito à liberdade de acção consentânea com os seus fins estatutários". Mais! Não é de excluir que as pessoas colectivas disponham inclusivamente de um direito *geral* de personalidade, ainda que delimitado pelas respectivas funções estatutárias-legais e com menor extensão do que o das pessoas singulares (V. ainda PAULO MOTA PINTO, *O direito ao livre desenvolvimento da personalidade*, in *Portugal-Brasil Ano 2000*, págs 220 e 221).

Constituição), de direitos fundamentais. E isto porque a acção das fundações constitui, justamente, "um poderoso factor de protecção e progresso da liberdade face às tentações centralizadoras ou até coercivas do poder político e da burocracia pública"[60]. Por aqui se vê, aliás, que, em certo sentido, "os direitos fundamentais das pessoas colectivas são ainda, mediatamente, direitos fundamentais de pessoas físicas", isto é, as pessoas colectivas "desfrutam destes direitos na medida em que isso é necessário para assegurar as posições de pessoas físicas"[61].

Além disso, e sobretudo, a temática das fundações coloca-se inclusivamente no plano de incidência dos direitos fundamentais individuais da pessoa humana consagrados constitucionalmente.

A conclusão impõe-se, naturalmente, naqueles casos em que as fundações não podem ser absolutamente dissociadas da liberdade de associação. Na verdade, à semelhança do que acontece com a distinção entre institutos públicos e associações públicas[62], forçoso é reconhecer que, ao menos quando há co-fundadores, "as *universitates rerum* (...) surgem como um desenvolvimento natural do direito de associação, como uma especificidade técnica da sua concretização"[63]. É certo que, em muitos casos, se mostram claudicantes, como demonstra FERRER CORREIA, as tentativas de configurar corporativamente as fundações em torno das pessoas encarregadas de realizar os desejos do fundador ou até dos beneficiários da fundação[64]. Mas, ao menos nas fundações de instituição colectiva, as coisas mudam de figura, pois, nestes casos, como lembra MOTA PINTO, a fundação resulta de afectação de fundos obtidos por subscrição pública ou, inclusivamente,

[60] V. RUI CHANCERELLE DE MACHETE, *Sobre as fundações...*, cit., pág. 11.

[61] V. J. OLIVEIRA ASCENSÃO, *Direito Civil – Teoria Geral*, I, Coimbra, 1997, págs. 193 e segs. (em especial, 199).

[62] Os diversos elementos a que cumpre atender na distinção entre instituto público e associação pública deixam facilmente antever que a referida dicotomia não é em certos casos tão talhante como parece. Há, na realidade, situações algo indefinidas ou híbridas, ou seja, corporações com componentes institucionais e instituições com elementos corporativos. E, por vezes, as formas mesclam-se a tal ponto que deixa de ser possível inserir certas figuras na categoria da associação ou do instituto. Desse modo, ao lado de corporações e de institutos de *raça pura*, existem pessoas colectivas de composição mesclada (V. VITAL MORELRA, *Administração Autónoma e Associações Públicas*, Coimbra, 1997, págs. 365 e 366).

[63] V. RUI CHANCERELLE DE MACHETE, *Sobre as fundações...*, cit., pág. 15.

[64] V., para a demonstração, A. FERRER CORREIA, *Le régime...*, cit., págs. 483 e 484. V. ainda A. FERRER CORREIA/ALMENO DE SÁ, *Algumas notas sobre as Fundações...*, cit., págs. 336 e 337.

é instituída por uma pluralidade de pessoas outorgando simultaneamente no acto de instituição[65].

Seja como for, mesmo deixando de lado a conexão que pode existir entre a liberdade de associação e o direito de constituir fundações, o problema do estatuto das fundações não pode ser dissociado, depois da revisão constitucional de 1997, do direito fundamental ao desenvolvimento da personalidade consagrado expressamente no nº 1 do artigo 26º da Constituição. Efectivamente, à semelhança do efeito irradiante conferido aos direitos fundamentais em geral pela doutrina e jurisprudência alemãs a partir de uma leitura extensiva do direito ao livre desenvolvimento da personalidade enunciado no nº 1 do artigo 2 da *Grundgesetz*[66], o *novo* direito fundamental estabelecido no artigo 26º, nº 1, da Constituição deve ser visto quer como um direito geral de liberdade quer como um direito à tutela da personalidade nas suas diversas dimensões[67]. Ora, bem vistas as coisas, "a pessoa humana necessita para se realizar de entidades e grupos sociais, que lhe permitam a obtenção de fins colectivos. Não seria legítimo que um Estado banisse a liberdade de associação, ou que impedisse a formação de corpos intermédios de que o homem necessita, consoante a categoria de interesses que estiver em causa"[68]. Concretamente, a faculdade de instituir organizações que, ultrapassando a duração limitada da vida individual, permitem prolongar a afirmação da vontade constitui ainda uma manifestação e realização da personalidade do homem.

Pode, pois, concluir-se que as fundações, "como obra de vocação duradoura, que concretiza uma importante manifestação da personalidade humana, têm de merecer o respeito devido a esta"[69] e, consequentemente, o direito de constituir fundações deve ser visto como uma manifestação do direito fundamental ao desenvolvimento da personalidade – direito, sem dúvida, limitado; mas, apesar de tudo, direito fundamental!

[65] V. Carlos Mota Pinto, *Teoria...*, cit., pág. 283.

[66] V., por todos, e por último, Michael Sachs, *Verfassungsrecht II – Grundrechte*, Springer--Verlag, Berlin / Heidelberg / New York, 2000, págs. 184 e segs..

[67] V. Paulo Mota Pinto, *O direito ao livre desenvolvimento da personalidade...*, cit., págs. 149 e segs. (em especial, 157 e segs.).

[68] V. J. Oliveira Ascensão, *Direito Civil – Teoria Geral...*, cit., pág. 195.

[69] V. Rui Chancerelle de Machete, *Sobre as fundações...*, cit., págs. 6 e 15-16.

**2.3.3.** A conclusão alcançada é decisiva para efeitos da determinação do alcance do poder de reconhecimento das fundações conferido ao Governo.

O estatuto constitucional das fundações e, em especial, a sua raiz nos próprios direitos fundamentais confirmam, agora numa perspectiva constitucional, a inadmissibilidade da adopção, na ordem jurídica portuguesa, de uma visão das fundações segundo o modelo *estadualista* de matriz francesa, isto é, segundo um modelo que, na linha da desconfiança jacobina relativamente aos entes fundacionais, acentua a dimensão publicista do regime das fundações. Pelo contrário, em face do texto actual da Constituição de 1976, se não e necessariamente imposto um modelo fundacional estritamente liberal *à americana* – e, por isso, o artigo 188º do Código Civil não se afigura inconstitucional –, é pelo menos exigível que a intervenção dos poderes públicos no regime jurídico das fundações privadas seja feito segundo um modelo intervencionista liberal[70].

Daí que o Governo, no acto de reconhecimento de uma fundação, esteja constitucionalmente vinculado a substituir a desconfiança em relação às pessoas colectivas de fins desinteressados pela "atitude positiva de acreditar que, em princípio, estas agem em conformidade com a ética e segundo as regras jurídicas"[71]. Sobretudo, a circunstância de o Governo, ao apreciar o pedido de reconhecimento de uma fundação, ser confrontado com uma manifestação do direito ao desenvolvimento de personalidade condiciona inevitavelmente o âmbito do poder discricionário conferido por lei.

***a)*** É bem sabido que o princípio da legalidade da Administração, a custo conquistado ao Estado de Polícia, é hoje um ponto de referência em qualquer Estado de Direito, desde logo devido à sua tripla função: garantia dos particulares, *indirizzo* político e racionalização da actividade administrativa[72].

- A função de garantia dos particulares é facilmente apreensível. É incontestável que o princípio da legalidade, ao sujeitar o poder administrativo a critérios e limites, se assume como um factor de tutela do

[70] V. Carlos Blanco de Morais, *Da relevância...*, cit., págs. 555 e segs..

[71] V. Rui Chancerelle de Machete, *Sobre as fundações...*, cit., pág. 7.

[72] V. J.M. Sérvulo Correia, *Legalidade e autonomia contratual nos contratos administrativos,* Coimbra, 1987, págs. 17 e segs. e 188 e segs.; Bernardo Diniz de Ayala, *O (défice de) controlo judicial da margem de livre decisão administrativa,* Lisboa, 1995, págs. 78 e segs.

particular em face da Administração, que não o poderá lesar a não ser com fundamento na lei, de acordo com os critérios nela estabelecidos e sem violar os limites nela prescritos.

- Para equacionar a função de *indirizzo* político reconhecida ao princípio da legalidade, é importante perceber que a actuação dos entes administrativos tem como sustentáculo de legitimidade a vontade popular e, a partir do momento em que esta se exprime através da Constituição – num primeiro grau – e de actos legislativos – num segundo grau –, o princípio da legalidade conduz necessariamente à ideia de que a Constituição, primeiro, e a lei, depois, devem *orientar* a actividade administrativa. Assim surge a função de *indirizzo* político, sempre ligada à ideia de legitimação democrática. Este apelo ao *indirizzo* político, ou à orientação política, retrata a ideia segundo a qual o princípio da legalidade serve para assegurar o regular escalonamento dos poderes estaduais, garantindo o primado do poder legislativo sobre o poder administrativo. Mas vai mais longe do que essa construção, na medida em que sublinha o facto de a orientação do legislador ao administrador se afigurar compreensível e, mesmo, exigível, dada a mais forte legitimidade democrática do primeiro. Numa palavra: com a sublimação do princípio da legalidade – ilustrado aqui pela obediência devida à Constituição e à lei por parte dos regulamentos administrativos – já não é apenas o Estado de Direito que se quer sedimentar, é também o Estado Democrático que se pretende preservar em toda a sua plenitude.
- Quanto à função de racionalização da actividade administrativa, ela é perceptível, sobretudo, no quadro da teoria dos actos administrativos, exprimindo-se aí, sinteticamente, na ideia de que, primeiro, os problemas devem ser pensados a um nível geral e abstracto (isto é, em sede legal, sem distorções que possam advir da consideração de casos individuais e concretos), só depois devendo surgir as actuações casuísticas da Administração, no quadro previamente traçado pela lei em moldes racionais.

***b***) É sobejamente conhecido, por outro lado, que o princípio da legalidade – proclamado no artigo 266º, nº 2, da Constituição – não pode, nos nossos dias, ser compreendido à margem do princípio da reserva de lei. Ou, o mesmo é dizer, no moderno Estado Social de Direito, o princípio da legalidade da Administração aparece, não apenas como um *limite* da acção administrativa, mas como o seu verdadeiro *fundamento*[73].

Sem dúvida que a vinculação da Administração à lei não deve "desembocar na corrente do controlo total"[74], não devendo a discricionariedade ser vista como "uma espécie de *criminalidade* tolerada"[75] ou situação patológica[76] condenada a desaparecer. É que, nos nossos dias, "o poder administrativo é dotado de uma legitimidade constitucional igual à dos restantes poderes constituídos, sendo num Estado democrático assistido de legitimidade política representativa"[77]. Acresce que a própria lei já não pode hoje ser vista como "a magna carta da liberdade"[78]. O ideal de um "administrador-computador"[79] ou de uma Administração que se limite à "pura execução mecânica da lei"[80] não se enquadra, pois, nas estruturas do actual Estado de Direito.

No entanto, mesmo deixando em aberto a questão de saber se o princípio da legalidade, na vertente da reserva de lei, vale igualmente no âmbito da actividade regulamentar da Administração ou, o mesmo é dizer, se a Constituição autoriza ou não a existência de regulamentos emitidos sem fundamento numa lei ordinária de habilitação, afigura-se claro que o princípio constitucional do Estado de Direito, ao exigir "para cada cidadão a segurança da previsibilidade do futuro"[81], postula uma reserva de norma jurídica. De resto, entre nós, "não parece sofrer discussão que se encontram sujeitos à *reserva de lei,* no sentido de *reserva de norma jurídica,* todos os *actos administrativos ablativos,* isto é, todos aqueles que constituem obrigações, ónus ou sujeições na esfera jurídica do destinatário, e os que extinguem direitos

[73] V. Diodo Freitas do Amaral, *Curso de Direito Administrativo,* II, Lisboa, 2001, págs. 40 e segs..

[74] V Rogério Ehrhardt Soares, *Princípio da legalidade e administração constitutiva,* in *BFDUC*, 1981, págs. 187 e segs..

[75] V. Vasco Pereira da Silva, *Em buscado acto administrativo perdido,* Coimbra, 1996, pág. 61.

[76] V. Eberhard Schmidt-Assmann, *Verwaltungslegitimation als Rechtsbegriff,* in *AöR,* 1991, pág. 364.

[77] V. Paulo Otero, *O poder de substituição em Direito Administrativo,* I, Lisboa, 1995, pág. 109.

[78] V. Rogério Ehrhardt Soares, *Direito público e Sociedade Técnica,* Coimbra, 1969, pág. 154.

[79] V. Rogério Ehrhardt Soares, *A propósito dum projecto legislativo: o chamado Código do Processo Administrativo Gracioso,* in RLJ, ano 115º, pág. 18.

[80] V. Rogério Ehrhardt Soares, *O princípio...*, cit., pág. 188.

[81] V. J. M. Sérvulo Correia, *Legalidade...*, cit., pág. 289.

subjectivos, direitos potestativos, poderes e faculdades ou estabelecem limites ao seu exercício"[82]. Mais: num Estado interventor que se propõe realizar a democracia económica, social e cultural, a protecção da esfera individual reclama a prévia definição das próprias "condutas administrativas prestadoras das quais esteja dependente o destino pessoal dos cidadãos: a adaptação da função garantística da legalidade às características do Estado Social de Direito justifica e impõe o alargamento da *reserva de norma jurídica* à administração de prestação"[83].

*c*) O princípio da reserva (relativa) de lei não é um princípio meramente formal. O princípio da reserva de lei inculca, além de uma exigência de clareza das normas legais (de uma norma obscura ou contraditória pode não ser possível, através da interpretação, obter um sentido inequívoco, capaz de alicerçar uma solução jurídica para o problema concreto), *a exigência de densidade suficiente* na regulamentação legal. Um acto legislativo que não contenha uma disciplina suficientemente desenvolvida não oferece uma medida jurídica capaz de alicerçar posições juridicamente protegidas dos cidadãos, constituir uma norma de actuação para a Administração, e possibilitar, enquanto norma de controlo, a fiscalização da legalidade e a defesa dos direitos e interesses dos cidadãos[84].

Não basta, por isso, para respeitar plenamente o princípio da reserva de lei, que exista uma norma a atribuir competência para a prática de quaisquer actos administrativos sobre certa matéria. Isso equivaleria, na verdade, "a conceder poderes ilimitados à Administração (...). A norma legal de competência ou de «acção», que concede um poder, tem de demarcar-lhe os limites. Esse é desde logo um corolário da função garantística da legalidade"[85]. Mais: se a remissão, para o juízo subjectivo do órgão, da configuração dos efeitos de direito a produzir nas situações concretas não fosse apenas parcial e complementar de um tipo legal, e se não houvesse uma necessidade paralela de a norma enunciar os pressupostos mínimos do acto, "faltaria *parametricidade*

[82] V. J. M. Sérvulo Correia, *Legalidade...*, cit., pág. 289.

[83] V. J. M. Sérvulo Correia, *Legalidade...*, cit., pág. 292 (bem como, págs. 208-209, em nota).

[84] V. J. J. Gomes Canotilho, *Direito Constitucional e Teoria da Constituição*, Coimbra, 2002, pág. 258. V. ainda Acórdão do Tribunal Constitucional nº 285/92, in *DR*, I-A, 17 de Agosto de 1992; Acórdão nº 289/92, in *DR*, II, 19 de Setembro de 1992.

[85] V. J. M. Sérvulo Correia, *Legalidade...*, cit., pág. 313.

ou *mensurabilidade,* que é uma exigência do Estado de Direito e, também, da racionalidade da organização estadual, que constitui fundamento da legalidade objectiva"[86].

A reserva de lei e particularmente exigente quando estão em causa actuações administrativas agressivas de direitos fundamentais. Não é, aliás, por acaso que a teorização clássica da reserva de lei começou por se alicerçar em torno da fórmula "liberdade e propriedade"[87]. A conformidade à lei implica, concretamente, que o legislador não pode deixar à discricionariedade administrativa a determinação do *conteúdo* e dos *limites* dos direitos fundamentais nos casos concretos[88].

***d***) As considerações anteriores são fundamentais para delimitar mais rigorosamente o âmbito da discricionariedade de que dispõe o Governo quando procede ao reconhecimento de uma fundação. Por outras palavras, o que fica dito afigura-se decisivo para responder ao problema da determinação da liberdade de que goza o Governo no juízo sobre o interesse social (e a oportunidade ou conveniência?) da fundação.

No âmbito do procedimento de reconhecimento do interesse social da fundação, o Governo goza, indiscutivelmente, de uma margem de livre apreciação no que concerne à aplicação do conceito (tipicamente) indeterminado *interesse social da fundação.* Com efeito, estando em causa um poder administrativo do Governo, que se consubstancia na prática de um acto administrativo de reconhecimento da fundação, a verificação do interesse social da fundação envolve a aplicação de um conceito cuja determinação de sentido não se processa somente mediante juízos lógico-discursivos, isto é, em sede de interpretação, requerendo pelo contrário "do órgão que aplica a norma um juízo próprio de valoração, avaliação ou prognose sobre incertezas de carácter causal-teorético"[89]. O conceito verdadeiramente indeterminado caracteriza-se, justamente, por conferir ao órgão competente para a prática do acto administrativo uma margem de livre decisão, pelo que,

[86] V. J. M. Sérvulo Correia, *Legalidade...*, cit., pág. 317.

[87] V., por todas, J. M. Sérvulo Correia, *Legalidade...*, cit., págs. 80 e segs..

[88] V. J. C. Vieira de Andrade, *Os direitos fundamentais na Constituição Portuguesa de 1976,* Coimbra, 2001, pág. 340.

[89] V. J. M. Sérvulo Correia, *Legalidade...*, cit., págs. 321 e segs., e 473 e segs..

no âmbito da indeterminação, o sentido não é extraído mas decidido[90]. Por outras palavras, *"le domaine substantif de la marge de libre administration – c'est-à-dire des choix ou des appréciations conformes aux finalités de la norme qui confère le pouvoir et non interdits par aucun principe ni aucune norme applicables – n'est pas contrôlable par le juge administratif. Si ce contrôle avait lieu, il ne consisterait pas à examiner la conformité de la décision avec des paramètres juridiques. Il s'agirait plutôt de substituer des critères politiques, techniques ou d'expérience du juge aux critères de l'Administration. Or, quand le législateur habilite l'Administration à procéder sous sa propre responsabilité à de telles pondérations d'intérêts ou de jugements de valeur ou de connaissance préalable, il établit une réserve partielle de décision en faveur de l'Administration par rapport au juge"*[91]. O juízo sobre o interesse social da fundação é, por conseguinte, um juízo não vinculado[92], envolvendo um juízo de prognose sobre o interesse social da fundação e sua aptidão para realizar com êxito os objectivos que se propõe[93].

Todavia, embora se reconheça que o poder de reconhecimento do interesse social da fundação confere ao Governo uma importante *prerrogativa de avaliação,* não se pode deixar de sublinhar que a margem de liberdade assim atribuída não lhe confere um poder totalmente insindicável pelos tribunais ou só susceptível de ser atacado contenciosamente com fundamento em desvio de poder (artigo 19º do LOSTA).

É sabido que, em geral, para além da possibilidade de invocação de erro manifesto ou da violação dos princípios constitucionais aplicáveis, a decisão administrativa que aplica conceitos indeterminados pode ser atacada com base em qualquer vício referente aos momentos vinculados do acto administrativo. Como já advertia Marcello Caetano, "se a lei exige um fim lícito para a instituição das pessoas colectivas, ou se proíbe as fundações para fim criminoso, os conceitos de *lícito* e de *criminoso* vinculam a autoridade, que não pode declarar ilícito o que o não é, nem criminoso o que a lei não reputa como tal"[94].

[90] V. J. M. Sérvulo Correia, *Legalidade...*, cit., pág. 332.

[91] V. J. M. Sérvulo Correia/Rui Medeiros/Bernardo Diniz De Ayala, *Vers une protection juridictionelle commune des citoyens en Europe(?)*, in *Towards a Unified Judicial Protection of Citizens in Europe (?)* (org. Epamimondas Spíliotopoulos), Bruylant, 2000, págs. 546 e segs..

[92] V. A. Ferrer Correia, *Le régime...*, cit., pág. 496.

[93] V. Carla Amado Gomes, *Nótula...*, cit., págs. 175 e 176.

[94] V. Marcello Caetano, *Das fundações...*, cit., págs. 72 e 73.

Isto significa, concretamente, que o Governo, no acto de reconhecimento, está limitado pela interpretação da norma legal que exige que a fundação seja de interesse social. Ora, já o sabemos, interesse social não é sinónimo de interesse público. Da mesma forma, uma vez recusada a proposta de MARCELLO CAETANO nesse sentido, o juízo sobre o interesse social da fundação não envolve qualquer apreciação sobre a bondade da fundação à luz do *bem público*, da *segurança do Estado* ou da *política externa*.

O Governo não pode, portanto, ao controlar o interesse social da fundação, apoiar-se em considerações meramente políticas para recusar o reconhecimento da fundação, devendo limitar-se a verificar, segundo um juízo de prognose, o interesse social da fundação e a sua aptidão para realizar com êxito os objectivos que se propõe. E isto porque, justamente, a expressão *interesse social* postula unicamente que o fim do ente, cujo reconhecimento se requer, seja "*desinteressado* e que dele emane a título principal uma certa utilidade para a colectividade, estabelecendo-se necessariamente um nexo causal entre esta e os objectivos permanentes da fundação"[95].

**2.3.4.** A conclusão alcançada não é ainda definitiva. É que, segundo uma determinada concepção, pode considerar-se que, mesmo depois de feita esta ponderação sobre o *interesse social* da fundação, o Governo se encontra "em condições de emitir uma decisão, a qual, por sua vez, traduz um exercício de poderes de livre decisão ou, na formulação tradicional, discricionários"[96]. Um tal entendimento suscita, porém, da nossa parte, as maiores objecções.

– Por um lado, mesmo no plano legal, não se vislumbra habilitação suficiente para um tal entendimento. O artigo 188º do Código Civil, ao indicar expressamente os fundamentos para a recusa de reconhecimento das fundações, em flagrante contraste com o silêncio comprometido que, em matéria de reconhecimento de associações, era adoptado pela versão originária do Código Civil, mostra bem que o princípio adoptado é o do reconhecimento das fundações e que a recusa de reconhecimento deve ter por fundamento a falta do interesse social da fundação ou a verificação de que os bens afectados se mostram insuficientes para cumprir o respectivo escopo estatutário.

[95] V. CARLOS BLANCO DE MORAIS, *Da relevância...*, cit., pág. 573.
[96] V. CARLA AMADO GOMES, *Nótula...*, cit., pág. 176.

Percebe-se por que razão o legislador estabelece estes dois fundamentos de recusa de reconhecimento. É necessário "garantir por via heterónoma a genuinidade da realização do fim desinteressado que as fundações devem em regra prosseguir (...). «*Sendo instituições que reúnem avultados patrimónios, normalmente por dádiva generosa de particulares, é necessário fiscalizá-las para que não haja dissipações de bens e para que as pessoas encarregadas de geri-las não administrem patrimónios no seu interesse pessoal, mas no interesse geral que preside à afectação dos bens aos respectivos fins*». Trata-se virtualmente de uma exigência de *ordem pública*, em sentido amplo"[97]. Há que impedir, por exemplo, o exercício pelas fundações de actividades lucrativas isentas de tributação fiscal – o que é ainda agravado pela concorrência desleal com as sociedades comerciais que propicia – ou a criação de fundações – *maxime*, de carácter familiar – unicamente para evitar que os herdeiros dos instituidores paguem impostos sobre sucessões relativamente a obras de arte valiosas[98]. Este controlo, na perspectiva do legislador, é suficiente. Por isso, uma vez verificado o interesse social da fundação e a suficiência do respectivo património, não há espaço na lei para admitir um poder discricionário de decisão quanto ao reconhecimento.

– Em segundo lugar, o princípio da reserva de lei, enquanto limite à actuação discricionária, postula que os termos con cretos da intervenção governamental no campo dos direitos fundamentais constem de lei, não sendo legítimo que "dependam de um juízo de oportunidade e conveniência da própria autoridade administrativa, não previsível ou mensurável pelos particulares, nem controlável (senão negativamente) pelos tribunais"[99]. Ora, como facilmente se percebe, se mesmo depois de reconhecer o interesse social da fundação e a suficiência do respectivo património fosse permitido recusar discricionariamente o reconhecimento da fundação, o Governo

[97] V. Carlos Blanco de Morais, *Da relevância...*, cit., pág. 555. A isto acresce, no caso de fundações que prosseguem *fins qualificados* como de utilidade ou relevância pública, a necessidade de assegurar, atentos os benefícios, nomeadamente fiscais, que a fundação recebe do Estado, que os entes fundacionais em causa merecem objectivamente os privilégios que lhes foram conferidos. Para o efeito, o Estado auto-investe-se de um poder de fiscalização (e em certos casos de eventual tutela) destinado a avaliar, num plano de controlo de legalidade e oportunidade, esse merecimento (*ibidem*).

[98] V. Carlos Blanco de Morais, *Da relevância...*, cit., pág. 561.

[99] V. J. C. Vieira de Andrade, *Os direitos fundamentais...*, cit., pág. 341.

disporia de uma *cheque quase em branco* que lhe permitiria anular a manifestação do direito ao desenvolvimento de personalidade consubstanciado no acto de instituição da fundação. O que, obviamente, não se afigura compatível com as exigências que se extraem, como vimos, do princípio da reserva de lei.

- Enfim, a concepção que aqui se repudia arranca de uma clara acentuação da vertente pública das fundações privadas. As fundações privadas de interesse social são, assim, configuradas como uma espécie de pessoas colectivas privadas com *alma pública*[100].

Neste sentido, e em última análise, o Estado poderia inclusivamente controlar a constituição das fundações, consciente de que estas poderiam revestir uma dimensão ou uma influência que as tomasse *entes poderosos* em face do Estado[101].

Só que, já o sabemos, quer por força da regulamentação legal em vigor, quer em virtude das coordenadas constitucionais aplicáveis, o modelo vigente quanto às fundações comuns de direito privado não se reconduz, de modo algum, ao modelo estatista francês. E, na matriz neoliberal adoptada entre nós, onde predomina a liberdade relativa de fins e a contenção circunscrita do direito público aplicável, não há espaço para admitir que o Governo, não obstante ter reconhecido o interesse social da fundação e a suficiência da respectiva dotação, possa considerar, por exemplo, que "a existência de mais uma fundação com aqueles objectivos, num dado âmbito territorial, é dispensável"[102]...

## § 3º Limites ao poder administrativo de *modificação dos estatutos* das fundações

**3.1.** As considerações anteriores permitem agora determinar melhor o alcance do poder de modificação dos estatutos das fundações de direito privado e interesse social conferido por lei ao Governo. Recorde-se que, nos termos do artigo 189º do Código Civil, "os estatutos da fundação podem

[100] V. Carla Amado Gomes, *Nótula...*, cit., págs. 169 e segs..

[101] V. Carlos Mota Pinto, *Teoria...*, cit., pág. 280.

[102] V. Carla Amado Gomes, *Nótula...*, cit., pág. 174.

ser a todo o tempo modificados pela autoridade competente para o reconhecimento, sob proposta da respectiva administração, contanto que não haja alteração essencial do fim da instituição e se não contrarie a vontade do legislador". Ora, como vamos agora confirmar, também neste domínio a perspectivação das fundações à luz da matriz neoliberal acolhida no Código Civil e imposta pela Constituição permite delimitar melhor o poder que ao Governo cabe nesta matéria.

**3.2.** Já vimos, mais atrás, que, ao menos quando há co-fundadores, "as *universitates rerum* (...) surgem como um desenvolvimento natural do direito de associação, como uma especificidade técnica da sua concretização"[103]. Mas, como igualmente assinalámos, mesmo quando não estão em causa entes fundacionais de instituição colectiva, as fundações, "como obra de vocação duradoura, que concretiza uma importante manifestação da personalidade humana, têm de merecer o respeito devido a esta"[104]. A afirmação não é irrelevante em matéria de alterações aos estatutos das fundações, visto que o próprio tipo de pessoa colectiva em causa – fundação – deixa claro que ela se destina a assegurar uma projecção da personalidade no tempo que, em princípio, excede a duração da vida do fundador.

**3.3.** Naturalmente, como é óbvio, a determinação, no artigo 189º do Código Civil, de que a modificação dos estatutos de uma fundação não contrarie a vontade do fundador e não envolva uma alteração essencial do fim da instituição não pode ser tomada como sinónimo de proibição de toda e qualquer modificação dos estatutos instituídos pelo fundador. Se assim fosse, a regulação do Código Civil seria contraditória quando admite a modificação dos estatutos a todo o tempo.

A própria *vontade do fundador*, para o efeito do artigo 189º do Código Civil, não equivale a tudo aquilo que ele tenha posto nos estatutos. Embora a circunstância de os estatutos haverem sido lavrados pelo instituidor contribua para limitar a liberdade da sua alteração[105], essa restrição nunca poderá ser absoluta, sob pena de se poderem gerar impasses. As circunstâncias podem

[103] V. Rui Chancerelle de Machete, *Sobre as fundações...*, cit., pág. 1S.

[104] V. Rui Chancerelle de Machete, *Sobre as fundações...*, cit., págs. 6 e 15-16.

[105] V. Pires de Lima/Antunes Varela, *Código Civil Anotado...*, I, cit., p. 184.

evoluir por modo a tornar impossível ou muito inconveniente para a fundação a manutenção de certos preceitos dos estatutos iniciais.

**3.4.** Todavia, mesmo no caso de instituição da fundação por testamento, há limites não despiciendos – quer materiais quer procedimentais – ao poder de alteração dos estatutos.

Concretamente, e começando pelo plano material, embora seja evidente que a personalidade jurídica do indivíduo se extingue com a morte, a verdade é que, enquanto dura, ela envolve uma autonomia de realização que compreende, nos termos que o próprio Direito não vede, a conformação para além da morte de aspectos da vida social que traduzem a perduração do modo como o indivíduo quis desenvolver a sua personalidade. Por outras palavras, o desenvolvimento da personalidade constitucionalmente garantido passa também (ou pode passar...) pela conformação de realidades que sobreviverão àquele indivíduo que se realiza agindo através da constituição de uma fundação. É também,, naturalmente, o caso do exercício da capacidade testamentária.

Ora, bem vistas as coisas, não são precisas muitas considerações para explicar que esta faceta do direito fundamental ao desenvolvimento da personalidade ficaria desvirtuada se, após a morte do fundador, pudessem ser livremente alterados os elementos essenciais da fundação por ele iniciada. A fundação destina-se a fazer perdurar no tempo uma pretensão individual. Não custará por isso a compreender que, naquela parte em que requer que a modificação dos estatutos da fundação se faça "contanto que não haja alteração essencial no fim da instituição e se não contrarie a vontade do fundador", o artigo 189º do Código Civil mereça ser entendido como norma concretizante do conteúdo do direito fundamental ao desenvolvimento da personalidade consignado no texto constitucional. A sua inobservância está, pois, legal e constitucionalmente interdita[106].

[106] A menos que, à luz de um raciocínio de ponderação, o não atendimento da vontade do fundador ou do fim da instituição possa ser justificado pela prevalência, em face das circunstâncias do caso concreto, do peso de outros direitos fundamentais ou valores constitucionalmente protegidos que se apresentem em colisão – e, ainda assim, por força do artigo 18º, nº 2, da Constituição, uma tal inobservância teria de se confinar a aspectos parcelares e dentro de critérios de estrita necessidade.

O apuramento da *vontade do fundador* terá pois de ser objecto de um trabalho hermenêutico que afaste a arbitrariedade e assegure a racionalidade jurídica da modificação. A nosso ver, o percurso metodológico deve compreender três etapas.

- Em primeiro lugar, sobretudo quando os estatutos hajam sido lavrados pelo próprio fundador, devem excluir-se as modificações ditadas por simples propósitos de aperfeiçoamento, cingindo-as às situações em que a alteração superveniente de circunstâncias torne a modificação imperiosa.
- Em segundo lugar, por analogia com aquilo que se dispõe no nº 2 do artigo 190º do Código Civil, a nova solução resultante da modificação dos estatutos dever-se-á manter tão próxima quanto possível da solução inicialmente consignada[107].
- Resta ainda, em terceiro lugar, considerar aquelas hipóteses em que o texto inicial dos estatutos não ofereça qualquer *parâmetro de proximidade* para a modificação imposta pela alteração de circunstâncias. Nesses casos, afigura-se-nos de aplicar por analogia o regime da conversão dos negócios jurídicos, estabelecido pelo artigo 293º do Código Civil. Significa isso considerar admissíveis aquelas modificações dos estatutos relativamente às quais se possa supor – em face dos fins da fundação tal como o fundador os arquitectou – que o fundador as teria querido se tivesse previsto a mudança de condicionalismo. Mas se houver várias soluções alternativas sem que se descortinem razões para concluir qual delas o fundador preferiria, cremos que bastará um juízo negativo, ou seja, de que a nova solução estatutária pretendida pela administração da fundação não constitui solução que o fundador não tivesse querido.

**3.5.** Por outro lado, no plano procedimental, a perspectivação das fundações a partir de um paradigma não estatista – iluminado pelo enquadramento das fundações no contexto dos direitos fundamentais – revela o alcance limitado do poder do Governo em matéria de alteração dos estatutos da fundação.

[107] O artigo 190º do Código Civil disciplina a transformação do fim da fundação, quando ocorrer qualquer das *facti species* exaradas no seu nº 1. Para tais casos, dispõe o que "o novo fim deve aproximar-se, no que for possível, do fim fixado pelo fundador".

O nosso ponto de partida é a natureza institucional das fundações, ou seja a sua natureza de obra ou empreendimento que se rea liza e dura juridicamente[108]. Nas palavras de HAURIOU, o grande fundador da teoria institucionalista do Direito, a instituição personalizada tem de possuir como elemento "um poder de governo organizado para a realização da ideia de empreendimento e ao seu serviço"[109]. Aplicada às fundações, esta ideia significa que a sua continuidade no tempo tem de ser organicamente assegurada por uma administração. Embora sem ter necessariamente uma base corporativa, própria das direcções das associações, as administrações são, nas fundações, os órgãos sobre os quais repousa a adaptação aos novos tempos da ideia de obra que imprime carácter à pessoa colectiva. Por isso, o artigo 189º do Código Civil, dispondo para as fundações em geral, embora atribua competência para a modificação dos estatutos à autoridade competente para o reconhecimento, faz depender tal alteração da proposta da administração da fundação. É a esta que cabe adaptar a *ideia de obra ou empreendimento* aos novos momentos, como manifestação da vida própria da instituição.

Em contrapartida, à autoridade competente para o reconhecimento incumbe tão-só – sob pena de uma inversão de papéis graças à qual o Estado substituiria o seu poder ao papel da autonomia privada no seio da sociedade civil – proceder ao controlo pela negativa, ou seja, o poder de excluir as modificações que não correspondam à metodologia anteriormente traçada. Em particular, nos casos em que nenhum raciocínio teorético-dedutivo possa conduzir ao apuramento objectivo de um único sentido legítimo para a modificação dos estatutos, apenas caberá à autoridade competente para o reconhecimento opor-se a uma solução que manifestamente não seja próxima da solução inicialmente consignada (quando pareça líquido que o pudesse ser) bem como, quando não existam soluções próximas, opor-se a uma solução que manifestamente o fundador não poderia ter querido.

Em suma, para efeitos do artigo 189º do Código Civil, à autoridade competente para o reconhecimento cabe unicamente um poder de *controlo negativo*, o qual apenas envolve a faculdade de rejeitar as modificações que manifestamente se não compaginem com os parâmetros hermenêuticos atrás mencionados.

[108] V. HAURIOU, *Teoria dell'istituzione e della fondazione*, Milão, 1967, págs. 12 e 13.

[109] V. HAURIOU, *Teoria...*, cit., pág. 19.

## § 4º Considerações finais

O estatuto constitucional das fundações e, em especial, a sua raiz nos próprios direitos fundamentais confirmam, numa perspectiva constitucional, a inadmissibilidade da adopção, na ordem jurídica portuguesa, de uma visão das fundações segundo o modelo *estadualista* de matriz francesa.

Pelo contrário, em face do texto actual da Constituição de 1976, se não e necessariamente imposto um modelo fundacional estritamente liberal *à americana,* é pelo menos exigível que a intervenção dos poderes públicos no regime jurídico das fundações privadas seja feito segundo um modelo intervencionista liberal[110]. Daí que o Governo, seja no acto de reconhecimento de uma fundação, seja no exercício do poder de modificação dos seus estatutos, esteja constitucionalmente vinculado a substituir a desconfiança em relação às pessoas colectivas de fins desinteressados pela "atitude positiva de acreditar que, em princípio, estas agem em conformidade com a ética e segundo as regras jurídicas"[111], assumindo fundamentalmente um papel de fiscal, pela negativa.

[110] V. Carlos Blanco de Morais, *Da relevância...*, cit., págs. 555 e segs.
[111] V. Rui Chancerelle de Machete, *Sobre as fundações...*, Cit., pág. 7.

# Droit constitutionnel des collectivités territoriales au Portugal (2015)*

## § 1. La place du pouvoir local dans la structure systématique de la Constitution de la République Portugaise

**1.** La Partie III de la Constitution de la République Portugaise (CRP) est consacrée à l'«Organisation du pouvoir politique». Cette Partie III est divisée en titres, parmi lesquels le Titre VIII concernant le «pouvoir local»[1]. En choisissant cet intitulé pour le titre concernant les collectivités territoriales (*autarquias locais*) le constituant a affirmé clairement qu'elles font partie du pouvoir politique. Ce qui signifie qu'elles s'articulent selon un schéma de séparation verticale des pouvoirs avec les organes de l'État et des régions autonomes détenteurs du pouvoir législatif et avec le Gouvernement en tant qu'organe supérieur de l'administration publique (CRP, art. 182). Le concept constitutionnel de pouvoir local signifie donc que les *autarquias*

* In: *Le droit constitutionnel des collectivités territoriales. Aspects de droit public comparé*. Boulogne-Billancourt: Berger-Levrault, pp. 155-174 [= O Direito Constitucional das coletividades territoriais em Portugal. *Cadernos Sérvulo de Direito Público* #01/2015; = O Direito Constitucional das autarquias locais em Portugal. *Questões Atuais de Direito Local* 11 (2016), pp. 7-30].

[1] Les autres titres de la Partie III sont les suivants : Principes généraux (I); Président de la République (II); Gouvernement (IV); Tribunaux (V); Cour constitutionnelle (VI); Régions autonomes (VII); Administration publique (IX); Défense nationale (X).

*locais* ne représentent pas une simple administration autonome (comme les associations publiques ou les universités) mais qu'elles sont des entités qui impliquent nécessairement différentes formes de participation populaire d'ordre politique[2].

En incluant l'autonomie des *autarquias locais* parmi les limites matérielles de la révision constitutionnelle (art. 288, n)), la CRP souligne une fois de plus qu'elles ne sont pas ni ne sauraient devenir une administration indirecte de l'État. Au contraire, les *autarquias locais* constituent des réalités historiques antérieures à la Constitution, que celle-ci décide d'intégrer dans la sphère du pouvoir politique tout en préservant leur identité propre[3].

## § 2. Le concept constitutionnel de pouvoir local et de *autarquias locais*

**2.** Dans la CRP, l'expression «pouvoir» n'apparaît que dans l'intitulé du Titre VIII de la Partie III. Elle y figure comme une synthèse du rôle reconnu à l'administration locale en tant que pilier de l'organisation démocratique de l'État et socle institutionnel de la poursuite des intérêts originaires des populations des circonscriptions marquant la division du territoire de l'État. L'expression d'une volonté politique de chacune des populations des parcelles territoriales institutionnalisées en *autarquias* présuppose qu'elle se fasse au travers d'organes propres, dotés de légitimité démocratique pour les représenter. La Constitution répond à ce désidérata en établissant les règles élémentaires sur la structure et la base élective des organes des *autarquias locais*.

**3.** Dans la CRP, les concepts de pouvoir local et d'*autarquias locais* apparaissent indissociablement liés. Comme l'écrit Jorge Miranda, bien que l'expression *autarquias locais* soit antérieure à l'actuelle Constitution, en insérant «le pouvoir local dans le cadre du pouvoir politique, celle-ci veut [...] l'imprégner d'un contenu plus riche et plus solide que celui qu'avaient eu les *autarquias locais* à n'importe quel moment du passé. Ces *autarquias* ne

[2] Melo Alexandrino, *Direito das Autarquias Locais*, in: Paulo Otero/Pedro Gonçalves (Coord.), *Tratado de Direito Administrativo Especial*, IV, Coimbra: Almedina, 2010, p. 69 et 70.

[3] Gomes Canotilho/Vital Moreira, *Constituição da República Portuguesa Anotada*, II, 4ª ed., Coimbra: Coimbra Editora, 2010, p. 1018 et 1019; Melo Alexandrino, *Direito das Autarquias Locais*, cit., p. 69.

sont plus une simple instance administrative pour devenir une instance du pouvoir politique»[4].

Il vaut la peine de transcrire l'art. 235 de la CRP, qui constitue véritablement la clé du régime constitutionnel du pouvoir local:

> «(*Autarquias locais*)
>
> 1. Les *autarquias locais* font partie de l'organisation démocratique de l'État.
>
> 2. Les *autarquias locais* sont des personnes morales territoriales dotées d'organes représentatifs, qui visent la poursuite des intérêts de leurs populations respectives.»

Le terme *autarquia* a d'abord été reçu dans le droit portugais à partir du droit italien, où il avait été introduit à la fin du XIXe siècle par SANTI ROMANO, pour définir la position des collectivités locales et des établissements publics dans le cadre de l'ordre juridique. Lié en Italie à une idée d'administration indirecte de l'État, ce terme fut remplacé par celui d'autonomie à partir de 1947[5]. Au Portugal, au moment de l'adoption de la Constitution de 1976, il a été jugé préférable de ne pas remettre en cause une locution aussi fortement enracinée dans le langage courant. On a plutôt préféré le doter d'un contenu correspondant aux impératifs de l'État de droit démocratique et de l'administration autonome. Le paragraphe 1 de l'article 235 de la CRP dispose que les *autarquias locais* s'intègrent dans le cadre de l'administration publique et qu'elles correspondent à des collectivités infra-étatiques. Et le paragraphe 2 que leurs organes sont investis de représentativité démocratique, qu'ils gèrent les intérêts de collectivités territoriales dont l'étendue est plus restreinte que celle de la communauté nationale (et également que celle de la communauté régionale, dans les archipels des Açores et de Madère) et qu'ils le font en termes d'autogouvernement sous leur propre responsabilité[6].

[4] V. JORGE MIRANDA, Commentaire à l'article 235 de la CRP, in: JORGE MIRANDA/RUI MEDEIROS (Coord.), *Constituição Portuguesa Anotada*, III, Coimbra: Coimbra Editora, 2007, p. 444.

[5] V. ANTÓNIO CÂNDIDO DE OLIVEIRA, *Direito das Autarquias Locais*, 2ª ed., Coimbra: Coimbra Editora, 2013, p. 128.

[6] *Eigenverantwortlichkeit*, en allemand.

## § 3. Les catégories d'*autarquias locais*

**4.** La CRP énonce les catégories d'*autarquias locais*. Selon les deux premiers paragraphes de son article 236:

> «1. Au territoire continental, les *autarquias locais* sont les *freguesias*, les municipalités et les régions administratives.
> 2. Les régions autonomes des Açores et de Madère sont divisées en municipalités et en *freguesias*».

La clarté de cette catégorisation contraste néanmoins avec une certaine indéfinition contenue au paragraphe 3 du même article:

> «3. Dans les grandes agglomérations urbaines et dans les îles, la loi peut fixer d'autres formes d'organisation territoriale locale tenant à leurs caractéristiques particulières».

Nous passons en revue ci-après les catégories d'*autarquias locais* telles qu'elles découlent du cadre constitutionnel. Il est à noter que ce cadre est unanimement considéré comme impératif: le principe de la typicité préside à l'énonciation des catégories d'*autarquias locais* dans le texte constitutionnel. Elles sont assorties d'un *numerus clausus* que le législateur doit respecter et qui lui interdit de créer de nouvelles catégories[7].

### A. Les régions administratives

5. Les régions administratives sont les plus grandes *autarquias locais*. Cette catégorie a été introduite par la Constitution de 1976: auparavant, le droit public portugais n'avait pas connu d'*autarquias locais* de cette nature. Selon l'article 257 CRP, leurs attributions sont, «notamment, la direction des services publics et les tâches de coordination et de soutien de l'action des municipalités, dans le respect de l'autonomie de ces dernières et sans limitation de leurs pouvoirs». Quant à l'article 258, il prévoit que les régions

[7] GOMES CANOTILHO/VITAL MOREIRA, *Constituição da República Portuguesa Anotada*, cit., p. 720; JORGE MIRANDA/RUI MEDEIROS, *Constituição Portuguesa Anotada*, III, cit., p. 450.

administratives élaborent des plans régionaux et participent à l'élaboration des plans nationaux.

L'objectif visé par la Constitution en créant cette catégorie d'*autarquia local* était manifestement d'implanter un niveau intermédiaire d'administration locale autonome entre les municipalités et l'État[8].

**6.** Il ne faut pas confondre les régions administratives avec les régions autonomes (*regiões autónomas*). Ces dernières, au nombre de deux, correspondent aux territoires des archipels des Açores et de Madère. Contrairement aux régions administratives, dont l'autonomie serait purement administrative, les régions autonomes des Açores et de Madère jouissent d'autonomie non seulement administrative mais aussi politique (CRP, art. 225-3). Les régions autonomes disposent en effet de pouvoirs législatifs sur les matières énoncées dans leur statut politique et administratif respectif, pour autant qu'elles ne soient pas réservées à l'État (CRP, art. 228). Chaque région autonome a son propre gouvernement qui répond politiquement devant l'assemblée législative, élue au suffrage universel, direct et secret, selon le principe de la représentation proportionnelle (CRP, art. 231, paragraphes 1, 2 et 3).

Cependant, alors que les régions autonomes sont instituées depuis 1976, les régions administratives ne l'ont pas encore été à ce jour et il n'est guère prévisible qu'elles soient créées dans les temps à venir.

**7.** La complexité de la mise en place des régions administratives telle qu'elle est tracée par la Constitution constitue certainement l'une des raisons pour lesquelles elles n'ont pas encore vu le jour. Les articles 255 et 256 CRP prévoient deux moments distincts: d'abord, l'adoption d'une loi-cadre, qui établisse le régime général des régions administratives et, seulement après, adoption des lois portant création de chaque région. Cependant, aussi bien la loi-cadre que les lois portant création de chaque région dépendent d'une consultation directe préalable des citoyens électeurs (un référendum) appelés à répondre à deux questions: une de portée nationale (une carte de l'ensemble des régions) et une autre s'adressant aux citoyens électeurs inscrits dans chaque territoire régional en vue de la mise en place de la

[8] António Cândido de Oliveira, *Direito das Autarquias Locais*, cit., p. 339.

région concernée. L'adoption de la première n'implique pas la création de chacune des régions prévues sur la carte des régions, puisqu'elle dépend à son tour du vote favorable de ses électeurs[9].

Adoptée en 1991, la loi-cadre des régions administratives (Loi nº 56/91, du 13 août 1991) est toujours en vigueur, mais elle ne contient aucune carte de la régionalisation, ce qui explique peut-être qu'elle ait été adoptée à l'unanimité. En 1998, a été adoptée la loi nº 19/98, du 28 avril 1998, portant création de huit régions administratives en même temps. Mais, le 8 novembre de la même année, à l'issue d'un référendum auquel ont participé moins de la moitié des électeurs inscrits, la régionalisation au niveau national a été rejetée à la majorité de 63,52%.

Pour que ce processus puisse être repris, il faudra adopter une nouvelle loi et convoquer un nouveau référendum. Il est loin d'être certain qu'une refonte de la carte des régions suffise à faire changer la position de l'électorat dans les temps à venir. Hormis peut-être l'Algarve et (nous semble-t-il) l'Alentejo, la figure juridique de la région administrative ne correspond pas à des réalités sociogéographiques clairement délimitées sur le territoire continental portugais. Les dirigeants municipaux ne se montrent pas réceptifs

[9] Gomes Canotilho/Vital Moreira, *Constituição da República Portuguesa Anotada*, cit., p. 775; Jorge Miranda/Rui Medeiros, *Constituição Portuguesa Anotada*, III, cit., p. 537 et 538; António Cândido de Oliveira, *Direito das Autarquias Locais*, cit., p. 345.
Pour se faire une idée de la complexité de ce processus, voici comment Jorge Miranda décrit les différentes phases dans le passage cité:
1º) Adoption de la loi-cadre prévue à l'article 255 ;
2º) Délimitation territoriale des régions, adoptée par l'Assemblée de la République, article par article, à la majorité absolue des députés en exercice (art. 168-5, *in fine*). Cette délimitation peut néanmoins être établie dès le départ par la loi-cadre;
3º) Définition, par une loi organique, des conditions et des modalités de réalisation du référendum (CRP, art. 256-3);
4º) Adoption par l'Assemblée de la République de la proposition de référendum, dans lequelle doivent figurer la liste des régions à créer et leur carte (CRP, art. 256- 3, *in fine*);
5º) Contrôle de la constitutionnalité et de la légalité par la Cour constitutionnelle;
6º) Convocation du référendum par le Président de la République;
7º) Réalisation du référendum, avec deux questions: l'une de portée nationale et l'autre relative à l'institution de chacune des régions où sont inscrits les électeurs (CRP, art. 256-2);
8º) En cas de vote favorable de la majorité des citoyens à l'échelle nationale et de la majorité des citoyens électeurs inscrits dans un territoire régional, loi de création de la région concernée.

à l'imposition par les organes de l'État d'une superstructure qui absorberait une partie des compétences relevant de leur initiative politico-administrative. Dans un contexte d'austérité où s'impose une réduction sensible des dépenses publiques, les nouvelles charges impliquées par l'appareil régional arriveraient à contre-cycle. Et le désenchantement croissant à l'égard de la «classe politique», sur fond de populisme, apporterait de l'eau au moulin des opposants à la création d'une couche supplémentaire au sein de cette même classe. Par ailleurs, le succès initial apparent des *comunidades intermunicipais* (communautés intermunicipales ou intercommunales), au sein desquelles les municipalités s'associent pour articuler leurs stratégies de développement, peut être perçu par les administrés des municipalités comme une alternative préférable à la création de collectivités territoriales de niveau supérieur disposant d'une légitimité directe assise sur un électorat qui leur est propre.

Une question pertinente se pose alors de savoir si, à l'occasion d'une prochaine révision constitutionnelle, il ne vaudrait pas mieux supprimer la figure des régions administratives, étant donné leur présence purement sémantique dans le texte de la loi fondamentale. Pour l'heure, il n'est pas certain de pouvoir réunir, au cours de la législature de 2015 à 2018, la majorité qualifiée nécessaire à la révision constitutionnelle. En outre, les circonstances changent et rien ne nous dit que, dans quelques années, l'évolution des conditions politiques intérieures et extérieures, ainsi que l'encadrement par le droit de l'Union européenne des politiques d'aide au développement régional ne vont pas justifier la mise en place des régions administratives. Par conséquent, la conclusion qui semble se dégager est de ne pas exclure d'emblée le maintien de cette catégorie dans le texte constitutionnel comme une réserve institutionnelle.

### B. Les municipalités

**8.** La Constitution mentionne les municipalités sans les définir. À vrai dire, cette définition était inutile vu la place indiscutable de la municipalité en tant que plus importante *autarquia local*, fruit d'une longue sédimentation historique. Comme l'observent GOMES CANOTILHO/VITAL MOREIRA, le sillon historique de la *freguesia* en tant que collectivité territoriale est bien moins profond, tandis que la région administrative constitue une catégorie problématique[10]. En effet, comme l'écrivait MARCELLO CAETANO, «la forme typique traditionnelle de l'administration locale est la municipalité»[11].

Sous l'empire romain, plusieurs municipalités ont vu le jour, là où se trouve aujourd'hui le territoire portugais. Elles déclinèrent durant la période wisigothe et l'on ne retrouve plus aucun vestige de cette institution sous l'occupation musulmane. Mais, au long des XIIe et XIIIe siècles, les premiers rois portugais les reconstruisirent en consignant dans une charte appelée *foral* les structures de l'organisation de base et les droits des résidents. Le *foral*, dont le contenu variait d'une ville à l'autre, n'était pas la seule source de droit municipal, issu en partie du droit coutumier.

À la fin du XVIII$^{e}$ siècle, il y avait au Portugal 826 municipalités (*concelhos*). Près de la moitié ont ensuite été supprimées au XIX$^{e}$ siècle, afin de créer des circonscriptions dotées d'autonomie administrative de plus grande dimension et possédant une capacité financière plus solide. Après l'instauration de la République en 1910, le Portugal comptait 291 municipalités.

Au long du XIX$^{e}$ siècle et des premières décennies du XX$^{e}$ siècle, le droit administratif portugais, structuré depuis 1836 dans un code administratif, était surtout du droit municipal[12]. On peut dire que c'est autour de l'expérience municipale que s'est formée au Portugal, au long des siècles, une «tradition portugaise de systématisation et de consolidation technique du droit municipal»[13].

**9.** Le territoire portugais (térritoire continental et archipels des Açores et de Madère) est entièrement découpé en municipalités, actuellement au nombre de 308. En moyenne, leur dimension démographique et géographique est plus grande que celle de leurs homologues dans la plupart des pays européens.

[10] *Constituição da República Portuguesa Anotada*, cit., p. 758 et 759. Dans le même sens : JORGE MIRANDA/RUI MEDEIROS, *Constituição Portuguesa Anotada*, III, cit., p. 517.

[11] *Manual de Direito Administrativo*, I, 10e éd., Lisboa: Coimbra Editora, 1973, p. 315.

[12] MARCELLO CAETANO, *Manual de Direito Administrativo*, cit., p. 149 et 315 à 323; MELO ALEXANDRINO, *Direito das Autarquias Locais*, cit., p. 19; SÉRVULO CORREIA, *Noções de Direito AdministrativoI*, I, Lisboa: Danúbio, 1982, p. 68.

[13] MELO ALEXANDRINO, *A Lei de Reforma da Administração Local e os seus grandes problemas*, Questões Atuais de Direito Local, 1, Janvier/Mars 2014, p. 18.

L'article 249 CRP dispose que «La création ou la suppression des municipalités, ainsi que la modification de leurs limites territoriales sont effectuées en vertu d'une loi, après consultation des organes des municipalités concernées». En effet, même si elle la soumet à la réserve de la loi, la Constitution n'exclut pas la suppression et la modification de ces *autarquias*. On ne peut donc pas dire que chaque municipalité a, en sa qualité de personne morale publique, un droit à la pérennité ou à l'immuabilité. Mais le droit des organes des municipalités concernées d'être entendues confirme que la décision du législateur ne pourra pas être arbitraire, puisqu'elle est subordonnée à des principes tels que celui de la proportionnalité et celui de l'égalité de traitement[14].

En 2011, la détérioration des conditions d'accès au crédit a forcé l'État portugais à stipuler avec l'Union européenne et avec le FMI un programme d'ajustement économique et financier qui est resté en vigueur jusqu'au milieu de l'année 2014. À cet effet, le Portugal a soumis un protocole d'accord (négocié préalablement avec les mêmes partenaires) dont le point 3.44, concernant les «mesures structurelles budgétaires», prévoyait une réduction significative du nombre de municipalités et *freguesias*.

En réalité, le Gouvernement a fait adopter une loi qui réduit considérablement le nombre de *freguesias* – comme on le verra plus loin –, mais il n'a pas osé toucher aux municipalités.

### C. Les *freguesias*

**10.** L'article 236, paragraphes 1 et 2, de la Constitution consacre les *freguesias* comme une catégorie de *autarquia local*. Le territoire de chaque *freguesia* se superpose partiellement au territoire d'une municipalité dont il fait partie. Seules six municipalités comportent une seule *freguesia*. Les *freguesias* disposent d'un ensemble de pouvoirs de décision beaucoup moins significatifs que ceux des municipalités. En général, leur population et leur territoire sont beaucoup plus petits que ceux de ces dernières. Elles n'apparaissent en tant que *autarquias locais* dans le droit portugais qu'au cours

[14] Gomes Canotilho/Vital Moreira, *Constituição da República Portuguesa Anotada*, cit., p. 759.

du XIXe siècle. Mais elles ont une vie propre, contrairement aux régions administratives qui n'ont pas encore été instituées à ce jour. Et, vu leur nombre nettement supérieur à celui des municipalités, la somme nationale des membres de leurs organes délibératifs et exécutifs est elle aussi très supérieure à celle de ceux qui exercent des fonctions organiques semblables au sein des municipalités.

**11.** L'origine historique des *freguesias* remonte aux paroisses de l'Église catholique. Les *fregueses* sont, dans le droit canonique, les membres de la communauté paroissiale[15]. Le Portugal du XIXe siècle était encore une société éminemment rurale. Or, dans les milieux ruraux (mais aussi dans les milieux urbains, dans une moindre mesure), les paroisses constituaient la base institutionnelle d'une forte organisation communautaire inframunicipale. La première réforme de l'administration publique, menée en 1832, n'a pas tenu compte d'une telle réalité. Trop collée au modèle français de l'époque, cette réforme ignorait sous bon nombre d'aspects des coutumes profondément enracinées au Portugal et elle ne manqua pas d'éveiller l'opposition populaire généralisée. L'irréalisme de certaines solutions législatives fut successivement corrigé. Mais il faudra attendre le code administratif de 1878, de nature décentralisatrice, pour que la *freguesia* fasse définitivement partie de l'organisation administrative portugaise[16].

Quelques années auparavant, en 1867, le législateur avait tenté de diviser les municipalités (*concelhos*) en paroisses civiles. Cependant, celles-ci devaient réunir au moins 1.000 habitants dans les zones urbaines et 500 dans les zones rurales. Par conséquent, il n'y en aurait que 1093, alors que les paroisses ecclésiastiques avoisinaient les 4 000. La nécessité de regrouper au sein d'une seule paroisse civile plusieurs paroisses religieuses conduisit à l'insurrection populaire qui restera connue dans l'histoire sous le nom de «*Janeirinha*» et qui provoqua l'abrogation d'une telle loi[17].

Près d'un siècle et demi plus tard, le Portugal vient d'opérer une réduction significative du nombre d'*autarquias locais* de la catégorie des *freguesias*. Comme nous l'avons vu à propos des municipalités, en avril 2011, soumis à

[15] Comme l'indique Marcello Caetano, le mot *fregueses* dérive de *filigreses*, qui est à son tour une corruption de *filii ecclesiae*. *Manual de Direito Administrativo*, I, cit., p. 352.

[16] Marcello Caetano, *Manual de Direito Administrativo*, I, cit., p. 353.

[17] António Cândido de Oliveira, *Direito das Autarquias Locais*, cit., p. 309.

une pression croissante des marchés financiers, générant une montée des inquiétudes relatives à la viabilité de ses finances publiques, «le Portugal a officiellement sollicité une assistance financière de l'Union européenne, des États membres dont la monnaie est l'euro et du Fonds monétaire international (FMI), afin de soutenir la réalisation d'un programme de mesures pour rétablir la confiance, permettre à l'économie de renouer avec une croissance durable et préserver la stabilité financière du Portugal, de la zone euro et de l'Union. Le 3 mai 2011, le gouvernement portugais et la mission conjointe Commission/FMI/BCE ont conclu un accord sur un programme global de trois ans pour la période allant jusqu'à la mi-2014, qui doit être détaillé dans un protocole sur les politiques économiques et financières et dans un protocole d'accord sur les conditions spécifiques à respecter en matière de politique économique (protocole d'accord)»[18].

Dans le protocole d'accord, parmi les «mesures pour augmenter l'efficience et l'efficacité de l'administration publique» on peut lire:

> «3.4.4. Réorganiser la structure de l'administration locale. Il existe actuellement 308 municipalités et 4.259 *freguesias*. D'ici à juillet 2012, le Gouvernement développera un plan de consolidation pour réorganiser et réduire significativement le nombre de ces entités. Le Gouvernement mettra en œuvre ces plans dans le cadre d'un accord avec la Commission européenne et avec le Fonds monétaire international. Ces modifications, qui devront entrer en vigueur au cours du prochain cycle électoral, renforceront la prestation du service public, augmenteront l'efficacité et réduiront les coûts».

Le Gouvernement portugais a fait une interprétation restrictive de ce passage, sans toucher aux municipalités (dont la suppression aurait provoqué une levée de boucliers), et il s'est concentré sur les *freguesias*. La Loi nº 22/2012, adoptée le 30 mai 2012 à l'issue d'un projet gouvernemental, établit comme critère de réduction des *freguesias* la densité démographique et le nombre absolu d'habitants, avec une plus grande exigence pour les *freguesias* urbaines que pour les *freguesias* rurales. Une «unité technique» (à laquelle l'*Associação Nacional dos Municípios* et l'*Associação Nacional das*

[18] *Décision d'exécution du Conseil de l'Union européenne du 30 mai 2011 sur l'octroi d'une assistance financière de l'Union au Portugal*, Journal officiel de l'Union européenne, L 159/88, du 17.6.2011, Considétant nº 2.

*Freguesias* n'ont pas nommé les représentants prévus par la loi) a préparé une carte globale de la réorganisation administrative des *freguesias* du territoire continental. Les régions autonomes des Açores et de Madère ont refusé de participer à cette restructuration et leur nombre de *freguesias* est demeuré inchangé. En 2013, deux nouvelles lois, dont l'une concernant uniquement les *freguesias* de la municipalité de Lisbonne, ont ramené le nombre de ces collectivités territoriales de 4 259 à 3 092. La loi permettait aux nouvelles *freguesias* issues du regroupement de *freguesias* supprimées de se rebaptiser en «Union de *Freguesias*» et d'inclure dans leur dénomination les noms des *freguesias* regroupées. Le choix du chef-lieu des nouvelles entités fut laissé à leurs assemblées de *freguesia*. Le législateur a ainsi éludé l'un des points les plus épineux de la mise en œuvre des nouvelles options, tout en écornant le moins possible l'attachement des populations au rôle identitaire des collectivités territoriales les plus fortement représentatives des relations de voisinage[19].

**12.** À l'instar des municipalités, les *freguesias* aussi «sont des personnes morales territoriales dotées d'organes représentatifs, qui visent la poursuite des intérêts de leurs populations respectives» (CRP, art. 235-2). La nature inframunicipale des *freguesias* (au plan démographique et territorial, puisqu'elles s'insèrent aussi dans les municipalités) ne signifie pas que les municipalités possèdent à leur égard des pouvoirs quelconques de direction, de supervision ou de tutelle. Les *freguesias* sont autonomes, tant vis-à-vis de l'État que de la municipalité. Cependant, les règlements provenant des organes de la municipalité prévalent sur ceux émanant des organes des *freguesias*, de même que les règlements des municipalités ont une force normative inférieure à celle des règlements administratifs pris par les organes de l'administration de l'État (CRP, art. 241).

La Constitution n'énonce pas les compétences des municipalités et des *freguesias* autres que celle contenue dans la clause générale, concernant ces deux catégories de collectivités, de la «poursuite des intérêts de leurs populations respectives» (art. 235-2). Les matières relevant de ces intérêts

[19] António Cândido de Oliveira, *Direito das Autarquias Locais*, cit., pp. 308-322; António Cândido de Oliveira/Arezes Neiva, *As Freguesias na Organização Administrativa Portuguesa*, Braga: AEDRL, 2013, pp. 11-21.

sont en grande partie les mêmes, puisque les populations les vivent en leur double qualité d'administrés des municipalités et des *freguesias*.

La loi établit une liste relativement longue d'attributions des *freguesias*, dont un grand nombre coïncident avec celles des municipalités (par exemple, l'équipement rural et urbain, l'éducation, les loisirs et les sports, la santé, aux termes des articles 7 et 23 de la Loi nº 75/2013, du 12 septembre 2013). L'articulation de ces attributions dépend en grande partie des différences entre ressources humaines et financières et de l'échelle des missions publiques à accomplir. Dans le domaine des compétences des organes, les définitions sont plus nettes. Par exemple, il incombe à la *junta de freguesia* (l'organe collégial exécutif de la *freguesia*), entre autres choses, de gérer et d'entretenir les parcs de jeux pour les enfants, d'entretenir les fontaines publiques, de gérer les cimetières, de tenir le registre des canidés et des félidés et de réaliser les opérations de recensement électoral.

## D. Autres formes d'organisation territoriale locale

**13.** Au paragraphe 3 de l'article 236 CRP, on peut lire que «Dans les grandes agglomérations urbaines et dans les îles, la loi peut fixer d'autres formes d'organisation territoriale locale tenant à leurs caractéristiques particulières». Bien qu'il soit inséré dans un article consacré, comme l'annonce son titre, aux «catégories d'*autarquias locais*», ce précepte ne suffit pas à dissiper les doutes sur la nature d'*autarquia local* des «autres formes d'organisation territoriale locale» auxquelles il est fait allusion. Les auteurs ne sont pas en consonance quant à la qualification de ces autres types au moment de leur création par le législateur. Cependant, nous commencerons par énoncer brièvement de quelles formes d'organisation territoriale il s'agit.

Tout d'abord, en ce qui concerne les îles, c'est-à-dire les régions autonomes des Açores et de Madère, il faut préciser que le statut de la région autonome des Açores prévoit l'existence d'un «conseil de l'île» dans les neuf îles de l'archipel qui comptent plus d'une municipalité. Il s'agit toutefois d'un simple organe consultatif et, par conséquent, sans la nature de *autarquia local*[20].

[20] Gomes Canotilho/Vital Moreira, *Constituição da República Portuguesa Anotada*, cit., p. 720.

En revanche, les deux aires métropolitaines (*áreas metropolitanas*) de Lisbonne et de Porto possèdent depuis 1991 un régime spécial, qui est le fruit de textes législatifs successifs. Ce régime découle aujourd'hui de la Loi nº 75/2013, du 12 septembre 2013, sur le «*Regime Jurídico das Autarquias Locais, das Entidades Intermunicipais e do Associativismo Autárquico*». Cette loi érige en superconcept d'organisation les associations publiques de collectivités territoriales (*associações públicas de autarquias locais*). Ce type associatif se décline en deux catégories intermédiaires: les *associações de freguesias e de municípios de fins específicos* et les *entidades intermunicipais*. Ces dernières ont la particularité de poursuivre des objectifs généraux et peuvent prendre la forme d'aire métropolitaine ou de communauté intermunicipale (*comunidade intermunicipal*).

Les aires métropolitaines ont un organe délibératif (le conseil métropolitain ou *conselho metropolitano*) qui se compose des maires des municipalités associées (art. 69-2 de la Loi nº 75/2013). Les membres de l'organe exécutif (le comité exécutif métropolitain ou *comissão executiva metropolitana*) sont élus par les assemblées municipales (art. 74-1) et ceux de l'organe consultatif (le conseil stratégique pour le développement métropolitain ou *conselho estratégico para o desenvolvimento metropolitano*) sont les représentants d'intérêts importants pour l'aire métropolitaine, nommés selon les règles fixées par le conseil métropolitain (art. 78-2).

Certains considèrent que les aires métropolitaines «sont de véritables *autarquias locais* eu égard à leurs attributions»[21]. Mais la plupart des auteurs ne sont pas d'accord avec cette qualification dans la mesure où la loi ne confère pas de pouvoirs publics de décision autonomes aux organes des aires métropolitaines, ce qui s'explique par l'absence de représentation démocratique dans la désignation de leurs membres[22].

[21] JORGE MIRANDA/RUI MEDEIROS, *Constituição Portuguesa Anotada*, III, cit., p. 450. Les aires métropolitaines comptent parmi leurs attributions: «participer à l'élaboration des plans et des programmes d'investissements publics ayant une incidence sur l'aire métropolitaine», «promouvoir la planification et la gestion de la stratégie de développement économique, social et environnemental du territoire concerné» ou «articuler les investissements municipaux à caractère métropolitain» (Loi nº 75/2013, du 12 septembre 2013, art. 67-1).

[22] MELO ALEXANDRINO, *Direito das Autarquias Locais*, cit., pp. 133 et 134. Dans le même sens, également sur le fondement que les aires métropolitaines de Lisbonne et de Porto ne disposent pas des pouvoirs décisionnels propres d'une *autarquia local*, mais ont pour seule attribution de promouvoir et de participer à l'articulation entre les municipalités et entre ces

## § 4. Les catégories d'entités assimilées aux *autarquias locais* prévues dans la constitution

**14.** Les premières entités assimilées aux *autarquias locais* prévues dans la Constitution sont les aires métropolitaines (*áreas metropolitanas*) abordées au paragraphe précédent en raison des doutes sur leur appartenance à la catégorie des *autarquias locais*[23]. Cependant, il faut encore citer l'article 247 de la Constitution, qui permet aux *freguesias* de constituer, aux termes de la loi, des associations pour l'administration d'intérêts communs, et l'article 253, aux termes duquel les municipalités peuvent constituer des associations et des fédérations pour l'administration d'intérêts communs, auxquelles la loi peut conférer des attributions et des compétences propres.

La Constitution ne fournit pas d'éléments détaillés concernant le statut des associations des *autarquias locais*: elle ne fait qu'énoncer une évidence lorsqu'elle précise qu'elles administreront des intérêts communs aux municipalités qui en font partie, en ajoutant, à propos des associations de municipalités, que la loi pourra leur conférer des attributions et des compétences propres (CRP, articles 247 et 253). Le texte constitutionnel n'explique pas non plus quelle peut bien être la différence entre les associations et les fédérations de municipalités. La typologie et les grandes lignes du régime de ces entités sont en effet laissées à la marge d'appréciation du législateur.

Nous avons déjà vu les types dans lesquels le législateur décline le superconcept des *associações públicas de autarquias locais*. Nous ferons à présent quelques brèves observations quant à l'importance des communautés intermunicipales (*comunidades intermunicipais*) qui, avec les aires métropolitaines (*áreas metropolitanas*), intègrent la catégorie des *entidades intermunicipais* (Loi nº 75/2013, du 12 septembre 2013, article 63-3).

dernières et les services de l'administration de l'État: António Cândido de Oliveira, *Direito das Autarquias Locais*, cit., p. 357.

[23] Toujours à propos de la qualification constitutionnelle des *áreas metropolitanas*, c'est-à-dire des «autres formes d'organisation territoriale locale» que, aux termes du paragraphe 3 de l'art. 236 CRP, la loi pourra établir dans les grandes agglomérations urbaines, il vaut la peine d'évoquer les doutes de Gomes Canotilho/Vital Moreira quant à la bonne manière d'interpréter cette permission au sens d'«autres formes en plus de celles expressément prévues par la Constitution», ou d'«autres formes pour remplacer ces dernières»: *Constituição da República Portuguesa Anotada*, cit., p. 720.

Les *comunidades intermunicipais* pourraient probablement être amenées à jouer le rôle que le constituant avait imaginé pour les régions administratives. Une fois écartée l'idée initiale d'en faire une catégorie nouvelle de *autarquia local* de niveau supramunicipal[24], la loi nº 75/2013 ne leur confère aucune base de légitimité démocratique directe, car leurs organes sont constitués à partir des organes des municipalités associées. En revanche, elles ont une dimension plutôt significative, puisqu'elles doivent regrouper au moins cinq municipalités représentant une population de 85.000 habitants au minimum. Leurs missions comprennent l'intégration des politiques municipales dans des domaines majeurs tels que la planification et la gestion de la stratégie de développement économique, social et environnemental du territoire concerné, l'articulation des investissements d'intérêt intermunicipal, la participation à la gestion de programmes d'aide au développement régional, notamment dans le cadre du CRSN, et la planification des interventions d'entités publiques à caractère supramunicipal (Loi nº 75/2013, article 81-1). Il leur incombe également d'assurer l'articulation des interventions entre les municipalités et les services de l'administration centrale dans des domaines tels que les réseaux de services publics, les infrastructures d'assainissement et d'eau potable, le traitement des eaux usées et des déchets ménagers, le réseau des équipements de santé, le réseau scolaire et de formation professionnelle, la mobilité et les transports, entre autres (Loi nº 75/2013, article 81-2).

Au lieu d'une collectivité autonome vis-à-vis des municipalités et créée sans l'intervention de ces dernières, comme le serait la région administrative, la communauté intermunicipale est constituée par un contrat entre municipalités et elle n'exerce les pouvoirs attribués par la loi aux municipalités que dans la mesure où ils leur sont délégués par ces dernières (article 81-3).

Une constitution et un fonctionnement fondés sur la volonté des municipalités rendent cette forme d'organisation plus facile à accepter. Et le fait que la communauté intermunicipale n'ait pas la nature de *autarquia local* n'est pas un obstacle à son fonctionnement pour autant que les municipalités associées lui délèguent les pouvoirs nécessaires à ses missions de planification, de coordination et de gestion.

[24] António Cândido de Oliveira, *Direitos das Autarquias Locais*, cit., p. 301.

En outre, la création – déjà concrétisée – de plusieurs communautés intermunicipales permet d'accomplir en grande partie mais d'une autre façon les objectifs de fusion ou de regroupement de municipalités prévus dans le programme d'ajustement inspiré par la troïka et dont la mise en œuvre allait s'avérer particulièrement difficile[25].

## § 5. Les principes fondamentaux du pouvoir local

**15.** Aux termes de l'article 6-1 de la CRP «L'État est unitaire et observe tant dans son organisation que dans son action l'autonomie des régions insulaires et les principes de la subsidiarité, de l'autonomie des *autarquias locais* et de la décentralisation démocratique de l'administration publique».

Comme le font généralement remarquer les auteurs, l'expression «autonomie des *autarquias locais*» est un pléonasme car, en droit portugais, le terme *autarquia* signifie précisément une forme d'administration autonome territoriale[26]. Il semble donc préférable de désigner simplement ce principe par «autonomie locale» (*autonomia local*). En s'appuyant sur des extraits de la Constitution, MELO ALEXANDRINO nous fournit un excellent aperçu des éléments minimaux qui intègrent ce concept:

> «(1) la reconnaissance d'une sphère de pouvoirs normatifs propres, (2) la marge de libre orientation et décision (avec des formes spécifiques de *accountability* au sein des collectivités), (3) la non-subordination ou indépendance, (4) la délimitation du contrôle (au sens strict) à un contrôle objectif de simple tutelle administrative de la légalité, ainsi que (5) la disponibilité ou la suffisance de moyens financiers»[27].

La «sphère de pouvoirs normatifs» est fondée sur l'article 241 de la Constitution, aux termes duquel «les *autarquias locais* disposent d'un pouvoir réglementaire propre ...». Sans que cela ne soit vraiment nécessaire, telle est

[25] PEDRO COSTA GONÇALVES, *As entidades intermunicipais – em especial, as comunidades intermunicipais*, Questões Atuais de Direito Local, 1, Janvier/Mars 2014, p. 22.

[26] GOMES CANOTILHO/VITAL MOREIRA, *Constituição da República Portuguesa Anotada*, I, Coimbra, Coimbra Editora, 2007, p. 234; MELO ALEXANDRINO, *Direito das Autarquias Locais*, cit., p. 77.

[27] *Direito das Autarquias Locais*, cit., p. 79.

l'évidence, ce précepte subordonne la force normative des règlements des *autarquias* à leur conformité avec les préceptes constitutionnels, législatifs et réglementaires d'autres *autarquias* de niveau supérieur ou des autorités de tutelle. Le précepte constitutionnel ne fait aucune distinction entre les organes délibératifs et exécutifs des *autarquias locais,* laissant au législateur le soin de conférer la compétence réglementaire tant aux assemblées qu'aux organes collégiaux exécutifs.

L'attribution d'un pouvoir réglementaire fondé sur la propre Constitution signifie l'autonomie normative des *autarquias,* qui représente à son tour l'élément le plus révélateur de l'autonomie locale. En se dotant de leurs propres normes, les *autarquias locais* poursuivent selon leurs propres critères les intérêts de leurs populations respectives[28].

Pour sa part, la «marge de libre orientation» ou «autonomie d'orientation» signifie que, dans le cadre de la loi, les objectifs des *autarquias locais* et leurs grandes lignes d'intervention sont déterminés par les organes représentatifs des populations concernées, qui apprécient librement à cet effet leurs intérêts respectifs (article 235- 2)[29].

Par ailleurs, les *autarquias locais* sont constitutionnellement investies d'une position de non-subordination ou d'indépendance vis-à-vis de l'administration de l'État. Et, dans le cas des *freguesias,* non seulement elles ne sont pas subordonnées à l'État, mais elles ne dépendent pas non plus de la municipalité sur le territoire de laquelle elles sont situées.

Aux termes de l'article 199 de la Constitution, le Gouvernement exerce des pouvoirs de direction uniquement sur l'activité de l'administration directe de l'État. En revanche, ses pouvoirs sur l'«administration autonome» sont limités à la tutelle administrative[30].

Mais, précisément pour que l'autonomie soit préservée, la tutelle exercée par le Gouvernement sur les *autarquias locais* est limitée au contrôle administratif de la légalité, c'est-à-dire à la simple vérification du respect de la loi, exercé dans les cas et selon les modalités prévus par la loi (CRP, art. 242-1). Par conséquent, le contrôle du mérite, portant sur l'opportunité et la convenance de l'action des *autarquias locais,* est totalement exclu.

[28] Sérvulo Correia, *Legalidade e Autonomia Contratual nos Contratos Administrativos,* Coimbra: Almedina, 1987, pp. 262 et 263.

[29] Sérvulo Correia, *Noções de Direito Administrativo,* cit., p. 193; *Legalidade e Autonomia Contratual ...,* cit., p. 262.

[30] Jorge Miranda/Rui Medeiros, *Constituição Portuguesa Anotada,* III, cit., pp. 504 et 505.

La tutelle implique le pouvoir de dissolution des organes des *autarquias locais*, mais uniquement «en cas d'actions ou d'omissions illégales graves» (CRP, art. 242-3). C'est au législateur qu'il appartient de développer ce concept.

Le paragraphe 2 de l'article 242 CRP dispose que «les mesures de tutelle tendant à restreindre l'autonomie locale sont précédées de la consultation d'un organe de la collectivité concernée, dans les conditions prévues par la loi». «Il s'agit là d'une précaution supplémentaire, impliquant l'intervention d'une organe du propre pouvoir local dans l'appréciation de la gravité de la conduite imputée à l'organe soumis à une mesure de tutelle»[31].

Enfin, l'autonomie locale implique la disponibilité ou la suffisance de moyens financiers.

Comme le reconnaît l'article 9-1, de la Charte européenne de l'autonomie locale, par laquelle le Portugal est lié, «les collectivités locales ont droit, dans le cadre de la politique économique nationale, à des ressources propres suffisantes dont elles peuvent disposer librement dans l'exercice de leurs compétences». Et le paragraphe 2 du même article 9 impose que les ressources financières des collectivités locales soient proportionnées aux compétences que la Constitution et la loi leur confèrent. En somme, la véritable autonomie locale présuppose, entre autres facteurs, la disponibilité de ressources matérielles suffisantes pour poursuivre ses attributions et exercer ses compétences proportionnées à la poursuite des intérêts de leurs populations respectives[32]. C'est à la lumière de cet impératif que doit être lu le paragraphe 2 de l'article 238 CRP, selon lequel «Le régime des finances locales est défini par la loi et veille à la juste répartition des ressources publiques entre l'Etat et les collectivités territoriales, ainsi qu'à la nécessaire correction des inégalités entre les collectivités de même degré».

**16.** Quant au paragraphe 1 de l'article 6 CRP, il associe le principe de l'autonomie locale aux principes de la subsidiarité et de la décentralisation démocratique de l'administration publique.

[31] Gomes Canotilho/Vital Moreira, *Constituição da República Portuguesa Anotada*, II, cit., p. 748.

[32] Freitas do Amaral, *Curso de Direito Administrativos*, I, 2ª ed., Coimbra: Almedina, 1994, p. 424.

En termes de droit interne[33], le principe de subsidiarité signifie la «limitation relative de l'exercice de pouvoirs des macro-communautés en faveur des communautés intermédiaires qui, du fait de leur plus grande proximité avec les populations, sont plus à même de réaliser correctement et efficacement certaines tâches»[34].

En ce qui concerne la subsidiarité territoriale, le principe s'applique sur deux plans. D'une part, il lie le législateur dans le domaine de la répartition des attributions et des compétences entre l'État (ou les régions autonomes) et les *autarquias locais*, ainsi que, au niveau de ces dernières, entre les municipalités et les *freguesias*.

D'autre part, la subsidiarité peut aussi entrer en ligne de compte non plus comme critère de répartition législative d'attributions et de compétences mais comme critère d'exercice des compétences établies au fond. Ces dernières se superposent inévitablement dans beaucoup de domaines. La consécration constitutionnelle de l'autonomie locale ne présuppose donc pas, à l'heure actuelle, la séparation absolue de compétences matérielles propres à chaque collectivité territoriale, mais une possibilité d'intervention des *autarquias locais* par le biais de leurs organes représentatifs lorsqu'il s'agit de matières susceptibles de compromettre ou de porter atteinte aux intérêts de leurs populations respectives[35].

**17.** L'article 6-1 CRP affirme la décentralisation démocratique de l'administration publique comme l'un des principes fondamentaux de l'organisation et du fonctionnement de l'État, alliée aux principes de la subsidiarité et de l'autonomie des *autarquias locais*. Pour sa part, l'article 237-1 CRP dispose que «les attributions et l'organisation des

[33] L'article 7-6 CRP confère aussi au principe de subsidiarité le rôle de balise de la prise d'engagements par le Portugal dans le domaine de l'exercice, en commun, en coopération ou par les institutions de l'Union, des pouvoirs nécessaires à la construction et à l'approfondissement de l'Union européenne.

[34] Carlos Blanco de Morais, *A Dimensão Interna do Princípio da Subsidiariedade no Ordenamento Português*, Revista da Ordem dos Advogados, Ano 58, II, Juillet 1998, p. 781.

[35] Sérvulo Correia, *Portugal*, in Andersen/Déom (Coord.), *Droit Administratif et Subsidiarité*, Bruxelles: Bruylant, 2000, pp. 242 et 243. Pour une approche critique des solutions législatives au regard du principe constitutionnel de la subsidiarité: Margarida d'Oliveira Martins, *O Princípio da Subsidiariedade em Perspetiva Jurídico-Política*, Coimbra: Coimbra Editora, 2003, pp. 473 ss.

collectivités territoriales, ainsi que la compétence de leurs organes, sont fixées par la loi, conformément au principe de la décentralisation administrative». Il faut donc se demander quelles sont, pour une approche systémique du régime constitutionnel des *autarquias locais,* les interimplications entre les trois principes de la subsidiarité, de l'autonomie et de la décentralisation.

Tout d'abord, on peut affirmer que la subsidiarité représente une règle qui doit présider à la répartition par l'État, par la voie législative, des attributions et des compétences entre les différentes catégories de collectivités territoriales. Cette répartition implique à son tour la décentralisation. Mais la décentralisation ne se borne pas à la reconnaissance par l'État de pouvoirs qui seront exercés par les entités inférieures: elle présuppose la reconnaissance d'une marge d'autonomie pour un tel exercice. Et, enfin, au niveau des *autarquias locais,* l'autonomie de la poursuite des intérêts identifiés en vertu du critère de subsidiarité ne saurait s'en tenir uniquement à l'exercice de pouvoirs, sans l'obligation de se soumettre à l'orientation ou à la direction d'organes d'une autre personne morale. En effet, comme le dispose l'article 6-1 CRP, la décentralisation doit être démocratique. Par conséquent, les choix déterminés de façon autonome quant à la hiérarchisation des intérêts des populations locales et à la définition des formes de les poursuivre doivent revenir à des organes dotés de légitimité démocratique et, partant, véritablement représentatifs.

## § 6. Le régime constitutionnel de l'organisation des *autarquias locais*

**18.** La Constitution établit quels sont les organes des régions administratives, des municipalités et des *freguesias.* Comme les régions administratives n'ont pas encore été créées, et qu'elles ne devraient pas l'être dans les temps à venir, nous ne nous occuperons pas de leurs organes mais nous pencherons uniquement sur les deux autres types de *autarquias locais.*

La Constitution prévoit pour les municipalités comme pour les *freguesias* l'existence de deux organes, tous deux de formation collégiale, l'un ayant des fonctions délibératives et l'autre des fonctions exécutives. Les organes délibératifs sont l'assemblée municipale et l'assemblée de *freguesia.* Les organes exécutifs sont la mairie (*câmara municipal*) et la *junta de freguesia* (CRP, articles 239, 245 et 251).

L'assemblée de *freguesia* est élue au suffrage universel direct et secret des citoyens recensés dans la *freguesia* (CRP, art. 239-2). L'assemblée municipale a une composition mixte: la majorité de ses membres est élue dans ces mêmes conditions, mais cette assemblée se compose aussi des présidents des *juntas de freguesia*, autrement dit des organes exécutifs collégiaux des *freguesias* (CRP, articles 239-2, et 251). L'article 245-2, permet à la loi de déterminer que dans les *freguesias* moins peuplées (150 habitants ou moins, aux termes de la loi) l'assemblée de *freguesia* soit remplacée par une assemblée plénière des citoyens électeurs. Il s'agit d'un cas exceptionnel de démocratie directe.

La *câmara municipal* (organe exécutif collégial de la municipalité) est élue elle aussi au suffrage universel direct et secret des citoyens recensés dans la municipalité.

La *junta de freguesia* est l'organe exécutif collégial de la *freguesia*. Comme le permet l'article 239-3 CRP, la loi établit que son président est le candidat en tête de la liste la plus votée aux élections à l'assemblée de *freguesia*. Les autres membres de la *junta de freguesia* sont élus par l'assemblée de *freguesia* ou par l'assemblée plénière des citoyens électeurs parmi leurs membres sur proposition du président de la *junta de freguesia*.

La Constitution n'établit pas les compétences précises de tous ces organes et laisse au législateur le soin de le faire.

La loi confère de larges compétences propres au président de la *câmara municipal* et elle permet à la *câmara municipal* de lui déléguer une partie des compétences dévolues à cet organe exécutif collégial. Par conséquent, même si la loi ne le qualifie pas en tant que tel, il est lui aussi un organe à part entière (distinct de la *câmara municipal* qu'il préside) et un organe majeur de la municipalité. La *praxis* administrative portugaise lui confère un rôle très important, semblable à celui des maires en France. On peut en dire autant, quoiqu'à une échelle beaucoup plus petite, des présidents des *juntas de freguesia*.

# Transversalidade e unidade funcional da administração (2019)*

1. A organização administrativa constitui um dos principais objetos sistémicos do Direito Administrativo geral, a par das situações jurídicas substantivas (na maioria dos casos de natureza relacional), do procedimento e do processo. É por isso importante o contributo que aquele elemento presta à conclusão (de âmbito mais geral) de que não deparamos hoje com um "novo direito administrativo", ou seja, um Direito totalmente separado e distinto daquilo que mereceu essa designação em fases anteriores, mas antes com o mesmo Direito Administrativo originado nos inícios do Século XIX, mas evolutivamente renovado de acordo com os parâmetros postos à função administrativa pela sociedade contemporânea. Uma mudança de cariz substitutivo teria sido aquela que erigisse uma estrutura transversal da organização administrativa em lugar da primitiva estrutura vertical. Na realidade, porém, assistimos a uma sobreposição de uma nova estrutura transversal à clássica estrutura vertical, com o enfraquecimento, mas não a desaparição, desta última.

O incremento da transversalidade na estrutura organizatória corresponde à consciência do caráter sincrético da noção de *interesse público*, anteposta como meta finalística ao desempenho da atividade administrativa

* In: *O Direito Administrativo nos 30 anos da Constituição Brasileira de 1988. Um Diálogo Luso-Brasileiro*. Lisboa: ICJP (e-book), pp. 11-29.

[CRP, artigo 266º, nº 1]. A democratização da orgânica administrativa e da respetiva atividade não é mais consentânea com uma "chave algorítmica" da realidade, falsificadora da estrutura complexa e articulada desta e alheia à pluralidade das necessidades coletivas que emergem em contextos perante os quais os procedimentos decisórios se apoiam em coordenadas abertas e pluralistas, refletindo a formação dialética das políticas públicas[1].

Em vez de um *interesse público*, conceito auto-referencial, fator monolítico de legitimação da atuação administrativa e expressão simbólica da vontade de uma Administração unitária, há que reconhecer uma multiplicidade de *interesses públicos* postos por lei a cargo de organizações administrativas diversas. São estes que substantivam as finalidades da atuação administrativa, que podem mudar com a passagem do tempo e cujo sentido preciso depende as mais das vezes de um discurso argumentativo concretizador passível de controvérsia[2].

No decurso do Século XX, a doutrina portuguesa, aí relevando o contributo dogmático de MARCELLO CAETANO, elaborou com felicidade o conceito de *atribuições*, sobreposto como meta finalística às competências dos órgãos[3]. Nada impede que a lei confira múltiplas atribuições a uma mesma pessoa coletiva. No caso das pessoas de população e território, isso é assim de preceito, uma vez que não podem deixar de ser múltiplos os interesses que para uma comunidade resultam da inclusão numa base territorial. À medida, porém, que se aprofunda e diversifica o leque de facetas de certas necessidades sentidas em comum na coletividade e dos modos de lhes responder institucionalmente, a tendência é a de criar unidades administrativas especializadas, dotadas, na maioria dos casos, de personalidade coletiva de direito público.

A multiplicação de pessoas coletivas públicas administrativas (e o aumento dos casos em que pessoas coletivas de direito privado se obrigam

[1] Cfr. COMPORTI, *Il Principio di Unità Della Funzione Amministrativa*, in: RENNA/SAITA (org.), *Studi Sui Principi del Diritto Amministrativo*, Milano: Giuffrè, 2012, p. 309; MARIA DA GLÓRIA GARCIA, *Direito das Políticas Públicas*, Coimbra: Almedina, 2009, pp. 135 ss.

[2] Cfr. MAURER, Hartmut, *Allgemeines Verwaltungsrech*, 18ª ed., München: C.H. Beck, 2011, p. 5.

[3] Cfr. MARCELLO CAETANO, *Manual de Direito Administrativo*, I, 10. ª ed., Lisboa: Coimbra Editora, 1972, pp. 202, 203 e 213. Pelo menos desde o Código Administrativo de 1936/40, artigo 363º, a lei portuguesa comina com nulidade os atos estranhos às atribuições da pessoa coletiva e com anulabilidade os atos que enfermem de mera incompetência [CPA, artigos 161º, nº 2, b), e 163º, nº 1].

para com uma pessoa coletiva pública a colaborar na prossecução de atribuições desta última, com a inerente outorga de competências administrativas a algum ou alguns dos respetivos órgãos) gera uma dupla consequência no domínio dos posicionamentos mútuos de ordem estrutural: a *atenuação dos nexos de verticalidade* e o *incremento dos nexos transversais.*

Note-se que o incremento da transversalidade entre estruturas organizatórias se não dá apenas no plano das relações inter-administrativas, mas igualmente no das relações intra-administrativas, graças a fórmulas (contratuais ou não) de coordenação e colaboração concertada entre órgãos da mesma pessoa coletiva[4].

**2.** O *interesse público,* na acepção abstrata do bem comum cuja prossecução está ao alcance da Administração Pública e constitui seu dever, diversifica-se crescentemente graças ao aprofundamento da complexidade socio-política e técnica das comunidades territoriais. No plano organizatório, a consequência materializa-se quer na multiplicação dos entes administrativos, quer na especialização de segmentos orgânicos no seio das pessoas coletivas. A verticalidade que, na concepção clássica, assegurava a unidade organizatória e funcional da Administração não desaparece, mas atenua-se.

No Direito português, a verticalidade organizatória não se desvanece graças à multiplicação das pessoas coletivas incumbidas do exercício da função administrativa, à diversificação dos respetivos tipos e à destrinça entre competências materiais dos órgãos de cada ente e dos serviços que os assistem. Da permanência e relevo do *fator vertical* na arquitetura organizatória dão-nos, designadamente, testemunho o *artigo 182º, CRP,* quando qualifica o Governo como "o órgão superior da administração pública", e o *artigo 199º, alínea d), CRP,* que lhe confere, nessa qualidade, o poder-dever de "dirigir os serviços e a atividade da administração direta do Estado, civil e militar, superintender na administração indireta e exercer a tutela sobre a administração autónoma".

A capacidade de imprimir – de cima para baixo – um rumo à atividade administrativa dos serviços, tanto na generalidade como na especialidade,

[4] Cfr. ALEXANDRA LEITÃO, *Contratos Interadministrativos,* Coimbra: Almedina, 2011, p. 16; BITENCOURT NETO, Eurico, *Concertação Administrativa Interorgânica – Direito Administrativo e Organização no Século XXI,* São Paulo: Almedina, 2017, pp. 15-17.

atinge o seu maior grau graças à existência de relações intra-administrativas de *hierarquia*, das quais o *poder de direção*, a que alude o *artigo 199º, alínea d), CRP*, representa o elemento mais poderoso, por implicar a faculdade de dar ordens, a par das de revogar e de substituir a decisão do subalterno[5].

A *verticalidade* atenua-se, porém, quando, em vez de relações intra-orgânicas de natureza hierárquica no seio de uma pessoa coletiva de população e território, se trata de relacionamento entre uma pessoa coletiva titular de poderes de superintendência e, ou, tutela e outra a eles sujeita[6]. A superintendência e a tutela administrativa pressupõem um grau de antonomia da pessoa sobre a qual tais poderes incidem e consistem – como observava Marcello Caetano, referindo-se à tutela – em fórmulas resultantes do enfraquecimento de poderes hierárquicos pela autonomia[7]. Por outro lado ainda, não existe *verticalidade*, como linha arquitetónica da estrutura organizatória da Administração assente no poder de guiar ou condicionar no exercício de autoridade o rumo de atuação de outro ente administrativo, quando se trata do posicionamento recíproco de pessoas coletivas da administração indireta ou da administração autónoma. E o mesmo se diga quando se trata de órgãos ou serviços de uma só pessoa coletiva, nenhum dos quais disponha de poderes de autoridade sobre o outro.

**3.** Nas situações de atenuação ou inexistência de nexos de verticalidade entre pessoas coletivas votadas ao exercício da função administrativa, avulta o risco de quebra da *unidade da administração*. Segundo o legislador português, "o princípio da unidade e eficácia da ação da Administração Pública consubstancia-se no exercício de poderes hierárquicos, nomeadamente os poderes de direção, substituição e revogação e nas inerentes garantias dos destinatários dos atos praticados no âmbito destes poderes" [*Lei nº 4/2004, de 15 de janeiro, artigo 3º, nº 2*]. O problema reside, porém, em saber qual a medida em que é possível (e interessa) assegurar a *unidade da administração* no que toca à atuação de órgãos ou serviços não sujeitos a um mesmo poder

[5] Nos termos do artigo 3º, nº 2, da *Lei nº 4/2004, de 15 de janeiro*, no âmbito dos poderes hierárquicos incluem-se, nomeadamente, os poderes de direção, substituição e revogação.

[6] Sobre a natureza das relações intersubjetivas de tutela administrativa e de superintendência, v. João Caupers / Vera Eiró, *Introdução ao Direito Administrativo*, 12ª ed., Lisboa: Âncora Editora, 2016, pp. 163 a 165.

[7] Cfr. *Manual de Direito Administrativo*, I, cit., p. 231.

hierárquico. Perante essas realidades, põe-se a questão da propriedade do conceito de "Organização Administrativa", cabendo perguntar se não será mais apropriado falar em "organizações administrativas".

Como se observou já, a CRP resguarda um papel próprio a uma administração direta do Estado estruturada sob o poder de direção do Governo. E este poder de direção pressupõe uma organização hierárquica em que os serviços se ordenam "em unidades que compreendem subunidades de um ou mais graus e podem agrupar-se em grandes unidades, escalonando-se os poderes dos respetivos chefes de modo a assegurar a harmonia de cada conjunto"[8]. Este modelo preside também, em escala progressivamente reduzida, às administrações diretas das regiões autónomas e das autarquias locais.

Uma administração direta hierarquicamente estruturada sempre existirá no âmbito de cada pessoa coletiva de população e território por muito que viessem a prevalecer políticas neo-liberais visando, designadamente, reduzir a orgânica administrativa do Estado a proporções minimalistas. É no entanto certo que se encontra nos nossos dias em retrocesso por se dar preferência à reserva de atribuições específicas a pessoas coletivas públicas de índole especializada. Em face deste fenómeno, a questão não reside no desaparecimento de uma administração direta de estrutura vertical graças ao exercício em cascata dos poderes hierárquicos dos dirigentes. Aliás, as próprias estruturas personalizadas situadas na área da administração indireta assentam em geral em relações de hierarquia entre alguns dos seus órgãos e os respetivos serviços e agentes.

O problema não reside portanto na persistência de uma administração direta hierarquizada, imprescindível ao funcionamento do Estado-Administração, mas no seu peso relativo em face da composição da administração indireta e do volume de competências da administração autónoma. Em paralelo, discute-se também a distribuição de recursos entre estes três planos do universo administrativo. E, por detrás destas questões mais imediatas, avulta a dúvida sobre a renovada vitalidade do princípio da unidade da administração ou a sua caducidade como resultado do pluralismo organizatório e dos graus de autonomia de muitas das suas unidades.

[8] Cfr. Marcello Caetano, *Manual de Direito Administrativo*, I, cit., p. 245.

**4.** São conhecidos os lados negativos da tradicional estrutura monolítica da Administração estadual, já intentada no último período da monarquia absoluta, adotando depois como modelo o sistema imperial napoleónico e idealizada por MAX WEBER em torno da ideia da racionalidade da burocracia. Os descendentes planos das estruturas hierárquicas desempenham funções de coordenação e comunicação, assegurando a circulação da informação ao serviço do núcleo decisório concentrado no vértice da pirâmide e a particularização e execução da vontade formada a esse nível cimeiro. A tutela administrativa, muitas vezes não circunscrita ao plano da legalidade, quando não (como sucedeu durante a vigência do Código Administrativo de 1936-40) acompanhada da atribuição ao mesmo suporte das concomitantes qualidades de órgão do Estado e de órgão da autarquia local[9], assegurava de certo modo a extensão da base da pirâmide organizatória unitária às estruturas tendo por substrato as populações locais.

No entanto, quanto mais abrangente a estrutura piramidal unitária da organização administrativa, mais difícil se torna para o vértice decisório ordenar a informação proveniente dos níveis subjacentes e conseguir que as linhas axiais das políticas públicas por ele adotadas sejam concretizadas e efetivamente levadas a cabo com fidelidade.

Por outro lado, o "défice estrutural" da administração direta hierarquizada acentua-se na medida em que esta não disponha de meios jurídicos para assegurar a coordenação com as restantes entidades administrativas para efeito da unidade e eficácia da ação administrativa, ainda que sem prejuízo do respeito dos graus de autonomia institucional titulada não apenas pela administração local, mas também pela administração indireta[10]. O problema da unidade no exercício da função administrativa coloca-se não só a este propósito, mas também no que respeita a um défice de coerência ou consistência na prossecução dos múltiplos interesses públicos pela miríade de pessoas coletivas às quais o ordenamento jurídico aponta tais interesses

[9] Sobre a dupla função, na vigência do Código Administrativo de 1936-40, do Presidente da Câmara Municipal (livremente nomeado pelo Governo) enquanto cabeça da administração municipal como órgão da autarquia e enquanto representante do Governo com a qualidade de "magistrado administrativo", v. MARCELLO CAETANO, *Manual de Direito Administrativo*, I, cit., p. 334.

[10] Cfr. THOMAS GROSS, *Die Verwaltungsorganisation als Teil organisierter Staatlichkeit*, in: HOFFMANN-RIEM/SCHMIDT-ASSMANN/VOSSKUHLE (Org.), *Grundlagen des Verwaltungsrechts*, I, München: C.H. Beck, pp. 880 e 881.

enquanto atribuições, em muitos casos de exercício obrigatório[11] e entre as quais se não estruturam relações jurídicas-administrativas típicas. É a propósito destas manifestações de défice institucional na articulação entre todos os sujeitos administrativos que se justifica nos nossos dias um particular esforço da doutrina para o efeito de um tratamento dogmático ordenador da figura da *transversalidade* no relacionamento inter- ou intraadministrativo de estruturas, personalizadas ou não, incumbidas do exercício da função administrativa.

**5.** A *transversalidade* inter- ou intraadministrativa não se afirma como modo de substituir integralmente a *verticalidade* de estruturas organizatórias. Ela consiste antes na *interação, desacompanhada de poderes de direção, entre pessoas coletivas ou órgãos não interligados em um relacionamento hierárquico, com o fito de promover a otimização dos respetivos contributos conjugados para a realização de atribuições coincidentes ou colidentes.* O princípio do Estado de Direito, imbuído pelo valor da racionalidade no exercício do poder público[12], força a Administração a tomar decisões coerentes enquanto complexo de "Administrações". Mas, embora tal meta seja servida pela especialização e pela participação democrática (nas estruturas em que esteja institucionalizada), a sua consecução é, em contrapartida, dificultada pela desmultiplicação do aparelho administrativo em pessoas coletivas especializadas ou representativas de diferentes estratos populacionais, ou em órgãos ou serviços especializados em razão de interesses públicos distintos[13].

Deste modo, a *unidade da Administração* evolui de princípio respeitante a uma estrutura organizatória unitária, hierarquizada e omnicompetente para um princípio dirigido à função administrativa, à qual exige coerência e eficácia não obstante a multiplicidade e os graus de autonomia das pessoas coletivas ou órgãos envolvidos.

[11] Sobre a diferença entre *atribuições de exercício obrigatório* e *atribuições de exercício facultativo*, v. MARCELLO CAETANO, *Manual de Direito Administrativo*, I, cit., p. 203.

[12] Cfr. KATHARINA SOBOTA, *Das Prinzip Rechtsstaat*, Tübingen: Mohr Siebeck, 1997, pp. 49 a 53 e 64/65; REIS NOVAIS, Jorge, *Contributo Para Uma Teoria Do Estado De Direito*, Coimbra: Almedina, 2006, pp. 92 e 203 ss.

[13] Cfr. JESTAEDT, *Grundbegriffe des Verwaltungsorganisationsrechts*, in: HOFFMANN-RIEM/SCHMIDT-ASSMANN/VOSSKUHLE (org.), *Grundlagen des Verwaltungsrechts*, I, München, C. H. Beck, 2006, pp. 891 s.

À dogmática administrativa cabe identificar na medida do possível os modos e os sujeitos de interação, reconstituindo, em cada momento e em face de cada ordenamento ou de ordenamentos multinivelados, o conjunto dos nexos de *transversalidade* alternativos ou complementares da *verticalidade* hierarquizada. Vistas em conjunto, as relações juridicas inter- ou intraadministrativas em que se materializa a *transversalidade* integram a *administração em rede*. Ajuda a compreender o perfil deste novo conceito do Direito Administrativo a definição de *rede* oferecida por SCHMIDT-ASSMANN: "Fórmula descritiva respeitante às relações entrecuzadas que produzem efeitos independentemente dos limites tradicionais (estadual/não estadual; nacional/internacional) e sem hierarquias previamente estabelecidas"[14]. A *rede* surge nos campos das ciências sociais e económicas como uma nova espécie de organização flexível e apta a captar as realidades relevantes para a formação das decisões. Não se trata de uma única forma estrutural, caracterizada pela permanência de atuação, mas de modos de cooperação entre organizações ou no respetivo seio e que podem ser institucionalizadas, nomeadamente, através de procedimentos, contratação ou concertação ou canais organizatórios, designadamente a nível de órgãos colegiais de procedência mista ou ainda de fórmulas associativas[15].

**6.** Na atuação conjugada de diversas estruturas administrativas que não se encontrem organizadas pela via hierárquica nem através de relações de superintendência ou tutela administrativa (formas estas mais ou menos vincadas de posicionamento recíproco vertical), podemos distinguir como *modelos de relacionamento transversal*, por um lado, aqueles que mantêm *caráter organizatório* e, pelo outro, os que operam segundo uma *via procedimental*. Para além destas soluções, merece um lugar à parte a *forma contratual*, porquanto, passando também por um percurso procedimentalizado, culmina na utilização do instituto do contrato como atividade administrativa destinada, a par da forma do ato administrativo, a instituir situações jurídicas substantivas inter- ou intra-administrativas[16].

[14] Cfr. *Verwaltungsrechtliche Dogmatik*, Tübingen: Mohr Siebeck, 2013, p. 139.

[15] Cfr. THOMAS GROSS, *Die Verwaltungsorganisation als Teil organisierter Staatlichkeit*, cit., p. 847.

[16] O movimento geral de procedimentalização da atividade administrativa veio a manifestar-se não apenas no campo dos contratos públicos sujeitos à aplicação do CCP mas em procedimentos especiais constantes de legislação dispersa respeitante à formação de outros contratos

**7.** A *transversalidade* pode lograr-se, segundo uma *metodologia predominantemente organizatória*, de diversas maneiras, de entre as quais destacamos o associativismo de entes administrativos, a composição multirepresentativa de órgãos colegiais, as competências conjuntas e os serviços de prestação de colaboração.

O *associativismo de pessoas coletivas públicas* permite às entidades participantes coordenar a prossecução de certas atribuições comuns e atingir, pela ponderação, a concordância prática entre interesses parcialmente divergentes. Estas associações possuirão necessariamente órgãos participados pelas entidades associadas ou seus representantes que, através do debate em comum, procurarão desenhar fórmulas ponderativas de otimização conjugada dos interesses parcelares à luz do interesse público mais abrangente que constitua o escopo da pessoa coletiva integradora. É, por exemplo, esse o caso do conselho metropolitano – o órgão deliberativo da área metropolitana – quando define e aprova as opções políticas e estratégicas deste tipo de associação pública de autarquias locais (Lei nº 75/2013, de 12 de setembro, artigos 63º, nºs 1 e 2, e 71º, nº 1, alínea b)).

Mas também em pessoas coletivas públicas desprovidas de natureza associativa poderão existir órgãos colegiais constituindo um mecanismo representativo graças ao qual pessoas coletivas públicas participantes possam conciliar a prossecução de interesses públicos diferenciados em razão das matérias de especialidade de cada uma ou de distintas imputações territoriais. Estas operações terão como substrato a realização do ou dos interesses públicos mais abrangentes que constituam o escopo da entidade à qual pertença um tal órgão deliberativo[17].

A *competência conjunta* constitui também um modo de relacionamento interorgânico transversal. Ela verifica-se quando a lei exige intervenção

da administração. Os contratos interadministrativos são em princípio "contratos públicos" por força do disposto pelo artigo 1º, nº 2, do CCP. Mas constituem "contratação excluída" da aplicação da Parte II deste diploma – precisamente aquela que disciplina o procedimento pré-contratual – sempre que o respetivo objeto abranja prestações que não estejam nem sejam suscetíveis de estar submetidas à concorrência de mercado (CCP, artigo 5º, nº 1). Sobre este assunto, cfr. Miguel Assis Raimundo, *A Formação dos Contratos Públicos – Uma Concorrência Ajustada ao Interesse Público*, Lisboa: AAFDL, 2013, p. 444; Alexandra Leitão, *Contratos Interadministrativos*, cit., pp. 118 e 123.

[17] Cfr. Thomas Gross, *Das Kollegialprinzip in der Verwaltungsorganisation*, cit., pp. 260 e 267.

constitutiva de dois ou mais órgãos para que um ato possa ser praticado. O exemplo mais frequente é o da participação constitutiva conjunta de dois membros do governo como forma necessária de decisão sobre certa matéria[18]. Não se trata aqui da "coordenação concomitante" do exercício de competências diversas envolvendo a prática sincronizada de diferentes decisões por distintas autoridades[19]. Essa solução reveste, no Direito português contemporâneo, a forma da conferência procedimental de coordenação (CPA, artigo 77º, nº 3, alínea b)). Mas também se não trata de figura aparentada à conferência procedimental deliberativa (abstraindo por agora da natureza mais procedimental do que organizatória desta) visto que, com o exercício de uma competência conjunta, não se substitui a prática de diversos atos administrativos autónomos por um único ato de conteúdo complexo. É certo que, graças ao procedimento da conferência deliberativa, os órgãos participantes vêem as suas diferentes competências amalgamarem-se em competência conjunta já que o procedimento se conclui pela prática de um único ato[20]. Mas, na competência conjunta de caráter organizatório, a atribuição de competência a dois ou mais órgãos resulta diretamente da lei e não se transmuda graças a um procedimento, não tendo na sua origem competências separadas.

Existem ainda outras múltiplas fórmulas de natureza organizatória para estruturar relações transversais no desempenho da função administrativa, das quais se menciona brevemente um exemplo.

A *Lei nº 4/2004, de 15 de janeiro*, sobre a Organização da Administração Direta do Estado, prevê a implantação, no seio da administração direta do Estado, de *serviços de coordenação*, intra ou interministeriais, que promovem a articulação em domínios onde esta necessidade seja permanente. Para tal efeito, tais serviços harmonizam a formulação e execução de políticas públicas, a utilização racional, conjugada e eficiente de recursos na Administração Pública e emitem pareceres no âmbito dessa sua ação coordenadora (artigos 17º e 18º).

[18] Cfr. SÉRVULO CORREIA, *Noções de Direito Administrativo*, I, Lisboa: Danúbio, 1982, p. 173.

[19] Cfr. PIERRE MOOR, *Droit Administratif*, II, Berne : Staempfli, 2002, p. 195.

[20] Cfr. SÉRVULO CORREIA, *Comentário ao artigo 77º do CPA*, in: FAUSTO DE QUADROS E OUTROS, *Comentários à Revisão do Código do Procedimento Administrativo*, Coimbra: Almedina, 2016 p. 177.

Por outro lado, ainda segundo o mesmo diploma legal, em vez de uma estrutura hierarquizada, a Administração direta do Estado pode adotar uma *estrutura matricial*. Esta organiza-se em equipas multidisciplinares (artigo 22º).

**8.** Mas, a par dos modelos estrita ou predominantemente organizatórios, a *transversalidade* reverte hoje crescentemente para *soluções de ordem procedimental*, através das quais se procura congraçar o pluralismo da Administração orgânica com a unidade da administração funcional. Não é segredo que o procedimento serve de *interface* para a colaboração ou a comparticipação de entidades administrativas, órgãos ou serviços no desempenho da função administrativa. A este propósito, tanto se encontram procedimentos acessórios da organização como procedimentos substitutivos de soluções organizatórias[21].

A este propósito, avultam no Direito Administrativo português contemporâneo novas figuras procedimentais cujos contornos e efetiva importância dependem do modo como a jurisprudência e a *praxis* administrativa lhes dêem aplicação. É esse o caso do auxílio administrativo e da conferência procedimental, que merecem ser tratados em sede própria.

O *auxílio administrativo* é um subprocedimento organizatório interno que articula a cooperação funcional entre órgãos da Administração[22].

A *conferência procedimental* consiste num procedimento endo-procedimental destinado a propiciar o exercício em comum ou conjugado das competências de diversos órgãos da Administração Pública. A par da vertente estrutural (um procedimento acessório inserido noutro ou noutros procedimentos) e de uma vertente funcional (matriz do exercício de competências tituladas por órgãos distintos), carateriza-se ainda por uma vertente finalística (promoção da eficiência, da economicidade e da celeridade da atividade administrativa)[23].

[21] Não se deve em todo o caso esquecer que, graças ao movimento de procedimentalização das realidades administrativas, aquilo a que se chama organização administrativa se apresenta hoje como uma combinação de componentes institucionais e procedimentais. Cfr. Schmidt-Assmann, *Verwaltungsrechtliche Dogmatik*, cit., pp. 172 e 173.

[22] Cfr. Sérvulo Correia, *Comentário ao artigo 66º do CPA*, in: *Comentários à Revisão do Código do Procedimento Administrativo*, cit., pp. 154 a 157.

[23] Cfr. Sérvulo Correia, *A Conferência Procedimental: Fontes e Opções*, cit., p. 18; *Comentário aos artigos 77º a 81º do CPA*, in: *Comentários à Revisão do Código do Procedimento Administrativo*, cit., pp. 175 a 191.

**9.** Pelo seu lado, os *contratos inter- e intraadministrativos* têm vindo a ganhar importância como instrumento de transversalidade graças a uma função de coordenação ou cooperação entre unidades administrativas dotadas ou desprovidas de personalidade jurídica. Trata-se de um novo capítulo de um percurso ascensional do instituto contratual como forma de conduta jurídica da Administração regida pelo Direito Administrativo. De instrumento enclausurado em alguns tipos caraterizados pelo Código Administrativo, transitaria, por força do ETAF de 1984, do sistema do contrato administrativo por definição legal para o do contrato administrativo por natureza (artigo 9º). E, de forma de atividade jurídica da Administração secundarizada pelo relevo primacial da figura do ato administrativo, assumiria uma posição tendencialmente paritária à deste graças à liberdade (salvo as exceções legais ou decorrentes da força das coisas) da sua escolha para o exercício das competências de constituição de efeitos de direito substantivos (artigo 179º, nº 1, do CPA de 1991). A evolução não findou, porém, visto que, de meio de constituição de efeitos jurídicos entre a Administração e particulares, o contrato administrativo adquiriu nos últimos anos a virtualidade de instrumento de juridificação de relações de coordenação ou de cooperação entre unidades administrativas enquanto partes de um "complexo articulado de poderes públicos"[24].

Cumpre de todo o modo prevenir que as relações orgânicas intra- ou inter-administrativas (ou seja, entre órgãos todos eles pertencentes a uma só pessoa coletiva pública ou a mais do que uma) constituem uma realidade ainda insuficientemente tratada. Certo parece desde já no entanto não ser legítimo sobrepor a unidade formal da pessoa coletiva à pluralidade material dos interesses subjacentes às competências dos diversos órgãos

[24] Cfr. Alexandra Leitão, *Contratos Interadministrativos*, cit., p. 19. Sobre os princípios da coordenação e da cooperação, veja-se esta obra, designadamente a pp. 51 e ss e 81 e ss. A propósito desta "introversão" da figura contratual para o efeito da sua utilização não, como tradicionalmente, no domínio das relações jurídicas entre a Administração e os particulares, mas no da constituição de efeitos jurídicos entre unidades administrativas, vale a pena lembrar um fenómeno idêntico no tocante à extensão do campo de aplicação do procedimento administrativo. Este não organiza hoje em dia apenas atividades dos órgãos e serviços dirigidos à produção de efeitos externos mas também as formalidades e os atos sequencialmente ordenados para dar forma ao trabalho comum nos planos intra- e interadministrativos. Veja-se a título de exemplo o auxílio administrativo tal como ordenado pelo artigo 66º do CPA. Cfr. Schmidt-Assmann, *Verwaltungsrechtliche Dogmatik*, cit., p. 173.

e à necessidade de imputar distintas situações jurídicas de modo estruturalmente separado no âmbito de uma mesma pessoa coletiva pública de atribuições múltiplas.

Por outro lado, no plano do Direito comparado, como adverte Eurico Bitencourt Neto, a diferente elasticidade da figura do contrato explica que realidades que, numa certa Ordem Jurídica, mereçam conjuntamente a qualificação como contrato, noutras sejam reconduzidas a diferentes instrumentos de pactuação com nomes diversos, como os de acordo, convénio, concerto, ou mesmo "quase-contrato". Segundo este Autor, "... o enquadramento de um acordo de vontades interadministrativas na figura contratual depende da verificação da existência dos requisitos conceituais do contrato, em cada Direito positivo, a fim de se evitar a consideração de qualquer espécie de acordo como um contrato, no que se tem designado como "pancontratualismo acrítico""[25].

Esta reflexão ajuda, por exemplo, a compreender o diferente modo como, tradicionalmente, o recurso ao instrumento contratual pela Administração Pública tem sido encarado nos Direitos italiano e português. Ao passo que o Código Civil italiano considera o conteúdo patrimonial como elemento essencial do contrato[26], tal não sucede com o Código Civil português, para o qual os contratos não têm necessariamente de possuir um conteúdo económico[27].

Mas, no ordenamento jurídico português, como noutros, poderão também, eventualmente, encontrar-se modalidades de concertação geradoras de diretivas de ação conjunta que, no entanto, não se mostrem aptas à constituição de situações jurídicas imputáveis às pessoas coletivas ou aos órgãos seus autores. Poder-se-á falar a tal propósito de "*soft law* concertada". Nem por lhes faltar força jurídica imperativa tais diretivas deixarão de indicar padrões de conduta ou matrizes de orientação (*Steuerung*) próprias de uma administração que, em vez de moldar constitutivamente as realidades,

[25] Cfr. Eurico Bitencourt Neto: *Concertação Administrativa Interorgânica – Direito Administrativo e Organização no Século XXI*, São Paulo: Almedina Brasil, 2017, p. 368; *A concertação administrativa interorgânica*, in: Carla Amado Gomes/Ana Fernanda Neves/Tiago Serrão (Coord.), *Organização Administrativa: Novos Atores, Novos Modelos*, II, Lisboa: AAFDL, 2018, p. 472.

[26] Cfr. Galgano, Francesco, *Diritto Privato*, 12ª ed., Padova: CEDAM, 2004.

[27] Cfr. Pais de Vasconcelos, Pedro, *Contratos Atípicos*, Lisboa, 1994.

prefere remeter-se a um papel de influenciação não apenas de condutas dos particulares mas também dos comportamentos administrativos recíprocos[28].

**10.** Nos nossos dias, avulta também com maior clareza a *função garantística da organização administrativa*, cuja estruturação não pode obedecer somente ao objetivo da eficácia na realização do interesse público. Da Constituição decorrem *garantias organizatórias* de participação institucional e de responsabilidade democrática (controlo pelos cidadãos). E certos procedimentos intra- ou interadministrativos (como é o caso da conferência procedimental) visam inequivocamente também a proteção de direitos fundamentais como o direito à apreciação em prazo razoável dos requerimentos apresentados.

[28] Cfr. Bitencourt Neto, *Concertação Administrativa Interorgânica*, cit., designadamente pp. 334 ss; Franzius, *Modalitäten und Wirkungsfaktoren der Steuerung durch Recht*, in: Hoffmann-Riem/Schmidt-Assmann/Vosskuhle (org.), *Grundlagen des Verwaltungsrechts*, I, München, C.H. Beck, 2006, pp. 177 ss.

C)

# PROCEDIMENTO

# O direito à informação e os direitos de participação dos particulares no procedimento e, em especial, na formação da decisão administrativa (1994)*

Sublinhando a interdependência funcional entre os direitos dos administrados à informação e à participação, o Autor pronuncia-se sobre o modo como eles são regulados no Código do Procedimento Administrativo.

No tocante ao direito à informação no quadro do procedimento administrativo, são sucessivamente analisadas as questões da titularidade, dos pressupostos, do âmbito e conteúdo do direito e do correspondente dever e, ainda, dos efeitos da violação deste último.

No que respeita ao direito de participação no procedimento, o Autor começa por estabelecer uma distinção entre *participação co-constitutiva* e *participação dialógica* e procura no texto do Código aquelas passagens que correspondem predominantemente a uma das duas funções essenciais da *participação dialógica:* a de colaboração funcional na optimização da decisão administrativa e a de defesa dos interesses individuais que a decisão administrativa deverá conformar. Segundo ele, o Código conformou-se correctamente com um imperativo constitucional: o do reconhecimento de uma função prioritariamente garantística à participação procedimental.

* In: *Legislação. Cadernos de Ciência da Legislação* 9/10, pp. 133-159.

Por esse motivo, a audiência dos interessados foi configurada como sendo, em regra, objecto de um direito, merecedor da qualificação de direito fundamental análogo aos direitos, liberdades e garantias do Titulo II da Parte I da Constituição. A ofensa do seu conteúdo essencial acarreta portanto a nulidade do acto principal do procedimento. O Autor pronuncia-se, por fim, com novos argumentos, a favor da necessidade de a notificação para a audiência dos interessados incluir o projecto da decisão.

## 1. Introdução

**1.** Não é arbitrária a junção dos temas da informação dos particulares e da sua participação no procedimento administrativo. No pensamento procedimental contemporâneo, os princípios articulam-se à luz de conexões funcionais. E é esse, nomeadamente, o caso da conexão das garantias de informação e de participação. A visibilidade ou transparência da administração constitui uma condição institucional da efectiva participação dos cidadãos na formação das decisões ou deliberações que lhes disserem respeito[1].

Embora não a afirme expressamente, o Código do Procedimento Administrativo português (CPA) não ignora tal interdependência: basta ver que, a par de um princípio da administração aberta, consagrado fundamentalmente no acesso aos documentos constantes de processos já concluídos[2], se estrutura um direito à informação sobre o andamento dos procedimentos, reservado sobretudo àqueles que nesses procedimentos sejam directamente

[1] Cfr. Pitschas (Rainer), *Verwaltungsverantwortung und Verwaltungsverfahren*, Munique, 1990, p. 123; Serra (Maria Teresa), *Contributo ad uno Studio sulla Instruttoria del Procedimento Amministrativo*, Milão, 1991, pp. 253 e 259.

[2] O artigo 65º, nº 1, do CPA não veda o acesso dos administrados em geral («todas as pessoas») aos procedimentos em curso: limita-se a especificar que o direito ao arquivo aberto existe «mesmo que não se encontre em curso qualquer procedimento». Porém o artigo 7º, nº 5, da Lei nº 65/93, de 26 de Agosto, (Lei sobre o Acesso aos Documentos da Administração – LADA) veio determinar que «o acesso a documentos constantes de processos não concluídos ou a documentos preparatórios de uma decisão é diferido até à tomada da decisão, ao arquivamento do processo ou ao decurso de um ano após a sua elaboração». Parece dever concluir-se que, nos processos não concluídos, só os documentos elaborados há mais de um ano serão objecto de acesso generalizado (salvas as excepções legalmente estabelecidas).

interessados, por outras palavras, àqueles a quem a participação no procedimento é salvaguardada[3].

No presente trabalho, analisaremos primeiramente os elementos essenciais do regime do direito dos administrados à informação, acentuando as principais modulações introduzidas pelo CPA e pela Lei nº 65/93, de 26 de Agosto (Lei sobre o acesso aos documentos da Administração – LADA) consoante os elementos pretendidos respeitam a interesses ou posições procedimentais ou não procedimentais[4]. Posto isso, passaremos ao exame dos direitos de participação dos particulares no procedimento administrativo. Estabeleceremos, nessa parte, a distinção entre participação *co-constitutiva e participação dialógica* e procuraremos em seguida no texto do Código aquelas passagens que correspondam predominantemente a uma das duas funções essenciais da participação dialógica: a de colaboração funcional na optimização da decisão administrativa e a de defesa dos interesses individuais que a decisão administrativa deverá conformar.

## II. O direito dos particulares a informação

**2.** No nº 1 do artigo 268º, a Constituição da República Portuguesa (Constituição) dispõe que «os cidadãos têm o direito de ser informados pela Administração, sempre que o requeiram, sobre o andamento dos processos em que sejam directamente interessados, bem como o de conhecer as resoluções definitivas que sobre eles forem tomadas».

Este preceito, que figura na Constituição desde a sua versão inicial *(1976)*, estabelece um direito fundamental à informação a favor dos directamente interessados num procedimento administrativo, direito esse respeitante aos momentos e aos actos finais do procedimento. Por seu turno, o actual nº 3 do mesmo artigo 268º – aditado na revisão constitucional de 1989 – explicita um princípio pela primeira vez formulado na revisão constitucional de 1982, segundo o qual os actos administrativos estão sujeitos a notificação

[3] CPA, artigos 8º, 61º e 100º, entre outros. O artigo 64º estende no entanto este direito de informação a quaisquer pessoas que (não sendo directamente interessadas no andamento do procedimento) provem ter interesse legítimo no conhecimento dos elementos que pretendem.

[4] A fórmula é usada na página 383 de Esteves de Oliveira/Pedro Gonçalves/Pacheco de Amorim, *Código do Procedimento Administrativo Comentado,* I, Coimbra, 1993.

aos interessados. O direito ao conhecimento da decisão final é assim integrado por um dever de notificação. A satisfação do direito não depende pois necessariamente de uma iniciativa do próprio titular, visto que sobre a Administração incide um dever de cumprimento oficioso.

O princípio do arquivo aberto ou do *open file* alcançou, pelo seu lado, consagração expressa na revisão constitucional de 1989. Dá-lhe forma o actual nº 2 do artigo 268º: «Os cidadãos têm também o direito de acesso aos arquivos e registos administrativos, sem prejuízo do disposto na lei em matérias relativas à segurança interna e externa, à investigação criminal e à intimidade das pessoas».

A utilização, neste nº 2, do advérbio «também» denota a consciência de um nexo conjuntivo entre os direitos à informação procedimental e ao acesso a arquivos e registos administrativos: são, na verdade, duas diferentes concretizações de um mesmo princípio geral de publicidade ou transparência da administração. Mas se ambos se conjugam em torno do propósito de banir o «segredo administrativo», algo os diferencia: ao passo que o primeiro direito se concebe no quadro subjectivo e cronológico de um procedimento administrativo concreto, o segundo existirá independentemente de estar em curso qualquer procedimento administrativo[5].

**3.** O CPA reflecte a dualidade de planos do direito à informação gizado nos números 1 e 2 do artigo 268º da Constituição. Assim é visto que, num capítulo dedicado a esse direito, o Código regula, nos artigos 61º a 64º, o direito dos interessados no procedimento à informação a este respeitante (publicidade *erga partes*) e, no artigo 65º, reconhece o princípio da administração aberta (publicidade *erga omnes*). Há no entanto uma diferença de tomo quanto ao tratamento dado às duas figuras visto que, ao passo que a primeira é regulada com alguma minúcia, a segunda é simplesmente afirmada como princípio, remetendo-se a disciplina da matéria para diploma próprio (artigo 65º, nº 2)[6]. Esse diploma é a já mencionada Lei nº 65/93, de 26 de Agosto.

[5] Cfr. Gomes Canotilho/Vital Moreira, *Constituição da República Portuguesa Anotada*, 3ª edição, Coimbra, 1993, p. 934.

[6] Freitas do Amaral explica que, na terceira versão do projecto do CPA, elaborada por uma equipa a que presidiu, se regulamentava o princípio da administração aberta. O Governo, porém, entendeu preferível remeter o assunto para legislação especial. Cfr. *Princípios Gerais do Código do Procedimento Administrativo*, in «Seminário sobre o Código do Procedimento Administrativo», CEFA, Coimbra, 1993, p. 35.

Passaremos de seguida ao exame do direito à informação no quadro do procedimento administrativo, visto que é da codificação do procedimento que no presente colóquio se trata. Para esse efeito, analisaremos sucessivamente as questões da titularidade do direito à informação, dos pressupostos do correspondente dever, dos âmbito e conteúdo do direito e do dever e dos efeitos da violação deste último.

Na parte final desta secção, não deixaremos, apesar de tudo, de tentar a identificação das principais peculiaridades do regime de acesso aos arquivos e registos administrativos pela generalidade dos cidadãos.

**4.** No nº 1 do artigo 61º, o CPA repete quase *ipsis verbis* o nº 1 do artigo 268º da Constituição. Pressupondo-se obviamente um procedimento administrativo em marcha, verifica-se que a atribuição do direito à informação se insere no quadro de uma relação procedimental entre a Administração; e certos administrados, sumariamente definidos como aqueles que tenham um interesse directo no procedimento[7]. A única diferença de tomo nas redacções reside no emprego pelo *CPA* da palavra «particulares» onde a Constituição refere os «cidadãos». Esta modificação obedeceu por certo à preocupação de tornar indubitável que o direito é reconhecido não apenas aos cidadãos propriamente ditos mas a quaisquer agrupamentos ou entidades colectivas[8].

Embora seja louvável a preocupação dos autores do projecto de ver desde logo dotado o princípio do arquivo aberto da matriz de legislação ordinária imprescindível à sua cabal aplicação, também é certo que a matéria não respeita directamente ao procedimento administrativo. Justificou-se por isso a localização da disciplina do acesso dos cidadãos aos arquivos e registos administrativos em lei específica. Mas os receios dos autores da última versão do projecto não eram totalmente vãos visto que a disciplina da figura não foi concluída pelo legislador do modo coerente e global que seria desejável: a Lei nº 6/94, de 7 de Abril, do mesmo passo que regulou a classificação de documentos como segredo de Estado, ressalvou o tratamento por legislação própria das «restrições de acesso aos arquivos, processos e registos administrativos e judiciais, por razões atinentes à investigação criminal ou à intimidade das pessoas, bem como as respeitantes aos serviços de informações da República Portuguesa e a outros sistemas de classificação de matérias» (art. 1º, nº 2).

[7] Cfr. MIRANDA (JORGE), *O Direito de Informação dos Administrados*, in "O Direito", Ano 120º, p. 460.

[8] Aliás, o artigo 12º, nº 2, da Constituição estende às pessoas colectivas os direitos e deveres fundamentais compatíveis com a sua natureza. Cfr. MIRANDA (JORGE), idem, p. 461.

Os artigos 61º e seguintes do CPA não definem o conceito de «interessados», que circunscreve o âmbito da titularidade do direito à informação, nem em princípio teriam de o fazer. Com efeito, é na Parte II («Dos Sujeitos») que o Capítulo II, constituído pelos artigos 52º e 53º e tendo precisamente por epígrafe «Dos interessados», densifica o conceito. Da leitura destes artigos 52º e 53º retira-se que «interessados» são, na linguagem do Código, aqueles que têm legitimidade para iniciar o procedimento administrativo ou para nele intervir. Esta legitimidade depende – segundo o artigo 53º – da titularidade de um dos seguintes tipos de situações juridicamente qualificadas e passíveis de serem afectadas pelas decisões que no procedimento forem ou possam ser tomadas: ou direitos subjectivos e interesses legalmente protegidos ou interesses difusos respeitantes a bens fundamentais como a saúde pública, a habitação, a educação, o património cultural, o ambiente, o ordenamento do território e a qualidade de vida. O artigo 53º admite a titulação dos interesses difusos em cidadãos (a quem a actuação administrativa provoque ou possa previsivelmente provocar prejuízos relevantes em bens fundamentais[9], em associações de defesa desses interesses difusos e, ainda, nos órgãos das autarquias locais, quando os interesses difusos sejam imputáveis aos residentes nas respectivas circunscrições (nºs 2 e 3).

De acordo com o disposto pelo artigo 53º, nº 1, quando as situações jurídicas conformadas no procedimento sejam qualificáveis como direitos subjectivos ou interesses legalmente protegidos, terão também legitimidade as associações sem carácter político ou sindical que tenham por escopo a respectiva defesa[10].

[9] A alínea b) do nº 2 do artigo 53º acrescenta ainda como possível objecto de interesse difuso a preservação de bens do domínio público sitos na circunscrição da residência do cidadão contra actos lesivos de autoria da própria Administração.

[10] Trata-se aqui de uma interessante transposição para o procedimento administrativo de uma figura de legitimidade definida pela jurisprudência administrativa para efeito do recurso contencioso de anulação a favor das pessoas colectivas de tipo associativo cujo escopo seja a defesa dos interesses de um certo grupo social, contanto que o acto impugnado afecte interesses da generalidade dos membros do grupo e não apenas interesses individuais de algum ou uma parte dos seus membros. Trata-se aqui da defesa de um *interesse colectivo* não totalmente identificado com o *interesse difuso* porque os interesses representados têm, no caso, a qualificação de direitos subjectivos ou de interesses legalmente protegidos («interesses legítimos»). Cfr. Chapus, *Droit du Contentieux Administratif*, 4ª ed., Paris, 1993, p. 346; Debbasch/Ricci, *Contentieux Administratif*, 5ª ed., Paris, 1990, pp. 339-343.

O artigo 53º do CPA revela-se pois essencial para o apuramento da titularidade do direito à informação nos termos dos artigos 61º a 64º. Mas subsiste uma questão que é a de saber se, quando o nº 1 do artigo 61º menciona não simplesmente os «interessados» mas os «directamente interessados», quer afastar da titularidade deste direito alguma parcela do conjunto dos portadores de legitimidade para efeitos de intervenção.

Não cremos que assim se deva pensar. Ao qualificar os interesses como «directos» para efeitos da sua relevância como fonte da titularidade do direito à informação procedimental, o Código reproduz a expressão utilizada no texto constitucional desde 1976. O emprego do advérbio «directamente» não é pois explicável por uma qualquer intenção de restringir o âmbito dos intervenientes legitimados nos termos do artigo 53º. Nem faria aliás sentido que fosse de outra forma, dado o nexo funcional entre o direito de participação e o direito à informação. Se se considera este último como requisito do exercício racional do direito de participação, não se compreenderia que uma parte dos titulares do direito de participação fosse privada do direito à informação: «directamente interessados», no nº 1 do artigo 61º do CPA., vale como sinónimo dos «interessados» delineados pelo artigo 53º.

Deve no entanto sublinhar-se que o CPA alarga o círculo dos titulares do direito à informação procedimental para além dos limites constituídos pelos parâmetros de legitimidade especificados pelo artigo 53º. Se todos aqueles investidos de legitimidade procedimental nos termos deste preceito possuem também o direito de informação procedimental, para se ser titular deste último direito não é indispensável estar-se legitimado a figurar como sujeito interessado no procedimento. Referimo-nos à extensão do direito de informação, operada pelo artigo 64º do CPA: de acordo com o respectivo nº 1, «os direitos reconhecidos nos artigos 61º a 63º são extensivos a quaisquer pessoas que provem ter interesse legítimo no conhecimento dos elementos que pretendam». Este preceito abre o acesso à informação procedimental a pessoas que, não sendo interessadas no procedimento, ou seja, no sentido do respectivo acto final, tenham um interesse individualizado e legítimo (isto é, merecedor de tutela jurídica) no conhecimento de elementos consubstanciados no procedimento[11].

[11] O conhecimento pretendido há-de revelar-se instrumental da satisfação – merecedora de tutela jurídica – de uma necessidade do requerente.

**5.** O direito à informação procedimental, de que é sujeito um particular, e o correspondente dever por parte da Administração dependem de pressupostos.

O primeiro de tais pressupostos – de carácter objectivo – é o da existência de um procedimento, pendente ou mesmo já concluído[12]. Um segundo – de carácter subjectivo – consiste na legitimidade procedimental do destinatário da informação ou, pelo menos, na existência de um interesse legítimo no conhecimento dos elementos pretendidos, nos termos e para os efeitos do artigo 64º[13].

O nascimento do dever de informar depende ainda de certos factos, ligados ou não a uma manifestação da vontade de ser informado dirigida pelo particular à Administração. Tal manifestação é desnecessária quando o dever nasce *ex lege* para a Administração como consequência da concretização de certos momentos procedimentais. São os casos da comunicação do início oficioso do procedimento, nos termos do artigo 55º do CPA, e da notificação de certos actos administrativos, de acordo com o disposto pelo artigo 66º. Quando, pelo contrário, a lei não faça surgir um dever oficioso de informar, o nascimento do dever depende da iniciativa do particular. Essa iniciativa pode ser tomada em qualquer fase do procedimento[14].

**6.** É difícil versar de modo separado o âmbito e o conteúdo do direito à informação procedimental e do correspondente dever porque a delimitação negativa da matéria abrangida tem a ver com os tipos de prestações pelos quais a Administração realiza o direito à informação do particular.

A matéria abrangida é constituída por dois tipos de elementos: de um lado, actos, formalidades e situações de facto correspondentes à dinâmica procedimental, que a Constituição e o Código referem pelo termo «andamento». O nº 2 do artigo 61º do CPA precisa esta ideia referindo, a título exemplificativo, «a indicação do serviço onde o procedimento se encontra, os actos e diligências praticados, as deficiências a suprir pelos interessados, as decisões adoptadas». Trata-se de proporcionar ao interessado uma noção

[12] A existência de direito à informação no caso de procedimento já concluído surgirá sobretudo no caso de pretensão ainda insatisfeita de conhecimento da resolução definitiva.

[13] Veja-se o tratamento dessa matéria na rubrica anterior.

[14] Cfr. Caupers (João), *Os Princípios Gerais do Procedimento e o Direito à Informação*, in «O Código do Procedimento Administrativo», INA, 1992, p. 56.

exacta do encadeamento dos momentos do concreto fenómeno procedimental, a fim de que possa saber quais as fases já percorridas e perspectivar as suas próprias condutas no âmbito da sucessão de actos e formalidades.

O segundo tipo de elementos que integram a matéria objecto do direito e do dever de informação é o dos documentos que integram o processo. A eles se referem os artigos 62º e 63º, muito embora este último faça ainda menção à comunicação de momentos do procedimento, como os das datas de apresentação de certas pretensões (requerimentos, petições, reclamações, recursos) e seu andamento pretérito e situação actual.

As limitações admitidas pelo CPA quanto ao dever de informar apenas poderão respeitar ao acesso a documentos e não à elucidação sobre o desenrolar da sequência procedimental. Como, por seu turno, são específicas do acesso aos documentos contidos no processo várias formas típicas de cumprimento do dever de informar, pode também concluir-se que só em relação a tais formas é de admitir a delimitação por via negativa do âmbito do dever de informar.

As prestações típicas através das quais a Administração pode satisfazer o direito à informação procedimental são a informação directa (a que se refere o nº 2 do artigo 61º), a consulta do processo (artigo 62º) e a passagem de certidão, reprodução ou declaração autenticada de documentos (artigos 62º e 63º). Abstraindo agora de que estas últimas também podem incluir a certificação de momentos da marcha do procedimento, importa que nos concentremos na consulta de documentos constantes do processo e na obtenção das suas certidões ou reproduções autenticadas pois que é aqui que o Código admite limitações do direito à informação e, consequentemente, do dever de informar.

Respeitam tais limitações aos documentos classificados e aos documentos nominativos contendo dados pessoais não públicos relativos a terceiros.

O CPA não regula a delicada matéria da classificação de documentos, havendo portanto que integrar o seu artigo 62º, nº 1, com a legislação específica desta figura. É também fora do CPA que encontramos as definições legais de documentos nominativos («quaisquer suportes de informação que contenham dados pessoais») e de dados pessoais: «informações sobre pessoa singular, identificada ou identificável, que contenham apreciações, juízos de valor ou que sejam abrangidos pela reserva de intimidade da vida privada»). Estas definições encontram-se no artigo 4º da Lei nº 65/93, de 26 de Agosto (LADA).

Sendo o direito à informação procedimental um direito fundamental análogo aos direitos, liberdades e garantias, aplica-se-lhe, por força do artigo 17º da Constituição, o disposto no artigo 18º do mesmo texto: só a lei pode restringi-lo e apenas nos casos expressamente previstos na Constituição[15]. Pode então perguntar-se se são constitucionais as limitações introduzidas pelo artigo 62º do CPA, uma vez que o nº 1 do artigo 268º da Constituição não prevê limitações.

A nossa resposta vai no sentido da constitucionalidade de tais limitações. Em passagem anterior deste estudo, acentuámos a íntima associação entre os números 1 e 2 do artigo 268º da Constituição. Estabelecendo o primeiro o direito de informação procedimental e o segundo o direito de acesso aos arquivos e registos administrativos, estes preceitos configuram afinal nas suas distintas vertentes um único direito fundamental: o direito de informação dos administrados. Deste modo, quando o nº 2 consente a introdução de limitações pela lei em matérias relativas à segurança interna e externa, à investigação criminal e à intimidade das pessoas, deve entender-se que o consentimento se estende ao objecto do nº 1, sobretudo porque se não atingem razões para que não vigorem quanto às duas modalidades de informação administrativa as mesmas razões de protecção dos valores defendidos através das limitações consentidas pelo nº 2 do artigo 268º.

A recusa de informação tem de ser fundamentada, por se tratar de um acto administrativo que afecta negativamente um direito (artigo 124º, nº 1, alínea a), do CPA)[16].

**7.** O acto de recusa de informação procedimental – expresso ou tácito – pode ser ilegal por várias ordens de razões: vício de forma por falta de fundamentação, erro de facto quanto à existência de classificação ou de dados pessoais não públicos relativos a terceiros, erro de direito na recusa de informação sobre documento que não corresponda a um dos casos de

[15] No sentido de que o direito à informação procedimental e o direito de acesso aos arquivos e registos administrativos são direitos fundamentais de natureza análoga aos direitos, liberdades e garantias, vejam-se o Acórdão nº 394/93 – Processo nº 188/92 – do Tribunal Constitucional (Diário da República, I Série – A, de 29/9/1993, págs. 5469 e seguintes, em especial pág. 5473) e o Acórdão do Supremo Tribunal Administrativo, Pleno da 1ª Secção, de 6/7/1993 (Acórdãos Doutrinais do Supremo Tribunal Administrativo, nº 385, pág. 65, em especial, pág. 67).

[16] Também neste sentido, Caupers (João), *ob. cit.*, p. 56.

limitação legalmente estipulados, entre outros. Cabe agora saber quais os efeitos dessa ilegalidade sobre a validade do acto principal.

O princípio geral não pode deixar de ser o de que a infracção das normas da Constituição e do CPA que estabelecem o dever de informar por parte da Administração gera a invalidade do acto administrativo a que se dirige o procedimento e a responsabilidade civil da Administração[17]. Mas a admissão de tal princípio deixa ainda em aberto duas questões. Uma delas consiste em saber qual o grau de invalidade de que sofrerá o acto principal do procedimento. A outra respeita à susceptibilidade de degradação em não essencial da formalidade preterida.

A ofensa do conteúdo essencial de um direito fundamental acarreta a nulidade do acto administrativo: é o que dispõe o artigo 133º, nº 2, alínea d), do CPA. É pois sem dúvida nulo o acto que recusa pura e simplesmente a prestação de uma informação devida. Já é mais duvidoso que haja violação do conteúdo essencial do direito fundamental à informação quando se trate de informação deficiente. Mas o problema reside em saber se essa nulidade de um acto interlocutória contagia com invalidade de igual grau o acto principal ou se este, à falta de vícios específicos donde isso decorra, cairá sob a regra geral da anulabilidade. Defendem esta última solução Esteves de Oliveira/Pedro Gonçalves/Pacheco de Amorim com o fundamento de que assim é necessário «para evitar consequências absurdas»[18].

Inclinamo-nos, salvo estudo mais aprofundado de todas as implicações, para a opinião contrária. Com efeito, o absurdo será poder invocar sem dependência de prazo a nulidade do acto interlocutório de recusa de informação e não beneficiar do mesmo regime para a discussão administrativa ou jurisdicional do acto principal, cuja ilegalidade decorrerá daquele vício procedimental[19].

[17] Cfr. Miranda (Jorge), *ob. cit.*, p. 462; Freitas do Amaral, *Direitos Fundamentais dos Administrados*, in «Nos Dez Anos da Constituição», organização de Jorge Miranda, Lisboa, 1987, p. 14; Sérvulo Correia, *Noções de Direito Administrativo*, Lisboa, 1982, pp. 124-125.

[18] *Ob. cit.*, p. 392.

[19] É por aplicação de um princípio geral de concentração processual que os actos da tramitação procedimental apenas são impugnáveis (salvo os casos excepcionais dos actos destacáveis) através da impugnação da resolução final (Cfr. García de Enterría/Ramón Fernandez, *Curso de Derecho Administrativo*, I, 6ª ed., Madrid, 1993, p. 545; Mauer, *Allgemeines Verwaltungsrecht*, 4ª ed., Munique, 1985, p. 380). Enquanto se insere num procedimento em curso, o acto de denegação de informação a um interessado é um acto de tramitação (ou

Parece-nos, em contrapartida, que a nulidade decorrente da preterição da formalidade essencial da publicidade não impede que, em certos casos, essa formalidade se degrade em não essencial, ou seja, que a sua preterição se converta em mera irregularidade desprovida de efeitos quanto à validade do acto interlocutório e do acto principal. A norma que exige a informação procedimental é instrumental de um valor: o da participação consciente e oportuna do interessado no procedimento. Quando, por circunstâncias fortuitas, esse fim se haja concretizado obviamente apesar da falta de prestação de informação, não fará sentido a invalidade do acto procedimental e, sobretudo, parecerá ilógica a invalidade do acto principal como consequência da preterição de uma formalidade cuja «ratio» foi não obstante preenchida. Nesta hipótese, não chega a pôr-se a questão da nulidade: esta respeita ao grau de invalidade de um acto em função da natureza da sua ilegalidade e a degradação da formalidade em não essencial impede a ocorrência de qualquer invalidade[20]. Terá no entanto de incumbir à Administração o ónus

«preparatório», na acepção tradicional do termo na doutrina administrativa portuguesa). Não nos parece que, nestas situações, seja desde logo utilizável o meio processual da intimição jurisdicional para consulta de documentos ou passagem de certidões o qual, dado o teor dos arts. 82º e 85º da Lei de Processo nos Tribunais Administrativos (LPTA), se circunscreve aos casos em que exista já uma decisão final susceptível de impugnação administrativa ou jurisdicional. Mesmo que o fosse, aliás, como a instauração do meio processual acessório no Tribunal Administrativo não exerceria quaisquer efeitos suspensivos sobre o andamento do procedimento administrativo, sempre poderia este vir a concluir-se sem que o particular tivesse recebido em tempo oportuno a informação procedimental que requerera. Por estas razões, a defesa do particular contra a violação do seu direito fundamental à informação procedimental reside na impugnação, com esse fundamento, da resolução final. A consequência lógica do princípio da concentração é a de que o acto final sofre do vício de procedimento como se este se houvesse materializado com a sua edição (Cfr. CHAPUS, *Droit Administratif Général*, I, 6ª ed., Paris, 1992, p. 755). E, assim sendo, o grau da invalidade do acto final terá de ser aquele que decorre da natureza do vício de que ele próprio sofre, muito embora isso aconteça por um fenómeno de transferência querido pelo legislador. Criar-se-iam de resto contradições disruptivas da lógica se se dissociassem os regimes de invalidade do acto de trâmite e do acto final inválido graças à ilegalidade do primeiro.

[20] Cfr. SÉRVULO CORREIA, *Noções...*, *cit.*, p. 125. De certo modo em sentido oposto, pronunciando-se pelo valor absoluto dos direitos fundamentais que incidem sobre o procedimento e que, correspondendo a uma «antecipação da protecção jurídica», não devem acarretar simultaneamente um «estreitamento da protecção jurisdicional»: GOERLICH, *Grundrechte als Verfahrensgarantien*, Baden-Baden, 1981, pp. 345-348. Cremos no entanto que a ideia de violação de um direito fundamental não pode ligar-se simplesmente ao perfil de uma certa

da prova das circunstâncias que retiraram essencialidade à informação em princípio exigível[21].

**8.** Muito rapidamente, esboçaremos agora as principais diferenças entre o direito dos interessados à informação procedimental (CPA, artigos 61º a 64º) e o direito das pessoas em geral ao acesso aos arquivos e registos administrativos (CPA, artigo 65º e Lei nº 65/93, de 26 de Agosto – LADA).

Ambos estes direitos subjectivos – que no Direito Português são direitos fundamentais à luz do disposto pelo artigo 17º da Constituição[22] – constituem condensações dos princípios constitucionais da transparência administrativa e do controlo da Administração, ínsitos no valor da democracia participativa (artigo 2º da Constituição). Mas se ambos representam institutos instrumentais do princípio da participação[23], especializam-se em função de distintas vertentes da participação: o direito de informação procedimental serve sobretudo a participação dos cidadãos na formação das decisões ou deliberações que lhes disserem respeito; o direito de acesso aos arquivos e registos constitui principalmente um meio auxiliar dos direitos de participação política e da liberdade de imprensa, tomando em conta que aqueles que solicitarão o acesso poderão ser jornalistas que assim

conduta estadual, visto pressupor também uma lesão específica do bem jurídico protegido como resultado ou efeito de tal conduta. Cfr. Eckhoff (Rolf), *Der Grundrechtseingriff*, Colónia, Berlim, Bona, Munique, 1992, pp. 195 e 277.

[21] Cfr. Esteves de Oliveira/Pedro Gonçalves/Pacheco de Amorim, *ob. cit.*, p. 392. O princípio geral de direito administrativo é o do carácter essencial das formalidades legalmente exigidas. Por isso, os factos que tenham dado origem à não essencialidade da informação (por materializarem por outra via a salvaguarda do interesse defendido pela formalidade preterida) são factos impeditivos do direito à anulação do acto com fundamento em vício de forma por preterição dc formalidade legalmente exigida. Nos termos do artigo 342º, nº 2, do Código Civil, caberá assim à autoridade recorrida o ónus da prova dos factos que alegar com tal propósito impeditivo.

[22] No sentido de que, no Direito espanhol, o direito de acesso a arquivos e registos não constitui um direito fundamental, ver Embid Irujo, *El Derecho de Acceso a los Archivos y Registos Administrativos. Algumas Reflexiones en las Visperas de su Consagración Legislativa*, in «La Protección Juridica del Ciudadano – Estudios en Homenaje al Profesor Jesus Gonzalez Perez», I, p. 732.

[23] *«Connaissance d'abord, participation ensuite»*, na bela fórmula de Rivero. Cfr. *Rapport de Synthèse*, in «La Transparence Administrative en Europe», ed. por Charles Debbasch, Paris, 1990, p. 308.

pretenderão dar conteúdo à sua liberdade de expressão e ao seu direito de acesso às fontes (Constituição, artigo 38º, nºs 1 e 2)[24].

A diferente razão de ser funcional dos dois direitos explica até certo ponto a disparidade dos regimes da sua titularidade. Ao passo que o direito à informação procedimental cabe em princípio àqueles que possuam legitimidade para intervir no procedimento na qualidade de interessados no sentido a infundir nos actos principais que naquele venham a ser proferidos, o direito de acesso a arquivos e registos é universal: cabe a todas as pessoas.

No nº 5 do artigo 7º da Lei nº 65/93, de 26 de Agosto (LADA), estabelece-se em princípio como pressuposto do direito de acesso que o procedimento esteja concluído pela tomada da decisão típica a que se destina ou pelo seu arquivamento. Abre-se no entanto uma excepção para os documentos elaborados há mais de um ano e constantes de processos ainda não concluídos. Trata-se de uma ressalva salutar, que impede a ocultação de documentos ao público através do protelamento artificial da pendência do procedimento[25].

O exercício do direito de acesso a arquivos e registos tem como pressuposto um requerimento escrito do qual deverão constar os elementos essenciais à identificação dos documentos pretendidos e do requerente (artigo 13º da LADA).

[24] No mesmo sentido, quanto ao último ponto, EMBID IRUJO, *idem, ibidem.*

[25] Em Espanha, RAMON PARADA, verbera a solução configurada no artigo 37 da *Ley 30/1992, de 26 de Noviembre de Régimen Jurídico de las Administraciones Públicas y del Procedimiento Administrativo Común*, que circunscreve o direito de acesso a elementos constantes de procedimentos terminados na data da solicitação. Com a nova lei espanhola, aparentemente deixou de distinguir-se entre a pretensão de conhecimento dos interessados no procedimento e a das restantes pessoas, ficando assim os primeiros privados do direito de conhecer em qualquer momento o estado da tramitação do procedimento e de obter certidões dos documentos nele contidos, direito esse reconhecido pela lei anterior. Cfr. RAMON PARADA, *Régimen Jurídico de las Administraciones Públicas y Procedimiento Administrativo Común, Estudio, Comentarios y texto de la Ley 30/1992, de 25 de noviembre*, Madrid, 1993, pp. 154-157. Em Portugal, quer a Constituição (artigo 268º, nºs 1 e 2) quer o Código do Procedimento Administrativo (artigos 61º a 65º) consagram duas figuras distintas. E, uma vez que o direito de informação sobre o andamento dos procedimentos é garantido aos «directamente interessados» no processo (Constituição, artigo 268º, nº 1), tem de concluir-se que a garantia de acesso aos arquivos e registos, explicitada no nº 2 do artigo 268º da Constituição, não cobre o acesso aos procedimentos pendentes. Tal facto não impede o legislador ordinário de abrir esse acesso, o que fez no já citado nº 5 do artigo 7º da LADA em relação a documentos elaborados há mais de um ano e constantes de processos não concluídos.

O âmbito do direito é constituído em princípio por todos os documentos emitidos no exercício da função administrativa por quaisquer entidades que nele participem exercendo poderes de autoridades (LADA, artigos 1º, 3º e 4º). Não há pois aqui qualquer delimitação procedimental: os documentos são considerados em si mesmos, independentemente do procedimento que tenha enquadrado a sua produção, excepto no tocante à exigência de princípio de que se trate de um procedimento findo (LADA, artigo 7º, nº 5).

Os tipos de delimitação negativa do âmbito do direito de acesso não divergem substancialmente dos previstos quanto ao direito de informação procedimental: documentos classificados à luz da sua conexão com a segurança interna e externa do Estado e documentos nominativos. Mas quanto a estes últimos, o artigo 8º, nº 1, da LADA remete por seu turno para os «termos da lei especial aplicável ao tratamento automatizado de dados pessoais».

As prestações da Administração para efeito de satisfação do direito de acesso vêm tipificadas no artigo 12º, nº 1, da LADA: consulta gratuita, efectuada nos serviços que detêm os documentos, reprodução por fotocópia ou por outro meio técnico, passagem de certidão. No entanto, o nº 3 do artigo 7º do mesmo diploma especifica por seu turno que «o direito de acesso aos documentos administrativos compreende não só o direito de obter a sua reprodução, bem como o direito de ser informado sobre a sua existência e conteúdo». Com este aditamento do meio típico «informação directa» fica assim completada uma panóplia instrumental que não diverge da contemplada pelo CPA a propósito das condutas típicas através das quais a Administração cumprirá o dever de informação dos particulares.

Uma vez que o exercício do direito de acesso a arquivos e registos administrativos se não enquadre no desenrolar de um procedimento administrativo a que respeitem os documentos cujo conhecimento se pretende, a recusa de acesso não produz efeitos semelhantes aos decorrentes da recusa de informação procedimental.

Aquela recusa é no entanto um acto administrativo sujeito aos meios de impugnação contenciosa. A única particularidade reside, quanto às recusas de acesso a arquivos e registos, na possibilidade de o particular dirigir à Comissão de Acesso aos Documentos Administrativos (CADA) reclamação do indeferimento expresso ou tácito do requerimento de acesso. Em caso de exercício desta faculdade pelo particular e de insucesso da diligência (a CADA apenas emite pareceres, designados pelo legislador como «relatórios de apreciação), é do acto expresso ou tácito formado pela entidade competente na sequência do recebimento do «relatório» que caberá um recurso contencioso de plena jurisdição[26].

## III. Os direitos de participação dos particulares no procedimento e, em especial, na formação da decisão administrativa

**9.** Com a entrada em vigor do Código do Procedimento Administrativo (CPA), deu o legislador tradução na Ordem Jurídica portuguesa à evolução, verificada ao longo das últimas décadas na doutrina das formas jurídicas administrativas, que atribuiu ao procedimento administrativo um lugar central no sistema do Direito Administrativo[27]. Tanto mais quanto maior for a margem de liberdade de avaliação e de ponderação deixada pelo legislador ao concretizador da norma jurídica administrativa, terá a decisão de ser apreciada através de um *pensamento orientado para o procedimento.* Constituindo o procedimento um fenómeno de progressão dinâmica através do qual a Administração converte competências abstractas em actos concretos, é ele a matriz na qual e ao longo da qual a decisão ganha conteúdo[28].

Quer o exercício da discricionariedade administrativa quer o preenchimento de conceitos jurídicos indeterminados que no *Tatbestad* da norma indicam pressupostos do acto administrativo impõem à Administração tarefas de alargamento ou completamento, de sua responsabilidade, dos espaços de abertura que o legislador deixou na norma. Para exercer, designadamente, um poder discricionário, tem a Administração de escolher uma série de factos de entre os que compõem a situação real da vida que lhe

[26] Com efeito, o artigo 17º da LADA diz que ao «recurso judicial» da decisão final se aplicarão, com as devidas adaptações, as regras do processo de intimação para consulta de documentos ou passagem de certidões. Nos termos do artigo 82º, nº 2, do Decreto-lei nº 267/85, de 16 de julho (Lei de Processo nos Tribunais Administrativos – LPTA) o juiz *intima* a autoridade administrativa para que satisfaça o pedido de consulta de documentos ou de consulta de certidões. E o não cumprimento da intimação importa responsabilidade civil, disciplinar e criminal (artigo 84º, nº 2, da LPTA). A *intimação* consiste pois numa verdadeira condenação da Administração na adopção de uma conduta específica. Estamos assim em face de um recurso contencioso administrativo de jurisdição plena.

[27] Cfr. Schmidt-Assmann, *Das allgemeine Verwaltungsrecht als Ordnungsidee und System*, Heidelberg, 1982, p. 35.

[28] Cfr. Pitschas (Rainer), *ob. cit.*, p. 737.

cabe conformar. Tais factos permitir-lhe-ão identificar os interesses que lhe cumpre valorar e ponderar de modo a apurar fins concretos correspondentes ao interesse público que lhe compete prosseguir. Simultaneamente, deve a Administração imaginar relações causais em que tais fins sejam os efeitos e as causas providências, legalmente não vedadas. Finalmente, optará a Administração por aquela dessas providências que considerar causalmente mais efectiva à luz de um raciocínio que nenhum erro de facto ou de direito venha objectivamente informar[29].

Assim avulta o procedimento como campo do jogo dialético dos interesses envolvidos pela ponderação administrativa. Ele é por excelência o lugar de uma concretização dos fins e construção das soluções jurídicas concretas no desempenho da função administrativa. É ao longo da sua progressão que a Administração joeira os factos e os interesses relevantes para a sua ponderação de entre uma multidão de outros cuja tomada em consideração poderia até violar as normas ou as manifestas exigências da lógica.

**10.** Num Estado de Direito democrático, a aquisição ou descoberta procedimental dos interesses relevantes não dispensa a participação dos respectivos portadores. Dispõe o artigo 266º, nº 1, da Constituição que a Administração Pública visa a prossecução do interesse público, *no respeito pelos direitos e interesses legalmente protegidos dos cidadãos.* A conformação da relação jurídico-administrativa envolve por definição ponderação de interesses públicos e de interesses dos administrados. Os portadores destes últimos não poderão ser mantidos de fora do procedimento sob pena de se tornarem em meros objectos do poder, entidades inaptas para participarem relações jurídicas bilaterais com os titulares do poder, súbditos em vez de cidadãos. São estas as ideias que explicam o nº 4 do artigo 267º da Constituição, em cujos termos «o processamento da actividade administrativa será objecto de lei especial, que assegurará a racionalização dos meios a utilizar pelos serviços e a participação dos cidadãos na formação das decisões ou deliberações que lhes disserem respeito».

[29] Cfr. Koch, *Unbestimmte Rechtsbegriffe und Ermessensermächtigungen im Verwaltungsrecht*, Frankfurt-am-Main, 1979, pp. 138-141, 177 e 178; Walter Schmidt, *Einführung in die Probleme des Verwaltungsrechts*, Munique, 1982, pp. 37-57.

A «lei especial» para que remete o transcrito preceito constitucional surgiu, ao fim de quinze anos, sob a forma do Código do Procedimento Administrativo.

**11.** A participação dos cidadãos na formação das decisões ou deliberações administrativas que lhes disserem respeito assume fundamentalmente uma de duas formas em função da natureza dos efeitos de direito por ela produzidas: *participação co-constitutiva* e *participação dialógica*.

A participação é *co-constitutiva* quando a vontade do particular tem, a par da vontade da Administração, um papel gerador da constituição, modificação ou extinção de uma situação jurídico-administrativa. A forma administrativa por excelência correspondente a este tipo de participação é o contrato administrativo, que o CPA regula como modo paradigmático da actividade administrativa, a par do regulamento e do acto administrativo.

Nos termos do artigo 181º do CPA, são aplicáveis à formação dos contratos administrativos, com as necessárias adaptações, as disposições do Código relativas ao procedimento administrativo. Daqui se retira que a intervenção de um particular num contrato administrativo envolve sucessivamente as duas formas de participação: *dialógica* e *co-constitutiva*[30].

Após o início da vigência, em 1984, do Estatuto dos Tribunais Administrativos e Fiscais (Decreto-Lei nº 129/84, de 27 de Abril - ETAF), o contrato administrativo ganhou a definição legal que mantem no CPA: «o acordo de vontades pelo qual é constituída, modificada ou extinta uma relação jurídica administrativa». A grande amplitude deste conceito faz com que ele não abarque apenas os contratos típicos qualificados pela jurisprudência administrativa francesa do Século *XIX* e os outros que se lhe assemelhem com base no escopo de associar um particular por certo período ao desempenho regular de alguma atribuição administrativa mediante prestação de coisa ou de serviços, a retribuir pela forma estipulada. No Direito Administrativo português, são admitidos os «contratos com objecto passível de acto administrativo», isto é, cujo conteúdo corresponda a efeitos de direito geráveis através do emprego de acto administrativo, salvo se

[30] O contrato administrativo é regulado nos artigos 178º a 188º do CPA. Sobre tal regulação, veja-se: MARTINS CLARO, *O Contrato Administrativo*, in «Código do Procedimento Administrativo», INA, 1992, pp. 131 ss.

outra coisa resultar da lei ou da natureza das relações a estabelecer (CPA, artigo 179º)[31].

Dado que o Código do Procedimento Administrativo concebe a figura do contrato administrativo com esta amplitude, compreende-se que se não tenha sentido a necessidade de acolher figuras como as dos *«acordos, pactos e convénios»* destinados a constituir o acto terminal do procedimento (Lei espanhola nº 30/1992, de 26 de Novembro, artigo 88) ou a dos *«acordos com os interessados com o fim de determinar o conteúdo discricionário do acto final ou, nos casos previstos pela lei, em substituição deste»* (Lei italiana de 7 de Agosto de 1990, nº 241, artigo 11). No caso italiano, a solução explica-se devido ao não reconhecimento genérico da figura do contrato administrativo por razões históricas ligadas à organização das competências jurisdicionais. No caso espanhol, é possível que a circunstância de os contratos administrativos terem a sua disciplina central em diplomas legislativos distintos da lei de procedimento haja contribuído para a autonomização nesta das aludidas figuras (a par dos contratos também mencionados no artigo 88 como forma de «terminação convencional» do procedimento). No direito português, não vemos razões para destacar tais figuras ainda um tanto nebulosas do parâmetro formal do contrato administrativo. Haverá, isso sim, que prestar atenção às implicações estruturais e de regime decorrentes do emprego do contrato com tais finalidades.

**12.** A circunstância de a exclusiva autoria do acto final do procedimento caber à Administração não impede o estabelecimento de formas de intervenção do particular que lhe reservem a possibilidade do exercício de uma legítima influência sobre o sentido da decisão.

A sociedade pluralista e respeitadora da pessoa humana estrutura-se sobre uma rede de condutas comunicativas *(kommunikativer Handlungen)*. O poder legítimo identifica-se com a vontade dos cidadãos graças a um círculo de livre comunicação que canaliza para os órgãos titulares de autoridade o sentimento e a visão das coisas da generalidade das pessoas. Nesta circulação de pensamento livre repousa a associação do poder com o Direito. O Direito que organiza as condutas participadas da Administração assegura a transformação do poder de comunicação dos cidadãos

[31] Cfr. SÉRVULO CORREIA, *Legalidade e Autonomia Contratual nos Contratos Administrativos*, Coimbra, 1987, pp. 401, 428 e 515 e ss, entre outras.

*(kommunikativer Macht)* em poder administrativo. E para isso é essencial a abertura à sociedade do modelo procedimental e a sua capacidade de gerar consensos[32].

A necessidade de incentivar a troca de informações e de procurar soluções cujo equilíbrio ou proporcionalidade facilite o consenso, preservando a legitimidade de quem decide e a integração do administrado, impõe que a comunicação assuma no procedimento administrativo uma feição dialogante. O processo de concretização das normas jurídicas administrativas através de um tratamento de informação e da ponderação de alternativas permite falar de *concretização sob a forma de diálogo (Konkretisierung als Dialog), de conduta administrativa dialógica (dialogisches Verwaltungshandeln)*[33].

Chamamos pois *participação dialógica* àquela que, sem uma co-autoria com a Administração na emissão do acto principal, relativamente ao qual o particular continua a figurar como destinatário, assegura a este a emissão e a recepção, ao longo do procedimento, de comunicações informativas, valorativas e programáticas graças às quais desempenha um papel efectivo na aquisição, valoração, ponderação e qualificação jurídica de factos e interesses de onde resultará em termos lógicos o sentido da decisão.

**13.** No Estado de Direito democrático[34], a *participação dialógica* desempenha necessariamente uma dupla missão funcional e garantística.)

A *missão funcional* cifra-se na contribuição do particular para a mais feita realização do interesse público, em virtude de, através de uma posição dialética ou de pura colaboração, enriquecer a perspectiva da Administração sobre a identidade, natureza e peso relativo dos interesses que povoam a situação real da vida que lhe cabe conformar. Inserido nessa situação, o particular poderá conhecê-la melhor do que os agentes administrativos. O contacto e até o confronto entre o particular e a Administração concorrerão para trazer ao procedimento os elementos que relevam para a decisão bem

[32] Cfr. HABERMAS, *Faktizität und Geltung*, 3ª ed., Frankfurt am Main, 1993, pp. 107, 170, 209 e 237.

[33] Cfr. PITSCHAS (RAINER), *ob. cit.*, pp. 96, 227, 681 e 700; KUNIG (PHILIP), *Alternativen zum einseitig-bobeitlichen Verwaltungshandeln*, in "Konfliktbewaltigung durch Verhandlungen", edit. por HOFEMANN-RIEM\SCHMIDT ASSMANN, Baden-Baden, 1990, p. 44.

[34] O artigo 2º da Constituição qualifica desse modo a República Portuguesa.

como, para além desse enriquecimento do *iter* cognoscitivo, argumentos que ilustrarão o *iter* valorativo conducente à decisão».[35]

Mas a intervenção do particular cujos interesses devam ser conformados pela decisão não poderá ser vista sob uma perspectiva totalmente funcionalizante, sob pena de se poder assistir a uma organização do procedimento pelo legislador que não defenda suficientemente o indivíduo do arbítrio do poder. A dignidade da pessoa humana, que o artigo 1º da Constituição arvora em valor basilar da República, não consente que a participação dos cidadãos na formação das decisões e deliberações que lhes disserem respeito seja totalmente ou maioritariamente funcionalizada ao serviço do interesse público. O cidadão é chamado para defender os seus interesses, desde que em abstracto susceptíveis de tutela jurídica e com emprego de meios lícitos.

Em suma, seria a nossos olhos inconstitucional uma organização do procedimento administrativo que, sem prejuízo de aproveitar as virtualidades da participação dos cidadãos para a mais eficiente realização do interesse público, não tomasse por base a função prioritariamente garantística de tal participação.

Não pretendemos significar com isso que o papel da participação seja sobretudo o de possibilitar o armazenamento de conhecimentos e argumentos que aumentem a efectividade de uma eventual tutela jurisdicional. A função garantística significa em primeiro lugar e acima de tudo uma possibilidade de comunicar à Administração as informações e os argumentos que, do ponto de vista do particular, justificam que a decisão venha a conformar-se com os seus interesses. Vista deste modo, a missão garantística da participação não pressupõe uma relação de irredutível antagonismo recíproco entre a Administração e o cidadão sobre cuja situação jurídica aquela deva exercer um efeito conformador[36].

Em nossa opinião, foi esta a perspectiva correctamente adoptada pelo legislador no Código do Procedimento Administrativo. Um tal entendimento tem consequências no tocante à interpretação de algumas das normas deste diploma e à própria qualificação da situação jurídica do particular no tocante à sua participação procedimental.

[35] Cfr. Machete (Rui), *Os Princípios Gerais do Código do Procedimento Administrativo*, in «O Código do Procedimento Administrativo», INA, 1992, p. 46; Serra (Maria Teresa), *ob. cit.*, pp. 213 e 222.

[36] Cfr. Pitschas (Rainer), *ob. cit.*, pp. 348 e 476.

**14.** Nem sempre o CPA configura a participação como objecto de um direito dos particulares. Na verdade, por vezes, a participação surge como uma *faculdade* da Administração[37].

À titularidade dessa situação jurídica activa pela Administração corresponderá por parte do administrado, por vezes uma *faculdade* no quadro de um *interesse legítimo* e, de outras vezes, um *ónus*.

A primeira hipótese configura-se no artigo 59º do CPA, em cujos termos «em qualquer fase do procedimento podem os órgãos administrativos ordenar a notificação dos interessados para, no prazo que lhes for fixado, se pronunciarem acerca de qualquer questão». O particular recebe um convite e não uma ordem. Usará ou não da faculdade que assim lhe é proporcionada sem que a abstenção seja directamente sancionável. Assim sendo, a virtualidade garantística de tal forma de participação prevalece sobre a funcional.

Dispõe por seu turno o nº 1 do artigo 89º do CPA que «o órgão que dirigir a instrução pode determinar aos interessados a prestação de informações, a apresentação de documentos ou coisas, a sujeição a inspecções e a colaboração noutros meios de prova».

Da redacção deste preceito e da parte inicial do nº 2 do mesmo artigo poderia extraír-se, à primeira vista, a ilacção de se estar perante uma verdadeira ordem, tanto mais que, nesse nº 2, se enunciam causas de legitimidade da recusa às determinações administrativas sobre a produção de prova. Dado porém que as consequências do incumprimento são o não seguimento do procedimento de interesse do particular e, em todos os casos, a liberdade de apreciação do incumprimento para efeitos probatórios (artigo 91º), deve concluir-se estar-se perante um *ónus* e não um verdadeiro dever[38].

Sendo neste caso mais forte a tónica funcionalista ou objectivista centrada numa «colaboração responsável na determinação do bem comum», uma vez que o particular se sujeita a consequências jurídicas negativas apesar de, eventualmente, o comportamento passivo ser o mais conforme com os seus interesses, prevalece ainda assim a visão garantística da participação por parte do legislador. Com efeito, nem mesmo quando a Administração sente a necessidade da colaboração do particular para o melhor apuramento

[37] Cfr. CAUPERS (JOÃO), *ob. cit.*, p. 54.

[38] Neste sentido, ESTEVES DE OLIVEIRA/PEDRO GONÇALVES/PACHECO DE AMORIM, *ob. cit.*, pp. 497 e 498.

dos elementos da situação concreta pode constitui-lo em situação de desobediência em resultado da recusa de colaboração.

**15.** O Direito comparado mostra-nos a existência de institutos destinados a proporcionar em certos procedimentos à generalidade dos cidadãos uma *participação desinteressada* ou *participação puramente cívica*. São os casos da *información publica* do artigo 86 da lei espanhola 30/1992, de 26 de Novembro[39] e das *enquêtes publiques* do Direito francês do urbanismo.[40]

Figuras semelhantes não são desconhecidas na Ordem jurídica portuguesa. Assim, por exemplo, o Decreto-Lei nº 69/90, de 2 de Março, regula o *inquérito público* no quadro do procedimento de elaboração dos planos municipais de ordenamento do território e o Decreto-Lei nº 186/90, de 6 de Junho, configura a *consulta do público interessado* no âmbito do procedimento de avaliação do impacte ambiental. O Código do Procedimento Administrativo apenas prevê no entanto um trâmite de *apreciação pública* para efeito de análise de projectos de regulamentos. Mas a densificação desta figura foi remetida para legislação específica que ainda não saiu (CPA, artigo 118º).

Nada de semelhante se concebe porém no domínio dos procedimentos conducentes à prática de actos administrativos ou celebração de contratos administrativos. Esta opção poderá ser explicável à luz da amplitude com que se acolheu a participação como interessados dos portadores individuais ou institucionais de interesses difusos (CPA, artigo 53º).

**16.** Na economia do Código do Procedimento Administrativo, o momento paradigmático da participação dos cidadãos no procedimento administrativo é a *audiência dos interessados*, regulada nos artigos 100º a 104º.

Nos termos do nº 1 do artigo 100º, «concluída a instrução, os interessados têm o direito de ser ouvidos no procedimento antes de ser tomada a decisão final, salvo o disposto no artigo 103º».

Apesar desta redacção, nem sempre a audiência dos interessados antecederá imediatamente a tomada da decisão final. O artigo 104º prevê que

[39] Cfr. Ramon Parada, *Regimen Juridico...*, *cit.*, pp. 305 e 306.

[40] Cfr. Auby (Jean-Bernard/Périnet-Marquet), *Droit de l'Urbanisme et de la Construction*, 2ª ed., Paris, 1989, p. 62.

possam ser efectuadas após a audiência, oficiosamente ou a pedido dos interessados, diligências complementares. E do artigo 105º decorre por seu turno que, quando o instrutor não for o órgão competente para a decisão final, ele elaborará, após a audiência e as eventuais diligências complementares, um relatório no qual indicará o pedido do interessado, resumirá o conteúdo do procedimento e formulará uma proposta fundamentada de decisão.

O artigo 103º estabelece casos de inexistência e de dispensa da audiência dos interessados. Preceitua-se ali que:

> «1 – Não há lugar a audiência dos interessados:
> a) Quando a decisão seja urgente;
> b) Quando seja razoavelmente de prever que a diligência possa comprometer a execução ou a utilidade da decisão.
> 2 – O órgão instrutor pode dispensar a audiência dos interessados nos seguintes casos:
> a) Se os interessados já se tiverem pronunciado no procedimento sobre *as questões que importem à decisão e sobre as provas produzidas;*
> b) Se os elementos constantes do procedimento conduzirem a uma decisão favorável aos interessados.»

De acordo com o disposto pelo nº 2 do artigo 100º, é o órgão instrutor a decidir, em cada caso, se a audiência dos interessados reveste forma escrita ou oral.

Em caso de *audiência escrita,* a *notificação* feita aos interessados para, em prazo não inferior a dez dias, dizerem o que se lhes oferecer deverá fornecer «os elementos necessários para que os interessados fiquem a conhecer todos os aspectos relevantes para a decisão, nas matérias de facto e de direito, indicando também as horas e o local onde o processo poderá ser consultado» (artigo 101º, nºs 1 e 2).

Dispõe por seu turno o nº 3 do artigo 101º que «na resposta, os interessados podem pronunciar-se sobre as questões que constituem o objecto do procedimento, bem como requerer diligências complementares e juntar documentos».

De acordo com o nº 2 do artigo 102º, «na audiência oral podem ser apreciadas todas as questões com interesse para a decisão, nas matérias de facto e de direito». O nº 4 do mesmo artigo determina que se lavre acta da audiência «da qual consta o extracto das alegações feitas pelos interessados, podendo estes juntar quaisquer alegações escritas, durante a diligência ou posteriormente».

**17.** Discute-se neste momento no nosso País a natureza da posição jurídica subjectiva dos interessados no procedimento em relação à realização da audiência não validamente excluída ou dispensada nos termos do artigo 103º do CPA. Cifra-se a questão em saber se se está ou não perante um direito fundamental, sendo certo que, de acordo com o artigo 133º, nº 2, alínea d) são nulos os actos que ofendam o conteúdo essencial de um direito fundamental, sendo a regra geral a da mera anulabilidade dos actos ilegais[41].

A Constituição não emprega, no nº 4 do seu artigo 267º, quanto à participação no procedimento, o termo «direito», ao contrário do que faz com outras situações dos administrados. Acresce que, logo no artigo 268º, reconheceu a Constituição expressamente às situações dos administrados em matéria de informação e acesso à tutela contenciosa a densidade ou determinabilidade próprias dos direitos.

A nosso ver, estes raciocínios de carácter semântico e sistemático não procedem no sentido de retirar à participação procedimental o carácter de um direito. Tal qualificação tem de operar-se à luz do próprio Código do Procedimento Administrativo, a «lei especial» que, nos termos do nº 4 do artigo 267º da Constituição, deverá assegurar a participação dos cidadãos na formação das decisões ou deliberações que lhes disserem respeito.

Se a remissão para uma lei ordinária (ainda que «especial») da definição do modo de assegurar a participação explica a não inclusão da figura na lista de direitos dos administrados contida no artigo 268º, ela não envolve por si só uma opção em favor da prevalência da dimensão democrático-funcional e em detrimento da dimensão garantística da participação. Com efeito, ou bem que tal opção foi deixada totalmente no âmbito da discricionariedade legislativa ou bem que – como cremos – ela é presidida por directivas constitucionais que impõem ao legislador a salvaguarda da tónica garantística

[41] Defendeu recentemente com brilho a tese de que a participação procedimental não seria um direito fundamental assente na dimensão garantística do princípio do Estado de Direito, mas tão só um princípio de organização e acção administrativa concretizador da dimensão participativa do princípio democrático, o Licenciado Pedro Machete: *A Audiência dos Interessados no Procedimento Administrativo,* dissertação de mestrado, inédita, apresentada na Faculdade de Direito da Universidade Católica Portuguesa.

fundamental formalizada na outorga de um direito de participação centrada na audiência.

Ao que cremos, a sujeição do legislador ordinário ao reconhecimento de um direito de participação promana imperativamente do valor da dignidade da pessoa humana e do princípio do Estado de Direito (artigos 1º e 2º da Constituição), que não consentem que a pessoa seja tratada como mero objecto das decisões em vez de como co-partícipe da dinâmica que leve à sua formulação racional. Sem a consubstanciação do *audiatur et altera pars*, o interessado no procedimento converter-se-ia em objecto, em vez de sujeito do procedimento[42].

No nº 1 do artigo 100º, o CPA fala expressamente do *direito de ser ouvido* dos interessados.

O momento em que a audiência é situada, após a conclusão da instrução, mostra que as intervenções dos interessados exclusiva ou predominantemente destinadas à colaboração funcional na preparação da decisão (através do carreamento para o processo dos factos e interesses relevantes) já deverá ter tido lugar.

A conclusão da instrução indicia ao menos que o órgão instrutor considera reunida a matéria adequada para fundar um sentido de decisão. E assim se explica que, em vez de *dever de prestar colaboração para o conveniente esclarecimento dos factos* (CPA, artigo 60º, nº 2), o Código fale agora em *direito de ser ouvido*. A Administração surge nesta fase como sujeito do dever de ouvir e não como titular do poder discricionário de solicitar informações (CPA, artigo 89º).

A favor da dimensão predominantemente funcional em sede de audiência, tem-se no entanto argumentado ainda com a alínea b) do nº 2 do artigo 103º do CPA: se, apesar de os elementos constantes do procedimento conduzirem a uma decisão favorável aos interessados, não há inexistência de audiência mas apenas faculdade da sua dispensa, é porque, ainda nesta eventualidade, o particular pode ser chamado a pronunciar-se como forma de colaboração com a melhor realização do interesse público e não de defesa da satisfação dos seus interesses. A nosso ver, a este argumento pode responder-se que uma decisão favorável não é necessariamente a mais favorável de entre as concebíveis. A doutrina está hoje ciente do carácter muito relativo da distinção dos efeitos do acto em efeitos ablativos e efeitos ampliativos. À luz, aliás, do disposto pelas alíneas c) e d) do nº 2 do artigo

[42] Cfr. PITSCHAS (RAINER), *ob. cit.*, p. 476.

89º do CPA, que legitimam a recusa às determinações de prestação de informações quando elas possam ser prejudiciais, não é de conceber que fosse para salvaguardar a hipótese de extorquir aos interessados declarações que lhes devam ser desfavoráveis que a situação prefigurada na alínea b) do nº 2 do artigo 103º tivesse sido seriada como razão de dispensa em vez de razão de inexistência da audiência.

**18.** Parecendo indiscutível a intenção legislativa de atribuição de um direito subjectivo de participação procedimental, cabe agora a interrogação: tratar-se-á ainda de um *direito fundamental?*

O nº 1 do artigo 16º da Constituição encerra uma cláusula aberta ou de atipicidade dos direitos fundamentais: «Os direitos fundamentais consagrados na Constituição não excluem outros constantes das leis e das regras aplicáveis de direito internacional».

O Tribunal Constitucional português tem aplicado aos direitos fundamentais atípicos análogos aos direitos, liberdades e garantias enunciadas no Título II da Parte I da Constituição o regime próprio destes últimos, com a ressalva da admissibilidade da sua extinção ou restrição por via legal. E a doutrina portuguesa majoritária defende a extensão parcial do regime atinente aos direitos, liberdades e garantias aos direitos fundamentais atípicos de natureza análoga.

No Título II da Parte I da Constituição, estabelecem-se direitos, liberdades e garantias de participação (artigos 40º, 41º, nº 2, 43º, 47º, nº 2, 48º, 49º, 50º, entre outros). Vimos também como o direito fundamental à informação por parte da Administração – como tal consignado nos nºs 1 e 2 do artigo 268º da Constituição – é instrumental do direito de participação e em especial do direito de participação procedimental. Neste caso, os três critérios mais frequentemente propugnados confluem no sentido da qualificação como direito fundamental. O direito de audiência espelha princípios e ideias básicas que animam a Constituição (princípios de dignidade da pessoa humana e do Estado de Direito democrático e regra da participação na formação das decisões que lhes dizem respeito). Por outro lado, ocorre «analogia legis» com direitos fundamentais típicos como os enunciados no art. 48º, nº e 49º, nº 1, entre outros[43].

[43] Cfr. Bacelar Gouveia (Jorge), *Os Direitos Fundamentais Atípicos*, dissert. de mestrado inédita, Lisboa, 1993, págs. 429 a 475.

Acresce que o direito de audiência é um direito de defesa, circunstância que justifica a sua qualificação como «direito de natureza análoga» para efeitos do artigo 17º da Constituição[44].

Não podem pois restar dúvidas quanto à natureza do direito de audiência, tal como configurado nos artigos 100º e seguintes do CPA: é um direito fundamental atípico, com regime análogo, no tocante aos efeitos da sua violação, ao dos direitos, liberdades e garantias consignadas no Título II da Parte I da Constituição.

A ofensa do conteúdo essencial do direito de audiência determina portanto a nulidade do acto principal do procedimento.

**19.** Matéria controvertida tem sido também a de saber se a notificação para audiência de interessados deverá ou não incluir um projecto de decisão sobre o qual estes se possam pronunciar. É este um tema muito interessante, que gostaríamos de poder versar de outra vez com um desenvolvimento que a economia da presente exposição não comporta.

A nossa opinião é, neste ponto, concordante com a de Freitas do Amaral: o modo de proporcionar aos interessados o conhecimento de todos os aspectos relevantes para a decisão é a comunicação de um projecto de decisão fundamentada[45]. Acrescentaremos mais dois aos argumentos adiantados pelo distinto administrativista.

Em primeiro lugar, o procedimento administrativo não se rege pelo princípio dispositivo. Não cabe portanto aos interessados a fixação do *thema decidendum*. Assim sendo, não se discernem razões para que, uma vez finda a instrução, não proceda desde logo a Administração a uma selecção e ponderação final dos factos e interesses dignos de relevo, em vez de forçar os interessados a um primeiro exercício nesse sentido. Estes movem-se pelos seus interesses particularizados. Cumpre à Administração extrair as inferências do interesse público no domínio da conformação da situação concreta.

Em segundo lugar e no seguimento do argumento anterior, há que lembrar qual o *iter* típico da formação das decisões – e são-no em cada vez maior número – assentes no exercício de discricionariedade e de outras formas de livre apreciação administrativa. O exercício dessas modalidades de actuação

[44] Cfr. Gomes Canotilho/Vital Moreira, *Constituição... Anotada*, cit., p. 141.

[45] Cfr. Freitas do Amaral, *Princípios Gerais do Código do Procedimento Administrativo*, INA, 1992, p. 53.

administrativa passa sempre por uma tarefa de alargamento do *Tatbestand* da norma jurídica administrativa. Para decidir discricionariamente neste ou naquele sentido, o aplicador tem de acrescentar aos pressupostos elencados na previsão da norma outros, extraídos da situação concreta como reveladores dos interesses dignos de ponderação, cuja conjugação ditará o sentido da decisão em termos de adequação entre certo meio e o fim legal (e em certas ocasiões também em termos de necessidade desse meio e do equilíbrio entre os seus custos e os seus benefícios).

Ora, sem conhecer o projecto de decisão, o interessado numa decisão tomada no âmbito de uma margem de livre decisão não se encontra em condições de conhecer o elenco completo de pressupostos extraídos pela Administração da situação concreta como dignos de, graças ao seu aditamento aos pressupostos normativos, ditarem de modo não arbitrário o sentido da decisão.

O diálogo travado no procedimento pressupõe a bilateralidade da origem das informações. A dignidade do administrado participante impõe que ele possa pronunciar-se antes da decisão final sobre o entendimento global que da situação faz a Administração.

# O direito dos interessados à informação: *ubi ius, ibi remedium* (1997)*

**1.** A questão de direito decidida neste acórdão é a de saber se o meio processual intimação para a consulta de documentos ou passagem de certidões, gizado nos arts. 82º a 85º da LPTA, pode ser utilizado para efectivar o direito dos particulares de ser informados pela Administração, sempre que o requeiram, sobre o andamento dos procedimentos em que sejam directamente interessados, tal como consagrado no art. 61º do CPA.

O acórdão anotado decidiu em sentido afirmativo. Afastou-se, porém, ao fazê-lo do que parece ser uma corrente jurisprudencial relativamente firmada no Supremo Tribunal Administrativo. Com efeito, diversos acórdãos decidiram no sentido de que o meio processual do art. 82º da LPTA se destina apenas, de acordo com a sua letra, a garantir a consulta de documentos ou processos e a passagem de certidões mas não assim a simples prestação de informações solicitadas. É o caso dos acórdãos do STA de 14/5/1987, de 14/11/1989 (rec. nº 27 589), de 17/7/1990 (rec. nº 28 540) e de 11/2/1992 (rec. nº 30 281), em cujos termos, se o pedido do administrado apenas traduziu uma pretensão, dirigida à Administração, de que lhe fossem prestados determinados esclarecimentos ou informações, a protecção jurisdicional de

* In: *Cadernos de Justiça Administrativa* 5, pp. 3-12 [anotação ao Acórdão do STA (1ª Secção) de 2.5.1996, Proc. nº 40 120; = *Estudos de Direito Processual Administrativo* (2002), pp. 313-321].

tal situação pretensiva não cabe no âmbito do art. 82º da LPTA. Tal posição foi, aliás, reafirmada, já depois da emissão do aresto anotado, pelo acórdão de 4/6/1996 da 1ª Secção do STA (caso Maria Fernanda Gomes da Silva, rec. nº 39 536). Neste aresto, do qual retirámos a referência aos outros já aludidos que alinham na mesma corrente jurisprudencial, julgou-se – embora com um voto de vencido – no sentido assim sintetizado no ponto II do respectivo sumário:

> «II. O meio processual do art. 82.º da LPTA destina-se à consulta de de documentos ou à passagem de certidões, a fim de permitir o uso de meios administrativos ou contenciosos. Nãoé pois aplicável se o requerente apenas pretendeu que a Administração lhe prestasse determinados esclarecimentos ou informações».

**2.** A nossa opinião é a de que a posição assim sintetizada é errónea e que o aqui anotado acórdão de 2/5/1996 é que proferiu a decisão correcta. Bom seria que, até ao momento em que o próximo Código do Processo Administrativo dê cunho expresso à solução imposta pela Lei Fundamental, o Supremo Tribunal Administrativo enveredasse decisivamente pela interpretação conforme com a Constituição perfilhada neste aresto de 2/5/1996.

**3.** Nos nºs 1 e 2 do art. 268º, configura a Constituição um direito fundamental dos administrados à informação, o qual, no nº 1, se apresenta sob a modalidade do direito à informação procedimental, ou seja, de um direito dos directamente interessados num procedimento administrativo a uma conduta informativa por parte da Administração sobre os momentos e o acto decisório que sucessivamente integram o procedimento. O CPA tipifica as condutas através das quais pode a Administração satisfazer o direito à informação procedimental. São elas a informação directa (a que se refere o nº 2 do art. 61º), a consulta do processo (art. 62º) e a passagem de certidão, reprodução ou declaração autenticada de documentos (arts. 62º e 63º)[1].

É a aparente disfunção entre a tríade plasmada nos arts. 61º a 63º do CPA e a dicotomia do art. 82º da LPTA que gera a interrogação diferentemente

[1] Sobre esta matéria, cfr. Sérvulo Correia, *O direito à informação e os direitos de participação dos particulares no procedimento e, em especial, na formação da decisão administrativa*, in *Legislação-Cadernos de Ciência de Legislação*, nº 9/10, pp. 134-140.

respondida pelo aresto aqui anotado e pelos outros acórdãos a que aludimos: serve o processo denominado intimação para consulta de documentos ou passagem de certidões para tutelar jurisdicionalmente o direito à obtenção de informações configurado pelo art. 61º do CPA?

Consideramos que só uma resposta afirmativa pode resultar de uma interpretação conforme com a Constituição do art. 82º da LPTA.

**4.** Em termos de análise dogmática, suscita-se em primeiro lugar a questão de saber se, no plano do Direito processual, se pode identificar uma lacuna de lei a propósito da tutela jurisdicional do direito enunciado no art. 61º do CPA. Se fosse localizável uma tal lacuna, dir-se-ia que, contemplando o art. 82º da LPTA a protecção jurisdicional de direitos análogos ao direito à prestação de informações do art. 61º do CPA, razões de coerência normativa e de justiça relativa imporiam o tratamento processual semelhante na protecção deste último direito[2].

Cremos, no entanto, que é de pôr de lado a hipótese da lacuna de lei processual na tutela do direito à informação directa, ou, por outras palavras, à prestação de informações. Para que a lacuna ocorresse necessário seria que, em caso de inaplicabilidade do art. 82º da LPTA, nenhuma outra norma deferisse ao direito em causa a protecção de uma diferente forma de processo. Ora, como, por exemplo, se sublinha no aludido acórdão do STA de 4/6/1996 (rec. nº 39 536), a eventual inaplicabilidade do art. 82º da LPTA não significaria que o interessado ficasse desprovido de qualquer meio processual, visto que sempre lhe restaria (em abstracto) o recurso contencioso do acto denegatório ou, em caso de comprovada inefectividade deste, a acção para o reconhecimento de um direito.

Nem a questão se caracteriza pois como uma lacuna de lei nem a solução reside na aplicação analógica do art. 82º da LPTA. O atingimento deste ponto do raciocínio permite compreender que a verdadeira solução do problema reside antes em saber se os meios processuais do recurso contencioso ou da acção para o reconhecimento asseguram uma tutela jurisdicional satisfatória ao direito fundamental à informação directa e, no caso de assim

[2] Sobre a aplicabilidade ao processo das soluções dadas, em teoria geral do direito, aos problemas levantados pela integração da lei, v. CASTRO MENDES, *Direito Processual Civil*, I, Lisboa, 1978/79, (polic.), p. 171.

não suceder, qual o desfecho satisfatório que se revele ao mesmo tempo coerente com as grandes coordenadas do nosso sistema jurídico.

**5.** Referindo-se expressamente a outras duas prestações típicas através das quais a Administração pode satisfazer o direito à informação procedimental (a consulta do processo e a passagem de certidão, reprodução ou declaração autenticada de documentos), o legislador da LPTA concebeu um meio processual especial caracterizado por três factores.

No contexto sistemático do nosso Direito processual administrativo, a intimação para a consulta de documentos ou passagem de certidões é um processo especial que se distingue desde logo pelo tipo de providência requerida: trata-se de uma intimação, isto é, uma condenação numa prestação de facto, mas não numa prestação qualquer e sim numa prestação que consista numa facultação da consulta de documentos ou processos ou na passagem de certidões.

Ao conteúdo específico da decisão, acresce um segundo factor distintivo que reside na celeridade. E esta surge por seu turno sob uma dupla expressão: por um lado, o processo tem tramitação urgente (arts. 6º, nº 1, e 83º da LPTA); pelo outro, o juiz exerce uma apreciação discricionária que lhe permite impor à Administração condenada uma celeridade proporcional às circunstâncias do caso no cumprimento da injunção (art. 84º, nº 1).

Por fim, o processo especial denominado de intimação para a consulta de documentos ou passagem de certidões particulariza-se ainda pelo efeito suspensivo desencadeado pela sua pendência sobre os prazos para os meios administrativos ou outros meios contenciosos que o requerente pretenda usar com utilização das informações pretendidas.

Estas três características, que fazem deste meio processual um processo especial, foram certamente pensadas em conexão com a peculiar situação de quem carece de informações que a Administração deve prestar. Em primeiro lugar, consistindo a conduta administrativa pretendida numa prestação de facto objecto de um direito subjectivo do particular e, portanto, de um poder vinculado da Administração, a sua tutela é mais efectiva se houver desde logo uma condenação de *facere*. E a este alargamento do poder decisório do juiz não obsta o princípio do respeito pelas competências administrativas, já que a conduta é devida ex lege e a lei fixa o seu conteúdo. Em segundo lugar, mesmo quando a informação se não destine a ser empregue em outro meio administrativo ou processual, a sua não obtenção com celeridade privá-la-á as mais das vezes de toda ou boa parte do seu interesse. A sociologia do direito contemporâneo mostra bem como o sujeito de direito se encontra inserido numa complexa teia de condutas comunicacionais que provem simultaneamente dos jogos da reprodução cultural, da integração social e da socialização do indivíduo. Privado do acesso ao conhecimento, o indivíduo não se insere devidamente na sociedade e não se realiza como pessoa[3]. Daí que, sejam quais forem as suas finalidades no caso concreto, não faça sentido uma tutela jurisdicional do direito à informação que não assegure resultados expeditos. Em terceiro e último lugar, cabe ter presente que, embora sem a isso se destinar necessariamente[4], uma grande maioria dos processos de intimação para a consulta de documentos ou passagem de certidões têm por real razão de ser a obtenção de informação de que o requerente precisa para usar em outro meio administrativo ou processual.

Ora, em conclusão quanto a este ponto, nem o recurso contencioso de anulação nem a acção para reconhecimento de direitos asseguram a simultânea satisfação dos três interesses protegidos através das assinaladas características, que conferem à intimação em causa o seu perfil de processo especial.

**6.** Temos pois na realidade a seguinte situação: ou o art. 82º da LPTA abrange também a tutela da pretensão de informação directa e, à primeira vista, se revela uma forma de processo adequada para assegurar uma protecção efectiva; ou nenhum esforço hermenêutico permite colocar aquela situação material sob o âmbito deste tipo de relação processual e haverá de reverter ao recurso contencioso ou à acção para o reconhecimento, sabendo de antemão que nem mesmo esta última poderá assegurar a efectividade desejável por falta de requisitos correlativos à especificidade da situação controvertida (processo não urgente e ausência de efeito suspensivo sobre os prazos de outros meios administrativos e processuais). A nosso ver, é neste dilema que se descobre a mola impulsionadora de uma interpretação extensiva conforme com a Constituição do art. 82º da LPTA.

**7.** A tarefa de interpretação do art. 82º da LPTA não pode ser levada a cabo em situação de desenquadramento com o art. 268º, nº 1, da

[3] Cfr. HABERMAS, *Faktizität und Geltung*, 3ª ed., 1993, Frankfurt am Main, p. 107.

[4] Adiante faremos uma mais explícita, ainda que breve, referência a este ponto.

Constituição e com o art. 61º do CPA. Sob a forma de tipificação de uma das respectivas modalidades, este último preceito opera uma densificação do direito fundamental à informação procedimental, enunciado no texto constitucional. Não interessa discutir se se trata de conformação ou de concretização em sentido próprio, ou seja, se a intermediação legislativa operada nos arts. 61º a 64º do CPA era ou não indispensável ao exercício do direito fundamental à informação procedimental tal como decorre do art. 268º nº 1, da Constituição[5]. Importa, isso sim, sublinhar que os referidos preceitos do CPA especificam, em termos harmónicos com a ratio da norma constitucional, os modos como os particulares podem ver satisfeito esse direito por parte da Administração[6]. O âmbito de protecção do direito fundamental é assim acabado de definir pelo Código. A protecção jurisdicional do direito fundamental não será pois completa se não cobrir as várias modalidades de comportamento que formam tal âmbito.

**8.** Há hoje um desenvolvido tratamento doutrinário da interdependência relacional, no campo dos direitos fundamentais, entre o direito material e o direito processual. Não se trata de uma interrelação meramente estática, mas antes de uma interacção à luz, nomeadamente, das virtualidades do processo como meio de garantir um resultado adequado aos direitos fundamentais, quer perspectivando estes como um conjunto de directivas que emanam da Constituição para todo o ordenamento jurídico, impondo, a par de muitas outras coisas, uma organização justa do processo, quer como definição directa de situações jurídicas subjectivadas, que integram pretensões conexas a efeitos de direito substantivo e de direito processual[7].

O direito fundamental à informação procedimental é um direito material ou substantivo, não obstante a sua conexão com o procedimento[8]. Não

[5] Sobre estes conceitos, veja-se Gomes Canotilho, *Direito Constitucional*, 6ª ed., Coimbra, 1993, p. 634

[6] Cfr. Pieroth/Schink, *Grundrechte – Staatsrecht II*, 5ª ed., Heidelberg, 1989, p. 59.

[7] Cfr. Gomes Canotilho, *Tópicos de um Curso de Mestrado sobre Direitos Fundamentais, Procedimento, Processo e Organização*, in *Boletim da Faculdade de Direito de Coimbra*, vol. LXVI, 1990, pp. 165 e 193.

[8] Poderá dizer-se que a pendência de um procedimento administrativo constitui um pressuposto deste direito fundamental que, no entanto, não tem ele próprio natureza procedimental visto que o seu conteúdo não corresponde a uma determinada formulação de um momento procedimental.

faz, em todo o caso, parte dos direitos fundamentais processuais, ou seja, daqueles que, como o direito de acesso aos tribunais, o direito ao juiz legal ou o direito de contraditório, integram garantias individualizáveis de um processo jurisdicional conforme com os imperativos do Estado de Direito. E não pode, ao que cremos, falar-se sequer de uma dimensão processual incindível do direito fundamental à informação procedimental. Se se justificasse a invocação de uma tal realidade, seria porque o direito fundamental à informação procedimental dependeria, para o seu exercício, da propositura de um meio processual. Ora o sistema está desenhado para que essa seja a solução extrema e não a regra.

Pode e deve, em contrapartida, reconhecer-se a existência de uma conexão particularmente estreita entre o direito fundamental à informação (procedimental ou respeitante a arquivos e registos administrativos) e a conformação das estruturas processuais do contencioso administrativo. Assim é porquanto – como, em termos gerais, já verificámos – as características daquele direito fundamental material, incluindo as modalidades de conduta administrativa concebidas pelo legislador como meios da sua satisfação, requerem um processo com facetas estruturais e funcionais próprias.

**9.** Poderá pois concluir-se que o legislador do contencioso administrativo se encontra vinculado a conformar o processo de acordo com o direito fundamental à informação administrativa. Esta irradiação do direito material sobre o direito processual torna-se perceptível sob a forma de uma exigência do desempenho, pelo Direito processual, de uma dimensão integradora do direito fundamental em causa[9].

A herança pandectística de uma absoluta separação entre o Direito substantivo e o Direito processual encontra-se hoje posta em causa, designadamente no tocante à posição recíproca dos direitos fundamentais e do direito de acção[10]. Hoje, a protecção «material» exercida pelos direitos fundamentais e a conformação do processo à luz dos imperativos do Estado de Direito condicionam-se reciprocamente. Perante a exigência de uma efectiva tutela jurisdicional dos direitos em geral e dos direitos fundamentais em particular, a conformação do processo não pode surgir como neutral

[9] Cfr. GOMES CANOTILHO, *Tópicos..., cit.*, p. 158.

[10] Cfr. GOERLICH, *Grundrechte als Verfahrensgarantien*, Baden-Baden, 1981, pp. 21, 25 e 42.

em face dos direitos fundamentais. O processo tem de ser estruturado de modo a que possa servir os direitos fundamentais. É incompatível com um direito fundamental e viola desse modo a Constituição uma estruturação do processo que suscite o risco sério de um esvaziamento da situação jurídica substantiva qualificável como direito fundamental[11].

**10.** Dos termos como pusemos a questão até aqui resulta que a extensão ou não extensão do mecanismo processual protector do art. 82º da LPTA ao direito fundamental à informação directa – reconhecido pelo art. 61º do CPA em densificação do art. 268º, nº 1, da Lei Fundamental – nos obriga a uma opção entre o reconhecimento de uma situação de inconstitucionalidade por omissão e a interpretação em conformidade com a Constituição (rectius: interpretação em conformidade com os direitos fundamentais)[12] do art. 82º da LPTA. Com efeito, ou bem que não encontramos no leque dos meios processuais um único processo capaz de proporcionar tutela efectiva ao direito fundamental modulado pelo art. 61º do CPA ou logramos interpretar o art. 82º da LPTA por forma a abranger a protecção desse direito.

A nosso ver, a aptidão do meio processual delineado nos arts. 82º a 85º da LPTA para proporcionar uma tutela jurisdicional efectiva ao direito fundamental à informação directa é – precisamente porque só aquele meio a possui – bastante para justificar uma interpretação do art. 82º no sentido de abranger tal direito entre as relações materiais controvertidas susceptíveis de ser dirimidas por esta forma de processo.

Dada a sua natureza de núcleos irradiantes de todo o ordenamento jurídico, os direitos fundamentais são «auxiliares de interpretação» (*Auslegungshilfen*) das restantes normas jurídicas[13]. Designadamente, as normas processuais devem ser interpretadas, no plano do elemento sistemático da interpretação, de acordo com parâmetros da sua capacidade de satisfação dos direitos fundamentais[14].

[11] Cfr. DENNINGER, *Staatliche Hilfe zur Grundrechtsausübung durch Verfahren, Organisation und Finanzierung*, in ISENSEE/KIRCHHOF, *Handbuch des Staatsrechts*, V, Heidelberg, 1992, p. 297.

[12] Cfr. GOMES CANOTILHO, *Tópicos...*, *cit.*, p. 198.

[13] Cfr. GOERLICH, *Grundrechte...*, *cit.*, p. 337.

[14] Cfr. GOERLICH, *Grundrechte...*, *cit.*, p. 195; ALEXY, *Theorie der Grundrechte*, 3ª ed., Frankfurt am Main, 1996, pp. 431-432.

Este modo de interpretação encontra a sua razão de ser na necessidade de adequar as estruturas do processo às exigências da sua funcionalidade relativamente à concretização jurisdicional dos valores materiais da Constituição. Por outro lado, na medida em que o imperativo de efectividade leva a que se desenvolva um modo típico de afirmação e tutela processual de um direito fundamental, esses aspectos processuais passam a integrar o conteúdo essencial do direito fundamental à luz de uma concepção plurifacetada do mesmo[15]. O conteúdo essencial do direito fundamental à informação procedimental, incluindo a informação directa, incorpora pois um status activus processualis centrado nos arts. 82º a 85º da LPTA.

Em suma, o art. 82º da LPTA tem de poder servir o direito fundamental à informação procedimental em todas as modalidades respectivas, até porque a ideia de intimação para a prestação de informação faz parte do conteúdo desse direito. Não é uma componente incindível no sentido de o direito nunca poder ser satisfeito sem ela. Mas é uma componente latente, pronta a ser activada em caso de necessidade de tutela jurisdicional que só ela, como forma de processo especial, pode assegurar com eficácia.

**11.** O art. 82º da LPTA deve pois ser entendido como meio processual do direito fundamental à informação procedimental em todas as suas modalidades reconhecidas, que são as delineadas nos arts. 61º a 63º do CPA.

Para esse efeito – e embora esse não seja um ponto desenvolvido na presente anotação – a expressão «afim de permitir o uso de meios administrativos ou contenciosos» deve ser interpretada no sentido de impor ao particular, como pressuposto processual específico, tão-só a identificação do processo em que seja interessado e a que respeita a informação solicitada (arts. 268º nº 1, da Constituição, 61º, nº 1, e 62º, nºs 1 e 3, do CPA).

No tocante à inclusão do direito delineado no art. 61º do CPA no âmbito da intimação para a consulta de documentos ou passagem de certidões, não encontramos na letra do art. 82º da LPTA obstáculo intransponível decorrente da exigência de verificação de um mínimo de correspondência verbal entre o pensamento legislativo apurado e a letra da lei (art. 9º, nº 2, do Código Civil). Como ensinou Baptista Machado, a interpretação extensiva não fica precludida quando da *ratio legis* decorre que, querendo referir-se a um género, o legislador «porventura fechado numa perspectiva casuística,

[15] Cfr. Häberle, *Le Libertà Fondamentali nello Stato Costituzionale*, Roma, 1993, pp. 203-204.

apenas se referiu a uma espécie desse género»[16]. A letra da art. 82º da LPTA explicita aquilo que, à altura, aparecia como os modos de exercício do direito fundamental à informação procedimental. Convém recordar que aquela lei data de 1985, ao passo que o CPA apenas foi publicado em 1991. Certamente que o legislador de 1985 quis estabelecer uma forma de processo adequada à garantia jurisdicional do direito fundamental consignado no art. 268, nº 1, da Constituição. E, em 1985, os modos evidentes de satisfação desse direito eram aqueles que a letra do art. 82º da LPTA expressamente contempla. Mas o legislador de 1991 foi mais além na densificação das faculdades múltiplas incluídas no direito constitucionalmente consagrado.

A letra do art. 82º da LPTA aponta pois, em suma, para o direito à informação procedimental e este abrange, como, pelo menos a partir de 1991, se tornou certo e indiscutível, o direito à informação directa. Pode pois concluir-se que, para efeito da interpretação extensiva, o pensamento legislativo considerado pelo anotado acórdão do STA de 2/5/1996 encontra na letra da lei o necessário mínimo de correspondência verbal. E se, nesse plano literal, há alguma dificuldade que, no entanto, se não afigura incontornável, no plano sistemático, a interpretação conforme com o direito fundamental impõe iniludivelmente o sentido agora perfilhado.

Esperemos pois que esta decisão marque o ponto de uma efectiva viragem de jurisprudência.

[16] Cfr. *Introdução ao Direito e ao Discurso Legitimador*, Coimbra, 1983, p.185.

# O princípio *pro actione* no procedimento administrativo (2004)*

**1.** O presente acórdão constitui, tanto quanto sabemos, uma mudança naquele que tem sido o entendimento do Supremo Tribunal Administrativo sobre a relevância do (não) pagamento de taxas para a caducidade dos actos de licenciamento de operações de loteamento, de obras de urbanização e de obras particulares.

O aresto comporta, ainda, uma outra feição inovatória, ao lançar as bases da teorização de um princípio processual – o princípio *pro actione* – no âmbito do procedimento administrativo.

**2.** A falta de pagamento de taxas, ou a falta de junção de outros documentos exigidos por lei, tem levado à caducidade de diversos licenciamentos. A legislação urbanística, vigente e passada, tem revelado, neste aspecto, uma relativa uniformidade: obtido o licenciamento pretendido, tem o requerente que solicitar a emissão do respectivo alvará dentro do prazo legal, sob pena de caducidade do licenciamento; o alvará só será emitido «desde que se mostrem pagas as taxas devidas»; não sendo pagas as taxas, não será emitido o alvará e, sem o alvará, verifica-se a caducidade do licenciamento.

Sinteticamente, recorrendo ao entendimento anterior do Supremo Tribunal Administrativo: «Como o recorrente não efectuou o referido

* In: *Cadernos de Justiça Administrativa* 44, pp. 37-42 [anotação ao Acórdão do STA (1ª Secção) de 22.1.2004, Proc. nº 1011/04]. Co-autora: MAFALDA CARMONA.

pagamento [das taxas], em tempo devido, tudo se passa como se não tivesse sido requerida a emissão do alvará».

Este entendimento foi seguido pelo douto Tribunal em diversos arestos, não tendo constituído obstáculo a argumentação sucessivamente invocada pelos recorrentes. Assim, por exemplo, argumentou-se no sentido de a Administração estar obrigada a notificar o particular para que este efectuasse o pagamento das referidas taxas ou esgrimiu-se, genericamente, com a ilegalidade do silêncio a que se votara a Administração desde o pedido de emissão do alvará, embora esta perspectiva tenha ficado limitada à formação de actos tácitos.

Diferente é a argumentação expendida no acórdão em apreço.

**3.** No caso *sub judice*, tal como noutros apreciados pelos tribunais administrativos, a situação caracterizava-se pelos seguintes elementos: por um lado, o particular requerera a emissão do alvará no prazo devido, embora não tivesse procedido à junção, ao pedido de emissão do alvará, do comprovativo do pagamento das taxas nem dos outros documentos exigidos por lei; por outro lado, a Administração não teve qualquer actuação desde o momento em que recebeu o pedido de emissão do alvará e veio invocar, posteriormente, que o licenciamento caducara pela falta de junção dos documentos exigidos por lei para a emissão do alvará – o que, na jurisprudência anterior do Supremo Tribunal Administrativo, equivalia a não ter sido requerida a emissão do alvará.

Ora, desta feita, o Supremo Tribunal Administrativo entendeu que não se verificara a caducidade do licenciamento, recusando expressamente que fazer um pedido sem juntar os documentos necessários fosse equivalente a não formular o pedido.

Relevando a importância de que se reveste o alvará para a satisfação da pretensão do particular, entendeu o Supremo Tribunal Administrativo que o «sub-procedimento» destinado à sua emissão carecia de ser complementado com as regras procedimentais vertidas no Código do Procedimento Administrativo, em especial as que dizem respeito ao princípio da sanabilidade das deficiências processuais. A Administração, perante um pedido de emissão do alvará ao qual faltavam elementos necessários, deveria ter notificado o particular para apresentar os elementos necessários – art. 90º, nº 1, do CPA – e, se fosse caso disso, notificar o particular do não prosseguimento do procedimento pela falta dos elementos solicitados – art. 90º nº 3, do CPA.

Especial interesse têm as considerações jurídicas aduzidas pelo Tribunal. Em causa estão manifestações do «princípio do informalismo vigente no procedimento administrativo e que funciona, no caso vertente, em favor do particular». Os requisitos formais não são «valores autónomos, mas apenas meros instrumentos destinados a servir uma determinada finalidade», havendo que «perspectivar as consequências das deficiências formais e instrutórias» em face dessa finalidade. «Em suma, tudo se consubstancia, sempre que possível, na adopção de uma perspectiva vocacionada para o conhecimento do mérito das pretensões deduzidas pelos particulares, desde que, ao assim se actuar, não sejam afectados outros valores dignos de tutela».

**4.** As referências ao «princípio do informalismo» e à instrumentalidade dos requisitos formais fazem-nos lembrar a expressão «crise do direito procedimental», utilizada por Wolff, Bachof e Stober.

No contexto em que a referem aqueles Autores, a desvalorização do procedimento encontra-se estritamente ligada à questão da menor relevância dos vícios de forma para a anulação do acto administrativo. Subjacente, encontra-se um determinado entendimento quanto à função dos preceitos formais que, de acordo com a tradição romano-germânica, será meramente instrumental, subalternizada ao direito material.

No direito nacional, tem sido admitida a possibilidade de «degradação das formalidades essenciais em não essenciais» sempre que, apesar da omissão ou irregularidade, «se tenha verificado o facto que elas se destinavam a preparar ou alcançado o objectivo específico que com elas se visava produzir». A desvalorização dos vícios procedimentais equivale a reconhecer ao juiz a possibilidade de não anular o acto administrativo, sendo frequente o recurso aqueloutro princípio do aproveitamento do acto.

Na Alemanha, a norma do § 46 VwVfG tem suscitado acesa discussão, que não foi aplacada pela redacção do preceito introduzida em 1996. O critério da irrelevância dos vícios procedimentais deixou de ser apenas o do carácter imperativo do conteúdo da decisão para passar a basear-se num juízo concreto de causalidade: mesmo que a lei não vedasse outro conteúdo para a decisão, o vício formal não pode ser invocado quando seja inequívoco que não influenciou o respectivo sentido. Para além do recurso ao princípio da economia processual, o legislador considerou a limitação de invocação de vícios formais estabelecida no § 46 como uma manifestação do princípio geral da boa fé.

**5.** No acórdão em apreço reafirmam-se as ideias de instrumentalidade dos requisitos formais e da sua consequente subalternização a considerações de ordem material. Os resultados são, porém, muito diferentes daqueles a que se chega com a limitação da relevância dos vícios formais: se esta teoria se traduz numa «relativização dos direitos procedimentais dos particulares», o acórdão encontra, antes, uma manifestação do «princípio do informalismo que funciona, no caso vertente, em favor do particular».

Para que o princípio do informalismo funcione, neste caso, a favor do particular, operou-se uma salutar ligação ao princípio *pro actione*, mediante a defesa da «adopção de uma perspectiva vocacionada para o conhecimento do mérito das pretensões deduzidas pelos particulares».

O princípio *pro actione* encontra o seu âmbito natural de aplicação no Processo Civil, tendo sido «a garantia da prevalência do fundo sobre a forma e, portanto, a orientação pela verdade material» uma das linhas-mestras da reforma de 1995. Este princípio, também denominado como «prevalência da decisão de mérito», encontra a sua consagração por excelência no art. 288º, nº 3, do CPC, preceito que permite a emissão de uma decisão sobre o mérito da causa mesmo que, por subsistir uma excepção dilatória, fosse possível a absolvição da instância. Em causa está a superação do «dogma da prioridade da apreciação dos pressupostos processuais» sobre as questões de mérito.

Outra manifestação do princípio, que se nos afigura especialmente interessante, é constituída pelo nº 2 do art. 265º, no qual se determina que o juiz »providenciará, mesmo oficiosamente, pelo suprimento da falta de pressupostos processuais susceptíveis de sanação». Assim, por exemplo, se faltar a constituição obrigatória de advogado, o juiz não pode proceder imediatamente à absolvição da instância, tendo que notificar a parte para constituir advogado dentro de determinado prazo (art. 33º do CPC).

No novo Contencioso Administrativo foram consagradas diversas soluções inspiradas no princípio *pro actione*, como sucede no nº 3 do art. 12º do CPTA. Para mais, o Código dedicou o art. 7º a este princípio, erigindo-o em princípio interpretativo: «as normas devem ser interpretadas no sentido de promover a emissão de pronúncias sobre o mérito das pretensões formuladas».

A ideia basilar do princípio processual *pro actione* é, pois, a de favorecimento da tomada de decisões de mérito, contrariando o excessivo relevo que possam apresentar as questões de outra índole. Ora, facilmente se apreende o potencial aplicativo deste princípio processual ao procedimento administrativo, qual seja o de impedir a Administração de se ater a questões de natureza meramente formal em detrimento da posição jurídica material dos administrados.

**6.** Em bom rigor, algumas opções tomadas pelo legislador em sede de deveres instrutórios da Administração já revelam preocupações próprias do princípio *pro actione*.

Na fase instrutória, a distribuição de deveres e ónus entre Administração e particulares pode ser indevidamente entendida se se atender apenas ao disposto no art. 88º, nº 1, do CPA, o qual estabelece que cabe aos interessados provar os factos que tenham alegado. Este ónus, porém, não prejudica o dever cometido ao órgão administrativo, nos termos do nº 1 do art. 87º: constitui dever do órgão instrutor «averiguar todos os factos cujo conhecimento seja conveniente para a justa e rápida decisão do procedimento».

Este dever de actuação do órgão instrutor – mesmo nos casos em que o interessado solicita a prática de um acto administrativo cujas vantagens se inscrevem imediatamente na sua esfera jurídica – deixa-se facilmente compreender à luz dos princípios gerais do direito administrativo. Precisamente por «estar implicada na realização dos princípios da prossecução do interesse público, da legalidade, da imparcialidade e da proporcionalidade, a instrução traduz-se num dever da Administração Pública».

Tendo o dever de «averiguar todos os factos cujo conhecimento seja conveniente para ajusta e rápida decisão do procedimento» (art. 87º, nº 1), a Administração «pode determinar aos interessados a prestação de informações, a apresentação de documentos ou coisas, a sujeição a inspecções e a colaboração noutros meios de prova» (art. 89º, nº 1).

E, sendo «necessária a prestação de informações ou a apresentação de provas pelos interessados», o órgão instrutor deve notificá-los para esse efeito (art. 90º, nº 1).

O aludido dever da Administração é especialmente importante, pois se os documentos, cuja falta não foi suprida, se afigurarem necessários à apreciação do pedido, a Administração deixa de estar obrigada a dar seguimento ao procedimento (art. 91º, nº 3). Claro está que, tendo a falta de apresentação dos documentos a consequência de eximir a Administração do seu dever legal de decidir sobre a pretensão do particular, tal só poderá ocorrer se o órgão instrutor tiver notificado o particular, tendo ainda a notificação que incluir um prazo e as condições exigidas (art. 90º, nº 1). Ou seja, a Administração não pode, sem mais, detectar a falta de um documento necessário, como o comprovativo do pagamento das taxas, e concluir pela impossibilidade de decidir quanto ao fundo do pedido do particular.

As normas conjugadas dos arts. 90º e 91º representam uma clara opção do legislador no sentido de não deixar que seja tarefa fácil denegar uma pretensão do particular com fundamentos meramente formais, como o de não terem sido juntos todos os documentos necessários.

O paralelismo com o processo civil deixa-se facilmente apreender: tal como o juiz tem o dever de velar pelo suprimento das excepções dilatórias, antes de poder proferir uma decisão de forma (art. 265º, nº 2, do CPC), também a Administração tem o dever de suprir ou mandar suprir as deficiências formais, antes de decidir pelo não prosseguimento do procedimento. Note-se que não se trata, apenas, de admitir a sanabilidade das deficiências formais mas, sobretudo, de associar activamente o juiz, ou a Administração, ao suprimento dessas deficiências. As normas referidas constituem, pois, uma manifestação do princípio *pro actione* no procedimento administrativo.

**7.** O acórdão em análise, como já referimos, prima pela inovação ao considerar aplicáveis os arts. 90º e 91º do CPA à fase procedimental de emissão do alvará. Outro poderia ter sido o desfecho se o douto Tribunal se tivesse simplesmente limitado à consideração de que o alvará não passa de um mero título, emitido numa fase complementar do procedimento – fase essa subsequente à fase decisória e que não se confunde com a fase instrutória, onde estão consagrados os deveres dos arts. 90º e 91º do CPA.

Não se pode negar que existam diferenças significativas entre os actos de licenciamento de operações urbanísticas, por um lado, e a emissão do alvará, por outro lado. Enquanto os primeiros constituem actos administrativos decisórios, através dos quais a Administração confere uma permissão jurídica aos seus destinatários, o alvará mais não é do que um mero título dos direitos constituídos. A emissão do alvará não pressupõe uma nova tomada de decisão da Administração, tratando-se de um acto vinculado que apenas depende da verificação dos requisitos enunciados na lei. Tão-pouco se trata de um acto inovatório, na medida em que apenas vem titular o exercício de direitos anteriormente reconhecidos ou constituídos.

As características tradicionalmente referidas a propósito da natureza do alvará possibilitariam a prosaica conclusão de que se estaria apenas perante uma fase complementar do procedimento administrativo, à qual, por definição, não haveria que aplicar as regras próprias da instrução.

O Tribunal preferiu seguir outro caminho, numa atitude que é, ela própria, um espelho de efectiva preocupação com a materialidade da situação subjacente. Por um lado, a natureza de mero título do alvará não implica que este tenha menor relevância para a pretensão do particular; pelo contrário, o particular não pode exercer os direitos em causa no acto decisório e corre o risco de ver este caducar, se não obtiver o alvará. Por outro lado, a emissão do alvará – ainda que se trate da emissão, vinculada, de um mero título – não ocorre imediata ou automaticamente, sendo necessário que o particular tome a iniciativa e que proceda à junção de outros documentos exigidos por lei (como o comprovativo do pagamento de taxas); a Administração, por seu turno, pode recusar a emissão do alvará – e, com isso, contribuir para a verificação da caducidade dos licenciamentos – se não forem cumpridas todas as formalidades exigidas por lei.

Assim, o douto Tribunal, atendendo à relevância do alvará, mais do que à sua natureza de mero título, e atendendo às exigências e possíveis vicissitudes da sua emissão, considerou que se estava perante um «sub-procedimento», e não uma mera fase complementar, ao qual seriam de aplicar as regras gerais do procedimento administrativo que se afigurassem pertinentes – designadamente, as regras da fase instrutória.

**8.** Em suma, o caminho seguido pelo douto acórdão parece-nos profícuo. A desvalorização de exigências de ordem formal, que tem funcionado em desfavor do particular, conhece agora uma aplicação de resultados inversos, através de uma pertinente ligação ao princípio *pro actione*. Que sirva a atenção dada a este princípio, que já obteve consagração nos deveres da fase instrutória regulada no CPA, para alargar o seu âmbito de aplicação a outros procedimentos ou outras fases procedimentais, onde quer que haja o risco de a Administração se refugiar em questões formais facilmente ultrapassáveis mediante uma advertência para negar a satisfação material dos particulares. Trata-se, aliás, de dar aplicação inteligente também ao princípio da colaboração da Administração com os particulares: nada obriga a que as informações e esclarecimentos a prestar nos termos do art. 9º, nº 1, alínea a), do CPA sejam só aqueles que o particular haja solicitado. A Administração deve proceder oficiosamente quando se aperceba de que o particular esteja em risco de perder uma posição jurídica substantiva por incumprimento de uma exigência procedimental cuja concretização se não deva considerar doravante impedida por força de norma injuntiva ou de interesse público que pela sua dimensão deva prevalecer.

O procedimento constitui um subsistema de interacção comunicativa, que só poderá preencher racionalmente as finalidades que a Ordem jurídica lhe confere na medida em que a Administração ajude o seu «parceiro na comunicação» (*Kommunikationspartner*) a compreender a que efeitos jurídicos podem conduzir os seus comportamentos (e em particular os omissivos) no decurso da tramitação.

Cabe, designadamente, à Administração adoptar, no plano intelectual e emocional, uma postura de imparcialidade tão próxima quanto possível da do juiz na compreensão dos problemas e das expectativas passíveis de satisfação do seu parceiro no procedimento.

Eis porque a transposição, no acórdão comentado, do princípio *pro actione* para o campo do procedimento administrativo se nos afigura uma manifestação de lucidez e um rasgo de modernidade no fluxo da jurisprudência administrativa.

# O incumprimento do dever de decidir (2005)*

## § 1º Introdução

**1.** O tema que nos tinha sido proposto para uma comunicação no VII Seminário de Justiça Administrativa, era o da *omissão do dever de decidir.* Ao prepará-lo, depressa verificámos, porém, a dificuldade em isolá-lo de um contexto mais amplo, que é o do *incumprimento do dever de decidir,* do qual a omissão representa apenas uma das manifestações. Tratando-se sobretudo de pensar nas consequências *(de jure constituto* e *de jure constituendo)* geradas pela introdução legislativa da acção de condenação à prática de acto administrativo sobre o procedimento administrativo, tomava-se difícil concentrarmo-nos apenas sobre a *inércia administrativa* e ignorar os problemas de regime e natureza do *acto de recusa.*

Na fase anterior, o instituto do *indeferimento tácito* marcava a especificidade procedimental e processual da situação de *omissão de decisão* em face da de *recusa de decisão.* Agora, porém, perfila-se perante nós uma acção de condenação à prática de acto administrativo devido que tem sempre por objecto a pretensão do interessado, independentemente de ter havido inércia ou acto de recusa. O legislador removeu, por um lado, o indeferimento

* In: *Cadernos de Justiça Administrativa* 54, pp. 6-32 [= *Estudos Jurídicos e Económicos em Homenagem ao Prof. Doutor António de Sousa Franco,* II. Coimbra: Coimbra Editora/FDUL (2006), pp. 217-254].

tácito (também chamado acto tácito negativo) do âmbito do regime geral do procedimento e do acto administrativo, ao mesmo tempo que imprimiu uma nivelada ausência de efeitos regulativos às várias formas de incumprimento do dever de decidir. Em face desta mudança, torna-se, por exemplo, pertinente a questão de saber se não estará (ou deverá vir a ser) harmonizado o regime do exercício do novo dever de pronúncia nos termos do nº 2 do art. 9º do CPA independentemente de ao primeiro requerimento haver correspondido inércia ou recusa por parte da Administração. Ou se há maior razão para que a preclusão do prazo de propositura da acção de condenação à prática de acto administrativo devido consolide definitivamente a situação opositiva da Administração quando esta tiver proferido um acto de recusa do que quando se tenha remetido à inércia.

**2.** Sendo, em suma, o *dever de decidir* um só, independentemente do modo omissivo ou expresso como é violado, e não se confinando os efeitos exercidos sobre o seu regime procedimental pela nova acção de condenação à substituição do indeferimento tácito pela figura da inércia administrativa, parece-nos preferível uma análise global centrada na ideia de *incumprimento*, do qual a omissão representa uma forma, a par da forma de *recusa*, que adiante será analisada nos seus dois subtipos de *recusa de apreciação* e de *indeferimento*.

## §2º O princípio procedimental do dever de decidir

## I. A sede do princípio

**3.** Do mesmo passo que reconhece a todos os cidadãos o direito de apresentar a quaisquer autoridades petições para defesa dos seus direitos, da legalidade ou do interesse geral, o nº 1 do art. 52º da Constituição impõe às autoridades requeridas o dever de informar os autores das petições, em prazo razoável, sobre o resultado da respectiva apreciação. Subjacente e prévio a este dever de informação, está pois um dever de exame e pronúncia, ou «dever de *feedback*», em relação às iniciativas pretensivas dos particulares[1].

[1] Como nota Jorge Miranda, a par de estrutura de liberdade, o direito de petição tem estrutura de direito positivo, abrangendo a admissão da petição, a sua apreciação e a informação dos resultados de tal apreciação. O Autor refere a reclamação como sendo o tipo de

No tocante às autoridades administrativas agindo no quadro do procedimento administrativo geral, esse dever é densificado pelo nº 1 do art. 9º do CPA, que versa o *princípio da decisão* entre outros princípios gerais da actuação administrativa. Segundo este preceito, os órgãos administrativos têm o dever de se pronunciar sobre todos os assuntos da sua competência que lhes sejam apresentados pelos particulares em defesa de interesses pessoais ou de interesses metaindividuais. Como adiante se verá, este dever tem *graus sucessivos de substanciação* e nem sempre significa sequer a necessidade de exame do mérito da pretensão[2].

## II. Fundamentos do princípio

**4.** A Constituição adopta uma *concepção relacional* da posição jurídica dos particulares em face da Administração. Embora incidentalmente, a propósito da delimitação do âmbito material da jurisdição administrativa, é isso que resulta do nº 3 do art. 212º, que identifica as relações jurídicas administrativas como a área de onde emergem os litígios com a Administração. É também essa mesma concepção que preside a nº 1 do art. 266º, quando preceitua que, na sua actividade de prossecução do interesse público, a Administração respeita os direitos e interesses legalmente protegidos dos cidadãos. A estas posições jurídicas subjectivas activas dos cidadãos correspondem estruturalmente deveres, ónus ou sujeições titulados pela Administração, cuja adstrição funcional à realização dos fins da colectividade a não dispensa de olhar como *parceiros relacionais* os particulares cujas situações jurídicas sofram interferência. Também, aliás, o direito de participação dos cidadãos na formação das decisões ou deliberações que lhes disserem respeito tem forçosamente o significado de uma *garantia de estruturação relacional* do próprio procedimento administrativo[3].

petição em sentido amplo que dá lugar a um direito a uma decisão. Mas é esse também o caso de qualquer petição que deva originar um procedimento administrativo. Cfr. *Constituição Portuguesa Anotada*, I, Coimbra, Coimbra Editora, 2005, pp. 494 e 495.

[2] Sobre a diferença entre um *dever de pronúncia ou resposta*, por parte de qualquer autoridade competente em relação a qualquer petição, e um *dever de decisão*, no âmbito do procedimento administrativo, cfr. Esteves de Oliveira/Pedro Gonçalves/Pacheco de Amorim, *Código do Procedimento Administrativo*, 2ª ed., Coimbra, Almedina, 1997, pp. 125 a 127.

[3] Sobre a relação jurídica procedimental *(Verfahrensrechtsverhältnis)* como um instrumento de um modo de decisão e não parte de uma certa decisão substantiva, cfr. Paul Stelkens,

A colocação constitucional e legislativa dos particulares na posição de sujeitos de relações jurídicas administrativas com a Administração conduz por seu turno à sujeição desta ao dever de agir como administração dialógica[4]. Em face da declaração de uma pretensão, a Administração deve tomar uma posição e comunicá-la ao interessado. Mesmo que porventura considere que a pretensão é infundamentada porque nem sequer existe a relação jurídica substantiva ideada pelo requerente, o facto é que o pedido do particular desencadeou uma relação jurídica procedimental marcada pela deslocação pendular entre a comunicação da pretensão e a notificação da pronúncia. Nestas situações, não assiste à Administração qualquer «discricionariedade de silêncio». O particular não é mais um *Untertan*, titular de uma mera expectativa de que lhe seja feita a graça de uma pronúncia. Como a Administração, ele é um sujeito de direito com que esta tem de contar e a quem não pode ignorar.

É a esta luz que faz sentido que existam procedimentos administrativos de interesse particular, cujo início se situa num requerimento de um interessado (art. 54º do CPA). Tais procedimentos perderiam razão de ser se a Administração se não encontrasse vinculada a assumir uma posição perante quem deu início à dinâmica procedimental. Mas, no procedimento administrativo, a pronúncia devida não pode limitar-se a uma opinião sobre a questão suscitada: perante um requerimento para defesa de direitos ou interesses legalmente protegidos no âmbito de uma relação jurídica administrativa, o dever de pronúncia assume o perfil mais acentuado de um *dever de decidir*, isto é, de prática de, ao menos, um acto jurídico sobre a pretensão do particular.

Também, aliás, em procedimentos de início oficioso pode originar-se um dever de decidir, seja ele um dever meramente objectivo, seja porque, uma vez iniciado, o procedimento concita interesses particulares que apontam para a tomada de uma decisão. É, por exemplo, o caso de um procedimento

*Verwaltungsverfahren*, München, Beck, 1991, p. 54. Sobre os direitos fundamentais em matéria de procedimento – entre os quais o direito de participação – e a sua natureza de elementos de uma relação jurídica procedimental, que se interliga com a relação jurídica administrativa mas se não confunde com ela, ver Vasco Pereira da Silva, *Em Busca do Acto Administrativo Perdido*, Coimbra, Almedina, 1996, pp. 438 e seg.

[4] Cfr. Sérvulo Correia, «O direito à informação e os direitos de participação dos particulares no procedimento e, em especial, na formação da decisão administrativa», in *Legislação*, 9/10, Janeiro-Junho de 1994, pp. 133 e seg., e, em particular, 149 e seg.; Rainer Pitschas, *Verwaltungsverantwortung und Verwaltungsverfahren*, München, Beck, 1990, pp. 500 e seg.

pré-contratual em que não assista à Administração a faculdade de não adjudicar.

## III. Modalidades do dever de decidir

**5.** Como atrás se preveniu, o dever de decidir conhece *graus sucessivos ou crescentes de substanciação.*

No procedimento administrativo, a Administração exerce um poder-dever de conhecimento oficioso da ausência de qualquer *pressuposto procedimental,* ou seja, da ocorrência «de qualquer questão que prejudique o desenvolvimento normal do procedimento ou impeça a tomada de decisão sobre o seu objecto», como é o caso da incompetência do órgão administrativo, da caducidade do direito que se pretende exercer, da ilegitimidade dos requerentes ou da extemporaneidade do pedido (art. 83º do CPA). Nestes casos, o *dever de decidir* fica satisfeito mediante uma *decisão de extinção do procedimento por impossibilidade de apreciação do seu objecto.*

Contudo, ainda que ocorram todos os pressupostos procedimentais, poderá suceder que a Administração disponha da faculdade mas não tenha o dever de conformar desde já a situação real da vida a que se reporta a pretensão do particular e que não queira fazê-lo. Assim sucederá quando a Administração dispuser de um *poder de apreciação discricionária quanto à oportunidade de agir conformativamente no momento de que se trate.* Era aquilo que MARCELLO CAETANO denominava *escolha da oportunidade,* uma modalidade da liberdade de agir ou de não agir localizada na opção do momento adequado para o fazer[5]. Em situações próximas daquelas que se configuram como *discricionariedade de planeamento*[6], ou porventura conectadas com ela, a Administração, que se não encontra vinculada a decidir no sentido

[5] Cfr. *Manual de Direito Administrativo,* I, 10, ed., reimp. de 1980, p. 490.

[6] Cfr. MARTIN BULLINGER, *Verwaltungsermessen im modernen Staat,* Baden-Baden, Nomos, 1986, pp. 153 e seg.; WILFRIED BROHM, *Öffentliches Baurecht,* München, Beck, 1997, pp. 166 e seg. Sobre a crescente limitação da autonomia das comunas quanto à decisão sobre a elaboração de planos municipais por força da crescente densificação e controlabilidade jurisdicional do parâmetro da necessidade *(Erforderlichkeit),* v. FRANZ-JOSEPH PEINE, *Öffentliches Baurecht,* 3ª ed., Tübingen, Mohr, 1997, pp. 103 e seg. Sobre a discricionariedade quanto ao momento em que se hão-de pôr em marcha os programas administrativos, v. EVA DESDENTADO DAROCA, *Discrecionalidad Administrativa y Planeamiento Urbanístico,* Pamplona, Aranzadi, 1997, p. 90.

pretendido pelo particular, coíbe-se mais simplesmente de tomar desde logo uma decisão quanto ao fundo, por ter motivos para não assumir desde já um comportamento regulativo ou denegatório. O exercício da discricionariedade desenvolve-se eventualmente no sentido da *inoportunidade de agir conformativamente*, ou seja, da inoportunidade da tomada de uma decisão quanto ao mérito da decisão. Será, por exemplo, o caso quando a Administração municipal não quiser por ora pronunciar-se sobre uma certa pretensão da licença de utilização do domínio público, por carecer de pressupostos de que só irá dispor após a aprovação de um plano de pormenor.

Quando, portanto, houver uma questão impeditiva da tomada de uma decisão sobre o fundo (art. 83º do CPA), ou a discricionariedade for exercida no sentido da inoportunidade de agir desde já conformativamente, o *dever de decidir* cifra-se, respectivamente, na emissão de uma *pronúncia sobre a impossibilidade ou sobre a inoportunidade de desenvolver o procedimento*. O dever fica reduzido à sua expressão mais simples de *dever de decidir sobre a pretensão*. Em tais eventualidades, a *decisão sobre a pretensão* corresponde ao cumprimento do dever de pronúncia, mas de um dever de pronúncia confinado à determinação das razões de não desenvolvimento do procedimento até à prática de um acto sobre o mérito da pretensão. O *dever de decidir* satisfaz-se com um acto de conclusão do procedimento através de mera regulação procedimental, ou seja, sem exame do mérito da pretensão substantiva.

Quando se não suscite questão impeditiva da tomada de uma decisão quanto ao fundo e houver vinculação de agir conformativamente desde já, ou, não a havendo, for julgada discricionariamente oportuna uma conformação da situação a que respeita o requerimento, haverá que proceder ao apuramento do carácter vinculado ou discricionário do sentido da actuação conformativa[7].

Seja qual for o resultado deste apuramento, o *dever de decidir* será cumprido através do deferimento ou do indeferimento da pretensão. Mas esse dever conhece, ainda assim, graus diferentes de substanciação consoante o sentido da decisão constitua objecto de poder discricionário ou de poder vinculado.

[7] Normalmente, conjugar-se-ão o sentido normativamente determinado para a decisão e a vinculação de tramitar o procedimento até uma pronúncia sobre o objecto da pretensão. Mas poderá suceder que, apesar de ser vinculado o sentido da decisão, a lei reserve ao aplicador uma margem de apreciação da oportunidade do momento para agir conformativamente (discricionariedade quanto ao *quando (wenn)*, mas não quanto *ao como (wie))*.

Em caso de discricionariedade de efeitos de direito, haverá deferimento se a ponderação levada a cabo entre todos os interesses envolvidos na conformação conduzir a um resultado coincidente com o pretendido pelo particular. E haverá indeferimento na hipótese inversa. Nesta última, existe apenas um *dever de decidir sobre o objecto da pretensão.*

Um tal dever aprofunda-se em *dever de decidir de acordo com a pretensão* quando o deferimento corresponder ao sentido vinculado da regulação *(Regelung)*, ou quando a ponderação discricionária dos elementos relevantes para a decisão conduzir a Administração à conclusão de que a pretensão do particular merece ser satisfeita. Se o poder for vinculado mas num sentido divergente do pretendido pelo particular, a Administração tem o dever de indeferir. Nesta hipótese, regressamos a um simples *dever de decidir sobre o objecto da pretensão*, mas não de acordo com a pretensão.

**6.** Não pensamos que seja estéril este exercício dogmático de apuramento dos vários *graus do dever de decidir.* Cremos, pelo contrário, que ele projecta alguma luz sobre a evasiva conjunção, na acção de condenação à prática de acto devido, entre uma multiforme causa de pedir e o pressuposto processual da observância da reserva de competência dispositiva da Administração, concretizado na demonstração de haver o particular proporcionado previamente à Administração a oportunidade de decidir sobre a sua pretensão.

Quando, na acção de condenação, se esteja perante uma recusa da prática de acto devido por, alegadamente, se tratar de um poder vinculado quanto ao sentido da decisão, a causa de pedir (e, logo, o fundamento de procedência e da pronúncia jurisdicional condenatória) é dualista. Por um lado, é necessário que tenha ocorrido um momento procedimental de recusa da decisão pretendida. Mas o elemento fulcral da causa de pedir é, nesse caso, a deverosidade da constituição dos efeitos jurídico-administrativos substantivos pretendidos. No tocante ao procedimento, basta ao juiz a confirmação de que houve uma recusa, ou seja, um acto negativo ou denegatório da pretensão. Quanto aos restantes eventos procedimentais, eles interessar-lhe-ão pouco, visto que aquilo que importa é o apuramento da deverosidade da constituição, por parte da Administração, da situação jurídico-administrativa substantiva pretendida pelo particular.

Mas a situação é estruturalmente mais complexa quando tenha havido inércia da Administração, recusa da apreciação de requerimento dirigido à prática do acto, ou indeferimento discricionário da pretensão. Nestes casos, os diferendos tenderão a concentrar-se sobre a carência de pressupostos procedimentais, ou sobre a existência de discricionariedade e os requisitos do seu correcto exercício[8]. Quando não esteja directamente em causa o exercício de um poder vinculado quanto aos efeitos de direito a constituir na situação individual e concreta, o *dever de decidir* hipoteticamente violado respeitará a aspectos procedimentais, como o de tramitar o procedimento sem se deter em alegadas impossibilidade ou inoportunidade do seu desenvolvimento ou sem incorrer em vícios de discricionariedade na tomada de uma decisão sobre o objecto da pretensão.

Não pode, em suma, ser esquecido que o *dever de decidir* nem sempre assume o grau máximo de *dever de decidir de acordo com a pretensão.* Nos restantes casos, a acção de condenação à prática de acto devido poderá proceder ou improceder por razões alheias à conformidade entre a situação jurídica substantiva pretendida e as normas aplicáveis. Em tais situações, haverá maior proximidade entre a causa de pedir (e a *ratio decidendi*), por um lado e, pelo outro, o pressuposto processual do respeito da oportunidade de prévio exercício da competência administrativa. Na realidade, em vez dos efeitos jurídicos que a Administração devesse constituir, discutir-se-á na acção o comportamento assumido pela Administração no exercício da sua competência. A procedência da acção irá resultar da verificação de defeitos comportamentais na conduta administrativa e não da lesão de um direito subjectivo, substantivo, apurável com autonomia em face de um juízo de legalidade sobre o modo como se tenha dado, no caso concreto, o exercício da competência.

## IV. O incumprimento do dever de decidir

**7.** O art. 66º, nº 1, do CPTA caracteriza de um modo dualista o incumprimento do dever de decidir que abre o acesso à via contenciosa mediante

[8] Levada à letra, a expressão recusa da «prática do acto devido» (art. 67º, nº 1, alínea *b*), do CPTA) abrangeria apenas diferendos sobre o exercício de poderes vinculados quanto ao conteúdo dos actos administrativos. Parece no entanto óbvio que ela significa na realidade a recusa da prática do acto administrativo pretendido, mesmo que este não seja devido. E esta última situação tanto ocorrerá quando o sentido do poder vinculado for diferente daquele que o particular alega como quando o particular considere o poder vinculado e a Administração o entender como discricionário.

a propositura de uma acção de condenação à prática de acto devido: a ilegal *omissão* ou *recusa* de um acto administrativo. Por seu turno, o nº 1 do art. 67º deste diploma subdistingue, quanto à *recusa, a recusa da prática do acto devido* da *recusa de apreciação de requerimento dirigido à prática do acto.*

**8.** Perante a formulação de uma pretensão de um particular, a *inércia da Administração,* ou seja, a omissão de qualquer decisão dentro do prazo legalmente estabelecido, é sempre ilegal quando se não verifique a dispensa do dever de decidir para os requerimentos repetitivos, nos termos do nº 2 do art. 9º do CPA. Fora desta excepção, com efeito, terá sempre sido, no mínimo, infringido o dever de apreciação dos pressupostos procedimentais, nos termos do art. 83º do CPA.

**9.** *A recusa de apreciação de requerimento dirigido à prática de acto administrativo,* a que alude a alínea c) do nº 1 do art. 67º do CPTA, constituirá *incumprimento do dever de decidir* quando, em face das normas aplicáveis, exista vinculação quanto à condução do procedimento até à prática de um acto administrativo com determinado conteúdo, ou, pelo menos, o dever de exercício de uma competência discricionária de apreciação do objecto da pretensão. Estes são aqueles casos em que o *dever de decidir* corresponde a um *dever de decidir sobre o objecto da pretensão,* e mesmo *de acordo com a pretensão,* quando esta corresponde ao conteúdo de um poder vinculado. A tomada de uma decisão (de recusa de apreciação) não impede o incumprimento do dever de decidir, quando este haja de ser aferido pela deverosidade da prática de um acto final de conteúdo vinculado ou pela deverosidade do exercício da competência discricionária na apreciação da pretensão de fundo.

**10.** Quanto à *recusa da prática do acto devido,* a expressão aplica-se sem problemas ao indeferimento de uma pretensão cuja satisfação correspondesse ao exercício de um poder vinculado. O mesmo sucederá em relação ao exercício de um poder abstractamente discricionário se, em virtude de autovinculação ou de redução da discricionariedade a zero, apenas restar à Administração um sentido válido de decisão[9].

[9] Embora a *autovinculação* (por exemplo, por força de uma *praxis* consistente, que gera a aplicação do princípio da igualdade) também incida sobre um poder abstractamente discricionário por forma a eliminar a liberdade de opção entre agir ou não agir ou a liberdade de escolha

Quando o poder se mantiver efectivamente discricionário, não se deveria em rigor falar em *condenação à prática de acto devido* (como faz o CPTA), mas antes em *condenação ao correcto exercício do poder discricionário*. Não se trata apenas de uma questão semântica, visto que, como temos vindo a observar, são estruturalmente diferentes, numa situação e na outra, as causas de pedir, os pedidos e os tipos de decisão jurisdicional condenatória.

Aliás, teria feito, porventura, mais sentido que o legislador tivesse remetido a dirimição para a acção de impugnação de acto administrativo sempre que o poder seja discricionário e a Administração haja recusado a satisfação da pretensão do particular. Será o caso quando, sendo o poder discricionário, tenha havido invocação incorrecta de carência de pressupostos procedimentais. Ou quando haja sido incorrectamente exercida a discricionariedade quanto ao momento da actuação conformativa. Ou quando – e esta será por certo a maioria das situações – a pretensão da prática de um acto administrativo haja sido indeferida depois do incorrecto exercício da discricionariedade quanto aos efeitos de direito. Nestas situações, aquilo que se encontra directamente em causa não é a pretensão do interessado quanto ao teor da regulação substantiva mas a correcção de ilegalidades da conduta administrativa, uma finalidade processual própria da acção de impugnação de acto administrativo. Aquilo que, a nosso ver, forçou o legislador a situar estes litígios no âmbito da acção de condenação à prática de acto administrativo foi a circunstância de o novo regime processual para as recusas da prática de actos administrativos correspondentes a um poder vinculado haver retirado a esses actos negativos a natureza de acto administrativo. Este é um ponto a que retornaremos adiante. Sublinhamos desde já que teria sido pouco desejável do ponto de vista sistémico e indutor de dificuldades práticas se se tivessem repartido os actos de recusa, ou actos negativos, em actos administrativos e não administrativos consoante o carácter discricionário ou vinculado do poder exercido. Mas se isso explica que se tenham inserido no âmbito da acção de condenação à prática de

dos efeitos de direito, a doutrina tende a distinguir entre autovinculação e *redução da discricionariedade a zero*. A diferença reside na circunstância de a autovinculação resultar de um comportamento da Administração e a redução da discricionariedade a zero ser motivada por a especial figuração dos elementos do caso concreto fazer com que a ponderação só possa conduzir a uma única decisão válida. Cfr., a título de exemplo, ERICHSEN/EHLERS, *Allgemeines Verwaltungsrecht*, 12ª ed., Berlin, de Cruyter, 2002, pp. 213 e 214.

acto administrativo devido litígios não respeitantes à deverosidade de uma decisão conforme com a pretensão substantiva do particular, nem por isso fica afastada a dicotomia de objectos da acção de condenação: nem sempre aquilo que se encontrará em causa será o posicionamento do particular no quadro de uma relação jurídica administrativa de teor substantivo.

Assim é porquanto o dever de decidir incumprido não é estruturalmente idêntico em ambas as situações. O pedido de condenação à prática de um acto administrativo no exercício de um poder vinculado brota do incumprimento de um *dever de decidir de acordo com a pretensão*, ao passo que, nas outras hipóteses, apenas estará em causa um *dever de decidir sobre o objecto da pretensão*, ou, mesmo, tão-só um *dever de decidir sobre a pretensão*.

## §3º O anterior tratamento procedimental do incumprimento do dever de decidir

**11.** Um exame dos reflexos do novo regime processual sobre o anterior regime procedimental do dever de decidir requer uma descrição, ainda que intencionalmente o mais sintética possível, do regime procedimental que viria a ser afectado. É esse o escopo do presente parágrafo.

### I. O princípio geral do dever de decidir

**12.** Na letra do CPA – ainda intacta por falta de uma revisão que ajuste o diploma às inovações trazidas pelo CPTA – avulta, no já referido nº 1 do art. 9º, o *princípio da decisão*. Segundo este, os órgãos administrativos têm, nos termos regulados pelo Código (ou seja, agindo procedimentalmente de acordo com o modelo funcional nele estabelecido), de se pronunciar sobre todos os assuntos da sua competência que lhes sejam apresentados pelos particulares, quer estes o façam na defesa de interesses individualizados, quer a título de participação cívica.

### II. A regra geral do indeferimento tácito

**13.** Estabelecido para a Administração um dever geral de interagir com os particulares, decidindo nos procedimentos por este iniciados com um pedido de decisão, era lógico que se estabelecessem garantias contra o incumprimento de tal dever. O teor dessas garantias tinha, no entanto, de ser moldado às diferentes formas de incumprimento. Quando a Administração emitia uma decisão expressa de recusa, as garantias passavam, no plano procedimental, pelas impugnações administrativas, ou seja, a reclamação e os recursos administrativos (arts. 158º e segs. do CPA), interconectados com os meios de tutela contenciosa. Para os casos, porém, em que se assistia a inércia da Administração, a solução não poderia ter sido pura e simplesmente a mesma por ausência de uma declaração visando a produção de efeitos jurídicos na situação individual e concreta. Embora a passividade da Administração abrisse o caminho para uma imediata lide processual em cujo âmbito o particular promovesse os interesses objecto do requerimento não respondido através de uma decisão jurisdicional que pela primeira vez definisse os contornos da situação carecida de regulação, o legislador do CPA preferiu o caminho tradicional da recondução do silêncio da Administração à metodologia do acto administrativo. Para tanto, erigiu a conduta omissiva em acto gerador de efeitos na relação jurídica administrativa. A regra geral, consubstanciada no instituto do indeferimento tácito, correspondia à atribuição ao silêncio de efeitos denegatórios da pretensão, reservando-se para situações especiais elencadas pelo legislador a produção de efeitos ampliativos do tipo permissivo, ou seja, de deferimento tácito.

**14.** *O indeferimento tácito* era caracterizado no art. 109º do CPA. No nº 1, dispõe-se sobre as suas essência e finalidade. Nos nºs 2 e 3, regula-se a sua formação no tempo.

De acordo com o nº 1, o indeferimento tácito resulta da falta, no prazo fixado para a sua emissão, de decisão final sobre pretensão dirigida a órgão administrativo competente. Este preceito identifica ainda a *finalidade* da figura, que é a da constituição da *faculdade de presumir indeferida a pretensão para o efeito de se poder exercer o respectivo meio legal de impugnação.*

O nº 2 estabelece o prazo geral de formação do indeferimento tácito, que é de noventa dias, e o nº 3 dispõe sobre o *dies a quo* da contagem de tal prazo.

A figura do indeferimento tácito surgia de novo no art. 175º, nº 3, do CPA, sob a forma de *indeferimento tácito do recurso hierárquico.* Este preceito era aplicável ao recurso hierárquico impróprio e ao recurso tutelar por força das remissões operadas pelos arts. 176º, nº 3, e 177º, nº 5. A característica específica mais importante do indeferimento tácito dos recursos administrativos era a de ser o seu prazo de constituição apenas de trinta dias (art. 175º, nº 1).

**15.** Na configuração que recebia do nº 1 do art. 109º do CPA, o indeferimento tácito afastava-se já de uma anterior formulação, que dele fazia um acto administrativo negativo como qualquer outro, com a única diferença de assentar numa conduta omissiva, em vez de numa declaração dos efeitos jurídico-administrativos constituídos. Como acto administrativo em sentido próprio, o indeferimento tácito merecia também a designação de acto (administrativo) tácito negativo. Entendia-se que ele exercia a função constitutiva ou regulativa típica do acto administrativo ao remover da esfera jurídica do requerente a posição jurídica pretensiva que este procurara exercer no procedimento[10].

[10] Cfr. MARCELLO CAETANO, *Manual...*, I, cit., pp. 474 a 477. Para este Autor, desde que se conjugassem uma solicitação de pronúncia dirigida a órgão competente com a natureza vinculada quanto à oportunidade de exercício do poder de decidir, a abstenção de resolução dentro do prazo legal valia como acto administrativo, ainda que um acto *simples*, por ser a lei que manda interpretar a passividade ou o silêncio de um órgão administrativo como significando o indeferimento do pedido. Nós próprios esboçámos, antes da entrada em vigor do CPA, uma caracterização dogmática do acto tácito negativo ou indeferimento tácito. Sublinhávamos a diferença entre «silêncio - incumprimento» e «silêncio indeferimento». Embora não fosse essa, então, a solução do Direito português, a tutela dos interesses legítimos dinânimos lesados pelo «silêncio - incumprimento» no exercício de poderes ampliativos não deveria passar por uma decisão jurisdicional anulatória, mas antes por uma acção de apreciação ou por uma acção condenatória. Era o que sustentávamos em 1982. Mas isto porque – acrescentávamos – se não poderia dizer que ocorresse em tais situações uma destruição de posições de vantagem inseridas na esfera do particular e antes, sim, um bloqueamento da aquisição de novas situações de vantagem. Em contrapartida, enquanto a lei configurasse o silêncio como um indeferimento, teríamos um acto ablativo que provocava, no âmbito da relação jurídica-material entre a Administração e o particular, a preclusão do exercício do poder ou a extinção da faculdade. Como acto de autoridade, o acto negativo produzia a extinção da pretensão inscrita no interesse legítimo dinâmico. O interesse dinâmico, centrado no exercício futuro de uma potencialidade, volatizava-se e, sob ele, um interesse estático era por seu turno lesado: o interesse na não privação dessa potencialidade enquanto ainda não usada. Para fazer reviver a pretensão, tornava-se necessário eliminar o acto que criara outra posição jurídica substantiva incompatível com ela. Nisto consistiria então – segundo nós – a produção de efeitos jurídicos substantivos pelo indeferimento tácito, Cfr. SÉRVULO CORREIA, *Noções de Direito Administrativo*, Lisboa, Danúbio, 1982, pp. 420 e 421.

É certo que já MARCELLO CAETANO observava traduzir o acto tácito uma presunção legal *iuris et de jure*, por ser a lei que manda interpretar a passividade como significando indeferimento ou deferimento do pedido. E ia ao ponto de considerar que o legislador inferia a presunção de indeferimento do silêncio do órgão competente «no interesse dos administrados, a fim de lhes facultar o recurso contencioso»[11]. Mas como se compreende pelo modo como o ilustre Mestre polemizava com ANDRÉ GONÇALVES PEREIRA, esta instrumentalidade do acto tácito de indeferimento em relação à tutela contenciosa do cidadão lesado pela inércia administrativa era apenas uma razão de política legislativa que não bulia com a plena natureza do acto enquanto acto administrativo[12].

ANDRÉ GONÇALVES PEREIRA foi o primeiro, na doutrina portuguesa, a contestar a natureza de acto administrativo do indeferimento tácito. Na verdade, aquilo que existiria seria uma mera permissão dada por lei aos administrados de passar ao processo contencioso sem dependência da prática de um acto administrativo. Segundo o ilustre juspublicista, na realidade, materializava-se tão-só uma situação de ilegalidade resultante da omissão do órgão num caso em que a lei impunha acção. Não se descobriria assim qualquer conteúdo substantivo para o acto tácito, que consistiria unicamente numa figura de ordem adjectiva, um pressuposto do recurso contencioso[13].

Esta tese foi fazendo caminho e a letra do nº 1 do art. 109º do CPA converteu-a em solução legislativa visto que, ao contrário da produção de efeitos jurídico-administrativos substantivos (como sucede a propósito do deferimento tácito na letra do nº 1 do art. 108º), o preceito se limita a conceder ao interessado a faculdade de presumir indeferida a sua pretensão «para poder exercer o respectivo meio legal de impugnação»[14]. Tratava-se, pois, declaradamente, de um expediente técnico-jurídico para assegurar o acesso à jurisdição administrativa, mas não da efectiva produção de um efeito substantivo ablativo na esfera jurídica do requerente. A jurisprudência do STA viria a reconhecer que assim era ao considerar admissível o emprego da acção para reconhecimento de direito ou interesse legítimo, dos arts. 69º e

[11] Cfr. *Manual...*, I, cit., p. 476.

[12] *Idem, ibidem.*

[13] Cfr. *Erro e ilegalidade no acto administrativo*, Lisboa, Ática, 1962, pp. 86 e seg.

[14] Em bom rigor, fê-lo antes o DL nº 256-A/77, de 17/ 6, no art. 3º, nº 1.

70º da LPTA de 1985, para enfrentar situações de inércia da Administração, em vez do recurso contencioso de anulação do indeferimento tácito e até após preclusão do prazo de interposição deste último[15]. Se a acção de plena jurisdição era utilizável, e utilizável sem dependência do prazo, era porque o chamado indeferimento tácito não possuía a virtualidade de conformar ablativamente a esfera jurídica do titular da pretensão. Não se reconhecia mais o exercício de autotutela declarativa através de simples comportamentos omissivos da Administração e nem, logicamente, a consolidação das situações de insatisfação de pretensões desse modo geradas.

Assim sendo, havia uma contradição por resolver, traduzida na reserva de um meio impugnatório para atalhar uma omissão de conduta administrativa desprovida de efeitos constitutivos. Mas, subjacente a esta, havia ainda uma outra contradição, que a letra do CPTA, desacompanhada de uma interpretação adequada, não viria atalhar, ainda que sujeitando a uma mesma acção condenatória todas as situações de incumprimento do dever de decidir: referimo-nos à (falta de) lógica de conferir natureza de acto administrativo à recusa expressa da decisão devida, ao mesmo tempo que se nega essa natureza ao incumprimento omissivo de um mesmo dever de decidir. Como adiante alegaremos, a consistência sistémica e a assunção, pelo CPTA, da pretensão do interessado, e não do acto de indeferimento, como objecto da acção de condenação à prática de acto administrativo devido, impõem hoje a retirada das recusas expressas do âmbito do acto administrativo enquanto instrumento de autotutela declarativa da Administração.

## III. A figura excepcional do deferimento tácito

**16.** Um método alternativo de tutela dos particulares contra a inércia da Administração em face de um pedido de autorização do exercício de um direito é o *deferimento tácito*. Não obstante a sua redacção pouco satisfatória, o nº 3 do art. 108º do CPA permite entender que o deferimento tácito é uma solução excepcional, confinada aos casos taxativamente elencados pelo legislador.

[15] Vejam-se, a título de exemplo, os Acórdãos do STA, 1S, de 20/10/1992 (Rec. nº 30 221), in *Rev. de Direito Público*, Ano VII, nº 13, p. 113, e de 17/2/1994, in *Acórdãos Doutrinais*, nº 392/3, p. 965.

Ao contrário do indeferimento tácito tal como equacionado no art. 109º do CPA antes da entrada em vigor do CPTA, o deferimento tácito constitui um verdadeiro acto administrativo. A lei atribui a constituição de um efeito jurídico-administrativo permissivo à conduta omissiva por ela tipificada. E o acto administrativo nem sempre requer uma declaração dos efeitos jurídicos constituídos, bastando que a lei conecte a respectiva produção com determinada conduta não declarativa da Administração[16].

## IV. Os requerimentos repetitivos e a dispensa do dever de decidir

**17.** Nos termos do nº 2 do art. 9º do CPA, «não existe o dever de decidir quando, há menos de dois anos contados da data da apresentação do requerimento, o órgão competente tenha praticado um acto administrativo sobre o mesmo pedido formulado pelo mesmo particular com os mesmos fundamentos».

Entre estes *actos administrativos* cuja prática há menos de dois anos dispensa – segundo a letra do nº 2 do art. 9º do CPA – a Administração de decidir sobre um *requerimento repetitivo*, contam-se os actos de recusa de deferimento ou de apreciação, os quais tinham sem dúvida tal natureza antes

[16] Na grande maioria dos casos, a conduta unilateral em que consiste o acto administrativo reveste a natureza de uma *declaração de vontade*. Poderá no entanto consistir numa simples *actuação de vontade* (a omissão só vale se não for consequência de coacção) à qual a lei faz corresponder uma estatuição com certo conteúdo: Sérvulo Correia, *Noções de Direito Administrativo*, cit., p. 292. Não nos impressiona o argumento de João Tiago Silveira, baseado na letra do art. 120º do CPA. As definições legislativas de conceitos valem o que valem. E, em todo o caso, o termo «decisão» pode ser lido como sinónimo de «estatuição», isto é, uma conduta apta a constituir efeitos jurídico-administrativos numa situação individual e concreta. V. João Tiago Silveira, *O Deferimento Tácito*, Coimbra, Coimbra Editora, 2004, p. 85. Concluir que se não trata de um acto administrativo, mas sim de um acto ficcionado, porque o legislador dá como existente uma realidade que se não verifica, significa extrair uma conclusão errónea de um dado certo. Certo é que, no deferimento tácito, a produção do efeito jurídico não resulta do exercício de um poder conferido por uma norma, mas da verificação de um facto, que é o não-exercício de um poder (Cfr. Sabino Cassese (org.), *Diritto Amministrativo Generale*, I, Milano, Giuffrè, 2000, p. 803). Trata-se, pois, de uma técnica diferente de produção do efeito jurídico. Mas, em qualquer caso, há regulação, imputável a um órgão da Administração e correspondente a uma sua competência, de uma situação individual e concreta de Direito Administrativo.

da entrada em vigor do CPTA e, mais precisamente, da respectiva acção de condenação à prática de acto administrativo com o objecto que lhe atribuem os arts. 66º, nº 2, 51º, nº 4, e 71º, nº 1, deste diploma.

Como observam Mário Esteves de Oliveira/Pedro Gonçalves/Pacheco de Amorim, a previsão do nº 2 do art. 9º do CPA não abrange os casos de inércia administrativa, visto que, nesses, não houve prática anterior de um acto administrativo. Decorridos noventa dias sobre a apresentação do primeiro requerimento[17] sem decisão expressa da Administração, poderia o particular formular requerimento repetitivo que a Administração teria novamente o dever de decidir. Este prazo de noventa dias era, aqui, não o da formação do indeferimento tácito – figura irrelevante para o regime do nº 2 do art. 9º do CPA – mas o prazo geral de conclusão dos procedimentos administrativos, nos termos do art. 58º do CPA. Com efeito, não faria sentido que a Administração ficasse vinculada a responder a um segundo pedido quando nem sequer lhe tivesse findado o prazo para decidir sobre o primeiro.

## §4º As incidências da reformulação dos meios processuais administrativos sobre o regime procedimental do dever de decidir

### I. Eliminação do indeferimento tácito como instituto do Direito Administrativo geral

**18.** O objecto adstrito pelo CPTA à acção de condenação à prática de acto administrativo devido veio esvaziar de função útil a figura do *indeferimento tácito*. A acção de condenação abrange as situações de omissão ilegal da prática de acto administrativo, a par das de recusa ilegal (arts. 66º, nº 1, e 67º, nº 1, alínea *a)*, do CPTA). E o seu objecto é a pretensão material do interessado, cabendo ao tribunal pronunciar-se sobre esta e impor a prática do acto devido ainda quando o requerimento apresentado não tenha obtido resposta (arts. 66º, nº 2, e 71º, nº 1, do CPTA).

Ora, o indeferimento tácito era, segundo reconhecia o nº 1 do art. 109º do CPA, uma presunção legal de acto simplesmente destinada a propiciar a tutela jurisdicional do particular lesado pela inércia administrativa através de uma acção impugnatória. O art. 51º, nº 4, do CPTA, conjugado com os

[17] Cfr. *Código do Procedimento Administrativo*, cit., p. 130.

outros preceitos já citados deste diploma que definem o objecto da acção de condenação, veio vedar o emprego de meio impugnatório (isto é, anulatório ou cassatório) nas situações de violação do dever de decidir por força de uma recusa da pretensão e, por maioria de razão, de inércia perante o requerimento. Sendo, pois, o nº 1 do art. 109º do CPA incompatível com estes novos preceitos, deve ser considerado revogado por eles.

Encontram-se deste modo revogados o nº 1 do art. 109º do CPA e quaisquer outros preceitos de legislação avulsa anteriores ao CPTA que configurassem situações de indeferimento tácito.

**19.** À primeira vista, dir-se-ia indubitável a aplicação pura e simples da conclusão atingida na rubrica anterior à figura do *indeferimento tácito dos recursos administrativos*, consignada, a propósito do recurso hierárquico, no nº 3 do art. 175º do CPA, mas extensível ao chamado recurso hierárquico impróprio e ao recurso tutelar por força das remissões operadas para aquele preceito pelos arts.176º, nº 3, e 177º, nº 5. Mas a questão complica-se por duas ordens de razões.

Em primeiro lugar, a interacção entre a evolução do processo e a do procedimento torna-se mais complexa por força de uma inovação trazida pelo CPTA, que não cabe aqui analisar *ex professo*, mas cujas implicações no regime do incumprimento do dever de decidir não podemos ignorar: *a extinção da regra geral da necessidade do recurso hierárquico*. O CPTA não a proclama expressamente, mas o nº 5 do art. 59º estabelece em termos genéricos a *admissibilidade de impugnação contenciosa na pendência da impugnação administrativa*. Este novo princípio geral é obviamente incompatível com a necessidade de esgotamento da via hierárquica[18], pelo que este contexto impõe que o nº 1 do art. 51º – que proclama a impugnabilidade de todos os actos administrativos com eficácia externa, ainda que inseridos num procedimento administrativo – seja lido na acepção de abranger os actos proferidos abaixo do escalão máximo da pirâmide hierárquica. Convém lembrar que o nº 1 do art. 167º do CPA distinguia entre recurso hierárquico necessário ou facultativo consoante o acto a impugnar fosse ou não insusceptível de recurso contencioso e que, agora, todos os actos passíveis de recurso administrativo (do qual o recurso hierárquico é a principal modalidade) se tornaram em

[18] Cfr. Mário Aroso de Almeida/Carlos Cadilha, *Comentário ao Código de Processo nos Tribunais Administrativos*, Coimbra, Almedina, 2005, p. 304.

princípio susceptíveis de impugnação contenciosa. E é em harmonia com este salto qualitativo que, ao passo que o nº 1 do art.170º do CPA circunscrevia o efeito suspensivo da eficácia do acto impugnado ao recurso hierárquico necessário, o nº 4 do art. 59º do CPTA estende o efeito suspensivo do prazo de impugnação contenciosa do acto administrativo a toda e qualquer utilização de meios de impugnação administrativa. Repare-se, no entanto, na diferença entre a anterior suspensão de eficácia em geral e a actual mera suspensão do prazo de impugnação contenciosa. O que se entende, visto que, nos termos do nº 5 do mesmo art. 59º do CPTA, a pendência da impugnação administrativa também não inibe o interessado de requerer a adopção de providências cautelares, entre as quais continua a contar-se em posição de destaque a suspensão de eficácia do acto administrativo (arts.112º, nº 2, alínea *a)*, e 128º do CPTA).

O disposto pelos nºs 4 e 5 do art. 59º do CPTA é, por força da remissão operada pelo nº 3 do art. 69º, aplicável aos prazos de propositura de acção de condenação à prática de acto devido em resposta a actos de indeferimento. O que significa que a utilização de um meio de impugnação administrativa contra um acto de indeferimento suspende o prazo de propositura da acção de condenação, mas não impede o interessado de deduzir simultaneamente a acção de condenação.

Um segundo factor de acrescida complexidade na determinação da estrutura jurídica das situações de passividade do órgão decidente nas impugnações administrativas deriva da possibilidade da continuação da existência de impugnações necessárias, ainda que a título excepcional, e das dúvidas que anteriormente rodeavam a natureza do *indeferimento tácito de recurso administrativo* configurado no nº 3 do art. 175º do CPA.

O afastamento do requisito da *definitividade vertical* enquanto pressuposto de ordem geral da impugnabilidade contenciosa dos actos administrativos não impede a existência de procedimentos especiais em que se continuem a impor formas de impugnação administrativa necessária com a natureza de reclamação ou de recurso administrativo, hierárquico ou de outros tipos[19].

Mas, a propósito destes, tem de enfrentar-se a questão de saber se continuam a reger-se pelo nº 3 do art. 175º, hipoteticamente estabelecendo um indeferimento tácito com verdadeira natureza de acto administrativo e, portanto, com uma essência distinta da do indeferimento tácito do

[19] Cfr. Mario Aroso de Almeida/Carlos Cadilha, *Comentário...*, cit., pp. 304 e 305.

art. 109º do CPA, meramente gerador de uma faculdade de presumir um acto negativo.

Pensamos por tudo isto que seja razoavelmente clara a conveniência de examinar separadamente o actual enquadramento jurídico da inércia do órgão decidente nas impugnações administrativas consoante estas caibam na regra geral da impugnação facultativa ou obedeçam a regras que excepcionalmente as imponham.

**20.** No tocante às *impugnações administrativas facultativas*, importa proceder a um exame disjunto das situações em que elas incidam sobre um acto primário ou sobre uma situação de inércia primária da Administração.

O afastamento do pressuposto processual da definitividade vertical do acto significa que, embora o *acto primário* seja susceptível de impugnação. administrativa, é ele o *acto que abre a via contenciosa*, ou sob a forma de acção administrativa especial de impugnação de acto administrativo (quando se tratar de acto positivo), ou de acção administrativa especial de condenação à prática de acto administrativo (se se tratar de um acto de indeferimento de uma pretensão da prática de acto administrativo ou de recusa de apreciação de requerimento dirigido à prática de tal acto).

O nº 4 do art. 59º do CPTA – também aplicável às acções de condenação à prática de acto devido por força da remissão do art. 69º, nº 3 – é muito claro quanto à intenção legislativa. O acto passível de acção de impugnação, ou que constitui pressuposto da acção de condenação, é o *acto primário. A* sujeição deste a impugnação administrativa apenas significa que os prazos de impugnação contenciosa ou de caducidade da acção de condenação desencadeados pelo acto primário se suspendem em consequência da utilização de um meio de impugnação administrativa (seja este o recurso administrativo ou a reclamação). O decurso do prazo legal para a tomada pelo órgão *ad quem* de uma decisão sobre a impugnação administrativa (regra geral de trinta dias tanto para o recurso administrativo, nos termos do art. 175º, nº 1, do CPA, como para a reclamação, nos termos do respectivo art. 165º) sem que aquela haja sido proferida faz com que retome o seu curso o prazo para propositura do meio contencioso que tenha por objecto ou por pressuposto o acto primário.

Não se encontra uma resposta tão clara na letra da lei para quando se haja formado uma situação de *inércia administrativa ao nível do decisor primário*. De todo o modo, pensamos que esta cabia na estatuição do nº 1 do art. 109º do

CPA também para efeito de poder ser objecto de impugnação administrativa. Esta impugnação, e não apenas o processo contencioso, constituía um «meio legal de impugnação» aberto pela faculdade de considerar indeferida a pretensão privada de decisão final[20].

Agora, porém, essa impugnação já não poderá assumir a natureza de revisão de um acto de recusa para efeito da sua revogação, modificação ou confirmação, por ter desaparecido a base da presunção da equivalência a um acto de indeferimento. À autoridade *ad quem* apenas será apresentável *um vazio de regulação à esfera de preenchimento.* Não vemos, ainda assim, motivo para que, não obstante a relativa desadequação no vocábulo «impugnação», o meio procedimental não haja de ser usado, em paralelo com o seu emprego para obter a revisão de actos administrativos, como modo de tentar que um superior hierárquico, ou uma autoridade de tutela para o efeito competentes, cumpram directamente o dever de decidir da Administração ou determinem esse cumprimento ao subalterno ou ao órgão da pessoa colectiva tutelada que hajam caído em situação de inércia.

Contra esta conclusão, não vale a letra do art. 166º do CPA, que refere os «actos administrativos» como o objecto dos recursos hierárquicos (e dos outros recursos administrativos por força das remissões para o regime dos primeiros). E também não obsta ao emprego da reclamação para o responsável pela inércia a circunstância de o art. 161º, nº 1, do CPA abrir este meio de tutela não contenciosa em relação aos actos administrativos. Estes preceitos foram assim redigidos num momento em que o indeferimento tácito se presumia acto de indeferimento para efeito do emprego dos meios legais de impugnação dos actos administrativos. Revogado o art. 109º do CPA e substituído o *acto presumido* pela situação de *inércia administrativa*, os arts. 166º e 161º requerem uma interpretação actualista, que mantenha no âmbito de protecção dos meios de tutela procedimental (a velha «tutela graciosa») as situações em que o particular é lesado pela inactividade administrativa em face de uma sua pretensão. Esta é a única interpretação conforme com a garantia concedida pelo art. 52º, nº 1, da Constituição.

[20] Mário Esteves de Oliveira/Pedro Gonçalves/Pacheco de Amorim, em comentário ao art. 109º do CPA, referem uma situação caracterizada por o silêncio poder ser configurado como um indeferimento (ou uma omissão do dever de decisão) *no procedimento* ou no processo de impugnação. Cfr. *Código do Procedimento Administrativo, cit.*, p. 492.

Se, numa reclamação ou num recurso administrativo utilizados para lutar contra uma situação de inércia em que tenha incorrido um órgão da Administração, a inércia se repetir ao nível da decisão de segundo grau, a consequência será a estabelecida pelo nº 4 do art. 59º do CPTA, aplicável por força da remissão pelo nº 3 do art. 69º. Com a utilização do meio de impugnação administrativa facultativa, suspendera-se o prazo de um ano para propositura da acção de condenação, resultante do nº 1 do art. 69º. O decurso do prazo legal para a decisão da impugnação administrativa sem que esta haja sido proferida faz com que retome o seu curso o prazo da acção de condenação.

No caso da reclamação, não se levantarão quaisquer dúvidas quanto à legitimidade passiva. No caso do recurso hierárquico, também não, porquanto, nos termos do nº 2 do art. 10º do CPTA, a legitimidade passiva é da pessoa colectiva de direito público ou do ministério em que, em princípio, se integrarão o *órgão a quo* e o órgão *ad quem*. No caso do recurso tutelar, em que os órgãos pertencem a duas pessoas colectivas distintas, a legitimidade passiva competirá à entidade que compreende o órgão sobre o qual recai primeiramente o dever de praticar o acto administrativo. Com efeito, é a *situação de inércia primária* que abre a via contenciosa, como claramente resulta do art. 59º, nº 5, do CPTA, aplicável com as necessárias adaptações à acção de condenação.

**21.** Passamos agora às *impugnações administrativas necessárias*, que subsistam no âmbito de regimes excepcionais. Das normas que estabelecem o carácter necessário das impugnações resulta desde logo a inaplicabilidade literal dos nºs 4 e 5 do art. 59º do CPTA. A utilização dos meios de impugnação administrativa necessária não suspende o prazo de impugnação contenciosa (ou de propositura de acção em face da constituição de inércia administrativa), visto que este ainda não começou a correr, não podendo iniciar-se o seu decurso sem o prévio esgotamento do injuntivo meio de tutela procedimental. E, assim sendo, também não há possibilidade de impugnação contenciosa na pendência da impugnação administrativa.

Posto isto, convém distinguir os casos em que a entidade *ad quem* incorra em situação de inércia administrativa daqueles em que profira um acto expresso de recusa da prática do acto administrativo requerido pelo impugnante ou de recusa de apreciação da petição de reclamação necessária ou de recurso administrativo necessário.

Já vimos que o órgão a quem são dirigidas a reclamação ou o recurso administrativo dispõe do prazo legal de trinta dias para os decidir (arts. 165º e 171º, nº 1, do CPA). A conclusão deste prazo (ou de outros, fixados por normas especiais) sem que o órgão competente se haja pronunciado sobre o requerimento de impugnação administrativa conduz à formação de inércia administrativa.

A partir daqui, nenhumas dúvidas se levantam quando, ao primeiro nível decisório, a situação fosse já de inércia, sendo contra essa que se movia a impugnação administrativa. Parece então plenamente aplicável o nº 1 do art. 69º do CPTA. A formação da inércia ao nível do órgão *ad quem* desencadeia a contagem do prazo de um ano para propositura da acção de condenação à prática de acto devido. Este prazo não conta a partir da formação da inércia ao nível do órgão *a quo* visto que, por força do carácter injuntivo da impugnação administrativa, não se encontra ainda aberta a via contenciosa da acção de condenação[21].

Quando o objecto da impugnação administrativa necessária for um acto de indeferimento ou de recusa de apreciação e o órgão *ad quem* praticar ele também um acto negativo ou incorrer em inércia administrativa, só com a conduta desfavorável deste segundo órgão se poderá desencadear o prazo

[21] Parece oportuna uma interrogação sobre a constitucionalidade das normas que estabeleçam a necessidade da impugnação administrativa em relação a situações de inércia administrativa de primeiro grau. Relativamente às situações excepcionais de impugnação administrativa necessária de actos administrativos, conserva-se em vigor o princípio do efeito suspensivo da eficácia do acto recorrido, nos termos do nº 1 do art. 170º do CPA. Enquanto esta subsista, não há *lesividade* que imponha o acesso imediato à tutela jurisdicional, nos termos do art. 268º, nº 4, da Constituição. Já no caso da inércia, lesiva por definição relativamente ao autor da pretensão, não existe um anteparo equivalente. Cremos que, no entanto, não existirá inconstitucionalidade porque a insusceptibilidade da propositura imediata da acção principal não inibe o interessado de solicitar perante o tribunal a adopção de providências cautelares. Nos termos do art. 123º, nº 1, alínea *a)*, do CPTA, essas providências cautelares só caducarão se o requerente não fizer uso, no respectivo prazo, do meio contencioso adequado à tutela dos interesses a que o pedido de adopção de providência cautelar se destinou. Ora, o uso tempestivo do meio contencioso da acção de condenação irá depender de um prazo que, além de longo (um ano), só se desencadeará após a prática de um acto expresso negativo pelo órgão *ad quem* ou a entrada deste, por seu turno, em situação de inércia administrativa. Enquanto aguarda pela decisão da impugnação administrativa necessária ou pela perempção do respectivo prazo, o particular encontra-se, pois, a coberto da tutela jurisdicional cautelar.

de propositura da acção de condenação. Não houve uma suspensão desse prazo graças à impugnação administrativa porque o carácter necessário desta impediu que ele pudesse começar a correr antes de esgotado o meio procedimental. Se a inércia suceder à inércia é tudo claro: com o termo do prazo de decisão da impugnação administrativa desencadeia-se a contagem do prazo de um ano de propositura da acção de condenação, nos termos do art. 69º, nº 1, do CPTA.

Problema mais complexo é o que se suscita quando exista um acto primário de indeferimento ou recusa de apreciação e, na impugnação administrativa necessária, a autoridade *ad quem* incorra em inércia administrativa. Se o acto pressuposto da acção de condenação tivesse sido o acto primário, o prazo de propositura da acção de condenação teria sido de três meses. Será que se justifica que a inércia da entidade decidente da impugnação administrativa alargue para um ano o prazo de propositura da acção? Alguns dos casos mais relevantes de subsistência de impugnações administrativas necessárias põem-se em procedimentos pré-contratuais onde tamanha dilação instala um clima de insegurança pouco compatível com o interesse em não eternizar a conclusão dos contratos e em garantir a respectiva estabilidade.

O problema colocava-se em termos práticos não muito distintos no quadro normativo anterior ao CPTA: a LPTA estabelecia o prazo de um ano para o recurso contencioso do indeferimento tácito (art. 28º, nº 1, alínea *d*)). Houve pois quem tentasse uma solução, que passava pela diferenciação das figuras dos arts. 109º, nº 1, e 175º, nº 3, do CPA. Sublinhando não ter a proposição como inquestionável, referiam-na Esteves de Oliveira/Pedro Gonçalves/Pacheco de Amorim como consistindo em configurar o indeferimento tácito nos recursos administrativos necessários interpostos de acto expresso não como uma omissão mas como a assunção pelo superior hierárquico do efeito condensado no acto expresso. Em vez de mera faculdade de presumir indeferido o recurso (como resultaria do art. 109º), haveria pois um «verdadeiro acto administrativo tácito» que impunha ao particular o ónus da sua impugnação contenciosa subsequente nos prazos normais do recurso expresso anulável. Este entendimento baseava-se na diferença de redacções dos arts. 109º, nº 1, e 175º, nº 3, do CPA. E a circunstância de, no primeiro destes preceitos, se prever a existência de «disposição em contrário» significava, por parte do legislador, a ressalva de casos em que, em vez da faculdade de presumir, o silêncio da

Administração valeria como verdadeiro acto administrativo, ainda que negativo[22].

No tocante às impugnações administrativas no âmbito dos procedimentos pré-contratuais, o problema dos prazos de propositura de acções em caso de inércia administrativa ganhou contornos especiais a propósito do regime estabelecido no DL nº 134/98, de 15/5, não alterado pelo CPTA no que a esta questão respeita. Actualmente, o art. 101º do CPTA prescreve que os processos do contencioso pré-contratual têm carácter urgente e devem ser intentados no prazo de um mês a contar da notificação dos interessados ou, não havendo lugar a notificação, da data do conhecimento do acto. O problema agudiza-se por causa da deficiente concepção do art. 100º, que aponta como âmbito do contencioso pré-contratual relativo aos contratos de empreitada e concessão de obras públicas, de prestação de serviços e de fornecimento de bens *a impugnação de actos administrativos* relativos à respectiva formação. Ao dar formalmente este objecto restrito ao contencioso pré-contratual[23], os autores materiais do diploma parecem ter-se esquecido da possibilidade da existência no procedimento de formação dos contratos em causa de actos de recusa de pretensões (indeferimento e recusa de apreciação e de situações de inércia administrativa). Influenciados por esta aparente estreiteza da letra e pela remissão, pelo nº 1 do art. 100º, para a secção I do capítulo II do título III, que inclui o nº 4 do art. 51º (o qual não admite pedidos de estrita anulação de actos de indeferimento), sustentam Mário Aroso de Almeida e Carlos Cadilha que o litígio pré-contratual em torno de um acto administrativo de conteúdo estritamente negativo não pode ser objecto do meio processual dos arts. 100. º e segs., devendo antes sê-lo de uma acção administrativa especial de condenação à prática de acto devido, não abrangida pelo carácter de urgência[24]. Se assim fosse, estaria prejudicado em alguns casos um dos objectivos básicos do CPTA, que é o de concentrar num só processo a apreciação global de uma relação jurídica administrativa controvertida. E igualmente se frustraria o

[22] Cfr. Mário Esteves de Oliveira/Pedro Gonçalves/Pacheco de Amorim, *Código do Processo Administrativo, cit.*, pp. 492, 797 e 798. Depois de ponderarem os argumentos a favor e contra, os Autores declaravam «... sustentar o enquadramento do indeferimento tácito dos recursos administrativos no regime do artigo 109º do Código, com todas as implicações daí derivadas». *Idem*, p. 798.

[23] Nesse sentido, Mário Aroso de Almeida/Carlos Cadilha, *Comentário..., cit.*, p. 502.

[24] Cfr. *Comentário..., cit.*, p. 505.

propósito de celeridade prosseguido pela Directiva do Conselho de 21 de Dezembro de 1989 (89/665/CEE). Os factores teleológico e sistemático da interpretação impõem portanto um entendimento extensivo dos arts. 100º e 132º do CPTA, que permita a utilização do meio urgente dos arts. 100º e segs. não só em relação aos actos expressos negativos mas também em caso de inércia da Administração, como, por exemplo, a omissão de decisão dos recursos administrativos previstos no art. 99º do DL nº 59/99, de 2/5[25].

Por Acórdão de 24/11/2004 (Proc. nº 903/04), proferido em recurso de revista excepcional pela 1ª Secção do STA, em formação alargada, atalhou-se a questão, decidindo que é de um mês o prazo para uso do meio processual do contencioso de formação dos contratos, «seja expresso ou tácito» o «respectivo acto», e não o prazo de um ano, previsto no nº 1 do art. 69º[26].

A jurisprudência desenvolvida no acórdão de 24/11/2004 não tem um alcance que cubra na sua globalidade a tutela contenciosa relativamente à inércia administrativa formada em sede de decisão das impugnações administrativas necessárias, visto se concentrar nas impugnações necessárias regidas pelo art. 99º do DL nº 59/99. O acórdão considera que a necessidade sentida pelo legislador, na elaboração deste diploma, de acelerar os meios que envolvessem inércia da Administração por falta de decisão em tempo útil, conduziu ao afastamento «seguro e consciente» da solução do art. 109º, nº 1, do CPA, com atribuição de um efeito diferente ao silêncio ou inacção da Administração. Aquilo a que o legislador aqui procedeu foi «formar um acto com características e efeitos preclusivos idênticos ao indeferimento expresso, transformando a decisão recorrida em decisão do órgão *ad quem*...».

Embora, neste acórdão de charneira, o STA tenha colocado a questão sobretudo no quadro do regime sobre impugnações administrativas do procedimento pré-contratual da empreitada de obras públicas, não deixou de a referenciar ao entendimento por nós já aludido que se baseava na diferença de redacção entre o art. 109º e o nº 3 do art. 175º do CPA, ou seja, na

[25] O DL nº 59/99, de 2/3, estabelece o regime do contrato administrativo de empreitada de obras públicas. O art. 99º rege o recurso hierárquico e tutelar interposto das deliberações sobre reclamações em matéria de preterição de formalidades do concurso, reclamações no acto público do concurso e reclamações das deliberações da comissão do concurso que excluam ou admitam um concorrente. Os recurso têm efeito suspensivo e consideram-se indeferidos se o recorrente não for notificado da decisão no prazo de dez dias após a sua apresentação.

[26] É o sumário feito, por seu turno, no Acórdão da 1ª Secção do STA de 12/4/2005 (Proc. nº 368/05).

contraposição entre «a faculdade de presumir indeferida a pretensão» e a consideração do recurso como indeferido, onde o STA lê, com alguma boa vontade, uma «importante diferença de consequências».

Esta solução jurisprudencial, consistindo em detectar um *regime especial de indeferimento tácito*, ou, como também alvitra o STA, «para evitar dúvidas e os reparos dos que se amarram ao facto de ter desaparecido do CPTA a referência a indeferimento tácito», em encontrar uma transformação da *decisão primária* em *decisão final* pela inércia do ente administrativo recorrido, parece-nos de apoiar doutrinariamente. É, porém, necessário evitar a ideia de que a inércia do órgão *ad quem* absorveria o conteúdo da decisão primária negativa, tomando-a própria do órgão silente. Esta seria, no fundo, uma maneira de conservar o indeferimento tácito sem o chamar pelo nome.

A formulação preferível que, aliás, também se pode encontrar no texto um tanto descosido do acórdão, é a de que a conclusão do prazo para decisão do recurso administrativo sem que esta haja sido proferida faz com que «a decisão administrativa primária se tome eficaz e útil, de modo a terminar a suspensão de efeitos determinada pelo recurso administrativo obrigatório e assim se prosseguirem desde logo os interesses a cargo das pessoas colectivas públicas». Esta concepção avulta ainda com maior precisão quando o acórdão sublinha «... o facto de, nos arts. 175º, nº 3, do CPA e 99º, nº 4, do DL nº 59/99, estar em causa uma falta de resposta em recurso administrativo, situação em que a omissão é de acto secundário, mas existe e regula a situação um acto primário».

Este é que é – a nosso ver – o enquadramento dogmático que reflecte uma das traves mestras do CPTA, ou seja, a substituição da impugnação de um acto ficcionado pela acção de condenação à prática de acto como meio processual de tutela contra a inércia administrativa. A inércia não vale como acto: é apenas uma ausência de pronúncia, a falta da regulação pretendida para uma situação concreta sem que a Administração haja sequer recusado essa pretensão. Mas, se a inércia respeita a um pretendido acto secundário e existe um acto primário negativo, subsiste o acto primário, visto que nada se alterou após a sua emissão. Só com o esgotamento do remédio procedimental secundário se abre a via contenciosa da acção de condenação, relativamente à qual o acto negativo primário serviria em princípio de pressuposto. Mas, esgotado o prazo para a decisão secundária sem que haja sido proferida, mantém-se no ordenamento o acto primário agora liberto da peia da não definitividade.

Mais uma vez, o problema resulta da insuficiência da concepção legislativa que, no art. 59º do CPTA (aplicável às situações de recusa e inércia por força do nº 3 do art. 69º), ignorou a possibilidade da subsistência excepcional de impugnações administrativas necessárias. Até que uma revisão do Código permita preencher esta lacuna, a solução tem de passar por uma aplicação analógica do nº 4 do art. 59º. Como se observou já, ao contrário do que se dispõe neste preceito, não há, na impugnação necessária, suspensão do prazo do meio processual porque este não podia começar a correr sem a prévia utilização do meio procedimental. Mas há paralelismo estrutural entre o recomeço do curso de um prazo de propositura suspenso, motivado pelo decurso do prazo legal para a decisão secundária numa impugnação facultativa, e o início desse prazo de utilização do meio processual graças ao mesmo decurso do mesmo prazo aplicado ao meio de impugnação administrativa necessária. Não haveria qualquer razão para que, na hipótese de impugnação facultativa, a ausência da decisão secundária deixe de pé o acto primário, mas já não assim quando a ausência respeite à decisão de uma impugnação necessária. A filosofia do CPTA é a de que a inércia corresponde a uma total ausência de acto. Ora, seja o recurso administrativo facultativo ou necessário, sempre essa ausência de acto secundário tem como efeito deixar perdurar no ordenamento jurídico um acto primário que ganhou de novo eficácia com o termo do prazo para a decisão da impugnação administrativa.

Estamos, pois, de pleno acordo com a jurisprudência, firmada no acórdão de 24/11/2004, segundo a qual, terminado o prazo de decisão da impugnação administrativa e constituída a situação de inércia, o acto primário objecto daquela impugnação se converte em acto final do procedimento, iniciando-se o decurso do prazo para utilização do meio contencioso. Mas afastamo-nos da posição adiantada no acórdão quanto a dois pontos importantes.

Em primeiro lugar, não nos parece que aquela solução deva confinar-se às impugnações administrativas em procedimentos pré-contratuais cujos preceitos estabeleçam um prazo absoluto e improrrogável para a decisão das impugnações. Antes que o legislador generalize essa solução, como conviria, reformulando o dispositivo do nº 2 do art. 175º do CPA, sempre poderá ir buscar-se ao espírito do nº 3 deste art. 175º e, por analogia, ao nº 4 do art. 59º do CPTA, a directiva de que a não decisão das impugnações necessárias no prazo legal confere plenitude de efeitos ao acto primário para fim de tutela contenciosa. Existe, é certo – como se observou no acórdão – nos casos que directamente se rejam pelo art. 175º do CPA, a possibilidade de introdução de factores de incerteza respeitantes ao momento da apresentação da impugnação administrativa e à possível necessidade de realização de novas diligências ou de instrução complementar. Mas, enquanto o legislador não introduzir aí novos factores de neutralização de tais incertezas, elas terão de ser resolvidas caso a caso à luz do que constar do processo documental.

A nossa segunda observação – respeitante a um ponto em que o acórdão não parece claro – é a de que não existe necessidade de figurar no silêncio do órgão *ad quem* a produção dos efeitos substantivos, procedimentais e processuais próprios de um acto negativo expresso com verdadeira natureza de acto administrativo, ou seja, convertê-lo em objecto de impugnação como meio de contornar a aparente restrição do meio urgente do contencioso pré-contratual à impugnação de actos administrativos. Não é desde logo preciso usar o silêncio como objecto de impugnação porque, como já se explicou, se dispõe para o efeito do acto primário. Mas também se não afigura correcto circunscrever o meio processual dos arts. 100º e segs. do CPTA à impugnação de actos administrativos propriamente ditos. A posição correcta é aquela que encontramos no sumário do acórdão, embora – salvo deficiência de leitura da nossa parte – nunca apareça claramente sustentada no respectivo texto: o meio urgente usado nos termos do art. 100º do CPTA tanto pode ser impugnatório como de condenação.

## II. A redução do âmbito do instituto do acto administrativo

**22.** A nosso ver, com a introdução no processo administrativo da acção de condenação à prática de acto devido e com a expressa indicação de ser o seu objecto a pretensão do interessado e não o acto de indeferimento, sucedeu aos actos expressos de indeferimento ou de recusa de apreciação de requerimento (globalmente, *actos de recusa*) o que já antes sucedera ao indeferimento tácito: perderam virtualidade de regulação ou conformação substantiva de situações jurídicas administrativas individuais e concretas, convertendo-se em meros pressupostos processuais de uma acção condenatória.

É certo que o nº 2 do art. 66º do CPTA assevera que a eliminação do acto de indeferimento resulta directamente da pronúncia condenatória, parecendo-se assumir desta forma o postulado da inafastabilidade de um momento lógico da remoção do acto negativo[27]. Mais uma vez se trata de uma asserção legislativa de natureza doutrinária que não terá relevo autónomo se dela se não puderem extrair consequências operativas. E a afirmação do carácter inarredável da renovação – ainda que como momento puramente lógico – arrisca a petição de princípio: se o acto negativo não tem eficácia conformativa, nada há que o juiz deva, ou mesmo possa, remover.

Este apego do nosso legislador à ideia de que, mesmo que a desconstituição do acto negativo não seja solicitada na petição nem decretada na sentença, ela existe porque a lei atribui esse efeito reflexo à decisão condenatória, denota a influência de uma praxis judiciária, reportada pela doutrina alemã, de incluir na decisão de provimento da *Verpflichtungsklage* a anulação do acto de recusa. Mas, naquele país, é praticamente unânime a opinião de que nem a petição nem a sentença necessitam de compreender um tal elemento, que nesta última figura habitualmente só por motivo de clareza[28]. Por outro lado, tal como agora faz o nosso legislador, os autores reconhecem de um modo geral que a ilegalidade do acto de recusa não integra o objecto da *Verpflichtungsklage*, precisamente porque este acto não incide sobre a relação jurídica administrativa substantiva. A VwGO (Lei dos tribunais administrativos) não exige a anulação do acto de recusa como um momento expresso e autónomo da *Verpflichtungsklage*. A pretensão que conta é aquela que respeita à emissão do acto administrativo devido. Essa pretensão não é apreciada no quadro do acto de recusa, mas, pelo contrário, independentemente dos pressupostos em que este possa ter assentado[29].

Em suma, parece claro que, se o objecto da acção de condenação à prática é apenas a pretensão à emissão do acto devido e não o acto negativo, é porque a pretensão se mantém de pé não obstante este. O acto negativo (tal como a inércia administrativa) deixa a situação jurídica administrativa substantiva do requerente tal como ela se encontrava antes da sua emissão.

[27] Cfr. Mário Aroso de Almeida, *O Novo Regime do Processo nos Tribunais Administrativos*, 4ª ed., Coimbra, Almedina, 2005, pp. 217 e seg.

[28] Cfr. Wolf-Rüdiger Schenke, *Verwaltungsprozessrecht*, 9ª ed., Heidelberg, C. F. Müller, 2004, p. 291. No sentido de que na *Versagungsgegenklage*, isto é, na acção de condenação à prática do acto expressamente recusado não cabe sequer a anulação do acto negativo porque a acção é exclusivamente condenatória, Friedhelm Hufen, *Verwaltungsprozessrecht*, 2ª ed., München, C. H. Beck, 1996, p. 324.

[29] Cfr. Stefhen Detterbeck, *Streitgegenstand und Entscheidungszwirkungen im Öffentlichen Recht*, Tübingen, Mohr, 1995, pp. 209-212.

A recusa significa uma ausência de vontade de intervir constitutivamente sobre o ordenamento jurídico, deixando-o intocado por falta de vontade de transformação. Ao incumprir (eventualmente) um dever de regular uma situação jurídica administrativa concreta, a Administração sujeita-se a que seja o juiz o primeiro órgão de autoridade a determinar imperativamente o modo de o fazer: renuncia à originalidade da autotutela.

Um outro argumento adiantado a favor da necessidade de anulação do acto negativo assenta num alegado ónus de reacção contra o acto negativo, que se estabilizará se não for objecto de reacção no prazo de três meses por força do prazo do art. 69º, nº 2, do CPTA[30]. A verdade é que, em nossa opinião, mais uma vez se cai assim em argumentação circular: nada se consolidará se não houver acto administrativo para ganhar o estatuto de *caso decidido*. O nº 1 do art. 69º do CPTA serve para que melhor possamos compreender que a «caducidade» da acção de condenação à prática de acto devido não equivale a «consolidação» da situação de insatisfação da pretensão à prática do acto devido: na verdade, este preceito refere-se à inércia administrativa e esta nunca se consolida verdadeiramente, visto que, já antes do início da vigência do CPTA, se sustentava que o nº 2 do art. 9º do CPTA não abrangia a inércia, que não forma acto administrativo. Terminado o prazo de decisão da pretensão primeiramente apresentada, um novo pedido pelo mesmo requerente, com os mesmos fundamentos, constituía de novo objecto do dever de decidir pela Administração. Adiante voltaremos ao tema.

Quanto à asserção de que o objecto do processo de condenação à prática de acto devido não cristaliza no tempo por referência ao momento em que um acto de indeferimento tenha sido praticado, sendo por isso de reconhecer a relevância das eventuais superveniências do direito material aplicável[31], não poderíamos estar mais de acordo. Mas a circunstância de a situação subjectiva substantiva poder evoluir no tempo, relevando aquela que se verificar no momento da decisão da acção condenatória, só ajuda a sublinhar a inocuidade conformativa do acto negativo, que não consolidou a situação.

Cumpre, por fim, atentar na acentuada dualidade de situações consoante o acto administrativo pretendido respeitar ao exercício de um poder vinculado ou de um poder discricionário.

[30] Cfr. Mário Aroso de Almeida, *O Novo Regime do Processo...*, *cit.*, p. 217.

[31] Cfr. Mário Aroso de Almeida, *O Novo Regime do Processo...*, *cit.*, p. 218.

No caso dos actos vinculados, em que – como observa Rui Machete – a acção de condenação à prática de acto «... é funcionalmente similar às obrigações de resultado...»[32] –, não relevarão, em princípio, os vícios de procedimento e de forma que se hajam cometido na tramitação que conduziu à prática de um acto expresso de recusa. Uma vez que o objecto do processo é a pretensão do interessado e não o acto de indeferimento (art. 66º, nº 2, do CPTA) e que o tribunal tem de pronunciar-se sobre a pretensão material, impondo a prática do acto cuja deverosidade a ela corresponda (art. 71º, nº 1, do CPTA), aquilo que importa é o conteúdo imposto por lei à situação jurídica administrativa concreta controvertida. Não interessa, em princípio, quanto se passou até à emissão do acto expresso negativo, seja ele de indeferimento ou de recusa de apreciação. Este acto só releva enquanto pressuposto processual (art. 67º, nº 1, alíneas *b)* e *c)*), visto que o princípio do respeito pelas competências administrativas – particularmente as relativas à autotutela declarativa – impõe que a cognoscibilidade do pedido de condenação à prática de um acto administrativo com certo conteúdo dependa de ter havido previamente um requerimento a que a Administração não haja dado satisfação.

Já, pelo contrário, sempre que esteja em causa o exercício de poderes discricionários da Admi nistração, como escreve Mário Aroso de Almeida, «em bom rigor,... a densificação do conteúdo da sentença condenatória passa, em maior ou menor medida, pela identificação e afirmação das ilegalidades de que enfermava o acto de recusa. É esse *accertamento* judicial que projecta um efeito preclusivo mais ou menos amplo sobre o subsequente reexercício do poder por parte da Administração»[33]. Como reconhece este ilustre administrativista, as sentenças condenatórias da prática de um acto administrativo no exercício de um poder discricionário continuam a gerar um efeito preclusivo com a mesma natureza daquele que, no modelo tradicional de contencioso de tipo francês, já era reconhecido às sentenças de anulação de actos administrativos de conteúdo negativo. Nas actuais sentenças condenatórias (à prática de acto de exercício de um poder discricionário) «trata-se, na verdade, de *traduzir para positivo* as vinculações

[32] Cfr. «A condenação à prática de acto devido – Algumas questões», in *Cadernos de Justiça Administrativa*, nº 50, p. 7.

[33] Cfr. *O Novo Regime do Processo...*, *cit.*, p. 228.

que, pela negativa, eram deduzidas das tradicionais sentenças de anulação de actos negativos»[34].

Em suma, quando se trate do exercício de um poder discricionário, a pretensão do interessado que, em vez do acto negativo, constitui o objecto do processo (art. 66º, nº 2, do CPTA) não respeita à constituição de uma situação jurídica administrativa concreta de conteúdo certo mas tão-só a uma conduta procedimental e decisória da Administração isenta de certas formas de ilegalidade (vícios de procedimento, de forma, de desvio de poder, de violação de princípios gerais da actividade administrativa) cujo evitamento, no entanto, não imporá absolutamente a estatuição dos efeitos substantivos pelo particular requeridos à Administração, apenas reabrindo uma possibilidade de que assim venha a suceder.

Cabe então perguntar sobre o motivo pelo qual o legislador não reservou a acção de condenação às controvérsias sobre a prática de actos de conteúdo vinculado, mantendo os actos negativos no âmbito da acção de impugnação sempre que esteja em causa o exercício de discricionariedade. Não se poderá responder que a opção concretizada haja obedecido à vantagem de *traduzir para positivo* as vinculações que pela negativa – sob natureza de efeitos preclusivos – se deduzem da fundamentação das sentenças cassatórias. Se uma *tradução para positivo* fosse indispensável à efectivação da tutela, também na sentença de anulação de actos administrativos haveria de incluir-se a condenação expressa à não-prática de novos actos enfermando dos vícios detectados no primeiro acto. Mas o legislador contenta-se com o papel desempenhado pelos «limites ditados pela autoridade do caso julgado» (art. 173º, nº 1, do CPTA). E, além disso, quando o impugnante se não contenta com a remoção do acto positivo inválido, pretendendo também que, em lugar dele, seja praticado um acto substitutivo de conteúdo não vinculado, pode obter a condenação à prática de acto substitutivo de conteúdo indeterminado mas com explicitação das vinculações a observar pela Administração na emissão do acto devido (art. 47º, nº 2, alínea *a*), do CPTA, conjugado com a aplicação analógica dos respectivos arts. 71º, nº 2, e 179º, nº 1).

Em suma, à primeira vista, a acção de impugnação teria sido mais adequada do que a acção de condenação à prática de acto devido para enquadrar a remoção do ordenamento de um acto negativo inválido de exercício de margem de livre decisão administrativa e a sua substituição por um novo

[34] *Idem, ibidem.*

acto liberto dos vícios de que enfermou o primeiro. Só há, a nosso ver, uma razão suficientemente sólida para explicar que assim se não tenha feito: a não constituição pelo acto negativo (ao contrário do que sucede com o acto positivo inválido) de uma regulação substantiva da situação concreta. Se o acto negativo operasse na esfera jurídica do destinatário uma ablação de direitos, poderes ou faculdades, então essa regulação ilegal teria de ser removida do ordenamento jurídico e da esfera jurídica do interessado por uma sentença anulatória. Não se tratando de um poder vinculado, nem se poderia argumentar com a irrelevância de tal regulação ablativa em face do poder do juiz de condenar desde logo a Administração a uma regulação positiva de conteúdo determinado pela sentença. Aquilo de que se trata é, sim, de remover uma conduta decisória viciada, abrindo o caminho para nova decisão liberta dos vícios detectados no exercício de um poder administrativo de decisão autónoma de efeitos de direito administrativo individuais e concretos.

Portanto, se o legislador optou por incluir na acção de condenação a tutela contra *os actos de exercício negativo da margem de livre decisão administrativa*, é porque se viu forçado a fazê-lo por falta de um objecto próprio da acção de anulação. O que não há é, sob a forma da decisão negativa, um acto administrativo que o juiz possa anular, isto é, uma regulação (*Regelung*) da situação individual e concreta traduzida na conformação inovatória substantiva (*Gestaltung*) da sua estrutura anterior.

Se o acto negativo fosse um acto administrativo na plena acepção do conceito, teria feito mais sentido, quando não haja predeterminação normativa do conteúdo do acto devido, que aquele fosse sujeito a uma acção de impugnação. Não se tratando de um poder vinculado quanto aos efeitos de direito, o tribunal não vai condenar num «quê», mas apenas num «como não». Faria pois mais sentido que se pedisse ao juiz que anulasse o acto pelos seus vícios e dispusesse sobre os termos de juridicidade do procedimento conducente ao acto substitutivo e dos limites de juridicidade à autonomia decisória que nele se exercerá. Estarão em causa ilegalidades de uma conduta de conformação administrativa e não uma matriz substantiva injuntiva dessa conformação.

Ora, se o legislador não foi por aí é porque se apercebeu de que, sob as vestes do acto negativo, não está presente um acto administrativo que possa ser removido do ordenamento jurídico. E o legislador quis que assim fosse ao enunciar expressamente como objecto da acção de condenação a pretensão do interessado e não o acto de indeferimento. É certo que, na parte final do nº 2 do art. 66º do CPTA, também se afirma que a eliminação do acto de indeferimento da ordem jurídica resulta directamente da pronúncia condenatória. Mas esta é uma asserção dogmática que o regime operativo pode ou não confirmar. E não o confirma por ao menos duas entre, eventualmente, outras razões.

A primeira é a de que o CPTA pretende manifestamente instituir um regime processual único de tutela perante a inércia administrativa e os actos de recusa. Ora, quanto à inércia, reina hoje o consenso de que ela não equivale sequer a acto administrativo, correspondendo a uma simples violação do dever de decidir. E, quanto aos actos negativos, daria origem a mais inconvenientes do que vantagens, cindir a forma de processo própria consoante se trate do exercício de poderes vinculados (acção de condenação) ou de poderes discricionários (acção de impugnação de um acto negativo ao qual se mantivesse a natureza de verdadeiro acto administrativo).

A segunda razão é a de que, dada a prevalência constitucional das decisões jurisdicionais sobre as de quaisquer outras autoridades e a sua obrigatoriedade para todas as entidades públicas (art. 205º, nº 2, da CRP), a emissão de uma sentença condenatória da prática de um acto administrativo dispensa um momento lógico de concomitante remoção de uma anterior recusa de tal prática. O carácter mandamental da sentença constitui directamente a autoridade administrativa no dever de agir, apenas relevando a sua anterior recusa de o fazer como pressuposto processual de garantia do respeito da competência decisória da Administração e como causa hipotética de danos ressarcíveis (art. 4º, nº 2, alínea *f)*, do CPTA)[35].

[35] A teorização do *acto negativo ou de recusa*, com o perfil que para ele resulta do CPTA, está para fazer. Não nos propomos, naturalmente, levá-la a cabo no presente estudo, que não tem esse escopo e, de todo o modo, já vai demasiadamente longo. Apenas deixamos aqui sumariamente apontada uma intuição: a de que se irá encontrar em alguma medida algo de estruturalmente paralelo ao que sucede com a divisão do regime dos contratos administrativos em regime do procedimento pré-contratual e regime dos efeitos jurídicos administrativos substantivos do contrato. No plano procedimental anterior à emissão, o regime dos actos de recusa será o dos actos administrativos. Porque, por um lado, se não sabe à partida se a decisão irá ser positiva ou de recusa e porque, por outro lado, a eventualidade lesiva de uma recusa também concita o desempenho da função garantística do procedimento. Este terá de ser o mesmo, nomeadamente em tudo o que respeita à participação do interessado e à objectividade e suficiência da instrução. O mesmo se diga, já quanto ao acto, no que respeita à fundamentação.

## III. A nova leitura do nº 2 do art. 9º do Código do Procedimento Administrativo

**23.** A nosso ver, a nova natureza jurídica dos actos negativos (de «actos menos que administrativos») não lhes retira a qualidade de fonte de dispensa do dever de decidir sobre os requerimentos repetitivos nos termos do nº 2 do art. 9º do CPA. Em contrapartida, o CPTA impõe uma nova interpretação sistemática daquele preceito, segundo a qual, decorridos dois anos, não haverá apenas um mero dever de apreciação, mas um dever de decisão cujo incumprimento será de novo controlável através da acção de condenação à prática de acto administrativo devido.

**24.** Como se viu atrás, o nº 2 do art. 9º do CPA considera inexistente o dever de decisão quando, há menos de dois anos contados da data da apresentação do requerimento, o órgão competente tenha praticado um acto administrativo sobre o mesmo pedido, formulado pelo mesmo particular com os mesmos fundamentos.

Considerando nós que, por força do novo regime da acção de condenação à prática de acto administrativo, os actos negativos ou de recusa perderam a qualidade de acto administrativo por carência de qualquer efeito conformador da relação jurídica administrativa substantiva, a questão que se coloca é se eles se deverão considerar excluídos da previsão do preceito, visto que este se refere à anterior prática de um acto administrativo.

A resposta é negativa. Os elementos histórico e sistemático da interpretação impõem a interpretação extensiva da expressão «prática de um acto administrativo». Por um lado, o nº 2 do art. 9º do CPA sempre se destinou principalmente aos actos negativos, que são os que mais se prestam à subsequente apresentação de requerimentos repetitivos. Por outro lado, o prazo de caducidade de três meses da acção de condenação motivada por actos de recusa mostra que o legislador pretende assegurar alguma estabilidade à relação jurídica administrativa procedimental polarizada na pretensão e na recusa.

Portanto, a Administração não tem o dever de decidir um requerimento idêntico a outro que, há menos de dois anos, ela tenha indeferido ou não haja querido apreciar.

Em contrapartida, o vazio da regulação, que subjaz à recusa, impossibilita a consolidação de quaisquer efeitos substantivos ablativos na esfera jurídica do destinatário e retira funcionalidade ao meio processual anulatório ou desconstitutivo.

**25.** Mas o regime altera-se para aquelas situações em que, decorridos dois anos sobre o primeiro acto de recusa, o interessado repita o requerimento e colha de novo um indeferimento ou uma denegação de apreciação. Pensamos que, nestes casos, perdeu sentido a inadmissibilidade da acção de condenação à prática de acto administrativo devido, fundada na aplicação analógica do regime de inimpugnabilidade dos actos confirmativos estabelecido no art. 53º do CPTA. Uma vez que o primeiro acto expresso negativo ou de recusa não conformou substantivamente a situação jurídica administrativa concreta, não há lugar para qualificar a segunda recusa como acto meramente confirmatiro. O primeiro acto negativo não pôs termo à eventual validade da pretensão substantiva do particular, que continua a inscrever-se na respectiva esfera jurídica. Ora, não havendo uma segunda declaração moldada sobre o conteúdo de uma primeira regulação ou conformação substantiva, não há lugar para que se fale em confirmação. Esta pressupõe uma anterior regulação e nunca apenas um vazio de regulação.

Em suma, decorridos dois anos, a Administração tem novamente o dever de decidir, cujo incumprimento pode ser combatido através da acção de condenação em tutela de uma posição jurídica subjectiva activa de que o administrado nunca deixou de ser titular.

Poderá no entanto perguntar-se qual é a justificação da pausa de dois anos, quando a Administração continua a estar envolvida com o particular numa relação jurídica administrativa substantiva em que se inscreve um dever de prática de um acto administrativo. E poderá igualmente questionar-se o sentido do prazo de caducidade de três meses estabelecido para a acção no nº 2 do art. 69º do CPTA.

A nosso ver, o intervalo de dois anos do nº 2 do art. 9º do CPA justifica-se pela necessidade de evitar um assédio permanente à Administração, ainda que versando uma situação em que o particular possa continuar a ser portador de uma posição subjectiva activa. A Constituição exige que se assegurem à Administração condições de eficácia e procedimentos que racionalizem a utilização dos respectivos meios (art. 267º, nºs 2 e 5). Isto significa, entre muitas outras coisas, que ela não pode ser amarrada em permanência à consideração de um assunto sobre o qual já tenha decidido, ainda que, eventualmente, mal. Essa é, aliás, uma das justificações para a inimpugnabilidade dos actos confirmativos, na medida em que seja dissuasora do assédio.

Quanto ao prazo de caducidade do art. 69º, nº 2, do CPTA, ele responde a uma necessidade de incitar os particulares a provocar uma clarificação jurisdicional das situações controvertidas em tempo razoável, a fim de não sujeitar a Administração a lides sobre decisões antigas, já eventualmente mal lembradas até porque nelas terão intervindo anteriores titulares do órgão ou agentes que já se não encontrem ao serviço.

Não se diga no entanto que o decurso do prazo de caducidade «consolida» um certo teor de uma relação jurídica administrativa substantiva modelada pelo acto de recusa. Apenas sucede que se torna intempestiva a propositura de uma acção de condenação que tenha por pressuposto o acto negativo sobre cuja notificação hajam decorrido três meses. Mas, como, passados dois anos sobre a primeira decisão negativa, se interrompe a dispensa do dever de decisão, um novo acto negativo servirá de pressuposto a uma acção destinada a fazer valer uma posição subjectiva activa que se mantém. Só o carácter confirmativo da segunda decisão negativa poderia impedir uma discussão contenciosa que a tomasse como pressuposto. Mas não há fundamento para detectar em torno dos contornos dogmáticos da figura do acto confirmativo uma questão que obste ao conhecimento do objecto de uma acção de condenação à prática de acto administrativo. E isto por diversas ordens de razões.

Em primeiro lugar, não existe base para um nexo jurídico de confirmação entre duas pronúncias desprovidas de carácter regulador. O conceito de *acto confirmativo* surgiu na doutrina administrativa portuguesa como modalidade de «acto não executório», ou seja, inimpugnável porque desprovido de autoridade regulativa sobre uma situação concreta em virtude de um acto anterior haver já produzido os efeitos jurídicos que poderiam promanar do teor desse segundo acto[36]. Mas, na acção de condenação, não se encontra em causa uma situação jurídica gerada pelo acto negativo.

Em segundo lugar, o CPTA não estende à acção de condenação o regime dos actos confirmativos estabelecido, no art. 53º, para a impugnação de actos administrativos[37].

Em terceiro lugar, o conceito de *acto confirmativo* não tem qualquer papel a desempenhar quanto à admissibilidade das acções de condenação à prática de acto administrativo, visto que, na teoria geral do Direito Administrativo,

[36] Cfr. MARCELLO CAETANO, *Manual...*, I, cit., p. 452.

[37] As remissões efectuadas pelo nº 3 do art. 69º apenas respeitam à contagem dos prazos e às consequências de notificação ou publicação deficientes.

a respectiva função é a de anteparo da regra geral de mera anulabilidade dos actos inválidos. A anulabilidade conjuga-se com a consolidação do acto na falta de reacção processual tempestiva. Mas, nas acções de condenação, não se encontra em causa a remoção de um acto administrativo como consequência da respectiva invalidade, curando-se antes da determinação do conteúdo da relação material controvertida.

Em suma, somos de opinião de que uma segunda pronúncia negativa sobre um novo requerimento apresentado com respeito da dilação do nº 2 do art. 9º do CPA constitui um pressuposto utilizável para a propositura de acção de condenação à prática de acto administrativo devido. A deverosidade da prática do acto não foi abalada pelo primeiro acto de recusa. E nem o segundo acto de recusa constituirá objecto da causa, nem a sua coincidência com o acto antecedente o priva da virtualidade de pressuposto demonstrativo de que, previamente ao acesso ao tribunal, foi facultado à Administração o exercício da sua competência decisória.

## IV. Manutenção do instituto do deferimento tácito

**26.** Não existe propriamente incompatibilidade entre o instituto do deferimento tácito, tal como esquadriado no art. 108º do CPA, e o novo meio processual da acção de condenação à prática de acto administrativo devido. Esta acção pressupõe a não emissão do acto devido. Ora, havendo deferimento tácito, o acto já existe: os seus efeitos típicos encontram-se desde logo constituídos na esfera jurídica do interessado. Uma acção de condenação à prática de acto administrativo com o mesmo conteúdo enfermaria de impossibilidade do objecto[38]. Daí não resulta, em princípio, qualquer prejuízo para a efectividade da tutela, visto que o deferimento tácito pode ser um instrumento mais garantístico do que a possibilidade de interposição de uma acção de condenação à prática de acto devido. Na verdade, o deferimento tácito fornece, tendencialmente, uma solução mais completa e rápida para o problema do particular[39].

[38] Impossibilidade do objecto do pedido e do objecto da decisão. Cfr. Lebre de Freitas, *Introdução ao Processo Civil – Conceito e Princípios Gerais*, Coimbra, Coimbra Editora, 1996, p. 46.

[39] Cfr. João Tiago Silveira, *O Deferimento Tácito, cit.*, p. 252. Nesta página e nas seguintes, o Autor desenvolve as razões pelas quais se deve concluir que os diplomas da Reforma do

Também se não poderá dizer que o deferimento tácito defrauda as garantias de tutela jurisdicional de terceiros por ele eventualmente afectados, ainda que de forma reflexa. Com efeito, nos termos do art. 59º, nº 3, alínea *c)*, do CPTA, o prazo para a impugnação por quaisquer interessados de actos que não hajam de ser obrigatoriamente publicados começa a correr a partir do seguinte facto que primeiro se verifique:

*a)* Notificação;
*b)* Publicação;
*c)* Conhecimento do acto ou da sua execução.

Os terceiros reflexamente afectados normalmente só poderão aperceber-se da existência do deferimento tácito pelo conhecimento da sua execução, com o que estarão protegidos contra a criação de situações consumadas perante as quais não possam ter reagido a tempo.

## § 5º Breves perspectivas de reforma do regime procedimental do dever de decidir

### I. Substituição da figura do indeferimento tácito pela da inércia administrativa

**27.** O desenvolvimento que já leva o presente estudo obriga-nos a um acentuado esquematismo na apresentação de meras pistas de reformulação da legislação procedimental a fim de estabelecer a sua plena consonância com o Direito processual administrativo.

Um primeiro tópico da reforma do procedimento consistirá, naturalmente, na substituição da figura do indeferimento tácito pela figura procedimental e processual da *inércia administrativa.*

Como figura procedimental, a inércia significará a pendência indevida da fase decisória do procedimento por falta de conclusão tempestiva através de decisão sobre pretensão dirigida à Administração que esta se encontre vinculada a decidir.

Contencioso Administrativo não quiseram eliminar a figura do deferimento tácito e substituí-la por uma forma de reacção contenciosa, ao contrário do que sucedeu com o indeferimento tácito. Essa argumentação merece em geral a nossa concordância.

Deverão ser, a esta luz, reformulados os arts. 109º e 175º, nº 3, do CPA. Possivelmente, os nºs 2 e 3 do art. 109º, a reconverter em preceitos sobre o prazo de formação de inércia e o modo da sua contagem, deveriam ser unificados com o regime do prazo geral para a conclusão do procedimento, por forma a estabelecer um sistema consistente de prazos de decisão. A formulação do regime procedimental deverá tomar em conta que, sob o prisma processual, a inércia administrativa representa um pressuposto processual em que afloram simultaneamente:

*a)* A necessidade da vigência de tempos-regra para a conclusão dos procedimento administrativos (art. 58º, nº 1, do CPA);
*b)* Uma densificação do princípio do respeito das competências administrativas através da reserva de uma primeira oportunidade de agir à Administração (art. 67º, nº 1, alíneas *a), b)* e *c)*, do CPTA).

A formação da inércia administrativa não deverá limitar-se aos procedimentos de iniciativa particular. A legitimidade processual activa do Ministério Público nas acções de condenação à prática de acto administrativo devido (art. 68º, nº 1, do CPTA) implica a repercussão processual da ausência de decisão tempestiva também nos procedimentos de iniciativa pública em que esteja em causa o exercício de um poder vinculado.

**28.** Mostra-se necessária a definição de um regime para a *inércia na decisão das impugnações administrativas.*

Um tal regime deverá assentar na justaposição da regra geral do carácter facultativo das impugnações administrativas com a existência de regras especiais que continuam ou virão a atribuir a algumas delas carácter necessário. Daí decorrerão algumas diferenciações no âmbito da articulação entre procedimento e processo. Como já nos foi dado considerar, a regra da suspensão do prazo de impugnação contenciosa ou de propositura da acção de condenação à prática de acto devido durante a utilização dos meios de impugnação administrativa (arts. 59º, nº 4, e 60º do CPTA) não poderá aplicar-se à letra aos casos de impugnação administrativa necessária. Nestes, o acto primário, ou a inércia primária, têm ainda de ser sujeitos a uma reapreciação no seio da Administração, pelo que se não desencadeou ainda um prazo para um meio processual que haja de considerar-se suspenso. Nestas situações, os prazos de propositura das acções terão de contar originariamente a partir dos actos secundários ou da formação de uma inércia secundária. Sendo certo que também deveria haver a este propósito um reajustamento da letra do CPTA, o Código do Procedimento carece de uma reformulação de preceitos como os arts. 163º, 164º, 170º, nº 3, e 175º.

O legislador deveria também tornar claro que, independentemente do carácter facultativo ou necessário da impugnação administrativa, quando a um acto primário expresso negativo se sucede a inércia por parte da entidade *ad quem*, releva para efeitos processuais o acto primário, desencadeando-se com o termo do prazo de decisão da impugnação administrativa o prazo de três meses do nº 2 do art. 69º, ou de um mês do art. 101º do CPTA.

Em caso de inércia por parte da estância decisória primária, a impugnação administrativa (pelo menos quando facultativa...) deveria obedecer ao mesmo prazo da impugnação de acto expresso.

Provavelmente, valeria a pena estabelecer, no CPA, um prazo único curto para a resolução de todas as impugnações administrativas no âmbito de procedimentos pré-contratuais, improrrogável e contado da apresentação do requerimento impugnatório.

O CPTA deveria estabelecer expressamente a aplicabilidade do contencioso pré-contratual aos pedidos de condenação à prática de acto administrativo devido, aplicando-se sempre o prazo de propositura de um mês a contar da notificação do acto negativo ou da data de constituição da inércia administrativa.

## II. Regime do acto expresso negativo

**29.** Deverá clarificar-se no CPA o regime do acto expresso negativo.

Fará, por exemplo, sentido, enquadrá-lo pela nulidade e pela anulabilidade?

E em que termos interessa conceber quanto a ele uma revogação que o não substitua por um deferimento?

É passível de execução?

Há, por fim, o problema da susceptibilidade ou insusceptibilidade da sua consolidação absoluta, de que tratamos na rubrica seguinte.

## III. O regime dos requerimentos repetitivos

**30.** A fim de evitar o assédio da Administração por requerentes obsessivos, parece-nos desejável a manutenção do prazo de dois anos de dispensa do dever de decidir, estabelecido no nº 2 do art. 9º do CPA.

Dever-se-ia, porém, especificar a sua aplicabilidade também aos casos de formação de inércia administrativa: tendo o acto expresso denegatório perdido virtualidades constitutivas sobre a situação jurídica administrativa substantiva, não se vêem razões para estabelecer uma dicotomia de consequências com o fundamento, baseado na letra actual do preceito, de que, em caso de inércia, não houve prática de um acto administrativo anterior. Por outro lado, a caducidade da acção de condenação à prática de um acto devido nas situações de inércia, nos termos do art. 69º, nº 1, do CPTA, mostra que o legislador não deseja que se possa eternizar a discussão sobre uma actividade administrativa peticionada em um certo requerimento. Em contrapartida, reabrir-se-ão em pleno as virtualidades da situação subjectiva pretensiva com a apresentação de novo requerimento, ainda que idêntico, após o termo do prazo de dispensa do dever de decidir.

Deveria, por outro lado, ficar claro que, decorrido o prazo de dispensa do dever de decidir, o indeferimento ou a inércia relativos a novo requerimento poderão ser combatidos através de acção de condenação à prática de acto administrativo devido, uma vez que a caducidade da acção respeita tão-só à situação de incumprimento do dever de decidir gerado pelo primeiro requerimento e que, não sendo o indeferimento e a inércia actos constitutivos, não faz sentido reivindicar qualquer consolidação de regulações por eles formuladas.

## IV. Deferimento tácito

**31.** Os particulares encontram-se hoje muito mais fortemente tutelados contra a inércia administrativa graças à acção de condenação à prática de acto devido, que pode ser antecedida do pedido de providências cautelares, designadamente antecipatórias. Por outro lado, a formação de actos administrativos permissivos através do deferimento tácito gera consabidamente riscos graves de lesão ilegal de interesses públicos. Pensamos por isso que, embora se não extinguindo a figura do deferimento tácito, esta deveria deixar de assentar em cláusulas gerais, remetendo-se exclusivamente para leis especiais a tipificação das situações de deferimento tácito e a fixação de prazos para a sua formação adequados à natureza de cada situação.

# Inexistência e insuficiência de notificação do acto administrativo (2006)*

## § 1º O direito à notificação

**1.** Desde a revisão de 1982, a Constituição da República Portuguesa inclui entre os direitos e garantias dos administrados o *direito à notificação dos actos administrativos.* A esta posição subjectiva activa de base constitucional, ou seja, a este direito fundamental dos sujeitos de direito enquanto administrados, corresponde o dever da Administração de proporcionar conhecimento aos interessados, mediante uma comunicação oficial e formal, das decisões que os afectem.

O apego do legislador de revisão constitucional a este instrumento do imperativo de cognoscibilidade dos actos de poder de incidência subjectivada foi mais uma vez demonstrado quando, em 1989, a satisfação do direito à notificação deixou de ser consumida pela publicação do acto (CRP, art. 268º, nº 3)[1]. Assim ficou ainda mais claramente evidenciado que o propósito da garantia constitucional é o de assegurar a cada visado por uma decisão

* In: *Estudos em Homenagem ao Professor Doutor Marcello Caetano. No centenário do seu nascimento,* I. Coimbra: Coimbra Editora, pp. 583-610.

[1] Cfr. Gomes Canotilho/Vital Moreira, *Constituição da República Portuguesa Anotada,* 3ª ed., Coimbra: Coimbra Editora, 1993, p. 933 a 935.

de autoridade um conhecimento personalizado da instituição de novos efeitos jurídicos na sua esfera jurídica. Este sentido da evolução do regime constitucional da figura da notificação foi – como observa Cardoso da Costa – apreendido pelo Tribunal Constitucional que, pelo Acórdão nº 489/97, deixou claro que o direito dos cidadãos a receberem uma comunicação pessoal e directa dos actos administrativos que lhes digam respeito se traduz numa garantia constitucional infungível, que não pode ser sub-rogada pela mera possibilidade objectiva do conhecimento de tais actos.

Entretanto, por um aresto mais recente – o Acórdão nº 145/01 – o Tribunal Constitucional pronunciou-se no sentido de não ser legítima uma solução legal que, em determinadas circunstâncias, dispensava a Administração da iniciativa de comunicar o acto ao interessado e fazia antes recair sobre este o ónus de provocar tal comunicação. Para o Tribunal, no conceito de «notificação» de um acto vai necessariamente a ideia de uma «iniciativa» de quem o praticou, para dar conhecimento do mesmo ao respectivo destinatário, pelo que qualquer «forma» de notificação sempre há-de corresponder a essa exigência[2].

Hoje em dia, a globalização do imperativo de *devido procedimento administrativo* (ou *procedimento administrativo equitativo*, segundo a terminologia perfilhada na Carta dos Direitos Fundamentais da União Europeia), assenta, entre outros subprincípios geralmente reconhecidos, no direito à notificação das decisões administrativas por parte daqueles que por estas sejam afectados[3].

Não parece, em suma, exagerado concluir que a exigência de que uma decisão administrativa não produza efeitos ablativos enquanto não tiver sido

[2] Cfr. Cardoso da Costa, *A Jurisprudência Constitucional Portuguesa em Matéria Administrativa*, in: *Estudos em Homenagem ao Prof. Doutor Rogério Soares*, Coimbra: Coimbra Editora, 2002, p. 204.

[3] Sobre o papel da notificação das decisões administrativas em vários Direitos públicos nacionais, veja-se, a título de exemplo: *a) Alemanha*: Wolff/Bachof/Stober, *Verwaltungsrecht*, II, 6ª ed., München: C.H. Beck, 2000, p. 88 s.; *b) Áustria*: Antoniolli/Koja, *Allgemeines Verwaltungsrecht*, Wien: Manz Verlag, 1986, p. 462; *c) Espanha*: García de Enterría/Tomás-Ramón Fernández, *Curso de Derecho Administrativo*, II, 11ª ed., Madrid: Civitas, p. 581 s.; *d) França*: Vedel/Delvolvé, *Droit Administratif*, I, 12ª ed., Paris: PUF, 1992, p. 296 e 297; *e) Itália*: Falcon, *Lezioni di Diritto Anuninistrativo*, I, Padova: CEDAM, 2005, p. 131; *f) Suíça*: Pierre Moor, *Droit Administratif*, II, 2ª ed., Berne: Staempfli, 2002, p. 302.

notificada àqueles a quem afecte constitui uma decorrência garantística do valor do Estado de Direito[4].

## § 2º Natureza do acto de notificação

**2.** Como oportunamente observaram ANTUNES VARELA/MIGUEL BEZERRA/SAMPAIO E NORA, não existe, na Ordem Jurídica, um só tipo de notificação, mas «uma grande família das *notificações*». «Como se depreende da sua formulação etimológica (*notum facere*), a *notificação* é um acto pelo qual se leva um facto ao conhecimento de uma pessoa»[5].

As notificações não se confinam no campo do Direito Processual, visto desempenharem um papel igualmente importante no plano do Direito do Procedimento Administrativo. Empregamos esta expressão em sentido amplo, ou seja, incluindo também o procedimento tributário.

O facto feito conhecer a uma pessoa é, na maior parte das vezes, um acto jurídico. Sobrepõem-se assim dois actos jurídicos: o acto de notificação e o acto notificado. Há algumas décadas atrás, inclinavam-se certos autores para ver na notificação um mero facto ou operação material, centrado nos processos de transmissão de uma cópia do acto notificado. Mas essas operações materiais dirigiam-se à produção de efeitos jurídicos que faleceriam quando aquelas não correspondessem ao tipo estabelecido pela Ordem Jurídica[6]. Hoje, a consolidação da visão procedimental do Direito Administrativo não permite grandes dúvidas sobre a natureza da *notificação* enquanto *acto jurídico*.

A comunicação individual ao interessado através da qual se externa uma declaração de vontade de um órgão ou agente da Administração integra em plenitude o procedimento, que, em princípio, se não considera findo enquanto ela não ocorrer[7]. A notificação é que gera, em relação ao destinatário, os efeitos jurídicos externos do acto dela carecido, cabendo-lhe por isso

[4] Sobre a necessária anterioridade da notificação para que haja produção de efeitos pelo acto notificado, ou seja, para que este ganhe eficácia relativamente ao destinatário, v. PIERRE MOOR, *Droit Administratif*, II, p. 302.

[5] Cfr. *Manual de Processo Civil*, 2ª ed., Coimbra: Coimbra Editora, 1985, p. 266.

[6] Cfr. SANDULLI, *Manuale di Diritto Amministrativo*, 13ª ed., Napoli: Jovene, 1982, p. 529 e 530.

[7] Cfr. CASSESE, *Trattato di Diritto Amministrativo – Diritto Amministrativo Generale –*, I, Milano: Giuffrè, 2000, p. 783; MAURER, *Allgemeines Verwaltungsrecht*, 13ª ed., München: Beck, 2000, p. 224.

mesmo pôr termo à fase decisória do procedimento administrativo ou de um subprocedimento com decisão típica própria em que aquele se subdivida[8]. Se o procedimento é um daqueles cuja fase conclusiva se funcionaliza em relação à emissão de um acto administrativo, é lógico que ele não finde em princípio sem a notificação. O acto administrativo só faz sentido enquanto *acto externo*, isto é, um acto destinado a produzir efeitos jurídicos no âmbito de uma relação entre a Administração e um ou mais administrados. Na própria essência do acto administrativo inclui-se a definição de uma situação jurídica administrativa concreta entre a Administração e outra entidade[9]. Mas, se essa *externação* – traduzida na conformação efectiva da esfera jurídica de um destinatário do acto – existe em potência na emissão do acto e na razão de ser do seu conteúdo, ela só ganha realidade com a feitura da notificação, da qual depende a eficácia subjectiva do acto notificado. A externação implica uma forma de comunicação distinta da declaração de vontade comunicada. Com a notificação, participa-se um acto já perfeito, mas até então carecido de efeitos externos. Esses efeitos, ganha-os o acto notificado graças ao perfazimento da notificação[10].

É tão grande a importância desse momento em que se faculta a cognoscibilidade do acto administrativo ao seu destinatário e às outras pessoas individualizadas cujas esferas jurídicas por ele sejam directamente afectadas que a doutrina alemã tende a considerar a notificação como requisito da própria existência do acto. Segundo esse modo de ver, a notificação é ainda um lance da constituição do conteúdo da regulação e não apenas um factor determinante do início da eficácia[11]. Independentemente da eficácia subjectiva quanto a cada um dos afectados, que se pode gerar em momentos distintos, o próprio acto administrativo só ganha existência através da primeira notificação a um dos afectados e não pelo simples facto da sua emissão (*Erlass*)[12].

Não foi esse o caminho trilhado pelo legislador português, para quem a notificação é o factor determinante da eficácia dos actos que constituam

[8] Cfr. PEINE, *Allgemeines Verwaltungsrecht*, 5ª ed., Heidelberg: Müller, 2000, p. 117.

[9] Cfr. SÉRVULO CORREIA, *Noções de Direito Administrativo*, Lisboa: Danúbio, 1982, p. 274 e 288.

[10] Cfr. CASSESE, *Trattato...*, cit., p. 778 e 779; PEINE, *Allgemeines Verwaltungsrecht*, p. 117.

[11] Cfr. HUFFEN, *Fehler im Verwaltungsverfahren*, 2ª ed., Baden-Baden, Nomos, 1991, p. 188.

[12] Cfr. KOPP/RAMSAUER, *Verwaltungsverfahrensgesetz*, 7ª ed., München: Beck, 2000, p. 843, 875 e 876.

deveres ou encargos para os particulares e não estejam sujeitos a publicação (CPA, artigo 132º, nº 1)[13] e não um requisito de existência (CPA, artigo 127º, nº 1). Entre nós, o acto administrativo atinge a perfeição como realidade jurídica autónoma independentemente da aquisição de eficácia. Por isso, nomeadamente, um acto constitutivo de direitos e válido não pode, uma vez emitido, ser revogado, mesmo que ainda não haja constituído objecto de qualquer notificação ou publicação (CPA, artigo 140º, nº 1, alínea *b)*).

O nosso Supremo Tribunal Administrativo tem afirmado a alteridade do acto de notificação em relação ao acto notificado. Fê-lo, por exemplo, pelo *Acórdão da 1ª Secção, de 20-10-2004* (Proc. nº 01579/03), quando sumariou que a invalidade ou a irregularidade da notificação não é passível de afectar a existência ou a validade do acto notificado, pois a notificação é um acto exterior e distinto, destinada apenas a assegurar a eficácia ou oponibilidade do acto notificado em relação ao destinatário.

Tudo isto não implica, porém, que a garantia constitucional do conhecimento integral e tempestivo do acto administrativo por parte de quem possa ser lesado pela ignorância não dite ao legislador ordinário um imperativo de preenchimento de requisitos de plena cognoscibilidade e de cominação da sua inobservância com efeitos que reforcem a defesa dos interessados contra as consequências nocivas de tal falta de transparência administrativa.

**3.** A notificação do acto administrativo não é, pois, nem uma mera operação material, nem um último elemento integrativo da existência do acto externo. Ela é antes um acto jurídico autónomo, instrumental da produção de efeitos pelo acto comunicado.

Por *acto jurídico*, devemos entender «*o acto voluntário que produz efeitos de direito*»[14]. É esse, pois, o caso da *notificação*. Que produz efeitos de direito, ninguém se lembraria de pôr em causa. Mas aquilo que importa sublinhar neste momento para a caracterizar é a *vontade de comunicar*: a notificação

[13] Sobre a necessidade de interpretar extensivamente esta referência aos *actos impositivos*, assimilando-lhes aqueles que extingam ou modifiquem direitos ou interesses legalmente protegidos, V. Esteves de Oliveira/Pedro Gonçalves/Pacheco de Amorim, *Código do Procedimento Administrativo*, 2ª ed., Coimbra: Almedina, 1997, p. 349.

[14] Cfr. Oliveira Ascensão, *Direito Civil – Teoria Geral*, II, Coimbra: Coimbra Editora, 1999, p. 11.

só faz sentido enquanto exercício da vontade de tornar cognoscível um outro acto.

**4.** A doutrina coincide nas proposições de que a *notificação* é não só uma comunicação *individual* e *formal*, mas também uma comunicação *intencional*.

A notificação é desde logo *intencional* porque se configura como um acto autónomo do acto notificado, mas regido pelo fito do cumprimento do dever e do ónus de proporcionar a possibilidade do conhecimento deste último àquele ou àqueles a quem afecta. À Administração assiste o dever de possibilitar o conhecimento do acto administrativo em correspondência com o direito fundamental a essa prestação de informação administrativa. Mas, ao mesmo tempo, incide sobre ela um ónus no tocante à satisfação do interesse administrativo de conferir eficácia subjectiva à decisão conformativa da situação individual.

A Constituição e a lei obrigam a Administração a uma conduta jurídica tendo por objecto um acto administrativo e por finalidade produzir sobre ele o conhecimento do destinatário ou, ao menos, a cognoscibilidade do acto por parte deste[15].

Portanto, se, no caso concreto, se não tratar de uma conduta administrativa especificamente funcionalizada à transmissão do conhecimento ou, ao menos, a proporcionar a cognoscibilidade de um certo acto administrativo, não há notificação. Para que esta ocorra, é necessária a *conjugação* entre a *transmissão do conhecimento* de um acto e a *específica vontade de o comunicar*. Como escreve Peine, «*Die Bekanntgabe des VAs ... liegt nur vor, wenn sie mit Wissen und Wollen der zuständigen Behörde erfolgt*» (só ocorre a notificação do acto administrativo quando esta se efectua conjugando a (comunicação de) ciência com a vontade (de assim fazer) por parte do órgão competente)[16].

Em suma, quando ocorra uma *transmissão incidental ou reflexa de um conhecimento*, feita *por acaso ou por mera implicação*, sem resultar de uma vontade de notificar nos termos da lei um específico acto administrativo, não podem considerar-se cumpridos os preceitos que exigem a notificação de tal acto.

[15] Cfr. Giannini, *Diritto Amministrativo*, II, 2ª ed., Milano: Giuffre; 958 a 961.

[16] Cfr. Peine, *Allgemeine Verwaltungsrecht*, p. 118. Usando também a mesma expressão consagrada para conjugar indissociavelmente a ciência de qual seja o objecto da comunicação e a vontade de o comunicar através de um acto apropriado: Hufen, *Fehler im Verwaltungsverfahren*, cit., p. 189; Kopp/Ramsauer, *Verwaltungsverfahrensgesetz*, cit., p. 835.

**5.** Mas, como antes se sublinhara, a indispensável intencionalidade da notificação combina-se com a sua natureza *individual*.

Como, por exemplo, observa CASSESE, a notificação de um acto administrativo desfavorável é uma *comunicação individual*[17]. Se o destinatário é determinável, há que facultar-lhe directa e individualizadamente o conhecimento. O dever de notificação da Administração corresponde sistemicamente ao carácter receptício do acto comunicado. Em Estado de Direito, não faz sentido que um acto administrativo – sobretudo ablativo – produza efeitos na esfera jurídica de um destinatário a quem se não haja proporcionado a respectiva cognoscibilidade. Assim sendo, ao carácter por definição externo do acto administrativo, corresponde a natureza de *acto receptício* ao serviço da qual é posta a notificação.

A lição a extrair é a de que uma conduta administrativa não corresponde aos parâmetros jurídicos próprios da notificação quando não se ajustar ao carácter receptício do acto administrativo notificando. Assim sucederá quando o modo da pretensa notificação não for de natureza a assegurar a cognoscibilidade do acto por parte do notificado. Como observa PIERRE MOOR, à notificação preside o *princípio da recepção*: o acto administrativo notificando não pode – em Estado de Direito – produzir efeitos relativamente àquele cuja situação jurídica por ele é afectada sem que este tenha sido colocado numa posição em que apenas dependa de si próprio dele tomar conhecimento[18].

Mas o princípio da notificação individual (*Grundsatz individueller Bekanntgabe*) não respeita apenas aos destinatários em sentido estrito do acto administrativo, isto é, àqueles cuja esfera jurídica é visada pelo intuito regulativo. Tanto o texto constitucional (artigo 268º, nº 3), como a sua densificação legislativa de âmbito mais geral (artigo 66º do CPA) estendem a garantia procedimental aos *interessados*, conceito esse que abrange também todos aqueles cujos direitos subjectivos ou interesses legalmente protegidos hajam sito afectados, não através de uma regulação que os tivesse como objecto, mas em consequência da regulação da esfera jurídica de outrem.

[17] Cfr. *Trattato...*, cit., p. 779. Também sobre a obrigação de notificação *pessoal* dos actos conclusivos e, quando afectem os interessados, dos actos de trâmite: MENÉNDEZ REXACH/ RODRÍGUEZ-CHAVES MIMBRERO/CHINCHILLA PEINADO, *Las Garantias Básicas del Procedimiento Administrativo*, Madrid: Fundacion Beneficentia et Peritia Juris, 2005, p. 85.

[18] Cfr. *Droit Administratif*, II, p. 302.

Desde que individualizáveis, devem ser pessoalmente notificados os terceiros sobre os quais o acto produza efeitos, para que não exista a probabilidade de que os sofram na insciência. Esta é uma das razões pelas quais há que ler extensivamente a referência, no nº 1 do artigo 132º do CPA, aos «actos que constituam deveres ou encargos» como abrangendo todos aqueles que extingam ou restrinjam situações subjectivas activas. São actos desta última natureza aqueles que normalmente afectam pessoas cuja esfera jurídica o acto não regula directamente de acordo com o seu tipo[19].

**6.** Mas, como acto jurídico, além de intencional e individual, a notificação tem de ser *formal.*

Como ensinam Gomes Canotilho/Vital Moreira, é a própria Constituição que, no artigo 268º, nº 3, exige que a notificação seja feita *na forma prevista na lei.* E, mesmo que a própria lei deixe alguma margem de versatilidade (discricionariedade quanto às formalidades), não é de considerar notificação o simples conhecimento acidental[20].

Como parte de procedimento (ou momento procedimental) objecto de uma garantia constitucional e conformado pela lei, a notificação deve constituir um instrumento de comunicação dotado de *carácter formal,* de modo a servir de base a uma prova segura da produção da cognoscibilidade do acto notificado[21]. Esse *carácter formal* significa que, para que uma conduta administrativa possa ser tomada como notificação em termos de se lhe reconhecerem os correspondentes efeitos típicos, ela tem de se mostrar parametrizada pelos ditames normativos aplicáveis.

Isso significa também que, envolvendo a notificação uma ou mais formalidades procedimentais, ela tem de ficar documentada no processo burocrático enquanto momento autónomo e intencionalmente promovido[22]. Assim sendo, falta totalmente uma notificação se a informação circula a título meramente particular por parte de alguém que conhece a matéria

[19] Sobre a pretensão dos terceiros afectados (*Drittbetroffene*) à notificação do acto administrativo, v. Hufen, *Fehler im Verwaltungsverfahren,* cit., p. 189 a 191.

[20] Cfr. *Constituição Anotada,* cit., p. 935.

[21] Cfr. Falcon, *Lezioni di Diritto Amministrativo,* p. 131.

[22] Cfr. Esteves de Oliveira/Pedro Gonçalves/Pacheco de Amorim, *Código do Procedimento Administrativo,* cit., p. 348.

por integrar os serviços da Administração em causa mas que não realiza uma conduta integrada no exercício da função[23].

## § 3º Funções do acto de notificação

**7.** Parece-nos possível identificar quatro funções do instituto da notificação do acto administrativo, extraídas do respectivo regime constitucional e legal. Sem prejuízo de algumas zonas de sobreposição entre os seus campos específicos, as funções da notificação são as de *garantia do administrado, externação do acto administrativo, integração da eficácia do acto administrativo* e *constituição de certeza legal da cognoscibilidade do acto administrativo* por parte dos interessados.

**8.** A *função garantística* da notificação é uma evidência. A Constituição (artigo 268º, nº 3) faz desta o objecto de um direito dos interessados e de um correspondente dever da Administração.

Quanto à titularidade de um *direito à notificação*, poder-se-ia pensar à primeira vista haver ínsita nessa concepção um paradoxo: se o acto é ablativo, o particular não teria interesse em que ele ganhasse eficácia através da notificação, melhor lhe convindo a ausência de comunicação por parte da Administração. No entanto, ainda que houvesse razões para considerar a questão sob este ângulo, sempre restariam aquelas situações em que a Administração se adianta a extrair do acto os efeitos que este possa irradiar sobre a condição existencial do destinatário. Visto assim, o direito à notificação desde logo vale como direito a não se ser destinatário de actos de execução, ou de actos consequentes de um acto administrativo não notificado. Por outras palavras, da Constituição resulta desde logo um efeito garantístico, significando que «um acto impositivo não pode produzir efeitos que restrinjam a esfera jurídica do destinatário antes de lhe ser notificado»[24]. Mas, além disso, sucede que – como lembra PEDRO GONÇALVES – mesmo aqueles actos administrativos carecidos de notificação geram logo alguns importantes efeitos jurídicos graças à sua mera prática. Uma vez emitido, o

[23] Sobre a transmissão de informações a título particular, v. KOPP/RAMSAUER, *Verwalrungsverfahrensgesetz*, cit., p. 835.

[24] Cfr. PEDRO GONÇALVES, *Notificação dos Actos Administrativos*, in: *Ab Uno Ad Omnes – 75 Anos da Coimbra Editora*, 1988, p. 1111.

acto administrativo não é um mero *internum corporis*, uma vez que gera para a Administração o dever de aplicar o regime geral dos actos secundários na sua revogação ou modificação e, para o particular interessado, um direito de acesso. Apesar de ir ver a sua esfera jurídica comprimida pelo acto administrativo, o particular pode, pois, ter uma vantagem digna de tutela em que ele lhe seja notificado dentro dos prazos legalmente previstos (e isto apesar de não estar a ser executado), por pretender dirigir desde logo contra ele as competentes pretensões opositivas ou, até, quem sabe, actuar de acordo com as determinações nele contidas[25].

A *função garantística* do acto de notificação desempenha um duplo papel procedimental e processual. Como objecto de um direito fundamental procedimental primário à cognoscibilidade dos actos administrativos dos quais se é destinatário, a notificação serve, por seu turno, instrumentalmente, a efectividade dos direitos de tutela processual e procedimental (garantias contenciosa e de impugnação administrativa)[26]. A tendência contemporânea é a de que a lei imponha como elemento essencial da notificação a especificação dos meios pelos quais o destinatário poderá reagir contra o acto administrativo notificado. E, se, no Código do Procedimento Administrativo, o legislador se bastou, no artigo 68º, nº 1, alínea *c)*, com a imposição da especificação dos meios de impugnação administrativa quando não seja possível desde logo a impugnação contenciosa[27], no nº 2 do artigo 64º do Código de Processo Tributário, de 1991 (CPT), revelou uma abertura mais moderna aos valores do procedimento equitativo, determinando que, a par de outros elementos, as notificações contivessem sempre a *indicação dos meios de defesa* (portanto os graciosos e os contenciosos) *e do prazo para reagir.* Identicamente, o artigo 36º, nº 2, do Código de Procedimento e Processo Tributário (CPPT) – que substituiu o CPT – prescreve que, entre

[25] Cfr. Pedro Gonçalves, *idem*, p. 1096 a 1099.

[26] Cfr. Stern, *Idee und Elemente eines Systems der Grundrechte*, in: Isensee/Kirchof (Hrsg), *Handbuch des Staatrechts*, V, Heidelberg: Müller, 1992, p. 74.

[27] A regra referida manda que constem da notificação o órgão competente para apreciar a impugnação do acto e o prazo para este efeito, «no caso de não ser susceptível de recurso contencioso». Este preceito deveria ser revisto, não apenas porque se revelou insuficiente desde o início (Esteves de Oliveira/Pedro Gonçalves/Pacheco de Amorim, *Código do Procedimento Administrativo*, cit., p. 356), mas também atenta a excepcionalidade dos meios de impugnação administrativa necessária após a entrada em vigor do Código de Processo nos Tribunais Administrativos (artigos 51º, nº 1, e 59º, nº 5).

outros elementos, as notificações contenham sempre a indicação dos meios de defesa e do prazo para reagir contra o acto notificado. Sublinhando a importância desta exigência para o preenchimento do papel garantístico da notificação, observam, em Espanha, GARCIA DE ENTERRÍA/TOMÁS-RAMÓN FERNÁNDEZ que o interessado poderá até conhecer o conteúdo da decisão, mas não está obrigado a saber que recursos procedem contra ela, pelo que não poderá correr em seu detrimento prazo algum de impugnação sem que tal indicação lhe seja feita. E só a interposição do recurso próprio – e não a de qualquer outro – convalida a notificação defeituosa quanto aos meios de defesa[28].

Em suma, da *função garantística da notificação* – vista sobretudo sob a sua vertente processual – resulta que, sem uma notificação suficiente para que o interessado possa beneficiar da garantia de tutela jurisdicional efectiva, não deverão correr contra ele os prazos de impugnação do acto[29].

**9.** A notificação desempenha também uma *função de externação* do acto administrativo notificado. Este (incluindo naturalmente a sua modalidade constituída pelo acto tributário) destina-se em princípio a conformar uma relação jurídica administrativa, produzindo efeitos jurídicos na esfera do administrado que é, ou passa a ser, titular dessa relação. Para se externar, a decisão administrativa carece de um acto-veículo, que com ela se não identifica, destinado a constituir uma situação de cognoscibilidade sem a qual aquela ainda não equaciona efectivamente as posições jurídicas da Administração e do administrado no caso concreto.

É por esse motivo que o nº 1 do artigo 132º do Código do Procedimento Administrativo faz depender da notificação aos destinatários a produção de efeitos dos actos que constituam deveres ou encargos para os particulares[30]. E assim dispõe também o nº 1 do artigo 36º do CPPT, fazendo depender

[28] Cfr. *Curso de Derecho Administrativo*, I, p. 583.

[29] Cfr. PEDRO GONÇALVES, *Notificação...*, cit., p. 1120.

[30] O começo da execução do acto, também referido naquele preceito, só serve para que o particular possa deduzir impugnação de um acto não notificado, mas não para que a Administração oponha validamente o acto ao particular. Quanto a «outras formas de conhecimento oficial», elas só podem substituir a notificação na hipótese do artigo 67º do CPTA, ou seja, quando, através de uma intervenção no procedimento, o particular revele perfeito conhecimento do conteúdo do acto em causa. Cfr. ESTEVES DE OLIVEIRA/PEDRO GONÇALVES/PACHECO DE AMORIM, *Código do Procedimento Administrativo*, cit., p. 635.

de notificação válida a produção de efeitos dos actos em matéria tributária relativamente aos contribuintes cujos direitos ou interesses legítimos esses actos afectem.

Em suma, sem a notificação, o acto administrativo, incluindo o acto em matéria tributária, não logrou ainda alcançar a externalidade a que necessariamente tende, encontrando-se numa situação de *inoponibilidade* relativamente àqueles cuja esfera jurídica se destina a conformar. Na realidade, nos actos sujeitos a notificação, a falta desta impede que a determinação injuntiva contida no acto tenha alcançado a dimensão relacional para a qual propende.

**10.** Mas a notificação desempenha ainda uma *função integrativa de eficácia* do acto notificado. Existe sem dúvida uma estreita conexão – e, até, uma parcial sobreposição – entre esta função e a função de externação. Não se confundem, porém, completamente, visto que são, apesar de tudo, coisas distintas a eficácia do acto e a transposição do conteúdo de uma declaração de vontade unilateral para o contexto de uma situação titulada por, pelo menos, dois sujeitos em termos de correspectividade. Como com subtileza observa CERULLI IRELLI, a *eficácia* do acto jurídico indica a *idoneidade para produzir efeitos* (consequências jurídicas) e, ao mesmo tempo, devido a uma sobreposição de significados linguísticos, o próprio complexo de tais consequências[31]. Interessa-nos agora a primeira de tais perspectivas, sendo que a segunda se confunde (pelo menos em boa parte) com a aquisição de dimensão relacional pelo conteúdo do acto.

Importa, com efeito, não ignorar na *eficácia* a sua vertente de atributo suplementar de um acto, consistindo numa actual força jurídica injuntiva não dependente da verificação de factos (por exemplo, termos iniciais ou condições suspensivas) ou de outros actos (por exemplo, de aprovação ou de notificação). No tocante aos actos impositivos, como é o caso de um acto tributário de apuramento e correcção da matéria colectável, a eficácia é sinónimo de *obrigatoriedade*: é com a notificação ao destinatário que surge na esfera jurídica deste o dever de se conformar nos seus comportamentos com a regulação que forma o conteúdo do acto[32].

[31] Cfr. *Corso di Diritto Amministrativo*, III, Torino: Giappichelli, 1994, p. 137.

[32] HANS-UWE ERICHSEN, *Allgemeines Verwaltungsrecht*, 12ª, ed., Berlin: De Gruyter, 2002, p. 302.

Só graças à eficácia ganha através da notificação, um tal acto tributário constitui um fenómeno inovatório na esfera jurídica do destinatário, dá lugar a um «desenvolvimento interno» da situação jurídica regulada, ou seja, transforma em dimensão dinâmica a dimensão inicialmente estática do conteúdo de um acto meramente emitido, que ainda não reúna os requisitos legais para a produção dos efeitos que define[33].

A notificação representa, pois, o núcleo (ou, consoante os casos, um dos núcleos) de uma *fase integrativa de eficácia*, sucessiva à fase da decisão[34]. Uma coisa é a emissão do acto administrativo impositivo e outra, cronologicamente sucessiva, o momento da produção dos respectivos efeitos de deverosidade. A contemplação da eficácia numa escala temporal obriga a localizar o momento em que os efeitos do acto se produzem, de antemão se sabendo que a eficácia dependente de notificação não é coetânea com a emissão do acto[35]. Os actos receptícios – como é o caso dos actos impositivos – não se tomam eficazes senão no momento em que se estabelece a relação jurídica administrativa (tributária) ou em que esta, sendo pré-existente, se modifica por força da nova conformação. E esse momento constitutivo é o da entrada do acto na esfera de cognoscibilidade do destinatário[36].

Como também se observou já, a produção dos efeitos do acto pode não se dar num só momento em relação a todos estes. Mesmo nos actos constitutivos de deveres ou encargos, a mera prática gera desde logo certos efeitos, entre os quais os deveres administrativos de notificar e de respeitar o acto, bem como o início do prazo de impugnação pelo Ministério Público[37]. Mas, naquilo que toca à contagem do prazo de impugnação pelo destinatário, a eficácia do acto só se gera pela notificação[38].

Daqui resulta desde logo que a *omissão e a inexistência* (que se não confundem, como adiante veremos) de uma notificação devida redundem na ineficácia do acto que dela deveria ter constituído objecto. Mas esta consequência estende-se também às notificações não atingidas pelo desvalor da

[33] Cfr. Cerulli Irelli, *Corso...*, cit., p. 139 e 140.

[34] Cfr. Cassese, *Trattato...*, cit., p. 779.

[35] A menos que se trate de acto administrativo praticado oralmente na presença dos interessados (CPA, artigo 67º, nº 1, alínea *a*)).

[36] Cfr. Cerulli Irelli, *Corso...*, cit., p. 141 a 145.

[37] Cfr. Pedro Gonçalves, *Notificação*, p. 1096 e 1097.

[38] Sobre os vários âmbitos de produção diacrónica dos efeitos de direito do acto administrativo, v. também Cassese, *Trattato*, cit., p. 784.

inexistência mas produzidas sem observância dos termos devidos, designadamente no que toca ao conteúdo: a regra geral é a de que tais notificações não produzem efeitos, o que reverte na ineficácia do acto notificado[39]. Contudo, essa ineficácia do acto de notificação e do acto notificado nem sempre representam uma consequência automática e inafastável da insuficiência da notificação.

Como a seguir se exporá, o regime estabelecido nos artigos 60º, nºs 1 a 4, do CPTA e 37º do CPPT obriga a diferenciar entre a *insuficiência absoluta* de notificação, que a priva de quaisquer efeitos integrativos de eficácia do acto notificando, e a *insuficiência relativa.* A omissão, a inexistência e a insuficiência absoluta desencadeiam desde logo uma cascata de ineficácias (do acto de notificação – nos últimos dois casos – e do acto notificando)[40]. A insuficiência relativa apenas constituirá causa de ineficácia a partir do momento em que o interessado requeira tempestivamente o completamento da notificação, seja através da notificação das indicações em falta ou mediante passagem de certidão. Se o particular não tiver tomado tal iniciativa, ou a partir do momento em que o requerimento lhe haja sido integralmente satisfeito, a ilegalidade da notificação (inicial) ter-se-á degradado em mera irregularidade.

**11.** Finalmente, há ainda a considerar uma outra função da notificação: a de *criação de certeza da cognoscibilidade* do acto administrativo pelo seu destinatário. O valor da segurança – um dos valores supremos da Ordem

[39] Cfr. García de Enterría/Tomás-Rámon Fernández, *Curso de Derecho Administrativo*, I, cit., p. 583; Kopp/Ramsauer, *VwVfG*, cit., p. 845; Peine, *Allgemeines Verwaltungsrecht*, cit., p. 161; Wolff/Bachof/Stober, *Verwaltungsrecht*, II, cit., p. 89.

[40] Nos mesmos termos da Teoria Geral do Processo Civil: Blomeyer, *Zivilprozessrecht Erkenntnissverfahren*, Berlin: Springer, 1963, p. 162; Satta/Punzi, *Diritto Processuale Civile*, 12ª ed., Padova: CEDAM, 1996, p. 297. O artigo 482º do Código de Processo Civil rege-se pelo princípio da prevalência da justiça material, permitindo que os efeitos da citação (ou seja, da mais importante modalidade de notificação) anulada sejam aproveitados desde que esta seja repetida em termos regulares dentro de 30 dias após o trânsito em julgado do despacho de anulação (Antunes Varela/Miguel Bezerra/Sampaio e Nora, *Manual de Processo Civil*, cit., p. 285). Repare-se, no entanto, em que esta *sanação* pressupõe a *repetição do acto,* desta feita de acordo com os termos legalmente requeridos. Como, porém, observam Lebre de Freitas/Montalvão Machado/Rui Pinto, a previsão do art. 482º circunscreve-se à *anulação* da citação e não à sua *falta* (cfr. *Código de Processo Civil Anotado*, II, Coimbra: Coimbra Editora, 2001, p. 262).

Jurídica – impõe a existência de uma forma objectiva de conferir certeza legal à cognoscibilidade do acto por aquele a quem o seu conteúdo afectou[41].

A *cognoscibilidade* significa a virtualidade da notificação para possibilitar o conhecimento do acto notificando desde que o interessado se não recuse a adquirir essa ciência ou não crie um obstáculo destinado a impedir a comunicação. O que importa não é a efectiva transmissão do conhecimento, mas a criação de todas as condições para que ela tenha lugar salvo falta da necessária colaboração do destinatário.

Podemos, pois, concluir que, quando uma pretensa notificação não foi produzida nos termos legalmente exigidos, se não cria a necessária situação objectiva de certeza legal da cognoscibilidade do acto notificando.

Por outro lado, e na medida em que é à Administração que incumbe tomar as medidas necessárias à constituição de tal situação de certeza legal da cognoscibilidade do acto notificando, compreende-se que seja sobre aquela que incide o ónus da prova do cumprimento de tal dever[42].

## § 4º Omissão, inexistência e insuficiência (absoluta e relativa) de notificação

**12.** Tradicionalmente, o legislador português tem seguido a orientação de *aproveitamento*, tanto quanto possível, *da notificação insuficiente*, conjugando-a com um ónus sobre o notificado de suscitar tempestivamente essa insuficiência e pedir o seu suprimento, conseguindo desse modo parar a eficácia do acto de notificação no que concerne ao desencadeamento dos prazos de impugnação contenciosa e, ou, administrativa.

O artigo 31º, nº 1, da LPTA (Lei de Processo nos Tribunais Administrativo, aprovada pelo Decreto-Lei nº 267/85, de 16 de Julho) dispunha que, quando a notificação não contivesse a fundamentação integral da decisão e, ou, a indicação do autor do acto, ou do sentido e da data da decisão, podia o interessado, dentro de um mês, requerer a notificação dos elementos omitidos ou

[41] Cfr. Giannini, *Diritto Administrativo*, II, cit., p. 961; Wolff/Bachof/Stober, *Verwaltungsrecht*, II, cit., p. 90.

[42] Cfr. Kopp/Ramsauer, *Verwaltungsverfahrensgesetz*, cit., p. 844; Esteves de Oliveira/Pedro Gonçalves/Pacheco de Amorim, *Código do Procedimento Administrativo*, cit., p. 351 e jurisprudência aí citada.

a passagem de certidão que os contivesse. Nos termos do nº 2, a utilização desta «faculdade» interrompia o prazo de impugnação, uma vez que ele só se contaria a partir da notificação ou da entrega da certidão requeridas.

O artigo 60º do actual CPTA aperfeiçoou este regime, afastando o maior risco de inconstitucionalidade que pairava sobre o anterior, ao distinguir entre aquilo a que poderemos chamar, por um lado, *inexistência* e, pelo outro, *insuficiência* da notificação. Se, quando exigível, a notificação não dá a conhecer o sentido da decisão, o acto administrativo não é oponível ao interessado. Uma comunicação feita em termos de tal maneira lacunosos, sibilinos ou desconexos que não permitem a um declaratário normal colocado na situação do real declaratário deduzir que foi emitida uma decisão que provoca na sua esfera jurídica determinados efeitos não preenche minimamente o tipo da notificação: esta inexiste enquanto tal. Em contrapartida, quando forem inteligíveis o facto da pronúncia de uma decisão e o respectivo sentido, mas faltem elementos, como a indicação do autor, da data ou dos fundamentos da decisão, assiste ao particular a «faculdade» de requerer a notificação das indicações em falta ou a passagem da certidão que as contenha. A apresentação desse requerimento no prazo de 30 dias interrompe o prazo de impugnação[43].

O nº 1 do artigo 37º do CPPT não estabelece aquela dicotomia com tanta clareza, mas a sua interpretação conforme à Constituição conduz necessariamente ao mesmo resultado. Dispõe esse preceito que, se a comunicação da decisão em matéria tributária não contiver a fundamentação legalmente exigida, a indicação dos meios de reacção contra o acto notificado ou outros requisitos exigidos pelas leis tributárias, pode o interessado, dentro de trinta dias ou dentro do prazo para reclamação, recurso ou impugnação, requerer a notificação dos «requisitos» que tenham sido omitidos ou a passagem de certidão que os contenha. Acrescenta o nº 2 do mesmo artigo 37º que o exercício de tal faculdade interrompe o prazo de reclamação, recurso ou impugnação, uma vez que este se conta a partir da notificação ou da entrega da certidão. No entanto, o nº 1 do artigo 37º do CPPT não prevê a hipótese

[43] O regime de interrupção é mais complexo do que aquilo que se descreve no texto, visto haver a necessidade de o articular como o prazo de propositura de uma intimação para a passagem de certidão, caso o requerimento do particular não seja satisfeito no prazo de dez dias do artigo 71º do CPA. Sobre ela, vejam-se: MÁRIO AROSO DE ALMEIDA/CARLOS CADILHA, *Comentário ao Código de Processo nos Tribunais Administrativos*, Coimbra: Almedina, 2005, p. 307 s.

de a comunicação não conter a própria decisão, sendo certo que – como seria de esperar – é este o primeiro elemento do conteúdo da notificação identificado no nº 2 do artigo 36º. Só a seguir a esse, este preceito alinha como componentes da notificação os fundamentos, os meios de defesa, o prazo para reagir, a indicação da entidade que praticou o acto e a especificação sobre se o fez no caso de delegação ou subdelegação de competências.

O confronto entre o nº 2 do artigo 36º e o nº 1 do artigo 37º do CPPT deixa claro, a nosso ver, que o ónus de requerer a notificação complementar ou a certidão para poder beneficiar da interrupção do prazo de impugnação (em sentido amplo) só tem aplicação quando ao particular tiver ao menos sido comunicada a incidência de uma decisão sobre a sua esfera jurídica e o respectivo sentido. Se também isto falta, então nenhum prazo de impugnação pode começar a correr. Neste último caso, não se passou algo que possa sequer ser considerado como notificação. Uma coisa é o particular ser afectado pelo desconhecimento de elementos que lhe permitiam organizar de maneira mais perfeita a impugnação de uma decisão de cuja emissão e sentido está ciente. Coisa distinta é a de o particular nem sequer saber quais os efeitos jurídicos que foram imperativamente introduzidos na sua esfera jurídica, ou – caso extremo – nem sequer lhe ser dado a conhecer com um mínimo de clareza que foi tomada uma decisão que o afecta.

Nestas últimas hipóteses, o caso já não é de insuficiência, mas de *inexistência de fundamentação*, visto que a alegada ou frustre comunicação não reúne os elementos fulcrais sem os quais se não estrutura uma verdadeira notificação.

Com a *inexistência de fundamentação* não se deve confundir a *notificação de um acto administrativo inexistente* (artigos 137º, nº 1, e 139º, nº 1, alínea *a)*, do CPA). Apesar de inexistente, a Administração age como se o acto não sofresse desse desvalor. Daí o interesse em promover a declaração jurisdicional de tal inexistência (artigo 50º, nº 1, do CPTA). Assim sendo, a notificação dessa realidade preenche as respectivas funções. A validade da notificação é imune à invalidade do acto notificado, seja esta qual for.

Interessa também distinguir entre inexistência e *omissão de notificação.* A omissão significa a ausência de uma conduta que vise a comunicação, ao passo que a *inexistência de notificação* desvaloriza absolutamente em si mesma (sem prejuízo de uma repetição nos termos devidos quando tempestiva) a conduta levada a cabo mas idónea para dar a conhecer uma emissão de acto administrativo ou o sentido deste.

**13.** Sob a letra dos nºs 1 e 2 do artigo 60º do CPTA, através da qual o legislador se esforça por caracterizar duas situações justificativas de regimes diversos, temos naturalmente que procurar a respectiva *ratio*. Uma tal indagação impõe-se porque os elementos fornecidos pelos dois preceitos não esgotam as situações da vida real, cumprindo perceber, isso sim, aquilo que justifica a cominação absoluta da não concretização da notificação e da inerente manutenção da ineficácia do acto notificando ou, pelo contrário, uma preferência pelo desencadeamento do prazo de impugnação, contrabalançado pelo poder de o interromper por parte do interessado caso queira exercer em plenitude o seu direito à informação procedimental.

14. Parece-nos claro que, nos n.ºs 1 e 2 do artigo 60º do CPTA, o legislador procurou conjugar o *direito fundamental à notificação dos actos administrativos* com o *princípio constitucional da autotutela administrativa na prossecução do interesse público*. Não são estes o momento e o local apropriados para desenvolver o sentido e as virtualidades deste princípio. Basta que se recorde que ele assenta no imperativo finalístico do artigo 266º, nº 1, da CRP, quando conjugado com a cláusula aberta do emprego da forma típica de conduta administrativa que é o acto administrativo, subjacente à menção indirecta ou directa a esta figura nos artigos 212º, nº 3, e 268º, nºs 3 e 4, da Lei Fundamental. As virtualidades do emprego da forma do acto administrativo não se revestem sempre do mesmo alcance, visto que a autotutela inerente ao regime geral do acto administrativo pode não assumir sempre a vertente executiva a par da declarativa[44]. Por outro lado, a Constituição não proíbe o legislador de modelar tipos de conduta unilateral de direito público da Administração desprovidos de qualquer autotutela, como sucede com certas *declarações negociais* no quadro da execução de contratos administrativos. No entanto, o perfil mais frequente do desempenho jurídico da actividade administrativa nas situações concretas, temperado pela figura do *contrato substitutivo*, é o do emprego de actos administrativos revestidos de autotutela declarativa, ou seja, destinados a produzir efeitos na esfera jurídica dos destinatários independentemente do respectivo consentimento

[44] O exemplo provavelmente mais relevante é proporcionado pelo artigo 187º do CPA, que retira autotutela executiva aos actos administrativos pelos quais o contraente público define prestações contratuais em falta por parte do co-contratante. Cfr. Esteves de Oliveira/ Pedro Gonçalves/Pacheco de Amorim, *Código do Procedimento Administrativo*, cit., p. 853.

ou de homologação jurisdicional. A autotutela declarativa implica, pois, que os actos administrativos sejam eficazes. Isto sem prejuízo, naturalmente, de certos requisitos específicos que condicionem mas não impeçam absolutamente essa eficácia.

Deparamo-nos assim com uma colisão entre dois princípios constitucionais, o primeiro dos quais com a natureza, também, de direito fundamental: o direito à notificação e a tendencial eficácia dos actos administrativos. A solução reside, como sempre, numa *ponderação* de acordo com a ideia de proporcionalidade, que assegure uma fórmula de *concordância prática*, ou seja, de optimização na consecução conjugada dos dois princípios em conflito. Tratar-se-á então, por outras palavras, de retirar absolutamente virtualidade geradora de eficácia àquela conduta pretensamente comunicativa da Administração que deixa inerme o destinatário da decisão. Pelo contrário, quando a situação seja de molde a permitir-lhe que se defenda, em primeiro lugar contra a insuficiência da comunicação para depois se poder defender contra uma decisão plenamente conhecida, o legislador não priva o acto de toda a eficácia, limitando-se a impedir a contagem do prazo de impugnação enquanto não for satisfeita uma pretensão – apresentada tempestivamente pelo interessado – de suprimento da incompletude comunicativa.

De um lado, fica, pois, a *insuficiência suprível* graças à substituição da pura oficiosidade da comunicação pela dedução de uma pretensão à informação suplementar por parte do interessado. Nesta hipótese, a função garantística constitucionalmente consignada à notificação não fica inutilizada, visto que a reacção pretensiva do particular, para mais dotada de meio específico de tutela jurisdicional[45], o liberta de ter de se defender de uma decisão enquanto lhe não for proporcionada a sua plena cognoscibilidade. Ao mesmo tempo, em caso de inércia do particular, não será afastado o regime geral do prazo peremptório de impugnação dos actos anuláveis, coessencial à autotutela declarativa enquanto trave mestra do Direito Administrativo das famílias jurídicas romano-germânicas.

Em contrapartida, naquelas situações em que o administrado não haja disposto ao menos dos conhecimentos essenciais para compreender que se

[45] Referimo-nos, naturalmente, à intimação para a prestação de informações, consulta de processos ou passagem de certidões, regulada nos artigos 104º e seg. do CPTA, e à intimação para a consulta de documentos e passagem de certidões do processo judicial tributário, instituída no artigo 146º do CPPT.

encontra emitido um acto administrativo e, ou, que esse acto administrativo se destina a comprimir de certo modo a sua esfera jurídica, bem como que a Administração considera ter levado a cabo a respectiva notificação, esse acto ser-lhe-á absolutamente inoponível. Quer isto dizer que esse acto não produzirá em relação ao interessado qualquer dos efeitos dependentes da notificação, incluindo o desencadeamento dos prazos de impugnação, não se aplicando o ónus de requerimento de informação complementar. Encontramo-nos aqui em face de *inexistência de notificação,* causada pela carência de elementos nodais, sem cuja presença se torna impossível caracterizar uma conduta como comunicativa em relação com um acto administrativo.

## § 5º Insuficiência relativa, ou suprível e insuficiência absoluta de notificação

**15.** Não cremos, porém, que a análise das situações de pretensão de notificação de actos administrativos por parte da Administração se baste com o elenco de categorias com o qual vimos laborando até este momento. Na verdade, enquanto a *inexistência de notificação* constitui uma situação incindível quanto aos efeitos, o mesmo não sucede em rigor com a *insuficiência de notificação.* É a jurisprudência que nos mostra a necessidade de reconduzir ao regime de ineficácia próprio da inexistência certas situações que, estruturalmente, merecem ser qualificadas como de insuficiência. Assim sucede quando se não possa dizer da conduta da Administração que ela seja em absoluto inidónea para gerar, por parte do interessado, a consciência de haver sido emitido um acto administrativo com viabilidade de o afectar em certo sentido mas, não obstante, essa comunicação não possua ainda densidade suficiente para lhe permitir reagir requerendo o completamento.

Existem, com efeito, arestos do Supremo Tribunal Administrativo que estendem a inoponibilidade do acto notificando a situações das quais se não podia em rigor dizer que ao interessado não tivesse sido proporcionada a cognoscibilidade da emissão de um acto administrativo e o respectivo sentido, ou seja, o tipo de efeitos conformativos estruturantes do respectivo conteúdo. Trata-se daquelas hipóteses em que, em face das circunstâncias do caso concreto, se deve concluir que a falta de outros elementos legalmente carecidos de notificação deixou o interessado numa situação de incerteza ou desconhecimento inibitória de um eficaz recurso ao requerimento de notificação das indicações em falta ou de passagem de certidão.

**16.** Foi este, a nosso ver, o entendimento que presidiu ao critério de decisão formulado nos *Acórdãos da 2ª Secção do Supremo Tribunal Administrativo de 06-10-2005* (Proc. nº 0221/05) e *de 31-03-2004* (Proc. nº 02007/03). Em ambos estes doutos arestos, foi considerado pelo julgador que (só) «... *quando à notificação inicial faltem elementos essenciais, de tal modo que o administrado fique em dificuldades para exercer a faculdade* [de requerer nova notificação ou certificação] – *porque lhe não foi notificado o sentido do acto; a sua autoria e a data, e não sabe, pois, a quem se dirigir e a que acto há-de referir-se – é que a notificação imperfeita torna inoponível o acto administrativo ao interessado*».

Estes acórdãos fazem, aliás, referência a outros em que se tem seguido a mesma esclarecida jurisprudência, a única que afasta um «*obstáculo constitucional à aplicação* [...] *do discutido artigo 22º do CPT*».

As decisões em causa foram proferidas sobre casos regidos pelo entretanto revogado Código de Processo Tributário (CPT). Este diploma não operava a distinção – hoje estabelecida nos nºs 1 e 2 do artigo 60º do CPTA – entre a inoponibilidade de actos cujo sentido não seja dado a conhecer pela notificação e a mera possibilidade de interromper os prazos de impugnação mediante o requerimento de notificação de indicações em falta, ou de passagem de certidão que as contenha, na hipótese de ausência de alguma das indicações que a notificação deve comunicar. Mas, ao operar uma interpretação dos artigos 22º e 64º do CPT conforme ao direito fundamental à notificação dos actos administrativos, o Supremo Tribunal Administrativo não se limitou a destacar a não transmissão do sentido do acto como causa da sua pura e simples inoponibilidade, considerando cominável o mesmo efeito para a falta, na notificação, de outros elementos essenciais (ou seja, legalmente requeridos) quando ela coloque o administrado em dificuldades quanto ao exercício da faculdade (ónus) de requerer notificação complementar ou a certificação.

Além da hipótese mais categórica da *inexistência de notificação* (os casos em que a conduta pretensamente comunicativa não dá a conhecer o sentido da decisão e – pressupõe-se – o facto autónomo da emissão de uma decisão) o Supremo Tribunal Administrativo inclinou-se assim para considerar também causa de inoponibilidade as situações de *insuficiência absoluta*, em que a omissão da autoria e da data do acto notificando contribuam para privar o interessado de uma compreensão suficientemente nítida do perfil do acto que deva constituir o objecto do requerimento do qual dependeria a interrupção do prazo de impugnação.

**17.** Esta jurisprudência traz-nos um contributo importante no tocante à necessidade de distinguir, para efeitos de regime entre *insuficiência absoluta* e *insuficiência relativa* da notificação do acto administrativo.

A *insuficiência relativa* é aquela que se verifica nas situações visadas pelo nº 2 do artigo 60º do CPTA e pelo artigo 37º, nºs 1 e 2, do CPPT, perante as quais o legislador estima que a conjunção entre a apresentação de requerimento do completamento da notificação pelo interessado e a interrupção dos prazos de prescrição das impugnações pertinentes se revela suficiente para justificar uma restrição do âmbito de protecção do direito fundamental à notificação dos actos administrativos. *Prima facie*, esse âmbito da protecção compreende a notificação integral, a única em princípio capaz de satisfazer plenamente o imperativo da cognoscibilidade pelos interessados das modificações introduzidas nas suas esferas jurídicas por actos de poder da Administração. E o direito à notificação implica por natureza a ineficácia dos actos não ou mal notificados, sob pena de se perder a sua razão de ser. Permitir legislativamente a eficácia de actos insuficientemente notificados representa, pois, uma restrição ao âmbito de protecção do direito fundamental, visto que este alberga uma pretensão de imunidade aos efeitos jurídicos ablativos do acto cuja plena cognoscibilidade não haja sido assegurada.

Subjacente à fórmula legislativa, desenvolve-se uma *ponderação* para efeito da aplicação optimizada conjunta do direito fundamental à notificação e do princípio da eficiência administrativa escorada na autotutela declarativa. Tal ponderação tem de ser moldada, desde logo, pelas máximas da idoneidade e da necessidade.

Em primeiro lugar, é necessário que a medida legislativa consistente em restringir o âmbito de protecção do direito fundamental à notificação se revele *idónea* ou *adequada* ao fim visado, que é o de salvaguardar na medida do possível a eficácia dos actos administrativos e, logo, a autotutela declarativa da administração enquanto elementos da eficiência administrativa. Ora, a funcionalidade da restrição revela-se, sem lugar para dúvidas, quando se confere eficácia inicial ao acto ainda que insuficientemente fundamentado e se substitui a necessidade de repetir a notificação pelo simples dever de a completar, quando o interessado assim o requeira dentro de um certo prazo.

Em segundo lugar, também parece que se cumpre a máxima da *necessidade* ou *indispensabilidade*. Não se entrevêem na verdade outras técnicas jurídicas para salvaguardar a autotutela declarativa em face de notificações moderadamente disfuncionais do que esta de submeter os particulares que desejam interromper a eficácia ao ónus de requerer a notificação complementar dos dados em falta.

Mas resta ainda um terceiro momento deste *iter* valorativo, que é o do teste de *proporcionalidade em sentido estrito*. Consiste este em saber, em face do contexto analisado, se a importância de satisfazer a autotutela declarativa da administração, tal como servida pela eficácia das regulações imperativas formuladas em acto administrativo, justifica o detrimento ou não satisfação do direito fundamental à notificação. Como resulta de tudo o que se tem vindo a afirmar, trata-se de um detrimento parcial, visto que apenas se mantém a eficácia dos actos cuja notificação haja sofrido de *insuficiência relativa*.

Utilizando na ponderação uma escala de intensidades preconizada por ROBERT ALEXY, pode partir-se do princípio de que a solução enunciada expressamente nos n.ºs 1 e 2 do artigo 60º do CPTA, cuja *ratio* também se descobre implícita nos termos algo obscuros dos nºs 1 e 2 do artigo 37º do CPPT, parte da idêntica qualificação como «sérias» ou «moderadas» das restrições operadas tanto sobre o âmbito de protecção *prima facie* do direito à notificação como sobre o da autotutela declarativa da administração enquanto valor constitucionalmente protegido. Através da concomitante redução dos seus níveis abstractos máximos de realização, o legislador manteve a paridade de princípio entre os dois valores ao não os sacrificar em termos desproporcionados. O âmbito da *discricionariedade estrutural*[46] de que sobre esta matéria dispõe só teria sido excedido pelo legislador em uma de duas circunstâncias. A primeira teria residido numa neutralização absoluta da função garantística da notificação. Esta sumir-se-ia se quando o particular fosse submetido à eficácia de actos cuja comunicação deficiente o não habilitasse sequer à promoção do completamento da notificação sem perda de prazo para as impugnações a que houver lugar. A segunda circunstância de desequilíbrio manifesto teria ocorrido se se prejudicasse automaticamente a eficácia de qualquer acto administrativo deficientemente

[46] Sobre o âmbito e a metodologia da ponderação pelo legislador entre direitos fundamentais e outros valores constitucionalmente protegidos com eles em conflito, v. ROBERT ALEXY, *A Theory of Constitutional Rights*, Oxford: University Press, 2002, p. 394 s.

comunicado sem deixar ao interessado, nos casos menos graves, o ónus de invocar a insuficiência e promover a respectiva reparação. Criar-se-ia deste modo uma margem excessiva de incerteza sobre a composição, em cada momento, do ordenamento jurídico-administrativo, com detrimento da segurança das posições jurídicas da Administração e de particulares (os «contra-interessados», por exemplo).

**18.** A estrutura da ponderação necessariamente subjacente à solução legislativa permite-nos compreender melhor o verdadeiro alcance de preceitos como o artigo 60º do CPTA e, até, o artigo 37º do CPPT. A *inoponibilidade* prescrita pelo nº 1 daquele artigo 60º tem de cobrir todas as situações que, em abstracto ou à luz das circunstâncias do caso concreto, tenham envolvido um esboço de conduta comunicativa sem que esta se revele suficiente para permitir ao interessado a promoção de uma notificação complementar idónea para lhe possibilitar uma visão completa da decisão que o afecta. A letra do nº 1 do artigo 60º refere expressamente a notificação que não dê a conhecer o sentido da decisão. Mas esta hipótese abrange logicamente aqueles casos em que a própria existência ou emissão de uma decisão não constam de uma qualquer comunicação. Pior do que não comunicar qual seja o sentido da decisão notificada, é comunicar quaisquer elementos que não proporcionem a noção de que há uma decisão administrativa visando o destinatário.

Se – como fazemos – se considerar que a comunicação da emissão ou da pendência de um acto administrativo e a do respectivo sentido são os elementos estruturantes indispensáveis do acto jurídico típico que é notificação de um acto administrativo, há que concluir que a falta de qualquer deles desencadeia uma situação jurídica de *inexistência da notificação.*

A prática diz-nos, porém, que a reunião destes elementos estruturantes numa conduta comunicativa da Administração nem sempre garante por si só ao interessado a possibilidade de defender os seus interesses – designadamente o interesse na impugnação – mediante o requerimento do completamento da notificação. Assim sucede, por exemplo, quando ao particular são transmitidos documentos complexos tendo por alegada função a comunicação de um certo acto administrativo, mas envolvendo informação de onde, porventura, se poderia extrair por implicação a prévia produção na esfera do particular de outros efeitos jurídicos o que, por seu turno, implica a prévia prática de um outro acto administrativo susceptível de os ter por conteúdo. Não é caso virgem no domínio da administração tributária. Já sucedeu, por exemplo, que a notificação de certo acto de correcção dos valores constantes da declaração de rendimentos incluísse anexos dos quais se depreendia que o valor agora corrigido não era já aquele que fora declarado, sem que, no entanto, tais anexos contivessem expressa asserção sobre a prática desse acto intercalar, a sua autoria, a sua data, o valor específico aditado e os fundamentos dessa hipotética ou eventual anterior correcção. Por estranho que possa parecer, existem decisões judiciais (não, que saibamos, do Supremo Tribunal Administrativo) que consideram que, se o particular não requereu no prazo legal, a notificação ou certificação desse acto implícito, terão corrido os prazos para as impugnação pertinentes.

Ora, ainda que, em tais hipóteses – e outras que afectem em igual grau a capacidade defensiva do particular – se possa eventualmente concluir pela comunicação (minimalista) da existência de um acto e do seu sentido, repugna que se possa qualificar como meramente *relativa* a insuficiência da notificação. Trata-se de situações em que, como ponderou o Supremo Tribunal Administrativo nos acórdãos atrás referidos, a comunicação de certos elementos colocou o particular «em dificuldades para exercer a faculdade» de promover a notificação complementar. Como fazê-lo, se não existe a certeza de que haja sido praticado um acto, ou se ignora quando e, sobretudo, por quem o foi? Como observou o Supremo Tribunal Administrativo, pode o interessado nem saber a quem há-de dirigir-se e a que acto há-de referir-se para efeito de requerer o completamento de notificação.

Se o regime da *insuficiência relativa* da notificação logra operar a concordância prática entre o direito fundamental à notificação e o princípio da autotutela declarativa da administração, o mesmo se não pode dizer quanto às situações de *insuficiência absoluta.*

Estas caracterizam-se por, não obstante ter sido emitida uma declaração com a causa-função de gerar cognoscibilidade de certo acto ou facto relativamente a destinatário individualizado e esse acto ou facto existirem, ser tão incompleta a sua caracterização e a enunciação de outros elementos essenciais por força da lei (por exemplo, a especificação dos meios de defesa e do prazo para reagir) que o particular não disponha de condições razoáveis para promover a defesa dos seus interesses mediante o requerimento de notificação ou certificação suplementares.

A *insuficiência absoluta* cobre aquelas eventualidades em que a comunicação não desempenha a função do instituto da notificação. Embora exista objectivamente a comunicação de uma decisão e do seu tipo, o teor (e, eventualmente, o contexto) da comunicação não criam para o interessado normal colocado naquelas circunstâncias a inteligibilidade de que foi emitida uma decisão que lhe respeita, e, ou, dos efeitos jurídicos que formam o seu conteúdo. O véu de ignorância assim mantido em desfavor do interessado revela-se particularmente a propósito da impraticabilidade do ónus de requerer informação complementar. É aquilo que sucede quando se não disponha de uma base suficientemente consistente para considerar, em face das circunstâncias do caso, que o requerimento coubesse no grau de diligência exigível de um bom pai ou uma boa mãe de família.

As *consequências jurídicas* da *inexistência* e da *insuficiência absoluta* da notificação são as mesmas: não são gerados os efeitos próprios do acto de notificação. Se ainda se estiver em tempo, ou seja, se não tiver caducado o acto notificando nem prescrito as obrigações dele emergentes, haverá que notificar de novo[47].

## § 6º Raciocínios aplicativos

**19.** Resta extrair de quanto antecede algumas ilações de ordem prática, que possam servir de suporte tópico nos juízos destinados a identificar, nos casos de fronteira, as situações de verdadeira *inexistência* e de *insuficiência absoluta* de notificação.

Em tais zonas cinzentas, haverá que olhar desde logo à estrutura procedimental. Como se viu, a notificação é um acto inserido ainda na fase decisória do procedimento administrativo, ou de um subprocedimento autónomo, cabendo-lhe pôr termo a essa sequência de actos e formalidades ao assegurar a externação da vontade procedimentalmente preparada e manifestada. Nas situações dúbias, a não-procedimentalização de uma

[47] Abstraindo da situação em que o interessado haja, através de qualquer intervenção no procedimento, revelado perfeito conhecimento do conteúdo do acto notificando (artigos 67º, nº 1, alínea *b)*, e 132º, nº 2, do CPA), o único modo de ultrapassar a ineficácia do acto notificando causada pela inexistência ou insuficiência absoluta da notificação é a repetição da notificação, quando ainda tempestiva e feita agora de acordo com as exigências legais (Hufen, *Fehler im Verwaltungsverfahren*, cit., p. 192). A repetição da notificação não possui virtualidades para fazer retroagir os efeitos integrativos de eficácia do acto notificado ao momento da primeira notificação (Kopp/Ramsauer, *Verwaltungsverfahrensgesetz*, cit., p. 846).

actividade comunicativa tendo por objecto o acto carecido de notificação constitui desde logo um forte indício da ausência de notificação. Esta requer um *segmento de procedimento específica e autonomamente funcionalizado à externação do acto administrativo.*

**20.** Também a notificação só o é se for *comunicação intencional do acto notificando.* Por outras palavras, o «acto veículo», autónomo do acto notificando, tem de traduzir o propósito de comunicar o acto carecido de externação. Uma transmissão incidental ou reflexa, feita por acaso ou por mera implicação, não corresponde ao tipo próprio do acto jurídico de notificação. Mas, ainda que se entenda o contrário, dificilmente deixará de gerar *insuficiência absoluta.*

Acresce que, para o ser, a notificação tem de ser *individual,* no sentido de ser dirigida a potenciar, relativamente a um interessado para o efeito personalizado, a cognoscibilidade do acto administrativo.

Se os factos revelam despreocupação pelo asseguramento de uma cognoscibilidade individualizada, a indicação é a de que qualquer difusão de conhecimento que possa ter ocorrido não terá correspondido ao perfil da notificação.

A notificação é também marcada pelo seu carácter *formal.* Ela não pode ser substituída pela simples possibilidade de um conhecimento acidental. Só o emprego das formalidades adequadas assegura a materialização da certeza legal da produção de cognoscibilidade do acto notificando. E não seria conforme com o imperativo constitucional de notificação impor ao interessado que, na base de uma simples suspeita ou hipótese da existência de um acto lesivo, haja de ser ele a procurar colmatar a incerteza, requerendo à Administração, a título de pretensão primária, não a notificação ou certificação integral, mas uma informação sobre a sua hipotética existência para, em caso afirmativo, ser por seu turno satisfeita uma pretensão de notificação ou certificação complementar.

**21.** Em caso de notificação incompleta, há que olhar à idoneidade da informação transmitida para gerar no interessado a consciência da emissão de um acto administrativo que o afecta e de um mínimo dos respectivos elementos que lhe possibilite requerer uma notificação complementar ou uma certificação, designadamente para o efeito de interromper os prazos de impugnação. A referência a uma situação sem indicação de que se trata da sua conformação por um acto administrativo, ou a menção a um acto sem caracterização do respectivo sentido, isto é, da natureza dos efeitos jurídicos que formem o seu conteúdo, conduzem à *inexistência* em sentido próprio da notificação ou, quando muito, à sua *insuficiência absoluta*. Em qualquer destas hipóteses, a ineficácia subjectiva do acto notificando é total, não se desencadeando a contagem dos prazos de impugnação. Mas, à luz das circunstâncias do caso, a falta de outros elementos necessários da notificação, poderá conduzir também à *insuficiência absoluta*, se tornar desrazoável a exigência ao interessado de que requeira dentro dos prazos legais notificação complementar ou certificação do acto sob pena de perempção das vias impugnatórias.

# Participação administrativa procedimental (2009)*

**1.** Um dos traços marcantes da evolução do Direito Público nas últimas décadas é a procedimentalização do exercício da função administrativa. Embora com ritmos diversos consoante as culturas e as ordens jurídicas nacionais, o procedimento administrativo afirmou-se como um dos institutos centrais do Direito Administrativo. Em Direitos como o alemão, o italiano ou o português, ele ganhou mesmo uma identidade semântica, uma vez que, tendo ficado a expressão *processo administrativo* reservada para designar a estruturação normativa sequenciada do conhecimento e decisão pelos tribunais dos litígios jurídico-administrativos, a locução *procedimento administrativo* cobre a estrutura normativamente sequenciada das condutas da administração e dos particulares destinadas à preparação, tomada e execução das decisões administrativas graças à recolha e ao tratamento da informação pertinente. Inicialmente pensado e legislado no tocante à preparação e emissão dos actos administrativos, o procedimento administrativo viu depois o seu raio de acção alargado à preparação e celebração dos contratos administrativos ou, mesmo, dos contratos de direito privado da administração, à preparação e emissão de normas jurídicas pela administração e, até, à preparação e acompanhamento de operações materiais da administração carecidas de enquadramento jurídico.

* Prefácio a L. Pinto e Netto, *Participação administrativa procedimental. Natureza jurídica, garantias, riscos e disciplina adequada.* Belo Horizonte: Editora Fórum, pp. 13-20.

Num primeiro momento histórico, o procedimento administrativo foi organizado pelo legislador para estruturar de forma avulsa algumas condutas relacionais da administração e de particulares interessados em áreas sensíveis onde se mostrava particularmente relevante o asseguramento do *audi alteram partem*; foi o caso do procedimento disciplinar dos servidores públicos e do procedimento de desapropriação. Depois, foram surgindo leis sobre o procedimento administrativo geral, quer se assumissem ou não com a natureza de código. Entre outros exemplos bem conhecidos, temos os da Lei de Procedimento Administrativo austríaca de 1925 (que, sob a orientação do pensamento da Escola de Viena, codificou princípios gerais do procedimento definidos pela jurisprudência), o *Administrative Procedure Act* norte-americano de 1946 (que anunciou, nos EUA, a «era moderna do Direito Administrativo»[1]), a Lei de Procedimento Administrativo alemã de 1976 (que, ao promover a transição de uma disciplina fixada apenas em princípios gerais para um Direito legislado de malha estreita, provocou a passagem a uma nova era na História do Direito Administrativo alemão[2]), o Código do Procedimento Administrativo português de 1991 (que «não trouxe rupturas assinaláveis em termos de regimes jurídicos, mas cumpriu eficazmente o seu propósito de tornar conhecidas e facilmente acessíveis à administração e aos particulares as normas gerais que regulam os seus direitos e deveres recíprocos»[3]) e a Lei Federal brasileira nº 9.784, de 29/1/1999 (que «estabelece normas básicas sobre o processo administrativo no âmbito da Administração Federal directa e indirecta, visando, em especial, à protecção dos direitos dos administrados e ao melhor cumprimento dos fins da Administração»[4]). Nos nossos dias, cresce a tendência para procedimentalizar praticamente todas as áreas de conduta administrativa,

[1] Cfr. Pierce/Shapiro/Verkuil, *Administrative Law and Process*, 3ª ed., Nova Iorque: Foundation Press, 1999, p. 33.

[2] Cfr. Knack, *Verwaltungsverfahrensgesetz – Kommentar*, 7ª ed., Köln: Carl Heymanns Verlag, 2000, p. 57.

[3] Cfr. Marcelo Rebelo de Sousa/Salgado de Matos, *Direito Administrativo Geral*, III, Lisboa: Dom Quixote, 2007, p. 72.

[4] Cfr. Edimur Ferreira de Faria, *Curso de Direito Administrativo Positivo*, 5ª ed., Belo Horizonte: DelRey, 2004, p. 451. De acordo com a linguagem jurídica hoje firmada em Portugal, ter-se-ia chamado ao diploma «Lei do Procedimento Administrativo» e a expressão «processo administrativo» serviria para designar meios processuais como o mandado de segurança, a acção popular ou a acção civil pública e os respectivos regimes, quando usados

com evidente aumento de pressão sobre o espaço alternativo das «condutas informais»[5], do mesmo passo que se vai juntando uma constelação crescente de procedimentos administrativos especiais em torno do pólo constituído pelo regime geral do procedimento, com o qual mantêm nexos de supletividade.

Mas a consolidação da figura do procedimento administrativo não se dá apenas à escala nacional. Na Europa do Conselho da Europa – isto é, dos Estados que ratificaram a Convenção Europeia dos Direitos do Homem – faz-se sentir o influxo da jurisprudência do Tribunal Europeu dos Direitos do Homem, que tem vindo a extrair uma dimensão procedimental de diversas garantias materiais[6]. E na Europa (de dimensão mais restrita) da União Europeia, vai ganhando corpo um Direito Procedimental Administrativo Europeu, que tem hoje no artigo 41 da Carta Europeia dos Direitos Fundamentais o preceito síntese de referência e que, mais tarde ou mais cedo, poderá vir a ser codificado[7].

Saltando dos espaços regionais para a dimensão global, verifica-se, tanto nos domínios internacional como transnacional, a proliferação de estruturas regulatórias, muitas das quais compreendem instâncias de reapreciação das decisões primárias. Existe (sobretudo no segundo de tais domínios) um risco óbvio de retorno «à informalidade, ao segredo e ao arbítrio», de multiplicação de «procedimentos decisórios elitistas e opacos». Mas a tendência geral na nova «*global governance*» é a de uma procedimentalização crescentemente caracterizada pela articulação com procedimentos internos[8].

No âmbito da globalização do Direito, a uniformização (que se não confunde com unificação) de regras e institutos torna-se tanto mais fácil quanto representa uma síntese das tradições jurídicas envolvidas[9]. E uma tal síntese

por ou contra entidades administrativas em relação a controvérsias tendo por objecto situações reguladas pelo Direito Administrativo.

[5] Cfr. SCHMIDT-ASSMANN, *Allgemeine Verwaltungsrecht als Ordnungsidee*, Berlim: Springer, 1998, p. 270 e 271.

[6] Cfr. HOFFMANN-RIEM/SCHMIDT-ASSMANN/VOSSKUHLE, *Grundlagen des Verwaltungsrechts*, II, Munique: Beck, 2008, p. 483.

[7] *Idem*, p. 483 e 484.

[8] Cfr. SABINO CASSESE, *Oltre lo Stato*, Roma/Bari: Laterza, 2007, p. 120 a 122.

[9] Cfr. MIREILLE DELMAS-MARTY, *Global Law – A Triple Challenge*, Nova Iorque: Transnational Publishers, 2003, p. 83 a 86.

levanta por seu turno menores dificuldades quando essas tradições não são muito dissemelhantes. Ora é isso o que sucede no caso das famílias jurídicas do *Rechtsstaat* e da *Rule of law* no tocante às garantias procedimentais. Não é assim de estranhar que – embora de uma forma tudo menos linear – os principais componentes axiológicos do *due process* e do *processo equitativo*[10], alargados com as necessárias adaptações à posição da pessoa em face do procedimento administrativo, se vão firmando nos procedimentos administrativos internacionais e multinacionais.

Ora, até também como modo de compensar em alguma medida o défice democrático dos ordenamentos jurídicos globais, um dos instrumentos de juridificação destes procedimentos é o estabelecimento de mecanismos de participação. Estes assentam sobretudo nos direitos dos representantes ou dos titulares dos interesses disciplinados à informação sobre a abertura do procedimento e à apresentação de comentários (*notice and comment*), nos procedimentos de regulação, e ao direito de audiência nos procedimentos decisórios (*adjudication*)»[11].

**2.** A participação dos interessados e a racionalidade e eficiência da actividade administrativa são, precisamente, as duas máximas finalidades ou razões de ser do procedimento administrativo. No Direito português, é a Constituição que o diz, no seu artigo 267º, nº 5. Mas não faria sentido pretender estabelecer uma total autonomia entre estas duas finalidades, ou ignorar que se trata de pólos susceptíveis de decomposição entre outros valores finalísticos[12]. Não se trata de objectivos estanques, visto que a participação – em particular a participação dialógica – desempenha não apenas uma missão garantística de defesa de interesses individualizados ou de grupo mas também uma missão funcional, que se cifra no contributo objectivo dos interessados, ao longo da instrução e da audiência, para uma

[10] As versões em língua portuguesa do nº 1 do artigo 6 da CEDH e do artigo 47 da CDFUE mencionam o direito a que a causa seja julgada «de forma equitativa».

[11] Cfr. Sabino Cassesse, *ob. cit.*, p. 116 e 123.

[12] Assim, por exemplo, Odete Medauar refere diversas finalidades agrupáveis sob o valor da participação (garantia, legitimação do poder, justiça na administração, facilitação do controle) e sob o valor da racionalidade e eficiência (melhor conteúdo das decisões, eficácia das decisões, correcto desempenho da função e sistematização das actuações administrativas). Cfr. *A processualidade no direito administrativo*, São Paulo: Editora Revista dos Tribunais, 1993, p. 61 s.

melhor perspectivação pela administração dos dados de facto e das razões de mérito e de direito quanto ao sentido da decisão[13].

No Estado de Direito, avulta de todo o modo o papel garantístico do *direito de participação procedimental*. A aquisição procedimental dos interesses relevantes não dispensa a participação dos respectivos portadores. Estes não poderão ver barrado o seu acesso ao procedimento sob pena de se tornarem em meros objectos do poder, súbditos em vez de cidadãos.

A participação dos cidadãos na formação das decisões ou deliberações administrativas que lhes disserem respeito assume fundamentalmente uma de duas formas, em função da natureza dos efeitos de direito por ela produzidos: participação co-constitutiva e participação dialógica.

A participação é *co-constitutiva* quando a vontade do particular tem, a par da vontade da Administração, um papel gerador da constituição, modificação ou extinção de uma situação jurídico-administrativa. A forma administrativa que por excelência corresponde a este tipo de participação é o contrato administrativo[14].

A *participação dialógica* não põe em causa a exclusiva autoria administrativa do acto conclusivo da fase decisória do procedimento. Mas reflecte em contrapartida o estabelecimento normativo de formas de intervenção do particular que lhe reservam a possibilidade do exercício de uma legítima influência sobre o sentido de decisão. Sem prejuízo de continuar a figurar como destinatário, e não co-autor, da conformação da relação jurídica administrativa, o particular dialoga com a Administração no decurso da respectiva preparação, reservando-lhe a lei o direito de emitir e receber, ao longo do procedimento, comunicações informativas, valorativas e programáticas graças às quais desempenha um papel efectivo na aquisição, valoração,

[13] Cfr. SÉRVULO CORREIA, *O direito à informação e os direitos de participação dos particulares no procedimento e, em especial, na formação da decisão administrativa*, in: Legislação – Cadernos de Ciência de Legislação, 9/10, Janeiro – Junho de 1994, p. 140 e 150.

[14] Aliás, e na medida em que hoje, o contrato administrativo deve praticamente ser sempre antecedido de um procedimento administrativo pré-contratual (*contratação pública*, na linguagem do recente Código dos Contratos Públicos português), a intervenção do particular que se torna co-contratante envolve sucessivamente as duas formas de participação: *dialógica* e *co-constitutiva*.

ponderação e qualificação jurídica de factos e interesses de onde resultará em termos lógicos o sentido da decisão[15].

**3.** Constitui, pois, um dado assente no pensamento jusadministrativista hodierno a valorização do procedimento como estrutura de relacionamento e matriz de interacção entre Administração e particulares. E, em número crescente de casos, não se trata apenas de dar voz juridicamente formalizada aos titulares dos interesses individualizados, mas também a associações, fundações e cidadãos no exercício do direito procedimental de participação popular em defesa de interesses difusos e outros interesses metaindividuais materialmente qualificados. A par da dimensão da protecção jurídica de pretensões subjectivas, vai-se tornando mais nítida a da participação democrática como forma de intervenção cívica na resolução dos problemas colectivos.

Mas, como quase sempre sucede no Direito, que é um reflexo da vida, a valia da participação procedimental não pode ser assumida acriticamente. Os poetas de génio – como é o caso de Drummond de Andrade, sob cuja evocação Luísa Pinto e Netto abre este seu livro – conseguem dizer em contidas palavras aquilo que os juristas ou os sociólogos demorariam páginas a explanar. Como desde há milénios os seres humanos intuíram, o Bem e o Mal não vivem à parte: coexistem e interpenetram-se, com isso submetendo muitas vezes as consciências a difíceis dilemas. Os valores que a Sociedade aceita e transfere para o Direito através do exercício discursivo da razão colectiva não se destinam normalmente a uma realização integral, que despertaria demónios escondidos, mas a soluções de acomodação em concordância prática com outros princípios através de ponderadas modulações recíprocas.

Não é assim de estranhar que também se fale hoje do «dilema da participação»[16].

A participação tem riscos. Riscos, em primeiro lugar, para a paralela finalidade do procedimento administrativo, que é a racionalidade e eficiência da administração. A conduta dos participantes pode não primar ela própria

[15] Cfr. Rainer Pitschas, *Verwaltungsverantwortung und Verwaltungsverfahren*, Munique: Beck, 1990, p. 96, 227, 649 s, 681 e 700; Sérvulo Correia, *ob. cit.*, p. 146 s.

[16] Cfr. Hoffmann-Riem/Schmidt-Assmann/Vosskuhle, *Grundlagen des Verwaltungsrechts*, cit., p. 665.

pela racionalidade. A ausência de informação ou de preparação qualificada, o défice de motivação, o rígido alinhamento segundo egoísmos individuais ou de grupo podem retirar utilidade objectiva às intervenções e apenas contribuir para complicar e atrasar o cumprimento da tarefa administrativa. Poderá mesmo assistir-se ao abuso do direito de participação, com a articulação de operações obstrutivas com o faseamento legal do procedimento[17].

Mas os riscos maiores têm a ver com a preservação da imparcialidade da Administração e da autoridade do Estado (em sentido lato).

Sob essa ou outra designação, ou ao menos implicitamente, os textos constitucionais erigem a *imparcialidade* em princípio fundamental da conduta administrativa. Para os órgãos da Administração, sobretudo quando se trata do exercício de margem de livre decisão administrativa, coloca-se aí um imperativo de só levar à ponderação os interesses juridicamente relevantes mas, ao mesmo tempo, de não deixar de ponderar todos os que o sejam. Por outro lado, a ponderação não poderá decorrer sob critérios inapropriados, normalmente canal de entrada para interesses que não podem relevar, como aqueles que tenham a ver com abuso de poder ou corrupção. No tocante aos titulares dos órgãos ou servidores da Administração, a imparcialidade impõe também soluções preventivas de impedimento ou suspeição, tendendo a barrar o exercício de funções no procedimento àqueles que, directamente, ou nas pessoas de familiares ou amigos e inimigos, possam ter alguma conexão com a decisão em causa.

Vem isto a propósito dos riscos que para a imparcialidade poderão emergir da proximidade ensejada pela participação procedimental entre decisores e interessados nas decisões. A proximidade pode dificultar a objectividade, mesmo que se trate apenas de um facto psicológico que em nada belisque a probidade do decisor. Essa era, noutros tempos, a justificação adiantada para regras ou praxes de segredo e distanciamento que, hoje, a transparência e a participação procedimental, impostas pelo princípio democrático e pela garantia dos direitos, não permitem mais.

Mas, em Direito, para os novos dilemas é sempre preciso buscar respostas originais. Numa obra de ficção intitulada «O Regresso», BERNHARD

[17] Talvez por isso, o nº 1 do artigo 53º do Código do Procedimento Administrativo português exclui as associações com carácter político da legitimidade procedimental reconhecida às associações de defesa de interesses. O preceito excluía também as associações sindicais, mas o Tribunal Constitucional declarou a sua inconstitucionalidade nessa parte.

SCHLINK, um importante professor alemão de Direito Constitucional (Direitos Fundamentais), que mais recentemente se revelou também um grande romancista, compara o Direito à teia de Penélope, em que às novas tessituras se vão sucedendo outras tantas desfiaduras. Mas a pujança do princípio da participação procedimental e a consciência dos seus efeitos colaterais não desafiam o jurista contemporâneo ao seu desfazimento. Aquilo que se impõe, sim, é uma nova urdidura de que neutralize os riscos do seu mau uso, ou seja, de medidas de segurança de ordem substantiva, organizatória-institucional e procedimental[18].

Foi nesse sentido que se orientou a investigação de LUÍSA PINTO E NETTO em seminário de Direito Administrativo do Curso de Formação Avançada para o Doutoramento em Ciências Jurídico-Políticas da Faculdade de Direito da Universidade de Lisboa, seminário esse que tive a honra de orientar. No seu decurso, a Autora revelou uma invulgar estatura de jus-publicista, que o presente trabalho só vem confirmar. A sua publicação constitui por certo um marco relevante no currículo científico de LUISA PINTO E NETTO e proporciona à comunidade aberta dos juristas de língua portuguesa um valioso instrumento de trabalho e de reflexão sobre o procedimento administrativo dos nossos dias.

[18] Cfr. HOFFMANN-RIEM/SCHMIDT-ASSMANN/VOSSKUHLE, *Grundlagen des Verwaltungsrechts*, II, cit., p. 665.

# Devido procedimento equitativo (2009)*

**1.** O presente volume constitui o contributo, reduzido a escrito, do Dr. EURICO BITENCOURT NETO no seminário de Direito Administrativo do Curso de Formação Avançada para Doutoramento em Ciências Jurídico-Políticas, realizado na Faculdade de Direito da Universidade de Lisboa, em 2006/2007. Orientei esse seminário, que teve por tema geral o procedimento administrativo, e tive, ao longo dos seus trabalhos, ocasião de me aperceber do elevado grau de preparação e das qualidades de inteligência e trabalho do Dr. EURICO NETO, que vieram a reflectir-se no nível muito elevado da classificação que lhe foi atribuída no termo da parte lectiva.

**2.** Neste ensaio, o Autor cruza dois temas da maior actualidade na transformação do Direito Administrativo. Trata-se, em primeiro lugar, do princípio do *devido procedimento equitativo*, no que respeita à sua emergência, ao seu enquadramento constitucional e à sua função reitora (*Steuerung*, *indirizzo*) da actividade administrativa. A questão, inicialmente concebida num plano de generalidade, é depois deslocada para um invólucro proporcionado por um outro capítulo do Direito Público relativamente ao qual hoje assistimos a uma rápida evolução de concepções e metodologias e à carência de um novo envoltório doutrinário: o desempenho de tarefas administrativas

* Prefácio a E. BITENCOURT NETO, *Devido Procedimento Eqüitativo e Vinculação de Serviços Públicos Delegados no Brasil*. Belo Horizonte: Editora Fórum, pp. 11-17.

com exercício de poderes públicos por entidades privadas. Este tipo de actividades suscita naturalmente a interrogação sobre o grau da sua sujeição ao regime do Direito Administrativo geral. E, aí, não poderia deixar de avultar o problema da aplicabilidade do procedimento administrativo ou, ao menos, dos seus princípios fundamentais, já que todo o Direito Administrativo é hoje marcado por uma *consciência procedimental.*

**3.** Neste seu livro, EURICO BITENCOURT NETO começa por explicar a razão de ser da locução *devido procedimento equitativo*, que eu propus aos participantes do seminário como representativa da evolução convergente de duas tradições jurídicas – a da *Rule of Law* e a do *Rechtsstaat* – no tocante ao inafastável papel garantístico do procedimento administrativo. Em alguma medida graças à extensão ao procedimento administrativo de concepções de valor primeiramente formadas com respeito ao processo judicial, consensualizou-se hoje a ideia de que o procedimento terá de ser o devido (*due process*) ou, por outras palavras, terá de ser *equitativo* (artigos 6, nº 1, da Convenção Europeia dos Direitos do Homem e 47 da Carta dos Direitos Fundamentais da União Europeia, quanto ao processo judicial, e artigo 41, nº 2, da mesma Carta, quanto ao procedimento). E esse imperativo de deverosidade ou equidade do procedimento traduz-se num conjunto (ainda variável de sistema para sistema) de momentos procedimentais, sem cuja observância poderá ficar prejudicado o objectivo de preservação e promoção da dignidade da pessoa humana do sujeito privado da relação jurídica administrativa procedimental.

A obra proporciona aquilo que me parece ser um importante contributo para o desenvolvimento da doutrina brasileira do procedimento administrativo quando, depois de analisar o perfil de um tendencial superprincípio global de procedimento justo e das suas bases em diversos ordenamentos jurídicos nacionais e transnacionais, procura clarificar os termos da respectiva inserção no Direito nacional do Autor. EURICO BITENCOURT NETO aponta a formação de pressupostos bastantes para a definitiva ultrapassagem de uma fase caracterizada pela estreiteza da funcionalização do procedimento a um modelo anglo-saxónico fortemente adversativo, ainda inspirado de perto pelo processo judicial.

Esta visão que o Autor justamente critica baseia-se – ao que penso – numa noção desactualizada do modo como se coloca o imperativo do contraditório adversativo no *due process of law* do procedimento administrativo norte-americano. Nos E.U.A., a transposição do princípio a partir do mero âmbito do processo judicial para o do procedimento administrativo tem sido obra da jurisprudência do Supremo Tribunal Federal. Perante um tal percurso evolutivo – em que, por vezes, aos avanços se sucedem os recuos[1] – não se pode dizer que a construção jurisprudencial se tenha caracterizado pela linearidade e pela omnicompreensividade. Certo é que, ao invés do que sucede com as codificações europeias, não se trata de estabelecer um regime geral do procedimento administrativo, quer quanto à incidência, quer quanto aos deveres procedimentais nucleares da Administração.

Assim, ao passo que os Códigos e leis europeias (bem como a Lei Federal brasileira nº 9784, de 29/1/1999) estabelecem um regime geral de conduta formal para todas as entidades públicas (federais, no caso daquela lei brasileira e, em grande medida, da Lei de Procedimento Administrativo alemã de 1976), o Supremo Tribunal Federal norte-americano procura antes delimitar tipos de interesses que correspondam aos sentidos constitucionais de *liberdade* e de *propriedade* para o efeito de merecerem a protecção da cláusula do *due process* quando sujeitos ao exercício de competências administrativas. Não se trata, pois, de esquematizar normativamente toda uma actividade procedimental independentemente do tipo de situações da vida sobre os quais incide, mas de estabelecer garantias procedimentais no tocante à afectação administrativa de certos interesses constitucionalmente qualificados. O âmbito de incidência do princípio do devido procedimento legal ou procedimento equitativo é, portanto, orgânico-funcional nos sistemas da família romano-germânica e material no tocante à sua imposição pela jurisprudência constitucional norte-americana.

Mas há uma outra diferença básica, que respeita à intensidade da protecção procedimental. Nos sistemas assentes num código ou lei geral do procedimento administrativo, as várias exigências procedimentais aplicam-se uniformemente: deveres como os de informação da abertura do procedimento, informação sobre o respectivo andamento e permissão de consulta dos dossiês, audiência, fundamentação e notificação das decisões,

[1] Cfr. Pierce/Shapiro/Verkuil, *Administrative Law and Process*, 3ª ed., Nova Iorque: Foundation Press, 1999, p. 244 e 245. A jurisprudência posterior a Goss v. Lopez (419 U.S. 565, 1975) conforma-se com um padrão de recuo relativamente à concepção ampla de liberdade aceite naquele caso como pressuposto material de aplicabilidade do *due process* no procedimento administrativo.

vigoram em todo e qualquer procedimento a menos que intervenha uma norma excepcional. Ao contrário disso, porém, a jurisprudência constitucional norte-americana gradua o nível de protecção procedimental (ou seja, o elenco das garantias procedimentais exigíveis) em função da análise de três aspectos: a maior ou menor premência do interesse de liberdade ou de propriedade em causa, o risco de lesão incorrecta desse interesse em consequência do procedimento utilizado e da omissão de garantias suplementares e, finalmente, o resultado da ponderação de tais factores com um outro, constituído pelo peso dos encargos financeiros e burocráticos decorrentes para a Administração do acréscimo de formalidades[2].

A flutuação é de certo modo própria de todos os percursos jurisprudenciais. Não é assim de estranhar uma certa irregularidade da adesão do Supremo Tribunal Federal norte-americano ao teste dos três factores na fase pós-*Eldridge*. A doutrina sublinha a pontual irrupção (com apelo a precedentes anteriores) do reconhecimento de peso dominante aos valores procedimentais, com a consequente relativização da instrumentalidade do procedimento aos imperativos de justiça material à luz das circunstâncias do caso concreto[3].

Não faria, em suma, sentido invocar a experiência norte-americana para fundamentar a restrição da incidência procedimental da cláusula constitucional do devido processo legal às situações em que se encontra estabelecido um conflito entre o particular e a Administração, nomeadamente aquelas em que esteja em causa a apreciação pré-sancionatória de condutas. No Direito dos E.U.A., a aplicabilidade do «super-princípio» não corresponde à determinação automática do tipo de soluções procedimentais de que se deva lançar mão. Ainda que o questionamento de interesses de liberdade ou de propriedade na preparação da decisão administrativa determine a incidência da cláusula constitucional, depende de uma ponderação de custos-benefícios a opção entre o mais exigente e dispendioso modelo adversativo (*adversarial adjudication*) e outros modelos de procedimento mais centrados na condução

[2] É o critério definido no *leading case Mathews v. Eldridge* (1976). Como anota MASHAW, tratou-se de uma nova metodologia funcionalmente orientada segundo uma ideia de «*cost-effective decision making*». Cfr. *Due Process in the Administrative State*, New Haven/Londres: Yale University Press, 1985, p. 102. Está-se perante mais uma das infinitas possíveis refracções do perene propósito central do Direito Administrativo: a acomodação entre as garantias individuais e a necessidade de prossecução eficiente dos interesses colectivos.

[3] Cfr. MASHAW, *ob. cit.*, p. 107 e 108.

inquisitória da instrução (*directorial model* ou *bureaucratic investigation model*). Isto, naturalmente, quando tal opção não se encontre previamente assumida pelo legislador. É, pois, variável a correspondência entre a aplicabilidade do princípio e as garantias procedimentais exigíveis[4].

Estou pois em crer que não é o paralelismo das cláusulas de devido processo legal nas Constituições brasileiras e norte-americana que retira razão a EURICO BITENCOURT NETO quando defende a necessidade de ultrapassar no Brasil a clássica concepção do procedimento como campo para composição de litígios, e de, antes pelo contrário, o inserir num quadro mais vasto, abrangente do conjunto das situações de relacionamento dinâmico entre os particulares e a Administração.

**4.** O Autor vai, porém, mais longe ao teorizar sobre o modo como o princípio do devido procedimento equitativo pode ser fundamentado directamente a partir da Constituição de 1988, tanto no plano objectivo dos deveres procedimentais da Administração Pública como no plano subjectivo dos direitos fundamentais procedimentais. Passados vinte anos, o instituto do procedimento administrativo ainda aguarda uma clarificação doutrinária aprofundada no contexto proporcionado pela presente Lei Fundamental. Mas existem já condições para afirmar que, sob aquela dupla perspectiva, e com o perfil condensado na Lei federal nº 9784/99 e em várias leis de Estados Federados e municípios, a expansão do papel do procedimento integra uma renovação qualitativa do Direito Administrativo brasileiro, caracterizada pela ultrapassagem de um perfil de Direito de Estado marcadamente autoritário e unilateral, consolidado durante os regimes não-democráticos.

Diga-se, aliás, que o perfil originário assinalado pelo jovem e muito prometedor juspublicista de Minas Gerais não é apenas uma consequência dos avatares da História política e constitucional do Brasil ao longo do Século XX. Como a justo título lembra EURICO BITENCOURT NETO, «... o que se tem há muito, no Brasil, é um Direito Administrativo de matriz romano-germânica, mas sem contencioso administrativo à francesa». No plano substantivo, é de facto visível a afinidade do Direito Administrativo brasileiro com os sistemas da Europa Ocidental continental como o francês,

[4] Cfr. MICHAEL BAYLES, *Procedural Justice. Allocating to Individuals*, Dordrecht: Kluwer, 1990, p. 184 a 189.

o português, o espanhol, o italiano ou o alemão. Todos eles assentam nas formas típicas de conduta administrativa de matriz gerada pela reforma napoleónica e pela jurisprudência novecentista do *Conseil d'État*[5]. Esse perfil objectivo e unilateral do Direito Administrativo como Direito do exercício do poder foi o ponto de partida comum a todas estas Ordens jurídicas.

Um tal paralelismo inicial justifica ainda hoje uma conotação claramente positiva, sobretudo porque facilita e potencia a interacção dos processos evolutivos de restauração e aprofundamento do Estado de Direito, na sua vertente de Estado de Direito Administrativo, que todos esses sistemas nacionais vêm conhecendo. O facto é que se tem verificado um acentuado paralelismo na evolução do Direito Administrativo nestas Ordens Jurídicas nacionais. Em todos esses sistemas, houve constitucionalização axiológica e material do Direito Administrativo. E esta impôs a tipificação de direitos fundamentais dos administrados e a transformação dos administrados em titulares de relações jurídicas administrativas e já não menos súbditos ou destinatários do exercício do poder público. Curiosamente, tem sido a França a enveredar de modo mais reticente por esse caminho de mudança, porventura graças a um compreensível apego aos traços iniciais de uma construção cuja glória lhe pertence. Nesta movimentação, um dos ângulos mais visíveis de uma reelaboração qualitativa tem sido precisamente o avultar das potencialidades do procedimento administrativo como plataforma de transparência e diálogo entre a Administração e os particulares. Mas estes percursos institucionais só receberam um impulso claro em cada Ordem Jurídica nacional no momento em que as respectivas Leis Fundamentais foram substituídas por outras que trouxeram de volta, muito remoçado, o velho Estado de Direito, que se perdera em caminhos de mero Estado de legalidade[6]. O processo de requalificação do Direito Administrativo teve, pois, início na Alemanha e na Itália de meados do Século XX. Em Portugal e em Espanha, o arranque verificou-se após a entrada em vigor de Constituições democráticas na segunda metade da década de setenta. Mas, no Brasil, ele só pôde ter início após a vigência da Constituição de 1988. Trata-se portanto de percursos assíncronos, além do que por natureza

[5] Cfr. Sérvulo Correia, *Direito do Contencioso Administrativo*, I, Lisboa: Lex, 2005, p. 195 a 198.

[6] Cfr. Marie-Joëlle Redor, *De l'État Légal à l'État de Droit – l'Évolution des Conceptions de la Doctrine Publiciste Française 1879-1914*, Paris : Economica, 1992.

nunca findos e lentos, porque dependentes da interacção do legislador, da judicatura e da doutrina.

O Brasil sofre de uma desvantagem relativa, devido ao momento mais tardio da constitucionalização democrática do seu Direito Administrativo. Mas nem tudo é negativo nesta cronologia. Assim como em Portugal e em Espanha, os processos de mudança puderam realizar-se mais celeremente que aqueles que haviam arrancado mais cedo na Alemanha e na Itália graças às lições e à inspiração destes colhidas, também o Brasil pode queimar etapas devido ao emprego judicioso do Direito comparado.

Trabalhos científicos como aquele que aqui tenho a honra de prefaciar representam um sinal visível da evolução em curso no Brasil. Carreia-se nele, é certo, todo um acervo criticamente recolhido da experiência alheia. Não assim, porém, para o efeito de uma transposição acéfala, mas com o emprego de instrumentos de pensamento que hoje fazem parte da cultura jurídica global. Com o seu auxílio modernizador, EURICO BITENCOURT NETO reelabora o Direito nacional no respeito daquilo que nele revela uma traça própria adaptável aos novos tempos e o pulsar de uma Sociedade com aspirações e necessidades que são o fruto de uma identidade própria.

# Procedimento equitativo e direito de participação procedimental (2012)*

## § 1º Razão de ser

**1.** Não se depara, hoje em dia, com dúvidas sobre a presença, na Ordem Jurídica portuguesa, de um princípio de acesso do interessado ao procedimento em que se forma uma decisão administrativa potencialmente lesiva. Mas, sob o superficial consenso, rapidamente nos defrontamos com uma perspectiva confusa quanto ao enquadramento no conspecto das categorias constitucionais da exigibilidade individualizada, perante o Estado, da participação procedimental. Quem procure privilegiar por momentos a floresta em detrimento das árvores não poderá deixar de ficar surpreendido – por exemplo – pelo confronto entre a aceitação pacífica da qualificação da informação procedimental como objecto de um Direito Fundamental e a frequente titubeação (quando não rejeição) no tocante ao reconhecimento da mesma natureza à participação procedimental. A surpresa acentua-se quando se verifica que também não merece dúvidas a instrumentalidade da informação quanto à participação. Fica-se assim colocado perante um

* In: *Estudos em Homenagem ao Prof. Doutor Jorge Miranda*, IV. Coimbra: Coimbra Editora, pp. 411-430.

Direito Fundamental cuja principal razão de ser é assistir uma outra posição subjectiva desguarnecida de idêntica dignidade ...

São, a nosso ver, duas as principais razões para um tal desacerto, que choca pelo aparente rebaixamento de um valor tão enraizado na cultura jurídica ocidental (e em outras) como o do *audi alteram partem* antes do exercício do poder público de conformação dos destinos individuais. A primeira razão tem que ver com o carácter insatisfatório da formulação constitucional. Depara-se com uma deficiência sistémica, porque melhor fora que a «participação dos cidadãos na formação das decisões ou deliberações que lhes disserem respeito» tivesse cabido no artigo 268º da *Constituição*, dedicado aos direitos e garantias dos administrados[1]. E há défice linguístico também, por se não haver procurado – na redacção do nº 5 do artigo 267º – um maior grau de concretização, por certo possível sem excessiva sobrecarga do discurso constituinte.

Estas dificuldades são, apesar de tudo, contornáveis pela dogmática constitucional. Parece-nos por isso que não é no texto constitucional que se tem situado o maior óbice ao alargado reconhecimento da fundamentalidade do direito de participação do interessado no procedimento administrativo. O obstáculo principal reside antes, a nosso ver, na redacção imprudente do *Código do Procedimento Administrativo* quando, na alínea d) do nº 2, do artigo 133º, fulmina com a nulidade do acto administrativo a ofensa do conteúdo essencial de um direito fundamental. Hoje, conhecemos melhor do que em 1991 o «reduzido sentido jurídico útil e autónomo» que é possível atribuir à garantia constitucional do *conteúdo essencial*[2]. Erigir sem mais tal categoria em parâmetro de nulidade do acto administrativo significa inserir uma cunha de incerteza numa área onde o imperativo da segurança jurídica se faz sentir com particular acuidade. Sendo frequentes os casos de violação do direito de audiência tal como construído pelo legislador

[1] Com razão se observa, no comentário ao nº 5 do artigo 267º, em Jorge Miranda/Rui Medeiros, *Constituição Portuguesa Anotada*, III, Coimbra: Coimbra Editora, 2007, que esta norma «... parece algo deslocada no contexto de um artigo dedicado a aspectos de organização administrativa ...» (p. 590). O problema não reside, porém, apenas na indevida mistura entre matérias de organização e de procedimento, mas em se não haver procedido à mais adequada localização da participação procedimental individualizada de modo a realçar o seu papel nuclear na constelação dos direitos fundamentais procedimentais.

[2] Cfr. Reis Novais, *As restrições aos Direitos Fundamentais não expressamente autorizadas pela Constituição*, 2ª ed., Coimbra: Coimbra Editora, 2010, p. 779 segts.

ordinário, reside aí, a nosso ver, a causa do receio de, ao reconher a determinabilidade de um Direito Fundamental de participação procedimental a partir do texto constitucional, se conferir dimensão excessiva ao campo das nulidades de decisões administrativas substantivas por razões de ordem procedimental. Como se não quer que tantos actos administrativos possam vir a ser declarados nulos com prejuízo da estabilidade e segurança das situações por eles conformadas, nega-se a fundamentalidade do direito ofendido.

Mas, a ser assim, estamos perante uma inversão do raciocínio, ou seja, está-se «a pôr o carro à frente dos bois». A fundamentalidade do direito de participação procedimental não pode depender de uma solução acolhida pelo legislador na configuração do regime de validade dos actos administrativos. Se a conjunção entre os dois aspectos gera na prática consequências indesejáveis, então o que há que fazer é reformular a lei ordinária ou – e, no caso vertente, pensamos que isso seja bastante – aplicá-la de acordo com uma dogmática constitucional que se coíba de hipostasiar, para efeito de tutela do Direito Fundamental de participação procedimental individualizada, a ideia do respectivo conteúdo essencial.

**2.** A ausência de aceitação generalizada da presença do direito de participação procedimental na panóplia portuguesa de Direitos Fundamentais tornou-se ainda mais controversa a partir do momento em que o artigo 6º do *Tratado da União Europeia* reconheceu a eficácia normativa da *Carta dos Direitos Fundamentais da União Europeia*. Com efeito, o (epigrafado de forma questionável) «Direito a uma boa administração» engloba, no artigo 41º, nº 2, alínea a), o direito a um tratamento equitativo (*fair*, na versão inglesa) por parte das instituições da União. E este compreende por seu turno «o direito de qualquer pessoa a ser ouvida antes de a seu respeito ser tomada qualquer medida individual que a afecte desfavoravelmente».

Sendo certo que as disposições da *Carta* apenas têm os Estado membros como destinatários quando estes apliquem o Direito da União (artigo 51º, nº 1), corre-se no mínimo o risco de uma geometria variável no regime de fundamentalidade do direito de participação procedimental, consoante os tribunais e a Administração portugueses apliquem Direito da União ou Direito nacional. O mais natural seria, se fosse esse o ponto de partida, que, com a passagem do tempo, se assistisse à produção de um efeito de alastramento (*«spill-over effect»*), graças à (louvável) tendência dos tribunais nacionais para aplicar a todos os casos o «*standard*» superior, designadamente por força do princípio da igualdade[3].

Mas terá de ser esse o caminho em Portugal? Será que iremos deixar claro que o Direito Fundamental do artigo 41º, nº 2, alínea a), da *Carta* não corresponde, na parte que nos diz respeito, a uma «tradição constitucional comum aos Estados membros»?

Pelas razões que se seguem, não cremos que assim tenha de ser. Ou, melhor, que assim seja realmente.

## § 2º A constitucionalização da participação procedimental no «arco constitucional euro-atlântico»

**3.** A fundamentalização do direito de participação procedimental individualizada constitui um lance marcante do duplo fenómeno da constitucionalização do Direito Administrativo e da administrativização do Direito Constitucional, que caracteriza a evolução dos direitos públicos do «círculo euro-atlântico de Estados constitucionais» a partir de meados do Século XX[4] [5]. Uma outra dinâmica paralela – a da procedimentalização do Direito Administrativo – ajuda a compreender a emergência de uma posição subjectiva procedimental como importante elo de ligação entre os Direitos Administrativo e Constitucional. A procedimentalização não se cinge apenas a uma perspectiva garantística, pois que o procedimento é também um importante mecanismo de racionalidade e economia da actuação administrativa. No interior do círculo da configuração da participação como direito subjectivo, aquilo que, porém, releva é que os modos de garantir

[3] Cfr. ANTHONY, Gordon, *Community Law and the Development of UK Administrative Law: Delimiting the «Spill-Over» Effect, European Public Law*, Volume 4, Issue 2, 1998, p. 253 s.

[4] Esta e outras expressões de HÄBERLE, como a de «conexão interactiva de Constituições euroatlânticas», dão forma à ideia da formação de um «pensamento jurídico comum», baseado no respeito partilhado por Direitos Fundamentais e outros princípios fundamentais nos Estados da Europa Ocidental e Central e noutros do outro lado do Atlântico, como os EUA e o Brasil. Cfr. *Gemeineuropäisches Verfassungsrecht*, in: *EuGRZ-Europäische Grundrechte Zeitschrift* (1991), 18, p. 261, 262, 267, 269 e 274.

[5] Sobre a crescente penetração recíproca dos Direitos Constitucional e Administrativo, v., entre muitos outros possíveis, SCHMIDT-ASSMANN, *Das Allgemeine Verwaltungsrecht als Ordnungsidee*, Berlin: Springer, 1998, p. 11 segts.

e concretizar a intervenção sejam afectados à realização de interesses da pessoa do participante individualmente considerada.

A valoração do procedimento enquanto «equitativo» ou «devido» (*due or fair administrative process*) obedece à conotação subjectiva e garantística. Não se resume, é certo, à estruturação do direito de participação, por englobar outras posições jurídicas subjectivas activas de cariz procedimental (direitos à informação, à fundamentação e à notificação, por exemplo). Mas, de todos eles, o direito à participação é o mais essencial, por se refractar nele com maior imediatividade a exigência de assegurar o respeito da dignidade da pessoa humana quando concretamente subordinada ao exercício de um poder de autoridade pelo Estado.

**4.** A progressão no sentido de se encimar o procedimento administrativo por um direito fundamental à participação do interessado na formação da decisão que nele se prepara não seguiu o mesmo percurso no mundo anglo-saxónico e na Europa Continental.

Embora se possa considerar que, no tocante a tal evolução, os Direitos Norte-Americano e Inglês atingiram hoje estádios parcialmente distintos, ela caracterizou-se, apesar de tudo, por um sentido dedutivo comum, consistindo em estender e adaptar gradualmente ao procedimento administrativo um princípio básico do processo judicial. O princípio do *due process* (ou *due process of law*) tem o seu assento na Constituição Norte-Americana, onde historicamente visava a formação de decisões judiciais susceptíveis de privar alguém da vida, liberdade ou propriedade. A intervenção criativa do Supremo Tribunal Federal cifrou-se na delimitação dos interesses carecidos de tal protecção perante o exercício do poder executivo (*scope*) e na definição das salvaguardas procedimentais requeridas à luz das circunstâncias (*proceedings*). Perante a actuação administrativa procedimentalizada, os cidadãos dispõem pois de um direito fundamental de geometria variável. À modulação das salvaguardas preside em todo o caso a preservação da intervenção contraditória, ainda que progressivamente afastada, nas suas modalidades, do modelo da audiência de julgamento.

Na Inglaterra, o velho princípio do *audi alteram partem*, uma das componentes básicas do superprincípio da *Common Law* conhecido desde a Idade Média como *Natural Justice*, evoluiu para o *standard* da *procedural fairness*. Ao contrário do que ainda sucede no Direito Norte-Americano, a exigência aplica-se a toda a actividade administrativa compressora das esferas jurídicas individuais, independentemente, portanto, da categorização material dos interesses afectados. Essa é, desde logo – segundo alguns autores britânicos – uma razão para que se empregue *procedural fairness*, ou *duty to act fairly*, a fim de deixar claro que, não obstante um ponto de partida histórico comum com a doutrina norte-americana do *procedural due process*, as duas figuras têm hoje perfis diferenciados[6].

Não obstante isso, a verdade é que, no tocante aos meios técnico-jurídicos de assegurar a justiça do procedimento administrativo, ambas as doutrinas (de origem jurisprudencial) reconhecem um papel fundamental à audiência (*hearing*) do possível afectado, independentemente das modalidades de que esta se poderá revestir à luz de uma ponderação dos interesses presentes nas circunstâncias de cada caso. O direito de ser ouvido no procedimento como elemento fulcral do «*fundamental right to due process of law*» ou do «*right to a fair hearing*» é, pois, nestes sistemas, um Direito Fundamental, ancorado na Constituição formal Norte-Americana e na Constituição material britânica (dado o papel central da *Natural Justice* na *Common Law*)[7] [8].

**5.** Na Europa Continental, temos assistido também a uma dinâmica de emergência de um superprincípio de procedimento administrativo equitativo, justo ou devido, maioritariamente assente no direito de ser ouvido, isto é, de participar no procedimento em que se é pessoalmente interessado por modo a ter uma oportunidade de contribuir para o achamento do sentido da decisão. Ao contrário do mundo anglo-saxónico, o caminho seguido foi, porém, de natureza indutiva, movendo-se do particular para o geral

[6] Cfr. GALLIGAN, *Due Process And Fair Procedures – A Study of Administrative Procedures*, Oxford: Clarendon Press, reimp. 2004, p. 73.

[7] Cfr. STRAUSS, Peter, *Administrative Justice in the United States*, 2ª ed., Durham: Carolina Academic Press, 2002, p. 48; LEYLAND, Peter; ANTHONY, Gordon, *Administrative Law*, 6ª ed., Oxford: University Press, 2009, p. 361. Segundo estes Autores o «*right to be heard*» ou «*right to a fair hearing*» compreende um feixe de três direitos: (a) uma notificação (*notice*) da audiência com antecedência suficiente para a pessoa se preparar; (b) o conhecimento da prova reunida no processo em detrimento do interesse da pessoa em causa; (c) a concessão de uma oportunidade adequada para contestar, corrigir ou contradizer a prova, apresentar a própria posição sobre a questão e levantar outros tópicos relevantes perante o decisor.

[8] Ver também SÉRVULO CORREIA, *Administrative Due or Fair Process: Different Paths in the Evolutionary Formation of a Global Principle and of a Global Right*, in: ANTHONY/AUBY/MORISON/ZWART (ed.), *Values in Global Administrative Law*, Oxford: Hart Publishing, 2011, p. 330 a 343.

ao longo de várias etapas. No decurso da primeira, já no Século XIX e ao longo das primeiras décadas do Século XX, os tribunais foram impondo salvaguardas e requisitos procedimentais isolados. Gradualmente e, em particular durante o último quartel do Século XX, esses tópicos preceptivos atomísticos foram sendo estruturados em leis ou códigos de procedimento administrativo sob uma dupla concepção dignificatória e utilitarista. A tendência geral para a incorporação constitucional dos fundamentos do Direito Administrativo reflectiu-se, no plano do procedimento, na enunciação de Direitos Fundamentais tendo por objecto posições procedimentais, a par de parâmetros objectivos de carácter funcional. Trata-se de uma evolução ainda longe de concluída. Em boa parte dos casos, avulta sobretudo um esforço da doutrina e da jurisprudência para preencher vazios de normação expressa a partir de princípios fundamentais (como o do Estado de Direito) ou de outras garantias (considerando, por exemplo, que a garantia da efectividade da tutela jurisdicional dos administrados pressupõe a fundamentação dos actos administrativos ablativos). No entanto, são já hoje vários os textos constitucionais que comportam preceitos versando explicitamente a protecção do sujeito de direito confrontado com o exercício procedimentalizado do poder administrativo. Num momento em que a Grécia nem sempre é apresentada sob as melhores luzes, vale a pena lembrar que a Constituição Helénica reconhece os direitos à informação procedimental, de ser ouvido antes do proferimento de uma decisão passível de afectar direitos ou interesses e de conhecer os fundamentos de um tal acto. Mas, tanto quanto saibamos, continua a ser, na Europa Ocidental, a Constituição da República Portuguesa aquela que encerra um maior número de preceitos garantísticos no tocante à posição procedimental do administrado: o direito de se fazer acompanhar por advogado (artigo 20º, nº 1); o direito a uma decisão, formulada em prazo razoável, sobre as pretensões apresentadas (artigo 52º, nº 1); os direitos de ser informado sobre o andamento do processo em que se seja directamente interessado e de conhecer as resoluções definitivas nele tomadas (artigo 268º, nº 1); os direitos à notificação do acto administrativo em que se seja interessado e à fundamentação daqueles que afectem direitos ou interesses legalmente protegidos (artigo 268º, nº 3). Como adiante se verá, o nosso entendimento é também o de que do nº 5 do artigo 267º resulta o direito à participação dos directamente interessados no procedimento de formação de decisões ou deliberações susceptíveis de os afectarem.

Ainda na perspectiva do «arco euro-atlântico de Estados constitucionais», importa sublinhar que a Constituição do Brasil salvaguarda: o direito de petição a quaisquer autoridades (artigo 5, XXXIV, (a)); o direito ao contraditório e a recurso em procedimentos em que possam ser aplicadas sanções administrativas (artigo 5, LV); o direito à obtenção de certidões em repartições públicas para defesa de direitos e esclarecimento de situações de interesse pessoal (artigo 5, XXXIV, b) ).

**6.** Entretanto, a par do início da vigência do artigo 41º da CDFUE com força normativa, sobreveio um outro evento da maior relevância para o nosso tema: referimo-nos ao *Acórdão Kadi*, proferido pelo Tribunal de Justiça da UE em 3.09.2008[9]. Nessa decisão, o TJ anulou um regulamento da Comissão que incluiu uma pessoa singular e uma pessoa colectiva, indicadas para o efeito pelo Conselho de Segurança das Nações Unidas, numa lista de entidades sujeitas a congelamento de fundos.

O TJ lembrou que os Direitos Fundamentais formam parte integrante dos princípios gerais de direito cuja observância o Tribunal assegura e que decorrem, designadamente, das tradições constitucionais comuns aos Estados membros (par. 283). Por outro lado, a jurisprudência do Tribunal é clara no sentido de que o respeito pelos Direitos Fundamentais (*human rights*) é um requisito de legalidade dos actos jurídicos comunitários e que medidas com eles incompatíveis não podem prevalecer na Comunidade (par. 284). Essa conformidade com os Direitos Fundamentais por parte de todos os actos da Comunidade é um princípio constitucional do Tratado da Comunidade Europeia, que disso faz depender a respectiva legalidade, sujeita para o efeito à sindicância do TJ (par. 285).

Acrescenta o Tribunal que, no caso vertente, a inclusão dos recorrentes na lista dos sujeitos ao congelamento de fundos, a qual constitui Anexo a um regulamento da Comissão, significa que o *direito de ser ouvido* (*the right to be heard*) foi, a par de outros direitos, patentemente desrespeitado (pars. 334 e 345). Assim sucedeu em particular em virtude de os interessados nunca terem recebido comunicação das provas usadas contra eles para o efeito de imposição de medidas restritivas, não tendo ficado em posição de expor a esse respeito e em seu benefício os respectivos pontos de vista. «*Therefore,*

[9] Casos C-402/05 e C-415/05 P.

*the appelants' rights of defence, in particular the right to be heard, were not respected»* (par. 348 e 353).

O TJ concluiu por outro lado que, tendo havido restrição significativa do direito de propriedade sem se haverem facultado as devidas garantias procedimentais e, por reflexo, a garantia de tutela jurisdicional efectiva, tal restrição foi desproporcionada.

E por razão da violação dos Direitos Fundamentais em questão (entre os quais o de ser ouvido no procedimento administrativo conducente a medida ablativa), o TJ anulou o regulamento na parte em que afecta os recorrentes.

**7.** O art. 41 da CDFUE e o Acórdão Kadi marcam, no plano da União Europeia, o termo de um processo indutivo, o qual partindo de regras e princípios procedimentais avulsos e quase casuisticamente intuídos, atravessa sucessivas fases de sistematização axiológica e de reforço da eficácia normativa, para desembocar num superprincípio constitucional de equidade ou justiça procedimental. No núcleo irradiante deste, ganha uma força especial o direito fundamental de ser ouvido, isto é, de participar no procedimento em que se é directamente interessado, usufruindo de uma oportunidade credível de influenciar o resultado. Assim é desde logo porque grande parte das salvaguardas procedimentais são, em maior ou menor medida, tributárias da participação. Mas, acima disso, importa reter que a salvaguarda da participação é aquilo que mais claramente conta sob a perspectiva do respeito da individualidade do particular confrontado com o poder administrativo. É aí que se mostra se a Administração o toma seriamente como pessoa e parceiro e não como súbdito. Uma coisa é não se lograr a solução que se pretendia (eventualmente porque ela se não conformaria com parâmetros imperativos ou atendíveis). Outra, é a injustiça no modo procedimental de agir da Administração. É que – como a este propósito escreve JERRY L. MASHAW – «*we do distinguish between loosing and being treated unfairly*»[10]. O direito de o destinatário do poder dialogar com quem o exerce sobre o resultado do exercício é um adequado suporte jurídico de uma concepção de dignidade humana.

[10] Cfr. *Due Process in the Administrative State*, Yale: University Press, 1985, p. 163.

## § 3º O enleio da jurisprudência portuguesa

**8.** O exame do posicionamento das jurisprudências do Tribunal Constitucional e do Supremo Tribunal Administrativo revela assinaláveis diferenças quanto à natureza dos efeitos jurídicos a extrair do nº 5 do artigo 267º da Constituição, quando determina que o processamento da actividade administrativa seja objecto de lei especial que assegure a participação dos cidadãos na formação das decisões ou deliberações que lhes disserem respeito. Não se trata de uma diferença entre correntes jurisprudenciais próprias de cada um destes tribunais, mas antes de distintos entendimentos que tanto afloram em arestos de um como do outro.

Com frequência, o preceito constitucional em causa não é analisado isoladamente, mas à luz da sua correlação com os artigos 100º a 103º do Código do Procedimento Administrativo (CPA), nos quais o legislador ordinário arquitectou o direito de audiência dos interessados. Sem prejuízo de reconhecer a necessidade de perspectivar o direito de audiência versado no CPA no quadro do regime constitucional das relações jurídico-administrativas procedimentais, estamos porém em crer que a limpidez da análise só ganhará na medida em que se siga a cautela metodológica de não confundir o nível constitucional do direito de participação no procedimento com o plano da concretização legislativa de uma modalidade de participação. Aliás, se tivermos em conta institutos como o do processo disciplinar, torna-se claro que a realidade passa antes por uma pluralidade de desenvolvimentos legislativos.

**9.** O cotejo dos acórdãos do Tribunal Constitucional e do Supremo Tribunal Administrativo que nos pareceram mais significativos permite detectar pelo menos três entendimentos distintos do nº 5 do artigo 267º CRP, no que toca à participação procedimental: princípio meramente objectivo, contendo uma injunção legiferante; garantia institucional; direito fundamental, mas apenas na medida em que sirva à protecção de um direito fundamental de carácter substantivo.

Cumpre notar que, na maioria dos casos, tais posições não surgem enunciadas em forma pura ou em termos absolutos. Assim, por exemplo, em diversos arestos, não se nega (nem se assume) a fundamentalidade do direito de participação procedimental: considera-se simplesmente que a qualificação não é indispensável à decisão da causa. Por outro lado, com frequência, a questão debatida é directamente a da natureza do direito de audiência configurado pelo legislador ordinário. Mas, ao fazê-lo, o tribunal não evita um posicionamento, ao menos implícito, sobre o enquadramento constitucional.

Nos *Acórdãos nº 499/2009, de 30.09.2009,* e *nº 382/10, de 12.10.2010,* o Tribunal Constitucional, confrontado com alegações de violação do direito fundamental de participação procedimental em procedimento de liquidação de uma contribuição especial e em processo disciplinar, considerou não ser determinante para a decisão das questões colocadas a questão da natureza constitucional da imposição (contida no nº 5 do artigo 267º CRP)[11] de estruturação do procedimento administrativo geral por modo a englobar um momento ou fase de participação dos interessados. Registando a divergência a nível da doutrina[12], o Tribunal Constitucional não se sente convocado pelo objecto do diferendo a optar pela qualificação da exigência enunciada no preceito constitucional como tendo a natureza de direito subjectivo fundamental ou de garantia institucional objectiva. Ressalva, no entanto, a qualificação de direito fundamental (aliás, incontestável) para o direito de audiência e defesa consagrado no artigo 269º, nº 3, CRP, e resultante para a generalidade dos procedimentos administrativos sancionatórios do nº 10 do artigo 32º CRP. Dir-se-ia porém, que, ao invocar quanto à tutela procedimental do particular alvo de eventual decisão sancionatória, as figuras do «*right to be heard*» e do «*due process*», o Tribunal se inclina no sentido de reservar o âmbito de um direito fundamental de participação procedimental a certo tipo de interesses ou a formas agravadas de compressão de interesses. Se jornadeasse por aí, acabaria por se enredar, à maneira do Supremo Tribunal Federal Norte Americano, numa casuística complexa e desprovida de coerência sistémica na delimitação do âmbito material (*scope*) do direito fundamental ao devido procedimento[13].

[11] Na altura, tratava-se do nº 4.

[12] Citam-se, no Acórdão nº 499/2009, como partidários da qualificação como direito fundamental análogo, pela ordem cronológica dos escritos, Sérvulo Correia, Vasco Pereira da Silva, Marcelo Rebelo de Sousa e David Duarte. E como adversários de tal natureza, Freitas do Amaral, Pedro Machete, Santos Botelho, Pires Esteves e Cândido Pinho.

[13] Criticando a opção da jurisprudência constitucional norte-americana de delimitar segundo critérios materiais o âmbito da actividade administrativa abrangida pelo imperativo do «*due administrative process*», em vez da orientação alternativa de incluir no «*scope*» do direito fundamental procedimental a preparação de qualquer decisão susceptível de ter uma impacte adverso significativo na esfera jurídica de qualquer sujeito de direito ou no núcleo de interesses

No tocante à hipótese, levantada pelo Tribunal Constitucional, de o nº 5 do artigo 267º CRP encerrar, através de uma (óbvia) *imposição legiferante*, uma *garantia institucional*, o primeiro comentário que se nos oferece é que são frequentes, na Constituição, os preceitos que, no mesmo enunciado de um direito, liberdade ou garantia, consagram garantias institucionais[14]. Uma coisa não exclui, portanto, a outra. A deverosidade da existência de uma lei sobre o processamento da actividade administrativa, tendo por um de dois objectivos fundamentais assegurar, estruturando-a, a participação dos cidadãos na formação das decisões que os possam afectar, corresponde ao propósito de estabelecimento de condições de tutela e realização de uma posição subjectiva activa (a participação *assegurada*).

Não se coloca, em suma, uma questão de alternativa mutuamente excludente entre direito fundamental e garantia institucional, mas uma interrogação sobre se nos encontramos efectivamente perante um direito fundamental e uma garantia institucional desse direito, coexistindo em simultâneo no nº 5 do artigo 267º CRP.

**10.** Um outro ângulo de análise seguido em acórdãos aqui referidos consiste em admitir a fundamentalidade da afectação de meios jurídicos de participação aos fins de pessoas individualmente consideradas desde que essa participação figure como instrumento de defesa de direitos fundamentais substantivos. Por outras palavras, trata-se da fundamentalidade da participação como mero reflexo da fundamentalidade do direito substantivo «dominante».

Assim, por exemplo, no sumário do *Acórdão de 08.06.1999 da 1ª Secção do STA (Proc. 044565)*, depois da asserção de que «o direito de audiência, embora constituindo o direito que mais substancialmente assegura o respeito pelo princípio inscrito no nº 5 do artigo 267º CRP, não se deve considerar como direito fundamental», encontra-se uma síntese bem representativa do pensamento a que agora aludimos:

de grupos sociais providos de representação institucional: Pierce/Shapiro/Verkuil, *Administrative Law And Process*, 3ª ed., New York: Foundation Press, 1999, p. 248 e 249.

[14] Cfr. Melo Alexandrino, *A Estruturação do Sistema de Direitos, Liberdades e Garantias na Constituição Portuguesa*, II, Coimbra: Almedina, 2006, p. 155 e 156. No mesmo sentido, Sarlet, Ingo, *A Eficácia dos Direitos Fundamentais*, 10ª ed., Porto Alegre: Livraria do Advogado, 2009, p. 148.

> « III. De qualquer modo, a característica da fundamentalidade do direito não é absoluta, não existe necessariamente em todos os processos, mas resultará da natureza fundamental ou não do direito substantivo dominante».

Uma posição algo mais aberta sobre a promanação de um direito fundamental directamente a partir da Constituição, mas apenas na medida da sua instrumentalidade quanto a um direito fundamental substantivo, encontra-se no *Acórdão da 1ª Secção do STA, de 22.01.2004 (Proc. 0429/02)*:

> « III – O direito constitucional de audiência tem natureza instrumental, assumindo a natureza de direito fundamental quando o for o direito dominante».

Uma versão ainda mais radical deste entendimento do carácter meramente hipotético e reflexo da fundamentalidade da posição do interessado quanto à sua participação no procedimento administrativo foi seguida num outro *Acórdão do STA (1ª Secção, de 02.10.2007)*. Afirmou-se neste aresto que a função instrumental do direito de audiência torna incompreensível que se lhe atribua a dignidade de direito fundamental quando o direito substantivo em causa no procedimento não mereça, ele próprio, a qualificação de direito fundamental.

Pelo *Acórdão nº 594/2008, de 10.12.2008 (Proc. Nº 111/07)*, o Tribunal Constitucional manteve aquela decisão do STA, embora sem perfilhar – ao menos expressamente – na íntegra a sua insólita fundamentação. Mas não se coibiu o Tribunal *ad quem* de sustentar que, embora a participação do interessado no procedimento seja um princípio constitucional que vincula em regra o legislador ordinário, essa participação não resulta – excepto nos procedimentos sancionatórios – da Constituição com a natureza de garantia individual directamente justiciável.

A instrumentalidade do direito de participação procedimental na protecção de outros direitos fundamentais, designadamente os de ordem material ou substantiva, não é um tópico irrelevante. O dever de protecção de direitos fundamentais, que a própria irradiação destes faz incidir sobre o Estado, desdobra-se numa multiplicidade de figuras, designadamente de carácter organizatório e procedimental. Mas isso não significa que os direitos de ordem procedimental apenas valham por força e na medida da sua instrumentalidade. Afirmar, como fez o STA, que a dignidade de direito fundamental se torna incompreensível quando se não encontre em causa um direito substantivo com tal dignidade conduz, em última análise, à negação da admissibilidade de direitos fundamentais de ordem procedimental e mesmo processual. Tratar-se-ia apenas, por outras palavras, de garantias procedimentais inseridas no feixe de posições subjectivas activas que se somam no «todo» do direito fundamental material (*Recht als Ganze*). Uma tal posição fica completamente à margem do sentido contemporâneo da evolução do sistema de direitos fundamentais.

Como ensina o Doutor Jorge Miranda – a quem homenageamos com este modesto escrito – para além do papel de procedimentos adequados e equitativos como dimensão de direitos fundamentais materiais, o próprio fenómeno procedimental implica posições jurídicas subjectivas com a natureza de direitos fundamentais contra as posições desfavoráveis com que o Estado possa afrontar os cidadãos no decurso do exercício procedimentalizado do poder[15]. Gomes Canotilho – o outro grande constitucionalista português da geração de Jorge Miranda – escreve o mesmo por outras palavras: «... o cidadão, ao desfrutar de instrumentos jurídico-processuais possibilitadores de uma influência directa no exercício das decisões dos poderes públicos que afectam ou podem afectar os seus direitos, garante a si mesmo um espaço de real liberdade e de efectiva autodeterminação no desenvolvimento da sua personalidade»[16].

Em suma, e salvo alguma decisão recente não abrangida pela nossa última recolha de jurisprudência, nem o Tribunal Constitucional nem o Supremo Tribunal Administrativo franquearam ainda uma linha de aberto reconhecimento do carácter do preceito do nº 5 do artigo 267º CRP como fonte directa de um direito de participação do interessado no procedimento administrativo enquanto direito fundamental autónomo de natureza procedimental. Resta-nos agora seguir no encalce da jurisprudência Kadi do TJ, para que, no tocante ao direito fundamental de participação procedimental, a Ordem Jurídica portuguesa não venha a cair numa situação de subdesenvolvimento quando confrontada com o progresso do Direito da União Europeia[17].

[15] Cfr. *Manual de Direito Constitucional*, IV, *Direitos Fundamentais*, 3ª ed., Coimbra: Coimbra Editora, 2000, p. 93 e 94.

[16] Cfr. *Estudos Sobre Direitos Fundamentais*, Coimbra: Coimbra Editora, 2004, p. 73.

[17] Sobre o significado do *Acórdão Kadi* como reconhecimento de um direito fundamental de participação procedimental (*right to be heard*) no Direito da União Europeia, v. Dutheil de la Rochère, *Fundamental Rights in the Global and European Law Order*, in: Anthony/Auby/Morison/Zwart, *Values in Global Administrative Law*, cit., p. 310 e 311.

## § 4º A participação procedimental como objecto de um direito fundamental no sistema constitucional português

**11.** A dimensão máxima imposta por critérios editoriais impõe uma escolha entre os vários tópicos adequados à caracterização do direito fundamental em causa no âmbito sistémico da Ordem Jurídica portuguesa. Fixar-nos-emos, portanto, apenas em dois deles e isso de modo breve. Trataremos, em primeiro lugar, das finalidades do direito de participação procedimental e de uma sua importante virtualidade à qual, no entanto, o Direito Fundamental não poderá ser funcionalizado. E ocuparmo-nos-emos em seguida da existência de várias modalidades de participação procedimental.

**12.** Parece-nos de distinguir entre as *finalidades* e as *virtualidades do direito fundamental em causa*, mas não enquanto categorias que por definição não possam coexistir. Por *virtualidades*, pretendemos referir as potencialidades desse direito para efectivar bens jurídicos. As *finalidades* são os dados sociais ou antropológicos pré-normativos que permitem compreender as razões pelas quais o interesse de liberdade protegido (intervir nos procedimentos que nos concernem em condições de poder contribuir para a determinação do sentido da decisão) salvaguarda e promove a dignidade de pessoa humana do participante. Sob esta perspectiva, podem considerar-se *finalidades* do direito de participação procedimental a *garantística* (protecção contra o exercício arbitrário do poder público) e a *cívica* (o desenvolvimento da personalidade através do co-envolvimento e controlo directos, proporcionados ao cidadão graças à estrutura dialógica da formação da decisão administrativa).

As *finalidades* garantística e cívica são também *virtualidades* da participação procedimental: a participação procedimental potencia a concretização de bens jurídicos como os da protecção jurídica dos administrados e da qualidade democrática do processo de formação das decisões administrativas. Não há aí incompatibilidades ou riscos de secundarização do valor da dignidade da pessoa humana porquanto a realização reflexa daqueles bens não prejudica nem desvirtua a essência do direito fundamental como instrumento ao serviço da dignidade.

As coisas passam-se de um modo distinto quanto aos reflexos eficientistas do direito de participação. Pode considerar-se que a participação procedimental dos interessados desempenha um efeito funcional, mas não que o direito fundamental de participação possa ser funcionalizado ao efeito da mais perfeita realização do interesse público em virtude do enriquecimento da perspectiva da Administração sobre a identidade e peso relativo dos interesse que povoam a situação real da vida que lhe caiba conformar. O legislador apenas poderá atingir também esse resultado pelo modo como estruturar a participação na medida em que o interesse de liberdade interventiva do cidadão não seja posto primeiramente ao serviço do bem público e só subsidiariamente ao da satisfação dos seus interesses legítimos[18].

Em suma, o papel eficientista (por contraposição a garantístico e a cívico) é, como estes outros, uma *virtualidade* da participação procedimental. Mas não assim uma sua *finalidade* (no sentido que demos para este efeito ao termo). O *radical subjectivo* do direito fundamental de participação procedimental circunscreve os seus elementos a uma função de protecção dos bens jurídicos das pessoas dos administrados e confere-lhe uma intenção específica de salvaguarda da dignidade da pessoa humana confrontada com o Estado na estrutura e na dinâmica do procedimento[19]. Como escrevíamos alguns anos atrás, «em primeira linha, os Direitos Fundamentais são situações jurídicas que têm por objecto a protecção de âmbitos individualizados da dignidade humana especialmente ameaçados. Os Direitos Fundamentais são em primeiro lugar direitos subjectivos. Se, em algum momento da sua concretização, essa natureza possa entrar em conflito com a dos Direitos Fundamentais como bens colectivos ou elementos de uma ordem social objectiva, então o reconhecimento e a garantia do direito subjectivo deverão prevalecer»[20].

Assim se demonstra a importância de destrinçar, no nº 5 do artigo 267º CRP, o direito fundamental de participação procedimental do princípio enquanto injunção legiferante. Desacompanhado de um *radical subjectivo*, o princípio poderia muito bem ser concretizado pelo legislador sob uma vertente eminentemente eficientista.

[18] Cfr. Sérvulo Correia, *O direito à informação e os direitos de participação dos particulares no procedimento e, em especial, na formação da decisão administrativa*, in: Legislação, nºs 9/10, Janeiro-Junho de 1994, p. 149-150.

[19] Quanto à radical subjectividade dos Direitos Fundamentais: Vieira de Andrade, *Os Direitos Fundamentais na Constituição Portuguesa de 1976*, 3ª ed., Coimbra: Almedina, 2004, p. 82 e 83.

[20] Cfr. Sérvulo Correia, *Direitos Fundamentais – Sumários*, Lisboa: AAFDL, 2002, p. 82.

**13.** A questão das *modalidades de participação procedimental* encontra uma primeira directiva no sistema constitucional, graças ao confronto entre um regime geral, esboçado no nº 5 do artigo 267º, e um regime especial de protecção reforçada para os arguidos em procedimento sancionatório, de acordo com os artigos 32º, nº 10, e 269º, nº 3. Estes últimos preceitos significam que alguém relativamente ao qual gira um procedimento em que é, ou pode vir a ser, acusado (arguido) de um comportamento passível de uma sanção administrativa deve ver-se facultada a possibilidade de se pronunciar (audiência) e isso em forma de contraditório perante uma acusação precisa (defesa).

A circunstância de estes preceitos empregarem o termo «audiência» e o nº 5 do artigo 267º não o fazer não implica que, perante a formação de decisões administrativas não sancionatórias, não tenha o particular de poder ser ouvido se assim o quiser. Implica, isso sim, a desnecessidade (de princípio) de um contraditório próximo do processo penal.

Quanto ao resto, é óbvio que, mesmo nos artigos 32º, nº 10, e 269º, nº 3, nos quais a jurisprudência pacificamente encontra a enunciação de um Direito Fundamental de participação (qualificada), deparamos com *Direitos Fundamentais de configuração legislativa*. Não se trata de figura excepcional, visto que muitos Direitos Fundamentais requerem, em maior ou menor medida, algum desenvolvimento legislativo. Mas isso não lhes altera a qualidade, tratando-se antes de uma questão quantitativa. Perante a ampla margem de apreciação deixada ao legislador, a questão não passa pela contestação da existência de um Direito Fundamental, mas pela difícil fixação da fronteira entre o que, no texto da lei, é ainda Direito Fundamental e aquilo que não passa já de direito criado pelo legislador[21].

Assim, por exemplo, quando o nº 1 do artigo 32º CRP determina que o processo criminal inclua o recurso entre as garantias de defesa, isso não implica a constitucionalização de todas as normas sobre recursos no Código de Processo Penal. Mas valerão como densificação do preceito constitucional aquelas que se mostrem decisivas para o acesso ao recurso e a respectiva efectividade.

Assim também no que respeita à participação procedimental, cabendo discernir à luz das finalidades garantística e cívica deste Direito Fundamental

[21] Cfr. Diéz-Picazo, Luis Maria, *Sistema de Derechos Fundamentales*, 3ª ed., Pamplona: Thomson-Civitas, 2008, p. 126 a 128.

aquilo que, na legislação ordinária, se manifesta (ou se devesse manifestar) indispensável à sua efectivação.

Ora o *âmbito de protecção* do direito do artigo 267º, nº 5, CRP, ou seja, o perfil *prima facie* do bem por ele protegido antes da introdução de restrições válidas[22], já se encontra deduzido, em termos inatacáveis, pela jurisprudência portuguesa. Exemplo paradigmático é o do *Acórdão nº 499/2009, de 30.09.2009, do Tribunal Constitucional*, quando proclama que, para satisfazer a exigência do nº 5 do artigo 267º CRP, mesmo na dimensão garantística da participação, que é a mais exigente, é suficiente (embora também necessário) que o interessado tenha sido colocado em posição de fazer valer perante o órgão decisor a sua perspectiva sobre todos os elementos do procedimento (de direito e de facto) que sejam relevantes para a decisão.

Esta importante asserção – à qual totalmente aderimos – é produzida (lembra-se) no contexto da dispensabilidade da pronúncia do Tribunal quanto à natureza (direito subjectivo fundamental ou garantia institucional objectiva) da exigência imposta ao legislador pela parte final do nº 5 do artigo 267º CRP. Pelo nosso lado, só observamos que, tratando-se de garantir ao interessado a sua colocação numa *posição de fazer valer*, é inegável a presença do *radical subjectivo* e, portanto, o reconhecimento de um Direito Fundamental. A respectiva substância é essa que o Tribunal Constitucional assinala. E, em caso de necessidade, ou seja, na ausência da correcta intermediação legislativa ou no de pura e simples omissão legislativa, o direito é justiciável com esse conteúdo pelos tribunais.

A margem de apreciação concedida ao legislador deixa claro – como também assinala o Tribunal Constitucional no *Acórdão nº 499/2009* – que se não impõe um modo único de organização do procedimento administrativo para assegurar a participação dos interessados. A importância desta conclusão não se esgota no plano da autonomia do legislador, pois que extravasa para o da actividade administrativa nas situações de violação da legislação concretizadora. Deve a este propósito reter-se a noção de que a violação daqueles preceitos legislativos por acto administrativo não equivalerá a ofensa do Direito Fundamental em tudo aquilo que, na lei, mereça ser considerado como solução não contida no âmbito de protecção constitucional do direito

[22] Sobre o conceito de *âmbito de protecção* do Direito Fundamental, ver SÉRVULO CORREIA, *O Direito de Manifestação – Âmbito de Protecção e Restrições*, e bibliografia aí citada. Coimbra: Almedina, 2006, p. 32 a 34.

subjectivo de participação. Em contrapartida, tal ofensa ocorrerá sempre que, em consequência da preterição de tais preceitos, se ignore o âmbito de protecção tal como hermeneuticamente extraível da Lei Fundamental.

## § 5º A jusfundamentalidade do direito de participação procedimental e o direito de audiência plasmado no código do procedimento administrativo

**14.** A evolução verificada desde então, designadamente no plano do Direito da União Europeia, confirma o carácter certeiro da nossa intuição – em 1994 – sobre a fundamentalização do direito de os particulares interessados participarem no procedimento administrativo em condições de nele fazerem ouvir a sua posição quanto às questões de facto e de direito relevantes[23]. Tratava-se, porém, de iniciar o desbravamento desta figura subjectiva. Hoje, beneficiamos de uma perspectiva metodológica assente – como atrás se advertiu – na mais clara distinção entre os planos constitucional e legislativo. Daí resulta um reposicionamento quanto a algumas das ilações então extraídas do postulado – em si exacto – da presença de um Direito Fundamental.

Desde logo, como resulta do que atrás escrevemos, não nos parece hoje uma via correcta a do alicerçamento da fundamentalidade da figura na atribuição ao direito de audiência plasmado nos artigos 100º e seguintes do CPA da natureza de direito fundamental atípico com regime análogo ao dos direitos, liberdades e garantias. O alicerce é antes, pelas razões expostas, o nº 5 do artigo 267º CRP.

Assim sendo, a desconformidade de normas jurídicas ou de actos administrativos com o Direito Fundamental de participação dos interessados no procedimento administrativo não se parametriza pelo conteúdo do direito de audiência no CPA, mas pela garantia de colocação do interessado em posição de fazer valer perante o órgão decisor a sua perspectiva sobre todos os elementos do procedimento que sejam relevantes para a decisão.

Naquele nosso estudo de 1994, concluíamos a certa altura que «A ofensa do conteúdo essencial do direito de audiência determina ... a nulidade do acto principal do procedimento». Partindo de uma acentuada identificação

[23] *O direito à informação e os direitos de participação dos particulares no procedimento ...*, cit.

– actualmente relativizada – entre o direito de participação procedimental e o direito de audiência do CPA, tivemos, apesar de tudo, a prudência de referenciar a causa de nulidade a um *conteúdo essencial do direito de audiência*, e não ao direito de audiência na globalidade do seu conteúdo, entendido ele próprio como vertente essencial da participação procedimental constitucionalmente protegida. Importa no entanto reaquacionar – ainda que em muito breves linhas – a questão à luz das dificuldades que a cominação do artigo 133º, nº 2, alínea d) do CPA tem colocado à admissão pela nossa jurisprudência da fundamentalidade do direito de participação procedimental.

**15.** Em face do conteúdo assaz sincrético do direito do artigo 267º, nº 5, CRP, e, portanto, da dificuldade de nele perspectivar uma área mais reduzida de essencialidade, existe o risco de que se venha a manter a renitência jurisprudencial ao reconhecimento da presença de um direito para além da de uma figura meramente objectiva, sob o receio de uma multiplicação inconveniente de situações de nulidade de acto administrativo. E esse problema continuará a suscitar-se no campo do regime legislativo da audiência dos interessados quando, por falta de alternativas procedimentais, a preterição de audiência equivaler à frustração da pretensão do interessado de ser colocado em posição procedimental de fazer valer perante o órgão decisor a sua perspectiva sobre todos os elementos relevantes para a decisão.

Como se começou por observar, o problema não nasce aqui de qualquer disfunção entre o Direito Fundamental de participação procedimental do interessado e as exigências de eficiência da Administração à luz das condições dos nossos dias. As dificuldades explicam-se antes, em nosso entender, pelo modo irrestrito como o legislador do CPA erigiu em causa de nulidade a ofensa do conteúdo essencial de direito fundamental pelo acto administrativo. E assim tanto mais quanto o conceito de conteúdo essencial gera acentuadas dificuldades dogmáticas nas suas apreensão e correlações sistémicas.

Esta é uma matéria a que gostaríamos de retornar com o tempo e o espaço que agora nos falecem. Limitamo-nos, por isso, a deixar quatro pistas de reflexão úteis, porventura, ao aprofundamento da ideia de *conteúdo essencial do Direito Fundamental de participação procedimental do interessado.*

*Um primeiro tópico* respeita à possível articulação entre o conteúdo essencial do Direito Fundamental de participação procedimental e as situações concretas em que este assume instrumentalidade na efectivação de Direitos

Fundamentais substantivos. Vimos que os tribunais portugueses têm por vezes recorrido a tal instrumentalidade, mas para dela fazer depender a própria fundamentalidade do direito procedimental. Esse caminho parece-nos inaceitável, por desconhecer aquilo que os americanos apelidam de «*dignitary approach*», ou seja, o papel directo de certas posições subjectivas procedimentais activas na preservação e promoção da dignidade humana do participante[24]. Em contrapartida, poderá eventualmente pensar-se que um critério mais exigente e selectivo de essencialidade enquanto área restrita do âmbito de protecção do Direito Fundamental procedimental passará, designadamente, pela tutela simultânea de valores substantivos e procedimentais.

*Um segundo tópico*, ainda relacionado com a instrumentalidade intrínseca dos direitos procedimentais, prende-se com as situações, cobertas, na jurisprudência portuguesa, pelo *princípio do aproveitamento do acto administrativo*, em que, não obstante a violação de normas procedimentais veículo de Direitos Fundamentais dessa natureza, a decisão final seja não só correcta do ponto de vista do enquadramento normativo de ordem substantiva, mas a única possível à luz de normas injuntivas (exercício de poderes vinculados). Em termos que não podemos, aqui, agora, desenvolver[25], a vinculação à legalidade substantiva não poderá conduzir ao total esvaziamento dos princípios fundamentais procedimentais de radical subjectivo. Mas a necessidade de acomodar a reacção jurídica à violação desses princípios e direitos com a preservação da legalidade substantiva (normalmente, através da tutela indemnizatória de danos morais) passará também pela relativização do grau de invalidade dos actos concretos (ou pela própria transformação da invalidade em mera irregularidade).

*Um terceiro tópico* prende-se com a circunstância de, como os outros Direitos Fundamentais, o direito de participação procedimental ter também a natureza de princípio, ou seja, de imperativo de optimização concretizável através da ponderação, à luz das circunstâncias do caso concreto, com outros Direitos Fundamentais e bens constitucionais em relação colidente. Sem querer transformar a ideia de *conteúdo essencial* no mero resultado, totalmente flutuante, das equações ponderativas[26], não parece mais de acolher

[24] Cfr. MASHAW, Jerry L., *Due Process in the Administrative State*, cit., p. 158 s.

[25] Veja-se, no entanto, o que sobre o assunto escrevemos em *Administrative Due or Fair Process* ..., cit., p. 321 a 330.

[26] Cfr. REIS NOVAIS, *As Restrições aos Direitos Fundamentais* ..., cit., p. 779 s.

a ideia de que a extensão das restrições ao âmbito de protecção não resulte em boa medida das necessidades de *concordância prática*. Os pressupostos de inexistência e dispensa de audiência dos interessados, no artigo 103º do CPA, fornecem uma grelha interessante de ponderações legislativas conducentes à grande compressão do âmbito de protecção e incluindo por vezes aquilo que nele possa corresponder a um conteúdo essencial. Tal modelo é provavelmente reproduzível em procedimentos especiais, no tocante à configuração do direito de participação dos interessados.

*Por fim*, e naquilo que toca ao enquadramento constitucional do requisito da localização da audiência no momento imediatamente anterior ao da decisão final, cumpre observar que, embora esse modelo não seja indispensável em todas as circunstâncias, ele assegurará o cumprimento do sentido do direito subjectivo extraível do nº 5 do artigo 267º CRP sempre que, por força da natureza da decisão, a participação confinada a fases anteriores do procedimento não permita uma pronúncia do interessado sobre todos os aspectos relevantes para o sentido da decisão. Assim sucederá, nomeadamente, em caso de exercício de discricionariedade, quando a ponderação dos pressupostos relevantes corresponder ao último momento de achamento ritualizado do sentido da decisão. Sem possibilidade de se pronunciar sobre os termos da ponderação, o destinatário da decisão verá *essencialmente* enfraquecida a potencial efectividade da sua intervenção.

# A conferência procedimental: fontes e opções (2016)*

## § 1º Conceito e natureza

**1.** A Parte III do novo *Código do Procedimento Administrativo* (CPA), aprovado pelo Decreto-Lei nº 4/2005, de 7 de janeiro, continua a ser dedicada à matéria central do diploma, isto é, ao procedimento administrativo. Mas a sua sistemática diferencia-se consideravelmente da do Código anterior. Ela surge agora dividida em títulos. E um capítulo inteiramente inovatório incluído no Título I é dedicado ao instituto da *conferência procedimental*.

Como adiante melhor se verá, o instrumento procedimental delineado nos artigos 77º a 81º do CPA não é imediatamente exequível, a não ser nos casos residuais em que os órgãos envolvidos no exercício de competências autónomas mas convergentes na conformação de situações concretas acordem na realização de *conferências de coordenação*. É que, nos termos do artigo 78º, nº 1,[1] "a possibilidade da realização de conferências procedimentais no âmbito de cada tipo de procedimento depende de previsão específica em lei ou regulamento, ou em contrato interadministrativo a celebrar entre entidades públicas autónomas". Mas se o Governo e os outros órgãos competentes decidirem ativar sob aquelas múltiplas formas de ato de *instituição* o

* In: *Liber Amicorum Fausto de Quadros*, II. Coimbra: Almedina, pp. 17-43.

[1] A menção de um preceito sem indicação da sua sede normativa significa que ele pertence ao novo CPA.

regime-quadro gizado no CPA, disporão de um instrumento poderosíssimo de reforma estrutural, capaz de neutralizar em medida assinalável a descoordenação, a inércia e o obstrucionismo burocrático que tantas vezes afundam num pântano viscoso a tomada de decisões dependentes do exercício cumulativo de competências de diversos órgãos da Administração Pública.

**2.** O legislador define, nos nºs 1 e 2 do artigo 77º, aquilo que, para os efeitos do CPA, se deve entender por *conferência procedimental*. Esta consiste num procedimento *endo-procedimental*, ou seja, num *procedimento inserido em outro ou outros procedimentos a fim de propiciar o exercício em comum ou conjugado das competências de diversos órgãos da Administração Pública*.

Ao adotar a expressão *conferência procedimental*, o legislador acolheu um contributo da doutrina portuguesa. Fora com efeito Marta Portocarrero quem assim batizou o instituto, afastando a terminologia italiana da *conferência de serviços*, não só porque a palavra *serviço* tem na praxis administrativa portuguesa uma aceção diferente, mas também porque o *habitat* deste instituto é efetivamente o procedimento[2]. Na realidade, não só a conferência procedimental atua sobre outro ou outros procedimentos, mas é ela própria um procedimento típico.

A par da vertente estrutural (a conferência procedimental enquanto procedimento acessório inserido noutro ou noutros procedimentos) e de uma vertente funcional (a conferência procedimental enquanto matriz do exercício em comum ou conjugado das competências tituladas por órgãos distintos), o conceito inclui ainda uma diretriz finalística: de acordo com o nº 1 do artigo 77º, a razão de ser da conferência procedimental é a promoção da eficiência, da economicidade e da celeridade da atividade administrativa. É visível nesta passagem o laço sistémico com o modo como, no nº 1 do artigo 5º, o Código adianta como elementos valorativos do princípio da boa administração precisamente os critérios paradigmáticos da eficiência, da economicidade e da celeridade.

Aquilo que a este propósito nos parece merecedor de atenção é que o CPA vê na conferência procedimental um procedimento em cuja instituição e realização os órgãos competentes se deverão guiar por aqueles padrões. Vale a pena instituir e realizar conferências procedimentais quando estas

[2] Cfr. Marta Portocarrero, *Modelos de Simplificação Administrativa*, Porto: Universidade Católica, 2002, pp. 65 e 66.

possam contribuir para reforçar as perspectivas da qualidade de decisão, da gestão criteriosa dos recursos humanos e materiais da Administração e da direção diligente do procedimento e tomada da decisão num prazo razoável[3].

**3.** A conferência procedimental é, portanto, ela própria um procedimento administrativo, ou seja, na definição do CPA, uma "sucessão ordenada de atos e formalidades relativos à formação, manifestação e execução da vontade dos órgãos da Administração Pública" (artigo 1º, nº 1).

Este procedimento denominado *conferência procedimental* tem o seu início, formalizado por um ato convocatório (artigo 79º, nº 1). Os órgãos competentes têm o dever de participar (artigo 79º, nº 5). A conferência evolui através da realização de reuniões presenciais ou por videoconferência (artigo 79º, nº 4). O direito de audiência dos interessados encontra-se salvaguardado pelo artigo 80º, cujo nº 3 também determina a suspensão do prazo de conclusão quando seja obrigatória a audiência pública. O Código fixa um termo final da realização da conferência procedimental (artigo 81º, nº 1) e tipifica as causas da sua conclusão (artigo 81º, nº 2). O ato ou os atos decisórios praticados no seu âmbito e a respetiva fundamentação constarão da ata final, a qual também deverá ser redigida em caso de não-prática do ato ou do conjunto de atos visados por motivo de falta de acordo dos órgãos competentes, com especificação das razões de discordância e, quando for o caso, das alterações da pretensão do interessado consideradas necessárias à respetiva satisfação (artigo 81º, nºs 3 e 4). O Código prevê por fim as situações em que a conferência procedimental poderá ser repetida (artigo 81º, nºs 5 e 7).

Não restam pois dúvidas de que a conferência procedimental constitui um procedimento administrativo. Esse procedimento tem *sujeitos*. São eles necessariamente os órgãos participantes no único procedimento complexo ou nos procedimentos conexos a que, nos termos do ato de instituição, respeita a conferência. E são-no também os particulares legitimados para participar em tais procedimentos (artigos 65º, nº 1, b) e 68º, nº 1), bem como, quando os houver, os defensores de interesses difusos e os órgãos exercendo funções administrativas em defesa de situações jurídicas subjetivas das pessoas coletivas em que se integrem (artigo 65º, nº 1, alíneas c) e d)).

[3] Vejam-se também, designadamente, os artigos 59º e 60º, nº 2.

Mas a conferência procedimental também possui um *objeto* próprio, o qual pode, aliás, ser apurado segundo ângulos diversos: os do objeto procedimental e do objeto substantivo.

Por um lado, pode considerar-se que o objeto da conferência procedimental é constituído – nos casos concretos – pelo ou pelos procedimentos nos quais ela se introduz – e daí a sua qualidade de procedimento endoprocedimental – propriciando a prática de um único ato de conteúdo complexo ou a prática conjugada de atos administrativos autónomos (artigo 77º, nºs 2 e 3). Em abstrato, o *objeto procedimental* será o "tipo de procedimento" previsto no ato de instituição (artigo 78º, nºs 1 e 3).

Mudando de ótica, o *objeto substantivo* da conferência procedimental é a situação jurídica concreta a que se refere a convocatória (artigo 79º, nº 1). O nº 4 do artigo 81º tipifica incidentalmente tais situações, mencionando tipos relativamente determinados (projeto, permissão de atividade, regulação de um bem) de conformação jurídica pela Administração. Mas qualquer entendimento taxativo deste elenco é afastado pelo acrescento do conceito residual de "situação" como objeto da conferência.

O objeto substantivo da conferência procedimental adquire uma conotação individualizada quando o Código o considera sob a perspetiva das pretensões apreciadas na conferência (artigo 81º, nº 5).

**4.** Enquanto procedimento, a conferência procedimental surge como figura híbrida, posicionada entre os pólos estremes do procedimento externo e do procedimento organizatório de efeitos imediatamente internos.

Durante algum tempo, foi o instituto do *procedimento administrativo* fundamentalmente entendido sob um prisma de externalização da vontade administrativa. Isso significava ver nele uma atividade sempre visando produzir efeitos externos e, ao mesmo tempo, um tipo de relação jurídica administrativa. Tal conceção implicava por seu turno a existência, nessa relação procedimental, de duas categorias de sujeitos: de um lado, a Administração e, do outro, um ou alguns particulares (ou outros entes públicos intervindo na defesa de direitos ou interesses conformados pelos órgãos titulares da competência decisória sobre a situação concreta). Por outras palavras, o procedimento assim entrevisto daria sempre forma sequencial a uma atividade administrativa virada para o exterior da Administração, ao visar a prática de atos administrativos, ou a celebração de contratos administrativos, ou a emissão de regulamentos, ou, ainda, a execução coerciva[4].

A conceção da necessária restrição do âmbito do procedimento administrativo à atividade visando a imediata produção de efeitos na esfera jurídica de outros sujeitos de direito não pode ser desligada do período histórico em que a teoria geral do direito administrativo adotou como centro dogmático praticamente único a figura do ato administrativo. Na monografia imorredoura que merece ser considerada como a génese doutrinária da teoria do procedimento administrativo, aceitava-se já, a par de outros, um perfil intra-administrativo próprio de sistemas de posições recíprocas geradas no âmbito de relações entre os diversos órgãos de uma mesma pessoa coletiva[5]. Não obstante isso, na fase constitutiva do procedimento – antecedida de uma fase preparatória e eventualmente seguida de uma fase integrativa de eficácia – o elemento principal, isto é, aquela ação em função da qual o ordenamento predispõe os elementos procedimentais de natureza acessória, seria, segundo SANDULLI, sempre formado por um único ato, simples ou composto. Este elemento no qual se materializaria o núcleo constitutivo do efeito jurídico típico do procedimento, teria a natureza formal de "*provvedimento*", ou seja, de ato administrativo[6], portanto uma conduta administrativa destinada por natureza a produzir diretamente efeitos jurídicos externos[7].

[4] GIACOMETTI distinguia entre procedimento administrativo em sentido estrito – aquele que visava a emissão de um ato administrativo – e procedimento administrativo em sentido amplo: aquele que criava o quadro para a prática de atos materiais, designadamente para o efeito de execução de decisões administrativas. Cfr. *Allgemeine Lehren des Rechtsstaatlichen Verwaltungsrechts*, Zurique: Polygraphischer Verlag, 1960, p. 377.

[5] Cfr. ALDO M. SANDULLI, *Il Procedimento Amministrativo*, reedição em 1964 da versão inicial de 1940, Milão: Giuffrè, p. 103.

[6] Cfr. SANDULLI, *ob. cit.*, pp. 80 e 181 a 183.

[7] Ao contrário do que sucedia na versão anterior, o artigo 148º do CPA inclui agora, na explicitação normativa da essência do ato administrativo, a natureza *externa* dos efeitos jurídicos que se visa produzir. Já em 1982, defendíamos a qualidade de ato externo como uma das características essenciais do ato administrativo. Cfr. SÉRVULO CORREIA, *Noções de Direito Administrativo*: Lisboa: Editora Danúbio, p. 287. Entre nós, terá sido ROGÉRIO EHRHARDT SOARES quem, no seu ensinamento de inspiração alemã, primeiramente incorporou no conceito de ato administrativo a destinação de produção de efeitos jurídicos externos, ou seja, de constituição ou modificação de relações jurídicas intersubjetivas ou de afetação da situação jurídica de uma coisa. Cfr. *Direito Administrativo*, texto policopiado, composição de João Abrantes, Coimbra, 1978, p. 91.

Só algumas décadas mais tarde, a doutrina evoluíra o suficiente para inferir das realidades da praxis administrativa a figura do *procedimento organizatório*, contido em princípio no seio de relações interadministrativas ou intra-administrativas, só episódica e reflexamente dando lugar à produção externa de efeitos jurídico-administrativos. GIANNINI refere-os como manifestação do poder organizatório da Administração cuja relevância jurídica se impõe na medida em que aquele poder, funcionalizado e condensado em competências, se sujeita às regras da atividade administrativa de direito público[8].

Em uma das sucessivas versões do projeto do CPA trabalhadas no seio da Comissão incumbida da sua preparação, na qual participámos sob a presidência do Professor Fausto de Quadros, esteve preparada uma versão do nº 1 do artigo 1º na qual se explicitavam três possíveis funções do procedimento administrativo, uma das quais correspondente aos procedimentos organizatórios[9]. A nosso ver, aquela versão apresentava a vantagem de deixar claro que, ainda que especiais, os procedimentos organizatórios e os procedimentos de pura recolha de informação são procedimentos administrativos para efeito de aplicação subsidiária das disposições do CPA, nos termos do respetivo artigo 2º, nº 5. No entanto, o facto de ter acabado por prevalecer uma definição mais próxima da contida no Código anterior não impede que se interprete a expressão "formação, manifestação e execução da vontade dos órgãos da Administração Pública" no sentido de abarcar aqueles dois tipos de conduta que acabaram por não ser expressamente mencionados. Aliás, o aparecimento no novo CPA da figura do *auxílio administrativo* (artigo 66º), que é claramente um procedimento organizatório sem uma vertente

[8] GIANNINI dá como exemplos de procedimentos organizatórios a constituição, modificação e extinção de pessoas coletivas públicas, a constituição e extinção de órgãos e serviços, as atividades de controlo e as convenções ou acordos organizatórios. Cfr. *Diritto Amministrativo*, II, Milão: Griuffrè, 1988, p. 543. V. também: ROSSI, Gianpaolo, *Principi di Diritto Amministrativo*, Torino: Giappichelli, 2010, p. 317.

[9] Era a seguinte a versão a que se alude no texto:
"1 – Entende-se por procedimento administrativo a sucessão ordenada de atos e formalidades relativos:
a) À formação, manifestação e execução da vontade dos órgãos da Administração Pública;
b) À organização interna das atividades administrativas;
c) À obtenção de dados e informações de caráter geral necessários às finalidades prosseguidas pela Administração Pública".

externa imediata, mostra que a a definição de procedimento administrativo, no artigo 1º, nº 1, não repele as condutas procedimentalizadas de cariz organizatório interno.

**5.** Deve no entanto frisar-se que os procedimentos organizatórios não são necessariamente procedimentos internos puros. Procedimento organizatório meramente interno é, em princípio, o *auxílio administrativo*. Ainda que ele possa ser desencadeado a requerimento de um sujeito privado da relação jurídica procedimental, trata-se apenas de promover a articulação, com o órgão competente para a decisão final, de quaisquer outros órgãos da Administração Pública titulares de competência exclusiva e detentores de conhecimentos aprofundados, bem como de pessoal ou meios técnicos especializados para a investigação da matéria relevante, ou possuidores de documentos ou dados cujo conhecimento seja necessário à preparação da decisão (artigo 66º, nºs 1 e 2)[10].

Quanto à *conferência procedimental*, ela é um procedimento externo, uma vez que se dirige à tomada de uma decisão ou de várias decisões conjugadas (artigo 77º, nº 2). Mas essa circunstância não afeta o seu caráter primariamente organizatório: o contributo específico da conferência não é tanto a tomada da ou das decisões (a qual teria em princípio lugar no âmbito do ou dos processos originários), mas o exercício em comum ou conjugado de competências. Aquilo sobre o que os preceitos respeitantes à conferência procedimental dispõem é o modo conjunto ou conjugado de decidir através da prática de ato ou atos administrativos ou da celebração de um contrato, bem como sobre as formas e o conteúdo do ato de instituição da conferência, a convocatória, a participação nas reuniões dos órgãos convocados, a audiência, a conclusão e a excecional repetição. Trata-se, pois, da utilização de uma técnica procedimental para organizar o exercício das competências de diversos órgãos da Administração Pública quando as respetivas fusão ou conjugação se mostrem necessárias para o efeito da conformação integrada de uma mesma situação concreta complexa. Embora o modo conjunto ou conjugado de exercício das competências envolvidas obrigue a concentrar a audiência dos interessados, a substância desta não se afasta do regime

[10] Por seu turno, a recusa ou a dilação do órgão solicitado na prestação do auxílio, desencadeia um procedimento organizatório e interno de segundo grau, destinado à resolução do impasse por um terceiro órgão titular de autoridade para o efeito (artigo 66º, nº 3).

do direito de audiência prévia regulado nos artigos 121º e seguintes do Código.

Assim sendo, não obstante a componente relacional externa – que alastra para o procedimento de conferência procedimental a partir dos vários procedimentos conexos ou do procedimento único mas complexo sobre os quais a conferência intervém –, parece inegável que a esta plenamente cabe o papel que a dogmática administrativa contemporânea vem reconhecendo aos procedimentos organizatórios.

Nos nossos dias, a unidade da administração é cada vez menos atingível através de estruturas de natureza organizatória e institucional e cada vez mais através do modo como se articulam as condutas dos múltiplos órgãos de diversas entidades. Como observa SCHMIDT-ASSMANN, as formas jurídicas organizacionais constituem apenas uma parte do sistema requerido pelo exercício coerente da função administrativa. Este só se completa graças a um Direito procedimental conexo com a organização (*ein organizationsbezogenes Verfahrensrecht*) que articula a conduta das diversas unidades da Administração orgânica e frequentemente atua como equivalente funcional das soluções puramente organizatórias[11].

Na verdade, como sublinha aquele Autor, não se trata de algo de radicalmente novo: os procedimentos de exercício da tutela e de funcionamento dos órgãos colegiais figuram tradicionalmente no âmbito dos regimes normativos organizatórios. Mas as necessidades criadas pela crescente afirmação de um caráter policêntrico da Administração, que compreende a atuação conexa de entes portadores de interesses públicos colidentes, bem como como a interpenetração das atividades administrativas nacionais e da União Europeia, conferem importância crescente aos procedimentos organizatórios, que visam assegurar uma unidade funcional substitutiva da unidade do sistema orgânico. Por isso, nos tempos de hoje, a "organização administrativa" reúne necessariamente um conjunto de componentes institucionais e procedimentais. É a correta combinação desses dois tipos de elementos que assegura a efetividade do papel da Administração na condução (*Steuerung*) da coisa pública. Daí que o conceito de procedimento administrativo tenha de ser ampliado por forma a compreender não só as atividades com efeitos externos dos órgãos mas também os fenómenos do trabalho conjunto inter

[11] Cfr. SCHMIDT-ASSMANN, *Verwaltungsrechtliche Dogmatik*, Tübingen: Mohr Siebeck, 2013, p. 172.

e intra-administrativo. E, neste tipo de procedimentos, podem discernir-se aqueles cuja tónica consiste sobretudo na acessoriedade quanto às fórmulas organizatórias e aqueles outros que proporcionam utilidades em substituição de soluções institucionais, quando estas últimas não correspondem mais aos imperativos de eficiência, economicidade e celeridade da atividade administrativa[12].

A nosso ver, estes arquétipos são tendenciais, nada impedindo que a acessoriedade em relação às fórmulas organizatórias-institucionais ou a sua substituição (equivalência em relação a) se combinem quando a substituição não afaste todos os elementos da estrutura organizatória, mas apenas cruze alguns deles – que subsistem – com soluções procedimentais substitutivas de outros. Ora é precisamente isso o que sucede com as conferências procedimentais. A *conferência deliberativa* substitui a aplicação de um modelo organizatório-institucional, assente na titularidade de competências decisórias autónomas por diversos órgãos e no seu exercício disperso, por uma solução procedimental consistindo na prática de um ato único por tais órgãos, que assumem em conjunto uma competência que representa a soma das suas competências isoladas. Em vez disso, a *conferência de coordenação* introduz um aditamento procedimental acessório do exercício juridicamente autónomo de competências diversas ao proporcionar a respetiva simultaneidade (artigos 77º, nºs 2 e 3, e 81º, nº 2, alínea a)).

## § 2º Modalidades

**6.** Em face da economia do Capítulo do CPA dedicado à conferência procedimental, a principal classificação de modalidades deste procedimento endo-procedimental é a que o divide em conferência deliberativa e conferência de coordenação. De acordo com a alínea a) do nº 3 do artigo 77º, a *conferência deliberativa* carateriza-se como sendo a "destinada ao exercício conjunto das competências decisórias dos órgãos participantes através de

[12] *"Dabei ist zwischen einem organizationsakzessorischen und einem organizationsäquivalenten Verfahrensrecht zu unterscheiden"*. Cfr. Schmidt-Assmann, *ob.cit.*, p. 173. (A este propósito, é de distinguir entre um Direito procedimental acessório e um Direito procedimental substitutivo *da organização*).

um único ato de conteúdo complexo, que substitui a prática, por cada um deles, de atos administrativos autónomos". Por seu turno, a *conferência de coordenação* é a destinada ao exercício individualizado, mas simultâneo, das competências dos órgãos participantes, através da prática, por cada um deles, de atos administrativos autónomos" (artigo 77º, nº 3, alínea b)).

Esta classificação atenta fundamentalmente ao caráter unitário ou plural das decisões emitidas no âmbito da conferência e, portanto, ao exercício conjunto ou meramente conjugado das competências envolvidas.

A criação dos tipos gerais alternativos da *conferência deliberativa* e da *conferência de coordenação* constitui uma solução original do legislador português. Ela não se encontra no modelo italiano, que não configura hoje em dia uma modalidade de conferência destinada à prática simultânea de atos jurídicos autónomos. E também (quanto saibamos) a doutrina não havia proposto até agora que, à conferência visando a prática de um só ato final conclusivo ainda que complexo (é esse o modelo da "conferência decisória" italiana) se contrapusesse alternativamente um modelo assente na prática concertada dos diversos atos próprios de competências distintas, necessários à conformação administrativa de uma mesma situação concreta da vida[13].

[13] Dir-se-ia que, numa monografia que exerceu influência relevante nos trabalhos preparatórios do novo CPA, Marta Portocarrero retrata a certa altura aquilo que viria a ser a *conferência de coordenação*:
"Esta conferência interprocedimental ... realiza-se de forma a obter de uma só vez, e num só momento, todos os atos que condicionem uma determinada atividade, e que estão, de facto, numa relação de coligação por referência a um mesmo objeto, permitindo que cada autoridade administrativa possa praticar o ato administrativo da sua competência, de forma coordenada com a decisão de outros sujeitos públicos com poderes sobre o mesmo projeto".
Mas, escrevendo em 2002, ou seja, antes das duas últimas revisões da *"Legge 7.8.1990, n. 241, in materia di procedimento amministrativo"*, a ilustre Administrativa portuguesa, inspirada pelo quadro jurídico na Itália da época, estabelecia uma dicotomia das conferências procedimentais em *conferência instrutória* e *conferência deliberativa*.
Convocada durante a fase da instrução, a *conferência instrutória* serviria para uma discussão presencial dos vários titulares dos interesses públicos em jogo. As suas funções seriam as de avaliação da situação material e de tentativa de harmonização preventiva de posições divergentes através de um exame global provisório da viabilidade do projeto. A conferência findaria com uma declaração final contendo uma apreciação conclusiva, que não exigiria a unanimidade dos participantes porque não teria efeito vinculativo.
Pelo contrário, a *conferência deliberativa* serviria para "obter de uma só vez, e num só momento, todos os atos que condicionem uma determinada atividade, e que estão, de facto, numa relação

**7.** Vistas agora através do prisma dos procedimentos primários a que dizem respeito, tanto as conferências deliberativas como as conferências de coordenação podem dividir-se em *conferências intraprocedimentais* ou *monoprocedimentais* e *conferências interprocedimentais* ou *pluriprocedimentais*. Com efeito, o nº 3 do artigo 77º prevê, sem discriminar entre conferências deliberativas e de coordenação, que elas possam ser relativas a vários procedimentos conexos ou a único procedimento complexo em que haja lugar à tomada de diferentes decisões por diferentes órgãos. Presume-se no entanto que seja difícil encontrar exemplos concretos de conferências de coordenação monoprocedimentais, já que o exercício de diversas competências através da prática de atos administrativos autónomos tenderá a corresponder ao desenvolvimento de procedimentos distintos.

**8.** Atendendo por fim ao quadro institucional, poderá distinguir-se entre conferências procedimentais interadministrativas e intra-administrativas. Serão *conferências interadministrativas*, por exemplo, aquelas cuja realização for casuisticamente acordada entre os órgãos envolvidos, quando estes se integrem em diferentes pessoas coletivas (artigo 78º, nº 1). Ou, sempre a título de exemplo, aquelas cuja instituição tenha lugar por portaria de membros do governo competentes para a tutela de diferentes pessoas coletivas envolvidas. Serão *conferências intra-administrativas*, entre outras, aquelas que se desenvolverem entre um órgão competente para uma decisão final e órgãos titulares de competências consultivas, quando todos se integrem no âmbito da mesma pessoa coletiva (artigo 77º, nº 5).

de coligação por referência a um mesmo objeto, permitindo que cada autoridade administrativa possa praticar o ato administrativo da sua competência, de forma coordenada com a decisão de outros sujeitos públicos com poderes sobre o mesmo projeto".
Como se vê, aquilo que, no texto citado se chamava conferência deliberativa corresponde à figura que o novo CPA cria sob o nome "conferência de coordenação". Mas, atualmente, no Direito italiano, a *conferência de serviços* não preliminar adquiriu uma natureza diferente, próxima mas não idêntica à conferência deliberativa do CPA. É o que adiante veremos.
Cfr. Marta Portocarrero, *Modelos de Simplificação Administrativa*, cit., pp. 69, 73, 78, 79, 97, 110, 111, 112 e 125.

## § 3º Fontes materiais

**9.** Como *fontes materiais* da conferência procedimental enquanto instituto do Direito Administrativo português introduzido em termos de regime geral no novo CPA, temos em vista os elementos mais diretamente reveladores das "objetividades prático-culturais"[14] determinantes da utilidade da implantação de tal figura na nossa Ordem Jurídica e dos seus contornos mais adequados à nossa realidade. Essas fontes encontram-se no Direito comparado, na doutrina jurídica e, também, em alguns diplomas do Direito Administrativo especial português.

**10.** O instituto da *conferenza di servizi* do Direito italiano constituíu, no domínio do Direito Comparado, a principal fonte de inspiração da novel conferência procedimental do CPA de 2015. Embora já despontasse em diversa legislação especial anterior, a *conferenza di servizi* conheceu a sua primeira implantação de direito geral na *Lei 7.8.1990, nº 241*, sobre procedimento administrativo e direito de acesso aos documentos administrativos. O relevo crescente da figura é demonstrado pelas numerosas vezes em que os preceitos da Lei de 1990 a ela respeitantes foram reformulados e aditados por enunciados normativos de crescente densidade. As últimas e importantes revisões tiveram lugar em 2005 e 2010. Para que se compreenda o quanto o instituto foi ganhando crescente complexidade, basta referir que, ao inicial artigo 14 a ele dedicado, correspondem hoje um artigo 14, um artigo 14-*bis*, um artigo 14-*ter*, um artigo 14-*quater* e um artigo 14-*quinquies*, cada um deles composto por elevado número de preceitos!

Deste acidentado percurso histórico, podem colher-se diversas lições, todas elas merecedoras de atenção no momento em que se introduz no nosso Direito um instituto congénere (se bem que não idêntico), cá como lá inspirado por desígnios de eficiência, economicidade e celeridade da atividade administrativa multiorgânica de conformação de situações complexas (artigo 77º, nº 1, do CPA), ou, por outras palavras, da respetiva simplificação e aceleração[15]. Destacamos três.

[14] Cfr. Fernando José Bronze, *Lições de Introdução ao Direito*, 2ª ed., Coimbra: Coimbra Editora, 2006, p. 718.

[15] Cfr. Morbidelli, *Il Procedimento Amministrativo*, in: Mazarolli/Pericu/Romano/Monaco/Scoca (Org.), *Diritto Amministrativo*, I, Bologna: Monduzzi, 2005, p. 695.

A primeira lição é a da essencialidade da conferência procedimental como instituto do Direito Administrativo contemporâneo, demonstrada pela vitalidade revelada pela sua subsistência ao longo de 25 anos e pela sua frequente revisão sempre no sentido da pormenorização e diversificação de soluções normativas. A esta verificação corresponde a decisão do legislador português de introduzir este instituto procedimental no Direito Administrativo geral.

Um segundo ensinamento colhido da evolução da figura no Direito italiano ao longo de um quarto de século é o da dificuldade em equacionar em cada momento a fórmula mais adequada para harmonizar o interesse público de celeridade e simplificação dos procedimentos administrativos com a tutela dos diferentes interesses públicos setoriais prosseguidos através de competências específicas de órgãos diversos. A esta evidência respondeu o legislador português com a prudente exigência do acordo entre todos os órgãos participantes para efeito da conclusão favorável da conferência procedimental. Ao contrário daquilo que hoje sucede com a *conferenza di servizi decisória*, na conferência deliberativa do CPA, a pronúncia desfavorável de qualquer dos participantes determina a não satisfação em sede de conferência das pretensões apreciadas (artigo 81º, nº 5). Na conferência de coordenação, a discordância de alguns desses órgãos impede a plena satisfação da pretensão que constitua o objeto da conferência (artigo 81º, nºs 2, alínea b) e 4). Parece legítimo considerar que também em tal hipótese se materializa o novo conceito do *insucesso de conferência*, visto se não haver logrado a visada finalidade da conformação jurídico-administrativa global de uma situação complexa. Mas a rigidez resultante deste nível de exigência foi em alguma medida compensada (para efeito da celeridade e da eficiência) através dos seguintes modos de atenuar os reflexos negativos do insucesso quer da conferência deliberativa quer da coordenação:

(i) abertura quanto a acordos sobre as alterações necessárias para a total satisfação da pretensão (artigo 81º, nº 5) ou, pelo menos, quanto à emissão de orientações parcelares sobre alterações necessárias à viabilização da pretensão;
(ii) admissibilidade da repetição da conferência uma vez verificados certos pressupostos (artigo 81º, nºs 5 e 7);
(iii) admissibilidade de aproveitamento de atos em sede de repetição da conferência (artigo 81º, nº 8);

(iv) aceleração da prática individual dos atos administrativos relativamente aos quais não tenham subsistido objeções (artigo 81º, nº 6).

Da história da *conferenza di servizi* ao longo dos 25 anos da sua evolução no seio do Direito Administrativo italiano extrai-se, em terceiro lugar, um ensinamento quanto à dificuldade de preservar a coerência sistémica do instituto em face da pressão para inserir na lei geral preceitos especiais relativos a campos específicos da atividade administrativa. Assim foi sucedendo com a introdução, na Lei italiana de 7 de agosto de 1990, n. 241, de preceitos respeitantes às conferências respeitantes a situações nos domínios da proteção da saúde, do ambiente, do património paisagístico ou do património cultural.

O legislador português procurou corresponder ao imperativo de flexibilidade na regulação das conferências em função das áreas materiais da atividade administrativa através de uma figura totalmente inovatória: a *instituição da conferência procedimental*, que se não confunde com as convocações das mesmas, as quais necessariamente precederá (artigo 78º). Será no ato de instituição – sob a forma de lei, regulamento ou contrato interadministrativo – que, para efeito de execução permanente, se identificarão os procedimentos sobre os quais poderão incidir conferências sobre matérias e entre os órgãos assim identificados. A delimitação do âmbito funcional, material e subjetivo constituirá, pois, objeto de uma decisão-quadro, assim se indo estabelecendo tipos de conferências.

Quando for, porém, necessário ir além de tais delimitações específicas por forma a estatuir também regras de funcionamento desviantes das dos artigos 77º a 81º do CPA, restará sempre a possibilidade de estabelecer, à parte do CPA, conferências procedimentais especiais. Isso já sucede, aliás, designadamente com o procedimento previsto no *Sistema de Indústria Responsável* a que alude o artigo 4º do diploma preambular do CPA. Como, de resto, se estabelece também no âmbito deste preceito, sempre o regime geral das conferências procedimentais se aplicará subsidiariamente a tais conferências especiais, dado o disposto pelo nº 5 do artigo 2º do CPA.

**11.** O propósito do presente estudo é o de apresentar a conferência procedimental, que passa a ser doravante um instituto do Direito Administrativo geral português. Não se tratando, pois, de um exercício de direito comparado, importa referir apenas em termos muito sucintos a *conferenza di servizi*, sobretudo naqueles principais aspetos dos quais o nosso legislador se aproximou ou, pelo contrário, não viu interesse em acolher.

Em termos gerais, a razão de ser do instituto coincide nas duas ordens jurídicas quanto à finalidade última sem que a sua natureza seja rigorosamente a mesma. A finalidade última consiste na simplificação e aceleração, pela via de um procedimento acessório, do tratamento procedimental de situações complexas que envolva a intervenção de órgãos administrativos diversos. Mas, no Direito italiano, basta como razão de ser da convocação de uma conferência de serviços (na modalidade instrutória ou preliminar) o objetivo de tornar possível um exame contextual dos vários interesses públicos e privados envolvidos. Tal tipo de conferência não visa imediatamente a tomada de uma decisão, embora mediatamente a facilite por lhe abrir caminho se tiver sucesso. Pelo contrário, no CPA, a convocação de uma conferência procedimental – seja ela deliberativa ou de coordenação – orienta-se sempre pelo propósito de viabilizar a imediata conformação global da situação apreciada.

Na doutrina italiana, verifica-se hoje um relativo consenso quanto à originalidade da figura da conferência: ela é sem dúvida um "instituto de simplificação", não totalmente enquadrável nas categorias e moldes tradicionais, sejam eles o do órgão colegial ou o das comissões[16]. Pelo nosso lado, observamos que, sem prejuízo de envolver uma reformulação do regime organizatório no que toca às competências em sede de *conferenza decisoria*, a essência da conferência é sobretudo procedimental: tal como sucede no CPA português, a conferência é sobretudo um procedimento, que se articula com vários (ou um) procedimentos pré-existentes a fim de promover a respetiva simplificação e aceleração[17].

Na atualidade, embora a formulação legislativa italiana não prime pela clareza classificatória, parece poder estabelecer-se como distinção principal aquela que diferencia a conferência preliminar da conferência decisória.

A *conferenza di servizi preliminare*, disciplinada pelo artigo 14-*bis*, nº 1, da Lei nº 241/1990, respeita aos casos em que a Administração é chamada a

[16] Cfr. Domenico d'Orsogna, *Conferenza di servizi*, in: Scoca, *Diritto Amministrativo*, 2ª ed., Turim: Giappichelli Editore, 2011, pp. 351 e 352.

[17] Neste sentido: Cerulli Irelli, *Lineamenti del diritto amministrativo*, 3ª ed., Turim: Giappichelli Editore, 2012, p. 336. O A. sumaria a natureza jurídica da *conferenza di servizi* como "modelo procedimental".

decidir sobre "projetos de particular complexidade". Os órgãos titulares de competências de pronúncia sobre qualquer aspeto do projeto são convocados para especificar os requisitos que, uma vez preenchidos, darão lugar à pronúncia favorável do órgão que os enuncia. Não se trata, pois, ainda, de proferir uma decisão final, mas de informar previamente sobre pressupostos que, salvo alteração superveniente das circunstâncias, vinculam cada um dos órgãos que os especificaram a decidir mais tarde em conformidade[18].

No CPA, o legislador não enveredou por esta solução, que corresponderia mais ou menos em pegar naquilo que, no regime jurídico da urbanização e edificação (RJUE), corresponde à figura da *informação prévia*[19], e prever a sua prestação simultânea em regime de conferência por parte de todos os órgãos titulares de competência no ou nos procedimentos abrangidos. Tal solução implicaria na prática a sistemática duplicação das conferências (uma preliminar e uma decisória) em relação a cada caso concreto. A ter de separar dois momentos, pareceu assim em geral uma solução de cariz mais propulsor a de configurar uma conferência sempre decisória (seja ela deliberativa ou de coordenação) eventualmente repetida quando, no seu decurso, se acordar nas alterações do pedido necessárias ao deferimento das pretensões (artigo 81º, nº 5).

A finalidade da *conferenza di servizi decisoria* resulta do artigo 14, nº 6, bis, da Lei nº 241/1990, com a redação recebida na revisão de 2010: concluídos os trabalhos da conferência ou findo o prazo máximo para a sua duração, o órgão responsável ("*l'amministrazione procedente*"), "avaliando os específicos resultados da conferência e tomando em conta as posições prevalentes nela expressas, adota a decisão conclusiva fundamentada do procedimento, a qual substitui para todos os efeitos todos os atos de autorização, concessão, não-oposição ("*nulla osta*") ou concordância incluídos nas competências dos órgãos participantes ou ausentes não obstante convocados"[20].

[18] Cfr. Domenico d'Orsogna, *ob. cit.*, p. 360.

[19] Artigos 14º e seguintes do RJUE republicado pelo Decreto-Lei nº 136/2014, de 9 de setembro.

[20] O preceito também estipula que, no caso de "avaliação estadual de impacte ambiental", a tomada da decisão conclusiva seja remetida para o conselho de ministros quando não for unanime a posição dos órgãos envolvidos.
A qualificação da *conferenza* como *decisória* ou, mais rigorosamente, *nella fase decisória*, é doutrinária, pois a Lei não a emprega. V., a título de exemplo, Cerulli Irelli, *Lineamenti del diritto amministrativo*, cit., pp. 382 e 383..

É visível o grau de indeterminação que afeta a injunção ao órgão responsável pela condução da conferência e pela decisão conclusiva de "tomar em conta as posições prevalentes" expressas. A doutrina italiana chama a atenção para o facto de ser precisamente a este propósito que se têm de conjugar a atenta valoração comparativa dos interesses com a exigência de imprimir eficiência à ação administrativa em cenário de complexidade. Apesar da inevitável incerteza, foi com aquela fórmula que o legislador italiano procura, na versão atual da Lei, alcançar um ponto de equilíbrio entre funcionalidade do procedimento e consideração do peso dos interesses relevantes. É à *amministrazione procedente* que cabe proceder, à luz das circunstâncias do caso, a uma ponderação da qual se infere se e quando algum ou alguns dos outros órgãos participantes na conferência poderão exercer na prática um poder de veto[21].

No CPA, preferiu-se, diferentemente, fazer depender a conclusão positiva da conferência do acordo de todos os órgãos participantes. Sem este, nem será possível praticar, na conferência deliberativa, o único ato final conclusivo de conteúdo complexo favorável, nem, na conferência de coordenação, satisfazer a pretensão do particular através da prática simultânea da totalidade dos atos para tanto necessários. Assim sempre teria de ser na conferência de coordenação, uma vez que, nesta, a simultaneidade do exercício não afeta a alteridade de cada competência. Mas o mesmo se passa na realidade na conferência deliberativa, em relação à qual o artigo 77º, nº 3, alínea b), não confere ao órgão que preside o poder de decidir sozinho, substituindo-se no exercício da competência de outros órgãos participantes. O ato conclusivo é apenas o fruto de um exercício conjunto das competências decisórias de todos os órgãos participantes.

No CPA, o legislador preferiu não permitir à partida a retirada de efeito impeditivo a pronúncias contrárias no exercício de competências que corresponderão à prossecução de interesses públicos setoriais que, em sede do Código, não há condições para identificar, pelo que ficaria por medir o perigo aliado à sua possível desconsideração. Essa ponderação poderá ser feita a propósito de atos de instituição de conferência, quando aqueles assumam a

[21] Cfr. DOMENICO D'ORSOGNA, *ob. cit.*, pp. 356 e 357; CERULLI IRELLI, *ob. cit.*, pp. 382 a 385. A doutrina considera que o emprego da expressão "posições prevalentes" não significa uma contagem aritmética de votos a favor e contra, que seria própria do funcionamento de um órgão colegial, coisa que a conferência manifestamente não é.

forma de lei (artigo 78º, nº 1). Conhecendo os órgãos abrangidos e a matéria das suas competências, encontrar-se-á então o legislador em condições de dar preferência aos imperativos de celeridade e eficiência através de um juízo de avaliação ligado às realidades em causa. De todo o modo, o CPA atenua em alguma medida a rigidez decorrente do princípio de unanimidade ao determinar que os órgãos que se oponham a uma decisão favorável não só especifiquem as razões da sua discordância (o que sempre se imporia), mas indiquem também, sempre que possível, as alterações que considerem necessárias à satisfação da pretensão (artigo 81º, nº 4). E releva também, no mesmo sentido de promover tanto quanto possível a celeridade e a eficiência, a possibilidade de repetição da conferência caso as alterações preconizadas sejam concretizadas pelo interessado (artigo 81º, nº 5), bem como a previsão da prática individual, no prazo de oito dias a contar do termo da conferência, de atos administrativos pelos órgãos que não tenham apresentado objeções quanto à matéria da sua competência.

**12.** A técnica utilizada pelo Direito Alemão para enfrentar a necessidade de simplificar a conformação administrativa de situações complexas que envolveriam em princípio a intervenção de múltiplos órgãos da Administração é a da concentração da competência num só órgão, cujo ato substitui – no sentido de os tornar desnecessários ou irrelevantes – os atos que haveriam de ser praticados pelos outros órgãos se não interviesse o procedimento especial gerador do *efeito de concentração* (*Konzentrationswirkung*). O regime geral deste instituto vem estabelecido pelo §75 da Lei de Procedimento Administrativo alemã (doravante, *VwVfG*). O ato final do procedimento é a estatuição de um plano (*Planfeststellung*). Esta decisão, também denominada *Planfestellungsbeschluss*, tem a natureza de ato administrativo, o qual dispõe sobre uma pluralidade de interesses públicos e privados. De acordo com o § 75, I, da *VwVfG*, o ato de *Planfestellung* dispensa os outros atos que, sem ele, seriam exigíveis. Aquele ato conforma todas as relações de direito público entre o titular do projeto e os restantes sujeitos de direito tipicamente abrangidos[22].

[22] Sobre a figura da *Konzentrationswirkung* como instrumento procedimental de eficiência e simplificação na conformação administrativa de situações complexas: KOCH/RUBEL/HESELHAUS, *Allgemeines Verwaltungsrecht*, 3ª ed., München: Luchterhand, 2003, p. 155.

São no entanto vários os elementos estruturais que diferenciam o instituto de direito alemão do procedimento com efeito de concentração da conferência procedimental, quer à maneira italiana, quer à portuguesa.

Desde logo, o procedimento alemão gerador do efeito de concentração não respeita tendencialmente a todas as situações complexas em que coexistam competências de diversos órgãos sem cujo exercício não discrepante a pretensão do particular não será atendida. Pelo contrário, tal como regulado pela *VwVfG*, esse procedimento só será aplicável quando uma outra lei expressamente o determinar. Essas leis são diplomas sobre planos reguladores de certas realidades socio-económicas dotadas em geral de uma dimensão espacial[23]. É também em alguma legislação especial que se prevê o efeito de concentração em determinados procedimentos de licenciamento[24].

Em oposição a isto, a estratégia legislativa assente nas conferências procedimentais é de tendencial generalidade, ou seja, independente da natureza material das situações complexas a conformar[25]. Com efeito, os nºs 1 e 2 do artigo 77º do CPA não fazem depender a admissibilidade das conferências procedimentais de um certo campo de aplicação material ou substantivo. A delimitação do âmbito de incidência faz-se apenas com recurso a um fator estrutural: o de coexistirem competências de diversos órgãos da Administração Pública cujo exercício em comum ou conjugado possa promover a eficiência, a economicidade e a celeridade da atividade administrativa.

[23] Cfr. KOPP/RAMSAUER, *VwVfG – Verwaltungsverfahrensgesetz-Kommentar*, 15ª ed.,, Munique: C.H.Beck, 2014, pp. 1493, 1495 E 1496.

[24] Cfr. WOLFF/BACHOF/STOBER, *Verwaltungsrecht*, II, 6ª ed., Munique: C.H. Beck, 2000, p. 379.

[25] O artigo 14º, nº 1, da Lei italiana de 7.8.1990, n. 241, dispõe que "Quando se mostre oportuno efetuar um exame contextual dos vários interesses públicos envolvidos num procedimento administrativo, o órgão responsável pelo procedimento ("*l'amministrazione procedente*") pode dar início a uma conferência de serviços". Este preceito incide sobre conferências respeitantes a um só procedimento (conferências intraprocedimentais). Quanto às conferências interprocedimentais, dispõe o nº 2 do mesmo artigo 14 que elas são obrigatórias quando a "*amministrazione procedente*" tiver de reunir pronúncias de concordância ou de não-oposição ("*intese, concerti, nulla osta o assensi*") de outros órgãos da Administração e não as obtenha no prazo de 30 dias. E, ainda segundo o mesmo preceito, tais conferências podem ser convocadas quando, dentro do mesmo prazo, um ou mais de entre os órgãos interpelados se hajam pronunciado negativamente. A qualificação das situações que justificam a realização da conferência é de natureza estrutural e não material.

Embora tanto no procedimento alemão de que se trata como no da conferêcia procedimental se empregue uma técnica de concentração como meio de simplificação e aceleração do processo decisório, o perfil de tal concentração é significativamente distinto.

É certo que, em ambos os institutos, se dá uma *concentração de procedimentos*. Mas só no procedimento de planeamento configurado na *VwVfG*[26], ocorre, a par disso, uma *concentração de competências*, por a *Planfestellungsbeschluss* ser um ato substitutivo e não um ato de conteúdo complexo, dispensando a sua emissão, como se observou já, a de todos os atos permissivos requeridos por outras normas jurídicas[27]. Não assim, porém, na conferência procedimental do CPA, nem mesmo quando deliberativa, visto que, nesta, são os vários órgãos competentes que exercem conjuntamente as suas competências através de um único ato, sim, mas de um ato de conteúdo complexo, por reunir os conteúdos próprios dos atos que a cada um desses órgãos caberia de outra forma praticar. A alínea a) do nº 3 do artigo 77º fala de um ato que substitui *a prática* de atos administrativos autónomos mas gerando na mesma os efeitos típicos de tais atos. Há substituição de um modo autónomo de prática de cada um dos atos, mas não substituição daqueles que seriam os seus autores no exercício das suas competências substantivas.

Assim sendo, se bem que, do ponto de vista formal, haja, devido à prática de um único ato, *concentração de decisão* tanto no procedimento de planeamento alemão como na conferência procedimental deliberativa portuguesa, no nosso caso, não se dá uma *concentração material*, visto que o conteúdo complexo do ato final há-de reunir todos os efeitos de direito que corresponderiam à soma de atos autónomos[28].

[26] Nos §§ 72 a 78 da *VwVfG*, o legislador alemão adotou uma solução curiosa, que consiste em enxertar na lei geral de procedimento esse procedimento especial que é o procedimento de planeamento. Mas não se produz, no plano sistémico, a dissonância que à primeira vista se julgaria, visto que este é o procedimento geral de planeamento, em face do qual existem na Ordem Jurídica numerosas leis avulsas instituindo tipos de planeamento especiais.

[27] Cfr. Kopp/Ramsauer, *VwVfG – Kommentar*, cit., p. 1663.

[28] Note-se que a *concentração material* no procedimento alemão de planeamento poderá ser mais relativa do que pareceria à primeira vista. Ela existe na medida em que a decisão de planeamento não tem de englobar os conteúdos dos atos cuja emissão dispensa. Mas, salvo norma legal habilitante, não pode ela furtar-se à observância de todas as vinculações que aqueles atos haveriam de acatar. Só uma habilitação normativa específica permitirá a substituição de um tal cumulativo acatamento por uma ponderação entre os interesses públicos servidos pelas dispersas normas aplicáveis. Cfr. Wolf/Bachof/Stober, *Verwaltungsrecht*, cit., p. 380.

Em suma, o legislador português opta, no novo CPA, pela conferência procedimental em vez do procedimento de planeamento como regime geral de procedimentalização do exercício das competências de diversos órgãos da Administração Pública convocadas à conformação jurídica administrativa global de uma situação concreta. Tal preferência explica-se pela conveniência de não afastar a atuação dos vários órgãos com competência na matéria. O sacrifício dessas competências à outorga de uma competência englobante a um órgão de planeamento poderá justificar-se em algumas situações objeto de procedimentos especiais. Mas, como solução geral, subverteria uma lógica de organização da Administração assente em necessidades de especialização e de participação institucional diferenciadas consoante os interesses públicos de que se tratar.

**13.** Outra fonte já mencionada da novel figura da conferência procedimental reside em institutos procedimentais especiais já presentes na Ordem Jurídica portuguesa. Encontram-se com efeito nesta alguns procedimentos especiais envolvendo concentração de decisão em articulação com a realização de uma conferência. Mas tais conferências não são estruturadas para o efeito da simultaneidade do exercício das diversas competências envolvidas na conformação da situação complexa.

Referiremos dois casos, o primeiro dos quais constituido pelo procedimento de *autorização prévia*, previsto no *Sistema de Indústria Responsável* (SIR), aprovado pelo Decreto-Lei nº 169/2012, de 1 de agosto. O SIR inclui três diferentes procedimentos respeitantes à instalação e exploração de estabelecimento industrial. A *autorização prévia* é o procedimento respeitante aos estabelecimentos industriais de tipo 1, que são os de maior relevo, que a lei tipifica com recurso a um conjunto de critérios. Os outros dois procedimentos (comunicação prévia com prazo e mera comunicação prévia) não compreendem a possibilidade de realização de uma conferência.

O SIR distingue ainda, no âmbito da autorização prévia, entre o *procedimento de autorização prévia individualizada* (artigos 20º e seguintes) e *procedimento de autorização prévia padronizada* (artigos 26º e seguintes). Referimo-nos apenas ao primeiro porque só a seu propósito se contempla a possibilidade de realização de uma conferência entre "os serviços ou organismos da administração central que, nos termos da lei, devam pronunciar-se sobre o pedido" (artigo 22º, 1). O facto de se visar "obter uma decisão integrada da entidade coordenadora" (artigo 20º, nº 1) não implica concentração de procedimentos, mas apenas, "por opção do requerente", o início junto da entidade coordenadora e o decurso em simultâneo com o procedimento de autorização prévia individualizada dos vários outros procedimentos de cuja conclusão favorável depende o deferimento do pedido de autorização (artigos 20º, nº 3, e 24º, nº 4)[29].

Aquilo que caracteriza, pois, essencialmente o procedimento de autorização prévia individualizada é a circunstância de ele ser conduzido por uma entidade coordenadora dos procedimentos conexos, que profere uma decisão final integrada favorável ou desfavorável. A função coordenadora é sublinhada no nº 2 do artigo 24º, no qual se dispõe que" antes de proferir decisão, a entidade coordenadora promove as ações que considerar necessárias à concentração das posições assumidas pelas entidades consultadas quando se verifiquem divergências que dificultem a tomada de uma decisão integrada".

Nem sempre, contudo, terá de haver simultaneidade articulada dos procedimentos, mas só "por opção do requerente". Também a realização de uma conferência é facultativa, pois que a entidade coordenadora a convocará "sempre que o entender conveniente", ou seja, segundo um seu juízo de oportunidade. Tal conferência é meramente preliminar ou preparatória, destinando-se a proceder ao "ponto de situação do processo", à "identificação de possíveis condicionantes e obstáculos ao projeto e respetivas implicações procedimentais", à elaboração do "cronograma dos procedimentos a desenvolver", calendarizando compromissos e procurando reduzir, sempre que possível, os prazos máximos fixados na lei (artigo 22º, nº 3). Nessa reunião de realização facultativa, poderá participar o requerente, mas, também, a convite da entidade coordenadora. Por fim, não se pode dizer que ocorra concentração de competências ou, sequer, de decisão, visto que a "decisão final integrada", "devidamente fundamentada e precedida de síntese das diferentes pronúncias das entidades consultadas", terá de

[29] De acordo com o nº 3 do artigo 20º, esses procedimentos são os de avaliação de impacte ambiental, de notificação e aprovação do relatório de segurança e de emissão de título ou informação prévia de utilização de recursos hídricos. Note-se que, nos termos do artigo 24º, nº 4, o indeferimento do pedido de autorização de instalação resultará necessariamente não só do caráter desfavorável da decisão proferida em qualquer dos procedimento referidos, mas também nos respeitantes à licença ambiental, ao título de emissão de gases com efeito de estufa, ao alvará ou parecer sobre operação de gestão de resíduos, bem como à decisão da CCDR em razão da localização (artigo 24º, nº 4).

ser de indeferimento se qualquer de tais pronúncias tiver cariz negativo (artigo 24º, nº 1 e 4).

Era, pois, francamente débil o papel da conferência como trâmite procedimental do SIR até à entrada em vigor do Decreto-Lei nº 4/2015, que aprovou o atual CPA. Isso explica que, no artigo 4º do diploma preambular, se tenha estendido com algumas poucas adaptações ao SIR o novo regime das conferências procedimentais, conferindo desde logo à entidade coordenadora competência para as convocar, por sua iniciativa ou a pedido do interessado.

**14.** Um exemplo anterior ao atual CPA, porventura o mais flagrante na nossa Ordem Jurídica, de conferência entre as entidades administrativas que se devam pronunciar e da qual sai em princípio uma decisão é-nos proporcionado pelo *Regime Jurídico da Urbanização e da Edificação* (RJUE)[30]. Nos termos do artigo 13º-A, nº 1, deste diploma, "A consulta de entidades da administração central, direta ou indireta, do setor empresarial do Estado, bem como de entidades concessionárias que exerçam poderes de autoridade, que se devam pronunciar sobre a operação urbanística em razão da localização, é efetuada através de uma única entidade coordenadora, a CCDR territorialmente competente, a qual emite uma decisão global e vinculativa de toda a administração".

Esta consulta é efetuada em simultâneo e com recurso a plataforma eletrónica e as entidades consultadas devem pronunciar-se no prazo de 20 dias (artigo 13º-A do RJUE, nºs 2 e 3). Caso não existam posições divergentes entre as entidades consultadas, a CCDR toma uma decisão final no prazo de 5 dias (mesmo artigo 13º-A, nº6). Caso, porém, existam pareceres negativos, a CCDR promove uma reunião, preferencialmente por videoconferência, a realizar no prazo de 10 dias a contar do último parecer recebido dentro do prazo legal de 20 dias. Essa conferência, na qual participam todas as entidades consultadas e também o requerente, visa obter uma solução concertada. Mas, ainda que tal concertação se não concretize, a CCDR profere uma decisão final vinculativa no prazo de 10 dias (artigo 13º-A, nº 7). Perante essa decisão da CCDR, proferida em conferência decisória, os pareceres

[30] Tal como consta da republicação do Decreto-Lei nº 555/99, de 16 de dezembro, pelo Decreto-Lei nº 136/2014, de 9 de setembro.

emitidos pelas entidades consultadas têm natureza não vinculativa (artigo 13º-A, nº 11).

O modelo desta conferência é claramente o da *conferenza di servizi decisoria* do Direito Italiano. No CPA, o tipo de subprocedimento que mais se aproxima dela é o da conferência procedimental deliberativa. Há, no entanto, uma diferença fundamental quanto à competência para o ato final favorável que, na conferência deliberativa, é uma competência conjunta de todos os órgãos participantes. Por outro lado, a deliberação favorável depende da posição concordante de todos os órgãos envolvidos (art. 81º, nº 5, do CPA). Acresce ainda que, embora a realização da conferência deliberativa não seja obrigatória a não ser perante um requerimento dos interessados, a sua convocação não tem como pressuposto o haverem já sido tomadas posições negativas pelas entidades que hajam de se pronunciar. A convocação independentemente de verificação de posições negativas tem como razão de ser o propósito de acelerar a tomada das várias posições e de facilitar o consenso num ambiente contextual.

Se, no RJUE – e apenas a propósito de pareceres, aprovações ou autorizações em razão da localização e não dos procedimentos de licença administrativa, comunicação prévia ou autorização de utilização sobre operações urbanísticas – o legislador se sentiu habilitado a dar às CCDRs o poder de decidir em conferência decisória sem prejuízo de pareceres contrários, isso sucedeu com certeza em atenção ao tipo de implantação institucional da entidade decidente, das suas competências e da amplitude dos interesses públicos postos a seu cargo, quando confrontados com os prosseguidos por cada um dos órgãos consultados. Mas, no Código do Procedimento Administrativo, em face de um universo de situações objetivas e subjetivas muito mais vasto e em alguma medida indeterminado, o legislador não dispunha de elementos que fundassem uma tão radical transferência de competências. Isso poderá vir a ser feito à luz do perfil de cada tipo de conferência por ato de instituição de natureza legislativa.

## § 4º As opções do legislador

**15.** Em suma, os ensinamentos de que se dispõe revelam a tendência para a crescente complexidade da atividade administrativa. E esta deve-se, em boa parte, ao alargamento da dimensão institucional policêntrica com a qual, por seu turno, se tem pretendido responder à sempre maior diversidade dos interesses públicos resultantes da composição heterogénea do tecido social e da multiplicação das soluções técnicas concebíveis[31]. A par da racionalização das estruturas organizatórias, a ultrapassagem das presentes dificuldades depende cada vez mais do recurso a instrumentos de natureza procedimental para complementação corretiva ou para substituição das clássicas fórmulas institucionais. Só graças a soluções procedimentais se poderá recuperar, ao menos em parte, a perdida unidade da função administrativa[32].

Nos múltiplos casos em que a conformação, requerida pelos interessados, de situações jurídicas administrativas complexas requer a intervenção de uma pluralidade de órgãos de uma ou várias pessoas coletivas titulares de competências confluentes, convirá normalmente a sobreposição aos iniciais procedimentos conexos, ou ao procedimento complexo, de um procedimento secundário integrativo, visando a contextualidade e a aceleração do processo decisório. A contextualidade trará em princípio ganhos de eficiência resultantes de uma visão integrada dos vários aspetos de uma situação complexa[33]. E, ao substituir-se uma complexa sequencialidade das apreciações e decisões por uma decisão única ou por decisões simultâneas conjugadas, potencia-se um efeito de aceleração da conformação global[34].

**16.** No plano da política legislativa, são várias as soluções em abstrato concebíveis para lograr a contextualidade e a aceleração relativamente à conformação jurídico-administrativa de situações originariamente tratadas através de um procedimento complexo ou de procedimentos conexos. Avultam a este propósito os modelos da *concentração substitutiva*, da *concentração substitutiva em conferência interorgânica* e o de *exercício conjunto ou conjugado de competências em conferência interorgânica*.

[31] Cfr. Esteve Pardo, *La nueva relación entre Estado y sociedad – Aproximación al transfondo de la crisis*, Madrid: Marcial Pons, 2013, p. 127; Justen Filho, *Curso de Direito Administrativo*, 10ª ed., São Paulo: Revista dos Tribunais, 2014, p. 152; Sommermann, *Staatsziele und Staatszielbestimmungen*, Tübingen: Mohr Siebeck, 1997, p. 472 s; Uerpmann, *Das öffentliche Interesse*, Tübingen: Mohr Siebeck, 1999, pp. 26 e 27, entre outras.

[32] Cfr. Schmidt-Assmann, *Verwaltungsrechtliche Dogmatik*, cit., pp. 172-174.

[33] Cfr. Caringella, *Corso di Diritto Amministrativo*, II, Milano: Giuffrè, 2004, p. 1471; Domenico d'Orsogna, *ob. cit.*, p. 360.

[34] Cfr. Aroso De Almeida, Mário, *Teoria Geral do Direito Administrativo – O Novo Regime do Código do Procedimento Administrativo*, Coimbra: Almedina, 2015, p. 100.

O modelo *da concentração substitutiva* corresponde à figura da *Konzentrazionswirkung*, acolhida, como se referiu, na VwVfG alemã. Assiste-se aí a uma tripla concentração de procedimento, de competência e de decisão. Com prejuízo daquelas que seriam em princípio as competências de diversos órgãos exercidas no quadro de diversos procedimentos, um só órgão profere, no âmbito de um único procedimento de planeamento, uma decisão única, assim se substituindo a intervenção dos outros órgãos. A concentração pode até abarcar os pressupostos de direito material, visto que estes, específicos do planeamento, poderão prevalecer sobre aqueles que regeriam as várias decisões dispersas por distintos procedimentos[35].

O legislador português aproximou-se deste modelo em alguma legislação especial, por exemplo quando, no RJUE, prevê a tomada de uma decisão final substitutiva pela CCDR em matéria de parecer, aprovação ou autorização em razão da localização quando, após simples consulta fora do contexto de uma reunião, não existam posições divergentes por parte das entidades que se devam pronunciar (artigo 13º-A, nºs 1 e 6, do RJUE).

Não foi essa, porém, a solução adotada no CPA. Perante um conspecto indeterminado de situações complexas objeto de competências múltiplas, seria problemática a outorga de uma competência substitutiva. E a renúncia à contextualidade ou o seu significativo enfraquecimento poderiam constituir um óbice à eficiência da decisão, devido à perda dos contributos das estruturas orgânicas especializadas.

O modelo da *concentração substitutiva em conferência interorgânica* corresponde à atual *conferenza di servizi decisoria*. A conferência tem lugar mas, no seu termo, a decisão cabe apenas ao órgão competente para a convocar e dirigir, o qual pode decidir num certo sentido não obstante as posições divergentes de órgãos participantes. Já se referiram as razões que terão levado o legislador do CPA a não perfilhar esta solução sem prejuízo de ela poder vir a ser adotada em atos legislativos de instituição à luz da natureza da matéria e da posição institucional dos órgãos participantes.

O modelo dualista alicerçado na alternativa entre conferência deliberativa e conferência de coordenação, que foi o adotado no CPA, corresponde ao esquema do *exercício conjunto ou conjugado de competências em conferência interorgânica*. Em vez de uma alternativa entre um modelo de concentração e um

[35] Cfr. WOFF/BACHOF/STOBER, *Verwaltungsrecht*, cit., pp. 379 e 380; MARTA PORTOCARRERO, *Modelos de Simplificação Administrativa*, cit., pp. 228 a 234.

modelo de coordenação[36], o legislador enveredou pela senda original que consiste em contrapor à coordenação de competências não a sua absorção por um só órgão (seria uma solução de competência substitutiva), mas, tão só, a conjugação das competências para o seu exercício em co-autoria sob a forma de um ato único mas complexo. Trata-se de uma resposta original à necessidade de racionalizar o processo de determinação do interesse público concreto no seio de uma valoração contextual de todos os interesses públicos envolvidos[37]. O ato conclusivo da conferência deliberativa não tem a natureza de feixe de atos, mas sim a de ato unitário. E a sua autoria não é imputável à conferência (que, não tendo a natureza de órgão, não constitui um centro de imputação) mas sim – em co-autoria – ao conjunto de órgãos participantes[38].

Tem no entanto razão MARIANA MAURÍCIO quando observa que, como a conferência procedimental não altera a natureza da competência dos órgãos consultivos, a pronúncia desfavorável de um órgão no exercício da competência para proferir parecer não vinculativo não impede a prática do ato de conteúdo complexo a que se destina a conferência deliberativa[39]. Estes órgãos estão vinculados a participar na conferência procedimental nos termos do artigo 79º, nº 7, quer, aliás, se trate de conferência deliberativa quer de coordenação. Mas o seu parecer desfavorável não impede a conclusão da conferência favorável para o ou os interessados se for neste sentido a posição assumida pelos restantes participantes.

**17.** Já se explicaram as razões para a opção legislativa por modelos unanimistas quanto aos dois tipos de conferência. E apontaram-se os vários instrumentos adotados para temperar o seu rigor quer através da vinculação dos participantes desfavoráveis ao dever de apontar soluções alternativas

[36] Cfr. MARTA PORTOCARRERO, *Modelos de Simplificação Administrativa*, cit., pp. 55 e 56.

[37] Cfr. DOMENICO D'ORSOGNA, *Conferenza di servizi*, cit., p. 362.

[38] Como observa AROSO DE ALMEIDA, "Isto implica que só todos os órgãos em conjunto podem anular ou revogar o ato em causa, que ele só pode ser impugnado como um todo e que a eventual invalidade da manifestação de vontade de um dos órgãos intervenientes contamina o ato no seu conjunto, implicando a invalidade do todo". Cfr. *Teoria Geral do Direito Administrativo*, cit., p. 93.

[39] Cfr. *Algumas Notas sobre a Conferência Procedimental no Projecto do Novo Código do Procedimento Administrativo*, in: MARIA JOÃO ANTUNES/MARTA CAVALEIRA (Org.), *Estudos em Memória do Conselheiro Artur Maurício*, Coimbra: Coimbra Editora, 2014, p. 1049.

sempre que possível, quer mediante a facilitação da repetição da conferência e o princípio do aproveitamento nessa sede dos atos praticados na primeira conferência, quer ainda promovendo a prática individual, no prazo de oito dias, do ato administrativo que lhes compete pelos órgãos participantes na conferência que não tenham apresentado objeções quanto a essa matéria.

Discordamos da objeção segundo a qual o legislador deveria ter reservado a conferência deliberativa para as situações abrangidas por um único procedimento complexo e obrigado ao emprego da conferência de coordenação sempre que se tratar de procedimentos conexos[40]. Embora as competências dos órgãos envolvidos, a posição recíproca entre eles e a natureza das matérias a decidir possam recomendar o emprego de uma forma de conferência destinada ao exercício individualizado, ainda que simultâneo, dos poderes de cada um através de atos administrativos autónomos, a verdade é que a forma da conferência deliberativa apresenta em abstrato algumas vantagens. A síntese, em um único ato administrativo, dos diversos efeitos de direito a constituir para regulação da situação complexa garante com maior eficácia a incindibilidade de tais efeitos, indispensável à completude da conformação jurídico-administrativa da situação complexa. Evita-se, por outro lado, a necessidade de configurar um ato tácito positivo quando da ausência na conferência de coordenação de um órgão regularmente convocado. Parece, com efeito, indesmentível que o nº 6 do artigo 79º se aplica tanto às conferências deliberativas como às de coordenação, mas a forma jurídica das consequências da ausência não é a mesma. Se a conferência é deliberativa, a ausência não prejudica a coautoria[41]. Mas, na conferência de coordenação, na qual é suposta a prática por cada órgão participante do ato administrativo que lhe compete, parece ser a figura do ato tácito positivo (deferimento tácito) aquela que permite dar cumprimento ao disposto pelo nº 6 do artigo 79º[42]. Ainda que, porém, o deferimento tácito represente a forma de dar aplicação ao disposto pelo nº 6 do artigo 79º, há que reconhecer que a coautoria, por parte do órgão ausente, do ato positivo gerado em conferência deliberativa

[40] Cfr. Mariana Maurício, *Algumas Notas sobre a Conferência Procedimental...*, cit., pp. 1050-1056.

[41] Salvo invocação de justo impedimento nos termos da parte final do nº 6 do artigo 79º.

[42] Será, à primeira vista, de entender que a produção, em conferência de coordenação, de um deferimento tácito sob a incidência conjunta dos artigos 79º, nº 6, e 130º, se gera sob a condição de conclusão da conferência com sucesso.

constitui um modo jurídico de efetivar a requerida unanimidade menos sujeito a percalços isolados.

**18.** A opção legislativa por dois modelos unanimistas de conferência procedimental prende-se com a atribuição, no nº 1 do artigo 81º, à realização da conferência procedimental, de *efeito suspensivo* sobre os prazos para a conclusão dos procedimentos a que aquela diz respeito. Esta suspensão revela-se imprescindível, visto que, se os procedimentos abrangidos continuassem a correr durante o decurso da conferência, se tornaria muito difícil fazer esta desembocar numa decisão única ou conjugada[43]. Mas, para além deste papel instrumental, a suspensão dos prazos para a conclusão dos procedimentos abrangidos durante o decurso do prazo para a realização da conferência revela-se importante para a compreensão do alcance da conferência procedimental. O respetivo efeito suspensivo ilumina com efeito a figura jurídica do *insucesso da conferência*. Sendo certo que o nº 5 do artigo 81º começa por dispor que "A pronúncia desfavorável de qualquer dos participantes na conferência deliberativa determina o indeferimento das pretensões apreciadas na conferência...", não cabe entender, em tal contexto, o emprego do termo "indeferimento" como significando um ato administrativo complexo de sentido negativo, merecedor de inclusão no conceito, a que alude o artigo 81º, nº 2, alínea a), de "ato que a conferência visa praticar". No nº 5 deste artigo 81º, o "indeferimento" resultante da "pronúncia desfavorável de qualquer dos participantes na conferência deliberativa" não constitui o reverso do ato administrativo positivo, único mas de conteúdo complexo, visado pela

[43] Tem sido já formulada a crítica de que o efeito suspensivo dos procedimentos a que se referem as conferências significa que, na realidade, estas representarão um novo fator de morosidade. Mas um tal risco constitui o contrapeso da probabilidade de sucesso da conferência e da inerente aceleração da decisão ou decisões pretendidas. Sendo de presumir que, na maioria dos casos, a convocação da conferência se fará a requerimento dos interessados (artigo 79º, nº 2), é de partir do princípio de que estes saberão medir no seu interesse as vantagens e desvantagens à luz das circunstâncias concretas. De todo o modo, trará consigo uma aceleração um insucesso da conferência acompanhado da obrigatória especificação, pelos órgãos discordantes, das soluções alternativas (quando existam) que permitiriam a viabilização do projeto, atividade, regulação do bem ou situação (artigo 81º, nº 4). E o mesmo se observa a propósito da possibilidade de repetição da conferência com aproveitamento dos atos praticados cuja atualidade se mantenha (artigo 81º, nºs 5, 7 e 8) bem como da prática no prazo de oito dias dos atos administrativos da competência dos órgãos que não hajam deduzido objeções.

conferência deliberativa nos termos da alínea a) do nº 3 do artigo 77º. Na verdade, aquilo que tanto a conferência deliberativa como a conferência de coordenação visam é facilitar e acelerar, através da atividade contextual dos vários órgãos, a conformação global de uma situação jurídica administrativa complexa em termos favoráveis aos interessados sempre que isso se revele possível à luz dos critérios jurídicos e de conveniência aplicáveis. Em linguagem figurada, aquilo para o que o legislador institui a conferência procedimental não é o dizer, global e definitivamente, "sim ou não" a uma pretensão de conformação de uma situação jurídico-administrativa complexa. Trata-se, antes, de dizer, global e definitivamente, sim, quando isso se revele possível, e de fazer reverter os momentos decisórios para os procedimentos de base conexos ou complexos quando uma decisão global positiva se não tenha mostrado alcançável após uma apreciação contextual. Se assim não fosse, os procedimentos a que respeita a conferência não se suspenderiam e antes se extinguiriam por força do início da conferência, que, para todos os efeitos, os absorveria, substituindo-os de vez. E, ao contrário daquilo que se dispõe no nº 6 do artigo 81º, os órgãos participantes que não tivessem apresentado objeções não ficariam em condições de praticarem individualmente o ato administrativo que lhes compete. Aquilo a que alude o nº 5 do artigo 81º não é, pois, o indeferimento definitivo das pretensões apreciadas. O seu "indeferimento na conferência" significa apenas o seu não deferimento pela via da conferência enquanto metodologia procedimental alternativa.

Teria sido porventura preferível o emprego de uma expressão menos equívoca no nº 5 do artigo 81º, designadamente em face do risco de ilações erróneas quanto ao regime de tutela jurisdicional do interessado. Mas aquilo que a interpretação sistemática revela é uma opção legislativa por um procedimento acessório de procedimentos-regra e pela retoma da marcha destes quando do inêxito daquele[44]. A nova figura procedimental do *insucesso da conferência* não corresponde, pois, a um ato conformativo da situação de sentido negativo em relação ao conteúdo da pretensão, mas apenas à ausência de um ato favorável (no caso da conferência deliberativa) ou à ausência de uma constelação de atos unanimemente favoráveis (no caso da conferência de coordenação).

[44] Cfr. Marta Portocarrero, *Procedimento administrativo – aspetos estruturais*, Cadernos de Justiça Administrativa, nº 100, p. 85.

**19.** Cabe, por fim, sublinhar a importância da opção legislativa consistindo na solução inédita (em termos de Direito comparado e de propostas doutrinais) de intercalar entre o regime geral da conferência procedimental no CPA e os atos de convocação das concretas conferências procedimentais a *instituição*, caracterizada, no artigo 78º, como ato geral e abstrato de configuração de um tipo de conferência procedimental em função dos procedimentos e dos órgãos envolvidos e da natureza das situações jurídico-administrativas complexas de cuja conformação se trate.

Esta solução permite ajustar cada tipo de conferência ao condicionalismo em que deverá ser utilizado. Ao prever-se a forma legislativa para o ato de instituição – a par das formas do regulamento e do contrato interadministrativo – entreabre-se uma porta para a instituição de conferências moldadas pelo atual modelo da conferência decisória em Itália. Mas, para além e acima de tudo isto, a faculdade (que é também um ónus) de praticar atos de instituição por parte dos órgãos para tanto competentes (os primeiros dos quais o Governo da República e os Governos regionais) convoca a atenção para a responsabilidade política pelo eventual não emprego racional e sistemático de um poderoso novo instrumento de reforma administrativa.

D)

# CONTRATOS

# Contrato administrativo
## (1972)*

**CONTRATO ADMINISTRATIVO** – *Contrato celebrado entre a Administração e outra pessoa com o objecto de associar esta por certo período ao desempenho regular de alguma atribuição administrativa, mediante prestação de coisas ou de serviços, a retribuir pela forma que for estipulada.*

### 1. Contrato, contrato de direito público e contrato administrativo

São os contratos a mais importante fonte das obrigações, apesar de, nos tempos modernos, as limitações levantadas ao princípio da autonomia da vontade terem levado a uma recessão do instituto a que alguns chamaram mesmo decadência. Tal facto não impediu que, pelo menos nos países de economia de mercado, se continue a reconhecer àquela autonomia um papel basilar na conciliação dos interesses das partes. Ela ganhou aliás em extensão – quanto aos campos em que se pode manifestar – aquilo que a acentuação do papel social do contrato a fez perder em intensidade. Foi precisamente o que ocorreu com a introdução do contrato no âmbito do Direito Público. As necessidades da vida contemporânea se encarregaram de vencer todas as resistências de raíz dogmática e demonstrar que relações jurídicas

* In: *Dicionário Jurídico da Administração Pública*, III. Lisboa: s/ ed, pp. 54-88.

disciplinadas por este ramo de Direito se podem constituir, modificar e extinguir através de negócios jurídicos plurilaterais com o fim de regulamentação autónoma de interesses não paralelos. Tais relações são de Direito Público na medida em que o seu objecto seja regido por esse ordenamento, podendo até acontecer – segundo alguns autores que os seus sujeitos não sejam pessoas colectivas de direito público[1].

Contrato de Direito Público não é sinónimo de contrato administrativo: o primeiro constitui o género no qual o segundo se integra como espécie. A causa-função do contrato administrativo é a associação duradoura e especial de particulares à realização do fim administrativo. Este contrato é pois, fundamentalmente, una fórmula de colaboração com a Administração pública. Mas há contratos de Direito Público – internacional e interno – que dão corpo a uma relação entre duas pessoas de Direito Público. Destes alguns integram-se no âmbito do Direito Constitucional. Assim, por exemplo, os contratos outorgados na Alemanha Federal entre os «Länder» e a Igreja Protestante[2]. Outros respeitam mesmo ao Direito Administrativo, sem que por isso os possamos qualificar de contratos administrativos. Assim, entre nós, o acto pelo qual juntas de freguesia se associam nos termos do artigo 266º do Código Administrativo (desde que, como nos parece preferível, se considere plurilateral esse negócio jurídico), os acordos celebrados entre as juntas distritais e as câmaras municipais relativos à criação e manutenção de serviços segundo o art. 316º, nº 17º do mesmo Código, ou ainda os acordos celebrados nos termos da Lei nº 2 115 de 18 de junho de 1962 entre a Direcção-Geral dos Hospitais ou o Instituto de Assistência Nacional aos Tuberculosos e a Federação de Caixas de Previdência e Abono de Família[3].

Em 1937 sustentava entre nós o Doutor Melo Machado a identidade das expressões «contratos administrativos» e «contratos de direito público»[4]. Se de facto chegou a existir, tal identidade encontra-se hoje destruída pela evolução do nosso ordenamento jurídico, que prevê já outras formas de

[1] Forsthoff, *Traité de Droit Administratif Allemand*, 1969, p. 422.

[2] Forsthoff, *ob. cit.*, p. 415.

[3] Em nosso entender, o Direito dos seguros sociais é um ramo do Direito Administrativo e a Federação das Caixas de Previdência e Abono de Família é uma pessoa colectiva de direito público. Vide Sérvulo Correia, *Teoria da Relação Jurídica de Seguro Social*, I, in «Estudos Sociais e Corporativos», Setembro de 1968, nº 27, pp. 77 e 160.

[4] *Teoria Jurídica do Contrato Administrativo*, 1937, p. 104.

contrato regidas pelo Direito Público, para além daquela que, com propriedade, se pode chamar «contrato administrativo», a qual apresenta como traço característico «a associação duradoura e especial do particular à realização do fim administrativo de tal modo que a sua actividade fique vinculada à regularidade e à continuidade do serviço»[5].

## 2. Admissibilidade da categoria do contrato administrativo

Nalguns países, parte da doutrina contestou ou contesta ainda hoje a possibilidade da existência de contratos de Direito Público em geral e (ou) de contratos administrativos em particular. Referindo-a à própria expressão «contrato administrativo», observou um antigo autor francês que «pareil adjectif ne saurait accompagner un pareil substantif», frase em que se cristaliza com felicidade a ideia de que aquela designação encerraria uma *contradictio in adjecto*. A raiz ainda vivaz de real crença assenta sobretudo na concepção segundo a qual o contrato administrativo violaria o princípio da igualdade, um elemento intrínseco de estrutura do contrato. Com efeito – aduzem os que assim pensam – a relação contratual caracteriza-se pela igualdade do valor social dos interesses das partes e do valer jurídico das suas vontades, ao passo que as relações de Direito Público, especialmente as que decorrem entre a Administração Pública e os particulares, se distinguem por uma desigualdade de posições com proeminência das pessoas de Direito Público. Adoptando esta tese, escrevem, por exemplo, LANDI e POTENZA: «O contrato... possui uma finalidade de composição de interesses opostos, os quais, perante a Ordem jurídica, são considerados de valor idêntico. Mas se o interesse público, prosseguido pela Administração Pública, deve ser considerado como prevalecendo sobre o da parte de Direito Privado, não se pode falar de composição de interesses; apenas o primeiro recebe sempre integral satisfação, e o segundo é mais ou menos condicionado pelo primeiro. Em consequência pode dizer-se que os referidos actos de Direito Público têm a aparência de contrato mas não são contratos. Trata-se de uma categoria de actos com efeitos bilaterais, os quais pressupõem uma manifestação de consentimento do particular a quem se dirigem: tal manifestação, quer seja

[5] MARCELLO CAETANO, *Manual de Direito Administrativo*, I, 1970, p. 561.

anterior ou posterior ao acto da Administração, deve ser formalmente um mero contexto desse acto»[6].

A corrente negativista da admissibilidade do contrato administrativo entronca no (pensamento de OTTO MAYER, que nos fins do século passado sustentou a tese de que os assim chamados contratos administrativos consistem na justaposição de dois actos administrativos: um que impõe a prestação, outro que concede a justa indemnização. Assemelhar-se-iam assim com o instituto da requisição, do qual apenas se diferenciariam por a imposição ínsita no «contrato» apenas vincular aqueles que voluntariamente se lhe submetem[7]. Como, no mesmo sentido, defende FLEINER, o assentimento do particular desempenha apenas em relação ao primeiro acto unilateral da Administração o papel de uma *condictio juris* da validade (hoje diríamos antes «eficácia») do comando que aquele contém[8]. A atribuição de eficácia ao primeiro acto administrativo contendo a imposição – atribuição brotando de consentimento do particular – permitiria, por seu turro, a prática de um seguindo acto administrativo fixando a indemnização.

A posição de OTTO MAYER e dos seus sequazes revela-se condicionada pela preocupação de manter a todo o transe a autoridade do Estado sempre que este actua na prossecução do interesse público.

Não podendo demitir-se da sua autoridade, o Estado nunca poderia exprimir uma vontade do mesmo teor da vontade privada. Tal ripo de raciocínio consubstancia o argumento-chave da tese negativista. (A ele têm sido agregados outros de somenos importância, como o de em determinadas ordens jurídicas não haver quaisquer normas que prevejam os contratos de direito público e lhes confiram poder vinculatório.

Como FORSTHOFF observa, o argumento de que nenhum contrato de direito público poderia existir por não estarem previstos na lei, peca pelo seu teor manifestamente positivista. E, se não bastasse para o desactualizar o próprio declínio do pensamento positivista (quem contesta hoje em dia o valor universal da regra *pacta sunt servanda*?), a evolução dos ordenamentos jurídicos seria bastante para o efeito, dado que a pressão dos factos levou ao reconhecimento em todos eles de formas de contrato em grande parte subtraídas ao regime do Direito Civil.

[6] LANDI-POTENZA, *Manuale di Diritto Amministrativo*, 1960, p. 180.

[7] MELO MACHADO, *ob. cit.*, p. 245.

[8] *Instituciones de Derecho Administrativo*, 1933, p. 155.

Parece aliás que a posição de OTTO MAYER tem de ser entendida à luz de prevenções de carácter político a que a forma como as instituições evoluíram tirou alguma justificação. Aquele autor receava que os laços bilaterais se tornassem para a Administração cadeias asfixiantes, ao passo que a regra jurídica e o acto administrativo são unilateralmente revogáveis. Desta forma, se os compromissos contratuais se tornassem regra, a soberania estadual enredar-se-ia na teia dos contratos. Isto seria tanto mais grave quanto a regra jurídica é genérica e se reveste de publicidade (e o acto administrativo aplica a regra jurídica), ao passo que o contrato estabelece regulamentações particularistas que não comportam necessariamente publicidade[9].

A tudo isto se pode responder, como com notável clareza e concisão faz o Prof. MARCELLO CAETANO, que a soberania é um atributo do Estado graças ao qual ele se constitui e organiza e que, aliás, também conhece limites. Mas uma vez constituído o Estado, a acção dos seus agentes executivos desenvolve-se no exercício de uma «autoridade derivada» que não pode ignorar os trâmites e os marcos postos pelo poder supremo. Desta forma, quando, para a prossecução do interesse público, o Estado entra em relações com os cidadãos, ele encontra-se sujeito à observância de normas em virtude das quais assume obrigações. Assim, os próprios actos unilaterais da autoridade o comprometem perante os particulares desde que a lei lhes confira eficácia constitutiva de direitos. Se, portanto, num regime de Direito o Estado se pode vincular juridicamente aos particulares através de actos unilaterais, nada impede que essa vinculação se opere por contrato.

Como o Prof. MARCELLO CAETANO expressamente reconhece, existem de facto, casos em que a Administração cria unilateralmente um acto perfeito cuja eficácia depende da aceitação de um particular. Em tais condições, a vontade manifestada na aceitação do particular não intervém constitutivamente no acto. Como exemplo, no Direito Administrativo português, pode referir-se o provimento por nomeação.

Mas à nomeação pode contrapor-se o provimento contratual.

Aqui, a relação de Direito Público nasce de um livre acordo de vontades. Sem a manifestação do mútuo consenso o acto não existe, nem sequer como acto desprovido de eficácia.

[9] FORSTHOFF, *ob. cit.*, pp. 417 e 418.

Quanto à «superioridade» da Administração que, segundo os defensores da tese negativista, não quadraria com a igualdade das partes próprias do instituto contratual, ela não se manifesta nos planos essenciais como o da entrada do particular em relação, que tem de depender da livre vontade deste, ou o da determinação do objecto, definitivamente fixado pela realização do contrato. A Administração apenas se reserva num poder mais ou menos extenso de, no decurso da execução do contrato, determinar as circunstâncias das prestações. Não estamos aqui perante uma peculiaridade do contrato de Direito Público ou do contrato administrativo. Tal possibilidade surge igualmente em contratos de Direito Privado como, por exemplo, o contrato de trabalho subordinado[10].

Posição intermédia é a dos que admitem a existência de contratos de Direito Público essencialmente diferentes dos contratos privados, caracterizando-os em especial pela indeterminação do conteúdo resultante da supremacia reconhecida à Administração. Aceitamos esta posição.

Não se nos afigura admissível, em contrapartida, pelo menos à luz do Direito português, a posição dos que, como ZANOBINI e, no seu rasto, boa parte dos autores italianos, pensam ser puramente formal a relevância da categoria «contrato administrativo» visto que, dado o carácter público dos poderes da Administração quando age no campo do Direito Público, a forma unilateral ou contratual dos actos que utiliza não me reflectiria nos respectivos efeitos. Segundo eles, o contrato, quando existe, não produz como tal consequências substanciais no conteúdo da relação. O interesse público, que constitui o seu escopo, e o poder no exercício do qual a Administração participa na sua formação seriam elementos que, legitimando embora a afectação do contrato ao Direito Público, lhe estabeleceriam uma eficácia perfeitamente idêntica à do acto administrativo. Assim, por exemplo, seria igual o regime jurídico dos funcionários nomeados ou providos por contrato, ou o das concessões resultantes de acto administrativo[11].

A contestação mais cabal desta doutrina é a que resulta da exposição autónoma da formação, execução, alteração, extinção e interpretação dos contratos administrativos.

[10] MARCELLO CAETANO, *ob. cit.*, pp. 547.

[11] ZANOBINI, *Corso di Diritto Amministrativo*, I, 1958, pp. 235 e236.

## 3. A categoria no Direito Comparado

É radicalmente distinta a problemática do contrato administrativo no Direito Administrativo francês (e naqueles que este mais de perto influenciou) da que nos surge em face do Direito alemão e, em parte, do italiano. No sistema francês, o contrato administrativo constitui uma fórmula para assegurar a colaboração especial e duradoura de particulares na prossecução dos fins da Administração. Sintomático é que no Direito alemão, muito embora se vá hoje já usando a expressão «contrato administrativo» (*verwaltungsrechtliche Vertrag*), esta seja ainda substancialmente preterida em favor da de (contrato de direito público» (*öffentlich-rechtliche Vertrag*). Para a doutrina germânica as duas expressões são a bem dizer equivalentes: não se reconhece uma verdadeira autonomia a uma espécie «contrato administrativo» dentro do género «contrato de direito público». Ambas as categorias correspondem quase sempre ao estabelecimento de uma relação entre as vontades de duas pessoas de Direito Público.

Enquanto, no século XIX, vingou em França a teoria dos actos de autoridade e de gestão, não foi possível distinguir entre contratos administrativos e contratos de Direito Privado celebrados pela Administração. À luz daquela construção, acabava por se concluir que todos os contratos outorgados por pessoas de Direito Público eram actos de gestão, portanto submetidos ao Direito Privado e à competência dos tribunais judiciais[12].

Porém, já uma lei de 28 do «Pluviôse» do ano VIII e um decreto de 11 de Junho de 1806 atribuíam à jurisdição administrativa a competência para apreciação das questões resultantes de certos contratos celebrados com a Administração. E tal método foi sendo a pouco e pouco alargado a outros casos por simples razões de utilidade prática. Inicialmente o particularismo de tais contratos reduzia-se à sua especialidade contenciosa. A diferente competência jurisdicional não foi pois historicamente uma consequência da autonomia substantiva de certos contratos mas a sua causa, visto que, com o desenvolvimento de duas jurisprudências distintas, se foi plasmando um conteúdo próprio para o contrato apreciado pelos tribunais administrativos. A caracterização dos contratos administrativos surge assim de uma simples especialidade de competência que não supunha alteração da natureza jurídico-privada das relações negociais. Essa caracterização ressalta

[12] Laubadère, *Traité Théorique et Pratique des Contrats Administratifs*, I, 1956, p. 29.

primeiramente dos arestos do contencioso administrativo e só depois vai ser acolhida pela lei[13].

A partir dos fins do o passado surge em França a consciência da necessidade de extrair do conjunto amorfo das regras de Direito Administrativo alguns princípios essenciais que pudessem servir de base a uma organização racional deste ordenamento. Tal ambição não correspondia apenas a escrúpulos de natureza teórica: a coexistência dos tribunais judiciais e do contencioso administrativo impunha a definição de um critério genérico de competência. O esforço doutrinário e jurisprudencial assim gerado conduziria à entronização em França da ideia de «serviço público» como conceito cujo carácter basilar hoje se encontra novamente posto em causa.

Em 1837, a decisão proferida pelo Tribunal de Conflitos no caso *Blanco* apontava já naquele sentido, em prejuízo da teoria clássica dos actos de autoridade e de gestão. Tal orientação vingaria porém sem lugar para dúvidas a partir de 1903 com o célebre *arrêt Tenrier*, do Conselho de Estado. Aí se reconhecia expressamente que tudo o que respeita à organização e funcionamento dos serviços públicos, quer a Administração actue por meio de contrato, quer por via de autoridade, constitui uma operação administrativa pertencendo por natureza ao conhecimento da jurisdição administrativa. Assim se pôs de lado a ideia de que a Administração se colocaria no campo do Direito Privado sempre que optasse pela via contratual, em benefício da distinção entre contratos confluídos em vista da organização ou do funcionamento de serviços públicos e aqueles outros que, sem conexão com esses serviços, permanecem contratos de Direito Privado.

Quase desde logo, no entanto, começou a ser defendida a tese, confirmada pela jurisprudência, de que se os contratos relativos aos serviços públicos são em princípio administrativos e, portanto, abrangidos pela jurisdição administrativa, nem com todos isso acontece, mantendo-se alguns deles na categoria dos contratos de Direito Privado do mesmo modo que os contratos celebrados pela Administração mas estranhos aos serviços públicos[14].

[13] MARTIN-RETORTILLO, *La Institución Contractual en el Derecho Administrativo: En Torno al Problema de la Igualdad de las partes*, in «Studi in Memoria di Guido Zanobini», II, 1965, pp. 247 a 252.

[14] LAUBADÈRE, *ob. cit.*, I, p. 30.

Isso pressupunha, está bem de ver, que ao critério do serviço público outro ou outros fossem acrescentados. No entanto, durante algum tempo, não houve clara consciência dos conceitos a adoptar para o efeito, obedecendo a repartição pelos dois grupos dos contratos relativos aos serviços públicos a um casuísmo de base intuitiva.

Hoje, nos manuais franceses de Direito Administrativo, encontra-se frequentemente, como primeiro ramo de uma tipologia dos contratos administrativos, os «contratos administrativos por determinação da lei». Como tal entendem-se aqueles cuja apreciação a lei defere ao contencioso administrativo.

É o caso das empreitadas de obras públicas, das vendas de imóveis do Estado, dos contratos relativos à ocupação do domínio público pelos particulares e de empréstimos feitos ao Estado[15]. Isto não significa porém que a doutrina e a jurisprudência tenham arvorado a submissão à jurisdição administrativa em elemento essencial do contrato administrativo. Por um lado, reconhece-se tal categoria a muitos designados «contratos administrativos por natureza» que a lei não abrange expressamente na competência dos tribunais administrativos. E, mesmo quanto aos abrangidos, a jurisprudência entendeu em certos casos que a atribuição da competência aos tribunais administrativos apenas tem relevância para as hipóteses em que os contratos previstos na lei correspondem, pelas condições em que foram concluídos, aos critérios gerais do contrato administrativo[16]. E também a jurisprudência concluiu pela natureza não decisiva quanto à qualificação do contrato das respectivas cláusulas que deferem a competência aos tribunais judiciais[17].

Em suma, não parece ter sido esquecido o carácter acidental de que historicamente se revestiu a atribuição pela lei da competência para apreciação de certos contratos que na substância se não destacavam dos restantes aos tribunais administrativos. Que se mantenha presente essa acidentalidade inicial, afigura-se importante porque talvez assim se explique que não tenha surgido a tentação de recorrer à especialidade da competência como critério imprescindível para a qualificação, ao contrário do que aconteceu em Portugal. Porém, se inicialmente nada distinguia no fundo os contratos

[15] Rivero, *Droit Administratif*, 1970, p. 106; Laubadère, *Droit Administratif Spécial*, 1970, p. 41.

[16] Laubadère, *Traité... cit.*, pp. 39 e 109.

[17] Waline, *Précis de Droit Administratif*, 1969, p. 391.

repartidos entre as duas jurisdições, também hoje se não pode ignorar que a coexistência secular dessas jurisdições levou paulatinamente à elaboração de um novo instituto contratual de contornos e princípios próprios. Só isso, por seu turno, permite compreender que a jurisprudência tenha interpretado restritivamente as normas que expressamente deferem aos tribunais administrativos a competência para apreciar as questões decorrentes de certos tipos de contratos, no sentido desse efeito apenas se produzir quanto àqueles contratos que, dentro desses tipos, correspondem aos critérios gerais dos contratos administrativos. De uma repartição formal e acidental de competência quanto a uma mesma matéria, veio historicamente a brotar uma diferenciação material que hoje dita aquela repartição e desagrega a sua base inicialmente formal.

Verifica-se do exposto que a remissão legal para a competência dos tribunais administrativos não é, no sistema francês, um elemento necessário ou bastante para a qualificação do contrato como administrativo. Aquela resulta antes da própria substância desta forma de negócio jurídico, a qual, como vimos linhas atrás, é referenciada pela ligação do contrato com serviços públicos. Mas, como também concluíramos, esta ligação não é hoje considerada bastante, pelo que a doutrina e a jurisprudência procuram conjugá-la com outros requisitos tidos como essenciais. Um destes consiste no facto de uma das partes ser uma pessoa de Direito Público. Além disso, sustenta-se não bastar que o contrato seja concluído em vista da gestão de um serviço, por se revelar ainda necessário que a obrigação assumida pelo contratante particular consista na própria execução do serviço ou que o contrato contenha o que a jurisprudência denomina «cláusulas exorbitantes do direito comum».

Se, nos termos do contrato, o particular se obriga a fazer funcionar ele próprio o serviço público, nem sequer é preciso que aquele contenha cláusulas exorbitantes para ser administrativo.

Fora do caso precedente, um contrato, mesmo se tem por fim a realização de um serviço público, não é administrativo se as partes não manifestaram a vontade de se subtrair ao direito comum adoptando cláusulas que o derrogam. Mas quando é uma cláusula derrogatória? – Dado que a autonomia da vontade é o princípio básico do Direito das Obrigações, não é fácil responder àquela pergunta. A jurisprudência francesa emprega esta fórmula sem a definir, o que dá ampla oportunidade à controvérsia. De todas as explicações oferecidas a esse respeito, parece-nos ser a de Waline a mais clara. Para este autor, cláusula exorbitante do direito comum é a que se não encontra normalmente no contrato de Direito Privado, quer porque aí seria nula por violar a ordem pública, quer ainda porque foi inserida no contrato pela autoridade administrativa em função de preocupações com o interesse público estranhas às pessoas de direito privado quando contratam entre si[18].

Tal como em França, em Espanha o contrato administrativo alcançou a sua substantividade a partir da atribuição ao contencioso administrativo da competência jurisdicional quanto a certos contratos de Direito Privado celebrados com a Administração. A competência da jurisdição administrativa aparece-nos pois também aqui como causa e não como efeito das peculiaridades do contrato administrativo. Ainda há poucos anos, um autor do país vizinho, examinando a legislação e a jurisprudência relativas a esta matéria, afirmava que em Espanha não existia um corpo de normas próprias da contratação administrativa quanto ao fundo. As normas referidas ao contrato administrativo nada mais estabeleciam – segundo ele – do que uma série de formalidades distintas das fixadas para os contratos civis, diferenciação esta fundamentalmente inspirada por uma desconfiança para com a própria Administração[19].

Procurando rebater esta opinião de García de Enterría, Martin-Retortillo, reconhecendo muito embora que a jurisprudência não tinha formado um corpo de doutrina homogéneo e harmónico, afirmava já então a consecução de uma caracterização substantiva do contrato administrativo pela jurisprudência de conflitos e pelo Tribunal Supremo, baseada não num critério único e exclusivo mas em vários e distintos: posição das partes, forma e conteúdo dos contratos, objecto e finalidade dos mesmos, natureza conferida ao contrato pelo Direito positivo, falta de igualdade entre os contratantes, existência de prerrogativas a favor da administração, cláusulas exorbitantes do direito comum. Para este autor todas estas características eram reconduzíveis a um elemento básico: a existência de uma desigualdade entre as partes[20].

[18] *Ob. cit.*, p. 394. Vejam-me também: Laubadère, *Traité... cit.*, I, pp, 59 a 105; Laubadère, *Droit Administratif Spécial*, pp. 40 a 44; Rivero, *ob. cit.*, pp. 105 a 108.

[19] In Martin-Retortillo, *ob. cit.*, p. 2551.

[20] *Ob. cit.*, pp. 253 e 254. Veja-se ainda: García de Enterría, *La Figura del Contrato Administrativo*, in *Studi in Memoria di Guido Zanobini*, *cit.*, II, pp. 639 a 672.

A publicação, em 8 de Abril de 1965, da «Ley de Contratos del Estado» veio pôr cobro àquela controvérsia ou, pelo menos, obrigar à sua equacionação em termos distintos. Este diploma está concebido como um verdadeiro corpo normativo geral dos contratos administrativos, para os quais delineia um sistema de princípios e estabelece uma regulamentação de fundo[21].

É duvidosa a possibilidade de estabelecer correspondência entre a figura do contrato administrativo tal como esta nos aparece no direito francês e nos sistemas de direito administrativo por ele mais influenciados e o instituto de direito germânico dela mais aproximável: o *verwaltungsrechtliche Vertrag*, ou mesmo o *öffentliche-rechtliche Vertrag*, que alguns desejariam autonomizar como tipo do primeiro. Comentando o contrato de direito público do sistema alemão, conclui, por exemplo, Martin-Retortillo que este corresponde a uma causa distinta da do contrato administrativo de raiz francesa: «fundamental e primordialmente expressão de uma relação entre as vontades de dois entes públicos». Para este autor, o instituto do contrato administrativo francês e o do contrato de direito público alemão correspondem a fenómenos diferentes porque: a) satisfazem exigências distintas; b) prosseguem finalidades também distintas; c) porque as suas géneses históricas não têm qualquer paralelismo; d) porque o direito positivo os regula por forma desigual; e) porque é dissemelhante o papel que em ambos os casos desempenha a Administração Pública e a posição que esta neles assume[22].

Segundo parece, foi a doutrina germânica a primeira a proceder a uma formulação unitária geral de um contrato próprio da Administração. Este esforço teórico correspondeu à necessidade de fixar a natureza jurídica de uma série de figuras mal explicáveis de acordo com a tese do acto unilateral. E a introdução da doutrina contratualista no campo da Administração alinhava com a reacção que nos fins do século passado se ergueu na Alemanha contra a concepção rigidamente autoritária do Estado com que Hegel contaminara o pensamento jurídico naquele país[23].

A doutrina dos *öffentliche-rechtliche Vertrag* foi elaborada num âmbito mais vasto do que o estritamente administrativo. Pertence na sua substância à própria ordenação do Estado enquanto tal e, portanto, ao Direito

[21] Ariño Ortiz, *Teoria del Equivalente Economico en los Contratos Administrativos*, 1968, p. 216.
[22] *Ob. cit.*, pp. 226 e 227.
[23] *Idem*, p. 224.

Constitucional. Martin-Retortillo define com felicidade a relação entre o instituto e os vários ramos do Direito Público ao escrever que se diria que o Direito Administrativo desenvolve o *öffentliche-rechtliche Vertrag* não tanto como uma figura especificamente sua, mas que a recolhe enquanto participa, e na medida em que o faz, nesse ordenamento superior que é o do Estado; isto é, na medida em que o *Verwaltungsrecht* está compreendido no *Staatsrecht*[24]. A mesma ideia manifesta Forsthoff quando escreve que «no Direito Administrativo, os contratos de Direito Público são frequentes»[25].

Como observa o mesmo autor, é a própria organização da Administração alemã que explica que esta lance numerosas vezes mão daqueles contratos. A função administrativa encontra-se repartida entre numerosos órgãos relativamente independentes e que surgem muitas vezes em pé de igualdade para o desempenho das suas atribuições. Assim se encontram reunidas as condições próprias à celebração de contratos.

Em suma pois, ao passo que no Direito francês os contratos administrativos cristalizam a toma pela qual a Administração associa um particular, a título voluntário, à prossecução do fins públicos, a contratação peculiar do ordenamento administrativo alemão delineia-se e desenvolve-se pela conjunção directa das vontades de duas pessoas de direito público.

Isto não significa que não existam *öffentliche-rechtliche Verträge* celebrados entre órgãos da Administração unidos por uma relação de subordinação, ou mesmo entre a Administração e particulares. Este facto leva alguns autores germânicos a subdividir os contratos de Direito Público em «contratos de coordenação» e «contratos de subordinação». Mas tal classificação refere-se apenas a um diferente «grau de natureza pública» das partes e não à posição que estas mutuamente tomam na relação obrigacional nascida do contrato. A posição do particular que intervém nos *öffentliche-rechtliche Verträge* de subordinação não se confunde com a do particular no «contrato administrativo». No segundo caso o contrato é, na maioria das vezes, de mera adesão, ao passo que no primeiro a vontade do particular pode desempenhar um papel importante na sua estruturação. Por outro lado, no instituto germânico a Administração não tem um poder genérico de determinar as circunstâncias das prestações.

[24] *Idem*, p. 228.

[25] Forstthoff, *ob. cit.*, p. 416.

Os *öffentliche-rechtliche Verträge* com particulares surgem sobretudo em planos onde a Administração pode alcançar os mesmos resultados por via unilateral. É, por exemplo, o caso dos «contratos de expropriação». Iniciado o processo administrativo de expropriação, os particulares têm possibilidade de estabelecer por via convencional o âmbito daquela e o montante da indemnização. Se não se atingir o acordo, a Administração pode fazê-lo sozinha.

A doutrina germânica que admite o contrato de Direito Público aceita inclusivamente que ele possa ser celebrado entre dois particulares. Como exemplo, FORSTHOFF aponta o caso do contrato entre o concessionário de um serviço público de transporte e outro particular que, por via dele, adquire o direito ao transporte. Se não se atinge um acordo, a autoridade competente para aprovar o contrato fixará as condições de utilização. Segundo uma já antiga jurisprudência, um tal contrato é de Direito Público por ser de Direito Público o seu objecto[26].

Mas – perguntar-se-á –, como se atingem na Alemanha os resultados específicos do *contrat administratif*?

– Através de contratos de direito privado.

Uma explicação para tanto consistirá no facto de se manter vivaz no Direito alemão – ainda que disfarçada sob formas evolutivas – a ideia do *Fiskus*, que retira para o domínio privado a actividade de gestão de bens pelo Estado, incluindo naquela todos os actos que tenham por objecto somas pecuniárias[27].

Em Itália, a doutrina dominante contesta ainda a existência de verdadeiros contratos administrativos ou, aceitando-a, sustenta a identidade das relações deles decorrentes com as que nascem dos actos administrativos em sentido estrito. A primeira destas posições, pelo menos, choca no entanto com o Direito positivo, visto que toda uma série de diplomas prevê o contrato como forma de constituir, modificar ou extinguir relações de Direito Público. Muitos destes contratos aproximam-se nitidamente dos *öffentliche-rechtliche Verträge*, pois são outorgados entre pessoas de Direito Público com vista ao desempenho das respectivas atribuições[28].

[26] FORSTHOFF, *ob. cit.*, p. 422.

[27] FORSTHOFF, *ob. cit.*, p. 421; MARTIN-RETORTILLO, *ob. cit.*, p. 240.

[28] TESAURO, *Il Contrato del Diritto Publico e del Diritto Amministrativo in Particolare*, in *Studi in Memoria di Guido Zanobini*, II, p. 557.

Se bem que limitada por numerosíssimas excepções, a regra geral do Direito inglês é ainda a de que a Administração se rege na sua actividade pelas mesmas normas que se aplicam em circunstâncias paralelas aos particulares. Isso não obsta a que, nalguns casos, os contratos celebrados pela Administração se encontrem submetidos a um regime especial. Este pode, por exemplo, resultar das imunidades dos agentes da Coroa[29]. Em certo plano, a corrente jurisprudencial parece alinhar com as doutrinas continentais que rejeitam a admissibilidade do contrato de Direito Público. Assim, um precedente cujo alcance ainda hoje é discutido, determina não ter o Governo competência para limitar pela via contratual a sua futura actividade executiva, a qual inevitavelmente tem de ser determinada pelas necessidades da comunidade no momento em que a questão se levanta[30]. Subjacente a este veredicto encontra-se porventura o mesmo receio que conduziu Mayer e os seus seguidores a expulsar o contrato do campo publicístico.

## 4. Génese da categoria no Direito português

Como salientam o Prof. MARCELLO CAETANO e o Doutor MELO MACHADO, os tribunais administrativos não realizaram entre nós algo que se possa comparar ao impulso dado pela jurisprudência francesa, nomeadamente a do Conselho de Estado, para o enraizamento e evolução do contrato administrativo. A tanto não terá sido estranho o menor prestígio (até à terceira década deste século) do nosso contencioso administrativo, resultante da pouca estabilidade da sua instância superior e de um timorato apego dos magistrados à letra da lei. Para mais, o art. 326º do Código Administrativo de 1896 veio inibir os tribunais administrativos de apreciar a validade dos contratos ou de julgar sobre os direitos civis deles emergentes, limitando a sua competência à simples interpretação das cláusulas contratuais. Este conjunto de circunstâncias levou a um imobilismo que, em 1931, o Prof. MARCELLO CAETANO verberava nos seguintes termos: «Dir-se-ia que cristalizámos na doutrina clássica do contencioso de excepção, vivendo apenas da expressa disposição da lei... Nem a distinção fecunda de Laferrière, entre o contencioso por natureza e o contencioso por determinação legal, nem

[29] WADE, *Administrative Law*, p. 267 e 277.

[30] *Idem*, p. 273.

as sucessivas fases da evolução doutrinária, desdobrando os actos de gestão em de gestão pública e de domínio privado, nem o aniquilamento final da separação entre actos de autoridade e de gestão: nada afasta o nosso S. T. A do seu respeito estrito pela letra da lei»[31].

Foi com a reforma administrativa de Mouzinho da Silveira, mais precisamente com o Decreto nº 23 de 16 de Maio de 1832, muito cingido à lei francesa de 28 «Pluviôse» do ano VIII, que se atribuiu pela primeira vez entre nós a tribunais administrativos – os Conselhos da Prefeitura – competência para conhecer das dificuldades e «questões que se suscitarem entre os Empreendedores e Arrematantes de quaisquer Rendas, Trabalhos e Fornecimentos Públicos e a Administração, relativas ao sentido e execução das cláusulas de seus contratos». De então até à actualidade não mais o foro administrativo perdeu a competência em matéria de contratos celebrados pelos serviços administrativos, muito embora a amplitude daquela tenha variado significativamente.

Podem detectar-se quatro fases na vida do contrato administrativo em Portugal. A primeira abrange, exceptuado o decurso da vigência das leis de 1835 e do Código Administrativo de 1836, o período que vai do Decreto de Mouzinho até ao Código Administrativo de 1886. Ao longo dela, os tribunais administrativos conheciam das questões suscitadas sobre o sentido ou a execução das cláusulas dos contratos entre a Administração e os empreendedores ou arrematantes de rendas, obras ou fornecimentos.

Na segunda fase, a de aplicação dos Códigos Administrativos de 1886, 1895 e 1896, a competência dos tribunais administrativos foi restringida, em matéria de contratos, à determinação do sentido das respectivas cláusulas. Passou-se pois a um mero contencioso de interpretação.

Não só a natureza da competência contenciosa evoluiu de 1832 até 1930, ano da publicação do Decreto com força de lei nº 18017 de 27 de Fevereiro, que, temporariamente, introduziu no Direito português o princípio do contencioso por natureza, isto é, da sujeição aos tribunais administrativos de todos os contratos «por natureza» administrativos. Com efeito, também ao longo daqueles anos sofreu alterações a enunciação dos contratos sujeitos ao contencioso administrativo. Além das questões sobre rendas, obras e fornecimentos públicos, o Código Administrativo de 1842 incluía

[31] Marcello Caetano, *Competência Contenciosa em Matéria de Contratos Administrativos*, «O Direito», ano 63, p. 194; Melo Machado, *ob. cit.*, pp. 114 e 115.

na competência daquele «as questões que se suscitarem sobre o cumprimento de contratos e arrematações de bens e casas». Esta redacção parece incluir na esfera contenciosa todos os contratos com a Administração do Distrito, Município ou Paróquia, visto que a palavra «contratos» nos surge empregada como categoria genérica. Este alargamento do âmbito do contencioso administrativo desapareceu já com o Código de 1870 que, além das «questões sobre rendas, obras ou fornecimentos», apenas nele inscrevia o conhecimento das «questões sobre o cumprimento, interpretação, alteração ou rescisão dos contratos entre a Câmara Municipal e os serventuários dos partidos municipais». O Código de 1870 não chegou no entanto a vigorar, mantendo-se a vigência do Código de 1842 até 1878. O Código de 1878, tal como os de 1886 e 1896, apenas refere os contratos de arrematação de rendas, obras ou fornecimentos públicos[32].

Verifica-se assim que, de 1832 até ao fim do século passado, a tendência foi a de limitar progressivamente a competência dos tribunais administrativos em matéria de contratos. A redução processou-se em dois planos. Segundo o primeiro, em função do qual se definem as fases enunciadas, os tribunais administrativos viram a sua capacidade de apreciação restringida às acções puramente declarativas, com prejuízo das acções constitutivas e das condenatórias. No segundo plano, cujas etapas não coincidem inteiramente no tempo com as do primeiro mas fluem o mesmo sentido, assistimos à progressiva delimitação dos tipos de contratos a apreciar.

Com os Decretos com força de lei nº 18 017 de 27 de Fevereiro de 1930 nº 19 243 de 15 de Janeiro de 1931, inicia-se a terceira fase, caracterizada por uma inversão radical da evolução anterior, quer no plano dos tipos de acções, quer no dos tipos de contratos abrangidos pela competência do contencioso administrativo. Foi, aliás, o primeiro daqueles diplomas que, pela primeira vez, empregou na legislação portuguesa a expressão «contrato administrativo».

Pelo Decreto nº 19 243 aprovaram-se os regulamentos do Supremo Conselho da Administração Pública e das Auditorias Administrativas, introduzindo-se alterações no Decreto nº 18 017, que criara estes tribunais administrativos pondo fim a uma curta fase em que o contencioso administrativo estivera confiado aos tribunais judiciais. Segundo o Decreto nº 18 017, constituía objecto do contencioso administrativo «a interpretação de todos

[32] Melo Machado, *ob. cit.*, pp. 80 e 81.

os contratos administrativos». Esta norma operou desde logo o alargamento num duplo sentido da esfera do contencioso, fazendo-a compreender todos os contratos administrativos, além dos de arrematação de rendas, obras ou fornecimentos, e estendendo essa competência aos contratos celebrados por todos os órgãos da Administração (o Código de 1896 excluía de tal competência a jurisdição dos contratos das Juntas Gerais dos Distritos).

O outro ponto saliente desta terceira fase foi o regresso à tradição interrompida em 1886, com a introdução, nos regulamentos do S.C.A.P. e das auditorias, do recurso por ofensa de direito fundado em contrato administrativo. Assim se reconheceu de novo a possibilidade de apreciação pelos tribunais administrativos de acções constitutivas e condenatórias em matéria de contratos administrativos. Note-se que não foi aceite pacificamente que, à luz daqueles diplomas, os tribunais administrativos tivessem passado a poder não só interpretar as cláusulas dos contratos administrativos, mas também apreciar as questões suscitadas quanto à sua validade e execução. Esta foi a interpretação defendida pelo Prof. MARCELLO CAETANO. O Doutor MELO MACHADO, porém, continuaria a sustentar que *de jure condito*, aos tribunais administrativos apenas competia dirimir as questões sobre o sentido das cláusulas dos contratos administrativos[33].

A quarta fase da vida do contrato administrativo em Portugal gerou-se com o Código Administrativo de 1936 e dura ainda, pois que a solução estruturada neste diploma se mantém, muito embora pareça ter entrado em crise.

O Código de 1936 pôs novamente de lado o princípio do contencioso por natureza em matéria de contratos administrativos, regressando à tradição interrompida em 1930 do contencioso por força de lei, isto é, abrangendo apenas as categorias de contratos taxativamente enumeradas: «os contratos de empreitada ou concessão de obras públicas, de concessão de serviços públicos, de fornecimento contínuo e de prestação de serviços celebrados entre a administração e os particulares, para fins de serviço público». Assim se sacrificou, porventura a uma sentida necessidade de certeza e segurança a possibilidade de uma futura construção jurisdicional do conceito de contrato adminisitrativo. De novo nos afastávamos neste ponto da experiência francesa.

Em contrapartida, o Código Administrativo de 1936 cortou cerces todas as dúvidas quanto à natureza do contencioso administrativo dos

[33] MARCELLO CAETANO, *Competência Contenciosa...*, *ob. cit.*, pp. 95 e 96.

contratos, especificando que aquele não era meramente interpretativo, antes abrangendo também a apreciação da validade e execução dos contratos administrativos.

## 5. A enunciação taxativa dos contratos administrativos

O Código Administrativo de 1940 contém uma enumeração taxativa dos contratos administrativos no § 2º do respectivo art. 815º: «consideram-se contratos administrativos unicamente os contratos de empreitada e de concessão de obras públicas, os de concessão de serviços públicos e os de fornecimento contínuo e de prestação de serviços celebrados entre a Administração e os particulares para fins de imediata utilidade pública».

Do carácter taxativo da enunciação diz-nos com clareza o advérbio «unicamente». Controverso é porém o âmbito da taxatividade. Compreende este apenas os efeitos contenciosos ou estende-a igualmente ao plano substantivo, vedando que se qualifiquem como contratos administrativos todas e quaisquer outras fórmulas convencionais de Direito Público que se não enquadrem no mencionado preceito?

A doutrina portuguesa tem debatido a questão, pronunciando-se pelo carácter absoluto da taxatividade os Profs. MARCELLO CAETANO e ARMANDO M. MARQUES GUEDES e pelo seu carácter relativo o Doutor MELO MACHADO e o Prof. FREITAS DO AMARAL.

A resolução do problema beneficiará, a nosso ver, se nos debruçarmos por instantes sobre o sentido do recurso ao método da enunciação taxativa. A utilização desta técnica pode obedecer isolada ou simultaneamente a imperativos de natureza teórica e a imperativos de natureza pragmática.

Começando por estes últimos, perguntaremos se eles se porão com a mesma intensidade quanto ao carácter taxativo apenas para efeito de fixação da competência contenciosa ou para um efeito absoluto. Cremos que a resposta tem de ser negativa. Sem dúvida que apresenta vantagens a indicação legal das espécies de contratos que respeitam ao contencioso administrativo. Assim se evita uma flutuação traduzida em conflitos positivos e negativos de competência, sempre perniciosos por emperrarem a máquina da aplicação da justiça e criarem junto do público uma sensação de insegurança e cepticismo. Em contrapartida, não encontramos fortes razões de ordem utilitária para impor com outros fins que não o da fixação da competência jurisdicional uma enumeração taxativa dos contratos administrativos. Hipoteticamente, essas vantagens consistiriam na certeza quanto à aplicabilidade ou não aplicabilidade a determinados acordos plurilaterais de um regime jurídico substantivo genericamente estatuído para os contratos administrativos. Mas a análise do direito vigente não leva à confirmação de tal hipótese. Nele não encontramos de facto estipulado um regime jurídico genérico para os contratos administrativos. Há sim regimes legais para certos contratos, uns abrangidos e outros não na enumeração do Código Administrativo, que não são integráveis no Direito Civil. É certo que desses vários regimes legais deve a doutrina extrair desde já um conjunto articulado de categorias e princípios. Não suscita porém dificuldades práticas de maior a dúvida quanto à sujeição de determinados contratos concretos a tais princípios e categorias. Visto que aqueles em relação aos quais a dúvida possa brotar serão contratos atípicos, celebrados no exercício da liberdade dispositiva que é a regra geral do Direito dos contratos. Poderá redarguir-se-nos que, nalguns desses casos, o exercício da liberdade dispositiva terá ido ao ponto de afastar normas imperativas dos contratos civis, dependendo então a validade do contrato da sua adequação aos princípios dos contratos administrativos. Repare-se no entanto em que o recurso à enumeração taxativa não seria aqui de grande vitalidade, apenas servindo para matar à nascença o emprego de novas fórmulas negociais inconciliáveis com o Direito Civil mas correspondentes às sempre renovadas exigências do interesse público. É, por exemplo, o caso dos contratos celebrados para utilização de coisas públicas que, se de Direito Civil, serão nulos nos termos dos arts. 202º, nº 2 e 280º, nº 1 do Código Civil. E ainda, para não citar outros, o de delegação de serviços públicos, que não se confunde com o de concessão e que não parece caber no sentido habitualmente atribuído à expressão «contratos de prestação de serviços» empregada no art. 815º do Código Administrativo. O objecto destes contratos de delegação de serviços conduziria à sua nulidade perante o Direito Privado.

Em resumo, encontramos algumas vantagens de ordem pragmática na enunciação taxativa dos contratos administrativos para fins contenciosos (adiante indagaremos da sua possível neutralização por inconvenientes de outro tipo). Não vemos vantagens de ordem pragmática, antes pelo contrário, em alargar o alcance de tal enunciação ao plano não contencioso. No caso de a redacção do § 2º do art. 815º do Código Administrativo ter sido inspirada por considerações prevalentemente utilitárias, parece de entender portanto que a limitação que do preceito decorre apenas respeita aos efeitos contenciosos.

A que imperativos de natureza teórica poderia por seu turno obedecer o recurso à técnica da enumeração taxativa? – Apenas excogitamos dois, o segundo mais completo do que o primeiro e ambos, a nosso ver, de rejeitar.

No plano dogmático a enunciação taxativa pode encontrar-se ligada primeiramente à ideia de que não há contratos administrativos sem expressa previsão legal, por ser esta a única fonte do poder vinculatório dos contratos. Tal posição, de raiz positivista, foi sustentada no princípio deste século a propósito do contrato de Direito Público por boa parte da doutrina germânica. Escusado será acrescentar que, se este postulado estivesse na base do § 2º do art. 815º do Código Administrativo, a enunciação taxativa não veria confinados os seus efeitos ao aspecto contencioso. Porém, como já nos foi dado observar, a exigência da previsão legal encontra-se hoje ultrapassada. O princípio *pacta sunt servanda* aplica-se plenamente à Administração e é base bastante para a obrigatoriedade dos acordos plurilaterais em que esta intervém. E nada obsta, ao contrário do que defendia aquela corrente, a que a Administração se vincule aos particulares por actos plurilaterais quando os próprios actos administrativos constitutivos produzem esse efeito.

A segunda fundamentação teórica para a limitação dos contratos administrativos a um *numerus clausus* resume-se à crença de que a demarcação substantiva do conceito de contrato administrativo abrange necessariamente a sujeição deste ao contencioso administrativo. Por outras palavras, segundo este raciocínio não haverá base suficiente para a autonomia do instituto jurídico «contrato administrativo» se este não contar com a apreciação pelos tribunais administrativos como um dos elementos integrantes.

Note-se que, para além da suas deficiências intrínsecas, tal tese assenta indirectamente numa opção de base pragmática. Em matéria de contencioso administrativo dos contratos administrativos é contraponível ao sistema do contencioso por definição legal o do contencioso por natureza. Nos termos deste último, cairão na competência dos tribunais administrativos todos os contratos de natureza administrativa, independentemente de determinação legal. Pode dar-se preferência a este segundo método sem rejeitar a ideia de que o contencioso administrativo é elemento indispensável do contrato administrativo. Neste caso, tal ideia surge-nos dissociada da enunciação taxativa dos contratos administrativos. Isto é: só se por razões de ordem pragmática se preferir o método do contencioso por determinação legal ao do contencioso por natureza é que, se por acréscimo se acreditar na participação do elemento contencioso na identidade substantiva do contrato administrativo, a existência deste contrato dependerá de uma enumeração legal taxativa.

Porém, afigura-se inaceitável a ideia de que o contrato administrativo não existe como tal sem sujeição ao contencioso administrativo. Para que haja um contrato é necessário que se verifique um acordo plurilateral de vontades que gere uma relação jurídica. Para que um contrato seja administrativo será necessário que a relação jurídica dele decorrente seja de Direito Administrativo , isto é, aglutine situações jurídicas de forma apropriada à prossecução dos interesses colectivos pela Administração Pública. Para que a sujeição ao contencioso administrativo fosse imprescindível à caracterização do contrato administrativo, ela teria de ser um seu elemento específico. Os elementos específicos do contrato são aqueles que imprimem carácter à convenção como contrato de certo tipo, só aqueles que têm de ser referidos na definição legal ou doutrina de cada espécie de contrato. Adiante mencionaremos e desenvolveremos os elementos específicos do contrato administrativo. Por agora limitar-nos-emos a sublinhar que os elementos específicos dos contratos constituem cláusulas voluntárias, se bem que imprescindíveis. Por outras palavras, eles têm de ser objecto de expressa manifestação de vontade das partes. Sem a fixação dos elementos específicos de certo contrato, ou nenhum contrato existe materialmente, ou o acordo não pertence à categoria considerada. Os contratos possuem, a par dos elementos específicos, outros elementos essenciais que se distinguem dos primeiros porque não têm que ser estipulados, inserindo-se de direito no contrato. E quando, porventura, as partes os afastem por cláusulas em contrário, eles prevalecem sobre estas cláusulas, que serão nulas, e substituem-nas, salvo se a nulidade delas contaminar toda a convenção[34].

Nestes termos bem se compreende que a sujeição ao contencioso administrativo nunca poderia ser um elemento específico do contrato. Ela não será normalmente objecto de estipulação das partes. Segundo o Direito português vigente não o pode mesmo ser, dado que é a lei que taxativamente indica a matéria de competência dos tribunais administrativos. Mas, ainda que noutras ordens jurídicas disso fosse possível, tal estipulação respeitaria

[34] I. GALVÃO TELLES, *Dos Contratos em Geral*, 1947, pp. 170 e 171.

às *naturalia negotii* e não às *essentialia*, visto que não estruturaria a causa-função da relação negocial.

Pode, é certo, ser a sujeição ao contencioso administrativo um elemento essencial (mas não específico) do contrato administrativo. É o caso individualizado de todos os contratos dessa espécie que a lei expressamente remete para a competência dos tribunais administrativos, (portanto o dos contratos mencionados no § 2º do art. 815 do Código Administrativo). E o mesmo ocorrerá num plano geral, independentemente de especificação, se a lei acolher o princípio do contencioso administrativo por natureza quanto aos contratos administrativos.

Resumindo, não vislumbramos motivos de natureza teórica que imponham a enunciação taxativa por via legal dos contratos administrativos. Com efeito, não é de aceitar num plano dogmático a necessidade da previsão legal para que o contrato administrativo seja válido. E a respectiva sujeição ao contencioso administrativo – que pode depender de enumeração taxativa devido à adopção do método do contencioso por determinação legal – não é aceitável como elemento específico do contrato administrativo.

Pragmaticamente, a enumeração taxativa afigura-se justificada só para efeitos de competência contenciosa.

Nestes termos, a jurisprudência dos conceitos e dos interesses parecem conjugar-se no sentido de que os limites resultantes da relação taxativa do § 2º do art. 815º do Código Administrativo apenas se repercutem no plano contencioso.

Os elementos histórico e sistemático confirmam aparentemente este resultado. O Código Administrativo de 1936 apresentava-nos, no § único do seu art. 695º, uma enunciação taxativa dos contratos admnistrativos, de conteúdo idêntico à do § 2º do art. 815º do Código vigente. Só que, onde hoje se lê que os referidos contratos serão administrativos se celebrados entre a Administração e os particulares para fins de imediata utilidade pública então se encontrava «para fins de serviço público». E, ao passo que na actual redacção o § principia pelas palavras «consideram-se contratos administrativos unicamente os contratos de empreitada...», no Código de 1936 rezava: «Para efeitos contenciosos, consideram-se contratos administrativos os contratos de empreitada...».

Do facto de ter desaparecido da redacção do preceito a expressão «para efeitos contenciosos» e de nela ter sido introduzida a palavra «unicamente» poderia concluir-se, à primeira vista, que a segunda veio substituir a primeira, isto é, que o legislador desejou alargar a taxatividade do plano da mera competência contenciosa ao plano da própria substantividade, impedindo assim que ao instituto se acolhessem outras espécies que não as previstas na letra da lei.

Nada impedia no entanto o legislador de 1936 de, sem eliminar a expressão «para efeitos contenciosos», ter também incluído na redacção o advérbio «unicamente» (ou «somente», como sugeria o Dr. MELO MACHADO[35]), com o fim de tornar bem claro que se tratava de uma relação taxativa e não meramente exemplificativa, ainda que apenas para efeitos contenciosos. Por outras palavras, mesmo só para estes efeitos (podia ter-se suscitado a dúvida da natureza taxativa ou exemplificativa da enunciação e o acrescentamento do vocábulo «unicamente», em 1940, podia corresponder ao itento de pôr cobro a especulações sobre esse ponto. Sendo assim, afigura-se-nos viável tratar do desaparecimento da expressão «para efeitos contenciosos» sem relacionar directamente esse facto com a inclusão do advérbio «unicamente».

Ora, como notou o Prof. FREITAS DO AMARAL, aquele desaparecimento pode ter correspondido à consciência da inutilidade da expressão, dado pertencer o art. 815º a um título que versa sobre «competência contenciosa», por sua vez integrado na parte IV do Código, que trata «do contencioso administrativo»[36]. Alinhando neste tipo de argumentação, permitimo-nos por nosso turno chamar a atenção para a própria estrutura do art. 815º. No seu corpo, o preceito estabelece o recurso de anulação, incluindo nos vícios que lhe servirão de fundamento a violação do contrato administrativo. Depois, no § 1º, o âmbito do contencioso administrativo é alargado a outras formas, nomeadamente a apreciação das questões sobre interpretação, validade ou execução dos contratos administrativos. Em final vem o § 2º dizer-nos quais os contratos que se deverão considerar administrativos. O conhecimento da técnica legislativa diz-nos que esta definição contida em mero parágrafo final se deve entender como subsídio ao correcto entendimento das anteriores parcelas do mesmo preceito. Isto é, não foi necessário dizer expressamente porque se pressupunha dada a estrutura do preceito: «consideram-se contratos administrativos *para efeito deste artigo...*». Se o legislador entendesse dar uma aplicação mais lata à definição, deveria tê-la

[35] *Ob. cit.*, apêndice p. II.

[36] *A Utilização do Domínio Público pelos Particulares*, 1965, p. 188.

apresentado num artigo autónomo bastando depois, ao tratar do contencioso, falar em contratos administrativos sem mais explicações.

## 6. A doutrina do Prof. Marcello Caetano quanto ao alcance da enumeração taxativa; sua apreciação crítica

O Sr. Prof. Marcello Caetano defende a tese de que os contratos administrativos são, no Direito português, apenas os que vêm enumerados no § 2º do art. 815º do Código Administrativo, admitindo muito embora que essa enumeração possa ser alargada ou restringida por lei posterior. Segundo este autor, no Direito português o legislador só incluiu na concepção de contrato administrativo acordos que, por associarem, de uma maneira ou de outra, particulares à realização de fins administrativos, tenham uma razão intrínseca de regime especial, particularmente de submissão à jurisdição administrativa. Não bastaria, pois, a aplicação de leis administrativas à celebração ou mesmo a execução do contrato para que este pudesse ser qualificado de administrativo.

Se bem o entendemos, o Sr. Prof. Marcello Caetano considera elemento essencial para a qualificação do contrato como administrativo a associação do particular aos fins da pessoa colectiva, com deveres especiais de colaboração. Mas, embora seja apenas um efeito da qualificação de um contrato como administrativo, a inclusão na competência dos tribunais do contencioso administrativo funciona como um indicador imprescindível e inilidível de que o legislador considera verificado aquele requisito de associação e colaboração[37].

A nossa discordância com um tal ponto de vista transparece já nas considerações produzidas na alínea anterior, segundo as quais a sujeição aos tribunais administrativos não pode ser considerada um elemento específico dos contratos, não servindo pois para caracterizar uma das suas espécies. Aprofundaremos no entanto agora a questão.

Num plano puramente conceitual, parece-nos haver apenas três vias para tentar fundamentar a ligação indissociável dos contratos administrativos à competência dos tribunais administrativos:

[37] Marcello Caetano, *ob. cit.*, pp. 555 e 560.

1) Ou se entende que uma repartição acidental de competência entre os tribunais judiciais e os administrativos acabou por provocar (como sucedeu em França) uma dualidade substantiva entre contratos civis e administrativos, motivada historicamente pelas diferentes orientações jurisprudenciais;
2) Ou se sustenta que a repartição de competência corresponde ao reconhecimento pelo legislador de que se concretizou uma autonomização substantiva quanto a certos contratos, à qual urge fazer corresponder uma autonomia de regime legal, incluindo neste o processo;
3) Ou se pensa ser dogmaticamente impossível a figura de um contrato administrativo que não conte como elemento constitutivo com a adjudicação da competência para a respectiva apreciação aos tribunais administrativos.

Em nosso entender não se pode seguir qualquer destas vias. Quanto à primeira, ainda que seja exacto ter provindo a especialidade substantiva dos contratos administrativos do estabelecimento acidental da competência do contencioso administrativo quanto a alguns contratos civis, nada impede que as características estruturais próprias que da jurisprudência administrativa vão brotando sejam utilizadas noutros contratos para os quais a lei não determina expressamente a competência dos tribunais administrativos. A autonomização substantiva dos contratos civis remetidos para a competência destes tribunais pode comunicar-se a outros que a lei não refira. O papel da separação acidental de competências é inegavelmente significativo durante um certo período em que se vai gerando a dualidade substantiva dos contratos. Porém, uma vez esta geração terminada, a origem histórica da dualidade esbate-se e perde relevo pois que, como revela o exemplo francês, é a dualidade substantiva que vai, por seu turno, impor-se à distribuição de competências por dois meios: restringindo-a, de um lado, por via interpretativa, no sentido de só abranger, dentro daqueles tipos de contratos expressamente reservados por lei ao contencioso administrativo, aqueles que no caso concreto revelam ter natureza administrativa[38]; servindo de base, do outro lado, com o fundamento da natureza administrativa dos contratos, à atribuição de competência aos tribunais

[38] Laubadère, *Traité... cit.*, I, p 39.

administrativos nos casos em que a lei o não faz expressamente. Desta forma, uma inicial falta de correspondência entre a jurisdição e a natureza do contrato (jurisdição administrativa para contratos civis) irá gerar uma falta de correspondência oposta (permanência no âmbito da jurisdição civil de contratos que, por influência de outros contratos sujeitos aos tribunais administrativos, se administrativizaram no plano substantivo), a menos que a aceitação do princípio do contencioso administrativo por natureza para os contratos permita afastar tal inconveniente. Assim se vê como uma lógica necessidade de coerência e articulação de conceitos pressiona no sentido de fazer depender a competência da especificidade substantiva. O papel da repartição arbitrária de competências na autonomização do contrato administrativo afigura-se historicamente concluído e, portanto, ultrapassado.

Ainda a propósito da primeira via, cabe perguntar com base em que critério se poderia afirmar ter-se verificado a autonomização substantiva do contrato administrativo, dado que a repartição de competências, funcionando apenas como determinante histórica, não a provoca automaticamente. Mesmo no decurso do processo histórico de administrativação de alguns contratos, parece que é para além das competências jurisdicionais que se deverá buscar a chave da essencialidade dos contratos administrativos.

Uma outra base teórica da pretensa indissociabilidade entre contratos administrativos e contencioso administrativo poderá ser a ideia de que a atribuição de competência aos tribunais administrativos para a apreciação de certos contratos traduz o reconhecimento da autonomização substantiva já operada quanto a esses contratos. Essa parece ser a tese do Prof. Marcello Caetano, visto que pela forma como se exprime dá a entender que a associação duradoura e especial do particular à realização do fim administrativo – braço característico do contrato administativo – é a razão intrínseca da submissão à jurisdição administrativa. Mas como só há contrato administrativo quando esta última se verifica, parece partir-se do postulado de que sempre que houver tal associação teremos tal submissão.

Esta maneira sintética de equacionar o que cremos ser o entendimento do Prof. Marcello Caetano ajuda a pôr a nu o que nos atrevemos a chamar os pontos fracos da sua construção.

Em primeiro lugar, como vimos, a atribuição da competência ao contencioso administrativo não corresponde historicamente a uma autonomização pré-existente do contrato administrativo, antes a motivou.

Em segundo lugar, de que garantias podemos dispor acerca da infalibilidade do legislador na tarefa de detectar os contratos substantivamente autonomizados pela associação duradoura e especial do particular à realização do fim público a fim de lhes fazer corresponder a sujeição ao contencioso administrativo? O legislador não tem autoridade no plano científico, nada impedindo que ele desconheça ou erroneamente não queira reconhecer a existência em casos concretos daquele requisito substantivo. O Prof. MARCELLO CAETANO fornece-nos aliás um exemplo para o que afirmamos, ao chamar a atenção sobre a qualificação como contrato administrativo, pelo Decreto-Lei nº 47 338 de 24 de Novembro de 1966, dos arrendamentos de bens imobiliários para instalação de serviços ou depósitos da Administração-Geral do Álcool, uma empresa pública. A este propósito, o ilustre administrativista reconhece uma tendência para considerar contratos administrativos os arrendamentos em que uma pessoa colectiva de Direito Público seja arrendatária quando o prédio arrendado se destine a ser aplicado na realização de alguma das suas atribuições[39]. Mas – perguntamos nós – qual o valor e o alcance de tal tendência, se a esmagadora maioria dos contratos desse tipo, isto é, todos os celebrados por outras pessoas colectivas de Direito Público que não a Administração-Geral do Álcool, continuam a pertencer à competência dos tribunais judiciais, não sendo portanto, à luz do entendimento em discussão, contratos administrativos? Eis a prova provada de que nem sempre o legislador estabelece com a desejável presteza a competência dos tribunais do contencioso administrativo para os contratos substantivamente administrativizados.

Em suma, a posição por nós criticada parece envolver a crença de que a autoridade normativa e científica do legislador dá ao método do contencioso administrativo para os contratos por determinação legal o conteúdo do contencioso administrativo por natureza. Cremos porém, que estas duas técnicas não poderão confundir-se até porque, como no caso francês elas são empregadas cumulativamente, pelo menos no plano formal.

Não mais aceitável que as duas anteriores se afigura a terceira via de fundamentação teórica da indissociabilidade entre contratos administrativos e contencioso administrativo. Consistiria esta em apontar a competência dos tribunais administrativos como elemento específico dos contratos administrativos. Na alínea anterior foi-nos já dado criticar tal entendimento.

[39] *Ob. cit.*, I, p. 558.

A natureza jurídica do contrato e a competência jurisdicional para a sua apreciação são dois aspectos distintos. Os métodos usados para aferir uma e outra podem coincidir ou não. Se não interviessem considerações de ordem prática, o ideal seria porventura optar em ambos os casos pelo critério «por natureza». Em tal eventualidade, seriam contratos administrativos todos os que revelassem especificidade substantiva de teor administrativo e seriam todos esses os submetidos ao foro administrativo. Contestáveis razões de certeza e segurança poderão levar a pôr de lado, quanto aos contratos, o método do «contencioso administrativo por natureza» em benefício do «contencioso administrativo por determinação legal». Mas a adopção de tal política não obriga a postergar a ideia de «contrato administrativo por natureza» em benefício da de «contrato administrativo por determinação legal». O legislador pode contingentar os contratos sujeitos aos tribunais administrativos. Mas não pode alterar os dados da ciência. Escapa pois ao seu poder o transformar em contrato administrativo um negócio jurídico que não se revista dessa substância e o negar a qualificação a um outro que a possua. Tal faculdade já não lhe escaparia se a competência contenciosa fosse um elemento específico das figuras do contrato de direito privado e de direito público ou de direito administrativo. Vimos porém que não é assim. Logo, a vigência do método do contencioso administrativo por determinação legal não prevalece contra a única forma de qualificar um contrato, que é a determinação da respectiva natureza, com total independência das designações legislativas.

## 7. Inconvenientes da enumeração taxativa para efeitos contenciosos dos contratos administrativos

A indicação por via legal dos tipos de contratos inseridos na competência dos tribunais administrativos apresenta algumas vantagens que – vimo-lo já – se reduzem fundamentalmente à certeza quanto à instância perante a qual interpor a acção. Note-se, desde logo, que tal certeza não é absoluta. Para a inclusão no âmbito do contencioso administrativo não basta que um certo contrato pertença a um dos tipos enumerados no § 2º do art. 815º do Código Administrativo. É ainda necessário, nos termos do mesmo preceito, que ele tenha sido celebrado «para fins de imediata utilidade pública». A indagação do esguardo destes fins corresponde para todos os efeitos à verificação da natureza de cada contrato, para além da sua integração naqueles tipos, como operação indispensável para se concluir da jurisdição competente.

Em nosso entender, *de jure condendo*, seria preferível para aqueles efeitos a enumeração exemplificativa à taxativa. O sistema actual dá-nos duas certezas. Uma, relativa, é a da jurisdição competente. Mas outra, mais segura, é a da inevitabiiidade, em certas hipóteses, da falta de correspondência entre a natureza da jurisdição e a do contrato. Aos nossos olhos, esta consequência, de sinal negativo, excede em muito o alcance positivo da outra.

Historicamente, a vinculação da actividade do particular à regularidade e continuidade do serviço administrativo, traduzida na submissão daquela actividade à direcção dos órgãos da entidade servida – traço característico do contrato administrativo em Portugal, conforme ensina o Prof. MARCELLO CAETANO – terá sido, por paradoxal que possa parecer, a consequência e não a causa da atribuição de certos contratos à competência dos tribunais administrativos. Hoje, contudo, a razão de fundo que justifica esta especialidade de regime encontra-se, como reconhece o próprio legislador, na prossecução imediata de fins de utilidade pública. Mas a sujeição de contratos com este regime especial à apreciação dos tribunais judiciais não pode deixar de produzir pesados embaraços. Aqui deparamos de chofre com o poder judicial a intervir na Administração, a condicionar os seus passos, a reduzi-la a uma subordinação que não quadra com as abóbadas mestras do nosso actual sistema administrativo. Do carácter concreto e materializado deste perigo dizem-nos páginas como as do Prof. FREITAS DO AMARAL, quando salienta as dificuldades suscitadas à adopção do modelo contratual em matéria de utilização do domínio público pelos particulares, adopção que seria desejável mas que provoca a afectação da matéria ao foro judicial. Uma das razões que abonam a existência de um contencioso administrativo entregue a órgãos de Administração – nota aquele autor –, consiste na particular qualificação dos juízes administrativos para o conhecimento e aplicação da técnica e dos princípios do Direito Administrativo. Para quê confiar então aos juízes civis os litígios emergentes dos contratos sobre o domínio público, que hão-de ser apreciados à luz dos critérios e dentro do espírito peculiar do Direito Administrativo?[40].

O problema que assim se coloca suscita-se certamente noutros sectores onde a contratação administrativa seria desejável como fórmula de

[40] *Ob. cit.*, pp. 182 a 191.

equacionar interesses da Administração e dos particulares. E tudo indica que a evolução económica e tecnológica, o incremento da intervenção estadual, e, sobretudo, a mutação verificada nas fórmulas dessa intervenção conduzam a um constante acréscimo daqueles sectores. Em França, por exemplo, a par dos contratos administrativos clássicos, a lei tem vindo a estabelecer vários outros tipos, como os *marchés de recherche,* através dos quais uma pessoa de Direito Público confia uma investigação científica a um organismo especializado ou a um investigador, os *marchés d'étude,* que têm por fim a realização de um projecto, os *marchés industriels,* que se destinam à elaboração de um protótipo ou à prática de uma operação de alta tecnologia. Também naquele país veio recentemente o legislador desenhar a figura do contrato com os estabelecimentos de ensino privado e a dos contratos com empresas privadas que se comprometem, mediante certas contrapartidas, a conformar-se com as directivas do Plano[41]. E para além de todos estes, a doutrina e a jurisprudência francesas admitem sem discussão os contratos administrativos atípicos.

Em conclusão, se cremos que os contratos administrativos podem pertencer a tipos não previstos no Código Administrativo e se sustentamos que só os tribunais administrativos apresentam receptividade bastante às especialidades do regime destes negócios jurídicos, somos forçados a pronunciarmo-nos contra a solução adoptada no § 2º do art. 815º daquele diploma. A enumeração exemplificativa seria preferível. Os tipos nela referidos ficaram ao abrigo das maiores dúvidas. Quanto aos que ali não figurassem, uma certa flutuação inicial seria ultrapassada pela formação de correntes jurisprudenciais, permitindo-se destarte aos tribunais uma participação criadora na permanente adaptação do ordenamento jurídico administrativo às novas necessidades decorrentes para a Administração das mutações da vida social.

## 8. Contratos enumerados no Dódigo Administrativo

Os contratos referidos no § 2º do art. 815º do Código Administrativo são o de empreitada de obras públicas, o de concessão de obras públicas, o de concessão de serviços públicos, o de fornecimento contínuo e o de

[41] Rivero, *ob. cit.*, pp. 104 e 105.

prestação de serviços, desde que sejam celebrados entre a Administração e os particulares para fins de imediata utilidade pública.

O regime de cada um destes contratos não será aqui discriminado por serem eles objecto de artigos autónomos neste dicionário (veja-se já o artigo sobre a concessão, a página 531 e seguintes). Limitar-nos-emos pois a apresentar as definições que deles dá o Prof. Marcello Caetano:

a) *Contrato de empreitada de obras públicas:* o acordo pelo qual alguma pessoa se encarrega de trabalhos de construção, adaptação, reparação ou conservação de bens imóveis do domínio público ou do património administrativo por conta de uma pessoa colectiva de Direito Público, com materiais subministrados por esta ou pelo empreiteiro, mediante certa retribuição.
b) *Contrato de concessão de obras públicas:* o acordo pelo qual uma pessoa colectiva de Direito Público transfere para outra pessoa o poder de constituir, por conta própria, determinadas coisas públicas artificiais, destinadas ao uso público directo ou ao estabelecimento de um serviço público, as quais ficarão na posse do concessionário durante certo número de anos para que este cobre dos utentes as taxas que forem fixadas.
c) *Contrato de concessão de serviço público:* o acordo pelo qual uma pessoa colectiva de Direito Público transfere para outra pessoa, durante o prazo estipulado, o seu poder de estabelecer e explorar determinado serviço público, para ser exercido por conta e risco do concessionário mas sempre no interesse público.
d) *Contrato de fornecimento contínuo:* acordo pelo qual alguém se obriga para com uma pessoa colectiva de Direito Público a, durante certo prazo, entregar em datas fixas, ou quando lhe seja exigido, as quantidades de determinadas coisas móveis necessárias ao regular funcionamento de um serviço administrativo.
e) *Contrato de provimento* (uma das formas que pode revestir o contrato de prestação de serviços): o acordo pelo qual alguém se obriga para com uma pessoa colectiva de Direito Público a prestar-lhe a sua actividade profissional por certo prazo preenchendo um lugar dos quadros permanentes da Administração e submetendo-se ao estatuto jurídico do emprego público.
f) *Contrato de transporte* (outra forma de contrato de prestação de serviços): acordo pelo qual alguém se obriga para com uma pessoa

colectiva de Direito Público a fazer a condução, entre lugares designados, das pessoas e coisas de que, durante determinados períodos, a outra parte a encarregar[42].

Ensina o Prof. MARCELLO CAETANO que o Código Administrativo se refere ao «contrato de prestação de serviço» no amplo sentido que esta figura revestia no Código Civil de Seabra, dele havendo que retirar no entanto a empreitada, por ser objecto de tratamento autónomo e o mandato e a prestação de serviços no exercício de artes e profissões liberais (os contratos de prestação de serviços propriamente ditos, segundo o novo Código Civil), por não apresentarem o elemento característico da submissão da actividade do particular à direcção dos órgãos da entidade servida. Por exclusão de partes restariam pois o provimento e os transportes[43].

No entanto, quando o insigne administrativista responde às críticas do Prof. FREITAS DO AMARAL ao carácter demasiadamente limitativo da enumeração legal, manifesta-se no sentido de incluir entre os contratos de prestação de serviços as concessões de aproveitamento ou de explorações de coisas dominais[44]. Tal inclusão só nos parece possível se se pusesse de parte o conceito de prestação de serviços do Código de Seabra. E, a aceitá-lo com o conteúdo extremamente amplo que para este efeito lhe atribui o Prof. MARCELLO CAETANO, parece que estaria descoberta a porta pela qual a jurisprudência poderia fazer penetrar no âmbito do contencioso administrativo tipos de contratos e contratos atípicos até agora dele arredados.

## 9. Características do contrato administrativo: a) prossecução de fins públicos

Afirmámos que a única forma de qualificar um contrato é a de determinar a sua natureza, com independência das designações legislativas. Mas, se cremos na legitimidade do intérprete para qualificar como administrativos os contratos submetidos a regime administrativo, mesmo que essa qualificação não valha para efeitos contenciosos mas só no plano do direito

[42] *Ob. cit.*, I, pp. 559 a 562.

[43] *Idem*, pp. 560 e 561.

[44] *Idem*, p. 559.

substantivo, somos forçados a buscar, com maior empenho e rigor do que os que se contentam com a enunciação legal, os elementos distintivos do contrato administrativo, aqueles em que se materializa o aludido regime administrativo.

A este propósito expressamente afastámos a submissão ao contencioso administrativo. A competência jurisdicional para a apreciação do contrato poderá reflectir a índole desse contrato ou vir-se a reflectir nela, mas não integra a natureza do negócio jurídico, visto não constituir um seu elemento específico.

Embora não concordemos com o Prof. MARCELLO CAETANO na medida em que parece considerar inferência indispensável da natureza administrativa do contrato a sujeição por determinação legal ao contencioso administrativo, seguimo-lo ainda quando reputa elemento essencial para a qualificação do contrato como administrativo *a associação mediante retribuição do particular aos fins públicos prosseguidos pela pessoa colectiva de Direito Público com deveres especiais de colaboração.* Este é, a nosso ver, o nexo institucional comum entre múltiplos aspectos que costumam ser apresentados como típicos do contrato administrativo: prossecução de fins públicos, natureza das partes, sua posição mútua, cláusulas exorbitantes do Direito Privado.

Os fins públicos que lhe cabe prosseguir e em vista dos quais a pessoa colectiva celebra o contrato não poderão ser dissociados da causa-função deste. Isso resulta desde logo do exame dos contratos que o próprio legislador qualificou como administrativos. O seu objecto é constituído por prestações que se relacionam com o cumprimento das atribuições das pessoas colectivas contratantes. Efectivamente, em execução do contrato de empreitada de obras públicas, reparam-se, conservam-se ou adaptam-se bens imóveis do domínio público ou do património administrativo. No de concessão de obras públicas, constroem-se coisas públicas artificiais. No de concessão de serviço público, o particular explora um serviço público no interesse do público, e assim sucessivamente.

Note-se porém que o aprofundar destas ideias, aparentemente claras, não se fez sem dificuldades, algumas das quais não são aliás apanágio exclusivo deste sector do Direito Administrativo. Em que consistem com efeito os fins de interesse público, cuja realização em associação com o administrado caracteriza os contratos administrativos?

Não é este o momento próprio para expor quão contigente e subjectiva se revela a apreciação do que é um fim público e um fim particular. É um problema que com frequência se põe aos administrativistas, quer a propósito da caracterização da personalidade de Direito Público, quer da dos actos de gestão pública, quer de variadíssimos outros institutos e conceitos que pressupõem uma demarcação entre o público e o privado[45]. Compreensível é que se levantasse com particular acuidade em relação a um tipo de contrato que se pretende destacar do direito privado.

A referência aos fins públicos prosseguidos pela pessoa colectiva e, através do contrato, pelo particular que com ela o celebra, parece derivar na doutrina portuguesa do conceito francês de serviço público, hoje entre nós provido de um conteúdo diferente. O *arrêt Terrier* veio substituir, em 1903, a noção de serviço público à de actos de autoridade e de gestão como base da delimitação de competências entre tribunais judiciais e administrativos. Nos seus termos, os contratos celebrados pela Administração e concernentes à organização e funcionamento dos serviços públicos eram administrativos. Uma ampla e torturada elaboração tem dado àquele conceito contornos bastante variáveis. De qualquer forma, a colocação do acento tónico na ideia de serviço público corresponde como já em 1937 escrevia o Doutor Melo Machado, a ver no fim visado pelo negócio jurídico a característica específica das contratos administrativos[46]. O primeiro autor que entre nós versou estas matérias num plano científico – o Professor Magalhães Colaço – seguiu a doutrina do contrato respeitante ao funcionamento e execução de um serviço público. Para o efeito em causa, é mais significativa do que à primeira vista parecerá a substituição do conceito de serviço público pela ideia de realização de fins de interesse público, preferida pelo Prof. Marcello Caetano para diferenciar o contrato administrativo. Para tal, a jurisprudência francesa serve-se pacificamente da acepção mais lata – de entre as várias em controvérsia – de serviço público, que é também a inicial: «toda a actividade que uma colectividade pública decidiu exercer por ter verificado que a sua realização era exigida pelo interesse geral e que a iniciativa privada não a poderia desempenhar correctamente»[47]. A distinção entre esta ideia e a de prossecução de fins de interesse público não é meramente formal. Neste plano o paralelismo manifesta-se no cunho finalista de

[45] Sérvulo Correia, *Natureza Jurídica dos Organismos Corporativos*, in «Estudos Sociais e Corporativos», nº 8, pp. 14 a 17.

[46] *Ob. cit.*, p. 127.

[47] Laubadère, *Traité...* cit. I, p. 60.

ambos os critérios. Mas, devido à sua fluidez, o conceito de serviço público não se revelou bastante e, considerando-o muito embora uma condição necessária, a jurisprudência francesa acabou por se inclinar para a tese de que, mesmo ligado ao funcionamento de um serviço público, o contrato só será administrativo se comportar cláusulas exorbitantes. Esta outra noção, que LAUBADÈRE considera o elemento central, nos nossos dias, da teoria do contrato administrativo, também não é clara. Este autor propõe-se defini-la como a cláusula que decalca uma das regras características da teoria geral dos contratos administrativos ou que é inspirada pelas considerações e fins próprios do Direito Público. O primeiro termo da definição afigura-se-nos nitidamente tautológico visto que se trata precisamente de saber o que é o contrato administrativo. Quanto ao segundo, retoma-se o cunho finalista que marca também a ideia de serviço público. Para complicar um já de si tão confuso panorama acresce ainda o facto de, em certos casos, a jurisprudência francesa se contentar com a ligação ao serviço público, dispensando as cláusulas exorbitantes: trata-se dos contratos em cujos termos o particular co-contratante deva participar ele próprio na execução de um serviço público (participação que LAUBADÈRE considera em si mesma uma cláusula exorbitante).

Apesar das suas próprias ambiguidades, a ideia da prossecução de um fim de interesse público parece pois mais sólida como base de distinção do que a de serviço público. Essa solidez aumentará em nossa opinião se diferençarmos entre prosseguimento directo e indirecto de um fim público. A distinção também foi experimentada em relação ao serviço público. Segundo RÉGLADE, para que o contrato fosse administrativo seria necessário e suficiente que o seu objecto realizasse «directa e imediatamente» um fim de serviço público. Esta tese foi rejeitada em França com base no panorama jurisprudencial, cujo casuísmo levara a incluir no tipo contratos cujo objecto apenas parece prender-se de forma indirecta com o prosseguimento do fim de serviço público e a dele excluir outros cujo nexo com tal escopo se afigura directo[48]. A este respeito a doutrina francesa luta com um obstáculo – a indefinição dos contornos do conceito de serviço público – que felizmente não conhecemos no Direito português. Aqui, com base no próprio Código Administrativo que no § 2º do art. 815º nos aponta esta via ao caracterizar os contratos administrativos pela prossecução de «fins

[48] MELO MACHADO, *ob. cit.*, p. 133; LAUBADÈRE, *Traité...*, I, p. 65.

de *imediata* utilidade pública», bastar-nos-á (e já não é pouco) determinar em que consiste um fim público e a sua prossecução directa. Esse ponto de doutrina é em relação ao âmbito do presente estudo uma questão prévia: nele não nos embrenharemos agora.

A causa-função ou causa objectivo do contrato, definição da respectiva função social típica, não é mais que o conjunto dos elementos específicos vistos na sua síntese. Cada tipo de contrato administrativo tem a sua. A do contrato de fornecimento contínuo, por exemplo, é a entrega contra remuneração pelo particular, durante certo prazo, de quantidades determinadas de coisas móveis necessárias ao regular funcionamento de um serviço administrativo. Mas, na medida em que cada uma de tais espécies se integra por seu turno num outro tipo homogéneo – o de contrato administrativo –, as respectivas causas-função podem reduzir-se no que lhes é comum a uma causa objectiva única que, como vimos, se traduz na associação mediante retribuição do particular aos fins públicos prosseguidos pela pessoa colectiva de direito público, com deveres de colaboração.

Com a causa-função ou causa objectiva não se confunde o objecto do contrato, que consiste no objecto dos poderes e deveres criados pelo mesmo contrato, neste caso, as prestações a que se vinculam as partes. Mas a causa-função marca o objecto, dá-lhe um significado, confere-lhe relevância jurídica e licitude. Daí que se possa afirmar que o objecto do contrato administrativo consiste em prestações relativas ao cumprimento das atribuições da pessoa colectiva de Direito Público: o elemento finalista que domina a causa-função caracteriza também o objecto do contrato.

A vinculação do objecto do contrato à prossecução de fins públicos é o esteio da sua institucionalização como figura de Direito Administrativo. As prestações do particular implicam uma colaboração no desempenho das atribuições de pessoa colectiva. Como sublinhámos, o nexo entre as prestações e os fins públicos terá de ser directo. Mas dentro deste plano ainda uma graduação se terá de estabelecer. O § 2º do art. 815º do Código Administrativo exige para todos os contratos nele enunciados a celebração para fins de *imediata* utilidade pública. Entre esses contratos contam-se, por exemplo, o de concessão de serviço público e o de fornecimento contínuo. Ora, enquanto o primeiro envolve a participação do particular no desempenho das atribuições da Administração, o segundo apenas implica que o particular possibilite materialmente à Administração esse desempenho. Na doutrina francesa considera-se que a primeira modalidade é bastante para qualificar o contrato como administrativo, ao passo que na segunda será necessário que se constate a existência de «cláusulas exorbitantes». Mas, como nos foi dado referir, quanto à primeira situação autores como LAUBADÈRE entendem que a própria participação no desempenho da função administrativa é em si uma «cláusula exorbitante». E, por outro lado, parece impossível definir o conteúdo destas cláusulas sem recorrer à ideia de realização de interesse público[49].

Em conclusão quanto a esta parte, é elemento específico dos contratos administrativos a relação directa entre as prestações do particular contratante e o cumprimento das atribuições da pessoa colectiva co-contratante, isto é, a prossecução de fins públicos. O carácter directo de tal nexo admite diversas gradações mas, sob pena de se desvirtuar, significará que sem a efectivação de tais prestações a pessoa colectiva integrada na Administração não poderá desempenhar cabalmente as atribuições a que a lei a obriga.

Do que escrevemos nesta alínea depreende-se também que não aceitamos a posição daqueles autores segundo os quais não interessa averiguar em vista de que fim o contrato é celebrado, mas o que o contrato é pela sua própria natureza[50]. As cláusulas exorbitantes do Direito Civil ou, como sugeria MELO MACHADO, cláusulas essencialmente administrativas, que traduzem pela diferente regulamentação do contrato administrativo a sua especificação em relação ao contrato de Direito Privado, não parecem referenciáveis sem a detecção de um elemento finalístico.

Na doutrina e jurisprudência francesas têm sido propostos dois critérios alternativos para a classificação das cláusulas como exorbitantes: a titularidade de prerrogativas da Administração quanto ao particular co-contratante e a existência de cláusulas «impossíveis nos contratos civis». Mas, como mais recentemente se vem admitindo, as cláusulas exorbitantes não cabem apenas nestas duas categorias e a única forma de as definir com suficiente largueza é a de considerar como tais todas as cláusulas «que pedem à teoria geral do contrato administrativo uma das suas regras características ou que são inspiradas pelas considerações e os fins próprios ao direito público»[51]. Porém, e na medida em que se integra na teoria geral do Direito Administrativo, a teoria geral do contrato administrativo parece indesligável

[49] LAUBADÈRE, *Traité*... cit., I, pp. 72 e 102-103.

[50] In MELO MACHADO, *ob. cit.*, p. 137.

[51] *Idem*, p. 100.

por definição das considerações e fins próprios do direito público». É pois em última análise à prossecução directa dos interesses colectivos que se deverá recorrer como pedra de toque. Necessariamente esta informa por seu turno o contrato, arrastado a necessidade de outros requisitos que, desse modo, dele constituem também elementos específicos. Vamos analisá-los de seguida.

## 10. (Continuação): b) celebração por uma pessoa colectiva integrada na Administração

Tradicionalmente a nossa doutrina tem olhado o contrato administrativo como um negócio jurídico celebrado entre uma pessoa colectiva de Direito Público e um particular. Segue também nesse ponto o pensamento francês, unânime no consenso sobre tal exigência quanto à natureza da entidade que contrata com o particular[52]. Justificando tal posição, que assenta numa jurisprudência quase constante, afirmam os autores franceses que um contrato concluído entre particulares não poderia ser administrativo, por não ser um «contrato da Administração»[53]. Porém, tomando igualmente em conta os arestos dos tribunais administrativos, abrem sem escrúpulos uma excepção para os contratos de *marché* celebrados por uma pessoa de Direito Privado que se substitui na função a uma pessoa de Direito Público, É, por exemplo, o caso dos contratos de empreitadas de obras públicas celebrados por sociedades concessionárias desde que de economia mista[54].

Quanto a este ponto pensamos chegada a hora de pôr de lado as conclusões algo superficiais firmadas sobre uma jurisprudência casuística e de investigar os porquês. Entre nós pelo menos já não se discute, depois do que a tal respeito escreveu o Prof. MARCELLO CAETANO, que pessoas colectivas de Direito Privado possam ser sujeitos das relações jurídico-administrativas. Esse ponto de vista tem aliás consagração no Código Administrativo que, ao permitir nos nºs 5º e 6º do art. 820º o recurso para os tribunais administrativos de actos de concessionários e pessoas colectivas de utilidade pública administrativa com fundamento nos vícios que,

[52] A título de exemplo, LAUBADÈRE, *Traité... cit.*, I, pp. 56-57; WALINE, *ob. cit.*, p. 391.
[53] LAUBADÈRE, *idem.*
[54] WALINE, *ob. cit.*, p. 392.

noutras passagens, expressamente qualifica de vícios próprios dos actos administrativos, reconhece a tais entidades de Direito Privado o poder de praticar actos administrativos.

Para o § 2º do art. 815º do mesmo Código são contratos administrativos determinados contratos celebrados entre a *Administração* e os particulares para fins de imediata utilidade pública. «Administração» está aqui obviamente utilizada num sentido orgânico, visto que é encarada como sujeito de negócios jurídicos. Neste sentido, a Administração Pública é um sistema de órgãos do Estado e de pessoas colectivas que com ele cooperam por força da lei na satisfação de necessidades colectivas. O âmbito de actuação deste sistema não compreende apenas a execução do Direito por via administrativa: segundo o ensinamento do Prof. MARCELLO CAETANO, ele engloba também uma actuação pela via jurisdicional e outras formas, inscritas nos campos das funções política e técnica. Razão de sobra parece constituir este facto para que o cerne de todo o complexo – a actuação executiva do Direito pela via administrativa – não possa imputar-se a órgãos que não caibam no sistema.

Em nosso entender pois a Administração não compreende apenas pessoas colectivas de Direito Público[55]. Integram-na também as associações, fundações, e sociedades, nascidas da iniciativa dos particulares e cuja personalidade colectiva é reconhecida nos termos do Direito Privado, mas sujeitas na sua actividade a normas de Direito Administrativo que lhes conferem o poder de praticar actos administrativos definitivos e executórios.

Estas pessoas (que não serão, note-se, todas as habitualmente consideradas pessoas de direito privado e regime administrativo, visto que nem todas possuem capacidade para a prática de actos administrativos), devem portanto, em nossa opinião, considerar-se englobadas no termo «Administração» utilizado pelo § 2º do art. 815º do Código Administrativo. Por outras palavras, pelo menos os contratos mencionados nessa norma e por elas celebrados serão contratos administrativos. E, segundo a posição

[55] Não nos abandonaram aliás as dúvidas por nós já há alguns anos manifestadas quanto à legitimidade científica da classificação das pessoas colectivas em públicas e privadas (SÉRVULO CORREIA, *Natureza Jurídica dos Organismos Corporativos*, in «Estudos Sociais e Corporativos», nº 8, 1963, p. 21). Problemas como o aqui discutido demonstram que, como então notávamos, mais importante que este atributo, parece a índole das meios de actuação reconhecidos pela lei a cada pessoa colectiva. E que esta índole nem sempre vai de par com a dicotomia personalidade de Direito Público – personalidade de Direito Privado, mostra-o a existência de pessoas como as chamadas pessoas de Direito Privado e regime administrativo.

por nós expendida, sê-lo-ão também outros tipos de contratos por elas outorgados que, muito embora não caibam na competência contenciosa do foro administrativo, reúnem os requisitos específicos do contrato administrativo.

A estas afirmações poder-se-ia porventura objectar com o facto de, nos nºs 7º e 8º do art. 820º do Código Administrativo, se mencionar apenas a competência do auditor administrativo para as acções emergentes de contratos administrativos celebrados com o concelho a freguesia e o distrito. Esta enunciação desempenharia também ela um papel taxativo, retirando a qualificação de «administrativo» a quaisquer contratos celebrados por outras pessoas reguladas no Código e que não fossem as autarquias locais.

A este eventual reparo observamos porém que ele estaria a defender uma nociva cumulação de competências visto que retiraria aos tribunais administrativos o poder de julgar as acções emergentes de responsabilidade pela inexecução de contrato administrativo ou sobre validade, execução ou interpretação desses mesmos contratos celebrados por pessoas de Direito Privado integradas na Administração, referindo-a aos tribunais judiciais, ao passo que aos tribunais administrativos continuaria a pertencer a competência para a apreciação de recursos dos actos dessas pessoas praticados em execução ou interpretação dos mesmos contratos (art. 820º, nºs 5º e 6º).

Aliás, o papel do nº 8º do art. 820º nunca foi entendido como o de uma enumeração taxativa das entidades sujeitas, ainda que parcialmente, ao Código Administrativo que podem celebrar contratos administrativos. Nos termos do nº 13º do mesmo artigo, certamente conjugado com o § 2º do art. 815º, é junto do auditor administrativo que sempre se têm proposto as acções emergentes de contratos celebrados por outras entidades, nomeadamente a Administração central.

Com a sua redacção actual, o nº 8º do art. 820º é uma disposição em boa verdade desnecessária visto que na sua falta sempre jogaria em relação às entidades nele mencionadas o nº 13º do mesmo preceito. A sua presença justifica-se sobretudo, ao que cremos, por motivos históricos. A partir do Código Administrativo de 1842 a expressão «contratos com a administração do Distrito, Município ou Paróquia» fixa-se no nosso Direito Administrativo surgindo nos Códigos de 1870, 1878 e 1886. Com o Código de 1896 importante alteração foi introduzida, eliminando-se da competência do contencioso administrativo os contratos celebrados pelas Juntas Gerais de

Distrito[56]. Natural era pois que o legislador de 1936 e 1940 quisesse deixar bem claro que todas as autarquias locais podiam celebrar contratos administrativos. Essa a *ratio* do nº 8º do art. 820º.

Em conclusão, não repugna, antes pelo contrário, e essa solução cabe nos quadros do nosso sistema legal, que a todas as entidades com capacidade para a prática de actos administrativos se reconheça a de celebrar contratos administrativos. Esta tese é confirmada pelo Decreto-Lei nº 48 871 de 19 de Fevereiro de 1969, cujo art. 1º, nº 3 prevê a outorga de contratos de empreitada de obras públicas por sociedades concessionárias ou de economia mista, embora mediante autorização ministerial.

## 11. (Continuação): c) submissão do particular à disciplina do interesse público

Como ensina o Prof. Marcello Caetano, implícita na definição do contrato administrativo encontra-se a «cláusula de sujeição», segundo a qual pode a Administração definir em cada momento as expressões concretas do interesse público. Deve pois o particular acatamento às leis, regulamentos e actos administrativos que determinem as condições jurídicas e técnicas de carácter circunstancial da execução das suas obrigações contratuais.

Em certas casos, como nos contratos de trabalho e nos que tenham por objecto a realização de obras públicas, o particular contratante encontra-se submetido nas prestações a que o contrato o vincula a um verdadeiro poder de direcção, que legitima ordens e instruções da Administração sobre o modo de cumprir aquelas. Aqui, porém, trata-se além do mais de exigências próprias do tipo de contrato, conhecidas também do Direito Privado que regula figuras paralelas.

Onde a submissão se revela mais entranhadamente conexa com a natureza administrativa do negócio jurídico é na possibilidade genérica de alterações na execução dos contratos por acto do Poder. Efectivamente, a busca sistemática comprova que as normas aplicáveis reconhecem à Administração o direito de introduzir unilateralmente modificações no regime das prestações do particular contratante, modificações essas justificadas pelas exigências

[56] Em todos estes casos tratava-se, evidentemente, apenas de certos tipos de contratos devidamente especificados.

do interesse público. Como escreve o referido administrativista, «tal poder tem o mesmo fundamento das restantes formas do Poder público e por isso a doutrina francesa dá ao acto que dedide as modificações das prestações contratuais a denominação genérica de *fait du Prince*, facto da Administração, acto do Poder»[57]. As vias para estas modificações e alterações feitas no exercício do poder público são os regulamentos e os actos administrativos, que obrigam em virtude da cláusula especial de sujeição.

Tal poder da Administração (que tanto pode caber ao órgão administrativo contratante como a outro) materializa a ideia de *colaboração*, nuclear do contrato administrativo. Na maioria das vezes, na vida social como nas figuras de Direito, a colaboração não traduz uma rigorosa igualdade de situações entre quem a recebe e quem a presta, mas sim uma adstrição a alguém que permanece numa posição dominante. É precisamente o que ocorre através dos contratos administrativos.

Com o fundamento de que o contrato postula a igualdade jurídica entre as partes, têm alguns autores sustentado que não pertence àquela categoria o assim chamado contrato administrativo, justamente por permitir a uma das partes imposições sobre a outra no decurso da respectiva execução. Porém, desde Grócio se encontra esclarecido que a *aequalitas* pressuposta pelo contrato não se defere à posição das partes, mas ao equilíbrio das prestações. A seguir veremos como, mesmo no caso de alteração de prestações por determinação administrativa, aquele equilíbrio deve manter-se, precisamente em atenção ao enquadramento contratual em que a mudança se verifica. A nosso ver, esta ressalva é mais significativa do que aquela outra que salienta a diferença entre determinação do objecto – livremente feita pelas partes e só por ambas alterável – e livre fixação por parte da Administração da quantidade e das modalidades das prestações em que se resolverão as obrigações contraídas. Com efeito, se no contrato de provimento ou nalguns contratos de empreitada o poder da Administração de definir o modo de ser, tempo e lugar das prestações prometidas no contrato pelo particular apenas corresponde à concretização de uma obrigação de conteúdo indeterminado, noutros casos, como o de fornecimento contínuo ou de concessão de serviço público, cabe perguntar se não se verificam autênticas modificações do objecto do contrato. Seguindo a maioria da doutrina francesa, o

[57] *Manual*, I, p. 595.

Prof. Marcello Caetano sustenta que o objecto é intocável[58]. Entende o catedrático de Lisboa por objecto os poderes e deveres relativos às prestações. Nós preferimos, com a maioria da doutrina portuguesa, aplicar a designação às próprias prestações sobre que incidem os direitos e obrigações constituídas pelo contrato. De um modo ou de outro, nas hipóteses em que as coisas ou serviços a que respeitam as prestações foram precisamente determinadas no contrato (fornecimento de bens de um certo padrão; exploração de uma certa linha de caminho de ferro) não parece de considerar que o objecto do contrato seja apenas a actividade em abstracto – ou apenas os poderes e deveres relativos a uma actividade em abstracto (fornecimento de coisas, exploração de linhas de caminho de ferro). Antes se afigura objecto a actividade pessoal do devedor concreta e individualmente considerada. O direito à prestação e o dever de prestar não se reportam a uma forma abstracta mas a uma acção objectivada através de certa coisa ou certo serviço. Só assim se explica que a obrigação se extinga quando a prestação debitória se torne impossível por causa não imputável ao devedor, mesmo que este pudesse fornecer outras coisas ou prestar serviço diferentes. Fora pois dos casos em que as prestações estipuladas são indeterminadas (embora sempre determináveis), o poder da Administração de ordenar unilateralmente a sua alteração parece resolver a faculdade de modificar o objecto.

Trata-se de um poder discricionário que, como qualquer outro, é delimitado pelo fim para que a lei o concede: a necessidade de adaptar o contrato a novas circunstâncias para salvaguarda dos interesses públicos. Só este motivo determinante legitima a modificação que, além disso, conhece outros limites objectivos postos pela própria estrutura do instituto em que se insere a decisão administrativa. Um deles, já incidentalmente mencionado e que trataremos a seguir, é o da interdependência de interesses, que impõe em tal caso a revisão das cláusulas de remuneração. Outro, directamente relacionado com o fim legal do poder discricionário de introduzir modificações, é posto pela causa-função do contrato. Esta não poderá ser alterada, transformando-se o contrato noutro de tipo distinto porque, em tal eventualidade, já não se estaria apenas a adaptar uma certa relação obrigacional a novas exigências do interesse público, mas sim a optar por um meio radicalmente distinto de ir ao encontro de tais necessidades. Assim, por exemplo, a Administração nunca poderia decidir unilateralmente a mutação

58 *Manual*, I, p. 554; Laubadère, *Traité...*, p. 339.

de um contrato de fornecimento contínuo em contrato de empreitada de obras públicas.

## 12. (Continuação): d) equilíbrio comutativo

No decurso da execução do contrato administrativo, a Administração pode unilateralmente alterar-lhe o objecto, como cremos, ou, pelo menos, ordenar modificações no quantitativo das prestações e nas circunstâncias da sua realização. Esta faculdade poria sem dúvida em causa a natureza contratual do instituto se ele próprio não contivesse um mecanismo corrector destinado a assegurar ao particular co-contratante que a relação obrigacional alterada sem o seu consentimento lhe continuará a proporcionar satisfações de intensidade idêntica. Esse mecanismo é o chamado princípio da reciprocidade dos interesses, ou do equilíbrio das prestações, ou do equilíbrio financeiro ou ainda da equação financeiro do contrato, pela primeira vez exposto fundamentadamente pelo comissário do Governo Blum perante o *Conseil d'État*, em 1910, no caso *Compagnie Française des Tramways*. Tratava-se de uma concessão de serviço público e Blum, sustentando por um lado que a entidade concedente podia impor à concessionária, no interesse geral, um desenvolvimento dos meios destinados a assegurar o exercício, defendeu que, em contrapartida, esta última teria direito, em nome de um princípio de «equivalência honesta», ao restabelecimento da «equação financeira do contrato de concessão»[59].

O equilíbrio financeiro do contrato não significa, como desde então a generalidade dos autores tem salientado, a garantia da gestão equilibrada da empresa do co-contratante. Qualquer contrato envolve, em condições normais, um risco para as partes que, procurando benefícios, poderão não os encontrar e, até, conhecer perdas. O particular que participa no contrato administrativo não fica isento deste risco normal. Se o equilíbrio financeiro inicialmente estabelecido está correctamente avaliado pelo particular não interessa. Mas, em contrapartida, haverá que manter a fórmula do equilíbrio financeiro de início prevista, apesar das alterações posteriormente ditadas pela Administração. Do contrato resultam inicialmente para o particular poderes e adstrições, que certamente lhe terão parecido equilibrados. Daqui o nome de equação, a qual, se rigorosamente enunciada pelo

[59] LAUBADÈRE, *Traité...*, II, p. 33.

co-contratante, será para ele de resultado positivo. Desde logo não seria justo que uma alteração desta equivalência lhe pudesse ser imposta. E tal faculdade não seria integrável em parâmetros contratuais. No contrato as partes regulamentam os seus interesses através de uma relação voluntariamente assente, reconhecida e protegida por lei. Como ensina o Prof. MARCELLO CAETANO, «a *cláusula de remuneração* por pagamento de preço ou mediante a fixação de princípios tarifários é um dos elementos essenciais do contrato administrativo, pois por ela se efectiva o princípio de que a colaboração do interesse privado na realização do interesse público é prestada livremente, sem sacrifício daquele, em condições normais de risco financeiro»[60].

Como se vê, a manutenção do equilíbrio comutativo é um mecanismo próprio dos contratos administrativos porque se destina a contrabalançar, dentro de um esquema que se pretende continue contratual, o *fait du prince*, isto é, o poder, que também só nestes contratos existe, de uma das partes alterar sem carecer do consentimento da outra, as prestações ou as respectivas circunstâncias. Trata-se assim duma garantia da «álea administrativa», inconfundível com a garantia da «álea económica», comum a todos os contratos, constituída pelo princípio da imprevisão. Através do princípio do equilíbrio financeiro não se indemnizam prejuízos causados por circunstâncias excepcionais e imprevisíveis alheias à vontade das partes: mantém-se um equilíbrio que, por respeito ao significado do contrato, a administração não pode romper. Como, já em 1937 escrevia o Doutor MELO MACHADO, «rigosamente a Administração não indemniza; restabelece um equilíbrio determinado que se abrigara a manter»[61].

Como com realismo nota LAUBADÈRE, não parece adequada a ideia bastante difundida de que a restauração do equilíbrio após a modificação do contrato por acto do poder se processe nos termos de uma equação matemática rigorosa. Se nalgumas hipóteses esse cálculo será possível, noutras haverá que proceder segundo juízos de equidade, à luz de uma «interpretação razoável» do contrato. Trata-se ainda da directiva da «equivalência honesta» proposta por L. Blum[62].

Entre nós, o Prof. MARCELLO CAETANO parece entender que o princípio se aplica indiferentemente desde que as condições respeitantes à execução

[60] *Manual*, I, p. 565.

[61] *Ob. cit.*, p. 270.

[62] LAUBADÈRE, *Traité*, II, p. 34.

das obrigações do particular sejam alteradas por lei, regulamento ou acto administrativo. E não distingue entre os casos em que a alteração do contrato por acto administrativo é obra da pessoa administrativa contratante e aqueles em que a imposição provém de outro órgão da Administração. Pelo contrário, a doutrina e a jurisprudência francesas entendem que o princípio apenas é invocável nas hipóteses em que a pessoa pública contratante usa do poder de modificação unilateral. Nunca o é quando a medida que aumenta os encargos do particular co-contratante emana de outra entidade. E se a autora da medida é a pessoa administrativa contratante mas agindo através de um comando genérico, exige-se que este exerça efeito directo sobre um dos elementos essenciais do contrato. Nos casos excluídos, jogará a teoria de imprevisão, se para tanto se verificarem os requisitos específicos[63].

Salvo estudo mais aprofundado, estas distinções parecem-nos pecar ora por formalismo ora por casuísmo injustificados. O facto de a pessoa administrativa contratante alterar unilateralmente o contrato através de medidas genéricas em vez de actos destinados a produzir ilícito apenas naquela relação obrigacional não afecta os dados essenciais da questão. De qualquer modo fá-lo no exercício de indeclináveis poderes de autoridade que lhe assistem para a prossecução dos interesses colectivos, objectivo que também preside à sua entrada na relação contratual. A *potestas variandi* que se entende implícita em qualquer contrato administrativo é apenas uma manifestação de um mais lato poder de definir inovadoramente situações jurídicas entre a Administração e os particulares em prossecução dos interesses colectivos. À luz destas considerações também parece de somenos importância o facto de a modificação provir da pessoa administrativa contratante ou de outra entidade integrada na Administração. É por exercerem a função executiva no seio do Poder administrativo que aquelas pessoas têm tal faculdade. Em última análise, é sempre a Administração quem age.

## 13. A formação dos contratos administrativos

O facto de um dos contraentes ser sempre a Administração envolve requisitos de competência para a determinação da capacidade de contratar.

[63] A título de exemplo, veja-se RIVERO, *ob. cit.*, p. 118.

Quando a entidade pública contraente é o próprio Estado, a competência é do Governo e exerce-a o Ministro da pasta correspondente. Sempre que através do contrato se vão conferir privilégios ou poderes especiais, a competência está condicionada por autorização especial dada em diploma com força de lei. De autorização especial dada em decreto simples depende em geral a competência para a celebração dos contratos que envolvem encargos para o Estado em ano ou anos futuros. Em diversos outros casos a lei exige autorização do Conselho de Ministros, que normalmente é exercida por delegação pelo Presidente do Conselho, que muitas vezes subdelega esta sua competência[64].

São também competentes para celebrar contratos administrativos os órgãos dirigentes dos serviços dotados de autonomia administrativa ou financeira na medida em que tenham poderes para autorizar despesas.

Nas autarquias locais cabe aos corpos administrativos deliberar a contratação. Os presidentes outorgam nos contratos.

A escolha de co-contratantes por parte da Administração pode ser feita por ajuste directo ou por concurso. No ajuste directo o co-contratante é objecto de uma escolha discricionária, devendo no entanto em princípio a Administração consultar previamente pelo menos três entidades para se esclarecer sobre preços e condições de mercado. Por motivos óbvios, o ajuste directo usa-se em regra para os contratos muito importantes e para os de mínima importância.

O concurso é, segundo definição do Prof. MARCELLO CAETANO, «o processo resultante do convite, feito ao público ou àqueles que reúnem determinados requisitos, para a apresentação de propostas de contrato em regime de concorrência e de modo a permitir à Administração a escolha do proponente que mais lhe convier»[65]. Sobre esta figura nada mais escrevemos, visto estar ela já tratada neste Dicionário[66].

Os contratos administrativos devem ser celebrados por escrito. Em casos excepcionais a lei autoriza o «ajuste verbal» mas, mesmo neles, entende-se

[64] Sobre esta matéria consultem-se os Decretos-Leis nºs 41 375 de 19 de Novembro de 1957 e 48 234 de 31 de Janeiro de 1698, respeitantes aos contratos destinados à realização de obras ou à aquisição de material, empreitadas, concessões, fornecimentos e também aos de arrendamento e aluguer. O regime geral do contrato de empreitadas de obras públicas encontra-se estatuído pelo Decreto-Lei nº 48 871 de 19 de Fevereiro de 1969.

[65] *Ob. cit.*, I, p. 572.

[66] Vejam-se os artigos sobre «concurso» e «adjudicação».

que do ajuste algumas provas documentais ficarão constituídas, nem que não seja para efeitos de cumprimento das regras de gestão financeira. Certos diplomas permitem também a conclusão de um contrato com «dispensa de formalidades». O que com esta dispensa se pretende é no entanto a libertação da necessidade do visto do Tribunal de Contas e não a celebração indocumentada.

Em Direito Administrativo a regra é a de que as estipulações contratuais constem de documento autêntico (Decreto-Lei nº 41375 de 19 de Novembro de 1957, art. 14º). Tal não significa porém que seja exigível a escritura notarial. Basta que, nos termos do art. 363º do Código Civil, os documentos sejam «exarados por autoridades públicas nos limites da sua competência» ou por oficiais públicos «dentro do círculo de actividades que lhes é atribuído».

Depois de redigida a minuta do contrato deve ser submetida ao exame do adjudicatário, a quem será fixado prazo para se pronunciar. Obtida a respectiva aprovação expressa ou tácita, a minuta será então submetida à aprovação do órgão competente da pessoa colectiva de direito público contratante.

Aprovada a minuta, será o texto exarado no livro próprio que deve existir para esse efeito, com termos de abertura e de encerramento, nas secretarias gerais dos Ministérios ou nos serviços por onde, nos termos das leis orgânicas, haje de correr o expediente dos contratos. Servirá de oficial público o funcionário designado na lei orgânica do departamento administrativo interessado ou, no silêncio desta, o que for indicado por despacho do órgão competente para contratar (Decreto-Lei nº 41 075, art. nº 14º). Se é uma Câmara Municipal a contratante, as funções de notário cabem ao respectivo chefe de secretaria (Código Administrativo, art. 137º, nº 12)[67].

## 14. A execução dos contratos administrativos

Dois traços dominam a matéria da execução dos contratos administrativos: as prerrogativas de que dispõe a Administração perante o particular co-contratante e as limitações postas aos mais significativos de tais poderes pelo princípio do equilíbrio financeiro do contrato. Não faremos agora referência demorada aos problemas do poder de variação unilateral dos

[67] Na presente alínea seguimos muito de perto o *Manual de Direito Administrativo*, I, do Prof. MARCELLO CAETANO, onde esta matéria vem mais desenvolvidamente tratada, de págs. 568 a 586.

termos do contrato nem à manutenção da equação financeira inicial nos casos em que aquele é exercido: tais questões foram abordadas a propósito das características do contrato administrativo.

Dado o *intuitus personae* que preside ao contrato administrativo, a obrigação de executar por parte do co-contratante é pessoal. Só com o consentimento da Administração e quando as prestações não têm por objecto um *facere* indesligável da pessoa do particular, pode transmitir-se a sua posição contratual.

Nalguns contratos, como o de empreitada de obras públicas e o de fornecimento contínuo, o adjudicatório é obrigado a prestar caução definitiva, isto é, a prestar, sob a forma de depósito em dinheiro ou outros bens ou de garantia bancária, uma garantia especial das obrigações assumidas que acresce à comum representada pelo seu património.

O fim do contrato administrativo é a colaboração do particular com a Administração na prossecução dos interesses colectivos. No seio da relação obrigacional tem pois o contraente de Direito Público o poder-dever de zelar pela efectividade daquela prossecução, o que envolve o direito inalienável de fiscalizar o cumprimento do contrato, ainda que o respectivo texto o não consigne expressamente.

Em diversos casos, a Administração não detém apenas o poder de controlar, mas também o de dirigir, isto é, de determinar em cada momento o modo pelo qual o particular cumprirá as obrigações assumidas. Nestes contratos – servem de exemplo o provimento e certas empreitadas – as obrigações assumidas pelo particular são de conteúdo indeterminado, cumprindo ao cantraente de Direito Público concretizá-las.

## 15. O caso de força maior e o caso imprevisto

Se o rompimento do equilíbrio financeiro do contrato pode ter origem numa decisão unilateral da Administração, ele pode provir também de factos alheios à vontade das partes. Se além de involuntários, tais factos eram imprevisíveis à data da celebração do contrato e o seu impacto é muito considerável, estaremos perante um caso de força maior ou um caso imprevisto.

Na definição do Prof. Marcello Caetano, caso de força maior é o facto imprevisível e estranho à vontade dos contraentes que impossibilita absolutamente de cumprir as obrigações contratuais.

Em tais circunstâncias fica o particular desonerado de responsabilidade pelo incumprimento. E, se assim tiver sido estipulado no contrato, o risco correrá por conta da Administração que terá de indemnizar o co-contratante pelos danos sofridos.

Segundo o mesmo autor, caso imprevisto é o facto estranho à vontade dos contraentes que, determinando a modificação das circunstâncias económicas gerais, torna a execução do contrato muito mais onerosa para uma das partes do que caberia no risco normalmente considerado. Nesta hipótese, o cumprimento não é impossível, mas apenas com grande sacrifício do particular ele poderá ser levado a efeito. Dá-se aquilo a que a jurisprudência francesa chamou um *bouleversentent du contrat,* isto é uma perturbação profunda, absolutamente anormal, que as partes não podiam prever no momento em que concluíram o contrato[68].

O Direito Privado não conhecia remédio próprio para esta circunstância. A teoria da pressuposição, esboçada por WINDSCHEID, só muito lentamente ganharia a aceitação de que hoje goza, expressamente reconhecida como está nos códigos civis como o italiano e o português. Pode pois citar-se este como um dos exemplos de inovações que a maior flexibilidade dos quadros dogmáticos do Direito Administrativo tornou possível e que, radicados neste chão por natureza mais adaptável às novas necessidades, puderam depois comunicar-se ao sistema mais imobilista do Direito Civil.

A teoria da imprevisão foi pela primeira vez aplicada em 1916, numa causa julgada pelo *Conseil d'État*, em que litigavam a *Compagnie du Gaz de Bordeaux* e a respectiva municipalidade. Em conclusões que ficaram célebres, o comissário do Governo Chardenet sustentara que se deveria condenar o contraente de Direito Público a satisfazer à outra parte uma indemnização pelas perdas consideráveis devidas à manutenção das tarifas anteriores a 1914 e à elevação enorme do custo da matéria-prima utilizada – o carvão – provocada pela guerra. O Conselho aceitou o raciocínio segundo o qual a ruína do co-contratante comprometeria a necessária continuidade da satisfação das necessidades públicas, sendo pois do interesse da Administração manter o contrato. Para tanto, haveria que partilhar os ónus entre as duas partes, assegurando ao particular uma «indemnização de imprevisão», que, não cobrindo todo o déficit, lhe permitiria no entanto continuar a cumprir.

[68] LAUBADÈRE, *Droit Administratif Spécial*, cit., p. 56.

Tal indemnização destinar-se-ia sempre a cobrir danos emergentes e nunca lucros cessantes.

A partir de 1932, o Conselho fixou num outro caso histórico – o da *Compagnie des Tramways de Cherbourg* – um outro princípio, segundo o qual a imprevisão deve ser uma situação temporária, servindo as respectivas indemnizações para permitir ao co-contratante o «dobrar do cabo» de dificuldades momentâneas. Se se acaba por verificar que o respectivo déficit é irreversível, seria anti-económico e contrário ao interesse geral perpetuar uma tal situação. Tratava-se de uma concessionária de um serviço de transportes por carros eléctricos. Dadas as suas dificuldades de gestão, a jurisdição administrativa reconhecera-lhe o direito a indemnizações de imprevisão. Mas acabou por se verificar que os déficits derivavam da concorrência vitoriosa dos serviços privados de transporte por autocarros e que a situação era irremediável. O Conselho decidiu que a teoria da imprevisão devia deixar de se aplicar: o serviço público teria de se transformar, adaptando-se às condições modernas, ou desaparecer, rescindindo-se o contrato de concessão[69].

Caracteristicamente, como salienta o Prof. Marcello Caetano, em Portugal a teoria da imprevisão não surgiu através da jurisprudência, mas por via legal. No *Manual de Direito Administrativo* pode consultar-se uma lista de diplomas que, no nosso século, se manifestam inspirados pelo princípio[70]. Segundo o ilustre administrativista, as regras gerais que se podem retirar daqueles textos são as seguintes:

1º A superveniência de circunstâncias económicas excepcionais imprevisíveis à data da celebração do contrato administrativo e que tornem mais onerosa a sua execução pelo contraente particular, justifica a alteração dos contratos;

2º Os encargos excepcionais serão reparados:
   *a*) por meio da revisão dos contratos, com aumento dos preços dos fornecimentos ou das tarifas dos serviços concedidos, quanto aos contratos de fornecimento ou de concessão;
   *b*) pela atribuição de uma indemnização aos empreiteiros de obras públicas.

[69] Laubadère, *id.*, p. 58.
[70] Volume I, pp. 607-608.

3º São considerados encargos excepcionais os que representem incomparável sacrifício.

O Prof. Marcello Caetano considera que a regularidade com que a repetição das circunstâncias tem imposto soluções orientadas por estas regras permite afirmar a existência no nosso Direito Administrativo de um princípio geral de imprevisão[71].

Certamente devido à sua diferente génese (legislativa em vez de jurisprudencial) a teoria portuguesa não parece sofrer a limitação conhecida pela sua congénere francesa que consiste em não deixar o juiz administrativo interferir no contrato modificando as suas cláusulas remuneratórias. Como se vê a par de indemnização em contratos como o de empreitada, o caso imprevisto pode conduzir a revisão de preços e tarifas que terá de ser decidida pelo tribunal se o contraente de direito público e ela se não resolver espontaneamente.

## 16. A extinção dos contratos administrativos

A relação contratual chega ao fim, normalmente, pela execução das obrigações das partes ou pela expiração do prazo de vigência. Tal como no Direito Privado, pode extinguir-se por vontade comum dos contraentes (distrato).

A expiração do prazo de vigência e o cumprimento do objecto são no entanto apenas as formas mais vulgares da caducidade do contrato. A par destas, existem ainda a verificação de condição resolutiva e a morte do contraente particular ou a declaração da sua falência ou insolvência sem que a Administração autorize a prossecução da execução do contrato pelos herdeiros ou pelos credores.

Além do distrato e da caducidade, o contrato pode extinguir-se por denúncia ou por rescisão.

A denúncia é a extinção de um contrato estabelecido por tempo determinado com prorrogação automática por períodos sucessivos se nenhuma das partes manifestar vontade discordante, extinção essa provocada por vontade de uma das partes oportunamente manifestada.

[71] *Id.*, p. 609.

A rescisão é a extinção do contrato no decurso da sua vigência, por manifestação de vontade de um dos contraentes, nos termos genericamente estabelecidos na lei ou previstos no contrato.

Como poder da Administração, a rescisão aparece como sanção aplicável por inexecução das obrigações assumidas pela outra parte ou como faculdade cujo exercício dependerá das conveniências do interesse público. Nesta última hipótese trata-se de um poder discricionário, que não isenta da obrigação de indemnizar o co-contratante pelos danos resultantes da rotura do contrato.

Particularidade importante dos contratos administrativos é a de neles não vigorar em benefício do particular a *exceptio non adimpleti contractus*. Como ensina o Prof. MARCELLO CAETANO, esta regra resulta da necessidade de proteger o interesse público contra as precipitadas interpretações que sirvam de pretexto aos particulares para fugir ao cumprimento das suas obrigações. Dada porém a possibilidade de grave e flagrante incumprimento pela Administração, parece que os legítimos interesses do co-contratante ficariam melhor defendidos se, em vez de se contar apenas com o espírito de equidade dos tribunais na apreciação em tais hipóteses da responsabilidade do particular que por seu turno incumpriu – única solução que o Mestre de Lisboa parece considerar –, se desse ao juiz administrativo a possibilidade de extinguir o contrato a pedido do contraente privado. É uma medida administrativa prevista pelo sistema francês, onde a doutrina a refere como *resiliation par le juge à la demande du particulier*[72-73].

## Bibliografia

MARCELLO CAETANO, *Competência Contenciosa em Matéria de Contratos Administrativos*, in «O Direito», ano 63 (1931), pp. 194 e segs.; JÈZE, *Principes Généraux de Droit Administratif*, tomos IV, V e VI, 1933-1936; MELO MACHADO, *Teoria Jurídica do Contrato Administrativo*, 1937; MARCELLO CAETANO, *Conceito de Contrato Administrativo*, in «O Direito», ano 70 (1938), pp. 3 e segs.; LAUBADÈRE, *Traité Théorique et Pratique des Contrats Administratifs*, 1956, 3 volumes; MARQUES GUEDES, *O Contrato Administrativo*, in *Boletim da Direcção-Geral das Contribuições e Impostos*, 1960, nº 15, pp. 269. e segs.; MARTIN-RETORTILLO,

[72] RIVERO, *ob. cit.*, p. 121.

[73] Nesta alínea seguimos de muito perto o *Manual de Direito Administrativo*, do Prof. MARCELLO CAETANO, vol. I, onde a matéria vem tratada de forma mais desenvolvida, de pp. 609 a 615.

*La institución contratual en el derecho administrativo: en torno al problema de la igualdad de las partes*, in «Studi in Memoria di Guido Zanobini», 1965, vol. II, pp. 217 e segs.; ALFONSO TESAURO, *Il contrato del diritto publico e del diritto amministrativo in particolare*, in «Studi in Memoria di Guido Zanobini», cit., vol. II, pp. 555 e segs; GARCÍA DE ENTERRÍA, *La figura del contrato administrativo*, in «Studi in Memoria di Guido Zanobini», cit., vol. II, pp. 637 e segs.; ARIÑO ORTIZ, *Teoria del Equivalente Economico en los Contratos Administrativos*, 1968; FORSTHOFF, *Traité de Droit Adminitratif Allemand*, 1969 (tradução em língua francesa da 9ª edição em língua alemã); WALINE, *Précis de Droit Administratif*, 1959; MARCELLO CAETANO, *Manual de Direito Administrativo*, I, 1970; LAUBADÈRE, *Droit Administratil, Spécial*, 1970; RIVERO, *Droit Administratif*, 1970.

# Os contratos económicos perante a Constituição (1986)*

**1.** No quadro de uma Constituição compromissória como a portuguesa, o Estado opera directamente como agente económico e, além disso, intervém indirectamente no desenvolvimento da actividade económica, condicionando os cálculos e as decisões dos operadores do sector privado, do sector cooperativo e do sector público não estadual mediante actuações de polícia e de fomento.[1]

Os contratos económicos constituem um *instrumento jurídico* utilizado quer como meio de intervenção directa, isto é, da iniciativa económica pública, quer como meio de condicionamento das iniciativas privada, cooperativa e pública de outras entidades públicas. A compra ou venda pelo Estado de determinado produto agrícola com o fim de regularizar certo ciclo económico representa um exemplo de contrato económico para fins de intervenção directa. O contrato de desenvolvimento é um contrato económico celebrado para fins de intervenção indirecta junto da empresa cuja actividade enquadra.

* In: *Nos dez anos da Constituição.* Lisboa: INCM, pp. 94-111.

[1] Cfr. Mota Pinto, *Direito Económico Português – Desenvolvimentos Recentes*, in Boletim da Faculdade de Direito de Coimbra, 1981, 137 e 138; Simões Patrício, *Curso de Direito Económico*, Lisboa, 1980, 199 e 200.

**2.** O *contrato económico* é um instituto do Direito Económico, isto é, do conjunto de princípios e normas jurídicas que se estruturam em torno da ordenação jurídica das relações entre entes públicos e entre estes e os sujeitos privados na perspectiva da intervenção do Estado na vida económica. Pode pois ser definido como o *contrato celebrado entre pessoas colectivas integradas na Administração Pública, ou entre estas e particulares, no âmbito da intervenção económica da Administração.*[2]

A figura existe nos Direitos da Europa de Leste e tem, pelo menos nalguns deles, um tratamento doutrinário desenvolvido. Dada porém a diferença de sistemas económicos, interessa-nos por certo muito mais o «modelo francês» do contrato económico. É neste que se inspira a figura do *contrato-programa*, concebida no art. 92º, nº 1, da Constituição da República Portuguesa como meio de tornar o Plano obrigatório para actividades de interesse público alheias ao sector público estadual e é ainda nele que se inspiram algumas outras figuras introduzidas pelo nosso legislador ordinário, como a do *contrato de desenvolvimento.*

Deve no entanto observar-se que, em França, a expressão *contrato económico* é usada com uma latitude que ultrapassa os limites jurídicos do contrato. Naquele país, sob a designação em causa agrupam-se actos que, constituindo modalidades de intervenção da Administração em matéria económica, *comportam, pelo menos na sua elaboração, aspectos contratuais,* isto é, o encontro das vontades de duas ou mais partes com o objectivo de atingir resultados comuns[3]. Significa isto que a expressão também é empregada para referir actos unilaterais – regulamentares ou administrativos – e até meras declarações conjuntas de intenções ou «acordos de cavalheiros» a que as partes não atribuem significado jurídico ou que não geram quaisquer obrigações susceptíveis de execução pelos meios jurídicos. De outras vezes, os chamados contratos económicos são apenas *actos-condição,* cujo efeito se limita a submeter alguém a um estatuto pré-existente, ou actos mistos que não raro comportam simultaneamente cláusulas de natureza contratual, regulamentar e infra ou parajurídica. As únicas características que todas essas figuras têm de comum são o fim de intervenção económica e a formação segundo um procedimento negocial. Mas tal similitude não basta para

[2] Cfr. Carlos Ferreira de Almeida, *Direito Económico,* II, Lisboa, 1979, 605 e 606; Mota Pinto, *ob. cit.,* 139 e 140; Simões Patrício, *ob. cit.,* 235.

[3] Cfr. Laubadère/Moderne/Delvolvé, *Traité des Contrats Administratifs,* Paris, 1983, 402.

extinguir a sua radical diversidade ou para lhes conferir um qualquer regime comum[4].

Em Portugal, o menor dinamismo dos agentes económicos e da Administração faz com que as modalidades dos «contratos económicos» sejam ainda muito menos diversificadas, na prática como nas páginas do *Diário da República*. Estamos pois ainda a tempo de compensar a nossa menor eficácia económica com um pouco mais de rigor jurídico e de reservar – nos textos legais e na praxe administrativa – o emprego da expressão aos verdadeiros contratos[5].

**3.** Se, em Portugal, ainda vamos a tempo de guardar a expressão *contratos económicos* para nomear verdadeiros contratos, já, em contrapartida, não parece possível, e nem mesmo desejável, qualificar em bloco tais contratos como contratos de Direito Privado[6] ou como contratos administrativos[7].

Vigora hoje entre nós o princípio dos contratos administrativos por natureza, introduzido pelo Estatuto dos Tribunais Administrativos e Fiscais (Decreto-Lei nº 129/84, de 27 de Abril), cujo art. 9º define o contrato admnistrativo como o acordo de vontades pelo qual é construída, modificada ou extinta uma relação jurídica de direito administrativo. Seja qual for o critério que se adopte para preencher esta fórmula remissiva, ela abrange sem dúvida diversos contratos económicos como, por exemplo, o contrato de desenvolvimento. Para nós, esse critério deve ser o do conceito estatutário do Direito Administrativo *(Sonderrechtstheorie)*, em cujos termos é contrato administrativo aquele que constitua um processo próprio de agir da Administração Pública e que crie, modifique ou extinga relações jurídicas, disciplinadas em termos específicos do sujeito administrativo, entre pessoas colectivas da Administração ou entre estas e os particulares. O contrato de desenvolvimento constitui um processo próprio de agir da Administração Pública: tem o Estado necessariamente como parte. Por outro lado, estabelece, entre o Estado e a empresa co-contratante, uma relação

[4] Cfr. LAUBADÈRE/MODERNE/DELVOLVÉ, *Traité...* cit., 402 a 410.

[5] Segundo LAUBADÈRE, a grande variedade das figuras vulgarmente consideradas como *contratos económicos* explica-se por se estar perante instrumentos ao serviço de uma política, concebidos muitas vezes por economistas e técnicos mais movidos por preocupações de eficácia económica do que de rigor jurídico. Cfr. *Traité...* cit., 403.

[6] Posição sustentada por CARLOS FERREIRA DE ALMEIDA, *Direito Económico*, cit., 644.

[7] Posição sustentada por SIMÕES PATRÍCIO, *Curso de Direito Económico*, cit., 237.

jurídica que é própria do regime jurídico da Administração e não do que respeita ao tráfico jurídico entre particulares. Não caberia neste último, por exemplo, nem a concessão de benefícios fiscais por uma parte à outra, nem o poder de uma delas de redefinir os termos do contrato em consequência do incumprimento da outra (Decreto-Lei nº 718/74, de 17 de Dezembro, arts. 4º, nº 1, alínea e) e 8º, nº 3).

A Administração não se encontra em princípio impedida de recorrer também à celebração de contratos regidos pelo Direito Privado como meio de intervenção económica directa ou, até, embora mais dificilmente, indirecta. Valem como exemplo os já referidos contratos de compra e venda de produtos agrícolas com fins de regularização e de estabilização dos preços.

**4.** Interessa agora considerar – ainda que em termos necessariamente esquemáticos – os estímulos e os limites postos à utilização dos contratos económicos pelos princípios constitucionais da Administração Pública. Por nos parecerem esses os aspectos interessantes – embora não os únicos que se poderiam versar com relação ao lema – confrontaremos o contrato económico com o princípio da participação dos cidadãos na formação das decisões que lhes disserem respeito, os princípios da igualdade, da imparcialidade e da proporcionalidade, o princípio da legalidade, o princípio da sujeição aos direitos fundamentais dos particulares e o princípio da procedimentalização da actuação administrativa.

**5.** O desenvolvimento da participação representa uma das linhas de força da evolução da orgânica e dos processos de funcionamento da Administração nos Estados democráticos contemporâneos.

Com a atenuação do dualismo Estado-sociedade, a Administração deixa de ser apenas ablativa *(Eingriffsverwaltung)* para se tornar também em Administração conformadora e prestadora nos planos económico e social. A multiplicação e a diversificação das decisões políticas e administrativas que decorrem daquela mudança qualitativa põem em causa a função legitimadora do exercício do poder quando desempenhada apenas por uma representação parlamentar crescentemente alheada das tarefas de execução das normas jurídicas e, mesmo, da normação sobre matérias não abrangidas pela reserva de lei formal. O antídoto para a possível perda de tónus democrático pode ser encontrado não só na dinamização dos nexos de interdependência dos poderes e, em consequência, na revitalização dos processos institucionais de legitimação indirecta, mas também na participação colectiva e individual a todos os níveis de preparação, tomada e execução das decisões administrativas.

O incremento da *participação individual dos interessados na formação das decisões ou deliberações que lhes disserem respeito* é apresentado como objectivo no nº 4 do art. 267,º da Constituição. Resulta do modo como no mesmo texto se encara o papel dos contratos-programa (art. 92º, nº 1) que o legislador constituinte considera a «contratualização» das decisões como mecanismo privilegiado de democratização da Administração graças à participação.

Com a substituição de actos de autoridade por contratos, reconhece-se a alteridade e autonomia dos destinatários da actividade administrativa – subtraindo-os na medida do possível ao papel exclusivo de súbditos confrontados com o exercício unilateral dos poderes soberanos do Estado –, e contribui-se para uma maior eficácia da Administração. Assim acontece não apenas porque o «direito aceite» é cumprido com maior empenho, mas porque a estipulação contratual aproxima o órgão administrativo da situação que lhe cabe conformar, permitindo uma maior adequação da solução ao caso concreto. Plasma-se desse modo a aproximação entre os serviços e a população e assegura-se a transparência de formação da decisão, que é um meio da desburocratização. Por outras palavras, a substituição de meios unilaterais de intervenção económica pela celebração de contratos económicos contribui também para a concretização de metas estruturais apontadas no nº 1 do art. 267º da Constituição.

**6.** Os princípios constitucionais da *igualdade* e da *imparcialidade administrativa*, afirmados, respectivamente, nos arts. 13º e 266º, nº 2, da Constituição, têm entre si estreita afinidade, que se revela na circunstância de ambos apontarem para a igualdade de tratamento dos cidadãos pelos poderes constituídos[8]. Mas, ao passo que o princípio da igualdade incide sobre a produção de normas jurídicas, o princípio da imparcialidade rege a aplicação das normas aos casos concretos[9].

[8] Note-se que o princípio da imparcialidade se não esgota na exigência da igualdade de tratamento.

[9] Cfr. Servulo Correia, *Noções de Direito Administrativo*, Lisboa, 1982, 252.

Um dos argumentos classicamente invocados contra a utilização de contratos para a produção de efeitos de Direito Administrativo ou, mais genericamente, contra a utilização de contratos pela Administração para a prossecução de quaisquer objectivos não directamente ligados à gestão do seu património privado ou à condução do economato dos seus serviços, é o do perigo de discriminação que tal prática comporta. Assim sucedeu com a rejeição da admissibilidade do contrato administrativo pela doutrina administrativista liberal dos países de cultura germânica, fundada na asserção de que o emprego do instituto permitiria à Administração furtar-se ao imperativo do princípio constitucional da igualdade no desempenho de tarefas públicas[10]. E assim sucede ainda por parte de linhas de pensamento radicalmente distintas, mas que convergem no juízo negativo sobre a figura, considerada como cobertura jurídica de uma distribuição de favores que seria ilícita se resultasse de um acto unilateral[11].

Em vez de matar o doente para pôr termo à doença, será no entanto preferível prevenir ou curar a doença.

No plano do princípio da igualdade propriamente dito, impõe-se que o legislador rodeie a contratação administrativa de um regime que não implique por si próprio a desigualdade do tratamento dos cidadãos. Mas se, em certos contratos administrativos, esse objectivo é relativamente fácil de alcançar através da procedimentalização da selecção do co-contratante – será o caso com a exigência de concurso para os provimentos –, nos contratos económicos as dificuldades acentuam-se. É Rivero quem escreve que o intervencionismo económico, quaisquer que sejam as suas formas – dirigismo rígido ou planificação flexível – se funda necessariamente sobre um conjunto de discriminações[12]. Mas as discriminações assim consentidas são aparentes e não reais. Têm de corresponder à ideia de que o princípio da igualdade também manda tratar desigualmente aquilo que na realidade é desigual.

Nesse domínio, pecarão por inconstitucionalidade material com violação do princípio da igualdade aquelas normas legais ou regulamentares que atribuam competência para a concessão de regalias e benefícios a certos agentes

[10] Cfr. Giacomett, *Allgemeine Lehren des rechtstaatlichen Verwaltungsrechts*, Zurique, 1960, 446.

[11] Cfr. André Demichel, *Le Droit Administratif – Essai de Réflexión Théorique*, Paris, 1978, 196.

[12] Citado em Laubadère/Delvolvé, *Droit Public Économique*, Paris, 1983, 260.

económicos individualizados através da celebração de contratos económicos sem estabelecer um quadro ou descrição fundamental dos pressupostos da decisão de contratar. A *previsão* da norma jurídica poderá ser *aberta*, permitindo desse modo o legislador que o órgão administrativo adicione outros elementos por si seleccionados compatíveis com os da *facti species*. É o que obrigatoriamente sucederá se se quiser que seja discricionária a decisão de celebrar o contrato económico. E tal abertura poderá ainda materializar-se na utilização de conceitos jurídicos indeterminados que requererão do órgão que aplicar a norma um juízo próprio de valorização. Mas o legislador terá de satisfazer o princípio constitucional da igualdade através de uma tipificação mínima das situações em que o contrato económico poderá ser celebrado. Se a norma conferir o poder sem qualquer acepção de circunstâncias, será praticamente impossível evitar que tenha lugar o arbítrio, isto é, que ocorram distinções de tratamento sem justificação razoável.

A par do esforço de dilucidação das razões de não comparabilidade entre situações, a jurisprudência francesa tem seguido nesta matéria uma orientação consistente na determinação de razões de interesse geral que permitam identificar categorias de actividades, ou mesmo actividades isoladas, que justifiquem um apoio não concedido a outras. Mas – a nosso ver – não se trata ainda aí de concluir que o interesse geral possa impor discriminações e antes que a consideração do fim prosseguido pela concessão contratual dos benefícios pode auxiliar a discernir os particulares pressupostos cuja existência ou falta justifica a desigualdade de tratamento. Embora se costumem apontar em paralelo as técnicas da determinação das situações não comparáveis e da «reserva do interesse geral», tudo se resume, em última análise, à objectivação dos pressupostos aptos a conferir racionalidade e justiça à escolha dos beneficiários[13].

Por seu turno, o asseguramento da imparcialidade administrativa na contratação económica passa sobretudo pela procedimentalização da formação da vontade administrativa de contratar a que nos referiremos adiante.

**7.** A imparcialidade administrativa impõe às autoridades administrativas, no exercício da sua actividade, uma ponderação objectiva da totalidade dos interesses públicos e privados que são chamadas a valorizar relativamente

[13] Cfr. LAUBADÈRE/DELVOLVÉ, *Droit Public Économique*, cit., 259 e 260.

para efeito das decisões concretas[14]. Nessa medida, pode considerar-se que, como princípio geral de Direito Administrativo, o princípio da proporcionalidade é um desenvolvimento do princípio da imparcialidade que fornece critérios jurídicos para a ponderação relativa dos interesses.

A proporcionalidade não é afirmada autonomamente entre os princípios da Administração, nos arts. 266º e segs. da Constituição, nem talvez tivesse de o ser visto que se compreende na ideia de imparcialidade. Mas encontram-se afloramentos seus no art. 272º, nº 2, e na parte final do art. 270º (aqui como princípio conformador da actividade legislativa, na sequência do também disposto pelo nº 2 do art. 18º).

A par da exigência de conformidade ou adequação de meios *(Geeignetheit)* e da sua necessidade *(Erforderlichkeit)*, o princípio da proporcionalidade desdobra-se ainda na ideia de proporcionalidade em sentido restrito *(Verhältnismässigkeit ou Angemessenheit)*, que implica um juízo de ponderação sobre se os meios utilizados são ou não desproporcionados em relação ao fim[15]. Embora o princípio se venha a afirmar nas doutrinas e nas jurisprudências alemã e francesa[16] como meio de controlo de legalidade dos actos administrativos praticados no exercício de discricionariedade, a sua razão de ser impõe-se igualmente no âmbito dos contratos administrativos. Basta lembrar que, quando o conteúdo do contrato corresponde ao que poderia ter sido o conteúdo de um acto administrativo – e isso sucede com contratos administrativos económicos, como o contrato de investimento estrangeiro, que substitui o acto administrativo de autorização – se deve considerar nulo ou anulável o contrato quando o fosse o acto administrativo [17].

[14] Cfr. Vieira de Andrade, *A Imparcialidade da Administração como Princípio Constitucional*, Boletim da Faculdade de Direito de Coimbra, 1974, 236; Sérvulo Correia, *Noções de Direito Administrativo*, 254.

[15] Cfr. Gomes Canotilho, *Direito Constitucional*, Coimbra, 1985, 315 a 317: Walter Schmidt, *Einführung in die Probleme des Verwaltungsrechts*, Munique, 1982, 54 a 56.

[16] Sobre a jurisprudência francesa em matéria de *«contrôle du bilan»*, veja-se Vedel/Delvolvé, *Droit Administratif*, Paris, 1984, 431, 798 e 799. Segundo esta orientação, o interesse geral surge como uma arbitragem entre interesses e não como um valor abstracto. A legalidade é ofendida no princípio da proporcionalidade se as consequências de uma decisão não condizem com o objectivo prosseguido, isto é, se se verifica um nítido desequilíbrio entre vantagens e inconvenientes.

[17] O nº 2 do art. 240º do Projecto de Código do Processo Administrativo Gracioso dispõe que, sem prejuízo da aplicação das disposições previstas no Código Civil para os negócios jurídicos, o contrato administrativo é nulo ou anulável quando o fosse o acto administrativo

Nos contratos administrativos de colaboração subordinada, o princípio da proporcionalidade é há longo tempo reconhecido sob as vestes do princípio do equilíbrio financeiro do contrato. Mas este último aplica-se no âmbito da alteração superveniente do contrato e não no da sua estipulação inicial. De todo o modo, os contratos administrativos económicos são normalmente *contratos de atribuição* e não contratos de colaboração subordinada, visto que as suas prestações essenciais consistem nos benefícios concedidos pela Administração. Não se equaciona neles, normalmente, uma remuneração ao particular. Não repugna aceitar, em contrapartida que, quando, nestes contratos, se verifique um manifesto desequilíbrio entre as vantagens atribuídas ao particular e os benefícios que para o interesse público possam resultar da actividade a que este se obriga, deve considerar-se que o contrato é ilegal por violação do princípio da proporcionalidade. Isso tanto poderá ocorrer quando o particular seja excessivamente beneficiado em relação com a satisfação do interesse público, como quando o contrato estabeleça para o particular obrigações demasiado onerosas ou elevadas em face dos benefícios que lhe assegura. Neste último caso, não será legítimo retorquir que a estipulação do contrato pelo titular dos interesses pretensamente afectados afasta a ilegalidade. Nos contratos administrativos, não vale o princípio *volenti non fit injuria*, não só porque a legalidade administrativa se não justifica apenas por uma função garantística, mas também porque a desigualdade da situação geral das partes torna o particular vulnerável a pressões ilegítimas para que se obrigue através do contrato em termos que lhe não poderiam ser impostos através de acto administrativo. A consideração deste perigo mantém à própria função garantística da legalidade um papel no âmbito dos contratos administrativos que a consensualidade formal não chega para eliminar.

**8.** Como referimos, os contratos económicos tanto podem ser contratos de Direito Privado como contratos administrativos. Deve levar-se em conta tal dicotomia quando se pensa sobre a *sujeição dos contratos económicos ao princípio da legalidade.*

Não constitui matéria pacífica a da medida em que os actos de Direito Privado da Administração possam ser regidos pelo princípio da legalidade

com o mesmo objectivo e idêntica regulamentação da situação concreta (versão do Ministério da Reforma Administrativa, resultante da revisão do texto submetido à apreciação pública em 1/10/1980).

administrativa. Aplica-se também aí sem dúvida a exigência de uma relação de compatibilidade com as normas jurídicas, mas poderá redarguir-se que tal situação é assimilável à situação jurídica dos particulares, que também não podem contrariar as normas injuntivas que regem os seus negócios. E a vinculação ao exercício das atribuições da pessoa colectiva pública que se mantém no âmbito da actividade de Direito Privado, poderá por seu turno ser explicada pelo princípio da especialidade, que também incide sobre as pessoas colectivas privadas[18]. Mas a realização de funções públicas pela via do Direito Privado suscita o perigo de uma «fuga para o Direito Privado», isto é, de que a escolha de tais meios seja o processo encontrado pela Administração de se libertar do domínio das vinculações publicísticas. Esse perigo é reduzido pelo crescente consenso sobre a subordinação das actividades administrativas de Direito Privado para prossecução imediata de fins de utilidade pública aos princípios constitucionais da igualdade e da imparcialidade, ao respeito dos direitos fundamentais (inclusivamente nos ordenamentos em que estes se não aplicam directamente às relações entre particulares), às regras da competência e da representação das pessoas colectivas públicas e aos preceitos do Direito Financeiro[19]

O grau de exigência quanto à aplicação do princípio da legalidade também na sua vertente de reserva de lei terá no entanto naturalmente de subir quando, em vez de contratos económicos privados, se trate de contratos económicos administrativos. As questões que se colocam a propósito da sujeição do contrato administrativo ao princípio da legalidade administrativa e, em especial, à reserva de lei estão ainda longe de ter encontrado soluções globalmente satisfatórias. Pode por isso afirmar-se que o tratamento do princípio no âmbito deste instituto se encontra atrasado relativamente aos níveis de aprofundamento e consistência encontrados nas áreas da legalidade do regulamento ou do acto administrativo[20]. Mas não pode renunciar-se ao

[18] Cfr. André Gonçalves Pereira, *Erro e ilegalidade no Acto Administrativo*, Lisboa, 1962, 49 e 50.

[19] Cfr. Ehrhardt Soares, *Direito Administrativo*, Lições proferidas ao Curso de Direito no Porto da Faculdade de Ciências Humanas da Universidade Católica Portuguesa, policopiadas, s.d.; Erichsen/Martens, *Allgemeines Verwaltungsrecht*, Berlim, 1979, 258; Sandulli, *Manuale di Diritto Amministrativo*, Nápoles, 1982, 658; Walter Schmidt. *Einfahrung...* cit., 135 e 136.

[20] Cfr. Schimpf, *Der verwaltungsrechtliche Vertrag unter besonderer Berücksichtigung seiner Rechtswidrigkeit*, Berlim, 1982, 11-38.

desbravamento desse campo, precisamente no momento em que se alarga o recurso aos mecanismos contratuais para prossecução imediata de fins públicos em paralelismo, quando não em alternativa livre, com o emprego de actos administrativos. Ignorar o problema poderia corresponder, como afirmou um autor alemão – em tom algo hiperbólico! –, a colocar dinamite no edifício do Direito Administrativo do Estado de Direito[21].

As dificuldades suscitadas pela aplicação do princípio da legalidade à actividade de intervenção económica são geralmente reconhecidas. Discursando perante o Presidente da República Francesa aquando de uma visita deste ao Conselho de Estado, o vice-presidente desta venerável instituição, A. PARODI, pronunciava-se nos seguintes termos: «Estas preocupações vão em particular para os problemas levantados pela multiplicação das intervenções do Estado no domínio económico e as formas novas de que se reveste a acção administrativa. O controlo do juiz introduz-se mal num domínio onde, pela força das coisas, as decisões são cada vez mais tomadas em função de situações particulares e cada vez menos em função de regras gerais suficientemente precisas para que a sua aplicação possa ser verificada»[22]. No que toca aos contratos económicos administrativos, estas dificuldades centram-se em particular na definição dos termos em que pode conciliar-se a liberdade contratual, sem a qual não há contrato, com a prévia definição normativa de pressupostos e dos efeitos de direito que poderão ser produzidos pela via contratual. Em Portugal, agora que podemos ler no art. 9º do ETAF um reconhecimento normativo das virtualidades genéricas do contrato como instrumento de criação, modificação e extinção de relações jurídicas de direito administrativo, há um extenso trabalho a empreender para delimitar com maior rigor os parâmetros da liberdade de celebração de contratos administrativos e da liberdade de fixação do respectivo conteúdo por parte da Administração. Após o acolhimento expresso pelo legislador da admissibilidade dos contratos administrativos por natureza, é necessário estabelecer, pelo labor da doutrina e da jurisprudência, quais sejam os prévios quadros normativos mínimos indispensáveis à tomada da decisão de contratar contratos atípicos e à escolha dos respectivos co-contratantes. No domínio da fixação do conteúdo de tais contratos, uma série de pontos

[21] Cfr. GÖTZ, *Hauptprobleme des Verwaltungsrechtlichen Vertrages*, Juristisches Schulung, 1970, nº 1, 3.

[22] Citado por LAUBADÈRE/DELVOLVÉ, *Droit Public Économique* cit., 807.

espinhosos se levantam. Podemos apontar, entre outros, o da identificação daqueles efeitos de direito cuja produção se deverá considerar indissoluvelmente ligada à natureza unilateral do acto de poder; o dos limites da criação de poderes de autoridade sobre o co-contratante através do próprio contrato administrativo atípico; o da admissibilidade da utilização de contratos administrativos para exigir do particular contraprestações para o exercício da discricionariedade administrativa ou ainda o da atribuição de poderes de autoridade ao co-contratante particular.

**9.** De um modo geral, tende hoje a reconhecer-se nos direitos de regime administrativo da Europa Ocidental que a Administração também se encontra submetida aos *preceitos constitucionais sobre direitos fundamentais* no âmbito da sua actividade de Direito Privado, quando esta sirva a prossecução de fins de imediata utilidade pública. Significa isto que tal vinculação abrange todos os contratos económicos. Na Ordem Jurídica portuguesa, a conclusão é mais evidente do que noutras porque o art. 18º, nº 1, da Constituição reconhece a relevância dos direitos fundamentais nas relações entre particulares.

É certo que, como observa Vieira de Andrade, isso não significa que a vinculação das entidades privadas deva ser igual àquela que obriga os poderes públicos. Mas parece indiscutível a transposição directa dos direitos fundamentais para as relações entre particulares quando se trata de situações em que as pessoas colectivas ou indivíduos disponham de poder especial sobre outros[23]. Ora, se assim acontece no âmbito das relações entre particulares, por maioria de razão terá de suceder nos contratos económicos, mesmo os de Direito Privado, pois que, através deles, o Estado exerce um poder específico, isto é, um poder de orientação e conformação que só a ele realmente assiste e que os agentes económicos não podem ignorar, até porque não lhes são indiferentes na prática as consequências de tal exercício.

Pela via da aplicação imediata dos preceitos constitucionais sobre direitos fundamentais aos contratos económicos de Direito Privado, ficam estes sujeitos a pelo menos alguns princípios constitucionais da Administração Pública, isto é, àqueles cujo conteúdo corresponda à pretensão da satistação de direitos fundamentais. É o caso do princípio da imparcialidade administrativa na vertente da igualdade de tratamento. Deste modo, não pode

[23] Cfr. Vieira de Andrade, *Os Direitos Fundamentais na Constituição Portuguesa de 1976*, Coimbra, 1983, 281 e 285.

permitir-se à Administração que invoque a liberdade negocial para escolher arbitrariamente a contraparte nos contratos económicos de Direito Privado. Se o princípio da igualdade não é aplicável nas relações privadas entre particulares enquanto proibição do arbítrio ou imperativo de racionalidade de actuação[24], é-o certamente nas relações privadas que têm por uma das partes a Administração no desempenho de atribuições de intervenção económica.

**10.** O art. 267º, nº 4, da Constituição determina que o processamento da actividade administrativa seja objecto de lei especial que assegure a racionalização dos meios a utilizar pelos serviços e a participação dos cidadãos na formação das decisões ou deliberações que lhes disserem respeito. Como notam Gomes Canotilho e Vital Moreira, a *exigência de uma disciplina normativa do procedimento* assim formulada corresponde à função democrática da «procedimentalização» das actividades de Direito Público[25].

Não há razão para que se deva considerar tal imperativo como dirigido apenas à preparação e emissão dos actos administrativos e não também à formação da vontade de contratar da Administração e à celebração por esta dos seus contratos. O Direito comparado mostra-nos a este propósito a adopção de soluções diversas.

Na Alemanha Federal, a lei do procedimento administrativo regula simultaneamente a formação, emissão ou celebração e execução de actos administrativos e de contratos administrativos, mas não abrange a formação da vontade administrativa de celebrar contratos de direito privado, nem obriga à prática de actos administrativos antes da celebração do contrato administrativo.

Nas últimas décadas, a doutrina desenvolveu a «teoria dos dois escalões» *(Zweistufen-Theorie)*, inicialmente para enquadramento das subvenções e hoje aplicada a mais algumas poucas situações típicas. Os contratos de Direito Privado celebrados pela Administração por ela abrangidos são precedidos do acto administrativo de eficácia sujeita à aceitação do destinatário, que tem por conteúdo a determinação da pessoa a favor de quem a Administração realizará uma prestação, da natureza de tal prestação e das condições de que esta se revestirá (*wer, wie und unter welchen Bedingungen*). Reconhece-se como vantagem deste enquadramento a abertura à impugnação contenciosa

[24] Cfr. Vieira de Andrade, *Os Direitos Fundamentais....* cit., 296.

[25] Cfr. *Constituição da República Portuguesa Anotada*, 2ª ed., I, Coimbra, 1985, 426.

de terceiros que podem recorrer do acto administrativo mas não reuniriam requisitos de legitimidade para obterem a declaração judicial da invalidade do contrato[26].

Em Espanha, a lei do procedimento administrativo regula apenas os actos administrativos. Mas, em contrapartida, a lei dos contratos do Estado (de 1965, revista em 1973) e o seu regulamento (de 1975) abrangem, com algumas excepções, quer os contratos administrativos quer os contratos privados, uniformizando o regime jurídico da sua preparação e adjudicação e da competência para a sua celebrado[27].

Na Itália, onde se não seguiu o exemplo francês da criação da figura dos contratos administrativos, desenvolveu-se o instituto da *«evidenza pubblica»*, constituído por diversos regimes jurídicos que, nos seus traços essenciais, correspondem ao que a nossa lei estabelece quanto à preparação e celebração dos contratos de empreitada de obras públicas do Estado. Mas, como sublinha GIANNINI, não se pode afirmar que os *«contrati ad evidenza pubblica»* formem uma categoria substantiva: trata-se, quando muito, de uma categoria processual que abrange contratos ordinários ou de direito comum, contratos regidos pelo Direito Privado mas especiais para a Administração e contratos de objecto público[28].

O procedimento de *«evidenza pubblica»* engloba a prática de actos administrativos.

Fora dos casos em que a lei dispõe expressamente, a doutrina majoritária assenta o regime procedimental na distinção entre *actividade privada da Administração e actividade administrativa de direito privado.* Pela primeira, a Administração «provê a si própria», satisfazendo as necessidades directas do seu aparelho; pela segunda, prossegue directamente interesses públicos. Segundo tal orientação, ao passo que o prosseguimento de actividades dirigidas à consecução de finalidades puramente acessórias ou patrimoniais das pessoas públicas não justificaria uma interferência do Direito Público, esta justificar-se-ia, em contrapartida, quanto aos contratos pelos quais se prossegue a *actividade administrativa de direito privado.* Nesta segunda situação, a liberdade de contratar já não assentaria no exercício da autonomia privada, que as pessoas colectivas também possuiriam, mas no exercício de um

[26] Cfr. WOLFF/BACHOF, *Verwaltungsrecht.* III, Munique, 1978, 309 e 310.

[27] Cfr. GARCIA ORTEGA, *Manual de Contratos del Estado,* Madrid, 1980, 35 ss.

[28] Cfr. GIANNINI. *Diritto Amministrativo,* Milão, 1970, 670 e 671.

poder público de natureza discricionária. Em tal hipótese, a manifestação da vontade de contratar da pessoa colectiva pública, que necessariamente precede a celebração do contrato, revestiria a natureza de acto administrativo inserido em procedimento administrativo[29].

Em França, o tratamento reservado a esta matéria resume-se claramente na seguinte passagem de DEBBASCH:

> «Mesmo quando a Administração estabelece um contrato «privado», este permanece submetido a certas regras que se não encontram nos contratos estabelecidos entre simples particulares; há, nomeadamente, todo um procedimento administrativo comportando a emissão de actos unilaterais, e este não pode deixar de impregnar o contrato de uma coloração administrativa. Isto tem por consequência que, quando sobrevém um litígio, o contencioso de um contrato privado celebrado pela Administração não é nunca exclusivamente judiciário: o juiz administrativo conhece, por remissão *(renvoi)* as questões prejudiciais.»[30]

Se alguma conclusão de conjunto se pode retirar desta análise comparativa, é a da verificação de uma certa tendência para procedimentalizar a preparação dos contratos da Administração independentemente da sua natureza administrativa ou privada. A procedimentalização da preparação dos contratos com inclusão de actos administrativos externos representa um processo de facultar a terceiros afectados a defesa contra o contrato que os prejudique, ainda quando este seja de Direito Privado, desde que haja violado normas de Direito Público a que estivesse sujeito em conexão com a sua natureza funcionalizada.

Seguindo quanto ao fundo o exemplo da lei alemã de procedimento administrativo, o nosso Projecto de Código de Processo Administrativo Gracioso mantém fora do seu âmbito os casos em que os órgãos da Administração Pública «estejam autorizados por lei a agir segundo os

[29] Cfr. BARDUSCO, *La Struttura dei Contratti delle Pubbliche Amministrazioni*, Milão, 1974, 66. 94 e 95. Note-se que este autor não alinha com a posição majoritária, sustentando que, naqueles casos em que a lei expressa não funcionalizou a actividade preparatória do contrato submetendo-o a um procedimento de *«evidenza pubblica»*, a Administração usa sempre um poder livre no gozo de autonomia da vontade e não um poder discricionário inserido no exercício de uma função. Idem, 68 a 74.

[30] Cfr. *Institutions et Droit Administratifs*, Paris, 1978, II, 166.

processos regulados pelo direito privado» (art. 1º). Esta forma de enquadrar a questão peca, a nosso ver, por uma dupla razão. Em primeiro lugar, quanto à redacção, por dar a entender que a Administração carece de expressa autorização legal para agir segundo os meios do Direito Privado. No plano prático, é uma solução inconveniente. No plano teórico, ignora a capacidade de Direito Privado das pessoas colectivas públicas. Em segundo lugar, é a própria solução de fundo que merece crítica porque se perderia se ela viesse a ser adoptada a oportunidade para estabelecer, sem excessiva rigidez, os traços fundamentais do procedimento da contratação privada, ao menos da de certo vulto, e para tipificar um acto administrativo tendo por conteúdo a decisão de contratar e a escolha do co-contratante (ou dois actos separados com tais conteúdos), com base no qual se pudesse desencadear a sindicância do contencioso administrativo quando fosse caso disso.

Como ficou acentuado, trata-se também aqui do processamento da actividade administrativa, pelo que a sua exclusão de uma lei de procedimento administrativo envolveria inconstitucionalidade por omissão das medidas legislativas ordenadas pelo nº 4 do art. 267º da Constituição. Ainda que se devesse interpretar restritivamente em tal texto «actividade administrativa» por actividade que vise *directamente* a prossecução do interesse público, não se vê como excluir deste âmbito aquela que para esse fim usa figuras de Direito Privado. E nada de mais errado do que o pensamento, em que talvez se tenha incorrido, de que a substância privada do negócio jurídico seja incompatível com o enquadramento deste num procedimento administrativo e com o seu precedimento por acto administrativo que lhe fixe o conteúdo.

Também não parece que merecesse ser acolhido o argumento segundo o qual a antecedência obrigatória de um acto administrativo relativamente ao contrato económico – privado ou administrativo – tornaria mais pesado o mecanismo da formação e expressão da vontade administrativa sem real vantagem em matéria de impugnação, visto que os terceiros cujos direitos fossem afectados teriam legitimidade, nos termos dos preceitos aplicáveis do Código de Processo Civil, para vir propor acção de anulação. Admite-se que tal legitimidade exista em casos em que o contrato seja ilegal por lesar a capacidade concorrencial de terceiros ou por outra forma afectar direitos subjectivos destes. Mas não é certo que assim suceda quando se trate apenas de uma escolha do co-contratante em violação do princípio da igualdade visto que, em tal hipótese, o conteúdo do contrato poderá não ser em si mesmo ilegal[31].

De qualquer modo, a procedimentalização da formação e declaração da vontade de contratar e da escolha do co-contratante apresenta outras vantagens que não só a de alargar a capacidade de defesa contenciosa de interesses legítimos de terceiros. Referimo-nos às possibilidades assim proporcionadas de objectivação dos métodos de escolha dos co-contratantes, de fundamentação das opções efectuadas, de publicidade das decisões e dos seus pressupostos e da aplicação de métodos de controlo prévio de mérito. Estas vantagens valem não apenas para os contratos económicos privados mas para os contratos económicos administrativos e para os contratos administrativos em geral.

**11.** Em conclusão, sublinha-se que o contrato tem vindo a conhecer um papel crescentemente importante na teoria pós-liberal do Direito Administrativo. A pouco e pouco, ele deixa de merecer a melancólica qualificação de «enteado do Direito Administrativo» que, há um quarto de século, lhe atribuía um autor que, valha a verdade, se movia no âmbito de uma Ordem Jurídica tradicionalmente ainda menos aberta do que a portuguesa à admissibilidade dos contratos administratívos[32]. Não é de estranhar que assim seja: a teoria não poderia manter-se alheia ao incremento da utilização da forma de actuação contratual para desempenho das atribuições administrativas e à diversificação de figuras e situações a que dá lugar. Tal diversificação é particularmente marcante no âmbito dos chamados contratos económicos. O estudo dos termos em que a forma contratual da intervenção económica administrativa é determinada positiva e negativamente pela lei fundamental tem, entre outras virtualidades, a de chamar a atenção para uma tendência de aproximação dos regimes dos contratos regidos pelo Direito Administrativo e dos contratos privados através dos quais a Administração prossegue fins de imediata utilidade pública.

[31] Defende a orientação de política legislativa a favor da qual aqui nos pronunciamos Luís Cabral de Moncada, *A Problemática Jurídica do Planeamento Económico*, Coimbra, 1985, 286 a 289.

[32] Cfr. Rupp, *Verwaltungsakt und Vertragsakt,*. Deutsches Verwaltungsblatt, 1959, nº 3, 81.

# A revisão das disposições gerais sobre o âmbito de aplicação do Código dos Contratos Públicos (2017)*

**1.** Não parece exagerada a afirmação de que o *Código do Procedimento Administrativo*, o *Código de Processo nos Tribunais Administrativos*, a *Lei sobre a Responsabilidade Civil Extracontratual do Estado e Demais Entidades Públicas* e o *Código dos Contratos Públicos* constituem os quatro pilares infraconstitucionais do Direito Administrativo português. Implícitos, ou explícitos de modo mais ou menos discreto, são múltiplos os veios de comunicação e interação entre os quatro subsistemas normativos codificados. Assim por exemplo, o *Código do Procedimento Administrativo* (CPA) remete, no seu nº 2 do artigo 200º, a primeira determinação dos contratos administrativos para o CCP. Por seu turno, ainda que com uma exceção, o artigo 308º do CCP delimita negativamente a incidência do CPA ao subtrair ao seu regime a formação dos atos administrativos emitidos no exercício dos poderes do contraente público. No *Código de Processo nos Tribunais Administrativos* (CPTA), o nº 1 do artigo 103º-A, determina que "a impugnação de atos de adjudicação no âmbito do contencioso pré-contratual urgente faz suspender automaticamente os efeitos do ato impugnado ou a execução do contrato, se este já tiver sido celebrado". E, para não deixar de fora qualquer um dos quatro diplomas

* In: *e-Pública* 4/2, pp. 5-20.

basilares, refira-se que, estabelecendo uma articulação com o CCP, o nº 2 do artigo 7º, do *Regime da Responsabilidade Civil Extracontratual do Estado e Demais Entidades Públicas* (RRCEC) prescreve que "É concedida indemnização às pessoas lesadas por violação de norma ocorrida no âmbito de procedimento de formação dos contratos referidos no artigo 100º do CPTA, de acordo com os requisitos da responsabilidade civil extracontratual definidos pelo direito comunitário".

Trata-se de meros exemplos, entre outros possíveis, para documentar a articulação entre os subgrupos normativos codificados pelos quatro diplomas basilares. Neles se concentram as componentes centrais do Direito Administrativo geral: procedimento (CPA e CCP), atividade e relações jurídicas administrativas substantivas (CPA e Parte III do CCP), tutela jurisdicional (CPTA) e tutela ressarcitória (RRCEC).

**2.** Pode dizer-se que o CCP é o primeiro grande monumento normativo infraconstitucional do Direito Público português do Século XXI. A propriedade de uma tal qualificação não resulta apenas, nem principalmente, da cronologia, mas dos predicados do diploma.

Desde logo, o CCP representou um esforço inovatório profundo, satisfazendo exigências da modernidade refletidas nas Diretivas em matéria de contratação pública mas reduzindo ao mesmo tempo o número dos procedimentos pré-contratuais e recolhendo num só diploma em modo rigorosamente articulado um regime geral de contratação e as regras especiais aplicáveis nos setores da água, da energia, dos transportes e dos serviços postais. Ao articular a enunciação do regime geral e do regime especial num só diploma, o legislador português inovou no domínio da ordenação sistémica, evitando a desnecessária duplicação de textos em que tem incorrido o legislador comunitário. Além disso, ao se adiantar com a codificação ao mesmo tempo do regime das concessões, tanto no plano da atividade pré-contratual como no do desenvolvimento da relação jurídica contratual, o nosso legislador de 2008 abriu caminho para que, na atualidade, se evitasse uma triplicação de diplomas em consequência da aprovação da Diretiva 2014/23/UE do Parlamento Europeu e do Conselho relativa à adjudicação de contratos de concessão.

Àqueles outros, acresce um passo do maior alcance no sentido da construção de um código verdadeiramente ordenador das atividades jurídicas da feitura e da execução de contratos pela e com a Administração: referimo-nos à inclusão de uma Parte III, dedicada à disciplina de caráter materialmente administrativo de certos contratos. Sem prejuízo da inevitável existência de leis especiais, estabeleceu-se assim, graças à pretensão de consistência, ou seja, de ausência de antinomias, a base lógica de um sistema normativo central adequadamente formalizada num Código.

Uma tal ordenação textualmente acoplada de princípios e regras de caráter procedimental e de caráter substantivo facilita, quando não promove, a interpenetração dos correspondentes regimes. Algumas manifestações desse fenómeno surgiam já na versão inicial do CCP, outras assomam na versão revista. Como exemplo das primeiras, cita-se a alínea c) do nº 1 do artigo 57º, que prevê que a entidade adjudicante pretenda que o concorrente se vincule quanto a termos ou condições relativos a aspetos de execução do contrato não submetidos a concorrência pelo caderno de encargos. Com a Revisão de 2017, acrescentam-se mais alguns passos no sentido da interpenetração entre regime procedimental e regime substantivo. Esta só é possível, porém, na zona de incidência comum das Partes II e III, ou seja, na área de simultânea sujeição de certos contratos aos dois regimes. Serve de exemplo o nº 2 do artigo 1º-A, em cujos termos "As entidades adjudicantes devem assegurar, na formação e na execução dos contratos públicos, que os operadores económicos respeitam as normas aplicáveis em vigor em matéria social, laboral, ambiental e de igualdade de género, decorrentes do direito internacional, europeu, nacional ou regional".

Um exemplo de interação entre o procedimento pré-contratual e a execução do contrato graças a uma norma já presente na versão inicial do Código mas desenvolvida e concretizada na versão de 2017 é a alínea c) do nº 1 do art. 313º. O novo texto proíbe alterações subsequentes do contrato que, se fizessem parte do caderno de encargos, teriam ocasionado, de forma objetivamente demonstrável, a alteração da ordenação das propostas avaliadas ou a admissão de outras propostas. A versão inicial não contemplava expressamente a hipótese da admissibilidade de novas propostas à luz de um caderno de encargos que tivesse conformado o contrato segundo as linhas *a posteriori* pretendidas.

**3.** Os modos de transversalidade apontados qualificam o diploma de 2008 como verdadeiro Código, orientado por um propósito de simplificação, que, designadamente, assentou na prevenção e eliminação de sobreposições e redundâncias de que enfermavam as Diretivas transpostas[1]. A par disso, o diploma de 2008 surge de novo como um verdadeiro código quando, na Parte III, regula pela primeira vez e sem paralelo em Portugal, os contratos administrativos em geral e os principais contratos administrativos em especial, com extensão, profundidade e inovação no tocante às categorias contratuais mais frequentes da vida administrativa. Ao fazê-lo, enriqueceu a Ordem Jurídica portuguesa com um regime do contrato administrativo não mais assente num número limitado e marginal de disposições especiais, para se converter numa disciplina extensa e pormenorizada, que persegue o propósito de regular todos os momentos decisivos da relação contratual[2].

Os Códigos destinam-se em princípio a durar no tempo. Isso não significa, porém, que o seu corpo normativo deva permanecer intocado ao longo da sua vigência. No caso vertente, a revisão era desde logo obrigatória devido à necessidade de transpor as novas Diretivas (de 2014) em matéria de contratação pública. Mas a passagem de oito anos sobre a entrada em vigor de um texto totalmente inovador recomendava ajustamentos decorrentes da experiência colhida com a sua aplicação, designadamente a jurisprudencial, e de algumas ilações a extrair da volumosa produção doutrinária incentivada ao longo dos últimos anos por um novo diploma de tamanha importância.

Como sempre sucede nestas circunstâncias, ao legislador colocava-se em abstrato – a partir de 2014 – uma opção entre rever o CCP ou revogá-lo e substituí-lo por um novo código, formalmente autónomo do primeiro. Ainda não há muito tempo, foi esta última a solução preferida com a aprovação pelo Governo da época do Decreto-Lei nº 4/2015, de 7 de janeiro, que introduziu na Ordem Jurídica um novo Código do Procedimento Administrativo, revogando o Código de 1991/96. Tratou-se aí de uma reformulação de grande profundidade, que refletiu a evolução do Direito Administrativo geral ao longo de quase 25 anos no quadro da União Europeia e nos da ordem jurídica portuguesa e outras com as quais a nossa mantém afinidades. Apesar de os membros da Comissão que preparou o anteprojeto terem preferido que se procedesse formalmente a uma revisão e não à criação de um novo Código do Procedimento Administrativo assente na revogação do anterior,

[1] Cfr. Miguel Assis Raimundo, *Primeira análise das novas diretivas (Parte I)* in *Revista de Contratos Públicos*, nº 9, 2013, p. 10.

[2] Cfr. Pedro Gonçalves, *Cumprimento e incumprimento do contrato administrativo* in *Estudos de Contratação Pública*, I, Coimbra, 2008, p. 573.

não foi esse o entendimento do Governo da altura. Prevaleceu assim um juízo que atendeu predominantemente a aspetos como os da adoção de uma visão relacional do procedimento, da democratização do funcionamento dos órgãos colegiais, do aprofundamento dos regimes procedimental e substantivo dos regulamentos, da prolifacetada renovação do instituto do ato administrativo e a introdução de novas figuras, como as do responsável pela direção do procedimento, dos acordos endoprocedimentais, dos meios eletrónicos na instrução do procedimento, do auxílio administrativo ou da conferência procedimental. O peso relativo deste conjunto de mudanças conduziu, portanto, ainda que com reticências, a uma recusa da ideia de continuidade, em 2015, do CPA de 1991. Sem prejuízo dos antecedentes integrativos da história do diploma, estava-se, para o decisor legislativo, perante um código novo.

O mesmo não sucedeu, e aparentemente bem, com a reformulação, em 2017, do CCP de 2008, que, numa primeira e perfunctória análise, mantem a sua identidade inicial não obstante as alterações.

**4.** O preâmbulo do Decreto-Lei nº 111-B/2017, de 31 de agosto, que aprova a revisão do CCP, contém uma extensa relação de inovações apostas ao texto inicial, divididas entre alterações decorrentes da transposição das Diretivas, medidas de simplificação, desburocratização e flexibilização e medidas de transparência e boa gestão pública. A sua transcrição aqui não traria consigo qualquer mais valia. E, embora se pense que algumas dessas novidades (uma minoria) não respondem efetivamente ao fim proposto, não caberia o respetivo exame sistemático num apontamento como o atual. Aquilo a que nos propomos é ensaiar um exercício metodológico através do qual se possa alcançar a natureza do diploma de 2017 em face do de 2008: estaremos perante uma autêntica revisão ou, de um ponto de vista material, aquilo que agora temos é na verdade um novo Código? Apesar de o legislador assumir haver procedido a uma revisão, uma tal indagação não poderá ser acusada de inútil preciosismo. Na verdade, a interpretação sistémica de alguns dos preceitos crismados em 2017 poderia conduzir a resultados díspares consoante se entenda que se mantém ou não a política legislativa que dotou de uma essência própria o Código na sua versão de 2008: uma essência que se desprende de um programa finalístico e de uma visão sobre o papel dos procedimentos pré-contratuais e a natureza específica das relações contratuais de Direito Administrativo.

Quanto à questão da manutenção ou perda da identidade inicial do CCP, não deixa de impressionar o número de preceitos alterados ou acrescentados. Os preceitos modificados recenseados pelo artigo 3º do Decreto-Lei nº 111-B/2017 são em número de 155 num diploma que reúne ao todo 476 artigos.

Em contrapartida, as modificações verificadas numa parte desses preceitos são de pormenor ou de simples redação. E, dado que as novas Diretivas não trazem consigo quaisquer perspetivas de revolução valorativa ou conceptual, não parece de procurar na sua transposição o fiel da balança em favor de uma substituição material de diplomas em detrimento da tese da mera revisão.

Mas também, ainda que numerosos, os pontuais contributos do Código na versão agora aprovada no sentido de uma acrescida simplificação, da transparência e da boa gestão pública não denotam que tenha havido uma substituição das finalidades e do instrumentário dogmático do CCP tais como concebidos em 2008. Quando muito – ainda que com algumas exceções marcadas por deficiência de conceção ou insuficiência dogmática, ou por entendimento defeituoso de alguma passagem das Diretivas – aquilo com que deparamos é um novo avanço em direção às metas iniciais inventariadas no extenso prólogo do Decreto-Lei nº 18/2008, de 29 de janeiro.

**5.** Não escondemos a natureza liminar e precária das conclusões que antecedem. O tempo decorrido após a publicação do Decreto-Lei nº 111-B/2017, de 31 de agosto, não concedeu ainda, devido à sua escassez, as condições para uma generalização e aprofundamento das análises sectoriais sobre as quais poderá um dia assentar um juízo qualitativo de conjunto em torno do dilema revisão/revogação com substituição do Código de 2008.

Aquilo que neste momento se impõe à doutrina e que procuramos levar a cabo no presente texto é percorrer caso a caso as alterações ocorridas quanto a aspetos estruturantes do Código. Cumprirá concluir quanto a cada um destes se as modificações incorridas traduzem ou não uma mutação básica incompatível com a filosofia subjacente à regulação dos correspondentes institutos pelo Código na sua versão inicial. Apenas quando se dispuser já de um número razoável de tais estudos sectoriais será possível tentar formular análises globais.

**6.** Pelo nosso lado, limitar-nos-emos desta vez – a título de exercício exemplificativo – à ponderação das alterações verificadas naquele de entre múltiplos complexos normativos estruturantes com o qual se depara em primeiro lugar ao proceder a uma leitura sequencial do CCP: o do regime geral do respetivo âmbito de aplicação (artigos 1º a 6º-B). Sendo inegável que foram introduzidas alterações em quatro dos respetivos preceitos (os artigos 1º, 2º, 4º e 5º), que outros cinco foram adicionados (os artigos 1º-A, 5º-A, 5º-B, 6º-A e 6º-B) e um foi eliminado (o artigo 6º), importa concluir se da nova formulação global do Título I (Disposições gerais) da Parte I (Âmbito de aplicação) decorre ou não uma mutação básica na visão do papel do Código quer à luz da delimitação dos destinatários da estatuição em causa, quer das situações da atividade administrativa às quais esta se dirige.

**7.** No Título I da Parte I (que enuncia disposições gerais sobre o âmbito de aplicação do CCP), entrecruzam-se dois planos centrais: o subjetivo e o objetivo. O plano subjetivo respeita às entidades adjudicantes (artigo 1º, nº 2) e aos contraentes públicos (artigo 3º). O plano objetivo corresponde às atividades abrangidas pelas imposições decorrentes do Código, quer as de ordem procedimental, quer as integrantes de um regime substantivo de direito administrativo das relações jurídicas contratuais.

A arquitetura do analisado Título I traça-se através de alguns eixos ao longo dos quais é possível ordenar os principais elementos normativos de ordem subjetiva e objetiva que permitem alcançar com rigor o âmbito de aplicação do Código.

No primeiro de tais eixos, confrontam-se *sujeitos típicos*, ou seja, as duas qualidades principais em que podem ser enquadradas pelo regime do Código pessoas coletivas públicas e outras sujeitas às mesmas regras por identidade das razões de incidência: as *entidades adjudicantes* e os *contraentes públicos*. A qualidade subjetiva de *entidade adjudicante* associa-se necessariamente a um modo típico de atividade administrativa: a contratação pública ou atividade pré-contratual. Por seu turno, a qualidade de *contraente público* respeita à participação noutro modo típico de atividade contratualizada, que consiste na execução de contrato administrativo, ou seja, no desenvolvimento de relações jurídicas contratuais administrativas para efeito da prossecução dos interesses públicos postos como atribuições a cargo da pessoa coletiva.

Um segundo eixo, indissociavelmente ligado ao primeiro, é aquele em cujos pólos se defrontam modos típicos de atividade administrativa. De um lado, a *contratação pública*, ou seja, uma atividade administrativa pré-contratual de natureza procedimental, de outro, a execução ou desenvolvimento da relação jurídica contratual, ou seja, a *atividade administrativa contratualizada*.

A tais eixos, adiciona-se um eixo complementar, que se traça entre os *contratos excluídos* e a *contratação excluída* (artigos 4º e 5º CCP). Os *contratos excluídos* representam exceções à inclusão de certos tipos de contrato no campo de aplicação em atenção ao ambiente institucional internacional em que são celebrados ou à natureza do seu objeto. Quanto à *contratação excluída*, ela consiste na subtração ao regime procedimental da Parte II da formação de contratos cujo objeto abranja prestações que não estejam nem sejam suscetíveis de estar submetidas à concorrência de mercado, ou por outras razões justificativas da não submissão a um procedimento concorrencial tipificadas no nº 4 do artigo 5º.

Erroneamente colocado no Título I da Parte III, sobre o regime substantivo dos contratos administrativos, quando o seu lugar próprio em termos de coerência sistémica seria – na Parte I – o das disposições gerais sobre o âmbito de aplicação do Código, encontra-se formulado no nº 3 do artigo 280º um outro eixo de potencial grande relevo para uma dinâmica de administrativação daqueles contratos cuja pertença ao Direito Administrativo deriva tão só da procedimentalização administrativa da sua formação. Prescreve o nº 3 do artigo 280º que "As disposições do presente capítulo que têm por objetivo a defesa dos princípios gerais da contratação pública e dos princípios da concorrência e da igualdade de tratamento e não-discriminação, e em concreto as disposições relativas aos regimes de invalidade, limites à modificação objetiva, cessão da posição contratual e subcontratação são aplicáveis, com as devidas adaptações, aos contratos sujeitos à parte II, ainda que estes não configurem relações jurídicas contratuais administrativas". Dada a importância do programa enunciado na sua segunda parte, o preceito merecia uma redação menos fruste. Em primeiro lugar, o "presente capítulo" a que alude – ou seja o Capítulo I (Disposições gerais) do Título I (Regime substantivo dos contratos administrativos) da Parte III – não contém quaisquer disposições relacionadas com os princípios da concorrência e da igualdade de tratamento e não-discriminação. E não seria necessário que a Parte III, sobre regime substantivo, sujeitasse a Parte II à égide de tais princípios quando eles constituem precisamente o fulcro axiológico do procedimento pré-contratual ao qual se dedica a Parte II. Por outro lado ainda, também não parece correto falar, nas últimas linhas do mesmo preceito, de "contratos sujeitos à Parte II": não são os contratos a sujeitar-se à Parte II mas o procedimento administrativo correspondente à respetiva formação. Por fim, incorre-se em lapso puro e simples quando se remete para "as disposições do presente capítulo ... relativas aos regimes de invalidade, limites à modificação objetiva, cessão da posição contratual e subcontratação ...". O "presente capítulo" é o Capítulo I do Título I da Parte III, que não contém dispositivos sobre tais matérias. Estes encontram-se, sim, nos Capítulo II, V e VI do mesmo Título.

O nº 3 do artigo 280º ganha no entanto inusitada altura ao prescrever a aplicação (sujeita a juízo adaptativo) aos contratos formados ao longo do procedimento arquitetado na Parte II, mesmo quando se não destinem a conformar relações jurídicas administrativas, de segmentos do regime substantivo dos contratos administrativos, como os respeitantes à invalidade, à modificação objetiva, à cessão da posição contratual e subcontratação. Ganha corpo assim uma transversalidade entre procedimento pré-contratual e substância da relação contratual, um eixo mais da definição normativa do âmbito de aplicação do CCP graças à extensão da disciplina material como consequência do regime procedimental da formação de contratos. Como se disse atrás, algumas manifestações de um acoplamento de regimes procedimental e substantivo se encontravam já na versão inicial do CCP. Tratava-se aí, porém, de condicionar na fase do procedimento a execução do futuro contrato. Agora, trata-se de sujeitar de uma penada a trechos cardinais do regime material dos contratos administrativos, em função do procedimento pré-contratual seguido, contratos sem curar de saber se correspondem a qualquer dos indicadores de materialidade administrativa do nº 1 do artigo 280º.

Reforça-se deste modo uma perspetiva de evolução em direção à unidade de contratos públicos. Mas essa unidade ganha terreno graças ao alargamento da área dos contratos administrativos no campo da atividade contratual da Administração. Não se vê com efeito como negar aquela qualidade a contratos sujeitos às disposições do Título I da Parte III relativas aos regimes de invalidade, limites à modificação objetiva, cessão da posição contratual e subcontratação.

**8.** Um defeito anti-sistémico de colocação, proveniente da versão de 2008, reside na inclusão de um preceito sobre princípios numa Parte I dedicada ao âmbito de aplicação do Código. Os princípios não delimitam tal âmbito: a sua incidência é antes uma consequência da inclusão no âmbito à luz de regras delimitadoras.

Na versão de 2008, o nº 4 do artigo 1º, em cujos termos "À contratação pública são especialmente aplicáveis os princípios da transparência, da igualdade e da concorrência", melhor teria ficado instalado no início da Parte II. Na verdade, os preceitos ali proclamados são fundamentalmente princípios retores da atividade procedimental da contratação. Agora, porém, o artigo 1º-A surge com um conteúdo compósito, onde uma ampla lista de princípios, no nº 1, ombreia com o enquadramento dos conflitos de interesses (nos n.os 3 e 4) e com um nº 2, em cujos termos "As entidades adjudicantes devem assegurar, na formação e na execução dos contratos públicos, que os operadores económicos respeitam as normas aplicáveis em vigor em matéria social, laboral, ambiental e de igualdade de género, decorrentes do direito internacional, europeu, nacional ou regional". Este nº 1 do novo artigo 1º-A apresenta o interesse de incidir simultaneamente sobre o procedimento pré-contratual e a execução dos contratos. Mas é criticável por misturar princípios especialmente aplicáveis à contratação pública com princípios gerais da atividade administrativa sem um conteúdo peculiar que justifique a repetição de vetores já declarados pela Constituição e pelo CPA. Quanto a estes, aquilo que releva e basta é a determinação, pelo nº 3 do artigo 2º do CPA, de que são aplicáveis a toda e qualquer atuação da Administração Pública. A sua menção expressa no CCP é inútil e gera o risco de incentivar uma certa jurisprudência adepta da criação de normas para-legislativas cuja concretização deôntica pertence ao legislador democraticamente legitimado[3].

**9.** Regressemos no entanto àqueles que se podem considerar os eixos conceptuais e funcionais com recurso aos quais o Código estrutura o seu âmbito de aplicação. Dois desses eixos conjugam-se funcionalmente de modo indissociável, não obstante a autonomia dogmática dos elementos com os quais se entretecem. Um deles contrapõe *sujeitos típicos*: as entidades adjudicantes e os contraentes públicos. O outro justapõe *modos típicos de atividade administrativa*: a contratação pública ou atividade pré-contratual e a

[3] V. a mesma crítica com citação de exemplos concretos em João Amaral e Almeida / Pedro Fernández Sánchez, *Comentários ao Anteprojeto de Revisão do Código dos Contratos Públicos*, edição de "Sérvulo & Associados", 2016, pp. 34 e 35.

execução do contrato em sentido amplo (incluindo as respetivas modificação e extinção) ou atividade administrativa contratualizada.

A estes dois eixos associa-se um terceiro que engloba *categorias típicas*: os contratos públicos e os contratos administrativos. Os contratos públicos sujeitam-se na sua formação ao regime procedimental pré-contratual da Parte II e são celebrados pelas entidades adjudicantes (nº 2 do artigo 1º). Mas assim não sucederá quando o tipo do contrato enfileirar no elenco dos "contratos excluídos", caso em que não só se não aplicará à sua formação a Parte II como não estarão diretamente sujeitos ao regime substantivo da Parte III (nº 1 do artigo 4º). E, se se tratar de "Contratação excluída" nos termos do artigo 5º, não será pelo menos a Parte II aplicável à sua formação.

Na versão originária do CCP, definiam-se os contratos públicos como sendo "... todos aqueles que, independentemente da sua designação e natureza, sejam celebrados pelas entidades adjudicantes referidas no presente Código" (nº 2 do artigo 1º). Tal definição desapareceu da versão revista e não se percebe qual a razão para tanto. Não deixa de ser estranho que um assim denominado "Código dos Contratos Públicos" não apresente uma referência definitória do seu objeto. Ter-se-á, porventura, querido assim fugir à dificuldade em atingir uma visão sincrética e unitária da matéria do Código a qual, a propósito do âmbito do diploma, desde logo aflora na contraposição entre os n.os 2 e 5 do artigo 2º. Dado que o nº 2 refere a aplicabilidade de um regime procedimental e o nº 5 a aplicabilidade de um regime substantivo e embora saibamos que os critérios de incidência deste último não ocorrem quanto a todos os contratos provenientes da aplicação do regime procedimental em causa, dir-se-ia *prima facie* que, embora sobrecarregado, o título do diploma seria mais rigoroso se rezasse "Código dos Contratos Públicos e dos Contratos Administrativos".

A chave para uma visão articulada do âmbito de aplicação sob o conceito de "contratos públicos" parece, no entanto, encontrar-se no novo nº 1 do artigo 280º, em cujos termos a Parte III se aplica "aos contratos sujeitos à parte II" que configurem relações jurídicas contratuais administrativas. Pena é que o nº 5 do artigo 1º não tenha recebido uma redação idêntica, ao omitir a simultânea formação com sujeição à Parte II. Terá, no entanto, de ser lido naquele sentido em termos de interpretação sistemática. É assim de depreender que os contratos administrativos diretamente sujeitos à disciplina material do Código se delimitam – para além da verificação de algum dos fatores de administratividade das alíneas do nº 1 do artigo 280º, que mantêm a versão inicial – pela sua formação segundo o regime procedimental da Parte II.

No entanto, cumpre ter presente que o nº 2 do artigo 280º – que apenas acrescenta à versão originária uma referência expressa aos contratos entre contraentes públicos – prescreve a aplicação subsidiária do regime da Parte III às demais relações contratuais administrativas na falta de legislação especialmente aplicável e quando os tipos dos contratos não afastem as razões justificativas daquele regime. Parece seguro que esta aplicação subsidiária abrangerá o grosso dos contratos administrativos não antecedidos do procedimento pré-contratual regulado na Parte II.

**10.** Mas tendo já despendido considerável tempo com o traçado estrutural do regime geral do âmbito de aplicação do CCP na sua versão de 2017, é altura de anotar brevemente as suas principais inovações sob a preocupação de concluir se os eixos que conferem consistência ao sistema mantêm as suas naturezas e funções ou se uma sua reordenação teria dado lugar a uma substituição dos fundamentos da incidência do CCP.

**11.** Principiando pelo eixo dos destinatários da estatuição do Código, ou seja, o eixo "entidades adjudicantes/contraentes públicos", observa-se que a tipicidade dos sujeitos "contraentes públicos" não foi objeto de reconstrução: o artigo 3º que os define conserva a redação inicial. Nessa versão, porém, o conceito equilibrava-se com o de contrato administrativo, visto que, no nº 6 do artigo 1º, este contrato era qualificado do ponto de vista subjetivo pela circunstância de ser celebrado entre contraentes públicos e co-contratantes ou somente entre contraentes públicos. Agora, a noção de contrato administrativo migrou – mal, como já se viu – para o nº 1 do artigo 280º, do Título I da Parte III. Mas as categorias que geram a administratividade do contrato são as mesmas e continua também a requerer-se que tal materialidade se compagine com a celebração por, pelo menos, um contraente público.

No tocante ao pólo "contraentes públicos" do eixo "entidades adjudicantes/contraentes públicos" tal como justaposto ao eixo "contrato público/contrato administrativo", não existem alterações a reportar.

**12.** Quanto aos sujeitos "entidades adjudicantes", as alterações registadas na redação do artigo 2º do Código, a par da adoção neutra da expressão comunitária "organismos de direito público", são de caráter meramente complementador, não envolvendo mudança de política legislativa[4].

Note-se, no entanto, que a qualidade de entidade adjudicante, concretizada no artigo 2º, não vale por si só para a delimitação subjetiva do campo de aplicação do regime da contratação pública estabelecido na Parte II. Ela pode relevar também para uma delimitação negativa ou excludente da aplicação da Parte II devido ao estabelecimento de uma relação procedimental pré-contratual entre a entidade adjudicante "dona do procedimento" e outra ou outras entidades adjudicantes destinatárias da atividade pré-contratual na qualidade de pretendentes à adjudicação. É aquilo que ocorre em situações como as de:

(i) dever o contrato ser celebrado com uma entidade que seja ela própria uma entidade adjudicante e se verifiquem os requisitos da alínea a) do nº 4 do artigo 5º;
(ii) dever o contrato ser celebrado exclusivamente entre duas ou mais entidades adjudicantes e se materializem as condições previstas pelas alíneas a) a c) do nº 5 do artigo 5º-A;
(iii) dever o contrato ser adjudicado por uma entidade adjudicante à entidade adjudicante que a controla (nº 2 do artigo 5º-A).

A única rubrica inovatória é a (ii), pela qual se transpõe o nº 4 do artigo 12º (Contratos públicos entre entidades no setor público) da Diretiva 2014/24/UE do Parlamento Europeu e do Conselho de 26 de fevereiro de 2014.

Também se não verifica aqui uma alteração da política legislativa anterior que, com menor ou maior grau de tipificação das situações, aponta no sentido de considerar alheias ao mercado certas relações contratuais no setor público orientadas por considerações de interesse público e minoritárias quanto à área de atividade económica abrangida.

**13.** As categorias dos *contratos excluídos* (artigo 4º), da *contratação excluída* (artigo 5º), incluindo a sub-categoria dos *contratos no âmbito do setor público*

[4] Não obstante a sua origem comunitária, não parece feliz a introdução da expressão "organismos de direito público", intencionalmente omitida na versão inicial do CCP. Intrinsecamente contraditória, por abarcar pessoas coletivas de natureza privada (alínea a) do nº 2 do artigo 2º), não quadra com o conceito de "pessoa coletiva de direito público" solidamente enraizado na dogmática administrativa portuguesa.

(artigo 5º-A) e dos *contratos de serviços sociais e outros serviços específicos* (cuja formação também é excluída da aplicação da Parte II, nos termos do artigo 6º-A, desde que o valor do contrato não seja superior ao limiar de 750.000 Euros) formam uma área de atividade contratual da Administração Pública divisível em dois setores imunes à incidência imperativa do Código.

Trata-se, portanto, no desenho do respetivo âmbito de aplicação, de um eixo estrutural que colide com o eixo contratação pública – contratos administrativos, restringindo-o por antítese. Os *contratos excluídos* formam, nos termos do artigo 4º, um perímetro limitativo quer do regime da contratação pública, quer do dos contratos administrativos. A *contratação excluída* limita o alcance do regime da contratação pública, sendo neutra quanto ao regime dos contratos administrativos.

O artigo 4º, sobre *contratos excluídos*, conheceu, em diversas alíneas dos seus números 1 e 2, alguns aditamentos e modificações sem alcance de maior.

Uma disposição fundamental como o nº 1 do artigo 5º – que exclui a aplicação da Parte II do Código à formação de contratos cujo objeto abranja prestações que não estão nem sejam suscetíveis de estar submetidas à concorrência de mercado, designadamente em razão da sua natureza ou das suas características, bem como da posição relativa das partes no contrato ou do contexto da sua formação – foi mantida na íntegra.

O nº 4 do artigo 5º deixou de fixar o regime dos chamados contratos "*in house*", aos quais é agora dedicado um preceito próprio: o artigo 5º-A. Um extenso elenco de contratos a cuja formação não é aplicável a Parte II do Código só parcialmente corresponde a um não menos copioso elenco da versão inicial. Mas nenhuma das alíneas novas, das alíneas alteradas ou das alíneas suprimidas justifica a conclusão de que se tenha transformado a razão de fundo que justifica as exceções à aplicação do regime da contratação pública. Essa "*ratio*" continua a ser sobretudo a da reserva de uma liberdade de apreciação ao Estado no desempenho de tarefas fundamentais como as da gestão das reservas financeiras, da defesa e da segurança e da coordenação do desempenho de atribuições de entidades públicas.

**14.** Como se observou anteriormente, a contratação "*in house*" passou agora a constituir objeto de um preceito próprio: o artigo 5º-A.

O nº 1 deste artigo retoma a regulação do anterior nº 2 do artigo 5º. Mantém-se, na alínea a), o conteúdo anteriormente estabelecido quanto ao controlo análogo. Em contrapartida, a anterior alínea b), que exigia que a entidade submetida ao controlo análogo desenvolva o essencial da sua atividade em benefício de uma ou várias entidades adjudicantes, foi desdobrada nas novas alíneas b) e c). O conceito indeterminado do "essencial", quanto à atividade da entidade controlada desenvolvida em benefício de outra ou outras entidades adjudicantes, deu lugar – na nova alínea b) – a uma quantificação: mais de 80% da atividade. E também se desenvolve a conceituação das entidades a quem se dirija aquele volume de atividade. Pela alínea c), estabelece-se um novo requisito de ausência direta de capital privado na pessoa coletiva controlada, nos termos mais pormenorizadamente ali descritos. Trata-se de exigências formuladas pelo artigo 12º da Diretiva 2014/24/UE já melhor identificada.

O desenvolvimento dos pressupostos de não aplicação da Parte II às relações pré-contratuais "*in house*" (que se estende também, no nº 5 do artigo 5º-A, a situações ali especificadas de colaboração entre entidades adjudicantes exclusivamente regida por considerações de interesse público) não veio alterar a essência do instituto, ao qual preside a finalidade de preservar da concorrência de mercado o domínio das relações interadministrativas diretamente funcionalizadas à prossecução de atribuições por entes públicos a estas vinculados.

**15.** O anterior nº 6 do artigo 5º deu com a revisão do Código lugar a um preceito autónomo – o artigo 5º-B – mas com uma perniciosa alteração de fundo. Com efeito, onde se sujeitavam os contratos e a contratação excluída aos princípios gerais da atividade administrativa e às normas constantes do CPA que concretizem preceitos constitucionais, o preceito substitutivo omite agora a referência a tais normas e, a par da remissão para os princípios gerais da atividade administrativa, invoca a aplicabilidade dos "princípios gerais da contratação pública previstos no nº 1 do artigo 1º-A".

Em rigor – como atrás se referiu já – a referência à aplicabilidade dos princípios gerais da atividade administrativa era desnecessária, visto ela resultar direta e imperativamente do nº 3 do artigo 2º do CPA. Mas, uma vez que se quis lembrar tal aplicabilidade, então dever-se-ia ter juntado uma referência às disposições do CPA que concretizem preceitos constitucionais, uma vez que também estas são, de acordo com o mesmo preceito do CPA, "aplicáveis a toda e qualquer atuação da Administração Pública, ainda que meramente técnica ou de gestão privada".

Em contrapartida, parece muito contestável a remissão para os "princípios gerais da contratação pública previstos no nº 1 do artigo 1º-A". Tais princípios dividem-se em dois grupos. Na sua maioria são aqueles que já constam do CPA e como tal aplicáveis nos termos referidos. O segundo grupo é formado pelos verdadeiros princípios gerais da contratação pública, os quais, na versão originária do CCP, eram identificados, no nº 4 do artigo 1º, como sendo "... os princípios da transparência, da igualdade e da concorrência". Ora estes são os princípios fundantes das soluções acolhidas na Parte II à qual o legislador quer eximir a atividade contratual a que respeitam os artigos 4º, 5º, 5º-A e, também, o artigo 6º-A. É certo que, tanto no nº 1 do artigo 5º-B como no nº 1 do artigo 6º-A, se ressalva que aquela aplicação dos princípios gerais da contratação pública se fará "com as devidas adaptações". No primeiro de tais preceitos adianta-se mesmo que as adaptações corresponderão à natureza do contrato. Pergunta-se, no entanto, como se poderá adaptar o princípio da concorrência a contratações inter-administrativas ditadas pela necessidade de cooperação na prossecução das atribuições dos contraentes e tendo por objeto prestações que não estão nem sejam suscetíveis de estar submetidas à concorrência de mercado. E pergunta-se igualmente como adaptar um princípio da transparência que, na Parte II do Código, se satisfaz na maioria dos casos mediante publicação de anúncios no *Jornal Oficial da União Europeia* ou por comunicações através de plataforma eletrónica.

A aplicabilidade dos princípios gerais da atividade administrativa e das disposições do CPA que concretizam preceitos constitucionais é mais que suficiente para assegurar um tónus de juridicidade, moralidade e responsabilidade democrática (*accountability*) no domínio dos contratos excluídos e da contratação excluída. Tais princípios incluem o princípio da transparência, mas sob as concretizações previstas pelo CPA.

**16.** Em suma, o Título I (Disposições gerais) da Parte I (Âmbito de aplicação) do Código dos Contratos Públicos revisto pelo Decreto-Lei nº 111-B/2017, de 31 de agosto, corresponde a uma verdadeira revisão, e não a uma versão substitutiva do texto de 2008. A maior parte das novidades corresponde ao impulso recebido da Diretiva nº 2014/24/UE relativa aos contratos públicos. Se bem que algumas opções nos domínios da sistematização e da redação não sejam as mais felizes, em geral, a revisão deste Título I merece na globalidade um juízo positivo.

E)

# RESPONSABILIDADE

# A responsabilidade civil da Administração (1995)*

## 1. Introdução

Ao exercer o poder administrativo, através de regulamento, contrato administrativo ou simples operação material, a Administração Pública pode causar prejuízos aos particulares. O mesmo acontece quando age no plano do Direito Privado.

Hoje em dia reconhece o Direito, de forma mais ou menos ampla, que a garantia dos direitos e interesses dos particulares postula a obrigação das pessoas colectivas públicas procederem à reparação dos prejuízos causados a outrem por facto dos seus órgãos ou agentes.

Esta obrigação tem como fonte a lei e resulta da insuficiência da garantia anulatória, por duas ordens de razões: a primeira prende-se com os próprios limites da execução da decisão de anulação. A reintegração do funcionário ilegalmente demitido não repara, por si só os danos morais (*v.g.*, o enxovalho da sua honra) e patrimoniais (a perda dos vencimentos durante o período de afastamento da função pública) daí advenientes.

A segunda razão tem a ver com o facto de que as simples operações materiais, que muitas vezes causam danos apreciáveis aos particulares, não sendo actos que produzam efeitos jurídicos, são insusceptíveis de recurso

* In: *Boletim da Faculdade de Direito de Bissau* 3, pp. 9-20.

de anulação. Pense-se no caso do cirurgião do hospital público que, por negligência, deixa o bisturi no corpo do doente após a operação causando-lhe dores (danos morais) e forçando-o a despesas para o retirar (danos patrimoniais).

## 2. Conceito de responsabilidade civil da administração

A expressão «responsabilidade civil da administração», vulgarizada na doutrina administrativista, não significa necessariamente que ela seja apenas regulada por normas de Direito Civil. Pelo contrário, há regras de Direito Administrativo que se aplicam a muitos tipos de casos.

O que se quer significar com «responsabilidade civil» é a responsabilidade por perdas e danos, por contraposição à responsabilidade disciplinar e penal que, pelas regras do concurso de normas, até podem cumulativamente verificar-se. Por exemplo, um membro de um júri que gradua certo concorrente em primeiro lugar, num concurso público, porque dele recebeu dinheiro para isso, pratica um acto ilícito que implica uma imputação criminal por corrupção passiva (responsabilidade criminal), uma violação das regras disciplinares (responsabilidade disciplinar) e a lesão dos interesses legítimos dos outros concorrentes, causando-lhes danos (responsabilidade civil).

Por responsabilidade civil da administração deve entender-se, utilizando a definição de FREITAS DO AMARAL, «a obrigação jurídica que recai sobre qualquer pessoa colectiva pública de indemnizar os danos que tiver causado aos particulares no desempenho das suas funções»[1].

## 3. Evolução histórica

Durante a monarquia absoluta vigorou o princípio da irresponsabilidade do Estado, com algumas restrições[2].

Desde o início de vigência do Código de Seabra (1867) até 1930 manteve-se a regra da irresponsabilidade do Estado e os funcionários públicos, segundo o art. 2399º, não eram responsáveis pelas perdas e danos que causassem no desempenho das suas obrigações legais, excepto se violassem

[1] Direito Administrativo, vol. III, p. 474.

[2] v. FREITAS DO AMARAL, *ob. cit.*, vol. III, p. 477 a 479.

a lei. Neste último caso eles – e não o Estado – respondiam pessoalmente como qualquer cidadão. Os arts. 2399º e 2400º do Código de Seabra eram interpretados no sentido de que os actos de gestão privada, sob a égide do Direito Civil, responsabilizavam o Estado; os actos de gestão pública, não. Nos anos vinte surgiram as primeiras decisões jurisprudenciais admitindo a responsabilidade do Estado por actos de império.

Na revisão do Código de Seabra, em 1930, foi aditado ao art. 2399º o texto que se segue: «Os empregados públicos [...] não são responsáveis [...] excepto se excederem ou não cumprirem as disposições da mesma lei, sendo nesses casos com eles responsáveis as entidades de que forem serventuários». Foi desta forma recebido no Direito português o princípio da responsabilidade solidária do Estado com os seus agentes por actos praticados no exercício das suas funções. A responsabilidade solidária implica, nos termos gerais, a possibilidade do lesado pedir a totalidade do montante da indemnização de qualquer dos devedores (Estado e funcionário) cabendo, com alguns limites àquele que satisfez a obrigação o direito de regresso sobre o outro, direito que incide sobre a quota-parte deste na obrigação[3].

O Código Administrativo de 1940 não foi posto em vigor nas antigas colónias portuguesas. O diploma seu sucedâneo – apesar de anterior – é a Reforma Administrativa Ultramarina (RAU). Nesta matéria são relevantes os arts. 464º e 465º.

Segundo o art. 464º, «os corpos administrativos respondem civilmente pela violação dos direitos adquiridos, ocasionada pelos seus actos e decisões ou deliberações e pelos que os seus funcionários ou empregados tiverem praticado, dentro da sua competência legal, com observância das formalidades reputadas essenciais e para a realização dos fins da lei». Esta redacção é semelhante à do art. 366º do Código Administrativo de 1936/40, com uma importante diferença: o Código Administrativo não se limita a prever a violação de direitos adquiridos, abrangendo quaisquer «perdas e danos resultantes das deliberações dos respectivos corpos», e, portanto, as lesões de meros interesses legítimos.

Decantando este regime temos que:

a) Quando um funcionário ou empregado da Administração pratique um acto para o qual é competente, com observância das formalidades

[3] V. Freitas do Amaral, *ob. cit.*, vol. III, p. 480 e ss.

reputadas essenciais e para a realização dos fins da lei, a administração responde por esse acto...

b) ...se existir *a contrario* preterição de formalidades não essenciais e/ou violação de lei (o que sucede nos actos viciados de incompetência, carência absoluta de forma legal, desvio de poder) os actos estão excluídos da responsabilidade da Administração. Quando padecem de tais vícios, entra em campo o art. 465º, que diz: «são responsáveis os membros dos corpos administrativos, os seus empregados, funcionários ou representantes, os gerentes e empregados dos serviços autónomos ou corporações administrativas pelos actos ou decisões que importem violação de direitos adquiridos ou lesão de interesses legítimos, sempre que não forem praticados dentro da sua competência legal, com observância das formalidades essenciais estabelecidas na lei e para os fins desta».

Neste último tipo de casos há responsabilidade pessoal dos titulares dos órgãos e dos agentes.

O § único do art. 465º estabelece que «são solidários com o funcionário ou entidade que tiver praticado o acto ou tomado a deliberação, os que tiverem dado informações em que eles tivessem podido basear-se ou que, devendo ter informado contrariamente, não hajam dado informação escrita e nos termos legais». Esta responsabilidade solidária, ao contrário do que poderia fazer crer a sua menção no art. 465º, aplica-se mesmo quando existir a responsabilidade da Administração nos termos do art. 464º. Assim o indicia a utilização das palavras «entidade», oposta a «funcionário» e «deliberação».

O critério que preside à repartição da responsabilidade entre a Administração e os titulares dos órgãos e agentes é o da funcionalidade. Quando o agente pratique um acto que, embora ilegal, não sofra dos vícios de incompetência, desvio de poder, carência de forma legal e preterição de formalidades essenciais, existe presunção de culpa funcional e a lei responsabiliza a administração. Quando não, a culpa é pessoal e o agente responde exclusivamente.

O regime da responsabilidade pessoal exclusiva abrange também os titulares de órgãos e agentes de «corporações administrativas». O elenco das corporações administrativas vem previsto no art. 560º da RAU e abrange a Administração estadual indirecta do Estado e as pessoas colectivas de direito privado e utilidade pública administrativa.

O dano indemnizável inclui também na responsabilidade por culpa pessoal a lesão de interesses legítimos.

Em qualquer destes casos, a responsabilidade é por actos ilícitos e culposos. A ilicitude resulta de a violação dos direitos e interesses dos particulares. Isto esta claramente pressuposto no art. 465º e implicitamente no art. 464º, resultando da delimitação *a contrario* da culpa funcional.

Nos anos cinquenta verificou-se uma viragem doutrinária importante: começou a ser aceite uma responsabilidade baseada no risco de coisas ou actividades excepcionalmente perigosas e em sacrifícios impostos aos administrados por actos ilícitos.

Se agentes administrativos, usando máquinas especialmente perigosas, por exemplo, causassem danos a um particular, era impossível utilizar os quadros legais até então vigentes para criar a obrigação de indemnizar esses danos, se o agente ou serviço tivessem cumprido todas as normas técnicas e jurídicas aplicáveis. Contudo, a utilização desses meios perigosos, de risco acrescido, constitui uma vantagem para a Administração e não seria justo que os danos fossem suportados por património alheio.

O mesmo se diga quando os agentes e funcionários administrativos, no exercício de actividades permitidas por lei, causam prejuízos aos particulares. Pense-se nos danos provocados por um corpo de bombeiros em certos prédios para conseguir debelar um incêndio num prédio vizinho.

O Código Civil actualmente em vigor em Portugal e na Guiné-Bissau veio introduzir grandes alterações legislativas na matéria. O seu art. 501º veio dizer que «o Estado e demais pessoas colectivas públicas, quando haja danos causados a terceiro pelos seus órgãos ou agentes ou representantes, no exercício de actividades de gestão privada, respondem civilmente por esses danos nos termos em que os comitentes respondem pelos danos causados pelos comissários»[4].

O art. 501º do Código Civil interessa-nos fundamentalmente porque procede a uma dicotomia entre actividades de gestão privada e de gestão pública, que é a base de dois regimes algo diversos.

Por gestão privada entende-se a actividade exercida sob a égide do Direito Privado (danos causados por veículos, por exemplo). Por gestão pública entende-se a actividade que a Administração desempenha nos termos do Direito Público (danos causados pela prática de acto administrativo ilegal,

[4] A responsabilidade dos comitentes e comissários é disciplinada pelo art. 500º do Código Civil.

ou por manobras militares, ou actos médicos praticados em hospital público, por exemplo). Para verificar se um certo facto ou acto é de gestão é de gestão privada ou pública há que, por conseguinte, verificar se ele se enquadra numa actividade regulada por normas de Direito Civil ou de Direito Comercial ou, pelo contrário, numa actividade disciplinada por normas de Direito Administrativo.

A maior dificuldade da distinção reside na qualificação de operações materiais. Elas serão de gestão pública se a sua prática se inserir em procedimento cujo enquadramento directo é de Direito Público. Assim acontece com os actos dos médicos em hospital público, que embora materialmente se orientem pelas regras técnicas da medicina, exactamente como faz qualquer médico, estão também condicionados (a própria cadeia de actos – a actividade – e não apenas os sujeitos que os praticam) pelas regras de Direito Público. Interessa, pois, não discutir cada acto singelo, mas lançar um olhar sobre todo o procedimento em que se insere e descobrir se tem a especificidade de ser influenciado ou determinado pelo Direito Administrativo.[5]

Alguns meses depois da entrada em vigor do Código Civil foi publicado o DL 48051 de 21 de Novembro de 1966, que passou a reger a responsabilidade do Estado por actos de gestão pública da administração. Este diploma não integra o ordenamento jurídico guineense porque nunca chegou a ser publicado na Guiné-Bissau.

## 4. O regime vigente na Guiné-Bissau

O Código Civil, no já conhecido art. 501º, impõe uma distinção entre responsabilidade por actos de gestão privada e actos de gestão pública.

### 4.1. Regime da responsabilidade por actos de gestão privada (art. 501º do Código Civil)

Impõe-se ao Estado e demais pessoas colectivas públicas a responsabilidade civil nos mesmos termos em que os comitentes respondem pelos danos causados pelos seus comissários.

[5] v. Quanto aos médicos o exemplo dado por Freitas do Amaral, *ob. cit.*, vol. III, p. 494.

A responsabilidade do comitente vem prevista no art. 500º e da sua aplicação à administração resulta que:

a) Há responsabilidade solidária da administração...
b) ...com os seus órgãos, agentes e representantes...
c) ...pelos danos causados no exercício das suas funções (e, subentende-se, tal como no DL 45081, por causa delas, já que qualquer acto que produza danos atípicos em relação aos efeitos prováveis de uma actividade, encontra-se também fora desse tipo normal de actividade. É pois um problema de nexo de causalidade entre um modelo de acções («exercício de funções») e os danos associados que esteve na base deste modelo de responsabilidade e, portanto, um pressuposto de toda a responsabilidade; se, no exercício da sua função de motorista de um serviço público, alguém insultar outro utente da via pública, o dano moral daí adveniente não pode ser assacado ao Estado, já que não é efeito típico a condução de veículos a produção de danos à honra).

Não é necessária a culpa da pessoa colectiva pública. Trata-se de uma responsabilidade objectiva que tem como pressuposto a responsabilidade daqueles que agiram ao seu serviço.

A pessoa colectiva pública que satisfaça a indemnização tem direito de regresso sobre os outros responsáveis, excepto se também houver culpa da sua parte.

### 4.2. Regime da responsabilidade por actos de gestão pública

Depois da entrada em vigor do novo Código Civil, que revogou o Código de Seabra, Marcello Caetano considerava existir «uma importante lacuna no nosso Direito, pois ficava por disciplinar toda a responsabilidade que não resultasse de danos causados no exercício da gestão privada, lacuna essa que se manteve por alguns meses, até que o DL 48051 de 21 de Novembro de 1967, veio regular de modo genérico – «em tudo o que não esteja previsto em leis especiais» – a responsabilidade extracontratual do Estado e demais pessoas colectivas de Direito Público – «no domínio da sua gestão pública» (art. 1º)».

O DL 48051, como se disse acima, nunca foi publicado na Guiné, razão pela qual se mantém a «importante lacuna».

Freitas do Amaral defendeu que, durante o tempo em que a lacuna se verificou em Portugal, continuaram a vigorar os arts. 2397º, 2399,º e 2400º do Código de Seabra.

Ora, parece que é o que se deverá entender quanto à Guiné-Bissau, com a ressalva de que, bem vistas as coisas, expressão lacuna não é usada aqui no seu significado técnico-jurídico, pois há norma legal aplicável – justamente os citados preceitos do Código de Seabra – mas como uma imagem do que sucederia se esses preceitos não tivessem mantido a sua vigência por motivo de o instituto da responsabilidade por actos de gestão pública não ter sido disciplinado pelo novo Código.

Quanto ao quadro normativo actual há que distinguir entre a administração central e a administração local.

### 4.2.1. Actos de gestão pública da administração central

À administração central aplica-se o Código Civil de 1867, havendo que distinguir os actos funcionais dos actos pessoais dos agentes administrativos. Por actos funcionais deve entender-se aqueles que, embora ilícitos, são praticados no exercício das funções e por causa delas. Quanto a eles, rege o art. 2399º, que estabelece o seguinte regime: os funcionários, órgãos e agentes são responsáveis só por actos ilícitos, sendo-lhes associada a solidariedade da administração. Para actos pessoais (praticados fora do exercício das funções e por causa alheia a esse exercício) comina o art. 2400º uma responsabilidade meramente pessoal do funcionário, órgão ou agente.

### 4.2.2. Actos de gestão pública da administração local

Aplica-se a estes a Reforma Administrativa Ultramarina.

Quanto aos actos funcionais que violem direitos adquiridos, há apenas responsabilidade da administração (art. 464) e não do funcionário. Quanto aos actos pessoais que violem não apenas os direitos adquiridos, mas também os interesses legítimos, só se verifica a responsabilidade pessoal dos titulares dos órgãos ou agentes a que acresce a solidariedade dos que tenham dado informação errónea ou que não tenham prestado a informação devida a esses agentes (art. 465º e § único).

### 4.2.3. Regime comum em matéria de responsabilidade solidária pelo cumprimento de ordens ilegais

Quando o acto ilícito for praticado por funcionário que recebeu ordem para o fazer, põe-se o problema da imputação ao executante vinculado ao dever de obediência hierárquica.

O Decreto 46982 de 27 de Abril de 1966, que aprovou o Estatuto do Funcionalismo Ultramarino, regula esta questão e mantém-se em vigor. O art. 473º § único esclarece que «o inferior que cumprir ordem ilegal sem haver satisfeito o preceituado no §4 do art. 472º, será solidariamente responsável com quem a houver dado pelas consequências que da sua execução resultarem». A responsabilidade implica, portanto, que não tenha sido pedida a transmissão da ordem por escrito com menção expressa da sua ilegalidade (§4 do art. 472º) ou em caso de urgência no cumprimento da ordem, que não tenha comunicado por escrito ao superior hierárquico os termos exactos da ordem recebida e do pedido de transmissão por escrito formulado, antes do cumprimento (§2 do art. 472º).

O conceito de ordem ilegal, para efeitos da responsabilidade do inferior, é bastante restrito, limitando-se aos casos de incompetência e contradição manifesta com a letra da lei (art. 473º).

### 4.2.4. Regime comum em matéria de responsabilidade pelo risco e por acto lícito que imponham encargos ou prejuízos especiais e anormais

Em Portugal, nos anos que antecederam a entrada em vigor do DL 48051, não existiam normas expressas com carácter de lei geral sobre a responsabilidade da administração por factos casuais e actos lícitos no domínio da gestão pública. Como aquele diploma não entrou em vigor na Guiné-Bissau, é essa a situação que se mantém no país, onde até à data não foi editada legislação sobre a matéria.

Em Portugal, antes da vigência do DL 48051, a doutrina já sustentava que a responsabilidade por actos lícitos tinha carácter geral no Direito português.

Mas a jurisprudência não aceitava esta interpretação, considerando que a responsabilidade objectiva só existia nos casos excepcionalmente previstos em lei expressa.

Este foi o estado de coisas que a Guiné-Bissau herdou do ordenamento jurídico português.

Embora não exista ainda no Direito guineense uma claúsula geral expressa sobre a responsabilidade objectiva da Administração, complementar da responsabilidade subjectiva, admite-se que se possam extrair da própria Constituição algumas directivas em que assentam as figuras da responsabilidade fundada no risco e da responsabilidade por actos lícitos.

A responsabilidade fundada no risco significa que o Estado e demais pessoas colectivas públicas respondem pelos prejuízos especiais e anormais resultantes do funcionamento de serviços administrativos excepcionalmente perigosos ou de coisa e actividade da mesma natureza, salvo força maior estranha a tal funcionamento ou culpa da vítima ou de terceiro.

A responsabilidade por actos lícitos significa que o Estado e demais pessoas colectivas públicas devem indemnizar os particulares a quem, no interesse geral, mediante actos administrativos legais, tenham imposto encargos ou causado prejuízos especiais ou anormais.

Parece que, sem a tutela jurídica dos interesses individuais lesados nessas circunstâncias, não se observará o princípio da igualdade, consignado no art. 23º da Constituição[6]. Com efeito, em todos estes casos, um certo particular é especialmente sacrificado em face dos interesses comuns. Não o compensar, significaria tratá-lo com desigualdade com aqueles que, não sendo chamados a suportar sacrifício idêntico, beneficiam enquanto cidadãos da realização do interesse comum, graças ao sacrifício de outrem.

[6] Actual art. 24 da CRGB: «Todos os cidadãos são iguais perante a lei, gozam dos mesmos direitos e estão sujeitos aos mesmos deveres, sem distinção de raça, sexo, nível social. intelectual ou cultural, crença religiosa ou convicção filosófica».

# A efectivação processual da responsabilidade civil extra-contratual da Administração por actos de gestão pública (1997)*

## 1. A acção para efectivação de responsabilidade da Administração como processo administrativo de plena jurisdição

**1.** Na sua versão originária, o Código Civil português de 1867 era conformado pelo princípio da irresponsabilidade do Estado agindo no exercício de autoridade. No âmbito da «gestão pública», só os «empregados públicos» – e não as próprias pessoas colectivas públicas que os empregavam – respondiam pelas perdas e danos causados pelas ilegalidades cometidas.

No decurso dos anos 20 do presente século, alguns acórdãos do Supremo Tribunal Administrativo abriram excepção à doutrina da irresponsabilidade do Estado por «actos de império». E uma revisão do Código Civil de 1867, levada a cabo em 1930, consagrou a responsabilidade do Estado e das autarquias, solidariamente com os seus funcionários, pelos actos que estes practicassem dentro da sua competência mas com violação da lei. Por seu turno, o Código Administrativo de 1936 firmou o mesmo princípio, sempre apenas para os danos causados por actos ilegais e relativamente aos quais

* In: *La Responsabilidad Patrimonial de los Poderes Públicos*. Madrid: Marcial Pons, pp. 267-321.

pudesse a culpa ser considerada funcional, isto é, mantendo a exclusiva responsabilidade pessoal do agente sempre que o facto fosse praticado com incompetência, excesso de poder ou preterição de formalidades essenciais[1].

**2.** Em correspondência com esta inovação de carácter substantivo, o mesmo Código Administrativo de 1936 estabeleceu um meio processual próprio para dirimir os litígios respeitantes à responsabilidade civil extracontratual da Administração: a *acção* para efectivação da responsabilidade extracontratual. A par desta, o Código instituiu também a acção sobre interpretação, validade ou execução dos contratos administrativos, incluindo a efectivação da responsabilidade contratual das partes. Estes dois tipos de acção passaram a integrar aquilo que a doutrina da época designou por *contencioso de declaração*, por oposição ao *contencioso de anulação*.

A figura da *acção sobre responsabilidade administrativa extra-contratual* inspirou-se na experiência francesa. Por esta época, distinguia-se já claramente em França o *contentieux de l'annulation* (ou *contentieux de la décision éxécutoire*) do *contentieux de la pleine juridiction* (ou *contentieux de la gestion des opérations*). O primeiro tinha por mero objecto um acto administrativo, cuja eficácia se visava destruir através da respectiva anulação. O segundo, não prescindindo embora de uma *décision éxécutoire* como elo de ligação entre a situação controvertida e a instância, tinha por objecto a globalidade da situação jurídica criada pela «gestão da operação» e requeria o reconhecimento a favor do juiz dos poderes necessários para remediar a essa situação. Tais poderes envolviam não apenas a faculdade de anular as decisões administrativas mas também as de as modificar e reformar e de condenar a Administração na reparação dos prejuízos causados[2].

A nova figura portuguesa da *acção sobre responsabilidade administrativa extracontratual* não representou porém uma cópia do modelo francês, do qual se apartou desde o início em pontos importantes. Isso se deve provavelmente à destacada participação nos trabalhos preparatórios do Código Administrativo de 1936 de Marcello CAETANO, um administrativista de sólida formação dogmática e ampla autonomia de pensamento.

[1] Cfr. Marcello CAETANO, *Manual de Direito Administrativo*, 1ª ed., Lisboa, 1937, pp. 624-626; Maria da Glória DIAS GARCIA, *A Responsabilidade Civil do Estado e Demais Pessoas Colectivas Públicas*, Lisboa, 1997, pp. 17-20.

[2] Cfr. HAURIOU, *Précis de Droit Administratif et de Droit Public*, 7ª ed., Paris, 1911, pp. 399 e 400.

A primeira diferença a assinalar respeita ao nome do meio processual: *acção* e *não recurso*, ao contrário do que ainda hoje sucede em França com o *recours ordinaire de plein contentieux ou recours en responsabilité*[3]. Não se trata de uma mera questão de palavras visto que a tramitação processual varia para ambos os meios. Na *acção*, o tribunal administrativo aplica os termos do processo civil comum, ao passo que o recurso contencioso se rege por formas processuais próprias do contencioso administrativo.

Mas há uma segunda diferença que desde o início marca a especificidade da acção portuguesa em matéria de responsabilidade extracontratual da administração: é que a propositura da acção não pressupõe uma *décision préalable*. Desde os anos 30 que o legislador português compreendeu que, quando se trata de discutir na sua plenitude o conteúdo de uma situação jurídica administrativa para dirimir o litígio através de uma sentença condenatória, o acto administrativo perde o papel de plataforma necessária à apreciação do juiz.

## II. Os tribunais competentes

### 1. Tribunais administrativos e Tribunais comuns

**3.** A Constituição da República Portuguesa impõe a existência de duas ordens jurisdicionais: uma delas é formada pelo Supremo Tribunal de Justiça e os tribunais judiciais de primeira e de segunda instância; a outra pelo Supremo Tribunal Administrativo e os demais tribunais administrativos e fiscais (art. 209º, núm. 1). Estamos assim perante duas ordens jurisdicionais, formadas por conjuntos de tribunais hierarquizados entre si, encabeçados por um supremo tribunal próprio e integrados por magistrados com estatutos e carreira específicos.

A denominação «tribunais judiciais», aplicada aos tribunais encabeçados pelo Supremo Tribunal de Justiça, pode induzir em erro um observador menos conhecedor do contexto. Na verdade, a ordem jurisdiccional administrativa é ela também parte integrante do «Poder Judicial». Os seus tribunais

[3] Ver, a título de exemplo, CHAPUS, *Droit du Contentieux Administratif*, 6ª ed., Paris, 1996, p. 183; PAILLET, *La Responsabilité Administrative*, Paris, 1996, p. 236.

não têm qualquer nexo orgânico com a Administração. São, como os restantes tribunais, órgãos de soberania com competência para administrar a justiça em nome do povo (art. 202º, nº 1). A nomeação, a colocação, a transferência e a promoção dos juízes dos tribunais administrativos e fiscais, bem como o exercício da acção disciplinar, competem ao Conselho Superior dos Tribunais Administrativos e Fiscais, presidido pelo Presidente do Supremo Tribunal Administrativo e composto também pelo Presidente do Tribunal Central Administrativo e por mais quatro juízes eleitos de entre os seus pares e cinco juristas de reconhecida competência eleitos pelo Parlamento, dois dos quais, pelo menos, deverão ser docentes das facultades de Direito.

A ordem jurisdicional comum e a ordem jurisdicional administrativa são articuladas por um Tribunal dos Conflitos, formado por magistrados dos dois Supremos Tribunais.

A Constituição fixa, no nº 3 do art. 212º, nos seguintes termos o âmbito da jurisdição administrativa e fiscal: «Compete aos tribunais administrativos e fiscais o julgamento das acções e recursos contenciosos que tenham por objecto dirimir os litígios emergentes das relações jurídicas administrativas e fiscais».

Parece reinar relativo consenso sobre o entendimento – que baseou a jurisprudência do Tribunal Constitucional a propósito dos tribunais militares – de que o aludido preceito estabelece uma reserva material absoluta de jurisdição em favor dos tribunais comuns para o conhecimento das questões que não sejam emergentes de relações jurídicas administrativas (e não caibam na jurisdição do Tribunal Constitucional ou do Tribunal de Contas).

No tocante à questão de saber se o nº 3 do art. 212º da Constituição reserva absolutamente aos tribunais administrativos o julgamento das acções e recursos contenciosos que tenham por objecto dirimir os litígios emergentes das relações jurídicas administrativas, as opiniões estão divididas. Com Vieira de Andrade, não lemos no preceito constitucional um imperativo estrito, mas antes uma regra definidora de um *modelo típico*, indicativo de uma solução legislativa preferencial, susceptível de excepções justificadas pela proximidade de certas questões jurídicas administrativas com institutos substantivos ou processuais que integram a matéria da competência dos tribunais comuns. Naturalmente que o número e a importância qualitativa das excepções não poderia ser tal que prejudicasse o núcleo caracterizador do modelo, ou seja, que esvaziasse a jurisdição administrativa do papel que lhe cabe tradicionalmente no âmbito institucional do contencioso administrativo, quer no âmbito da tutela jurídica subjectiva, quer no do controlo jurídico objectivo[4].

No âmbito da responsabilidade por actos de gestão pública lícitos, existe, no Direito português, um importante sector entregue à cognição do juiz comum: referimo-nos à fixação judicial do montante das indemnizações por expropriação (Código das Expropriações, arts. 37º e seguintes).

**4.** A ordem jurisdicional administrativa é constituida pelo Supremo Tribunal Administrativo, pelo Tribunal Central Administrativo e pelos tribunais administrativos de círculo.

Nos termos do art. 51º, nº 1, alínea *h)*, do Estatuto dos Tribunais Administrativos e Fiscais (ETAF)[5], compete aos tribunais administrativos de círculo conhecer, em primeira instância, «das acções sobre a responsabilidade civil do Estado, dos demais entes públicos e dos titulares dos seus órgãos e agentes por prejuízos decorrentes de actos de gestão pública, incluindo acções de regresso».

Nos termos do art. 40º, alínea *a)*, do ETAF, compete por seu turno à Secção de Contencioso Administrativo do Tribunal Central Administrativo conhecer dos recursos de decisões dos tribunais administrativos de círculo que versem sobre matéria relativa ao funcionalismo público ou que tenham sido proferidas em meios processuais acessórios. Significa isto que, das sentenças proferidas pelos tribunais administrativos de círculo em acções sobre responsabilidade extracontratual da administração por actos de gestão pública, cabe recurso *per saltum* para o Supremo Tribunal Administrativo [ETAF, art. 26º, nº 1, alínea *b)*].

Cabe assim, em última palavra, ao Supremo Tribunal Administrativo orientar com a sua jurisprudência a aplicação do Direito na matéria da responsabilidade extracontratual da Administração por actos de gestão pública.

[4] Cfr. Vieira de Andrade, *A Justiça Administrativa*, polic., Coimbra, 1996, p. 10.

[5] Decreto-Lei nº 129/84, de 2 de Abril, modificado pela Lei nº 49/96, de 4 de Setembro, e pelo Decreto-Lei nº 229/96, de 29 de Novembro.

**5.** O conceito legislativo de *actos de gestão pública* é pois de primacial importância para a repartição de competências entre tribunais administrativos e tribunais comuns nas acções de responsabilidade extracontratual de administração. Este conceito foi lançado pelo actual Código Civil, que data de 1967, e pelo Decreto-Lei núm. 48 051, de 21 de Novembro de 1967, que regula a matéria da responsabilidade extracontratual do Estado não submetida à aplicação directa do Direito Civil.

Dado o seu conteúdo indeterminado, o conceito de gestão pública tem naturalmente levantado alguns problemas de aplicação, resolvidos através de abundante jurisprudência do Tribunal de Conflitos e do Supremo Tribunal Administrativo. Com a passagem do tempo, esta jurisprudência tem identificado uma série de situações típicas que hoje se aceitam como exemplos pacíficos de gestão privada (por exemplo, a circulação de viaturas da Administração pela via pública) ou de gestão pública (por exemplo, a realização de exercícios militares com fogos reais ou o tratamento médico recebido num hospital público)[6].

A doutrina e a jurisprudência portuguesas nunca utilizaram a noção de serviço público na acepção francesa de critério de definição do campo de regulação do Direito Administrativo e, portanto, também de base da competência natural do juiz administrativo. A densificação do conceito de gestão pública tem-se feito pois com alguma autonomia em relação ao modelo de referência francês. Este conceito é operativamente importante visto que serve simultaneamente de pedra de toque da administratividade substantiva (derivada) de certas relações jurídicas de responsabilidade e da competência do juiz administrativo para delas conhecer.

Dado o papel preponderante exercido pelo labor doutrinário de Marcello CAETANO quer sobre a restante doutrina jusadministrativista quer sobre a jurisprudência até aos finais da década de 60, não é de estranhar que, num primeiro momento, a ideia de gestão pública tenha sido aferida em torno do elemento que, segundo aquele professor da Faculdade de Direito da Universidade de Lisboa, desempenharia o papel central na caracterização do Direito Administrativo: o poder de autoridade. A esta luz, seria gestão

[6] Cfr. Maria da Glória DIAS GARCIA, *A Responsabilidade Civil do Estado...*, cit., p. 32; José Luís MOREIRA DA SILVA, «Da Responsabilidade Civil da Administração Pública por Actos Ilícitos», in Fausto DE QUADROS (coord.), *Responsabilidade Civil Extracontratual da Administração Pública*, Coimbra, 1995, pp. 166-167.

pública a actividade da Administração regulada pelo Direito Público, ou seja, regulada por uma lei que confira poderes de autoridade para o prosseguimento do interesse público, discipline o seu exercício ou organize os meios necessários para esse efeito[7].

Neste conceito, embora tomando por centro a ideia de *poder de autoridade*, orbitavam já elementos de carácter procedimental e organizatório. Esses aspectos autonomizam-se em posições perfilhadas pela doutrina portuguesa mais moderna. Assim, por exemplo, FREITAS DO AMARAL considera *actos de gestão pública*, à luz de uma *teoria do enquadramento institucional*, aqueles que sejam praticados pelos órgãos ou agentes da Administração no exercício de uma função pública, ainda que não envolvam ou representem o exercício de meios de coerção. Acrescenta este Autor que «... o que verdadeiramente interessa é o enquadramento institucional da actividade em causa: tanto faz que ela implique exercício de poderes de autoridade como sujeição a deveres e restrições de interesse público: o que conta é que se trate do exercício de uma função pública regulada por normas de direito público»[8-9]. Esta é,

[7] Cfr. *Manual de Direito Administrativo*, 8ª ed., II, Coimbra, 1969, p. 1134. Embora próximo, por formação e afinidade pessoal, de administrativistas como HAURIOU e JÈZE, Marcello CAETANO perfilhava uma visão do Direito Administrativo visivelmente marcada pela filtragem conceptual germanizante de Otto MAYER, o tutor da mais célebre construção doutrinária do Direito Administrativo à luz do método jurídico. Cfr. Sérvulo CORREIA, «Direito Administrativo II (Contencioso Administrativo)», in *Revista da Faculdade de Direito da Universidade de Lisboa*, vol. XXXV, 1994, p. 142.

[8] O Autor conclui, à luz de tais pressupostos, que a responsabilidade civil por actos médicos praticados em estabelecimentos públicos de saúde deve ser qualificada como uma forma de responsabilidade civil por actos de gestão pública. Cfr. «Natureza da Responsabilidade Civil por Actos Médicos Practicados em Establecimentos Públicos de Saúde», in Oliveira ASCENSÃO e outros, *Direito da Saúde e Bioética*, Lisboa, 1991, pp. 128-129. Esta asserção de FREITAS DO AMARAL é coerente com a sua concepção do Direito Administrativo como *o ramo do direito público constituido pelo sistema de normas jurídicas que regulam a organização e o funcionamento da Administração Pública, bem como as relações por elas estabelecidas com outros sujeitos de direito no exercício da actividade admnistrativa de gestão pública.* Cfr. *Curso de Direito Administrativo*, I, 2ª ed., Coimbra, 1994, p. 130.

[9] O eminente administrativista de Coimbra, Afonso QUEIRÓ, definia por seu turno o Direito Administrativo como o sistema de normas que regulam a organização administrativa em termos de Direito Público e a actividade administrativa da Administração, igualmente em termos de Direito Público. E considerava critério distintivo do Direito Público a regulação da organização, funcionamento, competência e actividade em termos que não tenham, nem se conceba que tenham, correspondente no capítulo da organização de instituições e relações

em linhas gerais, a orientação seguida pela jurisprudência do Tribunal de Conflitos.

**6.** Uma questão em aberto – no plano doutrinário e no da política legislativa – reside no problema da justificação da intervenção dos tribunais administrativos em matéria de responsabilidade civil extracontratual da Administração.

Como é muitas vezes lembrado, a questão de saber se a tarefa de declarar a Administração responsável perante um administrado deve competir ao juiz comum ou a um juiz específico encontra-se historicamente no centro da construção do Direito Administrativo francês e de outros que – como os Direitos Administrativos espanhol e português – tiveram aquele como primeiro modelo inspirador. O célebre *arrêt Blanco*, do *Tribunal des Conflits*, de 1873, regulou o problema decidindo no sentido da incompetência do juiz ordinário em consequência da necessidade de aplicar regras especiais derrogatórias do Direito Comum. Mas hoje, até mesmo em França, assiste-se à contestação, por parte de alguns sectores, da intervenção do juiz administrativo no domínio da responsabilidade[10]. Noutros casos, debate-se a dualidade de competências jurisdicionais em matéria de responsabilidade da Administração e preconiza-se o regresso à unidade de jurisdição, ainda que em proveito da ordem jurisdicional contencioso-administrativa[11].

Como é sabido, o argumento utilizado, em 1873, pelo *Tribunal des Conflits* era mais teleológico do que lógico. No fundo, aconteceu então, e ainda com mais evidência, aquilo que Paillet nota com muita argúcia referindo-se ao presente: a questão do Direito aplicável não recebe necessariamente uma resposta lógica mas, por vezes, isso sim, uma resposta teleológica. Significa isso que é a vontade de aplicar o Direito Público à regulação de um litígio que pode por vezes justificar que o juiz administrativo se declare competente para dele conhecer e não a necessidade de aplicar um Direito Público que sem dúvida regesse a situação, determinando reflexamente a competência

em que os particulares participem como tais. Cfr. *Lições de Direito Administrativo*, I, Coimbra, 1976, pp. 119 e 129.

[10] Cfr. Paillet, *La Responsabilité Administrative*, cit., pp. 227-228.

[11] Cfr. Jesús González Pérez, *Responsabilidad Patrimonial de las Administraciones Públicas*, Madrid. 1996, pp. 415-418.

jurisdicional[12]. Em geral, foi a criação em seu proveito de reservas de jurisdição administrativa que permitiu ao juiz administrativo segregar, para os institutos caídos sob o seu poder, um conjunto de normas estatutárias que formaram o Direito Administrativo[13].

Mas isso hoje, num país como a França, é, no tocante à responsabilidade da Administração, um processo histórico que culminou efectivamente numa administrativização do instituto da responsabilidade. Não quer dizer que esta seja total, no sentido de todos os conceitos, princípios e regras serem distintos, ainda que se considere vedada a aplicação das normas do *Code Civil*. Mas, desde logo, o princípio da responsabilidade muda de fundamento e de função social quando se aplica à Administração agindo segundo mecanismos concebidos para a realização imediata do interesse público. E a jurisprudência do *Conseil d'État* (muito mais do que o legislador) forjou um regime geral da responsabilidade pública através de uma adaptação – feita passo a passo – do regime à evolução dos costumes e da mentalidade comum[14].

Em Portugal, a autonomização do Direito da responsabilidade extra-contratual da Administração por acto de gestão pública não é tão aparente como em França. O instituto surgiu mais tarde. Os casos jurisprudenciais são em número muito menor[15]. O tratamento doutrinário é reduzido, embora existam algumas monografias de qualidade sobre pontos específicos. O legislador não supriu a parcimónia jurisprudencial pois também ele foi parco, emitindo um diploma – o Decreto-Lei nº 48 051, de 21 de Novembro – sucinto e que reenvia para o Código Civil de 1967 no tocante à apreciação da culpa e do regime da pluralidade de responsáveis (art. 4º).

Cumpre notar que o sistema legislativo português reflecte, por assim dizer, na sua estrutura, o percurso histórico verificado em França. Segundo os termos conjugados da norma de competência jurisdicional [o art. 51º, nº 1, alínea *h)*, do ETAF] e do diploma que regula substantivamente a

[12] Cfr. PAILLET, *La Responsabilité Administrative*, cit., p. 230.

[13] Temos naturalmente presente a célebre passagem de Prosper WEIL: «O *Conseil d'État* segregou o direito administrativo como uma glândula segrega a sua hormona: a jurisdição precedeu o direito e sem aquela este não teria visto a luz do dia.» Cfr. *O Direito Administrativo*, tradução portuguesa, Coimbra, 1977, p. 15.

[14] Cfr. Jean-Pierre DUBOIS, *La Responsabilité Administrative*, Paris, 1996, pp. 11-13 e 18-19.

[15] Nunca teríamos, hoje, em Portugal «matéria prima» suficiente para dar corpo a uma monografia monumental como é, por exemplo, a de Maryse DEGUERGUE, sobre *Junsprudence et Doctrine dans l'Élaboration du Droit de la Responsabilité Administrative*, Paris, 1994.

responsabilidade extracontratual da Administração por acto de gestão pública, o juiz administrativo não se torna competente por ter de dirimir uma questão emergente de uma relação jurídica de responsabilidade que pela sua própria essência seja administrativa em vez de civil. O raciocínio que conduz à verificação de competência é outro: porque a relação jurídica de responsabilidade foi gerada por condutas seguidas pela Administração sob a égide do Direito Público, o conteúdo de tal relação passa a ser não o que resultaria (directamente) do Código Civil, mas sim o que vem determinado pelo Decreto-Lei núm. 48 051. Deste modo, embora incida sobre uma relação jurídica administrativa porque conformada por um diploma que regula a responsabilidade extracontratual em termos específicos do sujeito administrativo, a competência do juiz administrativo não é em rigor ditada pela administratividade intrínseca da relação jurídica de responsabilidade mas pelo contexto normativo administrativo da conduta que fez (poderá ter feito...) a Administração incorrer em responsabilidade.

A consciência de que assim é poderá levar alguns a acusar o sistema de se preocupar mais em furtar a responsabilidade da Administração ao controlo do juiz comum do que em assegurar um juiz especializado para as questões regidas pelo Direito Administrativo. É o tipo de raciocínio susceptível de aumentar – se possível – o ardor de algumas vestais, que incansavelmente alimentam o fogo sagrado do retorno maciço da Administração à disciplina do Direito Privado e da sua crescente sujeição à *juridictio* do juiz comum.

Não é essa, porém, a nossa maneira de pensar. Em primeiro lugar, é incorrecta a ideia – subjacente àquela tese – de que a dualidade de jurisdições funciona necessariamente em detrimento do particular. No domínio da responsabilidade, basta recordar que o caminho aberto pela jurisprudência do *Conseil d'État* em matéria de responsabilidade por acto lícito e pelo risco – caminho esse que o legislador português passou a trilhar em 1967 – introduziu mecanismos de protecção que só com atraso vêm sendo adoptados pelo Direito Civil.

Mas, para nós, o argumento fundamental contra o regresso à competência do juiz comum da responsabilidade extracontratual da Administração por acto de gestão pública reside na vantagem de poder conjugar num mesmo meio processual a apreciação da ilegalidade do acto administrativo causador do dano e do pedido de condenação no pagamento de indemnização.

Entendemos que o Código de Processo Administrativo em preparação deveria – ao contrário do que hoje sucede – permitir o enxerto de um pedido de condenação em indemnização por perdas e danos no recurso contencioso de anulação. E não podemos esquecer que o juiz da acção é chamado a pronunciar-se – ainda que declarativamente – sobre a ilegalidade naqueles casos em que é permitida a propositura de acção de responsabilidade por acto ilícito com a natureza de acto administrativo apesar de não ocorrer prévia interposição de recurso contencioso.

Retirar ao juiz administrativo o contencioso da responsabilidade extra-contratual por acto de gestão pública significaria pois não só perpetuar o impedimento da cumulação de um pedido anulatório e de um pedido de condenação num mesmo processo como também impor ao juiz comum que se pronunciasse com frequência sobre a ilegalidade dos actos administrativos. Este é um juízo que crescentemente requer especialização, pelo que o retorno à jurisdição comum significaria na realidade um retrocesso.

## 2. Tribunais arbitrais

**7.** O art. 2º, nº 2, do Estatuto dos Tribunais Administrativos e Fiscais (ETAF) admite tribunais arbitrais no domínio do contencioso da responsabilidade civil por prejuízos decorrentes de actos de gestão pública, incluindo o contencioso das acções de regresso.

O ETAF data de 1984 e, em 29 de Agosto de 1986, a Lei nº 31/86 veio regular a arbitragem voluntária. Nos termos do art. 1º, nº 4, deste último diploma, «O Estado e outras pessoas colectivas de Direito público podem celebrar convenções de arbitragem se para tanto forem autorizados por lei especial ou se elas tiverem por objecto litígios respeitantes a relações de Direito privado».

A nosso ver, o ETAF (art. 2º, nº 2) funciona como lei especial, alvo da remissão operada pelo nº 4 do art. 1º da Lei da arbitragem. O facto de a lei especial ser anterior no tempo à norma que opera a remissão em nada inibe que esta se produza[16].

[16] Cfr. Sérvulo Correia, «A arbitragem Voluntária no Domínio dos Contratos Administrativos», in *Estudos em Memória do Professor Doutor João de Castro Mendes*, Lisboa, s.d., pp. 239-245. Aparentemente em sentido contrário, mas sem adiantar razões, v. Maria da Glória Dias Garcia, *A Responsabilidade Civil do Estado...*, cit., pp. 81-83.

## III. Os meios extracontenciosos de resolução dos litígios sobre responsabilidade

### 1. Inexistência de um procedimento administrativo específico de apreciação da responsabilidade

**8.** No Direito Administrativo português, não existe qualquer procedimento semelhante ao que, regulado em Espanha pelo *Reglamento de los Procedimientos de las Administraciones Públicas en materia de Responsabilidad Patrimonial* (RPRP)[17], se destina a uma prévia apreciação, no seio da Administração, da existência de um dever de indemnizar um particular. Isso se deve certamente à circunstância de, em Portugal, o meio processual para efectivar a responsabilidade da Administração por acto de gestão pública ter sido desde o início uma *acção* e não um recurso contencioso. A opção pela *acção* foi sempre entendida como significando o propósito do legislador de deixar ao juiz a primeira definição imperativa do conteúdo da situação jurídica administrativa. Não só se dispensava assim, mas precludia-se mesmo, a prévia emissão de um acto administrativo.

E como o procedimento administrativo geral, regulado no Código do Procedimento Administrativo, se destina à emissão de regulamento ou de acto administrativo ou à celebração de contrato administrativo, não parece sequer que a apreciação de um pedido de indemnização deva ser tramitada em obediência a este diploma. Com efeito, a recusa do pedido de indemnização é – a menos que lei especial lhe confira outra natureza – um puro acto material que nada acrescenta ao teor da situação jurídica de responsabilidade administrativa a que se refere.

### 2. A transacção

**9.** Embora sem regulação expressa, a transacção extra-judicial constitui um modo admissível de regulação não contenciosa de um litígio sobre o dever de indemnizar um dano gerado por acto de gestão pública.

A transacção é, em Direito português, um contrato pelo qual as partes previnem ou terminam um litígio mediante recíprocas concessões (art.

[17] Cfr. Jesús GONZÁLEZ PÉREZ, *Responsabilidad Patrimonial de las Administraciones Públicas*, cit., pp. 358 ss.

1.248º, nº 1, do Código Civil)[18]. Se a relação jurídica controvertida é administrativa, a transacção que a compõe é um contrato administrativo pois que, nos termos do art. 178º, nº 1, do Código do Procedimento Administrativo, tem essa qualidade o acordo de vontades pelo qual é constituída, modificada ou extinta uma relação jurídica administrativa.

O princípio geral em matéria de liberdade de celebração, é o da admissibilidade dos contratos administrativos. Declara com efeito o art. 179º, nº 1, do Código do Procedimento Administrativo que «os órgãos administrativos, na prossecução das atribuições da pessoa colectiva em que se integram, *podem celebrar quaisquer contratos administrativos*, salvo se outra coisa resultar da lei ou da natureza das relações a estabelecer».

A verificação da existência do dever de indemnizar e do montante da indemnização devida encontram-se na disponibilidade da Administração, pelo que a natureza das relações a estabelecer não restringe a capacidade contratual da Administração.

Os contratos de transacção estão sujeitos a fiscalização prévia através de visto do Tribunal de Contas (Lei nº 98/97, de 26 de Agosto, artigo 5º, nº 1, alínea *c)*]. Constitui fundamento da recusa do visto a desconformidade do contrato de transacção com as lei em vigor que impliquem a sua nulidade, encargos sem cabimento em verba orçamental própria ou violação directa de normas financeiras ou ainda ilegalidade que altere ou possa alterar o respectivo resultado financeiro (Lei nº 98/97, artigo 44º, nº 3). Nenhum pagamento poderá ser efectuado antes do visto do contrato ou da respectiva minuta [Lei nº 98/97, artigos 45º, nº 1, e 46º, nº 1, alínea *c)*].

## IV. O âmbito da acção e o âmbito do recurso contencioso

### 1. Os modos como a questão tem sido debatida em Portugal: a prévia interposição de recurso contencioso como pressuposto processual da acção ou como factor preclusivo da concorrência de culpas

**10.** O Direito Processual Administrativo português conhece, como resulta do atrás exposto, dois meios processuais principais que podem ter

[18] Sobre a transacção como negócio processual, cfr. TEIXEIRA DE SOUSA, *Estudos sobre o Novo Processo Civil*, Lisboa, 1997, pp. 193-194.

a ver com a reconstituição da esfera jurídica do particular em face de uma lesão aí verificada devido à emissão de um acto administrativo ilegal: *o recurso contencioso* e a *acção de efectivação de responsabilidade civil extracontratual da Administração por acto de gestão pública.*

Os artigos 95º e 96º da Lei de Processo nos Tribunais Administrativos (LPTA) e 5º a 12º do Decreto-Lei nº 256-A/77, de 17 de Junho, regulam a execução dos julgados. Nos seus termos, quando a Administração não cumpre espontaneamente a sentença anulatória, o tribunal ou reconhece a causa legítima de inexecução por ela invocada (ou acordada pelas partes) e fixa uma indemnização pecuniária ou, em caso contrário, especifica os actos e operações em que a execução deverá consistir e o prazo em que deverão ter lugar.

Este conspecto processual levanta naturalmente o problema de saber em que termos se articula o emprego dos diferentes meios processuais referidos com a finalidade da reposição da lesão sofrida pelo particular na sua esfera jurídica.

O legislador procurou organizar uma resposta a esta questão através do art. 7º do Decreto-Lei nº 48 051, de 21 de Novembro de 1967, que tem a seguinte letra:

> «O dever de indemnizar, por parte do Estado e demais pessoas colectivas públicas, dos titulares dos seus órgãos e dos seus agentes, não depende do exercício pelos lesados do seu direito de recorrer dos actos causadores do dano; mas o direito destes à reparação só subsistirá na medida em que tal dano se não possa imputar à falta de interposição de recurso ou a negligente conduta processual da sua parte no recurso interposto.»

**11.** O esforço para determinar o sentido normativo da segunda parte do art. 7º citado tem recebido, ao longo dos anos, sucessivos contributos da doutrina portuguesa.

Pretendendo dar um mínimo sentido útil à primeira parte do art. 7º, Marcello CAETANO considera que a limitação do direito à indemnização constante da segunda parte só funciona, na hipótese de falta da interposição de recurso, para os danos que poderiam ser «reparados» por essa via, concluindo que só podem

> «... ser abrangidos pelo direito à reparação pecuniária, na falta de recurso contencioso do acto ilegal, aqueles prejuízos que ficariam sempre por reparar,

mesmo que o recurso tivesse sido interposto e, portanto, ainda que o acto tivesse sido anulado e a sentença anulatória executada»[19].

Afonso Rodrigues Queiró, escrevendo alguns anos mais tarde, assume um entendimento mais largo do âmbito da limitação do direito de acção por responsabilidade civil, fazendo associar à interposição do recurso directo de anulação o mecanismo da suspensão da eficácia dos actos administrativos.

Afirma, a certo passo, o mestre coimbrão:

> «A lei – o citado artigo 7º – não se pronuncia sobre este último ónus especificadamente, mas tem de ser assim interpretada, sob pena de praticamente não ter alcance. Fundamentalmente, ter-se-á querido consagrar no nosso direito a solução do direito alemão (BGB, § 389, alínea 3) que exclui para o Estado o dever de indemnização quando o lesado dolosa ou culposamente deixou de afastar o dano com o uso de um meio jurídico contra o próprio acto administrativo, meio jurídico que no direito alemão é uma *Anfechtungsklage* a propor no tribunal administrativo e entre nós é um recurso contencioso de anulação a interpor também no tribunal administrativo, precedido ou acompanhado de requerimento a pedir a suspensão da eficácia do acto recorrido. O recurso do acto e o requerimento da suspensão é que constituem entre nós o meio jurídico de que fala o Código civil alemão».

E conclui, dizendo:

> «Temos, portanto, que, entre nós, a exemplo do direito alemão, o direito dos lesados à reparação só subsistirá na medida em que tal dano se não possa imputar à falta de interposição de recurso (art. 7º, segundo preceito): se o lesado deixar de evitar o prolongamento ou continuação do dano mediante um recurso (no sentido amplo atrás indicado) do acto administrativo lesivo, não subsiste o dever de indemnização»[20].

Muito recentemente, foi defendida em Coimbra, por Margarida Baeta Cortez, uma dissertação intitulada «*Responsabilidade Civil da Administração por Actos Administrativos Ilegais e Concurso de Omissão Culposa do Lesado*»[21].

[19] *Manual de Direito Administrativo*, II, 9ª ed., Coimbra, 1972, p. 1211.

[20] *Op. cit., loc. cit.*, p. 308.

[21] Coimbra, 1995, copiografado.

Embora se não concorde com todos os pontos de vista ali desenvolvidos, é com muito gosto que se sublinha a valia da obra, cuja difusão virá por certo dar uma primeira contribuição – que se deseja possa ser seguida por outras – para o preenchimento de um vazio de tratamento monográfico do tema de que a doutrina portuguesa se ressente.

O propósito assumido pela Autora é o de «demonstrar que as acções sobre responsabilidade gozam de autonomia em relação ao recurso, desmentindo, assim, o entendimento propugnado pela jurisprudência administrativa»[22] que se tem pronunciado frequentemente no sentido da «subsidiariedade da acção em relação ao recurso contencioso.

Segundo Margarida Cortez, «a ilegalidade não é... um elemento estranho à responsabilidade civil da Administração, podendo o seu exame ter lugar nas próprias acções sobre responsabilidade, desde que para efeitos diferentes dos da anulação». Para ela, «... do ponto de vista da construção dogmática não existe... qualquer obstáculo à autonomia das acções de responsabilidade quando estejam em causa danos derivados de actos administrativos ilegais...». A Autora procura compatibilizar esta posição com o preceito da segunda parte do art. 7º do Decreto-Lei nº 48051 através de uma destrinça entre o *ónus para o lesado de providenciar a reparação dos danos resultantes do acto ilegal por meios processuais diferentes do da acção sobre responsabilidade, designadamente através da impugnação contenciosa* e, por outro lado, o *encargo de não contribuir, com uma conduta omissiva, para a produção ou o agravamento dos danos, quando a prática do comportamento omitido não representa uma exigência desrazoável à luz do princípio da boa fé objectiva*[23].

Em suma, a Autora pretende deslocar a problemática da aplicação do art. 7º do Decreto-Lei nº 48051 do *plano processual* da vinculação na opção entre meios processuais para o da configuração, no *plano substantivo*, de um factor de perda ou redução do direito à indemnização à luz de uma eventual concorrência de culpas. Assume-se Margarida Cortez como opositora daquilo que considera ser «a subalternização a que tem sido votada a acção sobre responsabilidade sempre que estejam em causa danos resultantes de actos administrativos ilegais, quando é justamente o legislador a anunciar a sua independência em relação ao recurso»[24].

[22] *Op. cit.*, p. 297.

[23] *Op. cit.*, p. 298.

[24] *Op. cit.*, p. 1.

**12.** Antes de entrarmos a expor o nosso próprio ponto de vista, importa analisar a jurisprudência do Supremo Tribunal Administrativo. Releva naturalmente aquela jurisprudência sobre o sentido do art. 7º do Decreto-Lei nº 48051, formada em lides em que o particular, que se afirmava lesado por um acto administrativo ilegal, pretendia utilizar a acção administrativa de responsabilidade para ser ressarcido dos danos alegados sem que alguma vez tivesse interposto recurso contencioso do mesmo acto.

A consulta de acórdãos proferidos nas décadas posteriores à entrada em vigor do Decreto-Lei nº 48051 não permite – a nosso ver – discernir a existência de duas jurisprudências claramente distintas e antagónicas sobre o alcance do art. 7º daquele diploma[25]. Nota-se – isso sim, sobretudo nos últimos anos – a conjugação de pontos de vista de tónica ora predominantemente processualista ora predominantemente substancialista, sem que, a nosso ver, se tenha logrado em termos claros o ordenamento sistémico dessas duas componentes. Nesta verificação não vai implícita qualquer censura à jurisprudência do Supremo Tribunal Administrativo, pois que não parece lícito exigir-lhe um papel de «fazedor de sistemas» e muito menos quando a doutrina lusa não cumpriu ainda, quanto a esse ponto, em termos satisfatórios, essa sua missão natural[26].

O ponto de vista oposto, de tónica predominantemente processualista, que se encontra na maioria dos acórdãos consultados, mantém-se na esteira do pensamento de Marcello CAETANO. Para essa jurisprudência, a formulação de pedido indemnizatório por meio de acção sobre responsabilidade civil representa uma *via de carácter residual*, apenas circunscrita aos prejuízos que ficariam sempre por reparar mesmo que um recurso contencioso tivesse sido interposto e, portanto, ainda que o acto administrativo ilegal causador do dano tivesse sido anulado e a sentença anulatória tivesse sido executada.

É o que se pode ler num dos arestos representativos desta corrente quanto ao sentido do art. 7º do Decreto-Lei nº 48051: «Estabelece pois este preceito uma dupla via do ressarcimento dos danos sofridos pelo lesado: a) através da

[25] *Vid.* «Relação de Acórdãos do Supremo Tribunal Administrativo, do Supremo Tribunal de Justiça e do Tribunal de Conflitos sobre Responsabilidade Extracontratual da Administração Pública», in Fausto DE QUADROS (ed.), *Responsabilidade Civil Extracontratual da Administração Pública*, cit., pp. 311 ss.

[26] Cfr. RIVERO, *Apologie pour les «faiseurs de systèmes»*; in LAUBADÈRE/MATHIOT/RIVERO/VEDEL, *Pages de Doctrine*, I, Paris, 1980, pp. 3 ss.

interposição do recurso contencioso, com a consequente anulação do acto impugnado, a execução da sentença anulatória; b) através de um pedido de indemnização autónomo por meio de acção sobre responsabilidade civil – mas esta segunda via sempre de carácter residual e apenas circunscrita aos prejuízos que ficariam sempre por reparar mesmo que o recurso tivesse sido interposto e, portanto, ainda que o acto tivesse sido anulado e a sentença anulatória executada»[27].

O ponto de vista oposto, de tónica dominante substancialista, propugna, para aquelas situações em que os danos pudessem ser prevenidos graças à tempestiva interposição de recurso contencioso que na realidade não foi iniciado, uma determinação da culpa do administrado por essa sua conduta omissiva e, no caso da sua verificação, uma ponderação da concorrência de culpas entre Administração e administrado para efeito de exclusão ou redução do direito à indemnização. A matriz deste tratamento jurídico deverá ser a do regime estabelecido pelo art. 570º do Código Civil para a culpa do lesado[28].

Tanto quanto saibamos, constitui por enquanto decisão isolada a do acórdão da 1ª Secção, de 30/5/1995, proferido no caso Gracinda Ribeiro (recurso nº 33.333). Esse aresto adoptou uma tónica substancialista, não a título de perspectiva principal mas de único ângulo compatível com a constitucional idade da segunda parte do art. 7º do Decreto-Lei nº 48051. Segundo ali se decidiu, o nº 5 do art. 268º da Constitução...:[29]

> «... ao instituir a garantia de acesso à justiça administrativa para a tutela dos direitos ou interesses legalmente protegidos, visa consagrar um princípio da plenitude de garantia jurisdicional administrativa, implicando que a todo o

[27] Acórdão do Supremo Tribunal Administrativo de 9 de Fevereiro de 1993, in *Acórdãos Doutrinais*, ano XXXII, Junho de 1993, nº 378, p. 648. No mesmo sentido, veja-se o acórdão do Supremo Tribunal Administrativo, 1ª Secção, de 15/12/1998, in *BMJ*, nº 382, pp. 343 ss. A pp. 352 e 353, o acórdão confirma a solução da sentença recorrida, que consistira em distinguir entre «danos que ficariam eventualmente reparados através da anulação contenciosa do acto lesivo e execução da sentença anulatória» e «danos... não ressarcíveis através da impugnação contenciosa», tais como pagamento de salários a um motorista.

[28] Cfr. Declaração de voto do Senhor Conselheiro Cruz Rodrigues, no Acórdão do STA, 1ª Secção, de 30/01/1990, in *Acórdãos Doutrinais*, nº 346, pp. 1211 ss.

[29] Com a recente revisão da Constituição, essa garantia foi incorporada no nº 4 do art. 268º, que recebeu uma nova redacção.

direito ou interesse legítimo possa corresponder uma providência judiciária adequada que se não confine apenas aos meios específicos de impugnação. Trata-se de assegurar uma mais ampla protecção jurisdicional dos administrados, de forma a colmatar as insuficiências e os limites contenciosos de mera anulação.»

Considera-se no referido acórdão de 30/5/1995 que a interpretação do art. 7º do Decreto-Lei nº 48051 que não colide com a garantia de accesso assim entendida é aquela que não encontra no preceito o estabelecimento de um regime de caducidade do direito de indemnização ou de uma excepção peremptória fundada no caso decidido ou caso resolvido, por falta de impugnação do acto administrativo. O que, por outras palavras, significa, segundo o que no aresto se considera, que aquilo que deve ver-se como matéria regulada pelo art. 7º não é o direito à propositura da acção ressarcitória mas o montante dos danos indemnizáveis, tendo em conta uma eventual co-responsabilidade do lesante e do lesado no resultado danoso. Assim, «a excepção consignada na segunda parte do art. 7º do Decreto-Lei nº 48051 não caracteriza um pressuposto processual ou uma condição de procedibilidade da acção, mas constitui antes um critério de determinação do montante dos danos indemnizáveis em função da repartição da culpa». Visto que, desse modo, «não ocorre pois qualquer restrição ao direito de acção ressarcitória,... não pode dar-se como violado o princípio definido no art. 22º da CRP».

Uma decisão não basta para que se considere firmada uma nova linha jurisprudencial e, em nossa opinião, seria desejável que, sem deixar de reter alguns dos pontos da retórica argumentativa deste recente acórdão, a jurisprudência do Supremo Tribunal Administrativo mantivesse uma posição que não ignorasse, sob o ângulo processual, o papel do recurso contencioso tal como decorre das coordenadas do sistema português de separação de poderes.

## 2. Uma outra visão do problema: a acção e o recurso contencioso como meios processuais principais com finalidades distintas e complementares

**13.** Em nosso entender, é não só necessário mas também possível encontrar, em face do presente ordenamento, uma explicação não contraditória para as duas partes em que se divide o art. 7º do Decreto-Lei nº 48051. Essa tarefa tornar-se-á tanto mais profícua quanto mais fortemente assentar não no exame desgarrado daquele preceito mas no seu enquadramento no pensamento ordenador da jurisdição administrativa à luz do âmbito da garantia constitucional de tutela jurisdicional dos administrados, da coordenação de tal garantia com os imperativos do princípio da separação de poderes, das funções simultaneamente objectivista e subjectivista da jurisdição, da razão de ser das diferentes formas de processo administrativo e do papel reservado à iniciativa do particular que se considera lesado pela actuação administrativa.

Mas este tipo de reflexão não significa partir do zero: muito pelo contrário, ele servirá sobretudo para encontrar uma matriz sistémica que permita ordenar, sem contradições insanáveis e com maiores virtualidades de servir os fins do contencioso administrativo, os frutos dos anteriores esforços jurisprudenciais e doutrinários motivados pela necessidade de dar aplicação tão coerente quanto possível ao referido art. 7º.

**14.** A situação de imputabilidade do dano à falta de interposição do recurso, tal como integrada pela previsão formulada na segunda parte do art. 7º, pode dividir-se para efeito de apuramento da sua exacta extensão naquilo que chamaremos uma *zona de certeza* e uma *zona de incerteza.*

A *zona de certeza* corresponde a um conjunto de sub-situações abstractas que com toda a evidência não podem deixar de estar abrangidas pela expressão usada pelo legislador.

Não é quanto a elas que se levantam as dúvidas de interpretação, como demonstra a circunstância de serem frequentemente ressalvadas do âmbito da excepção nos considerandos das decisões jurisprudenciais que têm aplicado o art. 7º. São, a nosso ver, as seguintes essas subsituações abstractas que integram a *zona de certeza* da passagem interpretanda:

*a)* uma *zona de certeza negativa*, constituída pelas situações em que o dano sempre se teria materializado definitivamente não obstante a interposição do recurso (há, em relação a elas, a *certeza de que o dano não pode imputar-se* à não interposição do recurso);

*b)* uma *zona de certeza positiva*, constituída pelas situações em que o dano nunca teria existido ou nunca se teria ampliado se o recurso houvesse sido interposto (há, em relação a elas, a *certeza de que o dano pode imputar-se* à não interposição do recurso).

A primeira sub-hipótese é por certo de muito mais frequente verificação do que a segunda, sendo a ela que têm feito alusão *obiter dicta* em acórdãos do Supremo Tribunal Administrativo, para o efeito de localizar em tais casos a admissibilidade da acção de responsabilidade por dano causado por acto administrativo ilegal sem necessidade da prévia interposição de recurso contencioso. A vida social e o mundo do Direito são porém tão ricos na variedade das situações que neles se estruturam que a prudência manda que se não exclua a possibilidade da segunda sub-hipótese, que envolve uma *prognose retrospectiva* de muito mais difícil factibilidade.

A *zona de incerteza* quanto à imputabilidade do dano à falta de interposição de recurso contencioso é constituída pelo conjunto de sub-hipóteses onde aquilo que pode concluir-se em termos de *prognose retrospectiva* é que *o dano talvez não tivesse existido* se o recurso houvesse sido interposto. Nestes casos, nem é certo que o dano não pode imputar-se à falta de impugnação contenciosa nem é certo que o dano pode imputar-se a tal falta.

A nosso ver, as diferenças de posições jurisprudenciais e doutrinais quanto ao âmbito da segunda parte do art. 7º respeitam à questão de saber se esta *zona de incerteza*, ou partes tipificadas da mesma, são ou não subsumíveis na previsão deste texto normativo. A solução das controvérsias não nos é dada pelo elemento literal, com o qual as diferentes posições parecem compagináveis.

Embora a terminologia possa não ter sido essa, as controvérsias decididas pelo Supremo Tribunal Administrativo quanto à aplicabilidade do art. 7º do Decreto-Lei nº 48051 têm respeitado a estas questões. Mas as respostas que se lhes têm oferecido teriam, ao que cremos, ganhado em clareza e consistência se tivessem surgido mais solidamente escoradas nas linhas mestras do nosso sistema de contencioso administrativo. E o que procuraremos fazer no presente estudo, sem prejuízo de as conclusões finais não se afastarem muito daquilo que tem sido o sentido geral de decisão do Supremo Tribunal Administrativo.

**15.** O primeiro parâmetro constitucional a cuja luz desejaríamos perscrutar o alcance do art. 7º do Decreto-Lei nº 48051 é o do conteúdo das garantias de tutela jurisdicional administrativa.

No nº 4 do art. 268º, a Constitução da República Portuguesa afirma a *plenitude da garantia jurisdicional administrativa.*

Essa plenitude é conformada por dois traços fundamentais: a *omnicompreensidade* e a *efectividade.*

A *omnicompreensividade* significa que a garantia cobre toda e qualquer situação em que se alegue a lesão de direitos ou interesses legalmente protegidos. Daqui resulta, como orientação para o legislador, a de que a gama de meios processuais tem de ser concebida de modo a não deixar vazios estruturais que acarretem a desprotecção de direitos ou interesses legalmente protegidos.

A *efectividade* significa reequilibrar a esfera jurídica do particular em termos em que ela não fique – por causa da ofensa sofrida – com uma composição mais pobre do que aquela que ocorria no momento em que foi ofendida.

Assentes estas qualificaçãos da tutela jurisdicional administrativa garantida pela Constituição, o passo seguinte consiste em determinar quais são as suas implicações no tocante à opção entre recurso contencioso de anulação e acção administrativa.

A nosso ver, há que ter alguma cautela com a tendência que se vai manifestando em Portugal de fazer suceder a décadas de exagerada supremacia do meio processual *recurso contencioso* uma nova fase em que uma não menos fundamentalista hegemonia seria assegurada ao meio processual *acção.* A verdade é que se apresentam desprovidas de fundamento dogmático consistente as tentativas de extrair do art. 268º da Constituição uma permissão de uso indiscriminado da acção administrativa em detrimento do emprego do recurso contencioso de anulação. Já sublinhámos duas directivas que podem extrair-se daquele preceito em matéria da facultação aos administrados dos meios processuais recurso *contencioso* e *acção:* residem elas na qualificação da tutela jurisdicional garantida como *omnicompreensiva* e como *efectiva.* Há agora que acrescentar que, nesse nº 4 do art. 268º, materializa a garantia plena de tutela jurisdicional administrativa, se perfilam os dois meios processuais principais do contencioso administrativo assente na Constituição de 1976 tal como actualmente se encontra redigida. O nº 4 menciona o *recurso contencioso* ao falar em impugnação de actos administrativos. E a forma processual *acção* encontra no preceito duas expressões, uma das quais, respeitante ao reconhecimento de direitos, abrange, com a acepção ampla com que surge, a condenação em reparação de perdas e danos. Se, quanto à centralidade da presença do recurso contencioso no nº 4, não são legítimas quaisquer dúvidas, estas também se não justificam a propósito do papel igualmente principal da acção administrativa, como meio «de jurisdição plena». Desde logo, esta *estrutura dicotómica dos meios processuais principais no contencioso administrativo* é explicitamente afirmada numa outra passagem do texto constitucional: o nº 3 do art. 212º. Mas, ainda que assim não fosse, não poderiam restar dúvidas a esse respeito visto que, na nossa cultura jurídica, os litígios jurídico-administrativos só podem ser completamente dirimidos (num plano anterior à eventualmente necessária execução de julgados) ou mediante a anulação (ou declaração de nulidade) de um acto administrativo ilegal ou através de uma acção destinada a obter do órgão jurisdicional seja uma decisão de declaração da existência de uma relação jurídico-administrativa controvertida (acção de simples apreciação positiva ou negativa), seja, além dessa declaração, a condenação do réu na realização de uma prestação destinada a reintegrar um direito violado (acção de condenação) ou a produção de um efeito jurídico novo, que altere a esfera jurídica do demandado (acção constitutiva)[30].

A Constituição fornece-nos assim três elementos cuja correcta equação nos deverá proporcionar uma conclusão dotada de base científica sobre os termos em que a garantia de acesso aos tribunais administrativos envolve o direito do destinatário da garantia de lançar mão seja do meio processual principal *recurso contencioso* seja do outro meio processual principal, que é a *acção administrativa*. Esses elementos são, por um lado, esta identificação dos meios processuais administrativos principais e, pelo outro, a exigência da sua conjugação e serventia em termos de, pela *omnicompreensividade* e *efectividade*, assegurarem a plenitude da protecção jurisdicional.

**16.** A circunstância de a própria Constituição tipificar (nos arts. 212º, nº 3, e 268º, nº 4) e nomear mesmo (no art. 212º, nº 3) a acção e o recurso contencioso como os meios processuais principais do contencioso administrativo obriga desde logo a prestar atenção àquilo que caracteriza estes dois institutos como *formas de processo.*

A variedade de *formas de processo* é um fenómeno muito frequente, se não omnipresente, nos diversos ordenamentos processuais. Não são sempre os mesmos os factores de que depende tal variedade, mas o tipo de providência

[30] Sobre estas figuras, veja-se Antunes Varela/Miguel Bezerra/Sampaio e Nora, *Manual de Processo Civil*, 2ª ed., Coimbra, 1985, pp. 46 ss. O recurso contencioso é também ele um meio processual caracterizado pelo efeito constitutivo da decisão de anulação de um acto administrativo.

requerida e a natureza da situação que serve de base à pretensão constituem as mais das vezes os critérios que, isolada ou conjugadamente, ditam a idoneidade de certo meio processual para dirimir determinado litígio.

O Código de Processo Civil extrai consequências do *erro na forma de processo*. Em face deste, o legislador leva tão longe quanto possível o princípio da boa economia processual na modalidade do aproveitamento do processo irregular[31]. Mas isso sem prejuízo da necessidade de redireccionamento do processo no sentido da forma estabelecida pela lei [CPC, arts. 199º, nº 1, e 474º, c)]. O legislador do processo administrativo também não ignora os constrangimentos colocados ao princípio do dispositivo pela necessidade de observância da forma apropriada de processo [LPTA, art. 38º, nº 3, alínea *b)*].

O recurso contencioso de anulação e a acção administrativa constituem *formas de processo*. Como se observou já, distinguem-se desde logo em função da providência requerida. A existência de pontos de contacto, no tocante ao carácter declarativo da sentença proferida em recurso contencioso de acto nulo e à admissibilidade de sentenças constitutivas em acções administrativas, não preclude ainda assim a caracterização separada de todas as sentenças proferidas, de um lado, em recurso contencioso e, do outro, em acção administrativa. O recurso contencioso continua a ser um *processo all'atto*, ou, como também lhe chamou NIGRO, um processo de demolição jurídica do acto administrativo inválido[32]. A providência requerida tem pois claramente um acto administrativo como objecto dos seus efeitos anulatório (de acto anulável) ou de declaração com força de caso julgado (de nulidade). Nessa medida, distingue-se da providência solicitada em acção administrativa, a qual terá por efeito directo ou imediato a conformação da relação jurídica administrativa controvertida.

Afirmar isto não significa necessariamente a adopção de uma visão puramente objectivista do recurso contencioso, como processo apenas destinado a reconstituir alguns tramos de um ordenamento criado unilateral e verticalmente, de cima e para baixo, por actos de autoridade. Essa visão de origem prussiana do Direito Administrativo como um ordenamento em que os particulares apenas figuram como matéria de regulação encontra-se naturalmente ultrapassada e nunca foi, em todo o caso, a nossa. A concepção que sempre perfilhámos, decorrente da ideia de Estado de Direito democrático,

[31] Cfr. José Alberto DOS REIS, *Comentário no Código de Processo Civil*, II, Coimbra, 1945, p. 478.

[32] Cfr. Mario NIGRO, *Giustizia Ammististrativa*, 3ª ed., Bolonha, 1983, p. 293.

é a de que, ao agir externamente no desempenho das suas atribuições, a Administração cria, modifica ou extingue relações jurídicas em que se situa em reciprocidade com os particulares[33]. Assim sendo, entendemos que a sentença anulatória proferida em recurso contencioso se reflecte numa situação jurídica administrativa que tem por sujeitos a Administração e um ou mais administrados. Mas esse efeito é mediato e resulta do efeito imediato da sentença, que consiste na destruição do acto administrativo. O desaparecimento, com efeito retroactivo, da matriz conformadora da relação vai reflectir-se numa reconstituição desta última. Mas trata-se de um reflexo, que nem sempre, aliás, é na íntegra automático, visto que em muitos casos tem de passar pela reabertura do procedimento administrativo e pela prática de novo acto administrativo. Como adiante sublinhamos, isto não acontece por acaso ou como consequência da mentalidade bizantina dos criadores da instituição do contencioso administrativo. É, pelo contrário, um corolário do princípio da separação de poderes e, em particular, de um dos princípios em que este se desdobra: o princípio do respeito (pelo juiz) das competências administrativas.

Estas considerações quanto à diferença das providências requeridas, que impõem a consideração do recurso contencioso e da acção administrativa como *formas de processo*, servem igualmente para compreender um outro factor que vem reforçar essa classificação: referimo-nos à natureza da situação que serve de base à pretensão. No primeiro caso, é a ilegalidade de um certo acto administrativo, no segundo, um litígio de pretensão contestada quanto à lesão ou à existência de certo direito ou interesse legalmente protegido no âmbito de uma relação jurídica administrativa.

**17.** Damos pois por adquirido que o *recurso contencioso de anulação* e a *acção administrativa* são os dois *meios processuais principais* do contencioso administrativo português, os quais se distinguem um do outro como *formas de processo*. Trata-se de uma evidência, naturalmente. Mas importa ainda assim frisá-la devido à já assinalada tendência de um (minoritário) sector da nossa doutrina, que aflora também em uma ou outra decisão jurisprudencial, de ver na necessidade de enveredar pelo recurso contencioso em vez

[33] Cfr. Sérvulo CORREIA, «As relações jurídicas de prestação de cuidados pelas unidades de saúde do Serviço Nacional de Saúde», in António MARQUES DOS SANTOS e outros, *Direito da Saúde e Bioética*, Lisboa, 1996, em especial pp. 15 a 21.

de propor uma acção administrativa uma limitação à plenitude da garantia constitucional de tutela jurisdicional administrativa. A verdade é que em nada contende com a efectivação daquela garantia o dever do autor adoptar em cada caso uma forma de processo obrigatória em função da verificação, no litígio concreto, dos factores que presidiram à delimitação normativa de tal meio processual. Pelo contrário, aquilo que a doutrina lê na garantia de tutela jurisdicional é uma directiva para o legislador de estabelecer regras processuais diferenciadas, capazes de possibilitar a efectivação da tutela em face de distintas necessidades de protecção jurisdicional. A uniformidade do processo é que poderia constituir um impedimento à plenitude da garantia por desadequação da tramitação processual única à peculiaridade de certas situações[34].

**18.** Na generalidade, portanto, nem a caracterização de mais que uma *forma de processo* no contencioso administrativo choca com os ditames constitucionais nem os mesmos são violados pelo impedimento, em cada caso, do emprego da forma indevida. Esta segunda proposição é, obviamente, uma consequência necessária da primeira.

A isto poderá porém retorquir-se que, se assim é na generalidade, circunstâncias são pensáveis em que a necessidade de seguir uma das duas *formas de processo* e o correlativo impedimento do emprego da outra colocarão em causa a plenitude da garantia de tutela jurisdicional. A nosso ver, feita nestes termos, a observação é legítima e é para testar à sua luz as hipóteses peculiares que haverão de ser utilizados os critérios de *omnicompreensividade* e *efectividade* atrás explanados.

**19.** A primeira ilação a extrair da ideia de *omnicompreensividade* quanto ao âmbito da *forma de processo acção administrativa* é a de que terão de poder ser dirimidos através desta acção todos os litígios jurídico-administrativos de pretensão contestada[35] que não sejam suscitados pela criação, modificação ou extinção de uma relação jurídica administrativa por acto administrativo alegadamente ilegal. Uma vez que o recurso contencioso se cinge àqueles litígios que possam ser dirimidos pela anulação ou declaração de nulidade de um acto administrativo, a inexistência de acto administrativo ilegal na

[34] Cfr. SCHILKEN, *Gerichtsverfassungsrecht*, 2ª ed., Colónia, 1994, p. 61.

[35] Sobre este conceito, veja-se CASTRO MENDES, *Direito Processual Civil*, I, Lisboa, 1980, p. 271.

origem de uma situação jurídica administrativa controvertida privaria de tutela os sujeitos nela envolvidos. Cingindo-nos às questões de responsabilidade, estas considerações mostram que a garantia constitucional seria violada sempre que um particular fosse impedido de lançar mão da acção administrativa para se ressarcir contra a Administração de danos sofridos por força de acto administrativo legal, de acto material lícito, de acto material ilícito ou em consequência do funcionamento de serviços administrativos excepcionalmente perigosos ou de coisas e actividades da mesma natureza.

Por outro lado, a exigência de *efectividade* da tutela jurisdicional impõe que, como único outro meio processual principal, a acção administrativa possa ser utilizada pelo particular perante situações imediata ou mediatamente suscitadas por acto administrativo alegadamente ilegal sempre que, em face das circunstâncias específicas, seja de concluir que não poderá ser efectiva a tutela concedida através do recurso contencioso de anulação, eventualmente acompanhado de meios processuais acessórios (como, por exemplo, o pedido de suspensão jurisdicional de eficácia) e seguido do processo de execução do julgado.

Assim será na realidade com algumas situações que a nossa doutrina tem vido a prospectar a propósito da utilização da acção para o reconhecimento de direito ou interesse legítimo[36]. Mas, no âmbito do presente estudo, importa-nos fundamentalmente pensar no emprego da acção de responsabilidade extracontratual para obter o ressarcimento de danos ligados por nexo de causalidade à prática de um acto administrativo ilegal. Ora, quanto a estes danos, estamos em crer que não é o imperativo de *efectividade* do recurso contencioso mas, ainda, o da *omnicompreensividade* da tutela que rege a inclusão da sua reparação no âmbito próprio da acção. Poderá parecer, à primeira vista, que apregoamos uma trivialidade. Mas a questão é importante porque se prende com as acusações, feitas por vezes a quem procura guiar-se por critérios de ordem processual para entender o art. 7º do Decreto-Lei nº 48051, de com isso estar a relegar a *acção de responsabilidade* para um papel

[36] *Vid.*, a título de exemplo, «algumas aplicações práticas» em Rui Medeiros, *Estrutura e Âmbito da Acção para Reconhecimento de um Direito ou Interesse Legalmente Protegido*, separata da *RDES*, nºs 1/2, do ano XXXI, 1989, pp. 75 ss, ou «Hipóteses de defesa por recurso ao art. 268º, nº 3 (actual nº 5)», em Rui Machete, *Estudos de Direito Público e Ciência Política*, Lisboa, 1991, pp. 438 ss.

residual ou subsidiário do *recurso contencioso*, um papel incompatível com a dignidade constitucional da acção.

Salvo o devido respeito, trata-se de uma conclusão precipitada. À *acção* só será conferido um papel residual quando ela seja chamada a intervir num campo em princípio próprio do meio processual *recurso contencioso* para suprir um défice de efectividade desta forma de processo graças às circunstâncias particulares do caso concreto[37]. O mesmo já não sucede se o emprego da *acção* se deve à consideração de ser ela o meio adequado a dirimir o litígio em face da natureza da situação que serve de base à pretensão. Ora é isso que sucede quando aquilo que está em causa são as *situações de expressão patrimonial mediatamente suscitadas pelo acto administrativo* e não os seus *efeitos de direito propriamente ditos.*

**20.** Com a alusão *às situações de expressão patrimonial mediatamente suscitadas por acto administrativo*, pretendemos significar efeitos que não correspondem à ordenação da situação real da vida pelo acto. Tais efeitos não consistem na transposição para esta situação de elementos que integram o próprio conteúdo do acto administrativo, mas antes em reflexos com expressão patrimonial negativa que decorrem causalmente do modo de conformação jurídica da situação da vida pelo acto.

Assim, por exemplo, se uma decisão do governador civil impõe o encerramento de um estabelecimento comercial, a situação imediatamente suscitada pelo acto reside na impossibilidade jurídica de fazer funcionar o estabelecimento. Mas essa impossibilidade vai provocar danos patrimoniais, sob a forma de lucros cessantes e mesmo, eventualmente, de danos emergentes e, possivelmente também, danos morais. A ordem de encerramento imprime na esfera jurídica do destinatário tão só uma impossibilidade de conduta. Esse é um elemento que integra o conteúdo do acto administrativo como efeito de direito e nessa qualidade é transposto para a situação jurídica administrativa concreta por uma espécie de «clonagem», que resulta da incidência conformadora do acto, isto é, do papel por este desempenhado como que de um selo metálico que cunha a realidade moldável de uma situação de

[37] Note-se que, mesmo nestas circunstâncias, o carácter residual ou subsidiário da acção não envolve uma conotação negativa perante o regime constitucional de tutela jurisdicional administrativa. A subsidiariedade representa aqui um instrumento de efectividade e, portanto, de plenitude da tutela.

vida, fazendo com que ela passe a reproduzir a tessitura própria do padrão original. O dano não figura entre os elementos que, como efeitos de direito queridos, compõem o conteúdo do acto administrativo e traçam a situação jurídica do particular tal como por aquele passa a ser conformada. É antes um efeito conexo ou colateral: da impossibilidade jurídica de fazer laborar o estabelecimento resulta, em termos de relação causa-efeito, uma diferença para menos no património do destinatário do acto. O mesmo se poderá dizer quanto às dores morais e outros danos não avaliáveis mas compensáveis em dinheiro, como os que se centram na perda de prestígio ou de reputação pública causados pela nova situação jurídica administrativa.

**21.** Na doutrina e na jurisprudência portuguesas mais recentes, tem sido considerado com alguma frequência que corresponde a uma atribuição (que se subentende passadista) de um papel meramente residual ou subsidiário à acção administrativa de responsabilidade por danos causados por acto administrativo ilegal o reservar-lhe a reposição daquelas situações de ordem patrimonial que não sejam emendáveis através da interposição de recurso contencioso de anulação, eventualmente acompanhado de suspensão jurisdicional de eficácia e seguido de execução judicial do julgado. Ora, de tudo o que temos vindo a escrever resulta que não é assim. A *acção* é a forma de processo apropriada para dirimir litígios de pretensão contestada sobre o ressarcimento de danos e não o é quanto a litígios de pretensão contestada sobre a anulação ou declaração de nulidade de actos administrativos. E, vice-versa, o *recurso contencioso* é que é a forma de processo a utilizar para tudo aquilo que respeite à anulação do acto ilegal e à consequente reconstituição da situação actual hipotética.

Partir deste princípio não envolve conferir ao recurso contencioso o papel de processo comum e à acção de responsabilidade por danos decorrentes de acto administrativo ilegal o cariz de processo especial. Segundo a definição de CASTRO MENDES, o *processo especial* é a forma de processo cujo âmbito de aplicação é definido na lei e o processo comum a forma de processo cujo âmbito de aplicação se alarga a todos os casos para que não está previsto processo especial[38]. Ora a existência, no actual contencioso administrativo português, de duas forma de processo, cada uma das quais com a natureza de meio processual principal, faz com que nenhum desses

[38] Cfr. *Direito Processual Civil*, I, cit., pp. 293 e 294.

processos seja propriamente comum, sendo cada um deles especial em relação ao outro. Essa especialidade só se esbate em alguns casos em que a acção para reconhecimento seja chamada a suprir défices de efectividade da tutela proporcionada pelo recurso contencioso. Mas nem aí se poderá dizer que a acção se converte em *processo comum*, visto que a sua admissibilidade depende do pressuposto excepcional da insuficiente eficácia do recurso. De qualquer modo, estas zonas fronteiriças de sobreposição eventual não parecem existir entre o *recurso contencioso* e a *acção de indemnização*. É que só a segunda encontra na base da pretensão contestada um verdadeiro dano.

**22.** No domínio dos danos resultantes de acto administrativo ilegal, há duas distinções a fazer, que nos parecem importantes para a correcta aplicação do art. 7º do Decreto-Lei nº 48051: referimo-nos, por um lado, à distinção entre *elementos ilegais da situação conformada pelo acto administrativo* e *danos causados pelo acto administrativo* e, pelo outro, à distinção entre *reconstituição da situação hipotética* a partir da anulação do acto administrativo e *ressarcimento dos danos* causados por esse acto.

São frequentes, na doutrina e na jurisprudência, as passagens em que os *elementos ilegais da situação conformada pelo acto administrativo* aparecem qualificados como *danos causados pelo acto administrativo ilegal*. E esta indevida indistinção conduz por seu turno à confusão entre *reconstituição da situação hipotética* e *ressarcimento dos danos causados pelo acto administrativo*. Um flagrante exemplo pode ser encontrado na já citada passagem de Marcello CAETANO, quando escreve que «há muitos prejuízos que ficam reparados por virtude da anulação do acto que os causou e da execução da sentença anulatória»[39]. Não é assim de estranhar que, também em acórdãos do STA, se tome como factor de decisão para os efeitos do art. 7º do Decreto-Lei nº 48051 a «reparabilidade dos danos» através de sentença anulatória proferida em recurso contencioso. E, embora aponte para um sentido de decisão oposto, sofre, salvo o devido respeito, a mesma incorrecção no plano da dogmática o já referido Acórdão de 30/5/1995, quando parte para a aplicação do art. 7º do postulado de que, embora a reparação pudesse vir a ter lugar pela via da anulação contenciosa, essa circunstância não constitui uma condição negativa de procedibilidade da acção.

[39] Cfr. *Manual de Direito Administrativo*, II, cit., p. 1211.

A verdade é que a sentença anulatória proferida em recurso contencioso nunca repara os verdadeiros danos. E a sua execução nos termos do processo de execução dos julgados também não tem por objecto uma pretensão de indemnização propriamente dita. Com efeito, a indemnização que o tribunal pode vir a acordar naquele processo é fundamentalmente a originada pela inexecução da sentença. Por uma questão de economia processual, o legislador do Decreto-lei nº 256-A/77, de 17 de Junho, consente na cumulação de um tal pedido com o da indemnização dos prejuízos resultantes do acto anulado pela sentença. Mas, quanto a estes, estamos perante uma excepção à regra geral da forma de processo constituída pela acção de responsabilidade. É claramente o que resulta da circunstância de, se a sentença for executada, ainda que no âmbito de processo de execução do julgado, não haver lugar à apreciação em tal quadro do pedido de indemnização pelos danos causados pelo acto anulado que subsistam não obstante tal execução.

**23.** Os elementos ilegais da situação jurídica concreta conformada pelo acto administrativo podem, quando ablativos para o particular, ser causa de um dano. Mas, no plano dogmático, ou não devem eles, em si mesmos, ser considerados dano ou, a sê-lo, devem ser tomados como dano numa acepção menos precisa que se não confunde com a de *dano patrimonial*, ou seja, aquele dano que directamente conta para a determinação da existência e do montante do dever de indemnizar.

Ao tratar dos elementos da responsabilidade, distinguiu o saudoso Professor GOMES DA SILVA entre o dano e a violação de um direito da qual resulte o dano. Para o ilustre Mestre, o dano pode resultar directamente da violação de um direito e confundir-se materialmente com ela, mas nem sempre é assim, visto que os danos são a consequência da violação do direito, consequência que pode faltar[40]. GOMES DA SILVA não fundou porém a necessidade da diferenciação entre os dois fenómenos jurídicos à luz apenas da possibilidade empírica da existência de um deles desacompanhada da do outro. Aprofundando o esforço de conceptualização, aquele autor discerniu diferenças estruturais entre as duas realidades. Para ele, o direito subjectivo consiste na afectação jurídica dum bem à realização de um ou mais fins duma pessoa individualmente considerada. A violação do direito há-de verificar-se, portanto, pela desvinculação do bem ao fim.

[40] Cfr. *O Dever de Prestar e o Dever de Indemnizar*; Lisboa, 1944, pp. 101 e 102.

Quanto ao dano, escreve Gomes da Silva que ele «consiste na frustração dum fim». Por isso, ainda quando não exceda os limites do direito subjectivo não se confunde com a violação dele, visto ser o resultado da desvinculação do bem ao fim e não a própria desvinculação; além disso, nem toda a violação do direito subjectivo importa dano, precisamente porque a desvinculação em causa se pode dar em ocasião em que não fossem realizáveis os objectivos a que o bem estava afecto[41].

Esta reflexão serve-nos para iluminar a distinção entre os *efeitos do acto administrativo ilegal sobre a situação jurídica administrativa* por ele ordenada e os seus *efeitos danosos*. Ao incidir sobre una situação jurídica administrativa concreta, o acto administrativo conforma-a, criando-a, modificando-a ou extinguindo-a de acordo com uma matriz formada pelo próprio conteúdo do acto, ou seja, pelos efeitos de direito que integram a estatuição. Sempre que, pelo seu tipo, se trate de um acto ablativo, esses efeitos traduzem-se na extinção, restrição ou recusa de constituição de direitos, interesses legítimos ou outras situações subjectivas do particular que com a Administração se encontra em relação jurídica. Se o acto é também ilegal, pode dizer-se que ele viola as situações jurídicas do particular que conferem a este uma pretensão a um acto com um conteúdo diferente ou, pelo menos, praticado em condições diversas das que presidiram às suas preparação e emissão.

Ao criar, modificar ou extinguir situações subjectivas que não condizem, pelo seu fundo ou pela sua génese, com as devidas, o acto administrativo pode estar também a provocar um dano. Mas esse dano não se confunde com tais situações: é antes a consequência delas no plano patrimonial. Assim, por exemplo, se é praticado um acto ilegal de requisição, o efeito jurídico é o da mudança transitória na posse do bem requisitado com violação da posse originária, que deveria ter sido preservada. O dano é o reflexo desta mudança de posse no património do destinatário do acto administrativo.

É certo que, suma acepção muito ampla de dano como é a de *dano real*, cabe todo o prejuízo *in natura*, ou seja, toda a destruição, subtracção ou deterioração de uma coisa, material ou incorpórea. E os direitos subjectivos destruídos ou recusados pelo acto administrativo são coisas incorpóreas. Porém, o dano que releva para efeito da existência e do montante do dever de indemnizar é o *dano patrimonial*, na acepção de reflexo ou efeito do dano

[41] *Idem*, pp. 126 e 127.

real ou natural no património do lesado. O dano patrimonial reside numa diferença para menos que para o património do lesado resultará do acontecimento danoso[42].

Mas o dano patrimonial não faz parte do conteúdo regulador da decisão administrativa nem da parte da relação jurídica administrativa concreta regulada por essa decisão. O acto administrativo que inclui um prédio na zona de protecção de um monumento não tem por conteúdo o dispor que o património do proprietário sofra uma diferença para menos correspondente à perda de valor de venda do imóvel. O que sucede é que, se o acto for ilegal e se se verificarem os restantes elementos constitutivos da responsabilidade, surge, a par da *relação jurídica administrativa conformada pelo acto administrativo*, uma *relação de responsabilidade administrativa*. Em cada uma destas relações, o acto administrativo desempenha um papel diferente: fonte definidora do conteúdo da relação, no primeiro caso; elemento constitutivo da relação de responsabilidade com a mera natureza de um facto, isto é, de um evento cujos efeitos de direito são os que a lei determina e não os de antemão representados e desejados em enunciado imperativo que constitua a própria conduta, no segundo caso[43].

**24.** Vimos oportunamente que a existência autónoma das *formas de processo* se explica em face da diversidade do tipo de providência requerida e da diferença entre as naturezas das situações que servem de base à pretensão[44]. Este axioma, que vale para o Direito Processual em geral, aplica-se também aos dois meios processuais principais do contencioso administrativo: o *recurso contencioso* e a *acção*. Com efeito, a distinção – que pensamos ter aqui suficientemente estabelecido – entre os elementos ilegais da situação jurídica administrativa tal como conformada pelo acto administrativo e o dano causado pelo acto ilegal demarca com clareza a diferença entre os tipos de situações controvertidas. Resta acrescentar que a *diversidade do tipo de providência requerida* constitui, no sistema português de contencioso, um factor cuja conjugação com o da *disparidade dos tipos de situações* se revela extremamente importante para compreender duas coisas.

[42] Veja-se, por todos, RIBEIRO DE FARIA, *Direito das Obrigações*, I, Coimbra, 1990, pp. 481 e482.

[43] Cfr. ALMEIDA COSTA, *Direito das Obrigações*, 4ª ed., Coimbra, 1984, p. 365.

[44] Veja-se o que escrevemos na rubrica 16.

A primeira é a *impropriedade da acção de responsabilidade como meio processual para dirimir litígios sobre a subsistência de efeitos de direito administrativo injectados em relações jurídicas administrativas por actos administrativos alegadamente ilegais.*

A segunda é a *inviabilidade do emprego imediato do meio processual da acção de responsabilidade quando o dano material que serve de base à pretensão poderia ter sido evitado ou eliminado em consequência da interposição de recurso contencioso.* A eventualidade da produção de efeitos pelo recurso contencioso sobre o dano deriva do tipo especial de conexão entre esse dano os elementos ilegais da situação jurídica conformada pelo acto administrativo suspenso ou anulado pelo juiz.

**25.** A *acção administrativa de responsabilidade por danos causados por acto administrativo ilegal é uma forma de processo imprópria para dirimir os litígios sobre a subsistência ou destruição retroactiva dos efeitos de direito administrativo constituídos numa relação jurídica por um acto administrativo.*

Tal impropriedade deriva, em primeiro lugar, da diferença – já por nós amplamente explicada – entre os efeitos ilegais injectados pelo acto administrativo na relação jurídica administrativa e os danos causados por esse acto. E, embora tendo neste ponto a sua origem, a diferença entre os tipos de situação subjacente à pretensão alarga-se ainda mais, visto que temos, de um lado, a discussão do estatuto de legalidade de um acto administrativo e, de outro, a da verificação da existência e conteúdo de uma relação jurídica de responsabilidade administrativa.

Poderá no entanto retorquir-se que o plano referido não traduz uma nítida separação e incompatibilidade de campos materiais das duas *formas de processo,* já que, na acção de responsabilidade, a ilegalidade do acto administrativo também tem de ser conhecida pelo juiz a propósito da verificação da ilicitude como um dos elementos da relação de responsabilidade. É por essa razão que o segundo factor justificativo da diferenciação das *formas de processo* se torna aqui particularmente relevante. Com efeito, é a *disparidade do tipo de providências requeridas* que permite traçar com inteira clareza a linha de necessária separação entre o âmbito próprio de cada um dos dois meios processuais principais. Essas providências são, de um lado, a *eliminação retroactiva de um acto administrativo ilegal* e, portanto, dos efeitos de direito com os quais este delineou imperativamente o conteúdo de uma relação jurídica administrativa, e, do outro, o *ressarcimento de um dano.*

Estes dois tipos de pedido são completamente distintos: não há, entre eles, sequer zonas de sobreposição.

A sentença anulatória proferida em recurso contencioso não repara danos: ao destruir retroactivamente o acto administrativo, ela limita-se a apagar os efeitos ilegais por este introduzidos na relação jurídica administrativa. Estes efeitos não se confundem com os danos que, aliás, nalguns casos subsistirão e, noutros, nunca terão existido. E a eliminação desses efeitos ilegais constituídos na situação concreta pelo acto administrativo não representa um ressarcimento, ou seja, uma prestação tendo como medida qualquer diferença na situação patrimonial do administrado.

Por seu lado, a sentença condenatória em acção de responsabilidade decorrente de acto administrativo ilegal não elimina esse acto (que subsiste se não houver sido anulado em recurso contencioso) nem os seus efeitos ilegais embebidos no conteúdo da relação jurídica administrativa por ele conformada, limitando-se a determinar a reparação do dano.

Em suma, quando o particular pretende extirpar do conteúdo de uma relação jurídica administrativa de que é parte certos efeitos de direito ablativos que sobre aquela foram estatuídos por um acto administrativo, tem de socorrer-se da *forma de processo* que é o recurso contencioso de anulação. Mas se o particular deseja ser reparado de um dano decorrente de acto administrativo ilegal, a forma de processo apropriada é a acção administrativa de responsabilidade extra-contratual da Administração por acto de gestão pública.

**26.** Sucede porém que existem casos em que a suspensão jurisdicional da eficácia de um acto administrativo ilegal e, ou, a sua anulação por sentença poderiam ter impedido a ocorrência do dano alegado em acção de responsabilidade. Vale mais escrever que a suspensão ou a anulação «poderiam ter impedido», em vez de «teriam impedido» visto que, na grande maioria (se não na totalidade) das hipóteses, não será objectivamente incontestável que a suspensão e, ou, a anulação cujo pedido não chegou a ser deduzido no quadro do recurso contencioso teriam sido concedidas se tivesse havido a iniciativa processual. Gera-se aí a zona de incerteza que anteriormente caracterizámos quanto à aplicabilidade da segunda parte do art. 7º do Decreto-Lei nº 48051[45].

[45] Veja-se a rubrica 14. Trata-se de uma *zona de incerteza* sobre a aplicabilidade da segunda parte do art. 7º por se tratar de situações em que não é absolutamente certo nem que a interposição

A nosso ver, depois do tratamento dado à questão da dualidade de formas dos meios processuais principais em contencioso administrativo, estamos agora em condições da sustentar com fundamento que a interpretação da segunda parte do art. 7º deve resolver a incerteza quanto ao entendimento desta passagem no sentido de que o aludido tipo de casos cabe na sua previsão. Se se trata de *danos que apenas subsistem enquanto permanecerem no ordenamento jurídico os efeitos jurídicos ilegais instituidos numa relação jurídica administrativa por um acto administrativo*; se só o recurso contencioso, e não a acção, serve para eliminar aqueles efeitos jurídicos, então a forma de processo própria é o recurso contencioso de anulação.

Mas isso não porque – como têm obtemperado os críticos desse entendimento da segunda parte do art. 7º do Decreto-Lei nº 48051 – se pretenda reconhecer ao recurso contencioso de anulação o estatuto de processo comum do contencioso administrativo e, portanto, também adequado para obter a reparação de danos. Não se trata, com efeito, de confinar a acção de indemnização a um papel residual, ou seja, ao de meio de lograr o ressarcimento de danos que não seja alcançável através do recurso contencioso. Este último meio processual nunca serve para dirimir litígios sobre a reparação de danos. Mas, simplesmente, o que não deve é confundir-se um verdadeiro dano – ou seja um dano patrimonial, que não é estatuído como efeito próprio pelo acto administrativo – com os efeitos de direito que integram o conteúdo da regulação que o acto opera sobre a relação jurídica administrativa. E, quanto à eliminação de tais efeitos, o meio próprio é o recurso e não a acção em cujo quadro se não pode, no nosso sistema, decretar a anulação do acto com a consequente eliminação de todos os efeitos directos deste.

Portanto, *nos casos em que existe um (verdadeiro) dano (patrimonial) mas em que ele só subsiste como reflexo da permanência da situação da ilegalidade, apagando-se com a anulação do acto que o gera ou (ainda que transitoriamente) com a suspensão jurisdicional da respectiva eficácia, o remédio processual não pode deixar de residir no recurso contencioso.*

Esta conclusão merece ser esteada em três fundamentos.

do recurso teria impedido a produção do dano nem que o desencadeamento do meio processual impugnatório nunca poderia ter evitado a concretização de certo dano. É pois uma incerteza de aplicabilidade de um regime legal que decorre da natureza de certas situações que não permite estabelecer ou rejeitar *a posteriori* com absoluta objectividade uma relação de causa-efeito entre o emprego do recurso contencioso e o tolhimento do dano.

O *primeiro* prende-se com a *lógica interna do art. 7º do Decreto-Lei nº 48051*. A primeira parte deste preceito, que liberta o exercício processual do direito de indemnização da prévia interposição de recurso contencioso do acto causador do dano, não pode deixar de abarcar aquilo a que chamámos *zona de certeza negativa*, ou seja, as situações em que o dano sempre se teria materializado definitivamente não obstante a interposição do recurso[46]. Mas, se colocarmos também sob esse estatuto de desnecessidade de interposição de recurso os casos em que o dano cuja reparação se pede na acção poderia ter-se desvanecido graças à anulação do acto administrativo que o causou (acompanhada ou não de prévia suspensão jurisdicional de eficácia), então que matéria resta para a estatuição da segunda parte do art. 7º?

Serão apenas as situações que agrupámos sob o conceito de *zona de certeza positiva*, relativamente às quais existe a certeza de que o dano nunca teria existido, ou nunca se teria ampliado, se o recurso houvesse sido interposto?

Embora, à cautela, tenhamos configurado esta categoria, temos as maiores dúvidas de que se possam encontrar casos em que exista certeza quanto ao resultado de um recurso contencioso de anulação virtual, isto é, que nunca foi interposto.

Mesmo que situações destas possam ser conjecturadas, serão em número tão irrisório, que preencher com elas a previsão e estatuição da segunda parte do art. 7º mais não seria do que privar de efeito útil essa importante passagem do Decreto-Lei nº 48051.

Reside na aplicação do *princípio da economia processual* o *segundo fundamento* da conclusão que acima formulámos quanto à necessidade de principiar pela interposição de recurso contencioso sempre que, pela sua natureza dependente, o dano se apagaria por força da anulação do acto administrativo que o gera. Se, graças à interposição do recurso contencioso, poderia ter-se obtido o duplo resultado da eliminação de uma situação jurídica administrativa ilegal do seio do ordenamento jurídico e da conexa supressão (que não ressarcimento...) de um dano, porque motivo permitir que se enverede por outro meio processual que fará com que o dano seja ressarcido mas deixando subsistir a ilegalidade?

Não só se aceita desse modo a redução desnecessária da efectividade dos mecanismos processuais do contencioso administrativo, como se opera uma

[46] Veja-se a rubrica 14.

punção desnecessária no erário público, como, além do resto, se cai num relativo contrasenso.

Há com efeito contrasenso quando se pretende excluir da incidência da previsão de imputabilidade do dano à falta de interposição de recurso – tal como feita na segunda parte do art. 7º – os casos em que ocorre *a posteriori* incerteza quanto a saber se o recurso não interposto teria ou não impedido a verificação do mesmo dano. A verdade é que, na acção de responsabilidade, o juiz só poderá condenar se qualificar o acto administrativo como ilegal. Esta qualificação reduz porém objectivamente a incerteza sobre a imputabilidade, pois que se tem de passar a partir do princípio de que, se tivesse sido impugnado, o acto teria sido anulado e, como ele, teriam desaparecido aqueles danos que apenas subsistem enquanto se mantem a situação ilegal.

O *terceiro fundamento* da nossa conclusão sobre a necessidade de principiar pelo recurso contencioso quando os danos devam, pela sua natureza, ser suprimidos em caso de provimento tem a ver com a preservação de uma das funções que a Constitução e o legislador ordinário conferem a este meio processual impugnatório: *a função do controlo jurídico objectivo.*

**27.** Como vimos, nem no Direito Privado, nem (por maioria de razão) no Direito Administrativo, o dano se confunde com a violação de situações subjectivas legalmente protegidas do particular. Em Direito Administrativo, o dano excede o âmbito das situações jurídicas subjectivas tal como conformadas pelo acto administrativo.

Referindo-se à responsabilidade no âmbito do Direito das Obrigações, escreveu lucidamente Gomes da Silva que a sua razão de ser não é a função de reprimir os facto ilícitos; que a razão de ser da responsabilidade reside predominantemente no dano causado; que ela tem um carácter puramente patrimonial e se destina a reparar os danos e que a responsabilidade é a obrigação nascida de um prejuízo e tem por objecto a reparação deste. O intuito com que a lei a estabelece – acrescentou o grande civilista de Lisboa – não é o de reprimir os factos ilícitos: é apenas o de satisfazer a justiça comutativa, reparando danos causados[47].

Assentes estes postulados, não parece dever suscitar grande controvérsia a tese nuclear deste autor, segundo a qual o dever de prestar se não confunde com o dever de indemnizar. O objecto da indemnização é sempre diverso do

[47] Cfr. *O Dever de Prestar e o Dever de Indemnizar*, cit., pp. 241 a 245.

da prestação. Assim, por exemplo, se a prestação consiste em não praticar certo acto, a reparação não consistirá em substituir o acto indevido pelo devido mas em demolir o que contra esse dever se executou[48].

Estas considerações tornam-se particularmente pertinentes quando o *dever de prestar* significa, no âmbito de princípio da legalidade administrativa, o imperativo que sobre a Administração incide de agir em relação paramétrica com os comandos normativos aplicáveis. Ao conformar relações jurídicas administrativas através da edição de actos administrativos, a Administração não age apenas vinculada pela observância das situações jurídicas dos particulares, pelo respeito dos direitos subjectivos, mas pelo cumprimento da lei tanto na medida em que esta tutele como na medida em que não tutele posições de vantagem do particular em ordem a um bem. Desde que a lei lhe confira competência para tal, a Administração pode praticar actos ablativos para com o particular. E isto, ao contrário do que em regra sucede no Direito Privado, sem neccessidade de qualquer consentimento negocial da contraparte na relação jurídica.

É assim fácil de entender que, a par de uma função subjectivista ou garantística, o recurso contencioso de anulação tenha, no Direito português, uma função objectivista. Ele não se estrutura apenas à luz de uma finalidade de protecção jurídica subjectiva. Simultânea e indissociavelmente, cumpre-lhe uma missão de controle jurídico objectivo dos tribunais sobre a legalidade das condutas administrativas. E esta última função tanto cabe quando o acto administrativo seja ablativo como quando seja ampliativo para o particular seu destinatário. Daí a existência e o relevo das figuras da acção popular e da acção pública, entre outras consequências.

A forte (embora não exclusiva) tónica objectivista do recurso contencioso de anulação no Direito Processual Administrativo português é um elemento com indiscutível incidência sobre a questão que nos preocupa. É que, à sua luz, não parecem defensáveis certas posições segundo as quais deveria caber exclusivamente ao particular decidir, à luz dos seus interesses pessoais, sobre o emprego, em cada litígio, do recurso contencioso ou da acção administrativa de responsabilidade por dano decorrente de acto administrativo ilegal.

O recurso contencioso destina-se a reconstituir a legalidade objectiva e não apenas a reintegrar a esfera jurídica do destinatário do acto. É certo que, fora dos casos de acção popular e de acção pública, o recurso depende da

[48] *Idem*, p. 353.

iniciativa processual de um particular que extrairá um benefício directo e pessoal do seu eventual provimento. Mas o legislador serviu-se desta solução em face da impossibilidade prática e, até, da indesejabilidade de confiar à iniciativa do Ministério Público ou à de todo e qualquer cidadão a reacção contra todos os actos ilegais. Note-se que a solução da acção popular irrestrita não poderia ser acusada de ignorar o papel da jurisdição na tutela dos direitos individuais: os respectivos titulares não se encontrariam proibidos de exercer em interesse próprio o direito de acção reconhecido a todos os cidadãos. Mas, para evitar o afogamento dos tribunais e, até, ingerências injustificadas de terceiros em questões em que os reflexos práticos da ilegalidade cometida sobre os interesses gerais serão escassos, o legislador preferiu, em relação à maioria dos casos, transformar o interesse dos directa e pessoalmente afectados em elemento desencadeador do mecanismo do controlo jurisdicional. Como observa KREBS, nos sistemas do tipo do nosso, o particular interessado actua objectivamente como «agente do controlo da Administração» (*Funktionär der Verwaltungskontrolle*)[49].

Significa isto que, se o particular quiser defender os seus interesses lesados pelo acto administrativo ilegal, ele tem – ao menos naqueles casos em que a sentença anulatória (eventualmente seguida de execução do julgado) possuir a virtualidade de suprimir as causas de que depende a existência do dano – o *ónus* de o fazer através do meio processual que permite o restabelecimento da harmonia no seio do ordenamento objectivo. Com efeito, se ao particular fosse dado, nestes casos em que o dano pode ser suprimido graças ao recurso, contentar-se com a acção para obter a reparação, ele deixaria por cumprir uma missão que o sistema lhe confia e que transcende a esfera das vantagens individualizadas.

É no *incumprimento deste ónus* que reside a fonte daquilo que alguma jurisprudência e alguma doutrina têm considerado uma *concorrência de culpas* entre Administração e destinatário do acto administrativo ilegal, prevista na segunda parte do art. 7º do Decreto-Lei nº 48051. No Acórdão do STA, IS, de 30/5/1995 (Recurso nº 33.333, Caso Gracinda Ribeiro), ressalva-se lucidamente tratar-se, da parte do particular, de uma culpa *sui generis*, visto que não exprime a prática de um acto ilícito, mas sim a ideia de reprovação pela imprudência ou falta de cuidado na defesa dos próprios interesses.

[49] Cfr. KREBS, «*Subjektiver Rechttsschutz und objektive Rechtskontrolle*», in ERICHSEN/HOPPE/V. MUTIUS (ed.), *System des verwaltungsgerichtlichen Rechtsschutzes*, Colónia, 1985, p. 193.

Efectivamente, não há, na falta de interposição de recurso, o incumprimento de um dever, mas existe a *inobservância de um ónus de iniciativa processual sob a forma de petição de recurso contencioso.* Um ónus que o legislador estabelece tendo simultanemante em vista a tutela jurisdicional do particular e o controlo jurídico objectivo da legalidade administrativa. Ao abster-se de proporcionar simultaneamente à colectividade a realização deste último, o particular perde a protecção jurisdicional que o legislador não direccionou a uma tutela exclusiva do seu interesse.

**28.** Há ainda outra faceta do nosso sistema de recurso contencioso de anulação que importa considerar para melhor entender a incidência do ónus de interposição de recurso contencioso sobre o particular que pretender proteger-se dos efeitos daqueles tipos de actos administrativos cuja anulação (eventualmente precedida de suspensão jurisdicional) basta para eliminar certos danos. Referimo-nos ao *efeito retroactivo da anulação jurisdicional.*

Em recurso contencioso de acto inválido mas eficaz, o efeito da decisão anulatória produz-se *ex tunc,* isto é, retroactivamente a partir do momento em que o acto atingiu a esfera jurídica do seu ou seus destinatários. Em consequência, é suprimido aquele tipo de dano que desaparece automaticamente com a extinção do acto que o causa: deixa de pesar como uma diferença para menos no património do particular, tudo se passando como se esta nunca se tivesse verificado. Não acontece então uma reparação, uma prestação destinada a compensar o prejuízo: o prejuízo sumiu-se como se nunca houvesse existido. Assim, por exemplo, a anulação do acto ilegal que incluira um imóvel numa zona de protecção de um monumento faz com que perca a razão de ser a quebra no valor de venda do imóvel derivada das limitações ao seu uso ou à sua transformação.

Ora, se esta supressão radical do próprio dano – que se não confunde com uma reparação, que é uma simples contrapartida compensatória – pode ser obtida através do recurso contencioso e só através dele, é esta e não outra a *forma de processo* apropriada. E o dano torna-se – de acordo com a letra do art. 7º do Decreto-Lei nº 48501 – imputável em sentido próprio à falta de interposição de recurso visto que, graças à retroactividade da sentença anulatória, esta teria *prevenido* o dano, em vez de vir simplesmente repará-lo.

**29.** Nas rubricas anteriores, estivemos a pronunciar-nos sobre aquelas situações em que a natureza do acto administrativo e a do dano dele resultante fazem com que a simples anulação do acto provoque automaticamente o desaparecimento do dano. E apontámos as razões, que decorrem das grandes linhas jurídico-constitucionais do contencioso administrativo português, pelas quais, perante tais situações, o particular não se encontra dispensado de utilizar o recurso contencioso de anulação como a forma de processo própria para, simultaneamente, repor a legalidade objectiva e reintegrar a situação jurídica subjectiva ofendida, provocando, do mesmo passo, a própria supressão do dano.

Fora destas situações, ficam no entanto outras, relativamente às quais também é caracterizável um estado de incerteza sobre se o recurso contencioso, que não foi interposto, teria bastado para prevenir o dano ou o seu alastramento. Trata-se agora de casos em que a simples anulação do acto administrativo não teria bastado por si só à supressão do dano.

Note-se porém que não pretendemos ocuparmo-nos daquilo que atrás chamámos *zona de certeza negativa*. Não vamos tratar das situações em que o dano causado pelo acto administrativo ilegal sempre se teria concretizado definitivamente não obstante a interposição do recurso. Nesses casos, que integram a *zona de certeza negativa*, parece seguro que o dano se não pode imputar à falta de interposição de recurso porque nenhuma providência eventualmente obtida em conexão com o recurso teria sido bastante para afastar a materialização de uma diferença para menos no património do destinatário do acto.

Pelo contrário, as hipóteses que ao longo das linhas seguintes contemplaremos caracterizam-se pelo *estado de incerteza sobre o efeito impeditivo do dano que poderia ter sido exercido por providências conexas com o recurso contencioso de anulação, em especial a suspensão jurisdicional de eficácia e a execução do julgado.* Esse *estado de incerteza* tem na sua origem a circunstância de o recurso não haver sido interposto. Dadas as naturezas do acto administrativo e do dano, a simples anulação do primeiro não teria sido bastante para evitar o segundo. Mas a eventual concessão da suspensão jurisdicional tê-lo-ia evitado, no todo ou em parte. Ou é admissível, embora não certo, que, em sede de execução do julgado anulatório, não tivesse sido invocada ou reconhecida a justa causa de inexecução e que, por conseguinte, a reconstituição integral da situação actual hipotética tivesse vindo suprimir finalmente o dano.

Uma outra situação de incerteza ligada ao modo como teria decorrido o processo de execução respeita ao sentido em que a Administração teria exercido novamente a sua competência dispositiva depois da anulação jurisdicional do acto por vício alheio ao respectivo conteúdo.

A questão reside pois em saber se, perante situações que se configuram nos termos agora descritos, pode entender-se que a admissibilidade da acção se coloca numa base de autonomia em relação ao recurso contencioso. Há pois que concluir sobre se tais hipóteses são ou não abrangidas pelo ónus de recorrer estabelecido na segunda parte do art. 7º do Decreto-Lei nº 48051.

**30.** Mantendo a retórica argumentativa de molde estruturalista que temos vindo a sugerir, diremos que, a nosso ver, se aplicam também às hipóteses agora versadas duas das razões antes apontadas quanto àqueles casos em que a simples anulação judicial teria bastado para suprimir o dano.

Voltamos assim por breves instantes à ideia da lógica interna do art. 7º do Decreto-Lei nº 48051. Tínhamos já escrito a tal propósito que, se se pretende incluir as *zonas de incerteza* na primeira parte daquele preceito, onde possui lugar indiscutível a *zona de certeza negativa,* praticamente nenhuma matéria litigiosa relevante ficaria guardada para a incidência da segunda parte do artigo, visto que a *zona de certeza positiva* ou é uma ideia desprovida de conteúdo prático ou abarca um número irrisório de situações[50]. Assim sendo, só restam duas soluções em alternativa para não privar a segunda parte do art. 7º de um sentido útil: ou entender que nela cabe toda a *zona de incerteza* ou encontrar um critério que permita dividir os casos da *zona de incerteza* em duas categorias, uma das quais passível de ser dirimida através de mera acção e a outra carecida de uma primeira apreciação jurisdicional em recurso contencioso. Do que atrás escrevemos, pode verificar-se que não encontrámos tal critério no tocante aos danos do tipo em que a simples anulação jurisdicional do acto basta para a supressão da diferença para menos no património do destinatário. Adiante veremos que ele parece inexistir igualmente quanto às situações que passámos a analisar e se prendem com a ponderação das consequências de hipotéticas suspensão jurisdicional ou execução do julgado.

[50] Veja-se o que escrevemos nas rubricas 14 e 26. A *zona de certeza negativa* é constituída pelas situações em que é seguro que o dano sempre se teria materializado definitivamente não obstante a interposição do recurso. Há, em relação aos casos que a integram, a *certeza de que o dano não pode imputar-se à falta de interposição de recurso contencioso.*

As outras duas razões que atrás já invocámos, em relação ao caso mais simples em que a mera anulação tudo resolve, não perdem razão de ser como directivas de posicionamento em face das situações mais complexas de que ora nos ocupamos. Se, ainda que graças a mecanismos acessórios como a suspensão de eficácia e(ou) a execução do julgado, o recurso contencioso poderia conduzir não só à anulação do acto mas também à prevenção ou supressão de danos, esse meio é preferível, à luz de uma ideia de *economia processual*, ao da mera acção de responsabilidade, que não impede a fixação de uma situação ilegal no seio do ordenamento jurídico. E esta razão de preferir o recurso continua a evidenciar, pela proximidade, uma outra que é a do ónus do particular interessado de potenciar a função objectivista do nosso contencioso, que se centra naquele meio processual.

Estes modos de considerar a questão não equivalem a qualquer desconhecimento do imperativo constitucional de plenitude da garantia de tutela jurisdicional: ou o dano pode ser prevenido ou suprimido através do recurso acompanhado de suspensão e execução de julgado, ou ele é, no todo ou em parte, uma realidade que tais actuações processuais não podem apagar. Na segunda hipótese, a imposição do ónus de recorrer traduziria uma restrição na tutela. Mas os argumentos referidos mantêm todo o seu peso quanto à hipótese inversa, em que o asseguramento do controlo jurídico objectivo não prejudica o conteúdo essencial da protecção jurídica subjectiva.

**31.** No tocante às situações em que a efectividade da tutela através de recurso contencioso depende do resultado do emprego do meio acessório da suspensão de eficácia ou do processo de execução de julgado, e mais ainda na segunda do que na primeira destas situações, importa considerar também o papel exercido pelo *princípio da separação de poderes*. Com efeito, este princípio não é irrelevante para o âmbito da liberdade de opção do particular entre os meios processuais do recurso contencioso e da acção administrativa.

A figura do recurso contencioso de anulação continua a representar – hoje como no passado – uma fórmula necessária à conciliação entre controlo jurisdicional da legalidade administrativa e respeito das competências decisórias da Administração pelo juiz.

Nada recomenda a reversibilidade dessa conquista da Revolução Francesa que foi a separação entre as funções de administrar e de julgar. A plenitude da revisibilidade jurisdicional das condutas administrativas segundo parâmetros de legalidade não deve pois degenerar em imposição de tarefas materialmente administrativas ao juiz administrativo. Seria no entanto isso precisamente o que sucederia se as sentenças proferidas (ainda que em acção de responsabilidade) sobre a legalidade dos actos administrativos se transformassem por sistema em modo de exercitar de novo e em última instância a competência dispositiva da autoridade recorrida.

O respeito desta competência cifra-se não apenas no carácter meramente cassatório da sentença sobre a ilegalidade de um acto administrativo mas também o entrecruzamento de processo e procedimento por forma a permitir à Administração que seja ela a reconstituir a situação jurídica administrativa, tanto após a anulação do acto administrativo como mesmo antes, através de revogação operada até ao momento da entrega da resposta ou contestação (art. 47º da LPTA).

**32.** Não seria axiologicamente irrelevante a opção que se desse ao particular entre o recorrer contenciosamente e pedir em simultâneo a *suspensão da eficácia* e o vir propor directamente uma acção de responsabilidade onde se tenta obter do tribunal um juízo de prognose posterior, segundo o qual, mesmo que requerida, a suspensão nunca teria sido concedida.

A escolha desta segunda via tolhe à Administração toda uma intervenção em que, como legítima representante dos interesses públicos postos por lei a seu cargo, auxilia o juiz a formar a sua apreciação sobre se a decisão administrativa pode ser impedida de produzir efeitos ao menos durante algum tempo.

Naturalmente, o juiz não estará desatento às razões – que em certa medida só a Administração pode enunciar – da grave lesão do interesse público que a suspensão iria gerar. A apreciação de tal gravidade poderá também ser informada através do exame da conduta da autoridade requerida, nos termos do art. 80º, nº 1, da LPTA, de declaração de grave urgência para o interesse público na imediata execução. A formulação, em acção de responsabilidade, de uma prognose *ex post* sobre uma virtual decisão num processo de suspensão que nunca existiu é necessariamente desvirtuada pela não participação da autoridade (virtualmente) recorrida, no quadro processual próprio, para a demonstração do requisito da grave lesão para o interesse público. Mais do que uma simples alegação, há aí uma ponderação que o juiz pode substituir mas da qual não deve apropriar-se sem necessidade, visto que, em regra, é precisamente à Administração e não ao tribunal que cabe ponderar o interesse público.

Acresce que a discussão desse requisito em sede de acção será sempre uma discussão um tanto desvirtuada. A Administração contesta aí o dever de indemnizar e a necessidade do contraditório força-a agora a sustentar que, em conexão com o recurso, a suspensão teria sido conseguida. Assim será para demonstrar que o particular não agiu com a diligência possível para prevenir o dano. Mas, para esse efeito, terá de desvalorizar artificialmente as razões de interesse público quiçá palpáveis que, em sede do pedido de suspensão, lhe teria cumprido realçar.

Em suma, uma apreciação não desvirtuada dos requisitos da suspensão de eficácia requer a matriz processual do meio para esse efeito estabelecido na LPTA. Levar a discussão a outra sede implica, em certa medida, privar a Administração da oportunidade de exprimir a valoração que faz, perante um certo caso concreto, de um interesse público posto por lei a seu cargo.

**33.** A nosso ver, a *execução dos julgados* é em si mesma um meio processual e não uma eventual fase final do processo de recurso contencioso de anulação. Não obstante isso, cremos que, desde a entrada em vigor do Decreto-Lei nº 256-A/77, de 17 de Junho, a verdadeira essência do recurso contencioso no Direito Processual Administrativo português não pode ser entendida sem ter presente a sua articulação com a execução dos julgados. Com efeito, tal como construído pelo legislador de 1977, este meio processual contribuiu para iluminar melhor o papel do recurso contencioso como fórmula de congraçamento entre os princípios da separação de poderes e da garantia da tutela jurisdicional nos litígios administrativos. A tutela é objecto de uma garantia e não de mera aspiração ou tendência porque, em última análise, perante o bloqueamento da concretização da situação actual hipotética, o juiz adquire um poder de injunção a que a Administração tem de submeter-se sem reservas, delongas ou quaisquer meios de impugnação. Assim se corporiza a prevalência das decisões dos tribunais sobre as de quaisquer outras autoridades, proclamada no nº 2 do art. 205º da Lei Fundamental. Em contrapartida, é também claro que, no caso concreto, o juiz só adquire essa competência quando a Administração não adoptou espontaneamente as condutas que lhe cumpriam no sentido de reintegrar plenamente a ordem jurídica violada. E, mesmo nessa situação limite, o tribunal não pode em regra produzir ele próprio os efeitos substantivos de carácter extra-anulatório necessários à recomposição da situação.

No nosso sistema de contencioso, o princípio da separação de poderes metamorfoseia-se em alguns sub-princípios, um dos quais é o *princípio do respeito das competências administrativas pelo juiz administrativo.* No recurso contencioso, a decisão jurisdicional não produz outros efeitos constitutivos directos ou imediatos, de natureza substantiva, no âmbito da relação jurídica administrativa que não sejam o da eliminação dos efeitos que ali haviam sido introduzidos pelo acto anulado. É à Administração que compete exercer a competência dispositiva, de carácter administrativo e não jurisdicional, substituindo por outro o acto anulado ou declarado nulo, sempre que a reposição da legalidade impuser uma nova definição da situação jurídico-administrativa.

Assim sucede porquanto ao juiz cabe impedir que subsistam as situações conformadas em termos ilegais, trazidas à sua cognição pela iniciativa processual de um recorrente público, popular ou particular, mas não lhe cumpre substituir-se à Administração recorrida no exercício das competências decisórias desta última. Na verdade, se, em regra, o juiz pudesse assumir esta substituição, estaríamos a regressar a um estádio anterior à Revolução Francesa, caracterizado pela indiferenciação orgânica no plano da titularidade de competências jurisdicionais e administrativas.

**34.** A leitura do Decreto-Lei nº 256-A/77 revela que o legislador permaneceu atento às directivas constitucionais em matéria de separação e interdependência de poderes (CRP, art. 111º, nº 1). Se a *interdependência* se manifesta na própria existência de um controlo jurisprudencial da legalidade administrativa, ela assume o ponto culminante no poder de injunção quanto aos actos e operações – especificados pelo próprio juiz – em que a execução deverá consistir e ao prazo em que deverão ter lugar (Decreto-Lei nº 256-A/77, art. 9º, nº 2). No entanto, no âmbito da execução dos julgados, este poder do juiz apenas surge em situação de inexecução da sentença administrativa a que se não reconheça causa legítima. Em homenagem ao *princípio da separação de poderes,* a orientação geral do diploma é a de que, naqueles casos em que o simples efeito anulatório da sentença não baste para a reconstituição da situação actual hipotética, o procedimento administrativo é reaberto para que, nessa sede, a Administração exerça mais uma vez a sua competência de regulação adminstrativa da situação concreta. O próprio interessado deve aguardar trinta dias sobre o trânsito em julgado da sentença anulatório para que a Administração execute espontaneamente a sentença.

E, se isso não tiver sucedido, cabe-lhe ainda requerer essa execução, após o que decorre um novo prazo de sessenta dias para que a Administração exercite esse poder-dever (Decreto-Lei nº 256-A/77, arts. 5º e 6º).

**35.** Desembocamos assim em situações típicas cujo não enfrentamento através dos meios processuais próprios lança uma *zona de insanável incerteza* quanto à *questão de saber se o dano pode ser encarado como um efeito causado pela ilegalidade de um acto administrativo* ou *se o dano teria subsistido se, após uma sentença anulatória, se houvesse desencadeado um processo de execução do julgado.*

**36.** Como é sabido, em muitos casos, a anulação jurisdicional do acto administrativo não é ditada pela violação de um imperativo legal que acarretasse necessariamente um diverso conteúdo para a decisão. Quando não era imperativo que fosse outro o conteúdo dado ao acto administrativo, pode, uma vez reaberto o procedimento e reapreciada a situação pelo órgão administrativo titular da competência dispositiva, ser praticado um acto administrativo legal que repita o conteúdo do acto anulado.

Ora, a incerteza quanto ao sentido do novo exercício da competência dispositiva só pode desvanecer-se através do próprio processo de execução do julgado. Se não tiver havido recurso contencioso seguido do processo executivo, não se deixou oportunidade ao órgão administrativo competente para refazer a situação. E, sem dar este passo, como se não pode afirmar que a situação do particular não teria acabado conformada nos precisos termos em que o fora inicialmente, não se pode alegar uma relação causal entre um acto *ilegal* e um dano que o acto haja causado na esfera patrimonial do particular. Numa acção de indemnização não antecedida de recurso contencioso e execução da sentença anulatória, o destinatário do acto administrativo não se encontra em condições de provar que uma conduta ilegalmente irrepreensível da Administração teria conduzido a resultado diferente e de esclarecer em quanto se consubstanciaria essa diferença. Assim é inelutavelmente quando estejam em causa poderes discricionários da Administração. Em tal eventualidade, são não só falíveis mas decorrentes de uma assunção pelo juiz de um papel que só à Administração incumbe todas as prognoses *a posteriori* sobre o modo como tais poderes teriam sido exercidos pela segunda vez[51].

[51] Neste sentido, Margarida Cortez, *Responsabilidade Civil da Administração...*, cit., p. 301.

**37.** Não se ficam porém por aqui as situações de incerteza que se prendem com a eventualidade de, ao contrário do que de facto sucedeu, haver sido interposto recurso contencioso seguido de processo de execução da sentença eventualmente anulatória do acto administrativo considerado fonte de danos pelo autor na acção de responsabilidade. Pensamos agora na *incerteza sobre se*, em tal hipótese, *a Administração*, em vez de reconstituir a situação actual hipotética, *haveria invocado causa legítima de inexecução e na incerteza sobre se tal invocação haveria sido acolhida pelo tribunal.*

No já aqui citado douto Acórdão da 1ª Secção de 30/5/1995 (Caso Gracinda Ribeiro), observa-se, a dado passo, que a execução do julgado pode terminar com a fixação de uma indemnização pecuniária, mormente quando haja causa legítima de inexecução, e que tal processo executivo poderá extinguir-se se, entretanto, tiver sido proposta acção de indemnização ou o tribunal para ela tiver remetido as partes. E, em face disto, afirma-se no douto aresto: «Não faz sentido que se coloque obstáculo ao ressarcimento de prejuízos resultantes de acto ilegal com base na possibilidade de tais prejuízos serem reparados por via da execução de sentença anulatória proferida no recurso contencioso, quando a sequência lógica dessa execução poderá ser a propositura autónoma de uma acção de indemnização».

As considerações que temos vindo a produzir levam-nos a discordar destas proposições.

Em primeiro lugar, não se justifica em nossa opinião considerar como «reparação de prejuízos» a reconstrução da situação jurídica administrativa à luz de parâmetros de legalidade. Reconstituir a situação que actualmente existiria se o acto ilegal não tivesse sido praticado não equivale a reparar danos mas sim a repor a correspondência entre os parâmetros normativos e o conteúdo de uma relação jurídica administrativa tal como decidida pela Administração. Em face desta recomposição da situação actual hipotética, certo tipo de danos caracterizados por serem um mero reflexo patrimonial automático de elementos ilegais da situação tal como inicialmente conformada serão suprimidos e tudo se passará como se nunca tivessem existido, dado o carácter retroactivo da anulação. Outros, que tenham existência autónoma, permanecerão para além da reconstituição da situação no processo de execução do julgado. Estes terão de ser reparados, se necessário por força de uma condenação em indemnização. Os outros não são ressarcidos, mas suprimidos *ab origine*, a menos que, com os inconvenientes já atrás apontados, se prefira fazer pagar uma indemnização em vez de banir do ordenamento jurídico os efeitos jurídico-administrativos ilegais, contra o que teria sido possível.

Mas esta nossa razão prende-se com outra ainda mais importante do que a simples questão da *propriedade da forma do processo em relação aos efeitos pretendidos da decisão judicial:* referimo-nos mais uma vez às imposições do *princípio da separação de poderes.* Embora sob controlo do tribunal, é à Administração que cabe formular um primeiro juízo sobre a verificação de causa legítima de inexecução de toda ou de parte – da sentença. Dir-se-á que um dos tipos dessa causa – a *impossibilidade* – é objectiva. Mas se, nalgumas hipóteses assim será, noutras a própria impossibilidade não será natural ou legal mas atinente à valoração do carácter absoluto de certas barreiras sóciopolíticas. É pois muito porosa a fronteira entre aquela categoria e a do *grave prejuízo para o interesse público no cumprimento da sentença* (Decreto-Lei nº 256-A/77, art. 6º, nºs 2 e 3). E, quanto a esta última, nenhumas dúvidas parecem legítimas quanto à faculdade que assiste à Administração de proceder a uma apreciação dos interesses públicos postos por lei a seu cargo, para determinar se quer executar na íntegra a sentença ou se prefere tentar convencer o tribunal (ou o recorrente) da existência de causa legítima de inexecução total ou parcial. É certo que o tribunal pode repetir esse juízo, que não é de aplicação silogística de normas jurídicas, substituindo-se nele, em último escalão, à Administração. Mas, se a Administração tiver enveredado por um tal modo de apreciação da situação criada pela anulação do acto administrativo, o tribunal intervém apesar de tudo num papel de controlo e não a outro título que pudesse privar a Administração daquela primeira apreciação.

Ora, ao enveredar pela acção de responsabilidade sem percorrer primeiramente aquele trilho processual, o particular está a desapossar a Administração da possibilidade que lhe assitiria de – uma vez judicialmente convencida da ilegalidade de um seu acto administrativo – preferir executar total ou parcialmente a sentença anulatória e assim repor, ao menos em parte, a legalidade.

Em suma, só quanto aos casos em que o conteúdo do acto administrativo não puder ser repetido após a sua anulação judicial e em que, além disso, os danos não pertencerem a um tipo em que a reconstituição da situação actual hipotética em execução do julgado conduziria à respectiva supressão é que se pode escolher imediatamente o meio processual da acção sem violar o princípio da separação de poderes sob a forma do princípio do respeito das competências administrativas e sem, além disso, desrespeitar a forma de processo legalmente requerida.

**38.** Compreende-se que a consagração constitucional do acesso geral à jurisdição administrativa[52] haja, nos últimos tempos, sido, por vezes, posta em confronto com a limitação do direito de propor acção de responsabilidade civil por referência ao ónus de recurso contencioso de anulação do acto administrativo que se considere gerador dessa responsabilidade. É que poderia ter acontecido que uma substancial mudança dos valores constitucionais em matéria de contencioso administrativo tivesse implicado a inconstitucionalidade superveniente – com a consequente caducidade –[53] dos preceitos anteriormente respeitantes no recurso contencioso que não pudessem ser compatibilizados com os novos padrões constitucionais[54]. Ou, para não sermos tão drásticos, poderá ser necessário fazer uma operação de interpretação conforme à Constituição do art. 7º do Decreto-Lei nº 48051, no sentido de nele se escolher o sentido normativo mais adequado, de entre os vários que sejam literalmente possíveis, critério interpretativo este que se deve constituir como um dos elementos a levar em conta na interpretação jurídica, como modernamente se tem frisado[55].

[52] Sobre as principais inovações trazidas pela CRP em matéria de garantias contenciosas dos administrados, v., por todos, José Manuel SÉRVULO CORREIA, *Direito Administrativo II (Contencioso Administrativo) – Relatório sobre programa, conteúdos e métodos*, Lisboa, 1993, pp. 198 ss.

[53] Qualificando de caducidade a cessação de vigência de normas infraconstitucionais pelo aparecimento de normas constitucionais supervenientes a elas contrárias, Jorge MIRANDA, *Manual de Direito Constitucional*, II, 3ª ed., Coimbra, 1991, pp. 285 ss.

[54] Sobre este problema, com referência ao Decreto-Lei nº 48051 em geral, V. Jorge MIRANDA, «*O regime dos direitos, liberdades e garantias*», in *Estudos sobre a Constituição*, Lisboa, 1979, p. 65, nota nº 24; J. J. GOMES CANOTILHO e VITAL MOREIRA, *Constituição...*, cit., pp. 168 ss.; Maria José RANGEL DE MESQUITA, «*Da responsabilidade civil extracontratual da Administração no ordenamento jurídico-constitucional vigente*», in Fausto DE QUADROS (coordenação), *Responsabilidade civil extracontratual da Administração Pública*, Coimbra, 1995, pp. 115 e 116.

[55] É lapidar, a este propósito, o que diz KARL LARENZ (*Metodologia da Ciência do Direito*, 2ª ed., Lisboa, 1989, p. 411): «Se uma interpretação, que não contradiz os princípios da Constituição, é possível segundo os demais critérios de interpretação, há-de preferir-se a qualquer outra em que a disposição viesse a ser inconstitucional. A disposição é então, nesta interpretação, válida. Disto decorre, então, que de entre várias interpretações possíveis segundo os demais critérios sempre obtém preferência aquela que melhor concorde com os princípios da Constituição. «Conformidade à Constituição» é portanto um critério de interpretação.»

A argumentação que serve de base à inconstitucionalidade superveniente da segunda parte do art. 7º assenta na ideia de que o carácter subsidiário de qualquer meio processual relativamente a outro se constituiria sempre como uma limitação ou constrição a um seu pleno exercício.

Uma opinião doutrinária alternativa preconiza, no lugar da solução de inconstitucionalidade, uma solução menos drástica de interpretação conforme à Constituição. Para José Luís MOREIRA DA SILVA, autor desta formulação que pretende salvar da inconstitucionalidade a segunda parte do art. 7º, este preceito «... fala concretamente em que o direito à reparação «só subsistirá na medida». Ou seja, o direito à indemnização existe com a prática do acto ilícito, mas o *quantum* indemnizatório terá que ser «medido» de acordo com a eventual concorrência de culpa do lesado no agravamento do dano». A interpretação correctiva que teremos de fazer ao artigo 7º deriva apenas de que o dano causador da obrigação de indemnizar por parte da Administração resulta da práctica do acto ilícito e não da negligência processual do particular»[56].

**39.** Como nos foi dado verificar, não é exacto que a interpretação da segunda parte do art. 7º do Decreto-Lei nº 48051 de acordo com a qual existem situações para as quais a forma de processo apropriada é o recurso contencioso e não a acção de responsabilidade equivalha a atribuir um papel subsidiário à acção[57]. E também nos foi dado verificar que a determinação da forma de processo não é constitucionalmente neutra, mas antes comandada por imperativos de separação de poderes e do asseguramento da função de controlo jurídico objectivo do recurso contencioso, que têm fonte constitucional[58].

Mas, abstraindo por momento destas conclusões e colocando-nos no campo do raciocínio contrário em benefício da completude da análise, não temos dúvidas em considerar que:

[56] *Op. cit., loc. cit.*, p. 162. O autor considera ainda que a interpretação dada pelo Supremo Tribunal Administrativo, constante do acórdão de 14 de Outubro de 1986, ao art. 7º do Decreto-Lei nº 48051, na esteira do pensamento de Marcello CAETANO, é inconstitucional (*op. cit., loc. cit.*, p. 173). Fundamentada embora em termos mais aprofundados, é também esta a posição de Margarida CORTEZ na dissertação atrás citada.

[57] *Vid.* em particular, as rubricas 31 a 37.

[58] *Vid.* em particular, as rubricas 27 a 31.

*a)* *não parece exacto*, em primeiro lugar, *que o hipotético e pretenso carácter subsidiário da acção de responsabilidade civil relativamente ao recurso contencioso de anulação fosse necessariamente uma limitação ou constrição do subjacente direito substantivo à indemnização;* mas mesmo que fosse,

*b)* *também não parece exacto que a simples consagração constitucional do direito à indemnização cível por actos jurídico-públicos do Estado (e demais pessoas colectivas públicas) não permita nunca a aposição, por via da legislação ordinária, de limites ou constrições de carácter processual.*

**40.** Quanto à primeira proposição, é preciso ver, acima de tudo, qual o objectivo que se pretendeu alcançar com a distribuição do emprego das duas formas principais do processo administrativo no quadro do art. 7º do Decreto-Lei nº 48051, na qual alguns lêem (erroneamente, ao que cremos) a instituição da supletividade da acção de responsabilidade civil relativamente ao recurso contencioso.

De acordo com o que se depreende do modo como se organizam estes dois mecanismos, havendo dois meios possíveis para se tutelar o destinatário do acto administrativo ilegal causador de danos, o legislador ordinário preferiu fazer desencadear primeiro o recurso contencioso de anulação e só depois, no caso de este não conduzir à supressão dos danos, fazer intervir o outro. Da perspectiva do administrado lesado, nunca a sua defesa quanto à reparação dos danos fica beliscada. O que é preciso é estabelecer prioridades em face do desperdício que seria lançar mão de um meio que corrige a diferença para menos no património do particular mas sem pôr cobro à presença de uma situação ilegal no ordenamento jurídico, quando teria sido eventualmente possível, através de outra forma de processo, suprimir de uma assentada a ilegalidade a mais o dano.

Esta imposição da utilização de uma forma de processo que o legislador considera a apropriada em face do tipo de situação (que alguns qualificam, embora mal, de *subsidiarização* da acção em face do recurso contencioso) reentra, à luz da dogmática do Direito Constitucional dos Direitos Fundamentais, no conceito bastante trabalhado de *conformação do exercício de direitos fundamentais*. Em função das condições em que cada direito pode ser exercido, aquela conformação ora assume a forma de *regulamentação* – quando a intervenção infraconstitucional não é necessária – ora de verdadeira *concretização*

– quando essa intervenção é indispensável porque, sem ela, não seria possível tornar os direitos exequíveis[59].

A definição do meio processual adequado à defesa do particular contra um acto administrativo ilegal e danoso constitui um caso típico de conformação de um direito fundamental na vertente de *concretização*: não bastaria, certamente, dizer que se garante o acesso à jurisdição administrativa para a defesa das situações jurídico-administrativas dos administrados que tivessem sido lesadas; é ainda preciso fixar as condições nas quais se pode fazer um exercício minimamente racional e adequado desse meio processual, como sejam os pressupostos processuais e a tramitação processual, não com o intuito de limitar, mas de disciplinar o seu uso, condições essas cuja existência se afiguraria sempre como indispensável ao funcionamento do mecanismo.

Ninguém decerto terá pensado que a fixação de um prazo de caducidade para a propositura da acção de responsabilidade ou que a necessidade de constituir advogado pudessem ser vistas como uma «restrição arbitrária» ao exercício do direito de interpor uma acção jurídico-administrativa, com a simultânea «restrição arbitrária» do subjacente direito material à indemnização.

Pelo seu lado, a definição pelo legislador de um meio processual (o recurso contencioso) como sendo o próprio naquelas situações em que a anulação do acto suprime o dano, ou pode conduzir à sua supressão por força da execução do julgado, constitui para o particular um *ónus de impugnação* cuja inobservância dá conteúdo a uma *excepção processual inominada* na acção de indemnização. Ora, também aqui se não trata de uma restrição, mas de uma *concretização* do meio processual mais apropriado, por permitir atingir, a par da finalidade garantística, a meta da reposição da legalidade objectiva.

Como sublinha a doutrina, a conformação do acesso ao Direito através da fixação dos elementos da relação processual não significa em si mesma *restrição* daquele direito fundamental. As exigências em matéria de capacidade processual, patrocínio judiciário, prazos processuais, caso julgado, dependência das decisões de outros tribunais e outras são necessárias para dar corpo a uma garantia que a Constitução estabelece em termos muito genéricos. A garantia constitucional só é prejudicada quando as imposições

[59] Sobre estes conceitos, Robert Alexy, *Theorie der Grundrechte*, Baden-Baden, 1986, p. 300; J. J. Gomes Canotilho, *op. cit.*, p. 647; Jorge Bacelar Gouveia, *op. cit.*, pp. 445 e 446.

de carácter processual são desproporcionadas, não são requeridas por necessidades de ordem funcional ou por imperativos de segurança jurídica, ou complicam o acesso à tutela jurisdicional de uma forma desrazoável. Entre essas normas que disciplinam a relação processual os preceitos preclusivos *(Präklusionsvorschriften)* de ordem material ou processual só conflituarão com a garantia de tutela jurisdicional na medida em que a disciplina que formulam, ao impedir o acesso de quem não observou ónus de conduta processual oportuna, não sirva valores relevantes para a tutela de terceiros ou para o bom funcionamento dos tribunais[60].

Vimos amplamente que a imposição do ónus de recurso contencioso nos moldes em que o temos contemplado serve valores constitucionais e de óbvia economia processual. Estamos pois muito longe de uma situação em que essa exigência, tal como ela se despreende da segunda parte do art. 7º do Decreto-Lei nº 48051, possa ser considerada desproporcionada ou desrazoável.

**41.** Mas, mesmo que considerássemos – o que só por mero exercício intelectual admitimos – que esta intervenção do legislador ordinário na consagração do ónus de recurso contencioso de anulação tivesse ficada marcada com o timbre da limitação de um direito fundamental, não temos qualquer rebuço em afirmar que seriam limitações claramente admissíveis à luz dos ditames constitucionais aplicáveis.

Quando a CRP estabeleceu uma das tipologias de direitos fundamentais mais completas que se conhecem no Globo, não se coibiu, do mesmo passo, de assegurar mecanismos que permitissem ao legislador ordinário restringir o exercício desses direitos fundamentais, até de uma forma mais visível no sector dos direitos fundamentais com um estatuto particularmente sólido – os direitos, liberdades e garantias – para os quais se dirigem, em primeiro lugar, as disposições que fixam os requisitos materiais e formais das leis restritivas[61]. É assim que encontramos no texto constitucional a

[60] Cfr. PIEROTH/SCHLINK, *Grundrechte – Staatsrecht*, II, 5ª ed., Heidelberga, 1989, pp. 263, 264 e 282.

[61] Regime das restrições que se aplicam literalmente aos direitos, liberdades e garantias enumerados, nos termos do art. 18º, nºs 2 e 3, da CRP, como também aos direitos fundamentais de natureza análoga, típicos e atípicos. No sentido deste alargamento, Jorge BACELAR GOUVEIA, *op. cit.*, pp. 435 ss.

possibilidade da aprovação de leis restritivas e que depois observamos no plano da legislação a existência dessas leis restritivas.

Olhando para o regime constitucional das restrições dos direitos, liberdades e garantias, não se vislumbra lá muito bem por que motivo essas restrições (se o fossem) seriam inadmissíveis quanto à fixação das condições de utilização da acção de responsabilidade civil[62], sendo certo que o direito que lhe corresponde é um direito fundamental de natureza análoga à dos direitos, liberdades e garantias[63], comungando do regime que é especificamente dirigido a estes[64].

- Não estaria em causa – em primeiro lugar – o escrupuloso cumprimento das exigências constitucionais formais no tocante à generalidade, à abstracção e ao efeito não retroactivo;
- Não estaria em causa – em segundo lugar – o conteúdo essencial do preceito que assegura o direito à indemnização, nem o extravasar do que seria necessário para assegurar a salvaguarda de outros interesses constitucionalmente protegidos: não foi ferido o conteúdo essencial do preceito que consagra o direito à indemnização porque, ou haverá supressão dos danos pela via do recurso contencioso, ou a sua reparação pela via da acção de responsabilidade nos casos em que a primeira via não pode funcionar; e a pretensa limitação não teria extravasado do que seria necessário para salvaguardar outros valores e interesses constitucionalmente protegidos;
- Não estaria em causa – em terceiro lugar – o momento em que a restrição supostamente ditada pela segunda parte do art. 7º do Decreto-Lei nº 48051 teria entrado em vigor, em 1967, na pendência de ordem jurídico-constitucional anterior ao actual Direito Constitucional

[62] Sobre o regime constitucional dos direitos, liberdades e garantias em geral, v. José Carlos Vieira de Andrade, *Os direitos fundamentais na Constituição Portuguesa de 1976*, Coimbra, 1983, pp. 224 ss; Jorge Miranda, *Manual...*, IV, cit., pp. 296 ss.; J. J. Gomes Canotilho, *op. cit.*, pp. 553 ss.; Jorge Bacelar Gouveia, *op. cit.*, pp. 456 e 457.

[63] Incluem este direito à indemnização civil no rol dos direitos fundamentais de natureza análoga, Rui Medeiros, *op. cit.*, p. 121, e Jorge Miranda, *Manual...*, IV, cit., p. 141.

[64] Sobre o regime dos direitos fundamentais de natureza análoga, v. José Carlos Vieira de Andrade, *Op. cit.*, p. 210; Jorge Miranda, *Manual...*, IV, cit., pp. 143 ss.; J. J. Gomes Canotilho e Vital Moreira, *Constituição...*, cit., pp. 140 e 141; Jorge Bacelar Gouveia, *op. cit.*, p. 440.

Positivo[65]; o regime constitucional das restrições não determina que as mesmas só possam ser estatuídas depois de a nova Constituição ter começado a sua vigência, o que nem sequer faria qualquer sentido pelo absurdo prático que seria ver inúmeras restrições materialmente legítimas inconstitucionalizadas só pelo facto de terem sido aprovadas antes do aparecimento da CRP;

- Não estaria em causa – em quarto lugar – a ausência de autorização constitucional expressa no art. 22º da CRP no sentido de conceder a restrição, porquanto a mesma deve ser interpretada, não de uma forma literal, mas por apelo à Declaração Universal dos Direitos do Homem, que contém uma cláusula geral autorizando as restrições que visem o respeito dos «direitos e liberdades de outrem», das «justas exigências da moral, da ordem pública e do bem-estar geral numa sociedade democrática»[66].

**42.** Em suma, no Direito português, o particular afectado por um acto administrativo ilegal pode ter de iniciar sucessivamente dois meios processuais principais: o recurso contencioso e a acção de efectivação da responsabilidade extracontratual da Administração por acto de gestão pública. O recurso contencioso – eventualmente acompanhado de suspensão jurisdicional da eficácia do acto e, ou, de execução do julgado – é a forma de processo própria para eliminar do ordenamento jurídico os efeitos jurídicos para aí transpostos pela regulação da situação concreta através do acto administrativo. A acção de responsabilidade é a forma de processo própria para dirimir litígios que tenham por objecto danos em sentido estrito, ou seja, diferenças para menos causalmente provocadas no património do particular pelo acto administrativo ilegal.

O particular pode propor a acção de responsabilidade sem ter interposto previamente recurso contencioso quando os danos alegados, pela sua natureza, necessariamente existiriam e se manteriam mesmo que tivesse havido aquela interposição e o recorrente tivesse conduzido o processo com o zelo

[65] José Carlos Vieira de Andrade (*op. cit.*, p 212) é um dos autores portugueses que expressamente admite a validade de leis restritivas aprovadas na vigência da anterior ordem jurídico-constitucional, como é o caso do Código Civil de 1966.

[66] Cfr. o respectivo art. 29º, nº 2, constitucionalmente recebido pelo art. 16º, nº 2, da CRP. Neste sentido, José Carlos Vieira de Andrade, *op. cit.*, p. 232.

requerido. Mas libertá-lo do ónus de impugnação do acto administrativo naqueles casos em que não haja a certeza de que o dano subsistiria não obstante o recurso, frustaria a função do controlo jurídico objectivo que a Constituição também atribui ao recurso contencioso e atentaria contra elementar imperativo de economia processual que manda que se utilize aquele meio que assegura simultaneamente a eliminação de uma situação jurídica administrativa ilegal do seio do ordenamento jurídico e a conexa supressão do dano, em vez de um ressarcimento propriamente dito que pesa ao erário público e deixa subsistir a ilegalidade.

A acção está naturalmente sempre aberta, sem dependência de qualquer recurso contencioso, nos casos de responsabilidade por acto material ilícito, por acto lícito ou por risco.

**43.** Posto isto, e raciocinando agora *de iure condendo* na iminência de aprovação de um anunciado *Código do Processo Administrativo*, exprimimos a opinião de que a solução preferível seria a de permitir a dedução, no processo de recurso contencioso, de pedido de indemnização por dano causado por acto administrativo ilegal, sem prejuízo da faculdade alternativa de propositura de acção de responsabilidade depois de transitada a decisão anulatória em recurso contencioso. O que deveria continuar a não ser consentido é a propositura da acção sem dependência de recurso contencioso quando não haja a certeza de que o dano subsistiria não obstante a interposição do recurso[67].

[67] A nossa sugestão é a de que, no futuro Código, o actual art. 7º do Decreto-Lei nº 48051 fosse substituido por um preceito com os seguintes dizeres:
«Art.
(Admissibilidade)
1. Nos casos em que se invoque a ocorrência de dano causado por acto administrativo ilegal, só será admissível a propositura de acção para efectivação de responsabilidade civil antes do trânsito em jugado da decisão de anulação ou declaração de nulidade ou inexistência jurídica desse acto relativamente a danos que, pela sua natureza, devam subsistir mesmo em caso de reconstituição da situação actual hipotética por força da decisão do recurso contencioso ou da sua execução.
2. O disposto no número anterior não prejudica a cumulação de pedido de indemnização com o pedido de anulação, ou declaração de nulidade ou inexistência jurídica, formulado em recurso contencioso nos termos do artigo..., ou com o pedido de determinação da prática de actos administrativos legalmente devidos nos termos do artigo...»

## V. A acção: elementos do processo

### 1. Elementos subjectivos: as partes

**44.** No tocante às partes, as particularidades a assinalar muito brevemente respeitam à natureza dos réus.

Muito embora o art. 1º do Decreto-Lei nº 48051, de 21 de Novembro de 1967, se refira apenas à responsabilidade civil extracontratual *do Estado e demais pessoas colectivas públicas*, parece haver consenso no sentido de admitir que a *actividade de gestão pública* pode ser empreendida por pessoas colectivas de Direito Privado e regime administrativo quando algum dos seus órgãos possua competência para a prática de actos administrativos. Assim sendo, as normas que definem o âmbito do regime substantivo e do regime processual da responsabilidade por actos de gestão pública devem ser objecto de uma interpretação extensiva por modo a abranger tais entidades[68].

**45.** Nos termos do art. 51º, nº 1, alínea *h*), do ETAF, as acções sobre responsabilidade civil por prejuízos decorrentes de actos de gestão pública podem ser propostas perante os tribunais administrativos de círculo não só contra as pessoas colectivas que integram a Administração Pública mas contra os titulares dos seus órgaõs e agentes.

### 2. Elementos objectivos: o pedido e a causa de pedir

**46.** Tradicionalmente, tem-se entendido o Decreto-Lei nº 48051 no sentido de ele cingir a indemnização a uma prestação pecuniária.

Em estudo recente, Maria DA GLÓRIA DIAS GARCIA assinala a existência de decisões pontuais do Supremo Tribunal Administrativo e um acórdão do Tribunal de Conflitos de cujos termos parece poder depreender-se o início de uma viragem no sentido de alargar a *jurisdictio* à restauração *in natura*, ou seja, de aceitar alguns pedidos de indemnização envolvendo prestações de facto no âmbito da gestão pública. Considera no entanto não

[68] Cfr. Maria da Glória DIAS GARCIA, *A Responsabilidade Civil do Estado...*, cit., pp. 32, 77 e 78.

haver ainda base bastante para poder afirmar-se a existência de uma corrente jurisprudencial sobre a matéria[69].

No plano doutrinário, VIEIRA DE ANDRADE sustenta que não deve excluir-se a reintegração natural por prestação de facto, pelo menos desde que esta não implique a prática de um acto de autoridade[70].

**47.** O pedido de condenação em indemnização pecuniária não tem – ao contrário do que, em regra geral, sucede, por exemplo, em França –[71] de ser quantificado à partida. Aplica-se supletivamente o nº 2 do art. 661º do Código de Processo Civil em cujos termos, «se não houver elementos para fixar o objecto ou a quantidade, o tribunal condenará no que se *liquidar em execução de sentença*, sem prejuízo de condenação imediata na parte que já seja líquida». Os arts. 805, 806º e 809º do mesmo Código regulam os termos da liquidação de obrigação ilíquida em execução de sentença.

**48.** A causa de pedir consiste na existência de uma relação jurídica administrativa assente nos pressupostos legais do dever de indemnizar. Estes variam consoante a modalidade de que se tratar: responsabilidade por factos ilícitos e culposos, responsabilidade por facto lícitos e responsabilidade pelo risco.

## VI. A acção: pressupostos processuais específicos

### 1. Legitimidade activa e passiva

**49.** Nos termos do art. 824º do Código Administrativo, as acções para efectivação de responsabilidade civil podem ser propostas por quem alegar ser vítima de lesão causada por facto da Administração ou seus agentes.

Já se referiu quem são as entidades a quem pode caber a legitimidade passiva.

[69] Cfr. *A Responsabilidade Civil do Estado...*, cit., pp. 72 e 76.

[70] Cfr. *A Justiça Administrativa*, cit., p. 105.

[71] Cfr. PAILLET, *La Responsabilité Administrative*, cit., p. 244.

### 2. Acto de gestão pública

**50.** Nos termos amplamente referidos, a competência dos tribunais administrativos para conhecer das acções sobre responsabilidade civil extracontratual da Administração depende de se poder qualificar como de *gestão pública* o acto ou facto causador do dano.

### 3. Prazo da propositura

**51.** Ao contrário do que sucede com os *recursos contenciosos*, o princípio geral em matéria de tempestividade das *acções administrativas* é o de que estas podem ser propostas a todo o tempo (LPTA, arts. 69º, nº 1, e 71º, nº 1).

No entanto, o direito de indemnização por responsabilidade civil extracontratual dos entes públicos e dos titulares dos seus órgãos e agentes por prejuízos decorrentes de actos de gestão pública, incluindo o direito de regresso, prescreve no prazo de três anos a contar da data em que o lesado teve conhecimento do direito que lhe compete, embora com desconhecimento da pessoa do responsável e da extensão integral dos danos (arts. 71º, nº 2, da LPTA e 498º do Código Civil).

Quando o direito de indemnização resulta da prática de acto cuja legalidade seja impugnada contenciosamente, a prescrição não terá lugar antes de decorridos seis meses sobre o trânsito em julgado da respectiva sentença (art. 71º, nº 3, da LPTA).

## VII. A acção: a marcha do processo

### 1. Breve referência

**52.** Como já foi referido, as acções sobre responsabilidade civil extracontratual da administração por acto de gestão pública seguem os termos do processo civil da declaração, na sua forma ordinária.

A LPTA estabelece porém duas regras especiais. A primeira é a de que, à semelhança do que sucede no recurso contencioso em que não seja recorrente, o Ministério Público recebe vista do processo, antes de ser proferida a sentença, para emitir parecer sobre a decisão.

A segunda especialidade é a de que a sentença é sempre proferida pelo juiz singular mesmo que à apreciação da prova tenha procedido o tribunal colectivo (art. 72º da LPTA).

## VIII. Execução do julgado

### 1. Breve referência

**53.** Da sentença de condenação em indemnização proferida contra o Estado ou outra pessoa colectiva pública por um tribunal administrativo cabe execução não através do processo da execução regulado pelo Código de Processo Civil mas sim através do processo administrativo de execução dos julgados, regulado pelos arts. 95º e 96º da LPTA e pelos arts. 5º a 12º do Decreto-Lei nº 256-A/77, de 17 de Junho (Acórdão do Supremo Tribunal Administrativo, 1S, de 9/6/1993, processo nº 31868).

Este processo é o mesmo que se aplica à execução das decisões proferidas em recurso contencioso. É uma matéria a carecer de ponderação na preparação do próximo Código do Processo Administrativo.

# Da sede do regime de responsabilidade objetiva por danos causados por normas emitidas no desempenho da função administrativa (2001)*

## I. A razão do tema

**1.** Não tem sido considerada líquida, à face do ordenamento jurídico português, a questão do regime jurídico aplicável à relação entre a Administração e um particular lesado por normas emitidas no desempenho da função administrativa. E é assim em particular no que toca à responsabilidade objectiva, ou seja, quando a conformidade de tais normas com o Direito não mereça ser posta em causa não obstante o seu efeito danoso. A dúvida nasce da redacção do nº 1 do artigo 9º do Decreto-Lei nº 48 051, de 21 de Novembro de 1967, que, ao fixar o princípio da responsabilidade objectiva da Administração pela prática de actos lícitos, se refere apenas aos *actos administrativos legais* e aos actos materiais lícitos. O entendimento literal estrito da primeira destas expressões deixa de fora os actos normativos da Administração e, entre eles, os actos regulamentares. No entanto – como adiante se verá – existem argumentos de natureza finalística e sistemática

* In: *Revista da Ordem dos Advogados* 61º/ III, pp. 1313-1348.

para proceder a uma interpretação declarativa lata do nº 1 do artigo 9º do Decreto-Lei nº 48 051 de modo a compreender os actos normativos da Administração na expressão *actos administrativos* tal como usada naquele preceito.

MARCELLO CAETANO nunca assumiu uma posição clara sobre a questão[1]. E algum clima de incerteza continua a pairar na obra, a tantos títulos inovadora, que, em 1974, GOMES CANATILHO dedicou à responsabilidade

[1] Na 9ª e última edição do Tomo II do *Manual de Direito Administrativo* (Lisboa: Coimbra Editora, 1972), observa o fundador da Escola de Direito Público de Lisboa que, a partir de 1949-50, se apercebeu, no decurso de um seminário, que o artigo 2397º do Código Civil de Seabra traduzia o princípio geral da responsabilidade da Administração pelos danos causados por factos lícitos. Parece pois que, à luz deste entendimento, também estariam abrangidos os regulamentos administrativos legais, que cabem, naturalmente, no conceito de *factos lícitos*. Por outro lado, MARCELLO CAETANO sublinhava também que o texto do referido artigo 2397º preceituava que, se o dano fosse ordenado pela autoridade pública, no exercício das suas atribuições, seria indemnizado pela colectividade em benefício da qual houvesse sido determinado, fazendo-se a distribuição do encargo pelos membros da colectividade *na conformidade dos regulamentos administrativos*. Muito embora seja de presumir que o papel apontado aos regulamentos administrativos pelo artigo 2397º fosse o de estabelecer o critério de distribuição do encargo indemnizatório, não se compreenderia que os regulamentos pudessem (e devessem) dispor sobre esta matéria mas que os danos causados através deles em proveito da colectividade não fossem eles próprios indemnizáveis. O mais natural seria que, pelo contrário, o regulamento dispusesse sobre a repartição do encargo correspondente a danos emergentes da sua incidência especial. MARCELLO CAETANO não aborda explicitamente este aspecto da questão mas seria difícil que o não tivesse feito se encontrasse razões para prevenir quanto à inindemnizabilidade dos danos causados por esta via. Fica-se por tudo isto sem saber bem se, quando escreve, algumas linhas mais adiante, que o «sacrifício deve resultar de um acto administrativo *legal* ou de uma operação material *lícita*», o ilustre administrativista se limita a repetir a expressão do artigo 9º, nº1, do Decreto-Lei nº 48051 sem entrar na dilucidação do seu conteúdo binário (actos concretos e actos normativos de direito administrativo) ou se usa *actos administrativos* em sentido estrito (*Ob. cit.*, págs. 1215 a 1217).
Note-se que MARCELLO CAETANO usa, ao longo do *Manual*, a expressão *acto administrativo* em sentido estrito, como acto que produz efeitos jurídicos num caso concreto. Mas nem por isso deixa de reconhecer que actos administrativos e actos que aprovam regulamentos ou posturas caem na categoria comum de *decisão e deliberação* que, à época, por corresponder à nomenclatura usada no Código Administrativo, ocupava uma posição central na teoria geral do Direito Administrativo (Cfr. *Manual de Direito Administrativo*[10], I, Lisboa: Coimbra Editora, 1973, p. 443).

do Estado por actos lícitos[2]. De então até hoje, nenhum autor português dedicou (que saibamos) atenção a este tema[3].

[2] Sustentando a irrelevância, para a questão da responsabilidade subjectiva, da inimpugnabilidade – à época – dos regulamentos sob a forma de decreto, GOMES CANOTILHO escrevia que «nada impede...» o particular de invocar e reclamar a indemnização dos prejuízos eventualmente resultantes de regulamentos ilegais». Cfr. *O problema da responsabilidade do Estado por actos lícitos*, Coimbra: Almedina, 1974, p. 197. No tocante à admissibilidade da responsabilidade objectiva por danos causados por regulamentos não acusados de ilegalidade, era menos definida a posição do ilustre Mestre de Coimbra. GOMES CANOTILHO não se pronuncia expressa e directamente sobre a questão nem em sentido afirmativo nem em sentido negativo. Sustenta porém, pronunciando-se em geral sobre o cabimento da responsabilidade por facto de regulamento no quadro do Decreto-Lei nº 48051, que a circunstância de, neste diploma, se falar apenas em *actos administrativos* não deve levar a excluir do seu âmbito o problema da lesão de situação subjectivas causada por actos regulamentares. Segundo ele, não se vêem bases seguras para esse entendimento limitativo dado que o regulamento deve ser incluído na função executiva. *Ob. cit.*. pág. 195. Embora o Autor não aprofundasse este postulado no que concerne à responsabilidade objectiva por facto de regulamento, parece que ele deveria conduzir a uma interpretação lata do nº 1 do artigo 9º do Decreto-Lei nº 48051.

[3] FREITAS DO AMARAL não o trata no seu *Direito Administrativo* III (Lisboa: polic., págs. 519 a 521), não incluindo a responsabilidade por regulamento na lista exemplificativa que adianta de situações de responsabilidade objectiva por acto lícito. Também MARIA DA GLÓRIA GARCIA não analisou o tema no seu ensaio *Responsabilidade Civil do Estado e Demais Pessoas Colectivas Públicas*, Lisboa: Conselho Económico e Social, Série «Estudos e Documentos», 1997. Igualmente, não foi incluído na programação do III Colóquio Hispano-Luso de Direito Administrativo, em Valladolid, em 1997, nem aí referido por qualquer dos oradores portugueses (ou espanhóis): Cfr. MARTÍNEZ LÓTEZ-MUÑIZ/CALONGE VELÁSQUEZ (Coords), *La Responsabilidad Patrimonial de les Poderes Públicos*, Madrid: Marcial Pons, 1999. E apesar do paralelismo com o tema da responsabilidade por acto legislativo, também o não analisaram aí, sequer a título incidental, os autores das duas monografias respeitantes à responsabilidade por essa outra função do Estado: Rui MEDEIROS, *Ensaio sobre a Responsabilidade Civil do Estado por Actos Legislativos*, Coimbra: Almedina, 1992; MARIA LÚCIA AMARAL PINTO CORREIA, *Responsabilidade do Estado e Dever de Indemnizar do Legislador*, Coimbra: Coimbra Editora, 1998. Estudando a responsabilidade do legislador pela inobservância de normas e princípios comunitários, faz-lhe uma fugaz referência MARIA LUÍSA DUARTE, que afirma que os regulamentos são actos de gestão pública, pelo que cabe aos tribunais administrativos a apreciação, no quadro do Decreto-Lei nº 48051, dos prejuízos resultantes de regulamentos ou da inércia regulamentar na execução do Direito Comunitário. A Autora não esconde, porém, a sua perplexidade perante a letra do nº 1 do artigo 9º do Decreto-Lei nº 48 051 ao observar que «o artigo 9º até parece fornecer um argumento no sentido de considerar apenas (como actos de gestão pública) os actos administrativos e os actos materiais». Cfr. *O Artigo 22º da Constituição Portuguesa e a Necessária Concretização dos Pressupostos da Responsabilidade*

A este vazio na doutrina corresponde a inexistência de decisões do Supremo Tribunal Administrativo em matéria de responsabilidade objectiva por facto de regulamento. Dir-se-ia que se gira em círculo vicioso: a ausência de orientação doutrinária inibe os particulares de invocar em tribunal esta causa de pedir e, na falta de matéria prima jurisprudencial, a doutrina administrativista, dela sempre tão dependente, retrai-se.

Apesar da pendência perante a Assembleia da República da Proposta de Lei nº 95/VIII sobre a responsabilidade civil extra-contratual do Estado, que, uma vez entronizada, alterará significativamente os dados da questão, não nos parece que seja tarde demais para tentar reparar este vazio, ainda que de forma incipiente. É certo que, caso se venha a firmar de acordo com os termos da iniciativa governamental, a lei proposta estabelece uma ampla figura de *indemnização pelo sacrifício*, objecto de um dever do Estado e das demais pessoas colectivas de direito público, sempre que, por razões de interesse público, estes imponham encargos ou causem danos especiais e anormais (artigo 16º). Esta fórmula cobrirá sem margem para dúvidas a responsabilidade objectiva por actos normativos legais da Administração. Mas nem por isso perde todo o interesse a averiguação do actual estado da ordem jurídica nesse domínio. A aprovação da proposta de lei depende de avatares nos planos da duração da legislatura, da fixação da ordem do dia para os trabalhos parlamentares e da reunião dos votos necessários. Oxalá que os ultrapasse. Mas, ainda que a tenhamos no *Diário da República* no decurso dos próximos meses, ela destina-se a entrar em vigor um ano após a sua publicação (artigo 5º do articulado preambular). E, em princípio, não virá cobrir a responsabilidade por efeitos danosos já ocorridos por facto de regulamento (Código Civil, artigo 12º). Por fim, a aplicação do novo diploma – que tomará o regime da responsabilidade objectiva por facto regulamentar mais claro quanto ao seu fundamento mas não alterará a sua substância – sempre lucrará com o melhor entendimento da evolução do ordenamento de que constituirá uma nova etapa.

Cremos pois que se justifica proceder ao exame do fundamento jurídico, no ordenamento vigente, da responsabilidade objectiva por danos causados por normas legalmente emitidas no desempenho da função administrativa.

*Extracontratual do Legislador – Ecos da Jurisprudência Comunitária Recente*, in Legislação, nº 17 Outubro/Dezembro 1966, pág. 20.

## II. Base legislativa ou base directamente constitucional para a responsabilidade por facto de regulamento? A responsabilidade por facto de regulamento entre a responsabilidade por acto legislativo e a responsabilidade por acto administrativo

**2.** Embora seja sobre a sede da responsabilidade objectiva por facto regulamentar que nos propomos discorrer, não pode naturalmente esta questão, que tem contornos específicos, desprender-se por completo da das raízes da responsabilidade subjectiva por facto de regulamento[4]. Há alguma coisa de comum na situação destas duas categorias: a circunstância de o Decreto-Lei nº 48 051 só referir as normas regulamentares como parâmetros de licitude dos actos jurídicos (artigo 6º) e nunca, expressamente, como actos geradores de responsabilidade administrativa. Podia pois – em face do teor literal do diploma – suscitar-se a questão de saber se o seu escopo relegou para outra instância de regulação, ou para nenhuma, o enquadramento normativo de todos os efeitos danosos decorrentes da actividade regulamentar da Administração.

A verdade, porém, é que são desiguais em grau as dificuldades colocadas pelo texto quando se pretender reconduzir à estatuição do Decreto-Lei nº 48 051 as formas de responsabilidade subjectiva e objectiva. Da conjugação entre os artigos 1º, 2º e 6º, resulta que se encontram submetidos ao regime de *responsabilidade subjectiva* constante do Decreto-Lei os *actos jurídicos* culposamente praticados no âmbito da gestão pública que violem normas legais e regulamentares ou os princípios gerais aplicáveis. Cabem sem sombra de dúvida neste conceito os regulamentos que, verificada culpa nos termos dos artigos 487º e 497º do Código Civil, contrariem o disposto por normas, incluindo outras normas regulamentares, que possuam eficácia superior. Com efeito, o regulamento representa uma forma típica de *acto jurídico* da Administração no âmbito da gestão pública.

[4] Usaremos com frequência expressões como *responsabilidade por facto de regulamento*, ou *regulamento, normas regulamentares* ou outras congéneres. Cumpre no entanto ter presente que a questão da responsabilidade se põe em iguais termos para os danos causados por todas as normas emitidas no desempenho da função administrativa, ainda que se não trate de verdadeiros regulamentos por regerem substância alheia ao Direito Administrativo. O que conta são as consequências danosas do exercido de um poder normativo, ou seja, da emissão de normas ao abrigo do Direito Administrativo, independentemente do ramo de Direito a que pertencerem as situações disciplinadas.

Já no tocante à *responsabilidade objectiva* são maiores as dificuldades visto que o artigo 9º, nº 1, apenas refere como seus possíveis causadores os *actos administrativos* legais e os actos materiais lícitos.

**3.** A subtracção da responsabilidade (incluindo a própria responsabilidade subjectiva) por facto de regulamento à incidência do Decreto-Lei nº 48 051, ou seja, ao regime geral da responsabilidade administrativa extracontratual por acto de gestão pública, só poderia encontrar uma justificação na preferência de a fazer alinhar com o regime de responsabilidade do Estado e das regiões autónomas por acto legislativo. Optar-se-ia dessa forma por juntar toda a responsabilidade por actos normativos, fossem eles legislativos ou regulamentares, separando-a de um outro instituto jurídico circunscrito à responsabilidade da Administração por actos de gestão pública concretos, de natureza jurídica ou material. Valeria aqui, numa perspectiva funcional, a proximidade entre o regulamento e a lei, a pertença do regulamento ao conceito de *lei em sentido material*. Sublinhar-se-ia desse modo o carácter de regra abstracta e geral da norma regulamentar, que a separa dos outros actos jurídicos próprios da função executiva.

Não vale a pena estar a lembrar aqui matéria por demais conhecida, ou seja, as razões de ordem institucional e histórica inerentes à emergência, na Prússia da segunda metade do Século XIX, da dicotomia *lei material* e *lei formal* como artifício dogmático destinado a justificar simultaneamente a manutenção de poderes normativos autónomos pelo monarca e a subtracção ao parlamento de competências de aprovação orçamental exercidas sob a forma de lei[5]. A verdade é que, em Portugal e naquela mesma época, como observa Blanco de Morais, nunca se abriu «espaço para a concretização de uma reserva material de carácter regulamentar, ou mesmo de eixos de concorrência entre regulamentos independentes e «leis formais» em certos domínios, tal como existia na Alemanha e na Itália»[6]. E, de qualquer modo, hoje, sem prejuízo da existência na nossa Ordem Jurídica de órgãos com dupla competência legislativa e regulamentar (o Governo e as assembleias legislativas regionais), a colocação constitucional desses dois modos de normação situa as regras por eles geradas em dois planos distintos. Estes

[5] Veja-se, a título de exemplo, Blanco de Morais, *As Leis Reforçadas*, Coimbra: Coimbra Editora, págs. 47 e seguintes.

[6] *Idem*, p. 61.

não se materializam apenas pela diferente força hierárquica (como igualmente sucede entre norma regulamentar e acto administrativo concreto) mas também por acentuadas diferenças de regime quanto ao procedimento de feitura, quanto ao grau de autonomia conformativa e quanto ao controlo de juridicidade. Embora, porventura, não com a mesma veemência que se justificava na Itália parlamentarista dos anos sessenta do Século XX, também se aplica aqui o dito de CARLASSARE segundo o qual é particularmente perigosa a doutrina que, reconduzindo indiferenciadamente normas regulamentares e normas legislativas à noção única de *lei material*, induz necessariamente a considerá-las como expressão de uma única função[7].

A analogia da norma regulamentar em relação à norma legislativa prende-se com o aspecto formal da estrutura lógica da proposição prescritiva no tocante aos âmbitos de incidência subjectiva e objectiva[8]. Mas o traço comum da estrutura não apaga uma muito mais relevante desigualdade intrínseca no tocante à instrumentalização dos preceitos a diferentes funções do Estado. Não obstante a parcial simultaneidade da autoria orgânica, a diferenciação dos planos funcionais suscita a extracção, a partir do princípio da separação de poderes, de ilações muito diferentes no tocante ao regime dos preceitos legislativos e dos preceitos regulamentares. Para além de aspectos já meteoricamente referidos (procedimento, autonomia de conformação e controlo) aponta-se a circunstância de o poder regulamentar se confinar, em relação a cada pessoa colectiva pública cujos órgãos dele dispõem, à esfera das respectivas atribuições. É certo que a competência regulamentar e a competência para a prática de actos administrativos podem não coincidir no tocante à sua distribuição pelos órgãos da pessoa colectiva ou no tocante à destrinça entre as matérias que esta pode conformar de maneira geral e abstracta ou de maneira concreta. Assim, por exemplo, certos institutos públicos apenas podem praticar actos administrativos; os regulamentos que eventualmente, a par da lei, disciplinem o conteúdo de tais actos competem nesse caso ao Governo. Mas o regulamento é um meio para permitir o exercício das suas atribuições à pessoa colectiva pública dotada de órgãos com competência normativa. As atribuições representam deste modo um

[7] Cfr. LORENZA CARLASSARE, *Regolamenti dell'Esecutivo e Principio di Legalità*, Pádua: CEDAM, 1966, págs. 81 e 82.
[8] *Idem*, p. 31.

quadro comum para o exercício de competências tanto normativas como concretas que não baliza, em contrapartida, a feitura das leis pelos órgãos de soberania[9].

**4.** Em suma, localizada entre a norma legislativa e o acto administrativo, a norma administrativa situa-se mais próxima do último do que da primeira no quadro sinóptico dos actos jurídicos públicos. A função regulamentar é administrativa e não legislativa. O regulamento compartilha com o acto administrativo o carácter não inicial ou não primário. Muitas vezes, assumem até a mesma forma típica (decreto, portaria, despacho, deliberação de assembleia municipal...). E, embora não vejamos na discricionariedade administrativa o fundamento do poder regulamentar, não há dúvida quanto ao papel do regulamento como veículo de discricionariedade[10] e como instrumento de auto-vinculação dos poderes discricionários susceptíveis de serem exercidos através da prática de actos administrativos[11]. Isso significa, como argutamente nota Lorenza Carlassare, que, ao emitir tais normas, a Administração disciplina o seu próprio comportamento em relações jurídicas em que é parte e não apenas comportamentos de outros

[9] Já a actividade legislativa das assembleias regionais tem de se enquadrar no âmbito das matérias de interesse específico para as regiões autónomas. É o compromisso possível quando se reconhecem poderes legislativos a entidades desprovidas de soberania. O poder legislativo das assembleias regionais materializa uma autonomia política mas respeitante a uma população de um espaço infra-estadual. Automaticamente, surge a necessidade de destrinçar os interesses públicos – ou seja, as atribuições – em função do respectivo âmbito geográfico. Mas, no domínio dos interesses específicos da região autónoma não comprimido pela reserva de legislação nacional, o legislador regional pode prosseguir uma plenitude de fins que a delimitação de atribuições entre a região autónoma, as pessoas colectivas da administração regional indirecta e as autarquias locais do território não consente a nenhum dos órgãos com poder regulamentar de qualquer destes entes. O âmbito dos poderes de normação administrativa corresponde sempre, apenas, ao das atribuições da pessoa colectiva pública em causa. E, para o efeito da função administrativa, as atribuições da região autónoma não correspondem a todo o âmbito dos interesses específicos da região visto que estes também são prosseguidos pela administração indirecta e pelas autarquias locais.

[10] Cfr. Rhinow, *Verwaltungsermessen im Staat*, in Bullinger (org.) *Verwaltungsermessen im modernen Staat*, Baden-Baden: Nomos, 1986, p. 62.

[11] Cfr. Bull, *Allgemeines Verwaltungsrecht*[6], Heidelberg: C.F. Müller, 2000, págs. 146 e 147; Rodrigues Queiró, *Comentário de Jurisprudência*, RLJ, nº 3664, 1-15 Agosto 1980, p. 104.

sujeitos, como em regra faz o legislador[12]. Também sob este ângulo a norma administrativa se revela próxima do acto administrativo e distante do acto legislativo.

A tradição portuguesa é a do tratamento da responsabilidade pública com atenção separada às diferentes funções do Estado em que se inscrevem os actos danosos. Mesmo a proposta de lei pendente na Assembleia da República, ainda que conjugue num só diploma o tratamento dessa responsabilidade e defira todas as suas manifestações à cognição da ordem jurisdicional administrativa, organiza em capítulos separados a disciplina da responsabilidade civil por danos decorrentes do exercício da função política e legislativa, da função jurisdicional e da função administrativa.

Não vemos pois razões de ordem funcional (muito pelo contrário!) para separar a responsabilidade por danos causados por regulamentos da responsabilidade por actos administrativos. O carácter geral e abstracto dos comandos regulamentares não acarreta por si só a respectiva submissão, por analogia, ao regime da responsabilidade por danos decorrentes de acto legislativo. Se este último tem de se ir buscar em directas decorrências de princípios constitucionais, nomeadamente o da garantia da propriedade privada, o regime da responsabilidade por actos regulamentares há-de enquadrar-se na lei sobre responsabilidade civil extracontratual da Administração por actos de gestão pública pois que a *gestão pública* é a área em que se inscreve a actividade normativa da Administração. Há no entanto que averiguar se a hermenêutica impõe alguma distorção à lógica do sistema, ou seja, se, ainda que se tratasse de má política legislativa, o Decreto-Lei nº 48 051 terá, a título excepcional, afastado do seu âmbito de incidência a responsabilidade objectiva por facto de acto normativo da Administração.

[12] Mesmo quando, através da emissão de leis de bases ou de leis de autorização legislativa, o legislador condiciona o sucessivo exercício da função legislativa, exerce mediatamente uma acção conformativa de relações jurídicas entre terceiros. Note-se, porém, que a observação de Carlassare se não aplica às normas não regulamentares emitidas no desempenho da função administrativa, ou seja, normas destinadas a regular relações não administrativas. Cf. *Regolamenti dell'Esecutivo...*, cit., p. 86.

## III. O Âmbito de incidência objectiva do artigo 9º do Decreto-Lei nº 48 051.

### 1. A gestão pública como critério material da extensão do Decreto-Lei nº 48 051

**5.** No tocante ao *sentido* e *extensão* do Decreto-Lei nº 48 051, de 21/11/ /1967 (como sucede sempre que se cura de compreender o sistema do Direito Administrativo geral vigente no nosso País, nas décadas centrais do Século XX), é muito frutuosa a leitura do *Manual* de MARCELLO CAETANO.

Como lembra o distinto Mestre, a entrada em vigor do Código Civil de 1966 abriu uma lacuna importante, visto que veio contemplar apenas a produção de danos no exercício de actividade de gestão privada, ao passo que o Código Civil de Seabra constituía assento de todo o regime de responsabilidade extracontratual da Administração. Ora foi todo o espaço que ficara em aberto que o Decreto-Lei nº 48 051 se propôs cobrir regulando de um modo genérico – «em tudo que não esteja previsto em leis especiais» – a responsabilidade extracontratual do Estado e demais pessoas colectivas de direito público «no domínio dos actos de gestão pública» (artigo 1º). Dado porém que o Decreto-Lei nº 48 051 também deu nova forma a dois artigos do Código Administrativo sobre responsabilidade das autarquias locais, o diploma passou, salvo o disposto em leis especiais, a cobrir, com a sua disciplina autónoma da do Código Administrativo, todos os casos de responsabilidade extracontratual da Administração no domínio dos actos de gestão pública que não consistissem em factos ilícitos culposos praticados pelos órgãos ou agentes da Administração local. Era esta a lição de MARCELLO CAETANO[13].

**6.** Importa assim reter que o Decreto-Lei nº 48 051 obedece à directiva finalística de constituir o assento legal de um regime geral de responsabilidade da Administração, tomando como matriz do âmbito material dessa normação, por um lado, a figura dos *actos de gestão pública*, como protótipo do *facto causador do dano*, e, pelo outro, no tocante aos *requisitos ou pressupostos do dever de indemnizar*, as modalidades da responsabilidade subjectiva e da responsabilidade objectiva, esta última nas suas subespécies

[13] Cfr. *Manual de Direito Administrativo*[9], II, Lisboa: Coimbra Editora, 1972, p. 1196 e 1197.

da responsabilidade pelo risco e da responsabilidade pela prática de actos lícitos.

A ilação a colher destes elementos paramétricos é a de que a estrutura regulativa adoptada pelo legislador para a responsabilidade de Direito Administrativo não tomou como base dogmática a figura do *acto administrativo*, em sentido estrito ou amplo. Esta figura interessa sobretudo como pivô de um regime destinado a tutelar os interesses particulares e o interesse público mediante a substituição de uma decisão ilegal por outra legal ou, pelo menos, graças à eliminação da decisão desconforme com o Direito. E por isso corresponde, no plano processual, a meios fundamentalmente cassatórios, embora crescentemente complementados pela outorga de poderes injuntivos ao juiz administrativo. Pelo contrário, o regime de responsabilidade de Direito Administrativo aponta para uma reposição da esfera do lesado através de uma reparação, geralmente pecuniária e excepcionalmente por reconstituição natural[14]. Respeita por isso a uma relação jurídica cujo elemento fulcral é a *pretensão a uma prestação* e não o *tipo de conduta em relação causal com o dano* que justifica o dever e o direito a essa prestação.

Sublinhamos pois que choca com a lógica interna do Decreto-Lei nº 48 051, assente na ideia de garantia da reparação dos danos causados pela Administração quando actua na área da *gestão pública*, uma interpretação restrita da expressão *actos administrativos* tal como utilizada no nº 1 do respectivo artigo 9º. Uma tal leitura introduz uma mutilação da área própria da *gestão pública* que o diploma se auto-fixa como âmbito material, ou seja, como sua *extensão.*

**7.** Como escreve FREITAS DO AMARAL, baseando-se na jurisprudência do Tribunal dos Conflitos, são *actos de gestão pública* «os que se compreendem no exercício de um poder público, integrando eles mesmos a realização de uma função pública da pessoa colectiva, independentemente de envolverem ou não o exercício de meios de coacção, e independentemente ainda das regras, técnicas ou de outra natureza, que na prática dos actos devam

[14] O artigo 3º do Regime da Responsabilidade Civil Extracontratual do Estado e demais Entidades Públicas, constante da Proposta de Lei nº 95/VIII (Diário da Assembleia da República, II Série-A, 76, de 18.07.2001), inverte em teoria a regra e a excepção. Mas não será isso que sucederá na prática jurídica, visto que sempre predominarão as situações em que a reconstituição natural não seja possível ou não repare integralmente os danos.

ser observados». Ou, por outras palavras do mesmo Autor, *gestão pública* é «a actividade da Administração desenvolvida sob a égide do Direito Administrativo»[15]. Empregando agora os nossos próprios termos, que não diferem na substância, a *gestão pública* é a área da função administrativa regida pelo Direito Administrativo como Direito estatutário da Administração. Ora, é tão evidente que dispensa qualquer demonstração que a actividade regulamentar da Administração se insere na *gestão pública*. O poder de editar normas regulamentares deriva directamente da Constituição (artigos 199º, *c*), 227º, nº 1, *d*) e 241º, designadamente) e é regulado em termos gerais pelo Código do Procedimento Administrativo (artigos 114º a 119º).

A *gestão pública* conhece fundamentalmente quatro formas típicas de actuação: o acto administrativo (em sentido estrito), o acto regulamentar, o contrato administrativo e o acto material[16]. A responsabilidade contratual é matéria de outra disciplina que não a do Decreto-Lei nº 48 051, o qual, no seu artigo 1º, se propõe dispor apenas sobre *responsabilidade extracontratual* por actos de gestão pública. No âmbito da regulação normativa pelo Decreto-Lei nº 48 051 – tal como estatuído no artigo 1º – restam pois os actos administrativos (em sentido estrito), os actos regulamentares e os actos materiais cuja prática e efeitos sejam regidos por normas de Direito Administrativo. À luz do *sentido* do Decreto-lei nº 48 051 (reger a responsabilidade civil extracontratual da Administração por actos de gestão pública, tutelando os particulares em face dos prejuízos individualizados dela decorrentes), a *extensão* do diploma, demarcada pelo super-conceito de *gestão pública*, é pois concretizável em torno daquelas três formas típicas de conduta administrativa.

[15] Cfr. *Curso de Direito Adrninirtrotivo*², I, Coimbra: Almedina, 1994, pág. 138 e 139.

[16] O Direito Administrativo pós-moderno tem vindo a desenvolver outras formas típicas de actuação que, no entanto, são em princípio reconduzíveis às quatro formas «clássicas». Assim é com os planos que, não obstante tenderem a adquirir natureza *sui generis*, são ainda, no essencial, uma combinação de normas administrativas, actos de definição imperativa de situações jurídicas administrativas concretas e actos materiais (cfr. ALVES CORREIA, *O Plano Urbanístico e o Princípio da Igualdade*, Coimbra: Almedina, 1989, pág. 235 e seguintes). Assim é igualmente com as *declarações negociais* emitidas pela Administração em sede de execução dos contratos administrativos que, dando lugar a um contencioso de plena jurisdição, se integram no instituto do contrato administrativo a propósito do seu (in)cumptimento e geram responsabilidade contratual, exterior, portanto, ao âmbito do Decreto-Lei nº 48051.

## 2. A interpretação do nº 1 do artigo 9º do Decreto-Lei nº 48 051 à luz de elementos de ordem literal e teleológica

**8.** Se bem que, no presente estudo, nos debrucemos sobre a *responsabilidade objectiva por facto regulamentar*, convém não esquecer que o problema assim delimitado não faria sentido se o Decreto-Lei nº 48 051 deixasse de fora do âmbito da sua estatuição *toda* a responsabilidade por facto regulamentar. Parece-nos no entanto que a inclusão da responsabilidade por facto regulamentar inválido, ou seja, da *responsabilidade subjectiva por facto de regulamento*, não sofre grandes dúvidas.

Se, em 1967, o legislador tivesse querido deixar de fora toda a responsabilidade por facto de regulamento, teria tido de explicitar essa exclusão visto que a definição geral de âmbito centrada no conceito de *gestão pública* manifestamente cobre aquela responsabilidade. Mas não o fez. Ao dispor sobre responsabilidade subjectiva, assentou-a no conceito de *acto ilícito culposo* (artigo 2º). Este conceito é depois melhor explicitado no artigo 6º, que o desdobra em *actos jurídicos* e *actos materiais*. Ora os regulamentos são *actos jurídicos*. E eles não ficam excluídos da previsão do artigo 6º devido à circunstância de este preceito se referir às *normas regulamentares*, a par das normas legais e dos princípios gerais, como sendo os parâmetros em relação aos quais a desconformidade dita a ilicitude dos *actos jurídicos*. Por outras palavras, não seria correcto considerar que, na economia do preceito, a expressão *actos jurídicos* não abrange *actos regulamentares* só porque os segundos são diferenciados dos primeiros a título de constituirem medida da sua validade. Pelo contrário, é perfeitamente lógica a presença, no tecido do artigo 6º, dos actos regulamentares sob a dupla capa de *actos jurídicos* (parametrizados) e de (paramétricas) *normas regulamentares*. Assim é, desde logo, porquanto a expressão *actos jurídicos* abarca os actos administrativos (em sentido estrito), que têm nas normas regulamentarcs um dos padrões de validade. E convém não esquecer, por outro lado, que há regulamentos de diferente força hierárquica, os quais se relacionam em termos de critério de valor jurídico e de realidade avaliada (veja-se, por exemplo, o disposto no artigo 241º da Constituição)[17].

[17] No mesmo sentido, observam em França VEDEL/DELVOLVÉ que «...*les règlements ne constituent pas eux-mêmes un bloc. Il existe entre eux une hiérarchie qui est liée à la hiérarchie de leur auteur et de leur procédure d'élaboration*». Cfr. *Le système français de protection des administrés contre l'administration*; Paris: Syrey, 1991, p. 90.

Não parece assim legítimo extrair da estrutura do artigo 6º do Decreto-Lei nº 48 051 a ilação de que os *actos jurídicos* susceptíveis de gerar responsabilidade subjectiva da Administração no âmbito da gestão pública não abarcam os *actos regulamentares.*

Feita a verificação de que o Decreto-Lei nº 48 051 cobre a responsabilidade por danos emergentes de regulamento ilegal, ou seja, a responsabilidade subjectiva por facto de regulamento, podemos agora concentrar-nos na questão da sujeição a esse diploma da responsabilidade por facto de regulamento lícito, ou seja, da *responsabilidade objectiva por facto de regulamento.*

**9.** São fundamentalmente de três ordens os argumentos que se poderiam utilizar em apoio da exclusão da responsabilidade por facto de regulamento lícito do âmbito de incidência objectiva do Decreto-Lei nº 48 051 (tal como definido por referência à *gestão pública*).

O primeiro argumento, firmado na letra do nº 1 do artigo 9º, acentuaria que este preceito refere os *actos administrativos* mas não os *regulamentos.*

O segundo argumento consistiria na demonstração de que a finalidade do Decreto-Lei nº 48 051 seria alheia à tutela dos particulares contra danos sofridos em consequência directa da sua sujeição à estatuição de uma norma regulamentar válida.

Finalmente, o terceiro argumento repousaria em razões de ordem sistemática intratextual ou contextual que ditariam o afastamento da responsabilidade objectiva por facto de regulamento em benefício da coerência do regime jurídico da responsabilidade do Estado tal como definido no Decreto-Lei nº 48 051 ou como construído, em termos mais amplos, conjugadamente neste e noutros diplomas integrantes de uma ordem jurídica que se pretende unitária.

A nosso ver, estas três ordens de análise hermenêutica conduzem precisamente à conclusão inversa, ou seja, à de que o artigo 9º do Decreto-Leí nº 48 051 se entende também ele por referência à ideia de cobertura omnicompreensiva da responsabilidade extracontratual da Administração por danos decorrentes da *gestão pública.*

**10.** Em primeiro lugar, aquela cobertura omnicompreensiva não é afastada por qualquer barreira intransponível levantada pela letra do nº 1 do artigo 9º do Decreto-Lei nº 48 051. Na verdade, a locução *actos administrativos* ali usada comporta uma *interpretação declarativa lata* que compreenda os *actos regulamentares*.

Acto administrativo (em sentido estrito) e regulamento são duas formas de conduta típicas da Administração quando esta age no quadro do Direito Administrativo. Uma das mais antigas partes da teoria geral do Direito Administrativo respeita precisamente às formas jurídicas de conduta. Mas estas formas não podem ser absolutizadas. Elas valem na medida em que lhes devam ser ligados efeitos jurídicos específicos, de ordem substantiva, procedimental ou processual. Para além desse primeiro plano diferenciador, que releva enquanto justifica a submissão a regimes distintos, as formas jurídicas servem para, no que à construção jurídica concerne, elevar as situações a que respeitam a uma visão de conjunto que torna mais presente a comunicação entre os princípios ordenadores e as soluções[18]. Quer-se significar com isto que há algo de comum entre regulamento e acto administrativo em sentido estrito: são sempre e só conduta da Administração para desempenho da função executiva no quadro do Direito Público. E pretende-se lembrar igualmente que, encontrando-se no seu conjunto a conduta da Administração regida por princípios idênticos, a distinção de regimes atinentes às formas que cristalizam tais comportamentos só faz sentido na medida em que, sem tal diferenciação, as formas perdessem a sua adequação funcional[19].

Compreende-se à luz das ideias assim expressas que, no Direito Administrativo português (como em outros, como, por exemplo, o francês), nunca tenha sido absoluta a separação entre as figuras do *acto regulamentar* e do *acto administrativo* em sentido estrito, isto é, acto de definição imperativa de uma situação jurídica administrativa desprovida de generalidade e ou de abstracção.

Não nos parece, por esta razão, que o emprego desgarrado pelo legislador da expressão *actos administrativos* deva constituir um *non plus ultra* que agarre imperiosamente o intérprete a um entendimento sintonizado com a acepção técnica mais precisa. No Direito, há muitas expressões de geometria variável. É o que sucede, por exemplo, no ordenamento jurídico francês com expressões como *décision exécutoire* que tanto abrange a definição concreta

[18] Cfr. SCHMIDT-ASSMANN, *Das Allgemeine Verwaltungsrecht als Ordnungsidee*, Berlim: Springer, 1998, p. 251.

[19] Sobre o papel central do valor da adequação na teoria das formas jurídicas, ver também SCHMIDT-ASSMANN, *ob.cit.*, p. 253.

como a normativa de situações jurídicas administrativas desde que com elas a Administração vise modificar o ordenamento jurídico ou opor-se a uma pretensão de modificação[20]. Mas a *décision éxécutoire* (ela própria com acepções mais ou menos amplas) integra-se numa categoria de âmbito mais vasto (por incluir todas as decisões susceptíveis de recurso por excesso de poder mesmo que não passíveis de suspensão jurisdicional de eficácia), que é a de *acte administratif*. Ora, no que toca a este, ele tanto abarca também actos concretos como actos normativos de natureza regulamentar[21]. Embora, pois, a doutrina francesa reconheça a diferença entre *décision individuelle* e *décision réglementaire*, nem por isso deixa de considerar que constituem um conjunto homogéneo visto que o poder regulamentar não passa de uma das manifestações do poder da Administração de tomar decisões unilaterais[22]. Daí a unidade do seu regime de impugnação contenciosa.

**11.** Na génese do Direito Administrativo português, tão influenciada pelo modelo francês, reinou também, por largo tempo, uma acentuada indiferenciação entre os regimes dos actos da Administração de natureza concreta ou normativa. Cumpre lembrar que a figura de acto administrativo foi elaborada ao longo do Século XIX, nos planos jurisprudencial e doutrinário, com o objectivo de encontrar um elo de ligação típico entre as condutas da Administração e a sua sindicância contenciosa. Ora – como lembra MARCELLO CAETANO – «pelo que toca às posturas e aos regulamentos locais, sempre se admitiu o recurso directo de anulação: sob a forma de acção pública perante os tribunais judiciais no Código (Administrativo) de 1836 (art. 82º, § 27º, nº 1) e nos termos gerais do contencioso administrativo a partir do Código de 1842 (art. 208º, nº 1)»[23]. No tocante à impugnação dos regulamentos da Administração Central, o percurso jurisprudencial e legislativo não foi homogéneo. Em todo o caso, a partir de 1917, o Supremo Tribunal Administrativo recebeu recursos directos de normas regulamentares quando privassem desde logo os particulares de algum direito subjectivo fundado em lei anterior. Esta orientação foi confirmada a partir de 1934

[20] Cfr. CHAPUS, *Droit du Contentieux Administratif*[7], Paris: Montchrestien, 1998, p. 455.

[21] Cfr. DELVOLVÉ, *L'acte administratif*, Paris: Sirey, 1983, p. 11, 12, 22 e 25.

[22] Cfr. LAVALLE, *L'Évolution de la Conception de la Décision Exécutoire en Droit Administratif Français*, Paris: LGDJ, 1974, p.33.

[23] Cfr. *Manual de Direito Administrativo*[9], II, Lisboa: Coimbra Editora, 1972, p. 1324.

também por jurisprudência do Tribunal dos Conflitos. Só em 1956, a nova Lei Orgânica do Supremo Tribunal Administrativo (LOSTA) veio considerar insusceptíveis de recurso os decretos regulamentares. No silêncio da lei quanto aos outros regulamentos da Administração central – ou seja, os regulamentos sem a forma de decreto –, não se gerou consenso. Vozes autorizadas como a de AFONSO QUEIRÓ sustentaram a impugnabilidade por recurso contencioso de anulação das suas próprias disposições genéricas quando a sua aplicação se convertesse em ofensa efectiva das situações subjectivas dos destinatários[24].

De todo o modo, nunca se levantaram dificuldades quanto à sujeição dos regulamentos e posturas locais ao recurso contencioso de anulação. E importa ter bem presente que a razão porque assim sucedeu foi a de que o artigo 820º do Código Administrativo previa universalmente o recurso contencioso para as auditorias administrativas (actualmente, tribunais administrativos de círculo) das decisões e deliberações dos órgãos da Administração local, sem fazer acepção entre actos concretos e normativos. Como notava MARCELLO CAETANO, os regulamentos ficavam abrangidos por também serem objecto de decisão ou de deliberação de um órgão local[25].

Este artigo 820º do Código Administrativo vigorava quando, em 1967, entrou por seu turno em vigor o Decreto-Lei nº 48 051, cujo artigo 9º, nº 1, estabelecia a responsabilidade do Estado *e demais pessoas colectivas públicas* pelos prejuízos especiais e anormais causados por *actos administrativos* legais. Uma tal relação contextual leva-nos pois a concluir que não repugna ler a expressão *actos administrativos* em sentido amplo, em termos de abranger também, pelo menos, os actos normativos da Administração local e os da Administração central cuja impugnação se não encontrasse vedada (em atenção ao emprego da forma de decreto). Era precisamente a expressões sinónimas de *actos administrativos* (*decisões e deliberações*) que se referia o artigo 820º do Código Administrativo. Isto mostra que o legislador da época empregava as locuções em causa também numa acepção ampla que abrangia as normas regulamentares.

**12.** Também não existe a nosso ver qualquer razão de carácter finalístico para circunscrever o âmbito da responsabilidade por acto lícito aos *actos*

[24] Revista de Legislação e Jurisprudência 97º, p. 300.

[25] *Ob. cit.*, p. 1326.

*administrativos* que definem situações jurídicas administrativas concretas. É aliás patente que o legislador não pretendeu fazê-lo, visto que também estatuiu, no mesmo artigo 9º, a responsabilidade por *actos materiais* lícitos. Como observa MARCELLO CAETANO, o propósito foi o de formular o princípio geral da responsabilidade da Administração por *factos lícitos*. E não se tratava sequer de uma inovação legislativa, visto que o artigo 2397º do Código Civil de 1867 já consagrava, em termos genéricos, o princípio de que o sacrifício especialmente imposto a um património para o benefício da colectividade deve ser por esta indemnizado pelo modo mais adequadamente estabelecido na lei[26].

Em suma, o propósito do Decreto-Lei nº 48 051 era o de cobrir toda a responsabilidade incorrida pela Administração no exercício da gestão pública extracontratual. Em sintonia com este, o propósito do artigo 9º daquele diploma era o de formular o princípio geral da responsabilidade da Administração por factos lícitos próprios da gestão pública extracontratual. Não se encontra nem na finalidade nem na economia estrutural do Decreto-Lei nº 48 051 qualquer motivo evidente para excepcionar deste programa universal para a área da gestão pública extracontratual a responsabilidade por danos especiais e anormais directamente causados por normas regulamentares.

**13.** De um ponto de vista abstracto, pode ainda colocar-se a questão de saber se a finalidade prosseguida pelo Decreto-Lei nº 48 051 é compatível com a sua extensão aos actos normativos da Administração. A argumentação em sentido contrário fundar-se-ia na pretensa insusceptibilidade de um acto genérico e abstracto causar danos individualizados.

A ser pertinente, este argumento teria aliás a virtualidade de afastar também a responsabilidade da Administração por danos causados por acto normativo inválido.

Para efeito da incidência do nº 1 do artigo 9º do Decreto-Lei nº 48 051, o encargo ou prejuízo imposto pelo acto legal necessita de ser não apenas anormal mas também *especial*. A questão reside pois em saber qual a medida em que esta especialidade se pode conjugar com a generalidade e abstracção próprias de um comando normativo. É que o dano *especial* é aquele que incida particularmente sobre certos sujeitos de direito, ou seja, que os coloque

[26] Cfr. *Manual de Direito Administrativo*[9], II, *cit.*, p. 1216.

em situação desigual em relação à generalidade das pessoas. Como escreve Paillet, «um cidadão-administrado pode prevalecer-se de um tratamento especialmente desfavorável que lhe tenha imposto sacrifícios particulares» para efeito de invocar a quebra da igualdade perante os encargos públicos»[27]. Mas – como também observa este professor francês – ao passo que se não levantam dificuldades quando a medida que se encontra na base da alegada ruptura da igualdade incide sobre um único sujeito de direito, as coisas complicam-se quando se trata de uma providência de alcance geral como, por exemplo, um regulamento administrativo[28]. Há algumas décadas atrás, na doutrina germânica, chegou até a definir-se uma corrente – a *teoria do acto individual (Einzelakttheorie)* – para a qual a especialidade do prejuízo corresponderia à individualidade formal do acto que o causa[29].

Mas, como nota Gomes Canotilho, a impraticabilidade e a inidoneidade deste critério, quando pretendido como único, cedo se revelou. Impraticabilidade porquanto, entre a generalidade e a individualidade pura do acto, se desenvolve uma série vasta de gradações. E inidoneidade visto que, não obstante a sua generalidade e abstracção, os actos normativos podem incidir sobre um ou outro grupo restrito de sujeitos de direito[30]. Esta é também a posição da jurisprudência administrativa francesa, que se não revela, em princípio, hostil à indemnizabilidade dos danos causados por acto regulamentar. Apesar de o acto regulamentar afectar uma pluralidade de pessoas, o dano será considerado especial para aquelas cuja situação seja particularmente afectada. É o caso de um Acórdão da *Cour Administrative d'Appel* de Nancy, de 8 de Outubro de 1992, que, embora o encerramento de um porto tivesse afectado numerosas empresas, considerou especial o dano para uma siderurgia que apenas podia ser abastecida por mar[31].

O mesmo sucederá se, por exemplo, um regulamento municipal vem proibir a circulação de veículos pesados no centro da localidade. Naturalmente que a proibição de trânsito de pesados afectará uma pluralidade mais ou menos indefinida de empresas abastecidas por viaturas que aí circulavam ou que através delas enviam as suas mercadorias. O dano é, porém, claramente

[27] Cfr. *La responsabilité administnative*, Paris: Dalloz, 1996, p. 165.

[28] *Idem, Ibidem.*

[29] Cfr. Gomes Canotilho, *O problema da responsabilidade do Estado por actos lícitos*, cit., p. 273.

[30] *Idem*, págs. 274 e 275.

[31] Cfr. Paillet, *La responsabilité administrative*, cit., p. 166.

individualizado para uma empresa que deixe de poder colocar em veículos pesados, indispensáveis ao respectivo transporte, as mercadorias que armazena ou ensila, depois de as receber por via férrea, em instalação que possui naquele local[32].

A *generalidade* e *abstracção* de uma norma não impedem absolutamente as respectivas *operatividade* e *lesividade.*

Uma norma é *operativa* (imediatamente operativa) quando, não obstante a sua generalidade e abstracção, a sua volição incide directamente (e não apenas mediante a emissão de actos de aplicação) sobre a esfera jurídica de destinatários, ou seja, sobre relações jurídicas de particulares entre eles ou de particulares com a Administração. A circunstância de a norma se dirigir a uma pluralidade indeterminada de destinatários e de ser idónea para regular uma pluralidade indeterminada de *fattispecie* no decurso do tempo não quer dizer que ela não possa ir produzindo efeitos jurídicos directos e respectivas consequências de facto sobre *fattispecie* reais, ou seja, sobre situações reais da vida[33]. É o que acontece, nomeadamente, quando, ao incidir sobre uma situação real da vida, a norma impõe desde logo uma conduta ou uma sujeição[34].

Mas *operatividade* não se confunde necessariamente com *lesividade.* A operatividade até pode ser ampliativa da esfera jurídica do destinatário da norma. E, quando a operatividade for lesiva, também nem por isso o dano é forçosamente especial: a *lesividade especial* ou *especialidade do dano* dependem das circunstâncias próprias de cada situação real de vida sobre a qual a norma incide restritivamente. Conhecem de forma lesiva a operatividade de uma norma regulamentar que proíbe a circulação automóvel em determinada via todos aqueles que por ali transitavam habitualmente por conveniência própria. Ficam, porém, colocados em situação desigual e, portanto, sujeitos

[32] Embora se trate de dano causado por acto material lícito e não acto regulamentar, merece ser citado o Acórdão do STA, 1ª Secção, de 23.05.2000, proferido no processo nº 41420, que respeita a uma situação com fortíssima semelhança à imaginada. Sucedeu que a Câmara Municipal de Barcelos realizou obras de beneficiação numa rua e o abaixamento do respectivo leito modificou as condições de acesso de um prédio destinado a uso industrial, impedindo o estacionamento e acesso de veículos ao interior do edifício. O Supremo Tribunal Administrativo considerou haver prejuízo especial e anormal para o efeito do nº 1 do artigo 9º do Decreto-Lei nº 48051, incorrendo o município em responsabilidade por acto lícito.

[33] Cfr. Carlassare, *Regolamenti dell'Esecutivo...*, cit., p. 33.

[34] Cfr. Schenke, *Verwaltungsprozessrecht* 6, Heidelberg: C. F. Müller, 1998, p. 277.

a dano especial aqueles que não apenas terão de procurar um percurso alternativo, ainda que menos cómodo, mas antes ficam impedidos de exercer uma certa actividade económica em prédio a que deixam de ter acesso em horário compatível as viaturas de transporte de mercadorias.

Em suma, a abstração e generalidade do acto normativo não obstam à sua *operatividade lesiva*. E esta lesividade directa da norma pode revelar-se especial (e também anormal) à luz das circunstâncias concretas de vida de um certo destinatário.

A existência de normas com virtualidade para causar lesão directa é hoje reconhecida pela própria Constituição quando, no artigo 268º, nº 5, garante o direito de impugnação das normas administrativas com eficácia externa *lesivas de direitos ou interesses legalmente protegidos*. A referência à lesividade só faz sentido neste preceito se se entender que se pode tratar também de um efeito directo da própria norma: é da impugnação desta que se trata visto que a impugnação dos actos de aplicação é versada no nº 4. Por outro lado, também o artigo 63º da LPTA estabelece como requisito de legitimidade uma lesividade directa ainda que não necessariamente imediata: pode impugnar a norma aquele que seja prejudicado pela sua aplicação ou venha a sê-lo, previsivelmente, em momento próximo. Pelo menos o primeiro termo deste diedro pressupõe uma operatividade directa da norma.

Não há pois dúvidas quanto à possibilidade, em abstracto, da existência de normas administrativas com *operatividade lesiva*. O problema dessa operatividade lesiva reconduz-se, no fundo, ao apuramento da existência de um dano e de um nexo de causalidade que ligue o dano, como efeito, à simples vigência da norma[35]. Na prática, a questão pode complicar-se porém devido à necessidade de que, para efeito do direito a indemnização por dano gerado por norma administrativa legal, se trate não de uma lesividade comum e sim de uma *lesividade especial e anormal*.

**14.** Rejeitado o valor dos argumentos literal e teleológico contrários à abrangência do Decreto-Lei nº 48 051 quanto à responsabilidade objectiva por facto de regulamento, resta-nos ponderar a força da argumentação de carácter sistemático. Já nos foi dado verificar que a lógica intrasistemática, ou seja, a decorrência das linhas estruturantes do diploma, aponta

[35] Cfr. LEROY (MICHEL), *Les Règlements et leur Juges*, Bruxelas: Bruylant, 1987, p. 183; RASCHAUER (BERHARD), *Allgemeines Verwaltungsrecht*, Viena: Springer, 1998, págs. 368 e 369.

precisamente no sentido inverso sob pena de uma mutilação arbitrária do campo de regulação definido no artigo 1º. Cabe agora proceder ao exame das directivas que poderão extrair-se do contexto intertextual. É o que faremos nas duas secções seguintes, sucessivamente dedicadas ao contexto intertextual do Decreto-Lei nº 48 051 em 1967 – o ano de sua entrada em vigor – e na actualidade.

## 3. O contexto intertextual do Decreto-Lei nº 48 051 em 1967

**15.** Em nosso juízo, poderia haver uma única razão de coerência externa, isto é, de compatibilização entre um artigo 9º, nº 1, do Decreto-Lei nº 48 051 – lido de forma estrita quanto ao alcance da expressão *actos administrativos* – e outros estratos do ordenamento jurídico exteriores ao âmbito deste diploma[36]. Essa razão localizar-se-ia no regime de inimpugnabilidade contenciosa, em 1967, dos regulamentos administrativos sob a forma de decreto. Tal inimpugnabilidade (que veio contrariar uma anterior e longa orientação jurisprudencial no tocante também aos regulamentos da Administração central imediatamente ofensivos de direitos) foi estabelecida pelo hoje revogado artigo 16º, nº 1, da Lei Orgânica do Supremo Tribunal Administrativo. Esta norma nivelou os decretos regulamentares com as leis e resoluções da Assembleia Nacional e os decretos-leis para efeito da insusceptibilidade de recurso contencioso. A inovação prendia-se claramente com a natureza autoritária do regime político e resolveu a favor da Escola de Coimbra uma longa

[36] A *coerência externa* como critério de técnica interpretativa permite proceder a uma interpretação teleológica num quadro sistémico. Haverá *coerência externa* na medida em que se mostre possível uma conjugação entre o ou os valores prosseguido(s) pela norma interpretanda e o ou os valores prosseguidos por outras normas do ordenamento. Os critérios de coerência entre uma norma e outras normas ou as próprias linhas sistémicas da ordem jurídica podem ser de ordem absoluta ou relativa. O critério de *coerência absoluta* contraindica, entre vários sentidos à partida possíveis, aquele ou aqueles que possam envolver uma opção valorativa (*Wertentscheidung*) em contradição com a que subjaza a normas de categoria hierárquica superior. Emprega-se, em contrapartida, um critério de *coerência relativa* quando se trata de preferir como opção valorativa subjacente à norma interpretando aquela que seja conjugável com opções valorativas na raiz de outras normas do mesmo nível hierárquico, à luz de postulados como o da unidade e da natureza não contraditória da Ordem jurídica. Cfr. LOOSCHELDERS/ROTH, *Juristische Methodik im Prozess der Rechtsanwendung*, Berlim: Duncker & Humblot, 1996, págs. 160 e segts., em especial 176 e 177.

querela entre esta e a Escola de Lisboa. Com efeito, ao passo que autores como FESAS VITAL, CARLOS MOREIRA e AFONSO QUEIRÓ reconduziam a ilegalidade do decreto regulamentar a inconstitucionalidades orgânicas ou formais, MARCELLO CAETANO, mais tarde acompanhado por JORGE MIRANDA e RUI MACHETE, sustentava a autonomia dos vícios da ilegalidade de tais decretos[37]. A questão tinha considerável interesse prático visto que o artigo 123º da Constituição de 1933 retirava aos tribunais o controlo da inconstitucionalidade orgânica e formal das regras de direito constantes de diplomas promulgados pelo Presidente da República e que entre estes se contavam precisamente os decretos regulamentares (artigos 81º, nº 9).

Nos nossos dias, a questão encontra-se duplamente ultrapassada.

Desde logo, parece hoje claro, de um ponto de vista doutrinário, que o facto de um regulamento contrariar norma legislativa não envolve inconstitucionalidade orgânica ou formal e sim ilegalidade. A hierarquia das fontes de direito resulta da Constituição. Mas o efeito desse comando constitucional esgota-se na cominação de uma relação de prevalência entre normas. O preceito constitucional permite concluir que a norma de valor hierárquico superior é violada pela de valor hierárquico inferior que a contraria. Mas, quando isso sucede, não é o preceito constitucional que é posto em causa mas sim a norma cuja definição do Direito prevalece. A norma constitucional só seria violada por uma norma inferior que se propusesse estabelecer uma diferente escala hierárquica entre fontes de direito. Só pelo facto de contrariar uma lei, um regulamento não se propõe erigir uma hierarquia de fontes oposta à constitucional. Entra, isso sim, numa situação de invalidade por efeito da aplicação do preceito constitucional parametizador das eficácias relativas. Não se pode pois sustentar que um regulamento sofra de inconstitucionalidade orgânica só porque contraria uma lei. Ao dispor-se contra esta, não há a pretensão do exercício indevido de função legislativa mas tão só a violação do princípio da legalidade administrativa. Por isso mesmo, também se não pode concluir que ocorra inconstitucionalidade formal: se não há exercício da função legislativa, não é sustentável que tenha havido preterição da forma própria desta.

Mas o contexto em que nasceu o Decreto-Lei nº 48 051 encontra-se hoje relegado para o passado por uma segunda e ainda mais evidente razão: a

[37] Cfr. MOREIRA DA SILVA, *Da Impugnação Contenciosa de Regulamentos Administrativos*, Tese de Mestrado, polic., Faculdade de Direito de Lisboa, 1992, p. 176.

da revogação do artigo 16º da LOSTA e a sua substituição por um sistema de impugnabilidade de todas as normas administrativas lesivas fundado na garantia do nº 5 do artigo 268º da Constituição.

**16.** Antes, porém, de mergulhar plenamente na actualidade, cabe perguntar ainda se, enquanto vigorou, o artigo 16º da LOSTA representou um contexto a cuja luz devesse o artigo 9º, nº 1, do Decreto-Lei nº 48 051 ser objecto de uma interpretação restrita que afastasse do âmbito do diploma as situações de dano causadas por acto regulamentar legal. Poderia pensar-se à primeira vista que, se o legislador impedia a impugnação contenciosa com fundamento em ilegalidade, não faria sentido consentir na apreciação da ilegalidade para efeito de reparação de danos causados por regulamento ilegal.

Tal argumento, porém, não alcança a responsabilidade por dano causado por regulamento legal. Desde logo, ele nem seria sequer invocável em relação a todos os casos de regulamentos ilegais: a LOSTA apenas impedia a impugnação dos regulamentos sob a forma de decreto. E se, quanto aos restantes regulamentos da Administração central, se gerou incerteza após a LOSTA, nunca houve dúvidas quanto à recorribilidade dos actos normativos emanados da Administração local quando imediatamente lesivos.

De todo o modo, não pode esquecer-se que o artigo 16º da LOSTA jamais constituiu um contexto apropriado para efeito da interpretação sistemática do artigo 9º do Decreto-Lei nº 48 051. Uma vez que este último versa a responsabilidade por acto lícito, a questão da inimpugnabilidade de certos regulamentos é-lhe completamente alheia. As opções de valor subjacentes à responsabilidade subjectiva e à responsabilidade objectiva por acto lícito situam-se em planos distintos. Na primeira, parte-se do princípio de que um comportamento merecedor de um juizo valorativo negativo não deve repercutir os seus efeitos danosos sobre terceiros alheios à causa do dano. Na segunda, prevalece o princípio da igualdade na repartição dos encargos públicos. Se, no tocante à responsabilidade subjectiva, a limitação constitucional dos poderes de cognição da legalidade pelo juiz poderia impossibilitar a efectivação da responsabilidade por certa categoria formal de regulamentos, não haveria razões de ordem teleológica e sistémica para estender a irresponsabilização a outros regulamentos cuja validade podia ser conhecida pelo juiz. E, por maioria de razão, desaparecia qualquer base de valoração analógica quando aquilo que o juiz teria de apreciar não era, em primeiro ou outro lugar, a invalidade do regulamento mas tão só a existência de um seu efeito danoso individualizado, especial e anormal. Em suma, no domínio da responsabilidade objectiva, não existia certamente qualquer colisão entre o valor da igualdade e o valor da separação de poderes (entendido de modo muito peculiar, ou seja, por forma a beneficiar um parlamento semântico em detrimento de um juiz com algum grau de independência).

A conclusão é pois a de que, mesmo em 1967, quando da entrada em vigor do Decreto-Lei nº 48 051, não seria de boa hermenêutica invocar a inimpugnabilidade dos regulamentos sob a forma de decreto para daí extrair a inaplicabilidade da responsabilidade por acto administrativo lícito aos regulamentos, entendidos como uma das subespécies de um superconceito de *acto administrativo*[38].

## 4. O contexto intertextual do Decreto-Lei nº 48 051 na actualidade

**17.** No momento presente, todo o contexto sistemático do artigo 9º do Decreto-Lei nº 48 051 evoluiu de modo claro em termos que tornam ainda mais manifesta a necessidade de ler aquele preceito no sentido de prever também a responsabilidade por actos regulamentares legais.

Vimos que a ausência de controlo jurisdicional da legalidade de (certos) regulamentos não constituía motivo para considerar excluída a responsabilidade por danos directamente causados por regulamentos legais. O apuramento desta não passava pela decisão de uma controvérsia sobre a legalidade. E as diferentes opções valorativas subjacentes à responsabilidade subjectiva e à responsabilidade objectiva por acto lícito tornavam injustificável a pretensão de fazer depender a admissibilidade de um desses institutos da paralela admissibilidade do outro. Compreende-se assim que, apesar de escrever ainda sob a vigência da Constituição de 1933 e do artigo 16º da LOSTA, Gomes Canotilho não visse «bases seguras» para o entendimento que fundasse no emprego da expressão *actos administrativos*

[38] A título de pura exemplificação da identidade essencial do acto regulamentar e do acto administrativo em sentido estrito como manifestações de vontade da Administração aptas à definição imperativa de situações jurídicas administrativas, leia-se a seguinte passagem de Vedel/Delvolvé: «*Les actes administratifs n'ont pas tous la même portée: on distingue les actes réglementaires, qui établissent une norme générale et impersonnelle, et les actes non réglementaires, parmi lesquel notamment les actes individuels*». Cfr. *Le système français de protection des administrés contre l'administration*, Paris: Sirey, 1991, p. 251.

no artigo 9º do Decreto-Lei nº 48 051 a exclusão do âmbito deste diploma do problema da lesão de situações subjectivas causadas por actos normativos da Adminstração. Como sublinhava o ilustre Constitucionalista, citando Marcello Caetano, acto administrativo (em sentido restrito) e regulamento incluem-se na função executiva, ou seja, constituem actividade de execução de leis[39].

Ora, se, mesmo no contexto da Constituição de 1933 e do artigo 16º da LOSTA, era possível concluir pela inclusão da responsabilidade por acto regulamentar legal no âmbito do Decreto-Lei nº 48 051 e, em particular do seu artigo 9º, não se vê como se poderia agora retroceder para um estádio muito menos compatível com a Constituição vigente. O texto constitucional estabelece hoje as traves mestras de um sistema coerente e omnicompreensivo de tutela jurisdicional administrativa dos direitos e interesses legalmente protegidos. Ainda que essa garantia possua uma natureza predominantemente processual, ela não pode deixar de ter, por vezes, prolongamentos de ordem substantiva, como precisamente sucede no domínio da responsabilidade administrativa[40].

A garantia respeita a direitos e interesses legalmente protegidos e qualifica-se como *efectiva*. Esta efectividade significa, designadamente, que há que assegurar uma indemnização quando a ofensa causada não possa desaparecer inteiramente graças à eliminação do acto jurídico que a provoca visto ser ele legal. A garantia seria meramente formal se se consubstanciasse

[39] Cfr. *O problema da responsabilidade do Estado por actos lícitos*, cit., p. 195. Gomes Canotilho afirmava, pouco mais adiante, que «quanto aos regulamentos e posturas locais cremos não subsistirem grandes problemas. O art. 828º, § único, do Cód. Administrativo admite a interposição de um recurso contencioso directo contra posturas e regulamentos policiais, cuja legalidade pode ser impugnada a todo o tempo. O particular pode fazer realçar a lesão dos seus direitos em consequência da emanação de um regulamento local ilegal e provar, portanto, ser vítima de lesão causada por facto da administração ou seus agentes (cfr. art. 824º Cód. Adm.). *Idem*, pág. 197.

[40] Sobre a ligação – no quadro de um conceito amplo de processo – entre o Direito substantivo e o processo através do «espectro contínuo do tecido jurídico», ver Goerlich, *Grundrechte als Verfahrensgarantien*, Baden-Baden: Nomos, 1981, p. 209. O Autor refere-se à vertente dos direitos fundamentais substantivos como garantias processuais mas afigura-se-nos que o raciocínio pode ser invertido, extraindo da garantia fundamental à tutela jurisdicional efectiva o direito substantivo à indemnização quando seja a ação judicial na mesma a forma adequada de reposição jurisdicional dos direitos ou interesses legalmente protegidos lesados pela actuação administrativa.

apenas no acesso do lesado ao tribunal: ela passa pela existência, a par de outros, de um meio processual capaz de albergar um tipo de decisão jurisdicional correspondente à pretensão indemnizatória. Por outras palavras, uma tutela jurisdicional efectiva tem de ser omnicompreensiva, isto é, de compreender o leque de meios bastantes para que toda a concebível lesão de direitos e interesses legalmente protegidos possa ser integralmente reposta. Portanto, a efectividade da tutela passa também pela possibilidade de obter do tribunal uma condenação da Administração na indemnização pelo efeito danoso da ofensa de direitos ou interesses legalmente protegidos quando não seja possível eliminar essa ofensa pela mera reformulação do ordenamento jurídico normativo ou concreto.

Essa impossibilidade de reformulação por iniciativa processual do particular existe precisamente no caso em que o acto regulamentar danoso seja legal. O nº 5 do artigo 268º de Constituição constrói a garantia dos particulares perante as normas administrativas lesivas em torno da figura da impugnação, o que pressupõe a ilegalidade da norma. Mas este preceito não pode ser considerado de forma isolada e antes à luz da sua íntima conexão com nº 4 do mesmo artigo 268º, e, também, com os artigos 20º, nº 1, e 22º da Constituição. O sistema delineado neste conjunto de preceitos visa a protecção jurisdicional contra a lesão de direitos e interesses legalmente protegidos, quer esta lesão seja ilegal ou legal. E a reposição de tal lesão não passa sempre e necessariamente pela eliminação do acto que a causou, que pode ser um acto jurídico legal ou um acto material consumado e irreversível.

Assim sendo, a protecção dos cidadãos contra a eficácia externa lesiva das normas administrativas não se esgota pela impugnação garantida pelo nº 5 do artigo 268º, passando também, quando apropriado, por um meio processual inserível na cláusula geral da primeira parte do nº 4. É esse o caso da acção de responsabilidade civil extracontratual dos entes públicos por prejuízos decorrentes de actos de gestão pública, incluindo os regulamentos legais dotados de operatividade imediata e dessa forma causadores de prejuízo especial e anormal.

**18.** Com as considerações que antecedem apenas queremos sublinhar que o contexto constitucional presente vem reforçar substancialmente as razões que já existiam antes dele para uma interpretação declarativa lata do nº 1 do artigo 9º do Decreto-Lei nº 48 051.

Nos termos do artigo 9º, nº 1, do Código Civil, a interpretação deve reconstituir, a partir dos textos, o pensamento legislativo tendo em conta não apenas as circunstâncias em que a lei foi elaborada mas também a unidade do sistema jurídico e as condições específicas do tempo em que é aplicada. Como ensina OLIVEIRA ASCENSÃO, a referência às *condições específicas do tempo em que é aplicada* «é totalmente incompreensível fora de um entendimento actualista». E acrescenta que «a fórmula em que a lei se consubstancia está fixada; mas o seu sentido dessa fórmula pode variar, consoante as incidências do circunstancialismo donde arrancam as suas significações»[41]. Este circunstancialismo compreende desde logo o contexto, que é aquele que é em cada momento e não ficou para sempre fixado nos textos conexos que vigoravam quando a norma interpretanda iniciou a sua vigência. Se não fosse assim, o aplicador não poderia guiar-se pelo objectivo da unidade da ordem jurídica para o qual aponta o artigo 9º do Código Civil[42].

Se necessário, pois, haveria que fazer uma *interpretação actualista* do nº 1 do artigo 9º do Decreto-Lei nº 48 051. Pensamos que a qualificação nem sequer se aplica visto que a letra do preceito sempre consentiu o entendimento declarativo lato que o sistema jurídico desde o início inculcou. Mas, actualista ou não, trata-se – convém lembrá-lo – de uma interpretação conforme à Constituição dado o âmbito da garantia constitucional de tutela jurisdicional administrativa. Claro que só pode haver interpretação conforme à Constituição quando, mesmo sem o influxo da directiva constitucional, o preceito admitiria o entendimento necessário à sua constitucionalidade[43].

Sendo no entanto esse o caso, ficamos dispensados de, partindo da hipótese da inconstitucionalidade superveniente do nº 1 do artigo 9º do Decreto-Lei nº 48 051, averiguar se existiriam bases para sustentar a admissibilidade de uma *decisão jurisdicional modificativa*. Em tal hipótese, a sentença concluiria pela inconstitucionalidade do nº 1 do artigo 9º do Decreto-Lei nº 48 051 – na parte em que não estatuísse a responsabilidade objectiva da Administração por regulamento legal mas lesivo de direitos ou interesses

[41] Cfr. *O Direito*[9], Coimbra: Almedina, 1995, pág. 389.

[42] Unidade essa que não exclui as legítimas diferenciações próprias da idiossincracia de cada ramo do Direito. Cfr. DAGMAR FELIX, *Einheit der Rechtsordnung*, Tübingen: Mohr, 1998, págs. 399 e seguintes.

[43] Cfr. HESSE, *Grundzüge des Verfassungsrechts der Bundesrepublik Deutschland*[16], Heidelberg: Müller, 1988, pág. 30

legalmente protegidos – por violação do princípio constitucional da igualdade e da garantia constitucional da tutela jurisdicional administrativa. Dessa forma se eliminaria em benefício dos lesados a exclusão – operada implicitamente – da tutela mediante responsabilidade administrativa, estendendo-lhes o tratamento mais favorável.

Preconizar esta solução significaria em todo o caso remeter os interessados para uma via assaz atribulada: a maioria da nossa doutrina constitucionalista manifesta-se adversa às *decisões modificativas* e, embora estas não estejam de todo ausentes da nossa jurisprudência constitucional – sobretudo em matéria de pensões – o Tribunal Constitucional não adoptou até agora uma posição consistente neste domínio[44].

Ainda assim, não queremos deixar de observar que uma das situações menos controversas – pois que até um adversário em tese da figura das *decisões modificativas* as aceita quanto a ela a título excepcional – é aquela em que a modificação da lei considerada inconstitucional incorpora unicamente uma *solução constitucionalmente obrigatória*. Nestes casos, como observa o Autor em questão, ou seja, Rui Medeiros, o tribunal não exerce manifestamente uma função substancialmente criativa *ex nihil*. Quando não existe uma pluralidade de soluções alternativas porque a única solução é aquela que imperativamente decorre da Constituição, ao juiz só resta submeter à directa estatuição da lei fundamental as situações da vida discriminatoriamente não contempladas na norma de valor infraconstitucional. Ao agir dessa forma, o juiz «não ofende as prerrogativas do legislador»[45].

Seria precisamente esse o caso se – contra o que sustentamos – se devesse entender que o nº 1 do artigo 9º do Decreto-Lei nº 48 051 não contemplava a responsabilidade por actos normativos legais da Administração a par da responsabilidade por actos administrativos concretos (ou actos administrativos em sentido estrito) legais e por actos materiais lícitos. Uma vez que o princípio da igualdade não consente que os prejuízos especiais e anormais legal ou licitamente infligidos pela Administração a um cidadão deixem de ser indemnizados e uma vez que a tutela jurisdicional efectiva da lesão de direitos e interesses legalmente protegidos tem de incorporar tal indemnização entre a sua panóplia de remédios, o juiz (qualquer juiz e não apenas

[44] Cfr. Rui Medeiros, *A Decisão de Inconstitucionalidade*, Lisboa, Universidade Católica Editora, 1999, págs. 456 e segts., em particular 469 a 477.

[45] Cfr. Rui Medeiros, *A Decisão de Inconstitucionalidade*, cit., p. 504.

o juiz do Tribunal Constitucional) poderia decidir no sentido de que um directo comando constitucional completava a previsão do nº 1 do artigo 9º, com a consequência de a responsabilidade por acto regulamentar legal ficar submetida à disciplina do Decreto-Lei nº 48 051.

**19.** Em suma, seja – como preferimos – por força da interpretação declarativa lata do nº 1 do artigo 9º do Decreto-Lei nº 48 051, seja por deverem os tribunais considerar aditada à previsão ali enunciada a responsabilidade da Administração por actos normativos legais em consequência de uma directa aplicação da Constituição, sempre esta subespécie de responsabilidade objectiva por encargos ou prejuízos especiais e anormais decorrentes da actividade de gestão pública deverá considerar-se fundada no Decreto-Lei nº 48 051 e por ele disciplinada.

## IV. O âmbito de incidência subjectiva do artigo 9º do Decreto-Lei nº 48 051: a aplicação às autarquias locais

**20.** Para findar, interessa ainda verificar a medida em que as autarquias locais são abrangidas pelo regime de responsabilidade – e, portanto, pelo da responsabilidade objectiva por facto de regulamento – estatuído ao longo do Decreto-Lei nº 48 051.

As dúvidas poderiam brotar do artigo 10º do diploma pelo qual foram modificados os artigos 366º e 367º do Código Administrativo, os quais passaram a disciplinar a responsabilidade por actos ilícitos culposamente praticados pelos órgãos ou agentes das autarquias locais. Poderá então perguntar-se se aquilo que o legislador quis dispor em matéria de responsabilidade das autarquias por actos de gestão pública se não confina aos mencionados preceitos do Código Administrativo, tal como reescritos pelo artigo 10º do Decreto-Lei nº 48 051.

A questão não tem apenas a ver com o Decreto-Lei nº 48 051 no momento da sua génese mas também na actualidade. Com efeito, embora os artigos 366º e 367º do Código Administrativo tenham sido mais tarde revogados, eles acham-se hoje substituídos pelos artigos 96º e 97º da Lei nº 169/99, de 18 de Setembro (Regime jurídico de funcionamento dos órgãos dos municípios e das freguesias), os quais, embora em termos alterados, continuam a dispor tão só sobre responsabilidade por culpa. Da existência destes preceitos especiais para as autarquias resulta pois uma interrogação: será que os preceitos do Decreto-Lei nº 48 051 que regulam outros tipos de responsabilidade se não aplicam às autarquias locais? A questão não respeita agora, obviamente, apenas à responsabilidade por facto de regulamento e sim a toda a responsabilidade por risco e por actos lícitos de gestão pública. Mas inclui compreensivelmente a responsabilidade por danos causados por acto regulamentar legal na medida em que estes se não encontrem por sistema excluídos da incidência do Decreto-Lei nº 48 051.

**21.** Ora, se, por prurido metodológico, se não quis ignorar este problema, também se não pensa que ele mereça amplas e profundas indagações. Na sua norma emblemática – o artigo 1º – o Decreto-Lei nº 48 051 refere como seu âmbito subjectivo de incidência, no tocante aos sujeitos públicos das relações jurídicas administrativas de responsabilidade civil extracontratual por actos de gestão pública, o «Estado e demais pessoas colectivas públicas». Não se vê porque é que, encontrando-se abrangidas no âmbito dessas «demais pessoas colectivas públicas», as autarquias locais haveriam de beneficiar de um regime de favor traduzido em ficarem elas eximidas da responsabilidade objectiva pelo risco e pela prática de actos lícitos. Como, por exemplo, observa João Caupers, algumas das situações mais frequentes de responsabilidade pelo risco ocorrem nos domínios das obras públicas e do mau funcionamento de semáforos, áreas essas de intensa intervenção municipal». Por outro lado, a responsabilidade objectiva pela prática de actos lícitos, estruturada no artigo 9º do Decreto-Lei nº 48 051, assenta no princípio da justa repartição dos encargos públicos: não seria justo que aquele que sofreu um prejuízo causado por um comportamento administrativo praticado no interesse e para proveito da colectividade não fosse ressarcido[46]. Não se compreende porque motivo este princípio não haveria de tutelar os particulares em relação jurídica administrativa com a Administração autárquica. Tal como enunciada no artigo 266º, nº 2, da Constituição como princípio fundamental da conduta administrativa, a igualdade de tratamento impõe-se a toda a Administração sem acepção das diferenças de natureza institucional.

[46] Cfr. *Introdução ao Direito Administrativo*, Lisboa: Âncora, 2000, p. 235 e 236.

**22.** Observe-se, aliás, que a igualdade dos administrados perante os encargos públicos não representa o único ângulo sob o qual o princípio da igualdade intervém na matéria em análise. É que a hipótese de estabelecer diferentes amplitudes ao dever de indemnizar apenas em função de diferente natureza da pessoa colectiva pública responsável contraria por seu turno o princípio da igualdade: o tipo de pessoa colectiva pública não constitui uma base material admissível para justificar a desigualdade de regimes de direito a indemnização por parte dos administrados. Não se compreende que as situações dos particulares que sofrem um prejuízo especial e anormal resultante do funcionamento de serviço administrativo excepcionalmente perigoso ou de acto administrativo legal mereçam não ser consideradas essencialmente idênticas só porque num caso a fautora do dano é, por exemplo, uma Região Autónoma e, noutro, esse dano é causado por um município. Na situação dos particulares – que é aquela que as normas constitucionais e legais pertinentes tutelam – não há diferença específica que retire pertinência ao elemento comum, constituído pela lesão com as causas referidas, só porque as entidades causadoras dos danos se encaixam em categorias diferentes de pessoa colectiva pública. Esta diferença da natureza institucional do causador do prejuízo não afecta minimamente a subsistência de uma fundamental igualdade entre as situações dos lesados.

Em suma, o princípio constitucional da igualdade contribui por duas formas distintas mas convergentes para conduzir ao entendimento de que a formulação, no artigo 10º do Decreto-Lei nº 48 051 e nos artigos 96º e 97º da actual Lei nº 169/99, de regras sobre a responsabilidade culposa por acto de gestão pública das autarquias locais não implica que estas pessoas colectivas públicas fiquem eximidas dos outros tipos de responsabilidade versados no regime geral da responsabilidade extracontratual por actos de gestão pública. Assim é porquanto, por um lado, o princípio da igualdade dos sujeitos de direito perante os encargos públicos tem também de se aplicar no tocante às relações com as autarquias locais. E assim é, por outro lado, visto que o princípio geral da igualdade não consente discriminações de tratamento legislativo dos administrados no tocante à amplitude do leque de causas de dano perante os quais o Direito Administrativo os protege.

**23.** Resta acrescentar que é jurisprudência do Supremo Tribunal Administrativo a aplicabilidade do Decreto-Lei nº 48 051 no seu conjunto às autarquias locais.

Basta a título de exemplo, transcrever uma passagem do Acórdão da 1ª Secção do Supremo Tribunal Administrativo, 2ª Subsecção, de 12 de Janeiro de 1999 (Acórdãos Doutrinais, nº 458, páginas 159 e seguintes):

> «O regime jurídico da responsabilidade extracontratual da Administração Pública por actos de gestão pública, na lei ordinária, encontra-se regulado pelo Decreto-Lei nº 48 051, de 21/11/1967, e pela Lei das Autarquias Locais...
>
> Mas no caso das autarquias locais há que fazer uma distinção: enquanto que a responsabilidade civil extracontratual por factos ilícitos passou a ser regulada pelos artigos 90º e 91º do Decreto-Lei nº 100/84 (que revogaram os artigos 366º e 367º do Código Administrativo de 1940), já à responsabilidade fundada no risco e em factos lícitos, é de aplicar o regime geral previsto nos artigos 8º e 9º do Decreto-Lei nº 48051, dado que tais modalidades não foram expressamente previstas, quer no Código Administrativo, quer posteriormente no Decreto-Lei nº 100/84 (cfr. MARIA JOSÉ RANGEL DE MESQUITA, in *Responsabilidade Civil Extracontratual da Administração Pública*, pág. 85)».

Na sequência destas considerações, o Acórdão citado conclui que um caso de responsabilidade de uma autarquia local por acto administrativo (em sentido estrito) legal tem de ser equacionado segundo o artigo 9º do Decreto-Lei nº 48 051, que formula o princípio geral da responsabilidade da Administração por factos lícitos.

Com excepção da substituição, no presente momento, dos artigos 90º e 91º do Decreto-Lei nº 100/84 pelos artigos 96º e 97º da Lei nº 169/99, de idêntico conteúdo, o citado Acórdão de 12/01/1999 continua perfeitamente actual e, dado que não conhecemos qualquer decisão de pendor contrário, permanece como importante indicador do sentido da jurisprudência quanto à conclusão de que o artigo 9º do Decreto-Lei nº 48 051 se aplica às autarquias locais.

O estabelecimento de preceitos específicos sobre a responsabilidade subjectiva das autarquias – primeiramente no Código Administrativo e, hoje, na Lei sobre o regime jurídico de funcionamento dos órgãos dos municípios e das freguesias – não significa que, no tocante à restante matéria de responsabilidade, se lhes não aplique a disciplina constante do Decreto-lei nº 48 051. É, nomeadamente, esse o caso da aplicabilidade da responsabilidade objectiva por facto de regulamento por força do disposto pelo artigo 9º, nº 1, interpretado do modo exposto.

# ÍNDICE DO VOLUME I